《中国阅读通史》编委会

主　编　　王余光
副主编　　徐　雁　刘洪权　熊　静

理论卷	王余光　汪　琴
先秦秦汉卷	先秦编/徐林祥　张立兵
	秦汉编/张　积
魏晋南北朝卷	何官峰
隋唐五代两宋卷	黄镇伟
辽西夏金元卷	王　龙
明代卷	王　龙
清代卷（上）	何官峰
清代卷（下）	王美英
民国卷	许　欢
图录卷	熊　静　黄镇伟　赵　晓　刘刈青

国家出版基金项目
NATIONAL PUBLICATION FOUNDATION

王余光 主编

王 龙 著

明代卷

中国阅读通史

时代出版传媒股份有限公司
安徽教育出版社

图书在版编目（CIP）数据

中国阅读通史. 明代卷 / 王余光主编；王龙著. —合肥：安徽教育出版社，2017.12
ISBN 978-7-5336-8637-6

Ⅰ.①中… Ⅱ.①王…②王… Ⅲ.①阅读—文化史—中国—明代 Ⅳ.①G252-092

中国版本图书馆CIP数据核字（2017）第292460号

中国阅读通史·明代卷
ZHONGGUO YUEDU TONGSHI·MINGDAI JUAN

出 版 人：郑　可
质量总监：武常春
策划编辑：刘洪权
责任编辑：李福军　姜　好　陆晨阳
装帧设计：袁　泉
技术编辑：陈善军

出版发行：时代出版传媒股份有限公司　安徽教育出版社
地　　址：合肥市经开区繁华大道西路398号　邮编：230601
网　　址：http://www.ahep.com.cn
营销电话：(0551)63683012,63683013
排　　版：安徽时代华印出版服务有限责任公司
印　　刷：安徽新华印刷股份有限公司

开　　本：710×1010　1/16
印　　张：38
字　　数：565千字
版　　次：2017年12月第1版　2017年12月第1次印刷
定　　价：256.00元

（如发现印装质量问题，影响阅读，请与本社营销部联系调换）

目 录

导言 ………………………………………………………… 1

第一章 明代阅读活动发展的社会文化背景和特点 ……… 13
    第一节 社会文化背景 ………………………………… 13
    第二节 阅读活动发展的阶段和地域文化特点 ……… 22

第二章 明代的文化专制政策对阅读活动的影响 ………… 50
    第一节 罢黜百家，独尊儒术 ………………………… 50
    第二节 书籍之禁毁 …………………………………… 52

第三章 学术文化思潮对阅读活动的影响 ………………… 67
    第一节 理学 …………………………………………… 68
    第二节 心学思潮 ……………………………………… 75
    第三节 反理学与思想启蒙思潮 ……………………… 82
    第四节 实学思潮 ……………………………………… 87
    第五节 博学思潮 ……………………………………… 96
    第六节 文学思潮与流派 ……………………………… 103
    第七节 西学思潮 ……………………………………… 129

第四章　教育与阅读 …… 154
- 第一节　概况 …… 154
- 第二节　官学与阅读 …… 156
- 第三节　私学与阅读 …… 163
- 第四节　科举与阅读 …… 170

第五章　出版与阅读 …… 181
- 第一节　概况 …… 181
- 第二节　文本的变化与阅读 …… 190

第六章　藏书与阅读 …… 221
- 第一节　概况 …… 221
- 第二节　官府藏书与阅读 …… 222
- 第三节　私人藏书与阅读 …… 233
- 第四节　学校和书院藏书与阅读 …… 261

第七章　宫廷读者群体及其阅读特点 …… 271
- 第一节　皇帝阅读 …… 271
- 第二节　太子与宗室藩王读者群 …… 290
- 第三节　宫廷中的女性与宦官读者 …… 297

第八章　士人读者群体及其阅读特点 …… 308
- 第一节　概况 …… 308
- 第二节　对阅读活动的促进 …… 310
- 第三节　阅读特点 …… 314
- 第四节　关于阅读内容的一些特点 …… 363
- 第五节　读书种种 …… 394
- 第六节　书房掠影 …… 399
- 第七节　文社与阅读 …… 403

第九章　读书名家及其阅读特点 …… 406
　　第一节　概况 …… 406
　　第二节　代表人物 …… 407

第十章　女性读者群体及其阅读特点 …… 435
　　第一节　概况 …… 435
　　第二节　女性阅读繁荣的社会背景和条件 …… 438
　　第三节　阅读特点 …… 441
　　第四节　妇女阅读的作用和意义 …… 465

第十一章　大众读者群体及其阅读特点 …… 473
　　第一节　概况 …… 474
　　第二节　阅读特点 …… 479
　　第三节　大众阅读的作用和影响 …… 489

第十二章　少数民族和宗教的阅读 …… 493
　　第一节　概况 …… 493
　　第二节　少数民族的阅读 …… 495
　　第三节　宗教与阅读 …… 509

第十三章　阅读理论与方法 …… 520
　　第一节　读书观 …… 521
　　第二节　读书诗选录 …… 533
　　第三节　推荐书目 …… 539

主要参考书目 …… 543

索　引 …… 559

导　言

明朝结束了蒙古族的统治后,在 276 年的发展过程中,其政治、经济和文化的发展都进入了中国封建社会的高峰期。同样,在这个并不短的朝代里,中国阅读史也进入了一个承前启后、继往开来的时代。

一、明代阅读的历史文化特点和意义

明代的阅读活动波澜壮阔而日新月异。无论从哪个角度讲,它都在中国阅读史上具有划时代的意义。这主要表现在以下几个方面。

1. 读者群体扩大,阶层下落

一个时代的社会阅读状况如何,首先取决于读者的数量或读书人群的规模。这里,笔者把明代的读者分为士人、女性、儿童、宫廷和大众等群体。

这里所谓士人读者群体,是指以读书出身进入官僚阶层和从事与读书有关职业的人群。士人是古代社会读书人群体中的最主要人群,其数量的大小反映着一个时代社会读书人口的数量和质量。而且,他们是一个社会读书活动的引领者。明代是一个汉文化恢复、发

展和繁荣的历史时期。虽然明初的文化专制政策伤害了不少读书人,但是随着教育的普及、科举制度的完善、学术文化的繁荣以及读书人社会地位的提高,整个社会读书热情高涨,从而使无数人走上了读书求仕,或把读书向学作为毕生追求的人生道路。随之,明代的士人读者群体空前壮大,并在整个明代的阅读发展中起着引领风气和中流砥柱的作用。

这里所谓女性读者群体,指除宫廷中的女性外,其他所有具有读书能力和读书行为的女性。女性的阅读能力和阅读行为无论对其个人、家庭,还是对整个社会,都有着非常特别而重要的文化意义。一个时代社会女性读者的数量、质量和规模反映着这个时代社会的文明与进步水平。随着明代社会对女性读书认识的不断提高和整个社会文化教育的普及和进步,明代的女性阅读无论是读者数量还是阅读的内容质量都有了空前的提高。从宦门闺秀到平民女子,涌现出了无数嗜书好读、工诗能文的杰出读者。相关情况不仅反映在史料中,而且反映在她们的作品中。

儿童阅读是一个社会阅读的根基。儿童阅读的普及程度决定着整个社会读者的发展潜力。在明朝存续的 276 年里,正是由于整个社会不断重视和强化儿童阅读意识和能力的培养,读者群体才源源不断地发展和壮大,从而产生了无数杰出的读者。相关情况一是在传记、文集、家乘、小说等各类史料中多有记载,二是在有关明代教育的史料中多有反映。

这里所谓宫廷读者群体,包括皇室成员、分藩到全国各地的宗室以及宫女和宦官等。明代作为中国封建社会最鼎盛的时期之一,产生了一个庞大的宫廷读者群体。这个群体有着优越的读书条件,他们中出现了无数个嗜书好读、工诗能文的杰出读者。他们作为上层贵族,其读书观念、能力水平及读书中的所得所获,不仅提升着他们个人的文化素质和理政能力,而且影响着整个明代文化政策的制定

和读书观念的形成。所以,考察这个群体的阅读行为,总结其阅读效果,对了解整个明代上层统治集团的政治思想、文化观念、知识脉络、行事风格乃至政务得失有着十分重要的意义。

这里所谓大众读者群体,是指除上述几类读者之外的从事各种职业的社会读者群体。这个群体虽然被称为大众群体,但在古代社会,时间越往上溯,其数量和规模越小。因为在人类社会发展的很长时间里,读书是一种特权和地位的象征,是少数人的事情,而与社会大众无缘。西方国家从15世纪末到16世纪初,大众阅读开始出现,读书这种神圣行为才从少数掌握特权的人手里挣脱出来,走向寻常百姓家。阅读的个人化、自由化和普及化,不仅促进了知识的传播和大众文化素质的提高,更促进了思想的自由和进步,从而引发了宗教改革和工业革命。中国大众阅读的端倪出现在16世纪,到16世纪末,大众阅读已渐成气候。这是中国阅读史上具有划时代意义的现象,具有继往开来的历史意义。

2. 书籍业兴盛,阅读内容广泛

书籍业,包括书籍的出版和典藏等内容,它是一个社会阅读活动赖以产生和发展的物质基础。没有书籍业的存在乃至发展和兴盛,就谈不上阅读活动的存在、发展和繁荣,纵观整个人类阅读史,莫不如此。明代是中国古代史上出版印刷业最为兴盛的一个时期。官府、书院、学校、书坊、个人、寺观等编书刻书蔚然成风、经久不衰,形成了一个庞大而浩博的书籍世界。其编印的书籍形式之美、种类之多为历史所鲜见,特别是对插图绣像的使用,以至无书不图、无图不精,从而诱发了读者强烈的阅读兴趣,促进着大众阅读的形成,成为中国阅读史上的一大亮点。

随着出版业的兴盛,藏书业空前繁荣。官府、书院、学校、个人、寺观等藏书的数量和规模亦空前壮大。其中如宫廷藏书是集宋、元两代藏书之大成。其版本之精、数量之大为历代所少有,连同其所藏

历代书版,不仅为宫廷和其他人员的阅读,而且为官府的书籍刻印提供了雄厚的物质基础。明代私人藏书行为之普遍,藏书家数量和藏书规模之大亦是前所未有。据统计,有明一代的藏书家有 897 人之多,近似宋、元两代的总和。① 其中藏书规模超过万卷的藏书家就有 230 余人。② 藏书者获取书籍的途径除了购买外,还有抄录和赠送。明代的藏书、抄书风气之盛行,反映了整个社会崇文重典风尚之浓厚。当然,书籍业的兴盛也是阅读活动繁荣所致,二者互为促进,同生共存,相互作用。如明代文人学士自编自印文集成为风尚,这给本来就兴盛的书籍业不断增添着新的品种。明代书籍种类之多,数量之大,形式之美,成为社会阅读活动发展和繁荣的物质条件和保障。从传统典籍,到时人作品、通俗读物,乃至自然科技读物,读者面对琳琅满目的书籍,可以任选所好。书坊主则瞄准市场需求,千方百计地推陈出新,并用各种手段吸引读者的眼球。在这种良性互动中,明代的社会阅读活动波澜壮阔而蔚为大观。

至于阅读的动机,明代似乎更为多元化。虽然整个社会仍然充斥着为功利而阅读的现象,但不图功名,不求利禄,只求学问,或只为愉悦身心的阅读现象,在明代更为凸显,乃至成为潮流。

以小说和剧本为主要内容的消遣性阅读成为整个社会各类读者群体日常生活的重要内容。特别是那些插图本小说,无论皇帝、普通官员、文人学士,还是商贾巨富、村夫愚妇,莫不一册在手,乐而忘忧,津津乐道,痴迷不倦。作为一种消遣方式,阅读给人们身心带来愉悦感的现象在明代尽数显现。

3. 读书意识强化,阅读理论发达

以儒学为核心的汉文化的复兴,反映了整个社会对读书人的尊

---

① 范凤书:《中国私家藏书史》,郑州:大象出版社,2001 年,166 页。
② 范凤书:《中国私家藏书史》,郑州:大象出版社,2001 年,168—187 页。

重及其阅读活动的重视。加之经济发展、教育普及和科举的推动,明代人口的识字率得到了明显提高,特别是在江南地区出现了"后生小子无不读书"①的现象。"穷不丢书,富不丢猪"的理念已成为社会大众的生活准则。程朱理学在明代的兴盛和光大,更加巩固和强化了整个社会的读书意识。

在这样的环境和氛围下,文人学士们不仅勤于读书写作,而且通过各种形式阐述读书观念,检讨读书得失,评论读书现象,总结读书体会,抒发读书情感,由此形成了一个丰富的读书理论宝库。程朱理学的读书观和读书法不仅被整个明代读书人奉为圭臬,而且得到了发扬光大。如薛瑄的《读书录》、陈继儒的《读书镜》《读书十六观》、胡居仁的《居业录》、胡承诺的《读书说》、陆世仪的《思辨录》等,就是其中的代表,亦是明代读书理论的集大成之作。明代成为中国阅读史上读书理论最为丰富和发达的时期。

二、明代阅读发展的社会文化背景和条件

那么,是什么样的社会背景和原因造就了明代阅读的兴盛和繁荣呢?简而言之,其主要有以下三个方面。

1. 社会长期稳定,人民生活安宁

"靖难之役"后,虽然朱棣朝对一批建文时的文人学士多有迫害,但随之的偃武修文政策很快就使社会恢复了平静,读书向学亦成为整个社会的人心所向。长期稳定的社会环境,在任何一个历史阶段都是经济和文化发展的首要条件。社会稳定、政治宽松,则是人民休养生息,培养读书习惯和传统的基本条件。

---

① 张岱:《琅嬛文集》卷一《夜航船序》,长沙:岳麓书社,1985年,49页。

2. 经济繁荣,城镇化速度加快

经济是文化存在与发展的基础。明代农业、手工业和商业的稳定发展,一方面为整个社会的文化教育发展奠定了基础,另一方面促进着社会文化教育水平的提高。出版印刷业的发展和繁荣,既是手工业和商业发展的成果,又是阅读文化兴盛的表现。

商品经济的发展促进着明代城镇化速度的加快。一方面,城镇化有利于书籍的流通和集散;另一方面,城镇化产生了一个庞大的市民文化消费群体。其中对通俗文学的阅读成为这个群体文化消费的主要方式和内容,并不断刺激着明代通俗小说创作与出版的繁荣。

3. 教育普及,学术文化繁荣

教育是培养读书人的基础。明代教育之普及,乃至无地不设学,无人不从教,使社会识字率明显提高,特别是科举的兴盛更推动着教育的普及与发展。

学术文化的繁荣,既营造着整个社会的读书氛围,又引领着整个社会的读书风气。终明一代,理学从确定为官学,到全社会的顶礼膜拜,三部大全(《五经大全》《四书大全》《性理大全》)贯串始终,成为学子们的必读书,乃至有明一代"士大夫学问根柢俱在于斯"①。明中期兴起的复古思潮,"后七子"提出的"文必西汉,诗必盛唐,大历以后书勿读"②,曾影响了几代人的读书治学倾向。明末由西方传教士带来的西学,也曾被不少文人学士追捧。而饱受学界诟病的"心学"末流,虽然"游谈无根,束书不观",但它并没有对整个社会的读书热情产生不良影响。如此等等,明代学术文化思潮的涌动,始终在为社会阅读潮流的形成推波助澜。

---

① 永瑢等:《四库全书总目》卷三十六《经部四书类》,北京:中华书局,1965年,302页。
② 张廷玉等:《明史》卷二八七《文苑三》,北京:中华书局,1974年,7381页。

三、明代阅读的局限性及其影响

每一个历史阶段都有其自身的局限性,否则就不成为历史了。明代的阅读是在明代这样一个历史环境和条件下产生与发展的,所以,它就不可避免地具有历史的局限性。这些局限性可概括为以下几点。

其一,程朱理学在整个明代的盛行,一方面促进了以理学为核心内容的社会阅读的普及,另一方面限制了整个社会儒学经典阅读的范围和思维,特别是广大学子的阅读范围和思维。这虽然对儒家文化的传承有意义,但对阅读的自由本质性来讲,则是一种冷遇或伤害。

其二,毕昇发明的活字印刷术,到五六百年后的明代,仍然没有得到推广和使用。这既反映了整个社会的阅读内容具有很强的固定性和惯性,又反映了能够在社会中广泛流通的读物种类仍然少,各类读者的阅读内容仍然单一。在这一点上,与明代形成鲜明对比的是,德国人谷登堡在1450年发明了活字印刷机,并开始大量印刷《圣经》及其他宗教类读物,在此后的二百年间,整个欧洲不仅产生了大量的读物,而且创造了一个琳琅满目的书籍世界,并由此带来了宗教改革和工业革命。其中,由印刷术带来的阅读普及并由此引发的宗教改革,是后来一系列社会变革的深厚基础。而中国的明代,活字印刷术既没有成为阅读活动得以普及的"推手",理学也没有经历深刻的改革,并由此促进社会阅读。这是一个值得我们思考的问题。

其三,大众阅读在明代得到了长足的发展,这是一个很好的苗头。但由于封建专制统治和传统功利思想的影响,以及经济发展的不平衡性,大众阅读的数量和规模仍然非常有限,特别是在地域分布上有着明显的差异。

四、关于明代阅读史写作的若干问题

1. 考察和研究明代阅读史具有特殊而重要的学术意义

如前所述,明代是中国历史上阅读活动繁荣昌盛的一个时期,亦是一个继往开来的时代。大众阅读的显著进步,开启了近代阅读的先河。小说、评点、插图、绣像的广泛流行,创造了文本变革的历史纪录,并由此催生和培养了社会消遣性阅读的兴趣和习惯。这是大众阅读社会形成的必经之路。明代学术思潮的此起彼伏,反映了学界在阅读观念和阅读方法方面的更替和交锋。所以考察明代的阅读史也是在考察明代的社会观念史和学术文化史。

西方学者认为,在 18 世纪前后,欧洲发生了"阅读革命",即阅读经历了从朗读到默读(或从公开到私下,从集体到个人),从精读到泛读的过程。这是由读物数量的增多、内容的世俗化以及阅读的大众化所致的。而明代的社会阅读也呈现了这样的端倪,因此将它称为"阅读革命"的开始也未尝不可。

2. 明代阅读史已成为中国阅读史研究的热点

有关明代阅读史的研究已成为国内外阅读史研究的热点。其主要内容有以下几个方面。

一是对明代插图本或版画阅读史的研究。如宋莉华的《插图与明清小说的阅读及传播》[1]、罗伯特·海格尔(Robert E. Hegel)的《中华帝国晚期阅读插图本小说》(*Reading Illustrated Fiction in Late Imperial China*)[2]、柯律格的《明代的图像与视觉性》[3]等。

二是关于明代小说阅读的研究。如蔡亚平、程国赋的《明清通俗

---

[1] 宋莉华:《插图与明清小说的阅读及传播》,载《文学遗产》,2000 年第 4 期,116—125 页。

[2] Robert E. Hegel. Reading Illustrated Fiction in Late Imperial China, Stanford: Stanford University Press, 1988.

[3] 柯律格:《明代的图像与视觉性》,黄晓鹃译,北京:北京大学出版社,2011 年。

小说读者研究的世纪考察》①、潘建国的《明清时期通俗小说的读者与传播方式》②、李舜华的《女性读者与明代章回小说的兴起》③、大木康的《关于明末白话小说的作者和读者》④、蔡亚平的《读者与明清时期通俗小说创作、传播的关系研究》⑤等。

三是对明代大众阅读的研究。如马兰安(Anne E. Mclaren)的《建构晚明新的阅读大众》(Constructing New Reading Publics in Late Ming China)⑥、梅尔清(Tobie Meyer-Fong)的《印刷的世界：书籍、出版文化和中华帝国晚期的社会》⑦、包筠雅的《17到19世纪中国南部乡村的书籍市场及文本的流传》⑧、虞莉(Yu Li)的《中华帝国晚期阅读史》(A History of Reading in Late Imperial China, 1000—1800)⑨等。

除上述之外，有关明代的藏书史、出版史、书籍史、文化史、学术史、教育史、文学史、宗教史及其他史学研究中也都涉及了明代阅读

---

① 蔡亚平、程国赋：《明清通俗小说读者研究的世纪考察》，载《明清小说研究》，2009年第4期，77—88页。
② 潘建国：《明清时期通俗小说的读者与传播方式》，载《复旦学报》（社科版），2001年第1期，118—130页。
③ 李舜华：《女性读者与明代章回小说的兴起》，载《学术研究》，2009年第10期，137—146页。
④ 大木康：《关于明末白话小说的作者和读者》，吴悦摘译，载《明清小说研究》，1988年第2期，199—211页。
⑤ 蔡亚平：《读者与明清时期通俗小说创作、传播的关系研究》，广州：暨南大学出版社，2013年。
⑥ Anne E. Mclaren, Constructing New Reading Publics in Late Ming China, in Cynthia Brokaw and Chow Kai—wing eds., Printing and Book Culture in Late Imperial China, Berkeley: University of California Press, 2005: 152—183.
⑦ 梅尔清：《印刷的世界：书籍、出版文化和中华帝国晚期的社会》，刘宗灵、鞠北平译，马钊校，载《史林》，2008年第4期，1—19页。
⑧ 包筠雅：《17到19世纪中国南部乡村的书籍市场及文本的流传》，见《史华慈与中国国际学术研讨会论文集》，上海：华东师范大学出版社，2006年，199—221页。
⑨ Yu Li. A History of Reading in Late Imperial China, 1000—1800. Ohio: Ohio State University Ph. D. Dissertation, 2003.

史的研究。总之,对明代书籍和阅读的考察已成为学界最关注的一个领域。

3. 关于明代阅读史中若干要素的考察问题

一部阅读史所要关注和解决的核心问题主要有:谁在读书,读什么书,为什么读书,在什么环境下读书,如何读书以及读得如何等。众所周知,读书与写作不同,它是一种默默无闻的行为,"转瞬即逝,少有留痕,它离散为无穷的独特行为,而且比较任意,不守清规",所以,"对一部试图清点和论说阅读活动的史书来说,是一个令人无奈和让人不安的挑战"①。可见,一部阅读史要能把上述问题阐释清楚,的确不易。

关于谁在读书,我们从史料中往往看到最多的是社会精英或上层贵族。而普通大众,由于少有记载而多数被历史湮没了。所以他们是"沉默的大多数",是阅读史上的"失踪者"。所谓"阶层越下落,史料越难觅",要想搞清楚他们中谁在读书以及读得如何,几乎无从下手。这是所有阅读史研究中都会遇到的问题。但是,正如达恩顿所说:"如果我们对阅读的研究既能包括历史上那些不见经传的小人物,也能包括从卢梭到罗伯斯庇尔这样的精英名流,那么阅读史的研究就一定会更上一层楼。"②再如,我们往往会对不同层次、不同类型的读者群体进行划分。读者是阅读活动过程中最为活跃的因素,而且在很多情况下他们的身份和角色是多重的。如本书中的所谓士人一般是指读书人或从事与读书有关职业的人。但有不少人通过读书当了官,还有很多人一生手不释卷,却以躬耕为生。这些人是士还是农,是精英还是大众?如此等等,他们的界限有时很模糊。

---

① 罗杰·夏蒂埃:《书籍的秩序》,吴泓缈、张璐译,北京:商务印书馆,2013年,87页。
② 罗伯特·达恩顿:《拉莫莱特之吻:有关文化史的思考》,萧知纬译,上海:华东师范大学出版社,2011年,152页。

关于读什么书，通常我们能知道某一历史时期产生了一些什么书，或某一位读者收藏了哪些书，但这些书被何人读过，就不容易搞清楚了。我们往往会通过书籍的内容类型和外在形式来判断它的读者类型，但这种做法无疑是片面的。因为对任何一位读者来讲，面对琳琅满目、五花八门的读物，他总会有多种阅读需求。而且在每一个历史时期，也总会存在着与社会主流或政治形势相违背的阅读行为。至于藏书万卷，这也并不能反映出他们读了很多书，而只能说明他们当初有过这些念头。读什么书的问题，既是一个阅读对象的问题，也是一个读者是谁的问题，其复杂性远不止这些。

关于为什么读书，虽然包括明代在内的中国历史长期笼罩着功利性阅读的气氛，但不求名利的阅读现象比比皆是，其中有许多人在最初是为了获取功利，后来慢慢就变成了兴趣。当然对大多数通俗文学的读者来说，他们的主要目的是娱乐消遣。而这种娱乐消遣也正是阅读史研究中特别要关注的现象。

关于阅读的社会背景和环境，因为任何一个人的阅读活动都是在一定的社会政治、经济和文化背景下产生的，所以其阅读观念、阅读内容和阅读方法无不打上时代的烙印。然而，阅读活动毕竟是一种个人行为，在很多情况下，它往往会在个人意志的支配下发生，所以会存在不合时宜或与社会主流文化相违背的阅读行为。在不读书的环境中，潜藏着读书的种子；在蔑视文化的气氛中，却透露出读书复兴的曙光；在专制统治的黑暗中，却酝酿着新时代。这是阅读史研究中要特别注意的现象。

关于如何读书，其内容包括读书的时间、地点和方式方法等。虽然朱子读书法在整个明代被文人学士奉为圭臬，乃至影响了整个社会，但这些方法主要针对的是经典著作，对各种内容类型的读物来讲，其阅读的时间、地点和方式方法会因人、因环境而异。如文人学士的阅读地点就与普通大众有很大的不同，文人学士除了主要在书

房内读书外,还会在舟车、旅店和公署等场所读书,而普通大众的阅读地点可能会是作坊、酒馆、田间地头,甚至是马路边。至于读书方法,史料中出现的多是一些笼统而简略的词语,如吟诵、涉猎、博览、记诵、通究等。

读得如何,是指阅读的效果,包括理解程度、阅读感受及阅读对思想和行为的影响等。对很多读者而言,我们虽然知道他们读了什么书,但无法直接知道他们在具体的阅读过程中理解得如何、有何感受以及受到哪些影响。史料中通常所见最多的词语是博通、赅博、博洽、淹贯、涉通等,如"博通经史,淹贯百家"。这些表达虽然笼统,但基本上反映了一个人读书的范围和程度。至于阅读的效果和影响,既能从他们的言行和日后人生的轨迹中窥见蛛丝马迹,又能通过整个社会的风气和面貌看得出来。

此外,弄清楚一个社会的书籍是如何流通的,读者是通过什么渠道得到书的,需要对不同类型和层次的读者进行考察和分析,因为它也是决定和影响一个人和一个社会阅读活动产生与发展的重要因素。

总之,阅读史的研究与写作是一件十分复杂的工作。因为"阅读的历史和思想的历史一样复杂","如果我们能弄明白人们是怎样阅读的,我们就能知道他们是怎样理解世界的"。[①] 最近几十年以来,欧美史学界的阅读史研究已取得了丰硕的成果,这将会为刚刚起步的中国阅读史研究提供很多有益的借鉴。

---

① 罗伯特·达恩顿:《拉莫莱特之吻:有关文化史的思考》,萧知纬译,上海:华东师范大学出版社,2011年,161页。

第一章 明代阅读活动发展的社会文化背景和特点

1368年,朱元璋在元末农民战争中扫灭群雄,推翻了元朝统治,建立起明王朝。1644年,李自成攻破北京,明朝灭亡,明朝共历十六个皇帝,享国276年。

第一节 社会文化背景

明朝是中国历史上由汉族地主阶级掌握政权的最后一个封建王朝。作为一个封建经济占主导地位的历史阶段,它在政治、经济和文化方面必然具有许多明显的特点。这些特点必然会影响到明代阅读活动的发展。

一、高度的中央集权和官僚政治

明朝建立后,朱元璋为巩固其统治,在政治、军事等方面进行了

一系列革旧鼎新的改革,建立起了高度专制的中央集权制度。

在政权统一方面,朱元璋继续四处征讨,以扩大政权范围,实现国家统一。洪武元年(1368),北伐元军,结束了元朝在中国的统治;洪武二年(1369),平陕西;洪武三年(1370),用兵福建、两广;洪武四年(1371),入川;洪武十五年(1382),进军云南,设立云南布政使司。至此,明朝基本完成了统一大业。

在政府机构设置方面,洪武初年,明朝政府机构沿袭元朝的制度:中央设中书省,总管天下政事;地方设行中书省,职官设置和中书省一样,统管一省的军政、民政、财政等事务,地位重要,权力亦大。为控制地方权力,洪武九年(1376),朱元璋把行中书省改为中央派驻地方的布政司。洪武十三年(1380),朱元璋又下令废除中书省,不设丞相,皇帝集君权与相权于一身,封建中央集权制度发展到了高峰。此外,朱元璋为屏藩皇室,翼卫朝廷,维护朱姓王朝的统治地位,洪武初年即分封藩王,将他的20多个儿子分封到各地为王。

集军政大权于一身的朱元璋,为避免大权旁落,屡兴大狱。洪武十三年(1380),朱元璋镇压了以左丞相胡惟庸为首的集团。此案前后历经十年,坐诛三万多人。洪武二十六年(1393),有人告发大将军、凉国公蓝玉谋反,朱元璋将其抄家灭族。受此案株连,共有一万五千人被杀,其中包括许多战功赫赫的将领。这两个案件,历史上称为"胡蓝之狱"。

为强化皇权,朱元璋设立特务机构,在监察机关都察院以外,设立了检校、锦衣卫,承担着监视官吏的特殊使命。此外,朱元璋推行严刑峻法,即所谓"以重典驭臣下",在《大明律》之外,又颁布律令,以惩治贪官污吏。洪武十五年(1382)的空印案、十八年(1385)的郭桓案,都是打击贪官污吏的重大案件。两案连坐被杀的人数以万计。此外,朱元璋还把案例编为《大诰》,颁给各级学校作为必读教材,后又编《大诰续编》《大诰三编》,并颁示天下。

为强化君主专制体制,明朝实行了严酷的文化专制政策。明朝的文化专制政策始于朱元璋迭兴文字狱。朱元璋出身寒微,青年时当过和尚,又以参加红巾军起家。这样的出身,使朱元璋感到很自卑。这种自卑心理很自然地又发展为一种猜忌心理。如凡是与"贼""僧"发音相近的文字,他一概将其当作对自己的隐喻、嘲讽,从而给作者加上罪名,并施以严刑。如浙江府学教授林元亮,为海门卫作《谢增俸表》,因表内有"作则垂宪"句,而被诛;北平府学训导赵伯宁,为都司作《万寿贺表》,因表内有"垂子孙而作则"句,而遭斩;杭州教授徐一夔(元末明初著名学者)作贺表,内有"光天之下,天生圣人,为世作则"等语,朱元璋览之大怒曰"生者,僧也,以我尝为僧也。光则剃发也。则字音近贼也"①,遂斩之。如此等等,朱元璋大兴文字狱为历代少见。而且朱元璋推行文化专制的这种做法,被其后继者所承袭。如明成祖朱棣严禁明初文豪方孝孺的著作流行,下令"藏孝孺文者,罪至死"②。他还查禁了大量妨碍其统治的戏曲。此外,永乐年间,因出试题罹祸,因进书招尤者,亦迭有出现。

上述种种做法,不仅强化与稳定了明朝的君主专制体制,而且在中国的政治和文化史上留下了深刻的印痕。

二、社会经济的发展和繁荣

在实行政治改革,加强中央集权的同时,朱元璋着手制定各项经济措施,以恢复和发展社会经济。元朝时期,由于蒙古贵族中流行落后的奴隶制思想,蓄奴风气很盛。尽管元末农民战争解放了不少奴隶,但明朝建立后,那些豪强地主家中仍然拥有众多的奴隶。为了发

---

① 转引自冯天瑜《明清文化史散论》,武汉:华中工学院出版社,1984年,328—329页。
② 张廷玉等:《明史》卷一四一《方孝孺传》,北京:中华书局,1974年,4020页。

展生产,朱元璋通令全国释放奴隶,并通过法律的形式明确规定禁蓄奴婢。此外,元朝的僧道是一个庞大的社会寄生阶层。特别是他们中的长老、住持个个都是拥有大量土地的大地主,许多人还有家小,妻妾、儿女成群。对此,明朝政府以种种规定来限制寺、观僧道的数量和规模。这样,明朝政府就能够控制更多的纳税和服役人口,使社会生产增加了一支庞大的劳动力量,有利于经济的恢复和发展。

元末明初20多年的战乱,使整个中国遍地荆棘,土地荒芜。于是明朝政府采取奖励垦荒和屯田的措施,以增加耕地数量,促进农业生产。其中的屯田形式有民屯、军屯和商屯三种。而民屯又有移民屯田、徙罪徒屯田、募民屯田三种形式。军屯由卫所军队承担,由此解决军粮供应问题。明朝政府通过推行奖励垦荒的政策,使明朝的耕地不断增加。到洪武末年,全国耕地总面积已达400万顷,比元朝末年增加了一倍以上。① 与此同时,明朝大力兴修水利工程,以防备旱涝,有效利用水资源。随着社会生产的劳动力增加、土地的大量开垦和水利工程的修建,明初的农业生产得到了迅速的恢复和发展。

明朝中叶以后,棉布代替了麻布,成为人们衣着的普遍原料。这与明朝政府推行奖劝桑棉生产的政策有很大关系。洪武元年(1368),朱元璋就下令:农民凡有土地四五亩到十亩者,必须栽种桑、麻、棉各半亩;有地十亩以上者,种植面积要按比例递增。植棉区域也从宋元时期的南方推广到北方,成为全国性的一项产业。此外,明朝政府还大力推广种植其他经济作物,如桐树、棕树、漆树以及各种果木等。经济作物的普遍种植,为手工业生产提供了原料,促进了手工业的发展。更为重要的是,农业经济的商品化促进了商品经济的发展与繁荣,有利于资本主义的发展。这也使农民的收入增加,从而促进了他们的消费,刺激了市场的繁荣。

---

① 娄曾泉、颜章炮:《明朝史话》,北京:北京出版社,1984年,39页。

社会的安定,农业经济的发展,促使人口迅猛增长。洪武二十六年(1393),全国统计有 10652870 户,60545812 人,比元代的极盛时期增加了 700 万左右。① 这是明代经济发展和文化繁荣的基础。

如上所述,农业经济的发展促进了手工业的发展。元朝将从事手工业制造的工人的身份定为匠户。明朝依据元代的旧籍,定匠户为匠籍,并规定他们世代承袭,不得改行。但是,这些手工业工人的社会地位已大不同于元代。他们不仅有了很大的人身自由,而且可以自己生产和自己出售产品,从而提高了生产积极性和技术水平。这无疑会极大地促进手工业包括纺织业、瓷器业、印刷业、制造业的发展。此外,明代的矿冶业也得到了很大的发展,成为明代工业经济发展的重要方面。

手工业和商品经济的发展促进了城镇化的发展。明初,苏浙交界处只有五六十户人家的"青草地",到明后期,已变成了有五万人的盛泽镇。而且全国已形成了数十座有几十万人口的大城市。② 因此,在人群结构中出现了以手工业者、中小商人、店员等为主体的市民阶层,同时也出现了一支庞大的文学艺术消费群体。

值得一提的是,明朝政府为了掌握人口和土地数量的情况,发明了黄册和鱼鳞图册。所谓黄册,是用黄纸做封面做成的各地户口清册。它是在人口普查的基础上编制而成的,各地居民由此编为里甲制。明政府可据此征派赋役,控制人口户数,掌握土地的占有情况。与黄册直接相关的是鱼鳞图册。它是记录耕地面积、形状、田主姓名的清册,因状如鱼鳞,故称鱼鳞图册。黄册以户口为主,鱼鳞图册以土地为纲,一经一纬,互为印证,在明朝的人口和土地管理中发挥着重要作用。

---

① 娄曾泉、颜章炮:《明朝史话》,北京:北京出版社,1984 年,40 页。
② 缪咏禾:《明代出版史稿》,南京:江苏人民出版社,2000 年,8 页。

三、文化的复兴与繁荣

明代的文化是在以下社会背景中产生和发展的。

第一,明朝是在推翻了蒙古人统治中国近100年后建立的汉族王朝。蒙古贵族以游牧民族的身份入主中原,汉人的经济、文化在不同程度上受到破坏。因此,朱元璋一登帝位,就着手恢复中国传统文化,衣冠、发式、语言、姓名,乃至思想文化领域的尊孔崇儒,使"百有余年胡俗,悉复中国之旧矣"①。如美国历史学家范德(Edward L. Farmer)在《朱元璋与中国文化的复兴》中所说:"明王朝的建立,无论是对中国的政治史,还是对文化史,都有着意义深远的影响。在蒙古人统治了近一百年之后,明朝的开国皇帝朱元璋开始着手复兴中国的文化传统价值。"②

第二,明朝处于中国漫长的封建社会的晚期,因此,中国的古典文化亦进入了一个总结期。

第三,资本主义生产方式的萌芽和城市经济的发展给明代的政治思想和文化生活打上了烙印,由此产生了具有反封建色彩的启蒙思潮。

第四,建立在小农业和手工业结合基础上的"超级稳定"的封建制度,特别是已达到登峰造极程度的封建专制主义中央集权统治,仍然对社会的政治、经济和文化起着决定性的作用。这是社会结构的主流,也是文化专制体制产生的根源。

在这样的社会背景下,明代文化表现出了如下几个特点。

1. 程朱理学和陆王心学在思想文化领域相继占据着宗主地位

---

① 《太祖洪武实录》卷三十,台北:"台湾中央研究院历史语言研究所",1962年,525页。
② 转引自樊树志《国史概要》,上海:复旦大学出版社,2000年,313页。

梁启超在《清代学术概论》中说:"自秦以后,确能成为时代思潮者,则汉之经学,隋唐之佛学,宋及明之理学,清之考证学,四者而已。"①这种概括虽不全面、科学,但大体上说明了各个朝代的学术文化主流。

明代自太祖朱元璋开始即尊崇程朱。成祖朱棣又命胡广、杨荣、金幼孜等人编撰《四书大全》《五经大全》《性理大全》,将用程朱解释的"四书""五经"作为钦定的教科书和科举考试的标准答案。士子们欲求显达,无不追踪程朱足迹,熟记朱熹对"四书"的阐释,而不敢越雷池一步。明中叶出现的河东派薛瑄、崇仁派吴与弼都以程朱为本,以躬行复性为主,直到王守仁倡导"阳明学派"时该思想才有所变通。

王守仁不满于程朱理学的疏远人情,发展了陆九渊的"心学",成立"阳明学派"(姚江学派),以"致良知"和"知行合一"为主旨,把封建伦理道德说成是人生而俱有的"良知"。"阳明学派"在明中叶以后风靡一时。"宗守仁者曰姚江之学,别立宗旨,显与朱子背驰,门徒遍天下,流传愈百年,其教大行,其弊滋甚。嘉、隆而后,笃信程朱,不迁异说者,无复几人矣。"②"阳明学派"的兴起,表明程朱理学已出现危机,一种具有新因素的思潮行将崛起。

2. 启蒙思潮应运而生

在明代的思想文化领域里,一方面是程朱理学和陆王心学相继占据统治地位,另一方面是与资本主义萌芽相适应的、具有一定反封建色彩的早期启蒙思潮的出现。如被称为"异端之尤"的李贽(1527—1602),以离经叛道、放荡不羁的姿态出现于思想界,他对封建独断论的怀疑和否定是空前的。

明代中期以后兴起的市民文学,代表作品如《金瓶梅》、"三言"

---

① 梁启超:《清代学术概论》,上海:上海古籍出版社,2005年,1页。
② 张廷玉等:《明史》卷二八二《儒林传一》,北京:中华书局,1974年,7222页。

"二拍"等,它们是对城市经济发展和资本主义生产方式萌芽的社会现实的反映。生动活泼、富于民间生活情趣的市民文学,较之明代前期内容空洞、徒具华丽形式的"台阁体"文学,以及前七子、后七子所主张的"文必秦汉(西汉),诗必盛唐"的复古文学,都是一个巨大的跃进。

然而,需要指出的是,在明代这样一个高度专制的社会里,占统治地位的思想仍然是理学,尤其是程朱理学,启蒙思潮不过是在潜滋暗长。李贽的著作名为《焚书》《续焚书》《藏书》《续藏书》,就已生动地表明了他的思想在当时是深受压制的,不能公之于世,只能"藏之名山,传之后人"。这种早期启蒙思想在明代处于非主流的情境,同经济领域内资本主义生产方式呈现稀疏、微弱的萌芽状态相对应。

3. 对古典文化的总结和整理

从明代开始,中国古典文化进入总结阶段。其中一个突出表现是官方组织人力对几千年浩如烟海的典籍文物进行了收集、钩沉、订正、考辨和编纂,许多学者为此付出了毕生精力。

成祖朱棣以古今事物散于众书,卷帙浩繁,不易检阅为由,欲将经史子集,诸家之书,析类辑为一编,而以韵统一,便于考索。从永乐元年(1403)七月开始,他先后命解缙、姚广孝等人主持,三千余人参与,于永乐五年(1407)十一月编成我国最大的一部类书《永乐大典》。该书凡22877卷,收入历代典籍七八千种。此前我国也出现过一些大型类书,如唐代的《文思博要》《三教珠英》《艺文类聚》,宋代的《太平御览》《册府元龟》等。但它们的规模均无法与《永乐大典》相比。除类书外,明代亦编辑出版了许多丛书,这些丛书多由个人编辑,它们是对某一时期或某一专题文献的汇辑,如胡文焕的《格致丛书》,钟人杰、张遂辰的《唐宋丛书》,程荣的《汉魏丛书》,周子义的《子汇》,臧懋循的《元曲选》等。

对科学技术的总结及相关图书的编纂也是明代文化总结的突出

表现,其成果是出现了一批科学技术巨著,如李时珍的《本草纲目》、徐光启的《农政全书》、宋应星的《天工开物》、徐霞客的《徐霞客游记》等。这些科学巨著的出现反映了当时的科学技术已达到了相当高的水平。但遗憾的是,由于中国长期形成的以小农业与家庭手工业为主的自然经济,以及建立在这种经济基础之上的强固有力的封建专制政治和完备严密的封建典章制度,还有与社会经济生活相隔离、对科学技术采取贬斥态度的儒学占据中国文化的统治地位,因此,这些科学技术没有在中国生根、开花、结果,能改变社会秩序的现代科学也未出现。

4. 西学传入,中西文化初步汇合

梁启超在《中国近三百年学术史》中说:"中国知识线与外国知识线相接触,晋、唐间的佛学是第一次,明末的历算学便是第二次。"[①]这是指明末清初欧洲天主教耶稣会士带来的"西学东渐"现象。

耶稣会士带来的西方科学文化在晚明的知识界引起了巨大的反响。中国士人第一次直接了解到水平已超过自己的外来文化。但是,由于耶稣会士政治上的保守性,所以他们很少向中国人介绍欧洲文艺复兴时期人文主义的社会学说和文学艺术。当时中国士人从耶稣会士那里只了解到了欧洲的数学、历法、地理、水利,以及军火制造等科技知识和宗教思想。但这些科技知识,特别是近代的世界观念,只是打开了部分中国士人的眼界。以徐光启、李之藻、杨廷筠等为代表的士人和官员是这些科技知识的首先受益者。他们通过接触这些科技知识,重视"质测之学"和数学语言的应用,初步显示了近代科学思维的风貌,较之中国学者的传统思维已前进了一大步。但同样遗憾的是,由于封建政治、经济的桎梏,"西学东渐"现象在明代未形成气候。

---

① 梁启超:《中国近三百年学术史》,天津:天津古籍出版社,2003年,9页。

第二节 阅读活动发展的阶段和地域文化特点

明代的阅读活动随着政治、经济和文化的发展,在不同的历史阶段表现出不同的特点。同时,由于各地区政治、经济和文化发展的不平衡性,阅读活动又表现出它的地域性特点。

一、阅读活动发展的三个阶段

明代阅读活动的发展可分为三个阶段:前期,自洪武元年至天顺八年(1368—1464);中期,自成化元年至隆庆六年(1465—1572);后期,自万历元年至崇祯十七年(1573—1644)。

1. 前期(1368—1464)的阅读

明王朝建立后,朱元璋为巩固统治,一方面在政治上建立了高度专制的中央集权制度,另一方面积极提高生产力,促进经济发展,如鼓励垦荒、减轻赋税、兴修水利、抑制豪强、恢复工商业和手工业等。这样,社会经济逐渐恢复,生产力有了发展和提高。与此同时,明朝的思想文化一方面继承了宋元的传统,另一方面由于统治者实行专制统治的需要,亦具有专制特点。在这样的社会环境下,明代前期的阅读活动表现出了明显的时代特点。

以孔子思想为代表的儒家学说是历代统治者的思想核心。对儒学典籍的阅读和诠释,则反映了历朝历代的统治思想。明代初期,沿袭宋元之旧,以宋元时学者对儒学经典的解释,即以程朱理学为统治思想。太祖朱元璋继承了传统的统治经验,大力提倡程朱理学。各

类学校的生员必须阅读儒家经典,禁止阅读《战国策》以及阴阳家的著述。他多次诏示"一宗朱子之书,令学者非五经孔孟之书不读,非濂洛关闽之学不讲"①,"一以孔子所定经书为教,慎勿杂苏秦、张仪纵横之言"②。永乐年间,明成祖朱棣命胡广、杨荣等编《五经大全》《四书大全》《性理大全》,摈弃了各家的注疏和解释,独尊程朱学说,并将上述著作指定为国子监和全国各级学校的必读之书。程朱理学不仅是官方倡导的阅读主流,而且成为占主导地位的统治思想。程朱理学一统天下,学术别无创新,思想没有自由,阅读难以发展。这种局面维持了一百余年,直到正德年间,以王阳明学说为代表的"心学"的出现,思想界、读书界才有了新的声音。

那些生活在元末和明初两个时代的文人学者,在明初的学术文化和阅读活动中起着承前启后的作用。《明史·文苑传》说:"明初,文学之士承元季虞、柳、黄、吴之后,师友讲贯,学有本源。宋濂、王祎、方孝孺以文雄,高、杨、张、徐、刘基、袁凯以诗著。其他胜代遗逸,风流标映,不可指数,盖蔚然称盛已。"③

这虽然讲的是文坛阅读的盛况,但也包含了文学阅读的情形。明初的这批文人学者,经过元末农民战争的大乱之后,"士皆无意于功名,埋身读书,而光芒卒不可掩"④。他们作为文坛之风的引领者,对文学的创作和阅读提出复古主张。如号称"开国文臣之首"的宋濂认为:"文学之事,自古及今,以之自任者众矣,然当以圣人之文为宗。"⑤"读书种子"方孝孺说:"后世之作者,较奇丽之辞于毫末,自谓

---

① 陈鼎:《东林列传》卷二《高攀龙传》,见周骏富《明代传记丛刊·学林类》,台北:明文书局,1991年,136页。
② 张廷玉等:《明史》卷一三七《赵俶传》,北京:中华书局,1974年,3954—3955页。
③ 张廷玉等:《明史》卷二八五《文苑一》,北京:中华书局,1974年,7307页。
④ 黄宗羲:《南雷文定前集》卷一《明文案序上》,丛书集成初编,北京:中华书局,1985年,1页。
⑤ 宋濂:《浦阳人物记》下卷《文学篇序》,丛书集成初编,北京:中华书局,1985年,17页。

超乎形器之表矣,而浅陋浮薄,非果能为奇也。"①著名文人杨维桢也力倡"非先秦两汉弗之学"②。他们的主张必然对明初的文学创作和阅读产生重要影响。

小说阅读方面,在元代话本小说广泛流行的基础上,《三国演义》和《水浒传》两部长篇小说的出现将白话小说的阅读推到一个新的阶段。此外,明初还出现了两部用文言文写成的著名小说《剪灯新话》和《剪灯余话》。它们的出现引起了文坛的轰动,经过抄写、镂版,二者很快得到了广泛流传。由于流传之广,影响之大,它们曾引起了当时士大夫们的指斥。如正统七年(1442),国子监祭酒李时勉就奏请禁毁《剪灯新话》:"近有俗儒,假托怪异之事,饰以无根之言,如《剪灯新话》之类,不惟市井轻浮之徒争相诵习,至于经生儒士,多舍正学不讲,日夜记意,以资谈论。若不严禁,恐邪说异端日新月盛,惑乱人心。"③

明初阅读活动发展的另一个特点是地域化明显。自元末以来,北方战乱频仍,江南特别是东南诸省相对和平、安宁,所以明初的许多文人学士集中在江南一带。李濂在《书龙门子凝道记》中说:"我国家文运起于东南。故国初以来,江浙多文士。乃若宋景濂、刘伯温(基)、苏平仲(伯衡)、王子充(祎)、方孝孺诸子,皆以文名于东南。其以诗名家者,则高季迪(启)、杨孟载(基)、张来仪(羽)、徐幼文(贲)、袁海叟(凯)辈,皆东南佳士也。"④再如陈田《明诗纪事》所收洪武一朝作者375人,建文朝26人,在这401人中,北方人仅五六人而已,其他

---

① 方孝孺:《逊志斋集》卷十一《答张廷璧》,四部丛刊本,12页。
② 宋濂:《宋学士全集》补遗第五卷《杨君墓志铭》,丛书集成初编,北京:中华书局,1985年,1440页。
③ 《明英宗实录》卷九十,台北:"台湾中央研究院历史语言研究所",1962年,1813页。
④ 转引自张炯等主编《中华文学通史》第三卷《古代文学篇》,北京:华艺出版社,1997年,373页。

均为南方人。① 从学校和教育规模来看，南北的差距亦较大。嵇璜《续文献通考》记载，洪武二十年(1387)，"以北方学校无名师，生徒废学，命迁南方学官之有学行者教之"②。在科举方面，从洪武四年(1371)到万历四十四年(1616)的 245 年间，共产生状元、榜眼、探花、会元 244 人，南方有 215 人，占总数的 88%，北方仅有 29 人，占总数的 12%。③ 顾炎武也曾言："北方之人，鲜能识字。"④可见，南方不仅是明初，而且是整个明代阅读活动的渊薮。

说到明初的阅读，不能不提到明代的文化专制。明代的文化专制政策主要体现在明初的太祖到成祖时期，其文字之祸、文臣之诛、书籍之禁、正史之篡改、制书之编制、思想之禁锢，对阅读活动产生了严重的负面影响，这个时期，明朝的文字狱和其他狱案杀了大批文人学士，包括"读书种子"方孝孺，诗人高启，学者戴良、张孟谦、徐一夔、王行，被成祖称为"国家养士三十年，惟得一"的儒士卓敬⑤，以及像罗学渊⑥这样的无数普通文人。还有像"胡蓝之狱"这样的政治狱案，前后共诛杀了四五万人，其中亦不乏文人学士。大批的读书人被诛戮，无疑对明初的文化恢复和阅读活动的发展造成了巨大损失，一大批学有所长、才华横溢的文人学士被埋葬，一大片读书治学的生机被扼杀。

在这样的恐怖气氛下，明初的书籍之禁政策异常严厉而残酷。如《孟子》被删节，方孝孺等人的著作被禁毁，瞿佑的《剪灯新话》、李昌祺的《剪灯余话》被严禁等。读书人自保不暇，禁书毁书也就不令

---

① 陈田：《明诗纪事》甲籤卷1—乙籤卷7，上海：上海古籍出版社，1993年，1—701页。
② 乾隆官修：《续文献通考》卷十七《职役考》，杭州：浙江古籍出版社，2000年，2924页。
③ 陈正祥：《中国文化地理》，北京：三联书店，1983年，21页。
④ 顾炎武：《求古录·序》，丛书集成续编，上海：上海书店出版社，1994年，1页。
⑤ 张廷玉等：《明史》卷一四一《卓敬传》，北京：中华书局，1974年，4024页。
⑥ 沈德符：《万历野获编》卷二十五《诗祸》，北京：中华书局，1959年，636页。

自行。士子思想陷入僵化呆滞状态，除皇帝钦定的《五经大全》《四书大全》《性理大全》外，读书人几乎一书不读，读书界患了贫血症。所以从洪武到永乐的半个世纪中，很少有文学作品传世。而且从这一阶段明代所出版的书的数量也可以看出这一阶段的阅读情况。据统计，在《明代版刻综录》所收录的7740种图书中，洪武、弘治时期出版的只有766种，嘉靖、隆庆时期出版的有2237种，万历以后出版的则有4720种，未注明者有17种。① 书籍被禁毁，思想被禁锢，出版物减少，这就很难有阅读的自由了。

与禁书相呼应的是，明朝皇帝亲自主持撰写（"御制"）和下令编撰（"敕修"）了许多"制书"。这些"制书"主要是一些以颁布政令法典、教育后妃皇子、诰诫百姓和民众、公布大案事实为内容和目的的读物，属于帝王训诫臣民的文辞，如《大明律令》《皇明宝训》《女诫》《道德经注》《大诰》《洪范注》《永鉴录》等。这类制书仅洪武帝就编写了49种之多。② 这些书也因为是皇帝编写的，所以传播既快，读者也众。所谓"朝出九重，暮行四海"③，成为明初阅读的一道风景。

到永乐以后，情况相对要好些。《明史·胡俨传》说："当是时，海内混一，垂五十年。帝方内兴礼乐，外怀要荒，公卿大夫彬彬多文学之士。"④尽管明成祖杀了与他不合作的"读书种子"方孝孺，并株连宗亲、门人弟子八百七十多人，但为了进一步笼络宿学大儒为其新政权服务，着意于"武功文治"，并为显示新时代文化的繁荣昌盛和政治稳定，明成祖下令编纂了《永乐大典》。该书所收录书籍，除文渊阁的藏书外，还广泛"购募天下书籍"，从上古直到当世，旁搜博采，凡是有文字以来的经、史、子、集百家之书，乃至天文、地理、阴阳、医卜、僧道、

---

① 缪咏禾：《明代出版史稿》，南京：江苏人民出版社，2000年，15页。
② 缪咏禾：《明代出版史稿》，南京：江苏人民出版社，2000年，136页。
③ 焦竑：《国史经籍志》卷一《制书类》，丛书集成初编，北京：中华书局，1985年，5页。
④ 张廷玉等：《明史》卷一四七《胡俨传》，北京：中华书局，1974年，4128页。

技艺之言,不厌浩繁,务必网罗无遗。明成祖的这种兼收并蓄、注重实用的指导思想,也反映了他的政治思想、文化政策和阅读观念。虽然这部大书没有流通,但它的编纂和抄写过程,也是参与完成它的三千余文人学士的一次浩大的阅读过程。

从洪武到永乐,明初的政治虽然处于鼎盛阶段,但文化专制和一统思想禁锢了人们的思想,扼杀了阅读的自由发展。宣宗之后,虽然明朝的政治逐渐步入中衰,但经济开始稳定发展,思想文化开始出现自由开放的气象。如《明史》所说:"明兴至是历年六十,民气渐舒,蒸然有治平之象矣。"①因此,明代的阅读开始发展和繁荣起来。

2. 中期(1465—1572)的阅读

从成化元年(1465)到隆庆六年(1572)是明朝的中叶。这一时期,明朝共历五帝,即成化、弘治、正德、嘉靖和隆庆,共108年。由于这些皇帝多数是昏庸无道、穷奢极欲者,因此这一时期的明朝政治日渐败坏,国势渐落,财政危机、宦官干政、流民不断、农民起义、王侯叛乱等问题接踵而来。但经过明初近一百年的休养生息,人民安居乐业,农业、手工业和商业都得到相当程度的发展。特别是嘉靖以后,手工业中如纺织业、陶瓷业、造纸业、印刷业等都有了很大发展。农业和手工业的发展也使商业获得了长足的发展和空前的繁荣。经济的发展和繁荣不仅促进着文化教育的发展和繁荣,而且促进着城市化的进程。文化教育的发展和繁荣既增加了社会的读书人口,提高了社会的阅读能力,又促进了人们对文化的需求。城市化进程的加快则意味着:一是以手工业者、商人、店员为主体的市民数量不断增加,这既是人群结构的变化,亦是读者成分的变化;二是人口越来越集中,这有利于信息的集中和传播,包括读物的发行、流通和阅读。

城市化的发展为小说、戏曲的繁荣创造了条件。为满足市民读

---

① 张廷玉等:《明史》卷九《宣宗本纪》,北京:中华书局,1974年,125—126页。

者的需求,一些有才能的作家越来越重视戏曲、小说的创作。他们或把城市劳动人民作为描写对象,或把劳动人民所喜闻乐见的事情记录下来,从而创作出市民读者喜爱的许多优秀作品,如陈铎的《滑稽余韵》、梁辰鱼的《浣纱记》等。现存的《清平山堂话本》《熊龙峰小说四种》也都刊刻于嘉靖年间。而且,虽然《三国演义》和《水浒传》产生于明初,但即使在明初经济恢复时期,民间也并无阅读这类小说的条件。现在所知的《三国演义》的最早刊本是弘治七年(1494)本。从嘉靖以后,《三国演义》的版本逐渐多起来。这也说明该书是从明中叶后才广泛流传开来的。

在儒学方面,程朱理学在明代前期盛极一时。天下学子非朱子书不读,非程朱之学不讲,言语不合朱子,则群起而攻之,程朱理学一统天下。一个世纪以后,由于程朱理学思想僵化,缺乏朝气,士子们逐渐对它失去兴趣,他们开始寻求儒学的新义,程朱理学日趋衰颓。此外,在明初特殊的社会环境下,特别是在文化专制氛围中,学子们只求闭门读书,修身养性,而无意仕进,不能在思想文化领域有所作为而影响社会。到明代中叶,随着政治环境的不断宽松、经济的发展,社会生活内容的日益丰富,明朝社会发生了明显的变化。

如前所述,进入明中叶,明朝的诸多社会问题接踵而至,国势日趋衰微。在这样的历史背景下,思想文化界的求新求变成为历史之必然。如顾炎武所言:"盖自弘治正德之际,天下之士,厌常喜新,风气之变,已有所自来。而文成以绝世之资,唱其新说,鼓动海内。"①于是,一种新的儒家学说酝酿而成。这就是形成于明中叶,影响了近百年的王守仁的"心学"。

王守仁的"心学",就是把人的意识说成是第一性的、本源的东

---

① 顾炎武:《日知录》卷十八《朱子晚年定论》,周国平、陈国庆点注,兰州:甘肃民族出版社,1997年,825页。

西。它与朱熹的以"天理"为最高范畴的学术大不相同。他把"心"即意识的作用无限夸大,认为"心外无物,心外无言,心外无理,心外无义,心外无善"①。其主旨是"心即理"说和"致良知"说,其实行路径是"知行合一"。

"心学"出现以后,明代学术界发生了朱学让位于王学的大转变。这是因为一味诠释经典、玄谈天理的朱学已无助于解决明中叶的统治危机,而以"拯救人心"为矢的,竭力宣扬理性、精神作用的王学,则如同一剂强心针,使明朝统治的机体得以复苏,让士子们感到耳目一新。因此,嘉靖以降,王学风靡天下,王门弟子遍于国中。按《明儒学案》分类,王学有浙中、江右、南中、楚中、北方、粤闽、泰州七大系统。继朱学之后,王学极一时之盛,成为明代中后期的"显学"。当然王学的出现不可能完全将朱学取而代之。王守仁在世时,朱学仍然声势浩大,而且亦有不少学者反对王学,读书界甚至形成鼎立对峙之势。

一个时代的思想文化和学术潮流必然会左右这个时代的读书风气,所以说到明代中期的阅读活动,就不能不对这一阶段的主流学术和思想文化进行梳理和总结。

明中叶对阅读活动产生影响的重要学术思潮还有文坛上著名的复古运动。弘治年间,以李梦阳、何景明为首,包括徐祯卿、边贡、康海、王九思、王廷相等"前七子"组成的文学团体,在文坛上树起"复古"大旗,"文称左迁,赋尚屈宋,诗古体宗汉魏,近律法李杜。学士大夫翕然从之"②。《明史·文苑传》说:"李梦阳、何景明倡言复古,文自西京,诗自中唐而下,一切吐弃,操觚谈艺之士翕然宗之。明之诗文,于斯一变。"③文学复古之说因而"大行",成为一场声势浩大的运动。

---

① 王守仁:《王阳明全集》卷四《文录一》《与王纯甫》,上海:上海古籍出版社,1992年,156页。
② 李贽:《续藏书》卷二十六《何景明传》,北京:中华书局,1959年,507页。
③ 张廷玉等:《明史》卷二八五《文苑一》,北京:中华书局,1974年,7307页。

至嘉靖中,又有以李攀龙和王世贞为首,包括谢榛、宗臣、梁有誉、徐中行、吴国伦在内的"后七子"继之而起,他们阐扬"前七子"的主张,将文学复古运动推向高潮。李攀龙,"其持论谓文自西京,诗自天宝而下,俱无足观。于本朝独推李梦阳。诸子翕然和之"①。王世贞,"才最高,地望最显,声华意气笼盖海内。一时士大夫及山人、词客、衲子、羽流,莫不奔走门下。片言褒赏,声价骤起。其持论,文必西汉,诗必盛唐,大历以后书勿读"②。由"前七子""后七子"发起并鼓动的文学复古运动持续约百年之久,影响颇大。

这场轰轰烈烈的文学复古运动推动着阅读活动的深入发展。士人们热切地要求多读古书已成为一种时尚和趋势。与此相关的是收藏、刊刻古籍之风盛行。据统计,有明一代有藏书家897人,近乎宋、元两代的总和。③ 而且他们大多出现于成化以后。藏书家们以收藏古籍多寡相争胜,从而极大地促进着藏书事业与古籍阅读活动的发展。同时,文化复古运动也使古籍翻刻蔚然成风。这其中又以翻刻宋本最多,并且至嘉靖时期大盛,成为出版业的一大特色。而且,这一时期所有书籍的出版数量也有大增。如前所述,《明代版刻综录》共著录图书7740种,其中洪武、弘治时期出版的只有766种,嘉靖、隆庆时期出版的有2237种。出版物的增加亦是阅读活动繁荣的反映。

文学复古运动盛行于文人士大夫中,是否精通复古文学成为他们衡量人才的标准。如成化进士王鏊上书朝廷,建议求才"必以通经学古为事"④,弘治进士罗侨"敦行谊,动则古人"⑤。

明中叶一百余年,是明朝的政治统治开始走下坡路的时期。但

---

① 张廷玉等:《明史》卷二八七《文苑三》,北京:中华书局,1974年,7378页。
② 张廷玉等:《明史》卷二八七《文苑三》,北京:中华书局,1974年,7381页。
③ 范凤书:《中国私家藏书史》,郑州:大象出版社,2001年,166页。
④ 张廷玉等:《明史》卷一八一《王鏊传》,北京:中华书局,1974年,4826页。
⑤ 张廷玉等:《明史》卷一八九《罗侨传》,北京:中华书局,1974年,5014页。

由于明前期一百年来的休养生息，发展生产，明中叶的经济获得了稳定的发展和繁荣。城市规模的扩大，人口的增多，教育的发展，特别是相对宽松的政治环境和浓厚的学术文化氛围，不仅提供了一个良好的读书环境，而且催生了许多学说、流派和思潮，不仅为士子们本已逐渐高涨的读书热情推波助澜，而且不断地引导和改变着文人士大夫和学子们的读书观念和治学取向。明中叶的一百余年是明代学术文化和阅读活动承前启后的一个重要时期。

3. 后期（1573—1644）的阅读

从万历元年（1573）到崇祯十七年（1644），不算与清王朝同时存在的南明小朝廷，共72年，为明代的后期。这一时期明朝共历四帝：万历、泰昌、天启和崇祯。

明代后期政治衰退、内忧外患并存、动乱多变，明朝政权处于土崩瓦解的危险之中。然而，晚明社会也是一个急剧变化的社会：人口增长、社会流动与都市化加快、商品经济发达、思想文化自由奔放、社会价值观念多元化、教育得到了相当普及，此前的永乐至宣德年间郑和七次下西洋，促进了中国的海外贸易和中外文化交流。不仅外国商人进来了，而且外国的传教士也把西方的科学文化传播到了中国。在这样的社会环境下，明代的阅读进入了一个繁荣和发展的新阶段。

社会经济的发展是阅读活动发展的基础。经济的发展首先促进了教育的普及，从而培养了大批具有阅读能力的人。当大多数读书人不能通过读书走上仕途，成为士大夫中的一员时，他们便分散到社会的各行各业中，从而在各行各业中出现了许多具有一定阅读能力的从业者。这些人也就成为通俗读物的主要读者群体。关于这一点，我们可以从晚明著名文学家张岱对其家乡的描述见之一斑："惟余姚风俗，后生小子无不读书。及至二十无成，然后习为手艺。故凡

百工贱业,其《性理》《纲鉴》皆全部烂熟。"①这种情形当不止出现在余姚一地,在经济发达的东南地区,应该非常普遍。

自嘉靖以来,由于农业和手工业生产水平的提高和商业的高度发达,社会经济趋向繁荣。万历初期,张居正为内阁首辅,朝廷采取了许多改良措施,使当时的经济发展比嘉靖、隆庆时期又大大地前进一步。特别是相对稳定的东南地区,经济发展较快,在纺织业中,不仅出现了萌芽状态的资本主义生产关系,而且出现了许多相当规模的手工业工场。如苏州的纺织业,"染房罢而染工散者数千人,机房罢而织工散者又数千人,此皆自食其力之良民也"②。

其次是经济的发展必然会加快城镇化的发展。如前所述,城镇化的发展不仅有利于读物的生产和传播,而且有利于形成一个庞大而集中的文化消费群体。据统计,到万历时,较大的商业城市已有40多座。当时作为中小城市的松江也已拥有20多万人的人口。城市的发展就自然会形成一个具有相当规模的市民阶层。在这个阶层中,如前所述,有相当一部分人接受过一定程度的教育,他们具有初级或更高级的读、写、算能力,由此形成了一个庞大的读者群体。这个群体作为明末社会结构中不断壮大的一个阶层,代表着明代社会向近代社会转变的趋势。他们渴望文学作品反映他们的生活、思想、情感、理想和追求。于是以小说、戏曲和市井民歌为主要形式,内容上反映城镇商业、手工业繁荣以及广大民众包括下层知识分子阶层的生活、思想、情感、审美观念的市民通俗文学成为明后期文学艺术的主要特色。这个特色也造就了明代通俗文学阅读的繁盛。这种繁盛既成为明代阅读活动发展与繁荣的标志,又成为大众通俗文学阅读不断发展与繁荣的推动力,具有划时代的意义。

---

① 张岱:《琅嬛文集》卷一《夜航船序》,长沙:岳麓书社,1985年,49页。
② 《明神宗实录》卷三六一,台北:"台湾中央研究院历史语言研究所",1962年,6742页。

经济的发展,文化教育的普及,学术空气的自由活跃,印刷技术的发达,读者队伍的不断扩大,使明后期的出版业繁荣起来。这既是读者需求不断高涨的结果,又是阅读活动普及和深入的表现。如生活在嘉靖、隆庆、万历间的江阴人李诩说:"余少时学举子业,并无刊本窗稿。有书贾在利考,朋友家往来,抄得灯窗下课数十篇,每篇誊写二三十纸,到余家塾,拣其几篇,每篇酬钱或二文或三文。……今(指隆庆、万历)满目皆坊刻矣,亦世风华实之一验也。"①生活在明中期的著名学者陆容也说:"宣德、正统间,书籍印版尚未广。今所在书版,日增月异,天下古文之象,愈隆于前已。"②这说明明代在嘉靖之前,刊本还比较少见,到嘉靖中叶之后,出版业开始勃兴,出版物数量骤然激增。关于这一点,还可以通过出版物数量来说明。《明代版刻综录》共著录图书7740种,其中万历以后出版的就有4720种。③

此外,我们也可以从文集出版数量激增和文人集社蜂起看到明代后期学术文化繁荣、阅读活动深入发展的状况。以《明史·艺文志》为例,洪武、建文间共有120余种文集,数量虽不算少,但其中包括了很多元末明初文人学者的作品,入明后的文人士大夫的文集很少。此后各朝代集部书籍扩增得十分迅速,文集数量一直在增加。从成化到正德共有文集约140种。嘉靖、隆庆两朝已达330种左右,万历至崇祯更达到350种以上。④ 这个数字明显反映了明后期学术文化的繁荣景象。

与明代后期学术文化繁荣有关的另一个现象是文人学士的结社活动兴起。以文会友,诗酒唱和,提倡风雅,是明代读书人的一种风

---

① 李诩:《戒庵老人漫笔》卷八《时艺坊刻》,北京:中华书局,1982年,334页。
② 陆容:《菽园杂记》卷十,北京:中华书局,1985年,129页。
③ 缪咏禾:《明代出版史稿》,南京:江苏人民出版社,2000年,15页。
④ 张廷玉等:《明史》卷九六《艺文一》至卷九九《艺文四》,北京:中华书局,1974年,2344—2501页。

气。南京为明朝的留都,是人文荟萃之地。从嘉靖以来,结社之风已经很盛。到天启末年,太仓人张溥、张采,苏州人杨维斗等所创办的应社,其最初的目的是利于士子应付考试,猎取功名,大家聚集在一起学习经义,揣摩风气,作为进身之阶,后来又集合多方面人士,以砥砺名节,"共兴复古学",因而改名复社。之后复社又将分布在大江南北的社集,如云间之几社、浙江之闻社、江北之南社、江西之则社、历亭席社、吴门之羽朋社、匡社、武林之读书社、山左之朋大社统合于复社,并于崇祯二年到五年(1629—1632),在南京和苏州共举行过三次大会,到会者有两千余人。①

这些最初以读书治学、讨论经义为目的的社集,虽然后来发展为具有政党性质的组织,但在这些社党内部能够形成浓厚的读书治学风气,有利于相互切磋借鉴,共同提高;在社党之间则容易形成竞争,能够激发群体读书治学的自觉性,从而推动学术文化的繁荣。所以,它们对明末文人学士读书治学的促进和社会文化气氛的营造具有积极的影响。

明代后期的学术文化思潮对这一时期的阅读活动产生了重要影响。

如前所述,明代后期的社会,在政治上是一个腐朽、黑暗、封建统治趋于崩溃的时代,但在思想文化领域却是一个具有启蒙意义的历史时代。反理学思潮、实学思潮、科学技术研究等,风云际会、浪潮滚滚,对明后期的阅读活动发展具有重要影响,并催生了许多杰出的读者和科学著作,对后世影响巨大。

阳明心学自嘉靖初年形成完整体系后,很快便进入了全盛时期。这个时期持续了半个世纪,之后,阳明心学于万历中期进入衰落期,到明清之际终于被实学思潮所代替而彻底败落下去。

---

① 谢国桢:《明末清初的学风》,北京:人民出版社,1982年,8页。

如前所述,全盛时的阳明学派"几遍天下"。它不仅控制着学界的文化势力,而且在很大程度上控制着政界的强大政治势力。"嘉、隆而后,笃信程、朱,不迁异说者,无复几人矣。"①阳明心学已经以国学的资格取代朱学而成为全社会的统治思想。

王守仁死后,阳明心学的继承者们又形成王学左派和王学右派两个分支。王学左派以浙中钱德洪、王畿、泰州王艮为首,主张"顿悟";王学右派以江右邹守益、聂豹、罗洪先、王时槐为首,倡导"渐修"。② 其中,以王学左派对明代后期的社会生活影响较大。王畿鼓吹"现成良知"说,认为"良知"不仅是先天的,而且是"现成"的,既不需要读书明理,也不需要砥砺德行,更不必进行社会实践,只要"从心悟入",便可"一了百当",只要"大彻大悟",便可"破千古之疑"。王艮为学"以悟性为宗",认为只要"于眉睫间省觉",便可当下顿悟"天机"。以邹守益为首的王学右派,虽然提倡"渐修",但也强调静坐敛心、无欲无思,同样在鼓吹虚无主义的世界观。③

王学末流空谈心性,一味"净心自悟"之风的蔓延,造成学界虚无主义和清谈之风的泛滥。因此,王学开始走向衰落。与此同时,学界求实致用的读书风气也在潜滋暗长。学者们倡导崇实黜虚的学术风气,反对王学末流的空疏、清谈之风,从而开启了明后期实学与反理学的学术思潮。这种思潮促使明后期的读书治学之风开始向博学求实、经世致用方向发展,并对明后期阅读活动的发展产生了深刻影响。

实学思潮的代表人物,首先是东林学派的顾宪成、高攀龙等人。他们"操履笃实"的治学风格与杜绝空谈、倡导实行的主张受到海内士大夫的赞同与呼应。继之而起的是复社领袖张溥。他针对学界高

---

① 张廷玉等:《明史》卷二八二《儒林一》,北京:中华书局,1974 年,7222 页。
② 冯天瑜:《明清文化史散论》,武汉:华中工学院出版社,1984 年,50 页。
③ 张显清:《晚明心学的没落与实学思潮的兴起》,见《明史研究论丛》第 1 辑,南京:江苏人民出版社,1982 年,307—338 页。

谈心性、不通经术,学而不能致用的时弊,倡导复社人要"兴复古学,务为有用"。同时,复社领袖们也开始致力于经世致用之学的研究和整理。如陈子龙编纂和整理的《明经世文编》《农政全书》,顾炎武编纂的《天下郡国利病书》等。

自然科学的复兴亦是实学思潮的标志之一。以李时珍、宋应星、徐光启、徐霞客为代表的一批科学家应运而生,读书界掀起了一股自然科学热。

西学的传入为自然科学热推波助澜,亦是实学思潮下的产物。万历年间,以利玛窦为代表的西方传教士将西方的科学文化传播到中国,当时的朝野上下掀起了一股学习西方科学文化的热潮。

随着实学思潮的兴起,考据学作为一种学派也形成和发展起来。它由陈第、焦竑开其端,由黄宗羲、顾炎武、方以智、王夫之等人发展壮大。学者们都能够博览群书,致力于经术的疏证辨伪、音韵的考证训诂、典籍的校勘辑佚,他们在史乘历算、地理金石、诗词文章等方面都进行了有益的探索。他们反对空谈心性,批评束书不观,提倡朴实说理,以实事求是的读书治学原则建立了考据学方法,对明代学术风气向求真务实的方向转变起着十分重要的作用,亦对有清一代朴学之风气的形成与发展产生了重要影响。

在明代后期的学术文化思潮中,被人们称为"异端之尤"的李贽是一个有着重要影响的人物。李贽继承了泰州学派的反叛思想,是一个坚定的反理学思想家。面对思想界的保守落后、空疏颓废现状,他公然以"异端"自居,猛烈地抨击封建传统教条,勇于批判盲目尊孔诵经的迷信思想,指出"六经"、《论语》、《孟子》并不是"万世之至论",而只是"道学之口实,假人之渊薮"①。其离经叛道之姿态可见一斑。

李贽的异端思想不仅表现在对传统伦理教条和孔孟经典的批判

---

① 李贽:《焚书》卷三《童心说》,北京:中华书局,1975年,99页。

和否定上,而且表现在对待文学作品的评价上。他十分重视明中后期出现的反映市民生活的通俗文学作品,并对其给予很高的评价。他将传奇、院本、杂剧、《西厢记》、《水浒传》与秦汉六朝文相比,称前者为"古今至文"①。这种前所未有的论断无疑顺应了当时由于商品经济的发展和市民阶层的日益扩大而兴起的通俗文学阅读的大潮。特别是他在《忠义水浒传序》中,对《水浒传》的文学价值和社会地位给予了很高的评价,认为《水浒传》是发愤之作,所描写的是忠心英雄。这些具有思想解放意味的观点和见解对明代中晚期通俗文学创作与阅读热潮的兴起无疑起到了推波助澜的作用。

一些有志于通俗文学创作的作家就是从这些理论中吸取了精神力量。如冯梦龙就是李贽的倾慕者。他"酷嗜李氏之学,奉为蓍蔡"②。思想家和作家彼此影响,促进着市民文学创作与阅读的繁荣。加之商品经济的发展,印刷业的发达,嘉靖以后陆续涌现出一批深受读者喜爱的作品。如果说《金瓶梅》是明代市民文学长篇小说的代表,"三言""二拍"则是短篇杰作的汇集。世情小说、历史演义小说、神魔小说、公案小说,成为当时的畅销书,从而掀起了明代小说阅读的高潮。此后一直到清代乾隆年间,话本小说的创作与阅读始终呈现繁荣景象。

当李贽的思想观点流行开来以后,明朝统治者把李贽视为"异端",禁毁他的著作,但士大夫却"多喜其书""其书之行于人间自若也"。③ 更有甚者,竟然"全不读'四书'本经,而李氏《藏书》《焚书》人

---

① 李贽:《焚书》卷三《童心说》,北京:中华书局,1975年,99页。
② 许自昌:《樗斋漫录》卷六,见《续修四库全书》第1133册,上海:上海古籍出版社,2002年,103页。
③ 顾炎武:《日知录》卷十八《李贽》,周苏平、陈国庆点注,兰州:甘肃人民出版社,1997年,828页。

挟一册,以为奇货"①。由此可见李贽在晚明知识界之影响,亦可见晚明社会之学术风气。

在商品经济日益发达,金钱观念日显强烈的明代中晚期,社会风气也在发生着变革。在这"风气之转移,俗尚之改革"②的时代,人们的读书观念也在发生着变化。许多士人已经不愿到科场中拼搏,而是去商业领域中竞争,连松江士大夫子弟也"不甚读书"。这并不是"父兄不知教,子弟不知学,正恐多财为累耳"③。《醒世恒言》中的《张孝基陈留认舅》有这样一则事例。一位身居尚书之位的"老贵人",家财万贯,生得五个儿子。但他只教长子读书,以下四子农工商贾,各执一艺。旁人认为此举"非上人之所为",劝他让五个儿子都"习儒"。而老尚书听罢旁人的劝言后哈哈大笑,并说出一番与"万般皆下品,唯有读书高"的传统观念相悖的话来:

> 世人尽道读书好,只恐读书读不了!
> 读书个个望公卿,几人能向金阶走?
> 农工商贾虽然贱,各务营生不辞倦。
> 春风得力总繁华,不论桃花与菜花。
> 一脉书香付长房,诸儿恰好四民良。④

由此可见,这位老尚书已经把工商业者列入与士子平等的地位。

不过,这一时期也出现了另一种现象:一些商人开始读书,出现了"商而兼士"的趋向。⑤ 这是因为一些商人认识到"贾为厚利,儒为

---

① 朱国桢:《涌幢小品》卷十六《李卓吾四则》,北京:中华书局,1959年,365页。
② 沈德符:《万历野获编·续编小引》,北京:中华书局,1959年,4页。
③ 何良俊:《四友斋丛说》卷三十四《正俗一》,北京:中华书局,1959年,313页。
④ 冯梦龙:《醒世恒言》卷十七《张孝基陈留认舅》,北京:人民文学出版社,1956年,331—332页。
⑤ 吴仁安:《明代江南社会风尚初探》,载《社会科学家》,1987年第2期,39—46页。

名高""及为子孙计,宁弛贾而张儒"。① 这种价值观念和人生追求的异动,正是明代中后期社会变革的反映。当然,这里所说的习儒与否,主要是指是否从事与读书有关的职业,并不是说是否读书。因为即使是从事工农商业者,也可能要读书。只不过他们所读不仅是出于业余爱好和消遣的需要,而且是出于职业需要。

总之,晚明社会,随着经济的发展、教育的普及、市民阶层的扩大、思想的解放、学术文化的繁荣、印刷业的发达,阅读活动进入了一个波澜壮阔的繁荣阶段。

二、阅读活动发展的地域文化特点

阅读活动作为一种社会现象,往往表现出明显的地域文化特点,所谓地域文化特点是指阅读活动发展的地域文化差异。一般来说,阅读活动发达的地区往往是政治、经济和文化教育发达的地区。这就是说,阅读活动的地域性是地域的政治、经济和文化发展不平衡的结果。

明代的阅读活动亦表现出明显的地域文化特点。特别是江浙和徽州地区,由于经济繁荣,文化教育发达,其重教尚读风气之浓厚,藏书与出版业之发达,文人学者之辈出,文献著述之繁富,皆为明代之首。它们不仅引领和促进着整个明代的读书风气和学术文化的发展,而且对后世产生了重要影响。

明代阅读活动较为发达的地区首推江浙,特别是人们习惯上所称谓的以苏、松、常、镇、宁、杭、嘉、湖等为核心的江南地区,即所谓"东南财赋地,江浙人文薮"。自南北朝以来,随着经济文化重心的南

---

① 汪道昆:《太函集》卷五十二《海阳处士金仲翁配戴氏合葬墓志铭》,胡益明、余国庆点校,合肥:黄山书社,2004年,1099页。

移,北方大批的人口南迁,至南宋已形成南强北弱的局面。"平江、常、润、湖、杭、明、越号为士大夫渊薮,天下贤俊多避地于此。"①元末北方战乱频仍,江南特别是东南诸省则散布着一些相对和平的绿洲,其中,以环太湖流域为核心的江南地区,随着经济、文化的高度发达,人口的急剧膨胀,以及地方望族、文化世家的兴起,成为明代阅读活动最为发达和繁荣的地区。

江南阅读活动之繁荣与发达,首先表现为这一地区文人辈出。如明代著名学者李濂在《书龙门子凝道记》中说:"我国家文运起于东南。故国初以来,江浙多文士。乃若宋景濂、刘伯温、苏平仲、王子充、方孝孺诸子,皆以文鸣于东南。其以诗名家者,则高季迪、杨孟载、张来仪、徐幼文、袁海叟辈,皆东南佳士也。"②在活跃于明初的文学流派中,诗文中就有吴派和越派。吴派是指以苏州为中心的苏南和浙西一带的诗人组成的流派。《明诗纪事》所收属于吴派的诗人共130余人,占所收明初诗人的33%左右。越派,即浙东诗派,《明诗纪事》所收明初浙东诗人共80余人,占其所收全部明初诗人的20%左右。③

明初如此,整个明代亦是这样。据《辞海》(文学分册)所录的人物,整个明代有文学家107人,而江苏和浙江就有57人,占全国总数的53.3%。④ 又据丁文江对《明史》有传者的统计,浙江、江苏、江西、安徽籍人物共有904人,占全国总数的近50%,其中江浙两省501人,占全国总数的27.12%。⑤ 在这个人文荟萃之地,产生了像刘基、

---

① 李心传:《建炎以来系年要录》卷二十,北京:中华书局,1956年,405页。
② 转引自张炯等主编《中华文学通史》卷三《古代文学篇》,北京:华艺出版社,1997年,373页。
③ 王学太:《以地域分野的明初诗歌派别论》,载《文学遗产》,1989年第5期,97—108页。
④ 转引自曹之《中国古籍编撰史》,武汉:武汉大学出版社,1999年,613页。
⑤ 转引自曹之《中国古籍编撰史》,武汉:武汉大学出版社,1999年,614页。

宋濂、瞿佑、陆深、归有光、王世贞、茅坤、胡应麟、屠隆、王穉登、焦竑、臧懋循、李之藻、徐光启、陈继儒、张溥、徐霞客、毛晋、凌濛初、冯梦龙等著名学者和作家。还有号称"娄东二张"之一的张采①，以及"娄东三凤"的张泰、陆釴、陆容②，他们都是工诗能文的博学宏词之士。

　　江浙作为文人学者之渊薮，往往引领着明代的读书风气。南京、苏州、扬州等地既是政治、经济的中心区域，也是文化发达和繁荣之地。尤其是南京为明朝的留都，各省文人学者集中于南京，使南京成为人文荟萃的城市。扬州为明代商业发达的城市，许多徽州商人迁居扬州，有很多成为市民中的知识分子。特别是自嘉靖以来，文人学士结社成风，南京、苏州成为社集的中心地区，大江南北的文人学士经常在这里会集，更使这里增加了浓浓的文化气氛。学术主张、文化信息在这里开风气之先，然后传播到全国各地。而且，大批的读书人聚散于这里，不但增加了这里的读者数量，改变着这里的读者成分，而且左右着江南乃至全国各地文人学者的阅读趣味。如弘治时期在文坛上掀起的复古运动成为当时的文化大潮。李梦阳《答周子书》言："弘治之间，古学遂兴。"③这一时期，王锜在他所著的《寓圃杂记》中记载道："吴中素号繁华……迨成化间，余恒三四年一入，则见其迥若异境……至于人才辈出，尤为冠绝。作者专尚古文，书必篆隶，骎骎两汉之域，下迨唐、宋未之或先。此固气运使然，实由朝廷休养生息之恩也。"④在该书卷五《苏学之盛》一则中，作者亦提及苏州"人材辈出，岁夺魁首。近来尤尚古文，非他郡可及"⑤。由此可见当时的苏州不仅是经济繁荣、文化发达之地，而且是明代社会学术文化的引

---

① 张廷玉：《明史》卷二八八《文苑四》，北京：中华书局，1974年，7404页。
② 张廷玉：《明史》卷二八六《文苑二》，北京：中华书局，1974年，7342页。
③ 李梦阳：《空同集》卷六十一《答周子书》，上海：上海古籍出版社，1989年，569页。
④ 王锜：《寓圃杂记》卷五《吴中近年之盛》，北京：中华书局，1984年，42页。
⑤ 王锜：《寓圃杂记》卷五《苏学之盛》，北京：中华书局，1984年，42页。

领者。

江浙是理学家最为活跃的地区。宋代的浙东就有金华、永康、永嘉三大学派,他们倡导读书要以经世致用为目的。到明代,有以"文臣之首"宋濂和以"读书种子"方孝孺为首的金华学派,有王守仁的"姚江学派"及其追随者"浙中学派"和"泰州学派"。他们作为明代理学的主要代表,使江浙成为明代理学的发源地。

江浙是明代文化教育最为发达和普及的地区。史称江南"人皆知教子读书""田野小民,生理裁足,皆知以教子读书为事"①。所以早在洪武初年,苏州府就已"虽闾阎村僻之所,莫不置句读师以训蒙童"②。万历时的松江府也是"虽乡愚村僻,莫不置句读师以训蒙童"③。明末著名文学家张岱曾描述其家乡余姚的风俗是"后生小子无不读书"④。在这种浓厚的读书气氛下,明代的江南是科举应试教育最发达的地区。据统计,明清两代全国共录

浙江兰溪进士第古宅

取进士51681人,而江南六府一州共考取进士6770人,占全国总数的13.10%。而魁科人物(状元、榜眼、探花及会元、传胪),明清两代全国共有1008名,江浙两省为481人,占全国总数的49.50%。而江浙

---

① 郑洛书修、高企撰:《嘉靖上海县志》卷一《风俗第三》,上海传真社影印,1932年。
② 卢熊纂修:《洪武苏州府志》卷十六《风俗》,北京:全国图书馆文献缩微复制中心,1992年。
③ 转引自李伯重《八股之外:明清江南的教育及其对经济的影响》,载《清史研究》,2004年第1期,1—14页。
④ 张岱:《琅嬛文集》卷一《夜航船序》,长沙:岳麓书社,1985年,49页。

两省的这些魏科人物,也大多集中在江南地区的六府一州中。① 另据地理学家陈正祥的统计,明代自洪武四年(1371)到万历四十四年(1616)的245年间,每科的状元、榜眼、探花和会元共计244人,而南直隶、浙江、江西、福建就有193人,占总数的近80％。② 此外,浙江南浔也是一个商业发达的集镇,在明中叶,科第极盛,有"九里三阁老,十里两尚书"之谚。③

读书风气甲天下的江南地区,刻书、藏书、著书亦在全国独占鳌头。苏、杭、宁三大城市以及湖州、无锡、常州、松江等地是江南出版业最集中的地区。仅苏、常地区有名的私人刻书家就有100多家。谢肇淛说:"天下刻书最精者,为南京、吴兴和徽州。"④胡应麟也说,"海内书,凡聚之地有四",而苏、杭、南京占其三,其中,"吴会、金陵擅名文献,刻本至多,巨帙类书,咸荟萃焉。商贾所资,二方十七,闽中十三,燕赵弗与也"。⑤ 按照这一说法,苏州和南京所刻书就已占到全国的70％。人才之盛,书坊之多,出版业之发达,造就了一个得天独厚的阅读环境。这样的环境必然会促进阅读活动的发展与繁荣。

与出版业发达相对应的是,江南的藏书家之多和私人藏书之丰富,不仅为出版业提供了丰富的资源,而且集中了众多的书籍爱好者,营造出一个浓浓的书香世界。清人孙从添说:"大抵收藏书籍之家,惟吴中苏郡、虞山(常熟)、昆山、浙中嘉、湖、杭、宁、绍最多。"⑥据范凤书《中国私家藏书史》的统计,浙江和江苏是中国藏书家数量最

---

① 周明初:《明清时期江南地区文学流派综论》,载《社会科学战线》,2008年第11期,165—171页。
② 陈正祥:《中国文化地理》,北京:三联书店,1983年,21页。
③ 转引自王日根《试论明清文化的世俗化》,载《社会科学辑刊》,1993年第1期,89—93页。
④ 谢肇淛:《五杂俎》卷十三《事部一》,上海:上海书店出版社,2009年,266页。
⑤ 胡应麟:《少室山房笔丛》卷四《经籍会通四》,北京:中华书局,1958年,55—56页。
⑥ 孙从添:《藏书纪要·鉴别》,见祁承㸁等《澹生堂藏书约》(外八种),上海:上海古籍出版社,2005年,35页。

多的两个省份,分别占全国总数的 22.58% 和 19.19%,而中国藏书家数量最多的十个市县是苏州、杭州、常熟、宁波、湖州、绍兴、福州、嘉兴、海宁、南京。① 吴晗《江浙藏书家史略》共收录江浙藏书家 889 人,其中生活在明代的藏书家,浙江有 88 人,江苏有 161 人。② 钱谦益说:

> 自元季迄国初,博雅好古之儒,总萃于中吴,南园俞氏、笠泽虞氏、庐山陈氏,书籍金石之富,甲于海内。景天以后,俊民秀才,汲古多藏……吴中文献,于斯为盛。③

这当然是指知名学者和藏书家,至于一般收藏者恐怕就更多了。从明代江浙经济繁荣、文化教育普及、文人学者辈出的情况来看,藏书已成为江浙地区的普遍活动和大众行为。对图书的热爱和重视已成为江浙地区的一种牢固观念和普遍风尚,具有鲜明的地域文化特色。如曾任南京后军都督府都事、左府经历的无锡藏书家秦汴就曾说:"得一万户侯,不如得万卷书。"④

经济的发达、教育的普及、学术文化的繁荣、刻书业的兴盛,它们共同作用,促进着江浙地区浓厚的读书风气的形成。如常熟黄镇在《村游即景》一诗中写道:

> 几家茅屋护疏篱,红树参差映碧溪。
> 更有幽人读书处,夕阳深巷板桥西。

其《溪阁新秋》一诗又写道:

---

① 范凤书:《中国私家藏书史》,郑州:大象出版社,2001 年,678—679 页。
② 吴晗:《江浙藏书家史略》,北京:中华书局,1981 年。
③ 钱谦益:《列朝诗集小传》丙集《朱处士存理》,上海:上海古籍出版社,1983 年,303 页。
④ 转引自江庆柏《图书与明清苏南社会》,载《中国典籍与文化》,1999 年第 3 期,45—51 页。

谁家楼馆新秋好,添得书声出粉墙。①

从茅屋到楼馆,不是读书处,就是读书声,真是一个美妙绝伦的书香世界。

浓厚的读书风气,不仅造就了一代又一代的文人学士,而且产生了大量的著述文字。如明代苏州籍文人中有著作的人就很多,《江苏艺文志·苏州卷》载,可以考知的达 1700 人之多,其中苏州 633 人,太仓 130 人,昆山 316 人,吴江 255 人,常熟 366 人。② 这是苏州地区阅读活动兴盛的结果,同时它更促进着该地区读书向学之风的兴盛。

江南地区阅读活动的发达与繁荣还表现在以市民为读者主体的通俗文学阅读的兴盛与繁荣方面。如前所述,商品经济的发展加速了江南地区城镇化的发展,城镇化的发展则促进了反映城镇社会生活的市民文学的生产与消费。由于江南地区得天独厚的经济和文化条件,明代通俗文学创作与阅读活动主要发源于该地区。如话本小说的代表"三言""二拍"就是产生自江浙,并在江浙流传开来的。据统计,从明末到清初的 30 部才子佳人小说中,就有 23 部的作者是江南籍。③

安徽的中部和南部是明代学术文化发达、阅读活动繁荣的又一个地区。

明代的皖中地区主要包括安庆府、庐州府与和州直隶州。这一地区文化繁荣、阅读兴盛的突出表现是桐城文化的勃兴。

明代的桐城,人文荟萃,人才辈出,硕学通儒不断涌现,达官显

---

① 转引自江庆柏《图书与明清苏南社会》,载《中国典籍与文化》,1999 年第 3 期,45—51 页。
② 缪咏禾:《明代出版史稿》,南京:江苏人民出版社,2000 年,76 页。
③ 任明华:《明清才子佳人小说的地域特征和兴盛原因》,载《曲靖师专学报》,1997 年第 2 期,1—8 页。

贵、文豪诗人接踵而出。及至清代,桐城派独领风骚,开一代学术雄风。其影响之大,人数之多,历史之久,成为中国文学史上重要的文学现象,在中国文化史上亦有着特殊的历史地位和价值。这种文化的繁荣源自桐城地区自北宋以来逐渐形成的尊师重教、重读尚文的优良传统以及发展到明代形成的浓厚的读书风气。如这里的民间广泛流传着"穷不丢书,富不丢猪"①的谚语,有"城里街衢曲巷,夜半诵声不绝。乡间竹林茅舍,清晨弦歌琅琅"②的好学景象。此外,皖中的庐州府在明代也是文化发达、读书尚文之风浓郁的地区。据统计,明代合肥县共出进士36人,舒城县为19人,明显超过其他州县的平均数。③

明代的皖南主要包括徽州府、宁国府、池州府、太平府和广德直隶州。它们是明代安徽文化最为发达的地区。其中最具代表性的是徽州文化。其博大精深,底蕴深厚,到明代已趋于辉煌。其中如徽商,为中国商界的一支劲旅。学术上,"新安理学"流传甚广,影响深远。新安画派人数众多,造诣颇深。徽派建筑、徽剧等亦是徽州文化之精华。

内容丰富、体系博大的徽州文化之所以在明代能够取得辉煌成就,一方面是因为它有着优越的自然环境和地理条件,即所谓"清荣峻茂,水秀山灵";另一方面是因为它拥有良好的人文环境和文化传统,这里自古就形成了重读向学的良好风气,到明代这种风气更为兴盛。

第一,徽州的文化教育发达。史称徽州是一个"虽十家村落,亦有讽诵之声"的"习尚知书"之地。特别是从唐宋以后,中原文化与经

---

① 汪福来主编:《桐城文化志》,合肥:安徽人民出版社,1992年,52页。
② 转引自张晓婧《论明代安徽书院的发展和区域文化的互动》,载《安徽史学》,2008年第2期,26—29页。
③ 吴宣德:《中国教育制度通史》卷四《明代》,济南:山东教育出版社,2000年,498页。

济重心逐渐南移。北方和中原大族不断迁来,地处江南的徽州因此出现"人物之多,文学之盛,称于天下"的壮观景象,于是形成了重读尚学的社会风气。这里的人把"天下第一等好事只是读书"[1]这样的话刻在门口左右,以警醒子孙后代。所以,"虽远山深谷,居民之处,莫不有学有师"[2]。特别是徽州书院的数量和影响到明末已达到海内之最。由于徽州人重视读书和教育,因此明代徽州籍进士有 392 人[3],中举者有 298 人[4]。

第二,徽州在南宋时期,"为朱子阙里",是"新安理学"的发源地,为"彬彬乎文物之乡也"。"新安理学"崛起于南宋,发展于元代,于明初达到鼎盛,虽后来衰落,但底蕴犹存,传统犹在。程朱理学几乎贯穿于整个徽州政教文俗之中。朱熹强调"穷理之要,必在于读书"。因此该地区形成重视读书、崇尚儒学的良好传统,从世族到平民无不以读书为荣、藏书为乐。特别是这里涌现出的那些学术名家,他们一方面进行学术研究,著书立说,阐发性理之说;另一方面讲学授徒,传播普及理学,使这一地区研读理学蔚然成风。"读朱子之书,服朱子之教,秉朱子之礼""虽十户之村,不废诵读。"[5]"家诵其书,人攻其学,而吾邦儒风之丕振,俊彦之辈出,号称东南邹鲁,遐迩宗焉。"[6]生活于"文献之邦"的徽州人,大多在童年时即承师受业,读书习字。其后有不少人虽弃儒从商,但还是"贾而好儒"。

第三,由于徽州有优越的自然、经济和文化条件,因此徽州是中国

---

[1] 转引自张晓婧《论明代安徽书院的发展和区域文化的互动》,载《安徽史学》,2008 年第 2 期,26—29 页。
[2] 转引自张晓婧《论明代安徽书院的发展和区域文化的互动》,载《安徽史学》,2008 年第 2 期,26—29 页。
[3] 缪咏禾:《明代出版史稿》,南京:江苏人民出版社,2000 年,96 页。
[4] 张翔:《〈四库全书〉与徽籍藏书家》,载《中国典籍与文化》,1999 年第 4 期,37—41 页。
[5] 李涵:《新安理学对徽州刻书的影响》,载《安徽史学》,2008 年第 5 期,116—118 页。
[6] 汪克宽:《万川家塾记》,见程敏政辑撰《新安文献志》卷十六,合肥:黄山书社,2004 年,404 页。

古代四大刻书中心之一,亦是明代出版业最为兴盛的地区之一。谢肇淛说:"今杭刻不称矣,金陵、新安、吴兴三地,剞劂之精,不下宋版,楚蜀之刻皆寻常耳。"①胡应麟也说:"凡刻(书)之地有三,吴也,越也,闽也。"②这里的吴就包括徽州和南京。明代的徽州隶属于江南。

明代徽州刻书,无论是官刻还是私刻,均内容正统、数量庞大、品质精良。其中,随着新安理学的兴盛,理学著作占据了重要地位,如官刻中的《晦庵语录》《四书集解》《朱子语录》等,私刻中的《上蔡先生语录》《四书集注》等。

徽州刻书的另一个特色是插入了版画。徽版图书,几乎是无图不书,而且其精致美观,无与伦比。它不仅对徽州人的阅读兴趣产生了巨大影响,而且它的风格特点和所刻读物传播到全国各地,对全国各地的读者也产生了重要影响。因此,它对整个中国的阅读文化发展亦有重要贡献。

徽刻《琵琶记》

第四,由于出版业发达,重读尚文之风兴盛,因此徽州也是明代藏书家最集中的地区。徽州商人"贾而好儒"已举世闻名。戴震说:"(徽州人)虽为贾者,咸近士风。"③许多徽商发迹后转而藏书、刻书。

---

① 谢肇淛:《五杂俎》卷十三《事部一》,上海:上海书店出版社,2009年,266页。
② 胡应麟:《少室山房笔丛》卷四《经籍会通四》,北京:中华书局,1958年,56页。
③ 戴震:《戴东原集》卷十二《戴节妇家传》,万有文库本,上海:商务印书馆,1934年,82页。

据统计,明清两代,仅徽州六邑就有藏书家130余人。①

第五,徽州人不仅喜欢刻书、藏书,而且热爱著书,这当然是重读尚文的结果。徽州文人既多,著述也富。清道光年间的《徽州府志》载,徽州人的著作有4000余种。② 另有学者考证,徽州历代有著作者1852人,书4175部。③ 再如歙县的江村,据清人江爱山所著《橙阳散志》载,该村共产生过78位作者,编著之书多达155种,作者包括名贤硕儒、富贾名宦,甚至还有名媛闺秀。④

除徽州之外,皖南地区的宁国府、池州府、太平府的文化和教育在明代也较发达。它们也都是"学士文雅彬彬,士知向学"⑤"才俊蔚兴,数百年不衰"⑥,具有浓厚的重读向学之风的地区。

除上述地区之外,明代阅读活动比较发达的地区还有山东、江西、福建、河南、山西、河北、北京等地。

特别是北京,自永乐十九年(1421)成为明朝首都后,为全国的政治、文化中心,也是书籍的最大集散地之一。胡应麟云:"今海内书,凡聚之地有四,燕市也,金陵也,间阖也,临安也。"⑦虽然北京是书籍的集散地,但它因为是政治中心,所以主要书籍以官刻书为主。朝廷各部门都刻书,其中最重要的是内府经厂和国子监,前者主要出版各种政务书、佛道藏和一部分经史,后者主要出版经史重典。

---

① 张翔:《〈四库全书〉与徽籍藏书家》,载《中国典籍与文化》,1999年第4期,37—41页。
② 转引自缪咏禾《明代出版史稿》,南京:江苏人民出版社,2000年,97页。
③ 转引自缪咏禾《明代出版史稿》,南京:江苏人民出版社,2000年,97页。
④ 张翔:《〈四库全书〉与徽籍藏书家》,载《中国典籍与文化》,1999年第4期,37—41页。
⑤ 《嘉靖池州府志》卷二《风土篇·俗尚》,见《天一阁藏明代方志选刊》,上海:上海古籍出版社,1982年,1页。
⑥ 《嘉靖宁国府志》卷八《人文纪中》,见《天一阁藏明代方志选刊》,上海:上海古籍出版社,1982年,1页。
⑦ 胡应麟:《少室山房笔丛》卷四《经籍会通四》,北京:中华书局,1958年,55页。

第二章 明代的文化专制政策对阅读活动的影响

思想文化领域内的专制向来是阅读活动的大敌。历代专制君主为维护其专制统治,必定要推行思想文化专制政策,以控制人们的思想和阅读自由。明朝是一个封建主义中央集权高度强化的时代,对思想文化的专制是其专制政治的重要组成部分。阅读活动作为一种思想文化的传播活动,必然是思想文化专制首选的对象。

第一节 罢黜百家,独尊儒术

明朝建立后,太祖朱元璋继承了传统的统治思想和经验,尊孔崇儒,提倡程朱理学。他多次诏示:"一宗朱子之书,令学者非'五经'孔孟之书不读,非濂洛关闽之学不讲。"[①]他曾对国子博士赵俶、钱宰、贝

---

① 陈鼎:《东林列传》卷二《高攀龙传》,见周骏富《明代传记丛刊·学林类》,台北:明文书局,1991年,136页。

琼等说:"汝等一以孔子所定经书为教,慎勿杂苏秦、张仪纵横之言。"赵俶"因请颁正定'十三经'于天下,屏《战国策》及阴阳谶卜诸书,勿列学宫"①。

永乐年间,成祖朱棣命翰林学士胡广、杨荣等编纂《五经大全》《四书大全》《性理大全》,并令付版印行。其中的《五经大全》共154卷,经注的依据是朱学,包括朱熹本人的著作,或朱熹弟子的著作以及朱熹推崇的理学家的著作。《四书大全》共36卷,是朱熹《四书集注》的翻版和扩大。《性理大全》共70卷,所收的著作,除两篇外,亦都是朱熹所作或所注。明朝通过这三部大全进一步确立了儒家思想特别是朱学的主导地位。

关于这三部大全的意义和地位,成祖在为它们所做的序中说:"使天下之人,获睹经书之全,探见圣贤之蕴。由是穷理以明道,立诚以达本,修之于身,行之于家,用之于国,而达之天下。使国不异政,家不殊俗,大回淳古之风。以绍先王之统,以成熙皞之治,将必有赖于斯。"②由此可见,成祖要通过三部大全的编纂和"天下之人"的阅读,达到统一思想、统一认识的目的。于是,它们便成了全国各级学校的统一教科书和科举考试的内容。如《四库全书总目》所言:"有明一代,士大夫学问根柢具在于斯。"③

---

① 张廷玉等:《明史》卷一三七《赵俶传》,北京:中华书局,1974年,3954—3955页。
② 朱彝尊:《经义考》卷二五六,见《四库全书》第680册,上海:上海古籍出版社,1987年,307页。
③ 永瑢等:《四库全书总目》卷三十六《经部四书类二》,北京:中华书局,1965年,302页。

第二节　书籍之禁毁

　　书籍禁毁是统治者对不符合其政治利益的读物所实施的封禁和销毁行为。它不仅反映着一个朝代的统治者的阅读观念,而且反映着一个朝代的统治思想和文化政策。然而,有趣的是,有些书尽管被官方三令五申地严禁,有收藏和阅读者罪致死,但仍然"野火烧不尽"地流传着,甚至是越禁越被读者所珍重,乃至就有"雪夜闭门读禁书"这样愉快无比的精神享受,形成了阅读史上一道奇特的景观。
　　一般来说,统治者所禁之书有两类:一是造谣惑众,宣扬封建迷信和色情,对社会有危害的读物;二是与统治者政治利益相违背,但对人民大众、社会发展和学术文化进步有益的读物。所以,对后者来说,它们能够被读者冒着生命危险去阅读,从而就具有了不同寻常的思想、政治和学术文化意义。
　　明朝统治者为了保证其"家天下"的长治久安,一方面,屡兴大狱,大肆杀戮文臣武将,严格控制士人的思想和言论自由,致使明初的文化精英受到空前的灾难;另一方面,通过禁毁书籍来对阅读活动实施禁限,以控制思想文化传播的自由。其范围之广,影响之大,与前代相比,有过之而无不及。不过,明代的禁书也与明代的文字狱一样,主要发生在明初,所以并没有对整个明代的阅读活动产生负面影响。

一、禁天文图谶及异说妖书

洪武六年(1373)颁发的《大明律》规定:"凡私家收藏玄象器物、天文图谶、应禁之书及历代帝王图像,金玉符玺等物者,杖一百。若私习天文者,罪亦如之,并于犯人名下追银一十两,给付告人充赏。"①这里的"天文图谶",当然是"应禁之书",因为它有预卜王朝兴衰、皇帝吉凶的作用,因此它是历朝历代所禁之书。但这里的"应禁之书"是什么书并没有说出来,这就给明代的禁书活动留下了随意的法律依据,所以明代许多书被禁毁并没有法律依据。对于撰写、刊行、销售或使用"妖书"的处罚,《大明律》规定:"造谶讳、妖书、妖言及传用惑众者,皆斩。若私有妖书,隐藏不送官者,杖一百,徒三年。"②在这之后,明王朝不断地重申"妖书"之禁。如成化八年(1472),宪宗下诏在各地出榜,晓谕民众,不许私藏和传习妖书。成化十年(1474),"因擒获妖人,追其妖书图本,备录其名目,榜示天下,以晓谕愚民"。其书有《番天揭地》《搜神记经》《金龙八宝混天机神经》等 95 种。③ 30 年之后,即弘治十七年(1504),吏部尚书马文昇又向皇帝建议,由都察院统一出具晓谕民众的榜文,再由各地翻印张贴,令收藏妖书者在半年内自首,将书送官烧毁,即可不予处分,地方官如乘机私自抄录民间交来的"妖书",当治罪,同时命令地方官继续访辑,如有以妖术、妖言惑众的,即行捕治。此外,皇帝也时常训示地方官员要加强对妖书的治理工作。如成化十三年(1477),宪宗就曾在郧阳巡抚吴道宏赴任前发布指示,要他到任后时常省谕民众,不许收藏应禁之书及捏造妖言。

---

① 《大明律》卷十二《礼律仪制》,怀效锋点校,沈阳:辽沈书社,1990 年,90 页。
② 《大明律》卷十八《刑律一·贼盗》,怀效锋点校,沈阳:辽沈书社,1990 年,134 页。
③ 余继登:《典故纪闻》卷十五,北京:中华书局,1981 年,266 页。

然而,尽管官方不断查禁,但妖书还是在不断产生和流传。如景泰年间,山东兖州府济宁州人陈福礼因避差役,与陈益四处逃散,夜行昼伏,并开始收集制造妖书,如《九龙战江神图》《通天玩海珠》等,还联合马文斌、刘参、安长、赫元贞、于福全、刘通等人进行讲说,"妖言惑众,谋为不轨",于成化八年(1472)二月被依法处置。对此,都察院出榜申明:"近来各处乡村,有等无籍之徒,捏造妖书妖言,煽惑人心,谋为不轨。除已经事发,明正典刑外,尤恐愚民无知,易惑难晓,冒犯宪章,害及身家,深为可怜。……近日以来,犯者愈众。"①成化二年(1466)八月,淄川人赵亮"以妖书惑众",被捕斩首。② 成化四年(1468),山东德平人张中,因得《金锁洪阳大策》等妖书,起意谋反,被捕后死于狱中。③ 嘉靖时,湖广麻城人万福民等"伪造妖书惑众,招纳亡叛",均被捕斩首。④ 万历二十四年(1596),罗元因"伪造天书,妖言惑众,谋不轨",被"处决枭示",其徒党也分别被判罪。⑤ 从这些例子可见:第一,"妖书妖言"虽经朝廷严禁,但"犯者愈众",其传播规模相当可观;第二,"妖书妖言"的收集、制造、传播和信奉者主要是"因避差役""逃移四散"、没有饭吃的破产流民,而且主要活动在山东、北直隶一带;第三,制造并传播"妖书妖言"的目的是组织队伍"谋为不轨"。从书名有"夺天""镇国定世""番天揭地"来看,其具有推翻朝廷统治的政治要求。由此也可见,"妖书妖言"之所以在不断产生、传播,是有着深厚的社会基础的。

---

① 转引自程德《关于成化年间'妖书妖言'案的一则史料》,见《明史研究论丛》(第3辑),南京:江苏古籍出版社,1985年,318—322页。
② 《明宪宗实录》卷三十三,台北:"台湾中央研究院历史语言研究所",1962年,664页。
③ 《明宪宗实录》卷五十九,台北:"台湾中央研究院历史语言研究所",1962年,1209—1210页。
④ 《明世宗实录》卷三十五,台北:"台湾中央研究院历史语言研究所",1962年,884页。
⑤ 《明神宗实录》卷三〇一,台北:"台湾中央研究院历史语言研究所",1962年,5651页。

二、禁"奸党"文字

明成祖朱棣以"靖难"夺得帝位后,把建文旧臣中不合作及公开抗争者指为"奸党"。以太常寺卿黄子澄、右副都御史练子宁、副都御史茅大芳、左佥都御史周璿、翰林院侍讲方孝孺为首,共50余人,均被诛杀并祸及九族。他们的著作被指为"奸党"文字,一概烧毁,有私自收藏者也被杀害。这些著作有《逊志斋集》(方孝孺)、《练子宁集》《茅大芳集》《程立本集》《王叔英集》以及《刍荛集》(周是修)、《程通集》等。

永乐三年(1405)十一月,庶吉士章朴"坐事与序班杨善同诖误,家藏有方孝孺诗文,善借观之,遂密以闻。上怒,逮朴,戮于市,而复善官"①。这仅仅是收藏、阅读方孝孺著作而被杀的一个例子。朱棣夺位后实行的大屠杀,长达十余年,被株连者多至数万人,史称"壬午之难"。而且,不仅是"奸党"分子及受株连的大批文人学士的著作被禁毁,就连那些与建文帝有关的文字也遭到了查禁。如永乐九年(1411)九月,通政司上言:"黄岩县民告豪民持建文时士人包彝古所进楚王书,聚众观之,书中多干犯语,请下法司究治。"②可以想见,这样的事例应该还有很多。

三、禁词曲、小说

永乐九年(1411)七月,明廷发布榜文:"但有亵渎帝王圣贤之词曲驾头杂剧,非律所该载者,敢有收藏传诵印卖,一时拿送法司究治。"成祖朱棣还亲自指示:"但这等词曲,出榜后,限他五日都要干净

---

① 夏燮:《明通鉴》卷十四,王日根等校点,长沙:岳麓书社,1999年,475页。
② 夏燮:《明通鉴》卷十六,王日根等校点,长沙:岳麓书社,1999年,507页。

将赴官烧毁了,敢有收藏的,全家杀了。"①这是能见到的明代禁毁词曲的一条法令。具体犯禁者结果如何,目前还无法进一步考证。

明朝所禁毁的小说,首先是《剪灯新话》和《剪灯余话》。《剪灯新话》作于洪武十一年(1378)左右,作者瞿佑(1347—1433)。它是用文言文写的模仿唐代传奇小说,又具有话本小说特点的一部描写贪官污吏、奸臣以及爱情故事的小说集。《剪灯余话》作于永乐十八年(1420)前后,作者李昌祺(1376—1452)。它是一部在体例、题材上追踵《剪灯新话》的作品,其中有几篇描写爱情故事的小说艺术成就较高,具有感人的艺术魅力。在明初文网严禁、文坛冷落,阅读受到压抑的情况下,它们的出现令人耳目一新,并很快在文坛上引起轰动。于是不断有人抄写、镂版,使之广泛流传开来,而且仿效之作也纷纷涌现,如《剪灯传奇》《剪灯续录》《剪灯琐语》等。

《剪灯新话》

然而,《剪灯新话》和《剪灯余话》两书的内容和寓意为当时的封建士大夫所不满,有人给它们加上了种种罪名。如正统七年(1442),

---

① 顾起元:《客座赘语》卷十《国初榜文》,北京:中华书局,1987年,347—348页。

国子监祭酒李时勉奏请销毁《剪灯新话》:"近有俗儒,假托怪异之事,饰以无根之言,如《剪灯新话》之类,不惟市井轻浮之徒,争相诵习,至于经生儒士,多舍正学不讲,日夜记忆,以资谈论;若不严禁,恐邪说异端,日新月盛,惑乱人心;乞敕礼部,行文内外衙门,及调提学校佥事御史,并按察司官,巡历去处,凡遇此等书籍,即令焚毁,有印卖及藏习者,问罪如律,庶俾人知正道,不为邪妄所惑。"①这份奏章提出从印刷、销售、收藏、阅读等各个环节严格控制《剪灯新话》一类小说,很快就得到英宗批准。之后不久,《剪灯余话》也因"作猥亵怪乱之语",一度遭到禁毁。如景泰年间,江西巡抚"以庐陵乡贤祀学宫,昌祺独以作《余话》不得入"②。

实际上,在明初,一是科举的诱惑,二是严刑峻法,使小说的生存环境十分恶劣,也致使小说阅读十分冷寂,发展缓慢。倒是戏曲承袭了元代的传统,创作和阅读十分火热。据徐渭(1521—1593)的《南词叙录》记载,朱元璋对元末高明所撰的《琵琶记》戏文极为欣赏。他说:"五经四书,布帛菽粟也,家家皆有;高明《琵琶记》,如山珍海错,富贵家不可无。"③所以朱元璋对"亲王之国,必以词曲一千七百本赐之"④。上有所好,下必甚焉。统治者的这种明确导向,肯定会影响到全社会的阅读趋向。

明代禁毁的另一部小说是《水浒传》。崇祯年间山东农民李青山以梁山为据点,聚众起义反抗朝廷。因此,朝廷认为此事是"《水浒传》一书,贻害人心"所致。于是在崇祯十五年(1642)六月,朝廷"大

---

① 《明英宗实录》卷九十,台北:"台湾中央研究院历史语言研究所",1962年,1813页。
② 都穆:《都公谭纂》卷上,丛书集成初编,北京:中华书局,1985年,26页。
③ 徐渭:《南词叙录》,见《中国古典戏曲论著集成》第三册,北京:中国戏剧出版社,1959年,240页。
④ 王利器:《元明清三代禁毁小说戏曲史料》,上海:上海古籍出版社,1981年,4页。

张榜示,凡坊间家藏《水浒传》并原版,尽令速行烧毁,不许隐匿"①。

四、禁"异端邪说"之书

明代"异端邪说"的代表人物是进步思想家李贽。李贽(1527—1602),号卓吾,又自号温陵居士,福建泉州人,曾做官为教谕、国子监博士、刑部员外郎、云南姚安知府,万历八年(1580)辞官,后专事著述讲学。他因不满当时的腐败政治,反对礼教,抨击道学而屡遭道学家的围攻和统治者的迫害。万历三十年(1602),李贽以"敢倡乱道,惑世诬民"的罪名,被捕入狱,后宁死不屈,自杀于狱中,该事件成为明代万历末年的一次典型的文字狱。

李贽生活在嘉靖、万历年间,这是中国封建社会日趋没落,资本主义出现萌芽的时代。李贽就是在这种时代条件下出现的一位非孔反儒的代表人物。他大胆怀疑和揭露传统的封建教条,敢于蔑视和否定孔孟的"绝对权威"。他反对"以是非为是非"②,把"六经"、《论语》、《孟子》斥为"道学之口实,假人之渊薮"③。李贽的著作很多,其中主要有《藏书》《续藏书》《焚书》《续焚书》等。明朝统治者曾两次下令"尽搜烧毁,不许存留"。如万历三十年(1602)二月,礼科都给事中张问达劾奏李贽说:"李贽壮岁为官,晚年削发,近又刻《藏书》《焚书》《卓吾大德》等书,流行海内,惑乱人心。以吕不韦、李国为智谋,以李斯为才力,以冯道为吏隐,以卓文君为善择佳偶,以司马光论桑弘羊欺武帝为可笑,以秦始皇为千古一帝,以孔子之是非为不足据,狂诞悖戾,未易枚举,大都刺谬不经,不可不毁者也。"④万历皇帝在这份上

---

① 王利器:《元明清三代禁毁小说戏曲史料》,上海:上海古籍出版社,1981年,17页。
② 李贽:《藏书·世纪列传总目前论》,北京:中华书局,1959年,1页。
③ 李贽:《焚书》卷三《童心说》,北京:中华书局,1975年,99页。
④ 《明神宗实录》卷三六九,台北:"台湾中央研究院历史语言研究所",1962年,6917页。

书的批语中说:"李贽敢倡乱道,惑世诬民,便令厂卫王城严拿治罪,其书籍已刊未刊者,令所在官司尽搜烧毁,不许存留。如有徒党曲庇私藏,该科及各有司访参奏来,并治罪。"①李贽死后将近20年,到天启元年(1621)九月,朝廷对其著作又下了第二次禁毁令:"李贽诸书,怪诞不经,命巡视衙门焚毁,不许坊间发卖,仍通行禁止。"②

由此可见,尽管朝廷下令禁毁李贽的著作,但他的书一直在流传。不仅如此,李贽死而书被禁,反倒使李贽的著作更为广泛地流传开来。当然主要还是因为李贽书中具有反叛精神的思想内容受到"后生小子"和文人学者的欢迎。如文坛领袖袁宏道说:"幸床头有《焚书》一部,愁可以破颜,病可以健脾,昏可以醒眼,甚得力。"③这样深入人心的作品岂是一道谕旨所能禁毁得了。因为李贽的书十分走俏,所以出现了一些假借李贽之名的伪书。如当时坊间出现的署名李卓吾的《四书第一评》《四书第二评》《评水浒传》《评琵琶记》《评拜月亭》等,实际上皆出自无锡人叶文通之手。④

李贽的书虽被明令禁毁,但如此盛行而热读不休,甚至还有为获利而假冒李贽之名的伪书行世,这实在是明代阅读史上的一道奇观。

五、献书遭禁

在明代所禁毁的书中,还有一类书是官员和儒士向皇帝敬献的书。这类书从内容上分主要有两类:一是与儒家思想相违背的或另

---

① 《明神宗实录》卷三六九,台北:"台湾中央研究院历史语言研究所",1962年,6919页。
② 顾炎武:《日知录》卷十八《李贽》,周苏平、陈国庆点注,兰州:甘肃人民出版社,1997年,828页。
③ 袁宏道:《袁宏道集笺校》卷五《尺牍》,钱伯城笺校,上海:上海古籍出版社,1981年,221页。
④ 周亮工:《书影》卷一,上海:上海古籍出版社,1981年,8页。

创立的理论学说,二是政治历史类著作。这两类书籍虽然在被禁之前不一定会广泛流传,但反映了明朝的文化专制政策对著述与阅读的禁限。

根据沈德符《万历野获编》卷二十五《著述》之"献书被斥"①以及其他一些资料的记载,这些被禁毁的书有朱友季《书传》,傅宽《太极图说》,陈公懋《删改四书朱子集注》《尚书注》《周易注》《大学注》《中庸注》,陈云章《大学疑》《中庸疑》《夜思录》,湛若水《二礼经传测》,任时《参两贞明图》,林希元《改编大学经传定本》,张世则《大学初议》,曹学全《野史纪略》,陈建私《皇明资治通鉴》,周成《治安备览》,安都《十九史节略》等。

上述书中,如朱友季之《书传》,陈登原在《古今典籍聚散考》中说:明太祖即位,"一宗朱子之学,学者非五经孔孟之书不读,非濂洛关闽之学不讲。成祖文皇帝益张而大之,命儒臣辑"五经""四书"及《性理全书》,分布天下。饶州儒士朱友季诣阙上书,专诋周程张朱之说,上览而怒曰:'此儒之贼也,命有司声罪杖遣,悉焚其所著书,无误后人。'于是邪说屏息,迨今二百余年"②。再如林希元、沈德符说他"博学多闻,所献书亦有见解。时方置经学不谈,遂得罪"③。由此可见,有些书是因为与当时的统治思想和学术风气相违背而被禁毁的。而实际上它们并不是一无是处,而是有一定学术价值的。如沈德符所言:"诸书中有未必无可采者,概火之置之,士之留心经学者盖寡矣。"④

明代的经学水平不高,处于低谷状态,与这种文化专制政策不无

---

① 沈德符:《万历野获编》卷二十五《著述》,北京:中华书局,1959年,633—634页。
② 陈登原:《古今典籍聚散考》卷一《明代之禁书》,上海:上海书店出版社,1983年,63—64页。
③ 沈德符:《万历野获编》卷二十五《著述》,北京:中华书局,1959年,634页。
④ 沈德符:《万历野获编》卷二十五《著述》,北京:中华书局,1959年,634页。

关系。不过有的书虽被"命毁之",但书中的内容因为有价值,还是得到了读者的认可,而流传开来。如陈公懋所进呈的《删改四书朱子集注》中,"以《孟子·冯妇章》'士则之'为句,时人传之"①。由此可见,读者对读物的评价是最公允的,也是最有生命力的。

实际上,尽管朝廷在不断严厉禁毁这些离经叛道的书籍,但直到明后期,一直有类似的读物在流行。如万历后期,一名叫冯琦的地方官上书道:"近日非圣叛道之书盛行,有误后学,已奉明旨,一切邪说伪书,尽行烧毁。"②如果这位官员没有夸大事实的话,那么这些"非圣叛道之书"已经不是少数几种在少数读者中流传了,而应是有多种这样的书在相当多的读者中"盛行"了。但它们到底如何盛行,盛行到何种程度,如何被读者阅读,我们还无法进行确切考察。

六、禁党争读物和八股文选本

党争读物,即明代后期因为统治集团内部斗争而产生的读物,并因为内部斗争而产生的一类禁书。如顾秉谦等人的《三朝要典》是熹宗天启年间"阉党"诬陷和攻击东林党人的产物,崇祯皇帝即位后,阉党失势,《三朝要典》被禁毁。

明代以八股文取士,所以,就像今天的高考辅导材料一样,八股文选本非常热销,各地书坊也因此而争相刊行,于是就出现了八股文选本泛滥、质量低下和参差不齐的问题。为整顿市场,避免误人子弟,朝廷下令严禁那些"不正"的八股文选本流传。如正德十年(1515),南京礼科给事中徐文溥上奏:"近时时文流布四方,书肆资之以贾利,士子假此以侥幸,宜加痛革。凡场屋文字,句语雷同,即系窃

---

① 沈德符:《万历野获编》卷二十五《著述》,北京:中华书局,1959年,634页。
② 王利器:《元明清三代禁毁小说戏曲史料》,上海:上海古籍出版社,1981年,93页。

盗,不许誊录。其书坊刊刻一应时文,悉宜烧毁,不得鬻贩。各处提学官尤当禁革。如或私藏诵习不悛者,即行黜退。"①武宗诏准。

由此可见,官方禁止八股文选本流传的目的有两点:一是促使士子们多读程朱理学原著,杜绝士子们仅仅依赖选本,不读原文,并以"假此而侥幸"的心理来求得功名的现象;二是防止士子们的阅读活动偏离了程朱理学的要旨,乃至产生程朱理学的叛逆者。

七、"制书"的编制及其强制性阅读

在明代出版的图书中,有相当一部分属于制书类著作。所谓制书包括两类,即"御制"和"敕修"。御制是皇帝亲自主持撰写的,敕修是皇帝下令编撰的。史料记载,明代这类书的总数大约有200种。②

根据缪咏禾《明代出版史稿》的分类,明代的制书内容大概有以下几种类型。③

训导皇子、皇孙和皇后的,如《公子书》《训世臣子弟》《储君昭鉴录》《圣学心法》《务本之训》《文华宝鉴》《帝训》《鉴古韵语》《历代公主录》《列女传》《内则》《女训》《女鉴》等。

教育藩王的,如《祖训条章》《昭鉴录》《纪非录》《永鉴录》等。

教育外戚的,如《外戚事鉴》《外戚要鉴》等。

教育功臣的,如《稽制录》《稽古定制》《相鉴》《世臣总录》等。

教育臣民的,如《御制大诰》《大诰续编》《大诰三编》《臣戒录》《集犯谕》《昭示奸党录》《诸司执掌》《为政要录》《清教录》《逆臣录》《省躬录》《志戒录》《贪醒录》《历代奸臣备传》《彰善瘅恶录》等。

---

① 《明武宗实录》卷一三二,台北:"台湾中央研究院历史语言研究所",1962年,2631页。
② 缪咏禾:《明代出版史稿》,南京:江苏人民出版社,2000年,134页。
③ 缪咏禾:《明代出版史稿》,南京:江苏人民出版社,2000年,135—136页。

教育武臣的,如《武臣大诰》《敕谕武臣》《武士训诫录》《武臣鉴戒》《忠义录》等。

公布法律和礼仪制度的,如《大明律》《大明令》《大明会典》《礼仪定式》《洪武礼制》《礼制集要》《行移减繁体式》《孝慈录》等。

皇帝亲自注释或敕修的儒学经典,如《御注〈洪范〉》《御注〈道德经〉》《御注〈论语〉》《〈孟子〉节文》《四书大全》《五经大全》《性理大全》等。

据《明史纪事本末补编》著录,由朱元璋亲自撰写或敕修的制书有48种,它们是《大明律令》《女诫》《元史》《大明集礼》《大明志》《宪纲》《存心录》《群经类要》《昭鉴录》《祖训录》《辨奸录》《大明律》《大明日历》《皇明宝训》《孝慈录》《道德经注》《洪武圣政记》《资世通训》《洪武正韵》《春秋本末》《臣戒录》《中外译语》《精诚录》《大明清类天文分野》《御制大诰》《大诰续编》《省躬录》《志戒录》《大诰三编》《洪范注》《武臣大诰》《武士训诫录》《武臣保守敕》《韵会定正》《〈孟子〉节文》《醒贪简要录》《诸司执掌》《稽制录》《永鉴录》《世臣总录》《寰宇通衢》《书传会选》《皇明祖训》《礼制集要》《稽古定制》《洪武志》《为政要录》及《大明律诰》。①

据统计,朱元璋之后的制书主要有以下几种:永乐朝,《五经大全》《四书大全》《性理大全》《历代名臣奏议》;宣德朝,《外戚要鉴》《历代臣鉴》《五伦书》《御制帝训》《御制官箴》;景泰朝,《寰宇通志》;天顺朝,《一统志》;成化朝,《文华大训》《大学衍义补》;弘治朝,《大明会典》;嘉靖朝,《重校大明会典》《明伦大典》《承天大志》;万历朝,《复修

---

① 彭孙贻:《明史纪事本末补编》卷一《秘书告成》,见谷应泰《明史纪事本末》,北京:中华书局,1977年,1513—1517页。

大明会典》。①

从上述书籍中可以看出,明朝的皇帝,特别是朱元璋,是善于运用和宣扬武功文治的典范。他们不仅用言传身教来教育子孙、训导文武大臣、告诫百姓,还十分重视阅读的教育意义和作用,以达到惩恶扬善,上下同心,巩固皇朝统治的目的。

上述书中,我们特别要注意的是朱元璋亲自为《尚书·洪范》和《道德经》作注以及对《孟子》进行删节,朱棣敕修《五经大全》《四书大全》和《性理大全》。明太祖和明成祖的行为都反映了明朝皇帝对儒学的尊崇和阅读的重视,反映了他们将程朱理学作为治国安邦的指导思想。

而朱元璋命儒臣对《孟子》进行删节,则体现了朱元璋极端的君主意识。

《孟子》中有"君之视臣如土芥,则臣视君如寇仇"之语。朱元璋读《孟子》,看到这句话时,想到自己以一介布衣的身份打天下,又用严刑酷典治天下,于是觉得孟子的这些话处处是在针对自己。尤其是《孟子》作为国子监和全国各地学校的教材,又是科举考试的出题范围,这岂不是自己让自己上圈套吗?朱元璋对此一直耿耿于怀。20多年后,他命翰林学士刘三吾对《孟子》进行删节。儒臣们经过反复揣摩,最后从全部《孟子》的250余条中删去了85条,并规定这删去的85条,"课士不以命题,科举不以取士"②。直到永乐九年(1411),《孟子》才恢复了原貌。

制书因为其作者是皇帝,而且大多数内容是帝王训诫臣民的文

---

① 彭孙贻:《明史纪事本末补编》卷一《秘书告成》,见谷应泰《明史纪事本末》,北京:中华书局,1977年,1513—1517页。龙文彬《明会要》卷二十六《编辑》,北京:中华书局,1956年,422—428页。
② 张廷玉等:《明史》卷一三九《钱唐传》,北京:中华书局,1974年,3982页。

辞,所以能够"朝出九重,暮行四海"①,其传播速度之快,传播范围之广,影响之大,远胜于其他类读物。而且,这个特点也决定了它们往往是通过强制性阅读来深入人心,发挥其文本作用的。上述制书中,朱元璋时期的四本"大诰"最具代表性。

"诰"是君主告诫臣民的文告。朱元璋发布的"大诰"共四种:《御制大诰》《大诰续编》《大诰三编》及《武臣大诰》。"大诰"的内容主要是一些案例,包括朱元璋对案例的分析评论及量刑标准等。朱元璋想通过这些案例来教育他的臣民,以达到"先教后刑""以刑去刑"的威慑目的,强调了刑罚对教化的重要性。

"大诰"从中央到地方都有刊刻。朱元璋要求"一切官民诸色人等,户户有此一本。若犯笞杖徒流罪名,每减一等;无者每加一等。所在臣民,熟观为戒"②。至于《武臣大诰》亦要求官兵及其家属"都与一本"③。朱元璋还规定把"大诰"作为全国各级学校的必读书,"……上令天下府州县民,每里置塾,塾置师,聚生徒教诵《御制大诰》,欲其自幼知所循守"④。并且它也被规定为科举考试的内容。

在朱元璋推行的种种规定下,"大诰"不仅在全国刊行,人手一册,而且在全国上下掀起了讲读高潮。社会上出现了一批讲诵"大诰"的讲师,讲师们率徒赴京,到礼部背诵"大诰"。"礼部较其所诵多寡,次第给赏。"⑤著名学者陶宗仪就曾率诸生赴礼部读"大诰",赐钞归。⑥ 对此,他还有《给赏诗》云:"讲明三诰阐王言,亿万师生沐湛恩。

---

① 焦竑:《国史经籍志》卷一《制书类》,丛书集成初编,北京:中华书局,1985年,5页。
② 朱元璋:《颁行大诰》,见钱伯城等《全明文》卷二十九,上海:上海古籍出版社,1992年,621页。
③ 朱元璋:《颁行大诰》,见钱伯城等《全明文》卷三十二,上海:上海古籍出版社,1992年,730页。
④ 《明太祖实录》卷二一四,台北:"台湾中央研究院历史语言研究所",1962年,3159页。
⑤ 李东阳等撰、申时行等修:《大明会典》卷七十八《学校》,台北:新文丰出版公司,1976年,1250页。
⑥ 张廷玉等:《明史》卷二八五《文苑一》,北京:中华书局,1974年,7325页。

晓起内庭催给赏,谨持宝楮出端门。"①甚至,"天下有读讲'大诰'师生,来朝者十九万余人,并赐钞遣还"②。十九万余人到京城里诵读"大诰",这真是明代阅读史上的奇观,在中国阅读史上亦属少见。这也反映了朱元璋君主专制统治在阅读活动中表现出的极端性。不过,这样的阅读情景并没有持续到终明一代。到明代中期,它渐渐退出了历史舞台。

---

① 陶宗仪:《南村诗集》卷四《十日给赏》,见《四库全书》第1231册,上海:上海古籍出版社,1987年,633页。
② 张廷玉等:《明史》卷九十三《刑法一》,北京:中华书局,1974年,2284页。

第三章 学术文化思潮对阅读活动的影响

　　一个时期的社会阅读不仅受政治环境和政策导向的左右,还受这一时期的学术文化发展水平的影响。这就是说,一个时期社会读书风气的形成和发展是政治和学术文化共同作用的结果。具体来说,一个时代的学术文化思潮必然会对一个时代的读者规模、阅读内容、阅读方法及其效果等产生深刻影响。

　　所谓思潮,是指在某一时期、某一社会条件下,社会上相当多的人所共同具有的思想。这些人在思想上相互呼应,彼此影响,并对社会产生了深刻影响。如梁启超所言:"能成'潮'者,则其'思'必有相当之价值,而又适合于其时代之要求者也。"①

　　明代处于中国封建社会的晚期,近代性质的社会特点已显端倪。特别是处于转折时期的明代中晚期,学术文化思潮激荡,风云际会。所以,在总结明代阅读史时,必须要考察这一时期学术文化思潮对阅读活动的影响。

---

① 梁启超:《清代学术概论》,北京:东方出版社,1996年,1页。

第一节 理学

如前所述,明代学术文化发展的最大特点之一,就是理学的兴盛及其在思想文化领域所占的主导地位。理学作为主流意识形态,必然会主导着明代的主流阅读趋势,从而影响到整个社会的阅读内容、方法和效果,同时会造就和催生出一批又一批的杰出读者。

程朱理学作为明朝的统治思想和主流学术文化,对明代阅读活动的影响主要表现在以下几个方面。

一、理学家是理学阅读的引领者

由于明朝政府以行政手段对理学阅读大加干预,因此明初成为程朱理学一统天下的时期。特别是这个时期的理学家,他们既是学界的领袖,又是杰出的读者,几乎都是朱熹门人的支流余裔,亦是明代理学阅读的承上启下者。他们师承有自,恪守家法,对宋儒之说亦步亦趋,不敢越雷池一步。其中的代表人物如"文臣之首"、金华学派的宋濂,人称"读书种子""程朱复出"①的方孝孺,人称"今之濂溪"②的曹端,河东学派的薛瑄,崇仁学派的吴与弼及其弟子胡居仁、娄谅、陈献章,还有由元入明的理学人物叶仪、谢应芳、汪克宽等。这些理学家往往被学界认为在学术上无所建树,其学说完全是宋人之余唾,甚至是前人之糟粕。如《明史·儒林传》所言:"至专门经训授受源

---

① 黄宗羲:《明儒学案·师说》,北京:中华书局,1985年,1页。
② 黄宗羲:《明儒学案·师说》,北京:中华书局,1985年,2页。

流,则二百七十余年间,未闻以此名家者。"①但他们的读书、治学风格对明初的学术文化和阅读活动产生了深刻的影响。这些影响可归纳为以下几点。

第一,明初的诸儒仍秉承程朱的阅读传统和观点。一是强调读书,重视读书;二是主张程朱理学为读书治学之旨归,以修身养性为要领。"谨绳墨,守儒先之正传,无敢改错。"②他们认为宋儒周、程、张、朱之书,乃道统正传,一切学问都必须以朱子之学为源,舍此而外,都不是学问。宋濂是朱学后裔金华学派的传衍人物。方孝孺为宋濂的入室弟子,尽传其学。他力主为学必须以朱熹之学为正宗。其学问文章公推为天下第一。其门人弟子亦众,影响亦广。其文章"每一篇出,海内争相传诵"③。曹端少年时即专心性理之学。读周敦颐和张载之《太极图》《通书》《西铭》,乃叹曰"道在是矣",遂"笃志研究,坐下著足处,两砖皆穿"④。《明史》评论他道:"明兴三十余载,而端起崤、渑间,倡明绝学,论者推为明初理学之冠。"⑤薛瑄十二岁时即以诗赋为人所称奇,后闻理学,乃尽焚所作诗赋,究心理学渊源,及至废寝忘食。其读书治学,一本程朱。他认为从四书五经到程朱之书都是道统正传,其他都非学问。他的门人弟子遍及北方诸省。其著作《读书录》,学者宗之,并被颁于国学,使六馆诵习。⑥"吴与弼,年十九,见《伊洛渊源图》,慨然响慕,遂罢举子业,尽读四子、五经、洛闽诸录,不下楼者数年"⑦,终成一代儒学大家。胡居仁"闻吴与弼讲学崇

---

① 张廷玉等:《明史》卷二八二《儒林一》,北京:中华书局,1974年,7222页。
② 张廷玉等:《明史》卷二八二《儒林一》,北京:中华书局,1974年,7222页。
③ 张廷玉等:《明史》卷一四一《方孝孺传》,北京:中华书局,1974年,4020页。
④ 张廷玉等:《明史》卷二八二《儒林一》,北京:中华书局,1974年,7238页。
⑤ 张廷玉等:《明史》卷二八二《儒林一》,北京:中华书局,1974年,7239页。
⑥ 张廷玉等:《明史》卷二八二《儒林一》,北京:中华书局,1974年,7229页。
⑦ 张廷玉等:《明史》卷二八二《儒林一》,北京:中华书局,1974年,7240页。

仁,往从之游,绝意仕进"①。其读书以程朱为宗,力倡读书穷理,涵泳体验。他指出穷理之方多端:"读书得之虽多,讲论得之尤速,思虑得之最深,行事得之最实。"②

第二,强调躬行践履。薛瑄说:"自考亭以还,斯道已大明,无烦著作,直须躬行耳。"③因此,他"修己教人,以复性为主,充养邃密,言动咸可法"④,他强调在日常生活和读书治学中要不断自我反省;每件事都要处理合宜,不能轻忽;语言和行动都要有据可依,成为人们的榜样,这样才会有浩然之气。他把平时读书所得随手记下,成《读书录》八卷,因内容风格平易简洁,所以为学者宗之。方孝孺也认为朱熹学问的根底在于"博文以致其知,主敬以笃其行,而审于义理之辨"⑤。因此他特别主张应将读书治学与洒扫应对、处世接物相结合,以养心志。曹端读书治学亦强调笃践履,身体力行。胡居仁在谈到自己的读书经历时说:"自受教于临川吴先生之门,乃知古昔圣贤之学,以存心穷理为要,躬行实践为本。故德益进,身益修,治平之道固已有诸己。是以进而行之,足以致君泽民,退而明道。亦可以传于后世,岂记诵词章,智谋功利之可同日语哉?"⑥吴与弼弟子谢复,"闻与弼倡道,弃科举业从之游。身体力行,务求自得"⑦。有人问他求学之道,他说:"知行并进,否则落记诵诂训矣。"⑧明代理学学者在读书治学中往往强调笃行与自得。这既是对朱子读书法的继承与发展,亦是明代理学没有建树的原因之一。

---

① 张廷玉等:《明史》卷二八二《儒林一》,北京:中华书局,1974 年,7232 页。
② 胡居仁:《居业录》卷二,丛书集成初编,北京:中华书局,1985 年,16 页。
③ 张廷玉等:《明史》卷二八二《儒林一》,北京:中华书局,1974 年,7229 页。
④ 张廷玉等:《明史》卷二八二《儒林一》,北京:中华书局,1974 年,7229 页。
⑤ 方孝孺:《逊志斋集》卷十四《赠庐信道序》,四部丛刊本,42 页。
⑥ 胡居仁:《胡敬斋集》卷二《奉于先生》,丛书集成初编,北京:中华书局,1985 年,9 页。
⑦ 张廷玉等:《明史》卷二八二《儒林一》,北京:中华书局,1974 年,7241 页。
⑧ 张廷玉等:《明史》卷二八二《儒林一》,北京:中华书局,1974 年,7241 页。

第三，理学家们以坚守节操，坚持正义为楷模。这方面以"读书种子"方孝孺和薛瑄最为典型。人称"读书种子"的方孝孺拒绝为靖难之变后夺取帝位的朱棣草拟诏书，在成祖面前投笔大骂，结果被朱棣处以磔刑。另有方孝孺的一些追随者因方孝孺被杀或郁愤而死，或不与成祖合作而自尽，如刘政、方法、楼琏等。① 薛瑄因为官清廉公正，刚直不阿，得罪了宦官王振，被下狱论死。临刑前，他仍读《易》自如。这些事迹固然不是理学家们读书治学的特点，却是这些读书人的人格特点和读书治学的结果。

二、程朱理学著作作为统一读物

将程朱理学著作规定为全国上下士子学人的必读书。如前所述，这有三方面的原因，一是出于官方统一思想的需要，二是为了强调经典阅读的伦理教化功能，三是朱熹的著作，如《四书章句集注》《诗集传》《楚辞集注》，释词精确，简洁易懂，确实能够作为一种比较好的教材，明朝官方就把它指定为教科书而家传户诵。太祖朱元璋多次诏示："一宗朱子之书，令学者非五经孔孟之书不读，非濂洛关闽之学不讲"②。洪武三年（1370），明朝恢复科举考试，内容以程朱理学为主。永乐十二年（1414），成祖命胡广、杨荣、金幼孜、叶时中等39人集注诸家传注而撰修《五经大全》

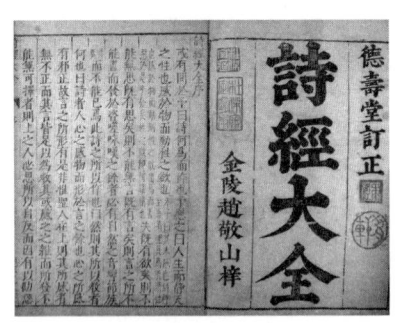

《诗经大全》

---

① 张廷玉等：《明史》卷一四一《方孝孺传》，北京：中华书局，1974年，4021页。
② 陈鼎：《东林列传》卷二《高攀龙传》，见周骏富《明代传记丛刊·学林类》，台北：明文书局，1991年，136页。

《四书大全》《性理大全》。成祖亲自为之作序,并命颁行天下。于是这些书就成为全国上下家喻户晓的读物。如明末学者张岱描述其家乡余姚读书的情形:"故凡百工贱业,其《性理》《纲鉴》皆全部烂熟。"①至于科举,如清人朱彝尊所言:"世之治举业者,以四书为先务,视六经为可缓;以朱子之家礼弗敢行也;推是而言,《尚书》《春秋》,非朱子所授,则朱子所与也;言不合朱子,率鸣鼓而攻之。"②朱子之书成为天下士子的唯一读物。

三、理学盛行时的杰出读者众多

整个明代,理学作为学术文化主流,其相关著作必然会成为几百年的主要阅读对象。在这浩荡的理学传播和阅读过程中,必然会产生无数的杰出读者和学者,他们是理学阅读的杰出代表和理学阅读的推动者。如李仕鲁,字宗孔,濮(今河南濮阳县)人。"少颖敏笃学,足不窥户外者三年。闻鄱阳朱公迁得宋朱熹之传,往从之游,尽受其学。"③闫禹锡,字子与,洛阳人。闻河津薛瑄讲濂洛之学,往受业。薛瑄告之曰:"为学之要,居敬穷理而已。"禹锡"得其大指,益务力行"。④赵逯,字子重,东平人。"生平好濂、洛诸子之学,于明独好薛氏《读书录》。"⑤高攀龙,字存之,无锡人。少读书,辄有志程、朱之学,举万历十七年(1589)进士。⑥陈真晟,字晦德,漳州镇海卫人。弃举业,笃志圣贤之学。读《大学或问》,见朱程之说,专心克治。撰《程朱正学纂

---

① 张岱:《琅嬛文集》卷一《夜航船序》,长沙:岳麓书社,1985年,49页。
② 朱彝尊:《曝书亭集》卷三十五《道传录序》,上海:商务印书馆,1935年,297页。
③ 张廷玉等:《明史》卷一三九《李仕鲁传》,北京:中华书局,1974年,3988页。
④ 张廷玉等:《明史》卷二八二《儒林一》,北京:中华书局,1974年,7230页。
⑤ 张廷玉等:《明史》卷二八二《儒林一》,北京:中华书局,1974年,7235页。
⑥ 张廷玉等:《明史》卷二四三《高攀龙传》,北京:中华书局,1974年,6311页。

要》。① 何瑭,字粹夫,武涉人。十九岁读许衡、薛瑄遗书,辄欣然忘寝食。② 朱廉,字伯清,义乌人。好程、朱之学,尝取《朱子语类》,摘其精义,名曰《理学纂言》。③ 李德,"初好为诗,晚究洛、闽之学,谓诚意为古圣喆心要",为岭南理学领袖。④ 黄佐,"学以程、朱为宗,惟理气之说,独持一论。平生撰述至二百六十余卷"⑤。邵宝,"学以洛、闽为的,尝曰:'吾愿为真士大夫,不愿为假道学'"⑥。王侣,字仲襄,蒲城人,年十六,闭户诵读,自失以七年为期,常昼夜攻读,父兄以为他在习举子业,乃其所研究者则"五经"、《性理》、《传习录》等书。⑦ 冯从吾,"生而纯悫,长志濂、洛之学,受业许孚远。罢官归,杜门谢客,取先正格言,体验身心,造诣益邃"⑧。张舜典,自诸生时,即潜心理学,亦受学于理学名儒许孚远,任开州学正时,与诸生朝夕探究五经四书外,多濂、洛、关、闽之书,不以举业为先。⑨ 李颙,年十七得《冯少墟先生集》读之,恍然悟圣学渊源,乃一意究心经史,求其要领。⑩ 赵应震,乐语程、朱之学,阅"五经"、《性理》诸书,知圣贤理蕴在此。归里,读书清凉山寺,购书万卷,执经问学者盈门。⑪ 张鼎,日勤励于圣贤之学,诸子百家虽靡不研究,而一禀于濂、洛、关、闽之旨。⑫ 罗钦顺,里居二十余年,足不入城市,潜心格物致知之学。⑬ 吕柟,接薛瑄之传,

---

① 张廷玉等:《明史》卷二八二《儒林一》,北京:中华书局,1974年,7242页。
② 张廷玉等:《明史》卷二八二《儒林一》,北京:中华书局,1974年,7256页。
③ 张廷玉等:《明史》卷二八五《文苑一》,北京:中华书局,1974年,7320页。
④ 张廷玉等:《明史》卷二八五《文苑一》,北京:中华书局,1974年,7333页。
⑤ 张廷玉等:《明史》卷二八七《文苑三》,北京:中华书局,1974年,7366页。
⑥ 张廷玉等:《明史》卷二八二《儒林一》,北京:中华书局,1974年,7246页。
⑦ 王心敬:《关学续编》卷一《元洲单先生》,北京:中华书局,1987年,84页。
⑧ 张廷玉等:《明史》卷二四三《冯从吾传》,北京:中华书局,1974年,6315页。
⑨ 王心敬:《关学续编》卷一《鸡山张先生》,北京:中华书局,1987年,75页。
⑩ 王心敬:《关学续编》卷一《二曲李先生》,北京:中华书局,1987年,85页。
⑪ 李元春:《关学续编》卷二《廉夫赵先生》,北京:中华书局,1987年,101页。
⑫ 冯从吾:《关学编》卷三《大器张先生》,北京:中华书局,1987年,32页。
⑬ 张廷玉等:《明史》卷二八二《儒林一》,北京:中华书局,1974年,7237页。

学以穷理实践为主。"时天下言学者,不归王守仁,则归湛若水,独守程、朱不变者,惟柟与罗钦顺。"①如此事例,不胜枚举。仅明人冯从吾所著《关学编》就收明代关中理学家40多人。② 他们都是贯通"五经",笃于程、朱,著作等身的杰出读者。

四、关于理学阅读的评价

明朝建立后,统治者将程朱理学作为统治思想和官方哲学,全国上下,从士大夫到平民百姓,非孔孟之书不读,非程朱之学不讲,程朱理学在学界占据一统天下的地位。客观上讲,这对巩固明王朝政权,维护社会稳定,恢复儒学传统,继承和弘扬中国传统文化,建立和巩固中华民族的统一帝国具有十分重要的意义。

从阅读活动本身讲,尽管程朱理学的内容是狭窄的,思维是保守的,但作为一种思潮和历史传统,它对整个社会的阅读发展所起的推动作用是巨大的。特别是它吸引了无数读书人心无旁骛地潜心钻研,乃至毕生以此为业而皓首穷经。读书人的这种阅读行为体现了中华民族优秀的阅读文化传统和精神意志,并起到了承前启后的历史作用。

从学术史角度来讲,由于元代特殊的政治和文化环境,理学已呈衰落趋势。而明代的情况,如前所述,在官方的专制统治和学术传统的影响下,虽然理学得到了发展和繁荣,但出现了两个问题:一是学者们阅读面狭窄,除程朱著作外,几乎无书可读,读书界患了"贫血症";二是从阅读思维上看,读者们往往株守程朱之书,于宋儒之说亦步亦趋,不敢越雷池一步。思想没有自由,而陷入僵化、呆滞状态。

---

① 张廷玉等:《明史》卷二八二《儒林一》,北京,中华书局,1974年,7244页。
② 冯从吾:《关学编》,北京:中华书局,1987年,26—102页。

少有研究和创新的学术环境就决定了明代理学阅读的思维定式。读者在阅读中,只能是"'六经'注我",而非"我注'六经'"。这种被动的、不能对文本意义进行再创造的阅读对学术文化乃至整个社会的进步都产生了不良影响。

特别是在这样的文化氛围下,理学阅读失去了其本应有的趣味性,成为一块求取功名的敲门砖。在阅读方法上,它已变得非常机械、死板和肤浅,并且越来越具有急功近利性。如当时有人批评道:"读儒书者,以口滑熟记为功,剿袭称博,撷拾成文,引获功名,便为效验。"①一种本该生机勃勃的阅读活动,发展到这样的地步,不仅是学术文化的悲哀,而且是阅读文化的不幸。

第二节　心学思潮

心学是明中期出现的一种社会思潮。它持续的时间近百年,门徒遍布中国,对明代的政治、经济、学术文化以及阅读活动的发展产生了深刻影响。

一、产生背景

程朱理学在明代前期经过一段极盛之日,到明中叶已逐渐暴露出弊端。如朱熹提倡"即物穷理",主张广泛考察,但学者们如果对其学说缺乏统御力,便会失之于支离破碎;朱熹主张穷尽天理,而后学

---

① 崔布道人:《〈醒风流传奇〉序》,见大连图书馆《明清小说序跋选》,沈阳:春风文艺出版社,1983年,94页。

往往不注重自身修养；特别是学者们因固守朱子之书，毋敢逾尺寸，更养成学人的恭顺附和，缺乏创新的思维和独立的人格。这样，理学经过一段"述朱期"，日渐衰颓无朝气，对士子失去了吸引力。与此同时，明代政治经过洪武、永乐的鼎盛阶段，自宣德以后，逐渐步入中衰。到明武宗时期，土地兼并、财政危机、宦官干政、流民滋生、农民起义、王侯叛乱等问题接踵而至。于是，学者中的忧国之士，开始探讨思想文化领域里的问题。一种抛却朱学，另寻新义的要求，在学术界酝酿着。于是陈献章、王守仁之学便应运而生。如顾炎武所说："盖自弘治、正德之际，天下之士，厌常喜新，风气之变，已有所自来。而文成以绝世之资，唱其新说，鼓动海内。"①

二、代表人物及其思想

明代理学思潮的变化自吴与弼始已有迹象。吴与弼的读书思想强调反求吾心，以"静观""夜思"为修学的功夫。这同朱熹的读书论已有所区别，而更接近于陆九渊的涵养本心说。其门人陈献章、胡居仁的学说正是由吴与弼的读书思想衍变而来，成为王守仁心学的发端。

陈献章，字公甫，别号石斋，广东新会白沙里人。白沙里地处西江入海之江门，所以后世学者称其学为"江门之学"。陈献章曾举正统十二年（1447）乡试，后会试不第，遂从吴与弼学，于古圣贤之书无所不读，但"未知入处"，半载而归，于是"专求用力之方""读书穷日夜不辍。筑阳春台，静坐其中，数年无户外迹"②，后又复入太学，并以其

---

① 顾炎武：《日知录》卷十八《朱子晚年定论》，周苏平、陈国庆点注，兰州：甘肃民族出版社，1997年，825页。
② 张廷玉等：《明史》卷二八三《儒林三》，北京：中华书局，1974年，7261页。

学识名震京师。陈献章归乡后,四方来学者日众。陈献章之学,"以静为主。其教学者,但令端坐澄心,于静中养出端倪"①。他认为"观书博识,不如静坐"②。他虽然不重视读书,但强调读书必以涵养心性为指归,主张"学贵知疑"。特别是他的主观唯心主义及由此形成的"江门学派"已开始脱离程朱理学的客观唯心主义轨道。他一反明初学者因循程朱,恪守宋人矩矱的习气,倡导一种独立思考,而不是"师云亦云"的新学风。虽然他的影响远没有王守仁大,但他的学说和其影响意味着明初以来朱学一统天下局面的结束,学术思潮开始向"心学"转移。如《明史》所言:"学术之分,则自陈献章、王守仁始。宗献章者曰江门之学,孤行独诣,其传不远。"③

继陈献章之后,心学的继承者有胡居仁、娄谅、湛若水以及王守仁等。其中湛若水为江门学派的代表人物,王守仁则是"王学"的创始人。

湛若水,字元明,号甘泉,广东增城人。弘治五年(1492)举于乡,后从陈献章游,成为陈献章"江门之学"的传人。弘治十八年(1505)中进士,选庶吉士,授翰林院编修。当时王守仁正在吏部讲学,"若水与相应和"④。因母丧归乡守制,筑西樵讲舍,士子来学者众。嘉靖初入朝,历任南京国子监祭酒、礼部、吏部、兵部尚书。曾作《心性图说》以教士子。又仿邱浚《大学衍义补》作《格物通》,上于朝。晚年致力于著述讲学。

湛若水初与王守仁同讲学,后各立宗旨。王守仁以"致良知"为宗,湛若水以"随处体验天理为宗"。湛若水说:"阳明与吾言心不同。阳明所谓心,指方寸而言。吾之所谓心者,体万物而不遗者也,故以

---

① 张廷玉等:《明史》卷二八三《儒林三》,北京:中华书局,1974年,7262页。
② 陈献章:《陈献章集》卷三《书二》,孙海通点校,北京:中华书局,1987年,269页。
③ 张廷玉等:《明史》卷二八二《儒林一》,北京:中华书局,1974年,7222页。
④ 张廷玉等:《明史》卷二八三《儒林二》,北京:中华书局,1974年,7266页。

吾之说为外。"①由于湛若水之心学在当时学界影响很大,因此当时有"天下言学者,不归王守仁,则归湛若水"②之说。

明代心学的真正开创者是王守仁。王守仁,字伯安,余姚人。年十七拜谒著名学者娄谅,"与论朱子格物大指"。还家,日端坐,讲读五经,不苟言笑。游九华山后,筑室阳明洞中。泛滥二氏学,数年无所得。被谪贵州龙场后,"穷荒无书,日绎旧闻。忽悟格物致知,当自求诸心,不当求诸事物,专以致良知为主"。于是,"学者翕然从之,世遂有'阳明学'云"③。

王守仁从辞章之学到程朱之书,而后又出入于佛老,经过几次变化,最后在没有书读的蛮荒之地,悟得"格物致知"之道是"自求诸心",由此而创立"心学"。"心"即人的意识,在这里是第一性的、本源的东西。这与朱熹的以"天理"为最高范畴的客观唯心主义学说大不相同,它是一种彻底的主观唯心主义学说。其心学的主旨是"心即理"说和"致良知"说,其实行路径是"知行合一"。

三、对阅读活动的影响

嘉靖以降,王学风靡天下,成为一种学术主流,学术界产生了朱学让位于王学的大转变。"学术之分,则自陈献章、王守仁始……宗守仁者曰姚江之学,别立宗旨,显与朱子背驰,门徒遍天下,流传逾百年,其教大行,其弊滋甚。嘉、隆而后,笃信程、朱,不迁异说者,无复几人矣。"④《明史》作者显然对王学持否定态度,而对程、朱之学仍然持拥护态度。

---

① 张廷玉等:《明史》第二八三《儒林二》,北京:中华书局,1974年,7267页。
② 张廷玉等:《明史》卷二八二《儒林一》,北京:中华书局,1974年,7244页。
③ 张廷玉等:《明史》卷一九五《王守仁传》,北京:中华书局,1974年,5168页。
④ 张廷玉等:《明史》卷二八二《儒林一》,北京:中华书局,1974年,7222页。

王学成为明代中后期的显学。按《明儒学案》的分类,王学有浙中、江右、南中、楚中、北方、粤闽、泰州七大系统。其中,以王艮为代表的泰州学派对明后期社会生活影响较大,特别是其后期的发展过程已表现出明显的反理学的"异端"色彩。

一百余年中,王学不仅是一种学术主流,而且成为一种强大的政治势力。隆庆元年(1567),明廷追赠王守仁新建侯,谥文成。万历十二年(1584),钦准王守仁从祀文庙。王学极盛可见一斑。

波澜壮阔、影响深远的心学思潮不能不对读书界产生深刻影响。这些影响至少有以下几个方面。

第一,它对打破读书界的思想僵化局面,使人们摆脱旧权威、旧教条的束缚具有积极作用。特别是王守仁提出的"明学术,变士风,以成天下治"①的救世主张为学术界注入了新的理论血液。王学鲜明的观点和与朱学背道而驰的学说,引导着读者以批判的、反传统的思维去读朱子之书,求朱子之学,改变了人们的阅读思维和价值观念。

第二,王守仁虽然强调良知为"自在性",但也否认"生而知之"者,因此并不主张废止读书。他尝言:"诵读经史本亦学问之事,不可废者。"②他的门人、浙中学派的代表人物王畿说:"或谓先师尝教人废书,否,不然也。读书为入道筌蹄,束书不观,游谈无经,何可废也?古人往矣!诵诗读书而论其世,将以尚友也,故曰:'学于古训乃有获。'学于古训,所谓读书也,鱼兔由筌蹄而得,滞筌蹄而忘鱼兔,是为玩物丧志,则有所不可耳。"③王守仁还认为通过读书可以获得知识。

---

① 王守仁:《王阳明全集》卷二十二《送别省吾林都宪序》,上海:上海古籍出版社,1992年,884页。
② 王守仁:《王阳明全集》卷五《文录二》《与黄勉之》,上海:上海古籍出版社,1992年,192页。
③ 王畿:《龙溪王先生全集》卷十《答吴悟斋》,四库全书存目丛书,济南:齐鲁书社,1997年,439页。

他说:"六经者非他,吾心之常道也。"①他又说:"六经原只是阶梯。"②这反映了王守仁"读书工具论"的思想。此外,王守仁也反对为读书而读书,要求读书必须考之于心,批评一般学者溺于读书而不知自反其身的弊端,提出"六经者吾心之记籍也,而六经之实则具于吾心"③。他还批评学者们对六经进行无根据的考索,只停留在对文字与意义的表面探索上,以及对六经的意义进行浅薄的理解,乃至盲从经书。他说:"世之学者不知求六经之实于吾心,而徒考索于影响之间,牵制于文义之末,硁硁然以为是六经矣。"④王畿既强调书及阅读的意义,也反对读者只拘泥于经书的文字,而"不得于心"的读书法。他说:"书虽是糟粕,然千古圣贤心事赖之以传,何病于观?但泥于书而不得于心,是为法华所转,与游谈无根之病其间不能以寸。"⑤显然,这继承了王守仁的"读书工具论"。上述理论随着心学的传播,对明中期以后的阅读思想有很大的引导作用。

第三,心学学者以及后来的反理学学者们的读书经历都是先入程朱理学,然后又出程朱理学,直至对程朱理学进行变通,甚至背叛。这种出入于程朱,泛滥于二氏,究心于百家之说的博学特点对心学门人弟子乃至读书界产生了重要影响,并由此产生了一批博学精思的杰出学者。

---

① 王守仁:《王阳明全集》卷七《稽山书院尊经阁记》,上海:上海古籍出版社,1992年,254页。
② 王守仁:《王阳明全集》卷二十《林汝桓以二诗寄次韵为别》,上海:上海古籍出版社,1992年,786页。
③ 王守仁:《王阳明全集》卷七《稽山书院尊经阁记》,上海:上海古籍出版社,1992年,255页。
④ 王守仁:《王阳明全集》卷七《稽山书院尊经阁记》,上海:上海古籍出版社,1992年,255页。
⑤ 王畿:《龙溪王先生全集》卷一《抚州拟岘台会语三》,四库全书存目丛书,济南:齐鲁书社,1997年,266页。

第四,恩格斯指出:"每一个时代的理论思维,都是一种历史的产物。"①王学的产生是明代中期社会政治、经济和文化发展的必然结果。应时代而生的学说必然会对社会生活的方方面面产生影响,从而刺激着学子们读书治学的热情,产生了无数的追随者和杰出的读者。如罗洪先,他十五岁时,因读到了王守仁的《传习录》,便欲往求业,因其父未允而止。被罢官后,罗洪先益寻求王守仁之学,"甘淡泊,炼寒暑,跃马挽强,考图观史,自天文、地志、礼乐、典章、河渠、边塞、战阵攻守,下逮阴阳、算数,靡不精究"②。林春,"闻良知之学,日以朱墨笔识臧否自考,动有绳检,尺寸不逾"③。尤时熙,王守仁《传习录》始出,时熙一见叹曰:"道不在是乎?向吾役志词章,末矣。"授元氏教谕,一以致良知为教。④

第五,王学影响之大,王门学子遍于国中,"才知之士翕然师之"⑤。仅《明史·儒林传》所载的门人弟子及受传于良知之学的学者就有蒋信、周衡、邹守益、钱德洪、徐爱、蔡宗兖、应良、卢可久、应典、董沄、董谷、王畿、王艮、林春、徐樾、颜钧、罗汝芳、杨起元、周汝登、蔡悉、欧阳德、欧阳瑜、罗洪先、许孚远、程文德、吴悌、何廷仁、黄弘纲、刘邦采、刘文敏、魏良政、魏良弼、魏良器、魏良贵、尤时熙、张后觉、邓以赞、张元忭、来知德、邓元锡、刘元卿等。⑥而其中的一次有关致良知的讲学活动就有五千人参加⑦,其影响之大可见一斑。特别是王门后学的泰州学派,不仅有上层士子,而且有很多下层人物加入,如盐

---

① 恩格斯:《自然辩证法》,见《马克思恩格斯选集》第三卷,北京:人民出版社,1972年,465页。
② 张廷玉等:《明史》卷二八三《儒林二》,北京:中华书局,1974年,7278页。
③ 张廷玉等:《明史》卷二八三《儒林二》,北京:中华书局,1974年,7275页。
④ 张廷玉等:《明史》卷二八三《儒林二》,北京:中华书局,1974年,7286页。
⑤ 张廷玉等:《明史》卷二八二《儒林一》,北京:中华书局,1974年,7237页。
⑥ 张廷玉等:《明史》卷二八三《儒林二》,北京:中华书局,1974年,7268—7287页。
⑦ 张廷玉等:《明史》卷二八三《儒林二》,北京:中华书局,1974年,7277页。

丁王艮、庸工林春、窑匠韩乐吾、樵夫朱恕，以及商贾、戍卒者等。这种平民化的学术思潮对民众的思想启蒙和阅读活动的普及必然会起到积极的促进作用。

第六，王学强调读书治学的途径是"知行合一"，倡导"自得"悟道。如吴悌，"为王守仁学，然清修果介，反躬自得为多"①。尤时熙，"病学者凭虚见而忽躬行，议论切于日用，不为空虚隐怪之谈"②。张元忭、邓以赞，"从王畿游，传良知之学，然皆笃于孝行，躬行实践"③。南大吉，为学"以致良知为宗旨，以慎独改过为致知功夫，饬躬励行，惇伦叙理，非世儒矜解悟而略检押者可比"④。如此等等，这与朱熹的读书明理观有所不同，对纠正读书界那种空谈性理、不重实践的流弊，引导人们的思想向重视"实学"的方向发展具有积极的意义。在读书方法上，王守仁强调欲解书必先解心，心解则书自解。这种充满心学观的读书方法具有"读书须知出入法"的意义。王守仁的读书观点都集中在《传习录》中，其读书观念与方法在王学门人中有着广泛的影响。

第三节　反理学与思想启蒙思潮

在王守仁心学大行其道，朱学仍然在学界具有重要地位的同时，一些学者从理学阵营中分化出来，走上了既与心学不同，又具有反理学和思想启蒙特点的道路，他们对明代中后期的阅读活动亦产生了

---

① 张廷玉等：《明史》卷二八三《儒林二》，北京：中华书局，1974年，7281页。
② 张廷玉等：《明史》卷二八三《儒林二》，北京：中华书局，1974年，7287页。
③ 张廷玉等：《明史》卷二八三《儒林二》，北京：中华书局，1974年，7289页。
④ 冯从吾：《关学编》卷四《端泉南先生》，北京：中华书局，1987年，52页。

重要影响。

一、产生背景

明朝中后期,社会矛盾日益加剧,政治危机也日趋严重。伴随着城市经济的发展和资本主义生产方式的出现,市民意识开始觉醒。面对日益加剧的社会矛盾,学者们开始对不能起挽救世道人心作用的程朱理学和流于空疏、流弊日盛的阳明心学进行反思和批判。他们高举反理学和反封建的旗帜,与先进的社会生产力和市民意识相呼应,于是,一股反映社会进步的反理学和具有反封建色彩的思想启蒙思潮应运而生。他们中的代表如著名的唯物主义思想家罗钦顺、王廷相等,就对程朱理学和王阳明学说进行了尖锐的批判。此外,在从心学繁衍出的许多流派中也产生了一些与王学本义相违背的思想理论。如颜山农、何心隐等人,他们批判道学,反对封建礼教,挣脱了王学理论及其所维护的封建礼教的束缚。特别是被称为"异端之尤"的李贽,其思想已有较为鲜明的市民反对派气息,他对封建礼教的保守落后和思想界的空疏颓废的怀疑和否定是空前的,其思想理论独树一帜,大放异彩。

反理学和思想启蒙思潮一直延续至明末清初,颇成波澜壮阔之势,影响深远。

二、代表人物及其思想

罗钦顺,字允升,号整庵,江西泰和人。弘治六年(1493)进士。累官至礼部尚书。致仕后,"里居二十余年,足不入城市,潜心格物致

知之学"。其为学,"专力于穷理、存心、知性"。① 其著作有《困知记》。他承认人的欲望的合理性,认为人心、人欲都是天理,反对理学家们宣扬的"存天理,灭人欲"论。这种反对理学、具有启蒙性质的思想在当时是难能可贵的。

王廷相,字子衡,号浚川,祖籍潞州(今山西长治),后迁河南仪封。弘治十五年(1502)进士,为嘉靖中之重臣。《明史》称:"廷相博学好言论,以经术称。于星历、舆图、乐律、河图、洛书及周、邵、程、张之书,皆有所论驳,然其说颇乖僻。"②其读书治学风格有两点:一是博学;二是对理学诸书皆有所论驳,反理学思想颇为明显。他批评心学之讲求良知,理学之体认天理之说;反对空谈心性,讲求兴道致治之术;对心学和理学给予全面否定,倡导经世致用之学。他成为宋、元、明以来最有成就的反理学思想家。

吕坤,字叔简,号新吾,河南宁陵人。隆庆五年(1571)进士。辞官后,居乡十年,专事学术,是明后期反理学的代表之一。他在自己的著作中公开宣称,他的学说不是道学,不是仙学,不是释学,亦不是老庄之学。他说:"我只是我。"③在理学盛行的时代,这种反潮流的精神亦难能可贵。

何心隐,字夫山,江西吉州永丰人。初事科举,为乡试第一。后弃科举而求学术。他与颜钧明确提出有欲论,公开倡导功利主义。何心隐说:"孔孟之言无欲,非濂溪之言无欲也。欲惟寡则心存,而心不能以无欲也。"④他以孔孟言论证明人不可无欲,从而驳斥宋代理学家之灭欲论。这种观点明显具有近代思想启蒙的色彩。何心隐先后在北京、湖北孝感等地讲学,四方之士,方技杂流,无不从之。万历初

---

① 张廷玉等:《明史》卷二八二《儒林一》,北京:中华书局,1974年,7237页。
② 张廷玉等:《明史》卷一九四《王廷相传》,北京:中华书局,1974年,5156页。
③ 吕坤:《呻吟语》卷一《谈道》,上海:上海古籍出版社,2000年,82页。
④ 黄宗羲:《明儒学案》卷三十二《泰州学案叙录》,北京:中华书局,1985年,705页。

年,张居正当国,禁止讲学,毁灭天下书院,何心隐因传播"异端"思想被捕并被杀害。

在明后期的反理学思想家中,最具有反叛精神的是泰州学派的继承者李贽。

李贽的代表作主要有《藏书》《续藏书》《焚书》《续焚书》等。其离经叛道的思想主要体现在这些著作中。他大胆怀疑和揭露传统的封建教条,敢于蔑视和否定孔孟的绝对权威。他认为儒学思想、程朱学说是在扼杀人的自然本性,因此他反对"以孔子之是非为是非"[1]。他把"六经"、《论语》、《孟子》斥为"道学之口实,假人之渊薮"[2]。他揭示了假道学的伪善本质,认为道学家都是一些口里背诵章句,心里想着高官厚禄的"绝无人色"之辈,批评他们因循守旧,办事必引经据典,每走一步都要沿着孔子脚步的行为方式。同时,他还对封建的传统观念进行公开的批判。他倡言男女应该平等,强调男女之间的"自然之性"。他还公然提出"人必有私"的观点,毫不掩饰地宣称"自私"是人的天性,"势利之心"是"秉赋之自然"。[3] 这与理学家所宣扬的"存天理,灭人欲"的理论针锋相对。

李贽还敢于打破传统的视小说、戏剧为旁门左道的不正确观念,对反映市民生活的通俗文学作品给予很高的评价。他说:"无时不文,无人不文,无一样创制体格文字而非文者。诗何必古选?文何必先秦? 降而为六朝,而为近体,又变而为传奇,变而为院本,为杂剧,为《西厢曲》《水浒传》……皆古今至文,不可得而时势先后论也。"[4]他还对《水浒传》的文学价值和社会地位给予了很高的评价。

---

[1] 李贽:《藏书·世纪列传总目前论》,北京:中华书局,1959年,1页。
[2] 李贽:《焚书》卷三《童心说》,北京:中华书局,1975年,99页。
[3] 张建业主编:《李贽文集》卷七《道古录》卷上,北京:社会科学文献出版社,2000年,358页。
[4] 李贽:《焚书》卷三《童心说》,北京:中华书局,1975年,99页。

此外,明清之际的著名学者黄宗羲、顾炎武、王夫之以及方以智等人,也从不同侧面对宋明理学展开了批判,其学说锋芒更是直指封建专制君主。

三、对阅读活动的影响

以李贽思想为代表的上述反理学思潮反映了明后期城市经济繁荣、资本主义萌芽出现、市民自我意识觉醒的时代特点,是一种具有近代思想启蒙性质的学术思潮。它对明代阅读活动的影响主要有以下几点。

第一,学者们的哲学观、阅读观显示出激烈反对理学的鲜明色彩,他们既反对一般"书奴"死读书的做法,更反对理学家式的读书方法,将其斥为人性堕落、毁污的根源。

第二,具有近代启蒙性质的反理学思潮,是一种挣脱理学束缚、宣扬思想解放的思潮。学者们反对封建礼法,肯定人的自然本性和个体价值,鼓吹人性解放与个性自由,反映了市民、普通民众与下层知识分子的生活愿望、思想追求和审美情趣。他们的学说成为市民大众思想解放、阅读观念更新的社会理论基础,是明中后期通俗文学阅读繁荣的推动力。

第三,李贽对通俗文学作品文本价值和阅读价值的肯定,激励着文人学者积极参与通俗文学的创作,促进了明中后期通俗文学特别是白话小说创作的繁荣,对推动明中后期大众阅读的发展与繁荣起到了积极的作用。

第四,李贽虽死且书被禁,但"名益重,而书益传"。李贽的那些充满反叛精神的著作一直在读者中流传,受到"后生小子"和文人学者的普遍欢迎。就如顾炎武所言:"士大夫多喜其书,往往收藏,至今

未灭。"①甚至是当时的文人学士"全不读'四书'本经,而李氏《藏书》《焚书》人挟一册,以为奇货"②。当时的著名学者陈仁锡说:"卓吾书盛行,咳唾间非卓吾不观,几案间非卓吾不适。"③由此可见明后期掀起一股反理学阅读热潮,并成为明后期阅读活动的一大特点。

第五,反理学学者们同样都是入程朱而出程朱,泛滥于二氏,纵横于百家的杰出学者。如王廷相、吕坤等,他们的读书经验和主张亦对当时的读书风气产生了重要影响,他们是心学没落后,实践实学的先驱。

第四节　实学思潮

实学,即经世致用之学,它是与心学清谈学风相对立的一种学术思潮。晚明和清初倡导经世致用之学的人们往往使用"实学"这个词语来概括其学术特点。

一、产生背景

王门后学净心自悟、面壁禅坐之风的流行,在社会上酿成了清谈之祸,给明代后期的思想文化、社会风气,乃至政治、经济带来恶劣影响。

---

① 顾炎武:《日知录》卷十八《李贽》,周苏平、陈国庆点注,兰州:甘肃民族出版社,1997年,828页。
② 朱国桢:《涌幢小品》卷十六《李卓吾四则》,北京:中华书局,1959年,365页。
③ 厦门大学历史系:《李贽研究参考资料》(第一辑),福州:福建人民出版社,1975年,44页。

在读书界，由于王学末流虚无主义和清谈学风的泛滥，加上心学成为科举考试的内容，就形成了不读书，不探讨实际学问，不研究当代政治、经济、军事，只知谈心性、诵语录、参话头、背公案的空疏学风。士子们"不以六经为根底，束书而从事于游谈"①。经学、史学、辞章、典籍等传统学术领域几乎毫无建树。如当时有人描述的那样：士人"尊陆（九渊）以毁朱（熹）""訾訾訾訾，如沸如狂。创书院以聚徒，而黉校几废；著语录以惑众，而经史不讲。学子薄举业而弗习，缙绅弃官守而弗务"②。由于士子们弃经不读，"学问由此而衰，心术由此而坏"③。

至于自然科学研究，明中叶以后出现了衰敝现象。如清代学者阮元指出："自明季空谈性命，不务实学，而此业（天文、数学）遂微。"④在官场上，清谈之风的泛滥，更加剧了官员士大夫的腐败无能。"士习人心，不知职掌何事"⑤"问钱谷不知，问甲兵不知"⑥，已成为士大夫阶层的普遍现象。针对清谈误国的时弊，顾炎武尖锐地指出："刘石乱华，本于清谈之祸，人人知之。孰知今日之清谈，有甚于前代者。昔之清谈谈老庄，今之清谈谈孔孟。"⑦"不习六艺之文，不考百王之典，不综当代之务，举夫子论学、论政之大端，一切不问。"⑧所谓"清谈

---

① 全祖望：《鲒埼亭集》卷十一《梨洲先生神道碑文》，四部丛刊本，9页。
② 袁衮：《世纬》卷下《距伪》，丛书集成初编，北京：中华书局，1985年，16页。
③ 顾炎武：《日知录》卷十六《三坊》，周苏平、陈国庆点注，兰州：甘肃民族出版社，1997年，731页。
④ 阮元：《畴人传》卷四十四《西洋二·利玛窦》，北京：商务印书馆，1955年，568页。
⑤ 张廷玉等：《明史》卷二五三《王应熊传》，北京：中华书局，1974年，6529页。
⑥ 张廷玉等：《明史》卷二五二《赞语》，北京：中华书局，1974年，6524页。
⑦ 顾炎武：《日知录》卷七《夫子之言性与天道》，周苏平、陈国庆点注，兰州：甘肃民族出版社，1997年，339页。
⑧ 顾炎武：《日知录》卷七《夫子之言性与天道》，周苏平、陈国庆点注，兰州：甘肃民族出版社，1997年，339页。

谈孔孟"就是指心学末流的"以明心见性之空言代修己治人之实学"①。

随着心学空疏不学之风对社会造成的危害日益加深和社会危机的不断加剧,心学开始衰落。与此同时,学术界出现了一批崇尚经世致用之学的学者。这些人由少而多,不断壮大,渐成势力,并由明而清,影响深远。一方面,他们以求真务实为原则,以读书治学相砥砺,并躬身践履,在音韵、训诂、古史、名物、典制、戏曲、小说,以及自然科学和工程技术等领域进行了有益的探索,开一代实学之新风;另一方面,他们针对"束书不观,游谈无根"之时弊,倡导读书治学,崇尚经世致用,反对空疏不学,批评清谈误国,以匡救时弊。张舜徽说:"有明一代学术,尚有超越往代而不容一概抹杀者。首在官私刻书之业,远过前人。……至于实学专家,在明代兴起尤众。"他们"各有专精,卓然不废。孰谓明之学术尽空疏乎"②!

二、代表人物及其实践

1. 东林学派与复社

明代实学思潮的发动者和代表人物是东林学派的顾宪成和高攀龙,以及复社的领袖们。

顾宪成,字叔时,无锡人。万历八年(1580)进士,授户部

东林书院

---

① 顾炎武:《日知录》卷七《夫子之言性与天道》,周苏平、陈国庆点注,兰州:甘肃民族出版社,1997年,339页。
② 张舜徽:《张舜徽学术文化随笔》,北京:中国青年出版社,2001年,286—287页。

主事。"姿性绝人,幼即有志圣学。暨削籍里居,益覃精研究,力辟王守仁'无善无恶心之体'之说。"①与其弟顾允成重修东林,并与高攀龙、钱一本、薛敷教、史孟麟、于孔兼讲学其中,学者称泾阳先生。讲学之余,"往往讽议朝政,裁量人物。朝士慕其风者,多遥相应和"②。

高攀龙,字存之,无锡人。少读书,辄有志程朱之学。举万历十七年(1589)进士,授行人。"海内学者率宗王守仁,攀龙心非之。与顾宪成同讲学东林书院,以静为主。操履笃实,粹然一出于正,为一时儒者之宗,海内士大夫识与不识,称高、顾无异词。"③

继承东林学派反对心学,主张实学学说的是复社。复社领袖张溥认为,由于士人高谈心性,不通经术,因此出现了"登明堂不能致君,长郡邑不知泽民,人才日下,吏治日偷"的腐败现象。所以,他为复社规定了"兴复古学,务为有用"的宗旨。④

所谓"古学",即经学、史学及文学。张溥以身作则,致力于经史百家诸方面的阅读和研究。"凡经函子部,迄历代掌故家言,君子小人所以进退,夷狄盗贼所以盛衰,兵刑钱谷之数,典礼制作之大,无不博极群书,涉口成诵。"⑤复社的另一位领袖陈子龙亦是一位博学多识,讲求经世致用的学者。他对"士无实学"深为不满,主张"实用",反对"浮文";主张"通今",反对"拟古"。⑥ 同时,他编纂和整理了《明经世文编》和《农政全书》这样的经世致用之作。历史学家吴晗在《影印〈明经世文编〉序》中说:"这部书的编辑、出版,对当时的文风、学风是一个严重的挑战,对稍后的黄宗羲、顾炎武等人讲求经世实用之

---

① 张廷玉等:《明史》卷二三一《顾宪成传》,北京:中华书局,1974年,6032页。
② 张廷玉等:《明史》卷二三一《顾宪成传》,北京:中华书局,1974年,6032页。
③ 张廷玉等:《明史》卷二四三《高攀龙传》,北京:中华书局,1974年,6314页。
④ 蒋逸雪:《张溥年谱》,上海:商务印书馆,1936年,25页。
⑤ 张溥:《七录斋集序》,见《七录斋诗文合集》,《续修四库全书》第1387册,上海:上海古籍出版社,2002年,252页。
⑥ 陈子龙:《〈明经世文编〉序》,见《明经世文编》,北京:中华书局,1962年,38—42页。

学,也起了先行者的作用。"①

黄宗羲、顾炎武、方以智也都是复社成员。他们为实学的建设做出了杰出的贡献。黄宗羲继承了东林党人的遗志,一反王学末流的空疏学风,注重史学的研究,致力于明末文献的整理,开清代浙东史学研究之风气。顾炎武力矫王学末流"束书不观,游谈无根"的劣习,倡导经学的考订和研究,开清代汉学的先河。清人江藩《汉学师承记》云:"有明一代,囿于性理,汩于制义,无一人知读古经注疏者。自梨洲起,而撮其颓波。亭林继之,于是承学之士知习古经义矣。"②此外,顾炎武为求经世致用之学和治国经邦之术,阅遍"二十一史"及各地志书、名人文集、奏章文册,并经过实地考察,编纂了《天下郡国利病书》和《肇域志》两部不朽之作。方以智在经学方面取得很大成绩,著有《通雅》52卷,对明代考据学的发展贡献极大。

2. 自然科学与技术的复兴

自然科学与生产技术研究的复兴及其书籍的出版与阅读也是实学思潮兴起的重要内容。

明代自然科学的研究在经历了长期的沉寂之后,在晚明呈现出空前活跃的局面,涌现出了像李时珍、潘季驯、徐光启、徐霞客、宋应星、李之藻、李天经、杨廷筠、梅文鼎、王锡阐、孙兰、王徵、薄珏、方以智等一批灿烂的明星,同时出现了《本草纲目》《河防一览》《农政全书》《泰西水法》《崇祯历法》《徐霞客游记》《天工开物》《同文算指》《泰西奇器图说》《物理小识》等一批科学名著。当时,不仅是那些以科学家著称的人士在自然科学方面取得了成就,而且思想家、学者中也有不少人对天文、数学产生了浓厚兴趣,读书人中掀起了一股自然科学热。

---

① 吴晗:《影印〈明经世文编〉序》,见《明经世文编》,北京:中华书局,1962年,1—2页。
② 江藩:《汉学师承记》卷八,上海:上海书店,1983年,135页。

在这股自然科学与技术的研读热潮中，徐光启、李时珍、徐霞客、宋应星是最具代表性的人物。

3.考据学的繁荣

明中叶，杨慎、梅鷟、陈耀文等一批学者，肆力古学，精于考证，在考据学方面取得了一定

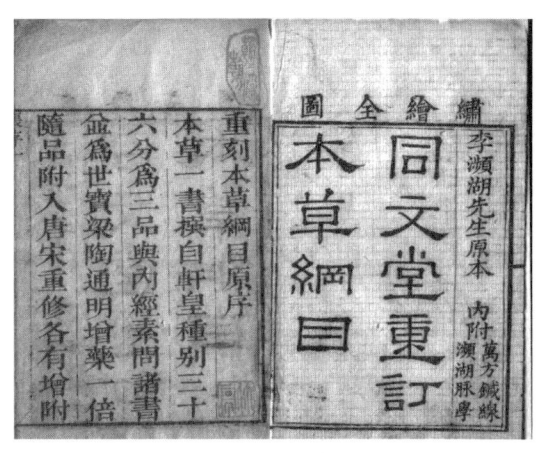

《本草纲目》

成绩，但并没有形成气候，整个学界呈现出"心学盛而经学衰"的畸形发展局面。万历中期以后，随着实学思潮的兴起，考据学作为一种学派逐渐形成和发展起来。它始于陈第、焦竑，发展于胡应麟、周婴、黄宗羲、顾炎武、方以智等人。他们博览群书，求真务实，在经书的疏证辨伪，音韵的考证训诂，典籍的校勘辑佚，以及史乘历算、金石地理、诗词文章、小说戏曲等方面都取得了丰硕的成果，不仅开明代求实创新的考据学风，而且为清代考据学的繁荣奠定了基础。更重要的是，读书界形成了一个不仅重视读书、重视阅读经典，而且求真务实、博览创新的读书风气，对当时乃至后世影响深远，具体表现为以下几点。

首先，考据学学者们对理学，特别是心学末流抛弃汉唐注疏，脱离经典本义，或抛开经典而空谈心性的学风给予尖锐的批评和谴责，主张回归经典，探求经典本义，复兴古学。

杨慎是开有明一代考据学风的著名学者。他针对宋明理学否定汉唐注疏，肆意发挥义理以及时人唯宋人是尊，不读经典，空谈心性等学风，提出了尖锐的批评。他说："近日学者之病，宁得罪于孔子，而不敢得罪于宋儒，类如此。虞文靖公云'今人但见宋儒六经，不知

宋儒以前六经',有味其言哉。"①他还进一步指出明代学者只知宋学，而不知汉唐之学，阅读视野狭窄，孤陋寡闻的现象。他说：

> 宋世儒者失之专，今世学者失之陋。失之专者，一骋意见，扫灭前贤；失之陋者，惟从宋人，不知有汉唐前说也。宋人曰是，今人亦曰是；宋人曰非，今人亦曰非。高者谈性命，祖宋人之语录，卑者习举业，抄宋人之策论。②

焦竑对于学术界不读书的空疏学风也极为不满。他说："今子弟饱食安坐，典籍满前，乃束书不观，游谈无根，能不自愧？"③他强调读书治学要注重对经典的研究，而不能脱离或舍弃经典，去讨论经义性理。他说："盖经之于学，譬之法家之条例，医家之难经，字字皆法，言言皆理，有欲益损而不能者。"④

方以智是明代考据学的集大成者，他对王学末流糟践六经，空言心性的虚妄之风给予了猛烈抨击。他说：

> 六经既不尊，则师心无忌惮者群起矣。……至于师心之祸，甚于守糟粕之弊，岂特一二倍哉？……今皆以扫除是道，市井油嘴皆得以鄙薄敦诗书，悦礼义之士，为可伤叹，故不得已而破其偏。⑤

其次，学者们以博通古今，求实创新的读书治学实践开一代读书

---

① 杨慎：《丹铅总录》卷十二《东西二周后辨》，见《四库全书》第855册，上海：上海古籍出版社，1987年，475页。
② 杨慎：《升庵全集》卷五十二《文字之衰》，万有文库本，上海：商务印书馆，1937年，600页。
③ 焦竑：《焦氏笔乘》卷四《韩忠献》，丛书集成初编，北京：中华书局，1985年，224页。
④ 焦竑：《澹园集·续集》卷一《邓潜谷先生经绎序》，李剑雄点校，北京：中华书局，1999年，759页。
⑤ 方以智：《东西均·道艺》，北京：中华书局，1962年，88页。

治学之新风,对后世影响颇大。

杨慎勤奋好学,广读博览,从经史百家到稗官小说、医卜方技无所不究。如《明史》言:"明世记诵之博,著作之富,推慎为第一。"①他的著述除诗文外,有杂著一百余种,皆并行于世。

陈第是明代考据学的开创者之一。他不仅批评心学给学界带来的"书不必读""物不必博"的坏风气,而且重视证据、旁征博引的治学方法,在学界产生了重要影响。其《毛诗古音考》所引材料有上古、两周、秦汉、三国、两晋、南北朝及唐代一百几十人的作品,还有歌谣、民谣、卜辞、碑文等。②

焦竑是一位著名的博学者。《明史》说他"博极群书,自经史至稗官、杂说,无不淹贯"③,《四库全书总目》认为:"明代自杨慎以后,博洽者无过竑。其所引据,究多古书,固较流俗注本为有根柢矣。"④焦竑的考据学著作,包括了上起先秦,下至当代的经学、史学、哲学、博物、典章制度、金石文字、目录版本等许多方面,表现出他博洽淹通的治学特点。

方以智在读书治学中十分注重博学旁证。他在广泛阅读资料的同时,也注意与实际相结合,详加考辨。他说:"辨证,以史为本,旁及诸子百家;志书小说,难可尽信,然引以相参,自可证发。"⑤所以,方以智能够"纷纶五经,融会百代",著述达数百卷。其《通雅》一书,以考证名物象数、训诂音声极为精博,而为世人所称道。

胡应麟是一位广求古本秘籍的藏书家。他在考据学上取得巨大的成果,就是他多藏博识的结果。他认为仅仅有藏书是不够的,还要

---

① 张廷玉等:《明史》卷一九二《杨慎传》,北京:中华书局,1974年,5038页。
② 陈第:《毛诗古音考》,康瑞琮点校,北京:中华书局,2008年,1—152页。
③ 张廷玉等:《明史》卷二八八《文苑四》,北京:中华书局,1974年,7393页。
④ 永瑢:《四库全书总目》卷一四六,子部道家类,北京:中华书局,1965年,1247页。
⑤ 方以智:《〈通雅〉序》,见《通雅》卷首,浮山此藏轩刻本,康熙五年(1666)。

广读博览,多识博学。他说:"博洽必资记诵,记诵必藉诗书。然率有富于青缃,而贫于学问;勤于访辑,而怠于钻研者。"①正是由于他读书多,因此他的著述征引的典籍极为丰富。其《四部正伪》在辨伪学上建树颇多,对后来的学术发展影响很大。

除上述几位大家之外,还有陈耀文、王世贞、梅鹫、黄宗羲等一批以考据求实为读书治学风格的学者。他们读书甚多,著述也富,成绩卓著,推动了明代中后期读书治学风气的转变。如陈耀文著有《正杨》《经籍稽疑》《天中记》等数百卷,王世贞著有《四部稿》数百卷,梅鹫著有《尚书考异》等。他们"博综典籍,谙习掌故,终不同于空疏者流"②。

三、对阅读活动的影响

实学思潮是明代社会政治、经济和文化发展的产物。它对整个明代的学风和社会价值观念都产生了积极影响。作为一种学术文化思潮,它首先对明代的读书治学风气产生了重要影响。这种影响可以概括为如下几个方面。

其一,实学思潮对心学末流造成的空谈心性、不重视读书、不肯致力于经学的不良风气进行了尖锐的批判,将学界风气引导到回归经典、重视读书的方向上来,促进了明后期读书治学之风的形成和健康发展。

其二,实学思潮注重经世致用的读书治学主张改变了明后期士人读者群的阅读价值观,对明代乃至清代学人读书治学向经世致用的朴学方向发展,以及对学术文化的发展与繁荣具有重要意义。

---

① 胡应麟:《少室山房笔丛》卷四《经籍会通四》,北京:中华书局,1958年,61页。
② 嵇文甫:《晚明思想史论》,北京:东方出版社,1996年,147页。

其三，实学思潮的兴起，激励和影响着无数的学子刻苦读书，肆力古学，形成了学以致用、求实创新的读书风气，产生了一大批杰出的读者和学者，他们的读书经历和所取得的成就不仅在明代阅读史上具有重要意义，而且对中国的学术文化发展做出了重要贡献。

第五节　博学思潮

顾颉刚说：明代"在学问方面则无甚精彩，既不及宋代人的创辟，又不及清代人的缜密。倘使一定要说出他们的优点，或者还在博上，他们读书的态度并不严正，什么书都要读，因此他们受正统思想的束缚较轻，敢于发议论，敢于作伪，又辨伪。他们的广而疏，和清代学者的窄而精，或者有相互调剂的需要"①。这段话虽有值得商榷之处，但却指出了明代学者读书治学广而博的特点。

有明一代，读书界存在着一种与空疏不学之风完全不同的崇尚博学多识的学风。在这种学风的影响下，明代出现了一批博学鸿儒，他们纵横古今，淹贯百家，经史子集无所不究，读书视野广阔，知识丰富，在学术研究中取得了令人瞩目的成就，使明代的学术文化呈现出博杂之特色，并对清代的学术发展产生了深远影响。

需要说明的是，明代的博学思潮与实学思潮是一对孪生子。因为博学者也往往是实学者，追求实学的人也往往是博学多识之士，所以，学术界在讨论明代实学思潮时所涉及的人物，也往往是一些既主张经世致用，又博学多识、淹贯百家的饱读之士。这里将明代这种追

---

① 顾颉刚：《〈四部正讹〉序》，见胡应麟《四部正讹》，上海：朴社，1929年，3页。

求博学多识的读书治学现象作为一种思潮来单独论述,就是想进一步突显这种思潮对明代阅读活动所产生的重要影响。

一、产生背景

明代博学思潮的产生有三个方面的原因:一是博学是对读书传统的延续,二是学者们对心学末流空谈心性、束书不观风气的批判和否定,三是科举制度造成士子们读书视野狭窄。

博学多识作为中国读书人的一种优良传统,向来是学者们所追求的一种目标和境界。从孔子开始,博学思想和读书实践就开始深深根植于读书人的思想中,成为历代学人读书治学的原则之一和主题。孔子主张:"君子博学于文,约之以礼,亦可以弗畔矣夫。"①而且他始终在躬行践履自己的博学思想,自称"博学多识者"②。孟子说:"博学而详说之,将以反说约也。"③《中庸》曰:"博学之,审问之,慎思之,明辨之,笃行之。"④随着儒家正统地位在中国封建社会的逐步确立和巩固,以孔子思想为代表的儒家思想成为整个社会的核心思想和灵魂。孔子的读书治学思想和实践也就具有了万世师表的典范作用。博学成为中国历代学者在读书治学中追求的目标和境界。学者们往往以博学多识励己勉人,并躬行践履,以求经世致用。关于博学的论说,见诸文献者历代不绝。如汉代王充说:

> 夫壮士力多者扛鼎揭旗;儒生力多者,博达疏通。故博达疏通,儒生之力也。……使儒生博观览,则为文儒。文儒者,力多

---

① 刘俊田等:《四书全译》,贵阳:贵州人民出版社,1988年,155页。
② 杨伯峻:《列子集释》,北京:龙门联合书局,1958年,75页。
③ 刘俊田等:《四书全译》,贵阳:贵州人民出版社,1988年,155页。
④ 刘俊田等:《四书全译》,贵阳:贵州人民出版社,1988年,54页。

于儒生。

人不博览者,不闻古今,不见事类,不知然否,犹目盲耳聋鼻痈者也。……学士之才,农夫之力,一也。能多种谷,谓之上农;能博学问,谓之上儒。①

南朝梁刘勰说:"是以将赡才力,务在博见。"②北齐颜之推说:"夫学者,贵能博闻也。"③唐代刘知几说:"'一物不知,君子所耻。'是则时无远近,事无巨细,必籍多闻,以成博识。"④宋代苏轼主张"博观而约取,厚积而薄发"⑤。明代王廷相说:"学博而后可约,事历而后知要。"⑥博学早已成为历代学者的读书治学传统而源远流长。这种传统在明代得到延续与发扬光大,从而对读书治学风气产生了深刻的影响。

博学思潮产生的第二个原因是明代学界对程朱理学的株守和心学末流空疏不读之风给读书界造成的不良影响。

如前所述,明代前期,程朱理学取得了官学的地位,并成为明王朝的统治思想。客观上讲,程朱理学官学地位的确定对巩固明王朝政权,稳定社会秩序,恢复儒学传统,继承和弘扬中国传统文化,建立和巩固中华民族的统一帝国具有十分重要的意义。这对阅读活动也起了促进作用。但只读程朱之书,株守程朱之说的读书风气,不仅限制了学者们的阅读视野,而且扼杀了读者的思想创新能力。到阳明心学兴起,这种局面开始得到改观,反理学和启蒙思潮涌动,读书风

---

① 王充:《论衡》卷十三《效力篇、别通篇》,上海:上海人民出版社,1974年,201—208页。
② 刘勰:《文心雕龙注释》事类第三十八,周振甫注,北京:人民文学出版社,1981年,412页。
③ 颜之推:《颜氏家训》勉学第八,长沙:岳麓书社,1999年,112页。
④ 刘知几:《史通》卷十七《杂说中》,长春:时代文艺出版社,2009年,145页。
⑤ 苏轼:《苏轼文集》卷十《稼说送张琥》,北京:中华书局,1986年,340页。
⑥ 王廷相:《慎言》卷五《见闻》,见《王廷相集》(三),王孝鱼点校,北京:中华书局,1989年,772页。

气发生变化:不仅儒学阅读的思维定式发生变化,程朱理学在学界占主导地位的局面被打破,而且通俗文学的阅读也随着经济的繁荣、市民自我意识的觉醒和思想的解放,开始繁荣起来。

心学作为明中叶社会政治、经济发展的产物,对当时的社会发展具有积极的促进作用。特别是它作为一种学术思潮,对学界的读书治学之风也产生了深刻的影响。王守仁死后,王门后学继续推广阳明心学,使心学得到了进一步的丰富和广泛传播,乃至成为明代中后期的"显学"。然而,阳明心学因其弟子遍及中国而风靡天下,也因其弟子在心学继承上的歧见而发生变异。这种变异的表现有两点:一是它偏离礼教轨道,二是它的禅宗化趋势。这使心学逐渐衰落下去。如同黄宗羲所说:"阳明先生之学,有泰州龙溪而风行天下,亦因泰州、龙溪而渐失其传。"①禅宗化趋势的流弊便是士子们喜清谈,崇尚面壁禅坐,以空谈明心见性,抛弃修己治人之学,形成束书不观,不务经世致用之学的不良风气,从而使心学走向式微。为匡救心学末流给读书界造成的危害,实学和博学思潮兴起。如嵇文甫在《晚明思想史》中所言:"在不读书的环境中,也潜藏着读书的种子;在师心蔑古的空气中,却透露出古学复兴的曙光。"②

博学思潮产生的第三个原因是科举制度给读书界造成的弊端。学界在反思和批判这些弊端的同时,也推动了博学思潮的兴起和读者群体的壮大。

明代是科举制度的鼎盛期。从客观上讲,科举制度促进了社会尊重知识和读书向学风气的形成,也对社会稳定起着积极作用。然而,它也给读书治学乃至学术文化、政治带来了一些不良影响。这些影响概括地说主要表现在以下两个方面。

---

① 黄宗羲:《明儒学案·泰州学案》,北京:中华书局,1985年,703页。
② 嵇文甫:《晚明思想史》,北京:东方出版社,1996年,144页。

首先,它限制了士子们的阅读视野,导致了读书人知识结构单一。"太祖时,士子经义皆用注疏,而参以程朱传注。成祖既修五经四书大全之后,遂悉去汉儒之说,而专以程朱传注为主。"①之后,程朱理学著作就成为士子们唯一的读物和考试的标准答案。士子们的知识结构、学术视野以及思想言行被完全禁锢在程朱理学的传注中,以致思想僵化,视野狭窄,读书方法死板,学界气氛沉闷。

其次,科举制度给学界带来了徒务虚文,不切实用的不良风气。受功名利禄的诱惑,士子们读书以应付科举考试为目的,将大部分精力用在了揣摩考试内容、形式和技巧上,以寻章摘句,死记硬背为读书和学习的方法,以八股文为写作文体规范,导致士子能力下降,所学知识不切实用。所以,朱元璋说:"朕设科举,求天下贤才以资任用。令所司多取文词,及试用之,不能措诸行事者甚众。朕以实心求贤,而天下以虚文应之,甚非所以称朕意也。"②

科举带来的上述弊端,与博学多识、经世致用的读书传统格格不入。而且它积久既深,影响深远,对整个社会的读书风气产生了不良影响,严重地阻碍着学术文化的健康发展。对此,学者们不仅进行了反思和批判,而且以自己的读书治学经历实践着他们的博学思想和观念,从而形成了一个追求博学多识的读者群体和学术文化思潮。

二、代表人物

在上述背景的影响和作用下,明代出现了为数众多的博学鸿儒。他们以博通古今、淹贯百家为读书治学目标,并著书立说,以求经世致用,明显与空疏不学之风背道而驰,形成了一个具有鲜明特点的读

---

① 何良俊:《四友斋丛说》卷三,北京:中华书局,1959年,22页。
② 谷应泰:《明史纪事本末》卷十四,上海:上海古籍出版社,1994年,57页。

者群体。

　　这个群体的代表人物,有许多前文已经论及过,这里从博学的角度需要再次提到的有以下人物:号称明代"记诵之博,著作之富"均为第一的杨慎;藏书之富,博洽多识的胡应麟;博览群书,经史杂家无不淹贯的焦竑;"纷纶五经,融会百氏"①的方以智;读书治学志在经世的考据学家陈第;学问极博,对天文、算术、乐律、经史百家以及释道之书无不博究的黄宗羲;子、史、经传、声韵、农圃、医卜、星相、乐府诸家无不毕览的李时珍;博览群书,熟读成诵的张溥;博学多能,主张经世致用的陈子龙;"生平务有用之学"的徐光启;主张"博学于文",认为诸子百家之书应与九经并读,并对天文、地理、九经、诸史、河漕、兵工、山岳、风俗、吏治、财赋、典礼、制度、文物莫不加以精究的顾炎武;"博学好议论,以经术称。于星历、舆图、乐律、河图洛书及周、邵、程、张之书,皆有所论驳"②的王廷相。心学创立者王守仁也是一个博学者。他的读书历程,始于辞章,继而遍读考亭之书,又出入于佛老。正是这种博学,才使他创立了影响深远的阳明心学。他的追随者罗洪先,考图观史,自天文、地志、礼乐、典章、河渠、边塞、战阵攻守、阴阳、算数,靡不精究,亦是一个杰出的博学者。

　　除上述人物外,明代还有很多这样的博学者。如黄道周,字幼平,漳浦人,天启二年(1622)进士,学贯古今,所至学者云集,精天文历数皇极诸书。③ 王惟俭,字损仲,祥符人,万历二十三年(1595)进士,资敏嗜学,肆力经史百家,世称博物君子。④ 黄辉,字平清,南充

---

① 朱彝尊:《静志居诗话》卷十九《方以智》,姚祖恩编、黄君坦校点,北京:人民文学出版社,1990年,582页。
② 张廷玉等:《明史》卷一九四《王廷相传》,北京:中华书局,1974年,5156页。
③ 张廷玉等:《明史》卷二五五《黄道周传》,北京:中华书局,1974年,6601页。
④ 张廷玉等:《明史》卷二八八《文苑四》,北京:中华书局,1974年,7400页。

人,幼颖异,一览辄记,稍长,博极群书,年十五举乡试第一。① 杨循吉,字君谦,吴县人,成化二十年(1484)进士,课读经史,旁通内典、稗官。② 任瀚,字少海,南充人,嘉靖八年(1529)进士,少怀用世志,"百家二氏之书,罔不搜讨。被废,益反求六经,阐明圣学。晚又潜心于《易》,深有所得"③。王志坚,字弱生,昆山人,万历三十八年(1610)进士,"杜门却扫,肆志读书",于经、史、子、集无所不通,诗文俱佳。④ 黄佐,字才伯,香山人,"以博约为宗旨,博学于文,知其根而溉之者也","得力于读书,典礼乐律词章无不该通"。⑤ 此外,明代的很多禅师也是读书很多、主张博学广览者,如云栖大师袾宏、紫柏大师真可、憨山大师德清、藕益大师智旭等。⑥ 另外,由元入明和明初培养的无数学者中,亦有很多博学广识的典范人物,如宋濂、刘基、陈谟、梁寅、苏伯衡、戴良、陶宗仪、赵㧑谦、袁凯、高启、唐肃、孙蕡、赵介、王绂、胡俨等。⑦

三、意义和影响

综上所述,博学多识是明代读书人的一大特点。它在明代的各个历史阶段都有不同程度的表现:前期具有传统的继承性,中后期则具有对当时社会不良读书风气的批判性。因而从整个明代知识阶层的阅读经历来看,它已成为一种潮流和趋势。其意义和影响主要有以下几个方面。

---

① 张廷玉等:《明史》卷二八八《文苑四》,北京:中华书局,1974年,7394页。
② 张廷玉等:《明史》卷二八六《文苑二》,北京:中华书局,1974年,7351页。
③ 张廷玉等:《明史》卷二八七《文苑三》,北京:中华书局,1974年,7371页。
④ 张廷玉等:《明史》卷二八八《文苑四》,北京:中华书局,1974年,7402页。
⑤ 黄宗羲:《明儒学案》卷五十一《诸儒学案中五》,北京:中华书局,1985年,1199页。
⑥ 嵇文甫:《晚明思想史》,北京:东方出版社,1996年,112—139页。
⑦ 见《明史》各本传。

其一,继承和弘扬了博学多识的读书治学传统,催生和保存了一批读书种子,使中国的传统学术文化得以延续和发展。

其二,对心学末流空疏不学之风进行了批判和纠正,引导和扭转着社会知识阶层读书风气向博览求实方向发展,促进着有明一代博学多识读书风气的形成。

其三,对清初的读书治学产生了积极影响,是清代古学昌明的前奏和准备,指明了清代学术文化的发展方向。亦如嵇文甫所言:"世人但知清代古学昌明是明儒空腹高心的反动,而不知晚明学者已经为清儒做了些准备工作,而向新时代逐步推移了。"[①]

其四,产生了一批杰出的读者。他们以博大而宽广的学术视野,在经学、史学、文学艺术乃至科学技术等领域取得了令人瞩目的成就,产生了一批具有重要影响的学术成果,为中华文明史做出了重要的贡献。

第六节 文学思潮与流派

一个时代的文学思潮与流派是一个时代学术文化思潮的重要内容和表现。文学思潮不仅影响着一个时代的文学创作,而且影响着一个时代的文学阅读活动。有明一代产生过不少文学流派,如台阁体派、茶陵诗派、复古派、公安派、竟陵派等。它们都曾对明代的文学活动产生了重要影响。其中对文学阅读产生重要影响的文学思潮与流派主要可归纳为复古思潮、反复古思潮和评点之风。

---

① 嵇文甫:《晚明思想史》,北京:东方出版社,1996年,144页。

一、复古思潮

明代文学，一方面表现为反映城市经济繁荣和市民生活的小说、戏曲等通俗文学蓬勃兴起，呈现出一派盎然生机；另一方面表现为代表封建社会正宗文学的古文与诗词走上了拟古主义的道路。

明初，以宋濂、方孝孺为代表的学者，以刘基、杨维桢、高启为代表的文人竞相提出"复古"主张。如宋濂力倡"师古"："文学之事，自古及今，以之自任者众矣，然当以圣人之文为宗。"①"载道之文，舍六籍吾将焉从？"②宋濂的弟子，在明初文坛享有盛誉的方孝孺也持有与其师相同的意见。他抨击"近世之诗，大异于古""工兴趣者超乎形器之外，其弊至于华而不实；务奇巧者窘于声律之中，其弊至于拘而无味"③。这种否定后世之诗的言论，其复古倾向十分明显。宋濂是明初的文坛领袖，方孝孺被称为"读书种子"，他们的主张必然会给明初的文学创作与阅读带来深刻影响。

与宋濂、方孝孺同时代的明初其他著名文人、学者也纷纷提倡文学复古。如"吴越诸生多归之"的杨维桢，力倡"非先秦两汉弗之学"④；"博学工诗"的高启，其诗作有浓烈的仿古色彩；著名文臣和学者刘基的诗文亦有模仿古人的倾向，他是后来诗歌复古主义的先导之一。

继这些著名学者发出文学复古主义先声之后，洪武至永乐年间的闽中诗派与成化至弘治年间的茶陵派也提倡文学复古。闽中诗派领袖林鸿是盛唐诗风的尊奉者。他认为只有唐代的作者才是学者的

---

① 宋濂：《浦阳人物记》下卷《文学篇序》，丛书集成初编，北京：中华书局，1985年，17页。
② 宋濂：《宋学士全集》卷二十五《文原》，丛书集成初编，北京：中华书局，1985年，933页。
③ 方孝孺：《逊志斋集》卷十二《刘氏诗序》，四部丛刊本，24页。
④ 宋濂：《宋学士全集》补遗卷五《杨君墓志铭》，丛书集成初编，北京：中华书局，1985年，1440页。

楷模。① 所以其作品专学唐人,极力模拟。闽中诗派的主将,长乐人高棅,编选《唐诗品汇》百卷,"终明之世,馆阁宗之"②。明人之诗,首盛于闽。而闽中诗派以盛唐相号召,这就不能不给有明一代诗歌之阅读、鉴赏和创作带来深远影响。

茶陵派的领袖是成化、弘治年间的李东阳。因李东阳为湖南茶陵人,故其诗派称"茶陵派"。在诗歌创作上,李东阳宗唐崇杜。他认为唐以外各个时代的诗歌无一可取。因为他以台阁耆宿之尊的身份主持文柄,门生满天下,所以他的主张得到了其门徒的秉承而影响广泛。

上述复古思潮只是明代复古思潮的初级阶段。使复古运动声势浩大、影响广泛而深远的是弘治至万历年间的"前七子""后七子"。

弘治年间,以李梦阳、何景明为首,包括徐祯卿、边贡、康海、王九思、王廷相等"前七子"结成的文学团体,在文坛上树起复古大旗,"文称左迁,赋尚屈宋,古诗体尚汉魏,近律则法李杜"③。"文自西京,诗自中唐而下,一切吐弃,操觚谈艺之士翕然宗之,明之诗文,于斯一变。"④"天下语诗文,必并称何、李。"⑤文学复古之说因此大行天下,成为一场声势浩大的运动。至嘉靖中,又有以李攀龙和王世贞为首,包括谢榛、宗臣、梁有誉、徐中行、吴国伦在内的"后七子"继之而起,他们的主张与"前七子"的主张相倡和,结社宣传,将文学复古运动推向高潮。

关于"前七子""后七子"的文学复古思潮及其影响,《明史·文苑传》记载甚详。如《明史·李攀龙传》称:"诸人多少年,才高气锐,互

---

① 张廷玉等:《明史》卷二八六《文苑二》,北京:中华书局,1974年,7336页。
② 张廷玉等:《明史》卷二八六《文苑二》,北京:中华书局,1974年,7336页。
③ 李贽:《续藏书》卷二十六《副使何公》,北京:中华书局,1959年,506页。
④ 张廷玉等:《明史》卷二八五《文苑一》,北京:中华书局,1974年,7307页。
⑤ 张廷玉等:《明史》卷二八六《文苑二》,北京:中华书局,1974年,7350页。

相标榜,视当世无人,七才子之名播天下。……其持论谓文自西京,诗自天宝而下,俱无足观。于本朝独推李梦阳。诸子翕然和之,非是,则诋为宋学。"①《明史·王世贞传》称:"世贞始与李攀龙狎主文盟,攀龙殁,独操柄二十年。才最高,地望最显,声华意气笼盖海内。一时士大夫及山人、词客、衲子、羽流,莫不奔走门下。片言褒赏,声价骤起。其持论,文必西汉,诗必盛唐,大历以后书勿读。"②由"前七子""后七子"发起并推动的文学复古运动从弘治到万历间,持续约百年之久,对明代文坛影响颇大,这段时间是文学复古运动的鼎盛期。

在"前七子"倡导的复古运动风起云涌之际,文徵明、都穆、祝允明、唐寅、杨吉循等人也倡导了一场"古文辞"运动。文徵明讲:"弘治初,余为诸生,与都君玄敬、祝君希哲、唐君子畏倡为古文辞。争悬金购书,搜奇摘异,劳日力不休。"③在他们的影响和带动下,大批吴中士人投入到了"古文辞"运动中,这对文人学士们的阅读和创作产生了广泛而深刻的影响。如桑悦就主张读书应当:

> 上求尧、舜、禹、汤、文、武、周公、孔子之道,次窥关闽濂洛数君子之心,又次则咀嚼《左传》、荀卿、班固、司马迁、扬雄、刘向、韩、柳、欧、苏、曾、王之文,更暇则取秦汉以下古人行事之迹,少加褒贬,以定万事之是非。④

这番话虽然口气不小,但反映了他视野之广博,力求穷尽古人之精华的读书态度。

万历以后,文学复古运动虽然渐渐式微,但仍然颇有阵地。如以

---

① 张廷玉等:《明史》卷二八七《文苑三》,北京:中华书局,1974年,7378页。
② 张廷玉等:《明史》卷二八七《文苑三》,北京:中华书局,1974年,7381页。
③ 文徵明:《文徵明集》补辑卷十九《大川遗稿序》,上海:上海古籍出版社,1987年,1259页。
④ 桑悦:《思玄集》卷六《独坐轩记》,四库全书存目丛书,济南:齐鲁书社,1997年,66页。

唐顺之、归有光、茅坤、王慎中为代表的"唐宋派",虽然反对"前七子""后七子"的复古主义,但他们在创作实践上也"文宗欧、曾,诗仿初唐"①。思想家李贽虽然猛烈抨击"前七子""后七子"的文学复古理论,但有时也推崇复古派的文学主张与实践。"公安三袁"中的袁中道的某些理论也具有宗法汉魏唐诗的倾向。这些都显示了文学复古主义的深远影响。

及至晚明,文学复古主义呈现出复苏气象。如著名学者孙矿力主复古:"世人皆谈汉文唐诗,王元美亦自谓诗知大历以前,文知西京以下,愚今更欲进之古,诗则建安以前,文则七雄而上。"②他将复古主义推向极点。著名的文学团体复社和几社,承"前七子""后七子"余流,以"兴复古学"相号召。其中的陈子龙倡言复古最力。钱谦益、艾南英则宣扬"唐宋派"主张,排诋"前七子""后七子",鼓吹宗法宋人。如《明史·文苑传》所言:"钱谦益、艾南英准北宋之矩矱,张溥、陈子龙撷东汉之芳华,又一变矣。"③此外,王夫之也主张复古,他说:"因于鳞而尽废拟古,是惩王莽而禁人之学周公,不愈悖乎?"④可见,他们也在师古的道路上逡巡。

综上所述,文学复古思潮始终是有明一代文学发展的主流思潮。当然,文学复古主义的产生,并不仅仅是因为明代文人和学者"嗜古""好古",而且有着深刻的历史原因和现实原因。从总的背景看,明代文学复古运动是对宋元诗文流弊的批判。从现实原因看,各个时期文学复古运动的勃兴又有着各自的原因。如明初兴起的复古思潮,不仅继承了以往的复古思潮,而且在元朝对汉文化破坏的背景下,使受压抑的汉民族传统文学有了复兴的机运;"前七子""后七子"所发

---

① 张廷玉等:《明史》卷二八五《文苑一》,北京:中华书局,1974年,7307页。
② 转引自冯天瑜《明清文化史散论》,武汉:华中工学院出版社,1984年,86页。
③ 张廷玉等:《明史》卷二八五《文苑一》,北京:中华书局,1974年,7307—7308页。
④ 王夫之:《船山全书》第十四册《明诗选评》卷四,长沙:岳麓书社,1996年,1285页。

起的文学复古运动,则是对形式主义的宫廷文学——"台阁体"的抗拒;至于晚明复社、几社倡导的复古主义,除了出于对文学流派的继承目的以及对公安、竟陵末流弊风进行扫荡外,在相当程度上是针对满族灭明的巨大危险而发的,具有复兴古学,振拔民族精神,挽救明朝危亡的意蕴。总之,无论是从文学史发展的大势看,还是从不同时期政治现实与文学形势而论,明代文学复古主义的产生与发展,都是历史之必然。

明代复古思潮作为明代文学发展的主流思潮,对明代文学创作和阅读产生了深远影响。在创作方面,如在"前七子""后七子"的影响下,"天下推李、何、王、李为四大家,无不争效其体"①。文学复古主义对阅读活动的影响至少有以下几点。

其一,明初的文学复古主义虽然声势不大,但那些主张复古主义的文臣、宿儒、文坛领袖,由于他们的地位和影响,其文学思想和活动对明初的正统文学阅读具有承前启后、奠定基础的作用,他们是明初知识阶层文学阅读的推动者和引领者。

其二,由"前七子""后七子"发起的文学复古运动,持续百年之久,声势浩大,对阅读活动产生的影响广泛而深远。"文必西汉,诗必盛唐,大历以后书勿读。"这样的主张和论断无疑会推动士人乃至整个社会读书尚古之风的深入发展。在这种风气下,士人们热切地要求多读古书已成为一种时尚和趋势。当然,那些复古主义的领袖首先是嗜读者。如王世贞在年老病重时,手里仍然拿着《苏子瞻集》,"讽玩不置"②。

与读书尚古之风相关的是编选、评点、收藏和刊刻古诗文的活动蔚然成风。其中如对唐人诗集的编选和评点,就达到了空前的繁荣

---

① 张廷玉等:《明史》卷二八六《文苑二》,北京:中华书局,1974年,7348页。
② 张廷玉等:《明史》卷二八七《文苑三》,北京:中华书局,1974年,7381页。

程度。如总集类就有冯惟讷的《唐诗纪》、徐献忠的《唐诗品》、臧懋循的《唐诗所》、唐汝询的《唐诗解》、陆时雍的《唐诗镜》、李攀龙的《唐诗选》、李维桢的《唐诗隽》、郝敬的《批选唐诗》、钟惺和谭元春的《唐诗归》、李沂的《唐诗援》、郭濬的《增定评注唐诗正声》等。据不完全统计,自李攀龙的《唐诗选》始,至施重光的《唐诗近体集韵》止,在一百年左右的时间里,就涌现出一百余种唐诗选本,超过以往任何一个时期。还有一些汇刻本,也一刻再刻,创历史之最的纪录。如《十二家唐诗》有正德间仿宋刻本、蒋孝嘉靖二十九年(1550)刊本、张逊业嘉靖三十一年(1552)刊本、杨一统万历十二年(1584)刊本、许自昌万历三十一年(1603)刊本、郑能万历刊本、汪应皋万历刊本等。别集中,如朱谏的《李诗选注》、张含和杨慎的《李杜诗选》、王维桢的《李律七言颇解》、张綖的《杜工部诗通》、周甸的《杜诗会通》、顾可久的《唐王右丞诗集注说》等,显示出"诗必盛唐"的巨大影响。而且,这种空前的出版盛况反映着社会上掀起了一股唐诗热。人们学习唐诗、阅读唐诗成为一种社会潮流。而唐诗读本也成为市场上的畅销读物。

在书籍收藏方面,据统计,有明一代,有藏书家897人,近似宋、元两代的总和。① 而且他们大多出现于成化以后。藏书家们以收藏古籍多寡相争胜,从而极大地促进着藏书事业与阅读活动的发展。同时,复古运动也使古籍翻刻蔚然成风。这其中又以翻刻宋本最多,并且至嘉靖时期而大盛,成为出版业的一大特色。

其三,复古主义者们在对宋、元诗文流弊和"台阁体"苍白无力的文风进行批判的同时,不同程度地对民间文学给予高度评价和肯定。如李梦阳说:

今真诗乃在民间。孔子曰:"礼失而求诸野。"予观江海山泽

---

① 范凤书:《中国私家藏书史》,郑州:大象出版社,2001年,166页。

之民,顾往往知诗,不作秀才语,如缶音是矣。①

他还对董解元的《西厢记》倍加推崇,认为它可以直继《离骚》。②何景明对民歌也持相同看法。他认为民歌"有非后世诗文墨客操觚染翰,刻骨流血所能及者,以其真也"③。王廷相曾仿民歌体作《巴人竹枝词》十首,流露出他对民间通俗文学的喜爱。康海、王九思及王世贞在杂剧、传奇上都颇有成就。④复古主义者们对民间通俗文学的高度评价、宣传乃至参与创作,与当时民间蓬勃兴起的现实主义文学遥相呼应,对推动通俗文学创作和阅读的繁荣具有积极的意义。如著名通俗文学作家冯梦龙就是在一定程度上因他们的评论而受到启迪的。

其四,明晚期复古主义的复苏配合了实学与博学思潮,读书人以"兴复古学,务为有用"为目标,促进了读书治学风气的形成,产生了一大批博通古今、淹贯百家的杰出读者,如陈子龙、张溥、钱谦益、艾南英、王夫之、黄宗羲、顾炎武、方以智等,他们对清初的读书治学风气的形成产生了重要影响。

其五,尽管复古主义者们的主张主要是针对创作而言的,但他们的文学观给读书界带来了一些不好的影响。这些影响主要表现在以下两个方面。

一是他们的文学主张势必会限制人们对古诗文的阅读。如李梦阳宣称:"文自西京,诗自中唐而下,一切吐弃。"⑤王九思则称"文非秦

---

① 李梦阳:《空同集》卷五十二《缶音序》,上海:上海古籍出版社,1959年,478页。
② 冯天瑜:《明清文化史散论》,武汉:华中工学院出版社,1984年,98页。
③ 李开先:《词谑》(二七),见《中国古典戏曲论著集成》第三册,北京:中国戏剧出版社,1959年,2866页。
④ 转引自冯天瑜《明清文化史散论》,武汉:华中工学院出版社,1984年,98页。
⑤ 张廷玉等:《明史》卷二八五《文苑一》,北京:中华书局,1974年,7307页。

汉不以入于目,诗非汉、魏不以出诸口""唐文以下无取焉"。① 李攀龙称"文自西京,诗自天宝而下,俱无足观"②。王世贞认定"文必西汉,诗必盛唐,大历以后书勿读"③。何景明曾再三鼓吹宋人书不必收,宋人诗不必观。④ 康海倡言:"君子言文与诗者,先秦两汉,汉魏盛唐。"⑤就连明末的陈子龙亦主张"文当规摹两汉,诗必宗趣开元"⑥。在声势浩大的复古运动中,这些领袖人物的论断,不可能不对读书界的古诗文阅读范围、阅读深度和阅读广度产生影响,乃至"嘉靖以灭,文人皆遗弃六经,师法秦汉,而仅袭其迹,视韩柳以下蔑如也"⑦。于是,"以古文辞睥睨当世,而抗谈秦汉,唾弃唐宋"⑧。钱谦益也说:"自王、李之学盛行,吴越间学者拾其残沈,相戒不读唐以后书。"⑨如顾云鸿"好为古文辞,欲与古人驰驱于千载之上,而生当万历间,俗学师承,以李王为质的,虽其强学好问,苦心镞砺,亦域于其中而不能出也"⑩。所以,文人学子的正统文学阅读主要在秦汉一隅,而唐宋文则失去了应有的地位。

二是他们的崇古贱今、一味摹古拟古的创作路线使一些文人形成一种片面、肤浅地追求古意的创作,而无法广泛深入地读书治学的

---

① 李开先:《李开先全集·李中麓闲居集》文之十《美陂王检讨传》,卜键笺校,上海:上海古籍出版社,2014年,922页。
② 张廷玉等:《明史》卷二八七《文苑三》,北京:中华书局,1974年,7378页。
③ 张廷玉等:《明史》卷二八七《文苑三》,北京:中华书局,1974年,7381页。
④ 杨慎:《升庵诗话》卷十二《莲花诗》,丛书集成初编,北京:中华书局,1985年,166页。
⑤ 转引自尚学锋等《中国古典文学接受史》,济南:山东教育出版社,2000年,387页。
⑥ 上海文献丛书编委会:《陈子龙文集》卷十二《壬申文选凡例》,上海:华东师范大学出版社,1988年,667页。
⑦ 蒋允仪:《〈古文溹编〉序》,见王志坚《古文溹编》,四库全书存目丛书,济南:齐鲁书社,1997年,7页。
⑧ 陆符:《〈四六法海〉序》,见《四六法海》卷首,天启七年(1627)刻本。
⑨ 钱谦益:《列朝诗集小传》丁集下《沈先辈德符》,上海:上海古籍出版社,1983年,657页。
⑩ 钱谦益:《列朝诗集小传》丁集下《顾先辈云鸿》,上海:上海古籍出版社,1983年,583页。

不良风气,以致很多学者"束书不观,止取《左》《国》《史》《汉》句字名物,编类分门,率尔成篇;套格套辞,浮华满纸"①。《四库全书总目》对此评述道:

> 自李梦阳之说出,而学者剽窃班、马、李、杜;自世贞之集出,学者遂剽窃世贞。故艾南英《天庸子集》有曰:"后生小子,不必读书,不必作文,但架上有前后《四部稿》,每遇应酬,顷刻裁割,便可成篇,骤读之无不浓丽鲜华,绚烂夺目,细案之一腐套耳。"②

正是这种不良风气,遭到了"唐宋派""公安派"以及"竟陵派"的相继批判与反击,"于是宗李、何、王、李者稍衰"③。

二、反复古思潮

万历以后,复古运动渐渐式微。实际上,早在复古主义昌盛之时,其对立面就开始产生。嘉靖初年,以王慎中、唐顺之、归有光、茅坤为代表的"唐宋派",高举唐宋八大家旗帜,发起了对"前七子"复古主义的批判运动,复古派的对立面初现文坛。

王慎中(1509—1559),字道思,福建晋江人。嘉靖五年(1526)进士,官至河南布政司参政。与唐顺之并称"王唐",又与唐顺之、陈束、李开先、熊过、任瀚、赵时春、吕高并称"嘉靖八才子"。著有《遵岩集》。早年追随"前七子",认为秦汉以下文无可取,盛唐之外诗无足观。后来学欧阳修、曾巩而有所悟,乃尽焚旧作,一意师仿。④

---

① 周亮工:《书影》卷六,上海:上海古籍出版社,1981年,161页。
② 永瑢等:《四库全书总目》卷一七二《集部·别集类》(25),北京:中华书局,1965年,1508页。
③ 张廷玉等:《明史》卷二八五《文苑一》,北京:中华书局,1974年,7307页。
④ 张廷玉等:《明史》卷二八七《文苑三》,北京:中华书局,1974年,7368页。

唐顺之(1507—1560),字应德,江苏武进人。嘉靖八年(1529)进士,官至右佥都御史。著有《荆川集》。"喜唐、宋诸大家文,所著文编,唐、宋人自韩、柳、欧、三苏、曾、王八家外,无所取"①。他批判"前七子""后七子"说,认为复古派自以为"秦汉之文是也,岂不犹腐木湿鼓之音"②。

归有光(1507—1571),字熙甫,号震川,江苏昆山人。嘉靖四十四年(1565)进士,官至太仆寺丞。著有《震川集》。"以司马、欧阳自命,力排李、何、王、李。"特别是王世贞主盟文坛,归有光"力相觝排",把他视为"妄庸巨子"。王世贞闻后对此感到很遗憾,但后来也对他很折服,并赞之曰:"千载有公,继韩、欧阳。余岂异趋,久而自伤。"③其推崇如此。

茅坤(1512—1601),字顺甫,号鹿门,归安(今浙江吴兴)人。嘉靖十七年(1538)进士,官至大名兵备副使。善古文,所编《唐宋八大家文钞》盛行海内。因此,乡里小生无不知茅坤。他批评李梦阳的文章不过是"湛谣涤滥,互相剽裂"④。

由上述可见,唐宋派对"前七子""后七子"复古主义所进行的批判,主要集中在文学理论和创作方面。他们对唐宋古文的推崇和宣传,在推动社会文学经典阅读方面做出了重要贡献。

个人反对复古主义的代表有李贽、徐渭、汤显祖等。

李贽文学理论的核心是《童心说》。童心即"真心",是"绝假纯真"之"本心"。李贽明确提出"苟童心常存,则无人不文,无时不文"。

---

① 张廷玉等:《明史》卷二八七《文苑三》,北京:中华书局,1974年,7375页。
② 唐顺之:《荆川文集》卷十《董中峰侍郎文集序》,四部丛刊本,36页。
③ 张廷玉等:《明史》卷二八七《文苑三》,北京:中华书局,1974年,7383页。
④ 茅坤:《唐宋八大家文钞原叙》,见《唐宋八大家文钞》卷首,《四库全书》第1383册,上海:上海古籍出版社,1987年,14页。

因此,"诗何必《古选》,文何必先秦"①。这种理论无疑有力地打击了"前七子""后七子"的拟古流弊,开汤显祖"至情说"和公安派"独特性灵"之先声。

徐渭(1521—1593),字文长,绍兴人。他批评复古主义者的"矫真饰伪"的作风,并在自己的文学创作中,力求表现个性,反对模拟之风。

汤显祖(1550—1616),字若士,临川人,万历十一年(1583)进士。汤显祖虽是一个卓越的戏曲家,但在当时,他是以诗歌和古文名倾海内,并作为八股文能手,以当代举业八大家闻名的。他反对"后七子"的模拟冒充创作之风,主张创作要讲究"自然灵气",所以其诗文创作亦能独树一帜。

对复古思潮发起反击并对文学创作与阅读产生重要影响的文学团体,首先是公安派。公安派的代表是袁宗道、袁宏道、袁中道三兄弟。

袁宗道(1560—1600),字伯修,号石浦。万历十四年(1586)会试第一,官至右庶子。因推崇白居易、苏轼,将其书斋名之曰白苏斋。著有《白苏斋集》。

袁宏道(1568—1610),字中郎,号石公,万历二十年(1592)进士,官至吏部稽勋郎中。著有《袁中郎全集》。

袁中道(1570—1624),字小修,万历四十四年(1616)进士,官至礼部郎中。著有《珂雪斋集》。

公安派的文学理论基础是对复古派末流因袭之风的批判。袁宏道对复古的实质批评道:"夫古有古之时,今有今之时,袭古人语言之

---

① 李贽:《焚书》卷三《童心说》,北京:中华书局,1975年,99页。

迹而冒以为古,是处严冬而袭夏之葛者也。"①他批评"诗必盛唐"之说:"唐自有古诗,不必选体,中、晚皆有诗,不必初、盛,欧、苏、陈、黄各有诗,不必唐人。唐时色泽鲜妍,如旦晚脱笔砚者,今诗才脱笔砚,已是陈言。岂非流自性灵,与出自剽拟,所从来异乎?"②袁宏道批评了复古派的弊端。其意义和影响如钱谦益所评论:"中郎之论出,王李之云雾一扫,天下之文人才士始知疏瀹心灵,搜剔慧性,以荡涤摹拟涂泽之病,其功伟矣。"③

公安派也对时文(八股文)和通俗文学给予了肯定和褒扬。如袁宏道说他每每在时文的尺幅之中阅今昔之变态。④对通俗文学,他更是高吟"当代无文学,闾巷有真诗,欲沽一壶酒,携君听竹枝"⑤。他的另一首诗则曰:"少年工谐谑,颇溺滑稽传。后来读《水浒》,文字益奇变。六经非至文,马迁失组练。一雨快西风,听君酣舌战。"⑥特别是他把《水浒传》《金瓶梅》视为逸典⑦,将其与"六经"、《离骚》、《史记》相提并论。

在文学创作方面,他们将"性灵说"作为其理论核心。"性灵"即真情、率性之流露,为"不可造"之物。如袁宏道所言:"独抒性灵,不

---

① 袁宏道:《袁宏道集笺校》卷十八《雪涛阁体集序》,钱伯城笺校,上海:上海古籍出版社,1981年,709页。
② 朱彝尊:《静志居诗话》卷十六《袁宏道》,姚祖恩编,黄君坦校点,北京:人民文学出版社,1990年,478页。
③ 钱谦益:《列朝诗集小传》丁集中《袁稽勋宏道》,上海:上海古籍出版社,1983年,567页。
④ 袁宏道:《袁宏道集笺校》卷五十四《陕西乡试录序》,钱伯城笺校,上海:上海古籍出版社,1981年,1530页。
⑤ 袁宏道:《袁宏道集笺校》卷二《答李子髯》,钱伯城笺校,上海:上海古籍出版社,1981年,81页。
⑥ 袁宏道:《袁宏道集笺校》卷九《听朱生说〈水浒传〉》,钱伯城笺校,上海:上海古籍出版社,1981年,418页。
⑦ 袁宏道:《袁宏道集笺校》卷四十八《觞政》,钱伯城笺校,上海:上海古籍出版社,1981年,1419页。

拘格套,非从自己胸臆流出,不肯下笔。"①这种理论也是对李贽"童心说"的深化和发展,对当时文坛的创作风气产生了巨大的冲击。

与公安派同时反对复古主义的文学流派还有竟陵派。竟陵派的代表人物是湖广竟陵(今湖北天门)人钟惺和谭元春。钟惺(1574—1625),字伯敬,号退谷,万历三十八年(1610)进士,官至福建提学佥事,著有《隐秀轩集》。谭元春(1586—1637),字友夏,著有《谭元春集》。

钟惺与谭元春既反对"前七子""后七子"肤浅的学古崇古思想,又不赞成公安派尊今趋俗之偏弊。他们的文学审美观是"幽情单绪,孤行单寄",要表现"孤怀""孤诣"。所以其作品亦表现出他们孤僻的情怀、对现实的冷漠和绝出世俗的旨趣。二人评选唐人之诗为《唐诗归》,又评选隋以前诗为《古诗归》。二书一出,钟、谭之名满天下,海内诗人翕然从之,竟陵体极盛一时。②

上述复古主义者们,如唐宋派、李贽、徐渭、汤显祖,以及公安派和竟陵派,他们无论是个人,还是团体,其文学理论和创作实践都对明代的阅读活动产生了重要影响。这些影响可粗略地归纳为以下几点。

其一,反复古主义者们在激烈的思想交锋中,对复古主义者一味模古与拟古的创作风气给予了批判和否定。他们的理论和实践不仅没有削弱社会对古诗文的学习和继承,反而推动了社会对古诗文的阅读和鉴赏活动。特别是这些知识精英通过文学选本,将他们的文学观念或文化观念推广到全社会,从而使全社会形成一种阅读观念和趋势。如唐宋派中的茅坤所编选的《唐宋八大家文钞》盛行海内,以至"乡里小生无不知茅坤"。之后,又有孙慎行《精选唐宋八大家文

---

① 袁宏道:《袁宏道集笺校》卷四《叙小修诗》,上海:上海古籍出版社,1981年,187页。
② 张廷玉等:《明史》卷二八八《文苑四》,北京:中华书局,1974年,7399页。

钞》、顾锡畴《唐宋八大家选本》、汪应魁校刊、钟惺选评《唐宋八大家选》、王志坚《古文渎编》、钟惺《唐宋八大家文悬》、孙矿、茅坤、钟惺合评《唐宋八大家文钞选》以及陈贞慧《唐宋八大家文选》等。① 唐宋文的流行,打通了明代长期以来形成的秦汉与唐宋的壁垒,将文学阅读范本从秦汉文引向唐宋文,在正统文学阅读中为唐宋文争得了与秦汉文相辅而行的经典地位,冲破了明中期以来"文必秦汉"的狭隘路径。这对唐宋文的阅读普及和文化价值观的提升起到了积极的推动作用。再如公安三袁最喜欢白居易和苏轼。袁宗道将"白苏"作为其书斋名,袁宏道和袁中道对苏轼则多有高论。在他们的推动下,苏轼在晚明读书界受到格外推崇。苏轼的诗文选本也大量出现,有 15 种之多。② 还有钟惺和谭元春编选的《唐诗归》和《古诗归》能被"海内称诗者靡然从之",甚至"家置一编,奉之若尼丘之删定"③。由此亦可见这两种诗歌选评本在他们的鼓吹下,其读者人数之众,流传之广,影响之大。

其二,反复古主义者们对复古主义所进行批判,同时也是在不断地肯定古诗文的文学价值。此起彼伏的文学理论思潮尽管是在文人学者中展开的,但客观上所具有的舆论宣传效应,无疑会促进浓厚的学古论古氛围的形成。这就会不断地提高人们对古诗文文学价值的认识,从而也会不断地促进社会阅读古诗文活动的深入发展。

其三,李贽、徐渭、汤显祖、袁宏道等文学家提出的具有近代人文启蒙性质的文学理论,如主张抒发自我的"童心""真情""性灵",反对封建礼法束缚,宣扬人的个体价值,鼓吹人性解放与个性自由,追求"本色""率真"与自然,反对伪饰矫作和刻意模拟古人等,反映了市民

---

① 付琼:《唐宋八大家选本与明清文学教育格局的转变》,载《社会科学战线》,2008 年第 11 期,172—177 页。
② 转引自尚学锋等《中国古典文学接受史》,济南:山东教育出版社,2000 年,380 页。
③ 钱谦益:《列朝诗集小传》丁集中《钟提学惺》,上海:上海古籍出版社,1983 年,570 页。

阶层、普通民众与下层知识阶层的生活和思想愿望、审美情趣，是通俗文学创作的理论源泉。而他们对通俗文学的高度评价和热爱，又对通俗文学的阅读起了推波助澜的作用，从而促进了阅读活动的繁荣。

三、评点之风

评点，即评论和圈点。它是读者在阅读过程中对作品内容和文字意义的认识和理解所做的记录和标记。它既是一种行之有效的读书方法，也是一种不可替代的批评方式。在阅读史和学术史上，特别是在文学批评史上，评点具有十分重要的意义。

通过评点，读者（评点者）对作品附加了自己的见解、观点乃至价值观念。所以它既反映着读者的阅读状态和结果，也能引起其他读者的重视，从而引导和促进着阅读活动的进一步发展。因此，一个时代的评点史也是一个时代的作品阐释史和阅读史。

应该说，评点不属于一种学术文化思潮，而是一种读书治学的方式和方法，具有促进作品传播的重要作用。把它放在学术文化思潮中讨论，是因为评点活动，特别是文学评点活动，到明代中后期进入了全盛期，成为明代读书治学以及出版活动中的一大特色，从而对明代阅读活动的发展与普及起着很大的推动作用。

评点最初只是一种读书治学方法。读者在读书过程中，将自己的心得、体会、情感、见解进行记录和标记。其目的主要是自我交流和总结收获，并没有教他人如何读书写作的意思。如清人张潮在《虞初新志·凡例十则》中说：

> 兹集触目赏心，漫附数言于篇末；挥毫拍案，忽加赘语于幅余。或评其事而慷慨激昂，或赏其文而咨嗟唱叹。敢谓发明，聊

抒兴趣;既自怡悦,愿共讨论。①

对一般读者来说,评点的确是一种行之有效的读书方法。读者在阅读过程中通过记录自己的理解和感受,既促进了思考,也加深了记忆。

评点产生自何时,已无法确切考证。但毫无疑问的是,圈点、注疏很早以来就是古代学者读书治学的一种重要方法。如经文下面有传、疏、笺、注,便于读者理解。如郑玄的《毛诗笺》《礼记注》等。到了宋代,随着印刷术的发展、书籍的普及与文化水平的提高,特别是学术文化的繁荣与发展,读书治学风气高涨,评点之学随之兴盛起来。宋人读书讲究虚心涵泳,熟读精思,喜欢独立思考,提倡自得悟入之说,所以读书有心得处,多有圈点、评论、题跋或笔记。黄庭坚在《大雅堂记》中说他读杜诗"欣然会意处,笺以数语"②。理学大师朱熹曾这样说自己的读书方法:"某二十年前得上蔡语录观之,初用银朱画出合处;及再观,则不同矣,乃用粉笔;三观则又用墨笔。数过之后,则全与元看时不同矣。"③这已经是五色圈点读书法了。朱熹的这种标注读书法,随着朱学之盛,在其门人弟子及整个学界产生了广泛影响。如其门人黄干的标注方法就被元人程端礼的《程氏家塾读书分年日程》所引用。黄干的学生何基,"凡所读书,朱墨标点"④。读书圈点到南宋已成为一种十分流行和普遍的现象,而且在文学阅读中成为人们的一种阅读习惯。

后来,评点不仅只是为了记录和总结自己的读书收获,还具有了著书立说、探讨学问、交流思想和指导阅读的功能。作为一种针对

---

① 张潮:《虞初新志·凡例十则》,见汤显祖等《说海》(二),北京:人民日报出版社,1997年,322页。
② 黄庭坚:《黄庭坚全集》卷十六《大雅堂记》,成都:四川大学出版社,2001年,437页。
③ 黎靖德:《朱子语类》卷一〇四《自论为学功夫》,北京:中华书局,1986年,2614页。
④ 黄宗羲:《宋元学案》卷八十二《北山四先生学案》,北京:中华书局,1986年,2726页。

性、实用性很强的批评方式,它通过对文本语言、形式、结构和内容的批评,引导人们从创作的角度去欣赏、揣摩作品,从而不仅能够指导读者的写作,而且能够提高读者的阅读能力和鉴赏能力。如陈振孙所说:"标抹注释,以教初学。"① 特别是选集和评点的结合,也是一种文化普及工作,对初学者具有启蒙作用,其代表作品有南宋吕祖谦的《古文关键》、真德秀的《文章正宗》以及谢枋的《文章规范》等。所以,评点之兴盛就是因为其独特的功能。因为评点既提供了原著,也提供了批评家的评论,可帮助读者理解作品。这样,它就把作品、评论和读者结合在了一起,具有了独特的阅读价值和功能,成为经典著作和评论家思想观点得到广泛传播的有效形式。

明代评点之学的兴盛是历史原因和现实原因的综合结果。在复古思潮的影响下,对经典作品,特别是对经史和唐诗的评点蔚然成风,评点成为读书治学、著书立说、传播思想、指导和促进阅读的最为流行和有效的方式。

在明代的学者中,孙矿是明代评点史上评点著作最多、影响最大的一位。

孙矿(1543—1613),字文融,号月峰,万历二年(1574)进士,官至南京兵部尚书。据史料载,孙矿所评点的著作有《书经》《诗经》《礼记》《周礼》《左传》《国语》《国策》《六子》(老、庄、列、文、荀、扬)《韩非子》《管韩合刻》《吕览》《淮南子》《史记评林》《汉书》《后汉书》《史汉异同》《三国志》《晋书》《宋元纲鉴》《文选》《古文四体》《选诗》《李太白诗》《杜拾遗诗》《李杜绝句》《五言绝律》《七言绝律》《杜律辨体》《杜律单注》《杜律虞赵注》《手录杜律五七言》《高岑王孟诗》《韩昌黎集》《柳河东集》《六一集》《苏东坡诗集》《东坡绝句》《今文选》《周人舆》《食饮

---

① 陈振孙:《直斋书录解题》卷十五《总集类》,上海:上海古籍出版社,1987年,451页。

琢》《漱琼瑶》《会心案》。①

如果说孙矿是明代评点著作最多的学者,那么归有光则是明代对同一部著作评点次数最多的学者和最杰出的读者。归有光一生评点《史记》达数十次之多,为历史上所少见。这既是他个人的《史记》阅读史,也反映了《史记》在归有光个人阅读史和知识结构中的重要地位。他的评点对其他读者具有引导和启发作用。如清代姚鼐(1731—1815)评论说:"震川阅本《史记》,于学文最为有益。圈点启发人意,有愈于解说者矣。可惜一部临之,熟读必觉有大胜处。"②从万历开始,以"评林"为名的史学评点书籍大量出现,如《史记评林》《汉书评林》等,成为读书出版界的一大特点。

孙矿评点的显著特点是不仅以文章之法评点经书,而且还"竞用评阅时文之式,一一标举其字句之法,词意纤仄"③。以文章之法评点经书的人物和著作还有凌濛初的《言诗翼》、程明哲的《考工记纂注》、林兆珂的《檀弓述注》、郭正域的《批点考工记》等。实际上,以文法读经始于唐人而盛于明人。因为古人认为"文本于经"④,经书本来就是文章写作的典范,所以以文法读经是自然而然的事。

以时文之法评点是指以举业时文八股文的要求来评点著作,以供士子科举考试之用。科举时文与评点之学确实有着密切的关系。元代程端礼《程氏家塾读书分年日程》卷二在为生员所开列的六日为一周期的《读看文日程》中,有三日的功课包括了"夜钞点抹截文"⑤;

---

① 转引自吴承学《〈四库全书〉与评点之学》,载《文学评论》,2007年第1期,5—12页。
② 姚鼐:《惜抱轩尺牍》卷二《答徐季雅书》,丛书集成续编,上海:上海书店出版社,1994年,905页。
③ 转引自吴承学《〈四库全书〉与评点之学》,载《文学评论》,2007年第11期,5—12页。
④ 永瑢等:《四库全书总目》卷一九二《集部·总集类存目二》,北京:中华书局,1965年,1746页。
⑤ 程端礼:《程氏家塾读书分年日程》卷二《读看文日程》,丛书集成初编,北京:中华书局,1985年,39页。

在卷二《读作举业日程》中，也多要求"批点""抹截"①。由此可见，"批点抹截"本来就是举业的重要功课，是训练读书治学能力的必要途径。不过如前所述，评点之学并不是起源于时文。其历史之渊源，内容之丰富，早已自成体系，而成为读书治学的一种有效方法。但后来的学者往往将评点之学等同于时文之学，甚至将它的产生归于明代的科举制艺。如曾国藩说：

> 窃尝谓古人读书之方，其大要有二：有注疏之学，有校正之学。……逮前明中叶，乃别有所谓评点之学。盖明代以制艺取士，每乡、会试，文卷浩繁，主司览其佳者，则围点其旁以为标识，又加评语其上以褒贬，所以别妍媸定去取也。濡染既久，而书肆所刻四书文莫不有批评围点。其后则学士文人竞执此法以读古人之书。若茅坤、董份、陈仁锡、张溥、凌稚隆之徒，往往以时文之机轴，衡《史》《汉》、韩、欧之文。虽震川之于《庄子》《史记》，犹不免循此故辙。又其甚则孙矿、林去铭之读《左传》，割裂其成幅，而粉傅其字句，且为之标目，如《郑伯克段》《周郑交质》云云，强三代之人以就坊行制艺之范围，何其陋与！我朝右文崇道，巨儒辈出，当世所号为能文之士，如方望溪、刘才甫之集，与姚姬传氏所选之古文词，亦复缀以批点。贤者苟同，他复何望？盖习俗之入人深矣。②

由此亦可见明代评点之风的盛行及其对阅读活动的深刻影响。不过，曾国藩虽然批评评点之学，但也无法拒绝选本和评点的魅力，他曾有《十八家诗钞》和《经史百家杂钞》等评点著作行世。选本和评

---

① 程端礼：《程氏家塾读书分年日程》卷二《读作举业日程》，丛书集成初编，北京：中华书局，1985年，41页。
② 王定安：《求阙斋弟子记》卷二十二《文学下》引曾国藩语，见《续修四库全书》第551册，上海：上海古籍出版社，2002年，530页。

点相结合,的确是一种易为大众所接受,能广泛流行的读物。

　　明代评点影响较大的人物及其著作还有竟陵派的钟惺和谭元春的《诗归》。如前所述,《诗归》一出,二人名满天下。海内诗人翕然从之,竟陵体极盛一时。由此可见他们在当时的影响之大。此外,茅坤的《唐宋八大家文钞》的影响亦不在《诗归》之下。该书在当时已家喻户晓,以至"乡里小生无不知茅坤"。王夫之《夕堂永日绪论外编》也评论道:"有皎然《诗式》而后无诗,有《八大家文钞》而后无文。"①

　　在复古思潮的影响下,明代对唐人诗集的整理开发达到了空前的繁荣程度。其标志之一就是评点唐人诗集蔚然成风,并形成了新的时代特色。他们或为启蒙初学,或欲传播自己的审美趣味及诗学主张,在阅读过程中,通过圈点、抹画、注释、批评等形式,将个人的学识、情感和思想灌注其中,凭借诗集远播久传,以影响众多读者。从明初到明末,唐诗的选编与评点层出不穷,浩浩荡荡,形成了一股经久不衰的阅读潮流。特别是从弘治到万历间,由"前七子""后七子"兴起的复古运动倡言"诗必盛唐",使唐诗的价值得以充分凸现,并直接促成了唐诗评点的空前繁荣。代表作品有敖英的《类编唐诗七言绝句》、桂天祥的《批点唐诗正声》、朱梧的《琬琰清音》、徐献忠的《唐诗品》、顾璘的《批点唐音》等。在别集中,对盛唐诗的评点主要集中在李、杜、王、孟四家。如朱棣的《李诗选注》、王维桢的《李律七言颇解》、顾明和史秉直的《李杜诗选》、张綖的《杜工部七言律诗本义》、赵大纲的《杜律测旨》、颜廷榘的《杜律意笺》、周甸的《杜诗会通》、顾起经的《类笺唐王右丞诗集》、顾可久的《唐王右丞诗集注说》、李梦阳的《孟浩然诗集》等。盛唐诗的评点繁荣体现了明中期盛唐诗阅读已成风尚,显示了复古派"诗必盛唐"主张的巨大影响。

　　经过复古派的鼓吹和推动,万历以后的唐诗评点更是蔚然成风,

---

① 王夫之:《姜斋诗话笺注》附录,戴鸿森笺注,北京:人民文学出版社,1981年,205页。

盛况空前。这一时期的评点还表现出三个明显特点：一是评注已有的唐人诗集，二是选编和评注合一，三是汇评本的出现。

评注已有唐人诗集，总集中如李攀龙的《唐诗选》，就有蒋一葵、王穉登、钟惺、高江、陈继儒、李颐、孙矿、凌宏宪、刘孔敦、黄家鼎、叶羲昂等多家评注本。① 此外，还有廖文炳补注元好问《唐诗鼓吹》、袁宏道评《韦孟全集》等。别集中，如《骆宾王集》，有陈魁士、虞九章、黄兰芳、施凤来、颜文选相继为之作注。还有顾锡畴的《评阅韩昌黎先生集》、陈仁锡评《韩昌黎先生全集》、韩敬评《李文饶公文集》、陈子龙评《李卫公文集》、雷起钊评《丁卯集》、朱一是和吴玙评《杜樊川集》，还有徐渭、董懋策、张睿卿、姚佺、陈懋、丘象随、孙枝蔚、张恂、黄淳耀、曾宪等人为《李贺诗集》所做的评注等。

选编和评注结合体现了编评者的阅读审美观、价值观和个人阐释的角度。它们通过选本和评注表达出来，从而影响读者的阅读趣味和理解倾向。所以，选本和评点成为包括作品阐释、鉴赏和批评功能的能够指导读者阅读的一种新形式。随着这种形式的广泛流行，它成为明代后期文人学者和一般读书人乃至大众读者所喜闻乐见的一种著述形式和文学读本。其中的代表作，总集类有钟惺和谭元春的《唐诗归》、陆时雍的《唐诗镜》、李维桢的《唐诗隽》、李沂的《唐诗援》、郝敬的《批选唐诗》、郭濬的《增定评注唐诗正声》等；别集中主要以李白、杜甫诗集为主，其中尤以杜诗为最，如林兆珂的《李诗钞述注》、胡震亨的《李诗通》、陈与郊的《杜律注评》、黄光升的《杜律注评》、谢杰的《杜律詹言》、郭正域的《杜子美七言律》、郝敬的《批选杜工部诗》、王嗣奭的《杜臆》、林兆珂的《杜诗钞述注》、邵傅的《杜律五言集解》《杜律七言集解》、范濂的《杜律选注》、温纯的《杜律一得》、闵映壁的《杜诗选》、胡震亨的《杜诗通》、薛益的《杜工部七言律诗分类

---

① 陈伯海、朱易安：《唐诗书录》，济南：齐鲁书社，1988年，57—58页。

集注》等。① 杜甫诗在明朝后期受到文人学者的格外青睐，这反映出部分士人社会危机意识的空前增强。

将前朝或同代名家对唐诗所做的评注汇集在一起，形成汇评本，是明后期唐诗选本与评点的一大特色。这种形式既是对各家评点的总结，又便于读者比较、参照和综合。如梅鼎祚和屠隆的《唐二家诗钞评林》、沈子来的《唐诗三集合编》、凌宏宪的《唐诗广选》、黄克缵和卫一凤的《全唐风雅》、徐克的《详注百家唐诗汇选》、徐用吾的《唐诗分类绳尺》、杨肇祉的《唐诗艳逸品》、唐汝洵的《汇编唐诗十集》、胡震亨的《唐音统签》等。目前，汇辑评语最多者是周珽辑的《唐诗选脉会通评林》60卷。该书录唐430余家诗2400余首。除总论外，每一诗人名下，每首诗后，均广引各家如刘辰翁、严羽、范梈、周敬、徐献忠、李梦阳、何景明、徐祯卿、顾璘、杨慎、蒋一葵、胡应麟、钟惺、徐用吾、郭濬、陆时雍、唐汝询等人评语，间附己评，评语长者有三四百字。虽然繁富博杂，它难免有所疏误，但它荟萃各家见解，从不同角度开启读者心智，有助于拓宽读者的阅读视野，提高读者的鉴赏能力，同时也在一定程度上展示了唐诗的阐释史、阅读史和学术史的脉络。而且，它把诸多名家的评点集中在同一选本中，能够扩大选本的传播功能和阅读范围，从而使唐诗获得更加旺盛的生命力。尤其是许多集评本采用"朱墨套印""三色套印"等印刷技术，增强了文字的视觉效果。如吴兴凌氏刻《唐诗绝句类选》即为三色套印，所录敖英原评用朱色，录顾璘评用蓝色，其余数十家评语皆标明姓字，使唐诗选本更显得多彩多姿，成为一种具有独特阅读价值和功能的文本。

在明代后期的文学评点中，除唐诗外，还有张溥的《汉魏六朝百三家集题辞》。张溥通过编辑《汉魏六朝百三家集》，并撰写全部"题

---

① 转引自查清华《明代唐诗的评点》，载《中国典籍与文化》，2005年第1期，68—73页。本文前后部分有关唐诗评点的著作名称也多引自该文。

辞",具体地表现出他"兴复古学"的文学思想。其目的是革除当时"文章日衰,而道亦以散"的时弊。他对汉魏六朝百三家其人其文,都进行了评论。这些文字分之则为作家各论,合之则为文学简史,既反映了他个人文学思想、阅读价值观和阅读史,也对其他读者具有指导作用。

如前所述,评点能帮助和引导读者阅读,促进作品的传播,扩大作品的影响力,所以成为一种备受作者、读者和书商青睐的大众文化传播方式,评点本也成为一种具有独特阅读价值和功能的文本。因此,明代通俗文学的兴盛,与评点有着密切的关系。

首开小说评点先河者是书坊主。书坊主刊印小说时多乐意请名士评点或撰写序跋,其目的有两点:一是帮助读者扫清阅读障碍,满足大众读者的阅读需要;二是借名人之声望,抬高作品身价,并通过评论,指导和吸引读者阅读,以便打开销路。所以评点本小说的出现和流行是与书坊的营利目的直接相关的。但是客观上它大大促进了小说阅读的发展与繁荣,促进了社会阅读的普及与社会阅读能力的提高。

小说评点的最初功能是内容的注释性。早期的小说评点,多以双行夹注的形式出现,其主要作用就是为小说做注释,以帮助读者阅读文本。早在嘉靖年间,熊大木编撰的《大宋中兴通俗演义》就以评点本的形式刊刻问世。它采用双行夹批形式,在有关字、词、句下加注。这种以注音释义、解释典故等形式对内容略做常识性的注释,就是为了帮助广大平民扫除阅读障碍,增加阅读兴趣。熊大木意想中的主要读者正是那些"士大夫以下遽尔未明乎理者"[①]。

万历年间是明代通俗小说出版的黄金时期。在激烈的市场竞争

---

① 熊大木:《〈大宋中兴通俗演义〉序》,见侯忠义《明代小说辑刊》(二),成都:巴蜀书社,1995年,19页。

下,各地书坊把销售评点本作为自己追求的目标。如万历十九年(1591),金陵周曰校刊印的《三国志通俗演义》,"句读有圈点,难字有音注,地理有释义,典故有考证,缺略有增补,节目有全像"①。这显然是为了帮助那些文化程度不高的市民阅读小说。而且这种广告性宣传和注释性评点,作为一种促销手段被其他书坊主纷纷效仿。有的干脆就在书名中标出,以宣传这种注释性的功能,如《京板全像按鉴音释两汉开国中兴志传》《新刻校正古本大字音释三国志通俗演义》《新镌校正京本大字音释圈点三国志演义》《新刻音释旁训评林演义三国志传》《新刊出像补参采史鉴唐书志传通俗演义题评》等。②

　　随着注释性评点的不断成熟,评论的成分在不断强化。注释性评点固然有助于一般读者阅读,但它评论的成分少,不能满足读者更高的要求,亦不能传达评者的思想观点和审美趣味,以引导读者阅读。随着注释性评点不断成熟,评论的成分在不断强化。评点者,特别是名家,对小说文本进行评论,成为一种再创作活动,其评论文字与小说文本融为一体,大大促进了小说的传播。万历二十年(1592),余象斗刊出《新刻按鉴全像批评三国志传》,在小说史上首次打出"批评"的旗号,并对书中的故事情节做简要的评述,如"评赵云救阿斗"等。而且该书还配上插图,形成上评、中图、下文的形式,且评语简略,插图生动。由于其有着良好的阅读效果和市场优势,余象斗后来以这种形式刊刻了很多通俗小说,如《全像水浒志传评林》《全像列国志传评林》《全像三国志传评林》等,反映了明代小说评点的趋势。

　　评点本小说已经成为读者最喜欢阅读的一种文本。特别是名家评点所具有的广告效应更推动了小说的传播与阅读的普及。《水浒

---

① 转引自宋莉华《明清小说评点的广告意识及其传播功能》,载《北方论丛》,2000 年第 2 期,63—67 页。
② 转引自宋莉华《明清小说评点的广告意识及其传播功能》,载《北方论丛》,2000 年第 2 期,63—67 页。

传》《三国演义》《金瓶梅》等小说的诸种版本中流传最广、影响最大的就是金圣叹、毛宗岗、张竹坡等的评点本。李贽所评点的《水浒传》在当时也产生了很大的影响。袁宏道受到李贽的感染,成为《水浒传》的热爱者。在万历以后出版的大量戏曲、小说中,《西厢记》与《琵琶记》作为南北戏曲的代表作品,各种版本纷纷问世,其中附有李贽、徐文长等人批评的评点本最为流行,以至出现了假托二人之名的伪作。

因为小说评点具有明显而浓厚的商业性质,所以在利益的驱使下,自评与假冒名人评点的现象十分常见。尽管有许多名不副实的评点本,但其中也有一些评点杰作。如峥霄馆刊《型世言》,每一回前都有翠娱阁主人写的"叙""引"和"题词"等回前评,阐述本回故事的思想价值,将评点议论与小说内容融为一体。

为吸引读书人阅读小说,提高评点的实用价值,小说评点中出现了以文法评点的趋势。明代的八股取士,影响着读书人的阅读目的、审美情趣和思维定式。所以文人、学者们在评点小说时开始以八股文法来分析、审视和评论小说的结构和章法,以满足读书人的阅读心理和阅读需求。如金圣叹在《读第五才子书法》中说:

> 此本虽是点阅得粗略,子弟读了便晓许多文法。
>
> 《水浒传》到底只是小说,子弟极要看,及至看了时,却凭空使他胸中添了若干文法。人家子弟只是胸中有了这些文法,他便《国策》《史记》等书,都肯不释手看,《水浒传》有功于子弟不少。①

梦生《小说丛话》说:"圣叹评小说得法处,全在能识破作者用意

---

① 陈曦钟等辑校:《水浒传会评本》,北京:北京大学出版社,1987年,22页。

用笔的所在,故能一一指出其篇法章法句法,使读者翕然有味。"①俞明震《觚庵漫笔》也说:"《三国演义》一书,其所以普及于社会者,不仅文字之力。余谓得力于毛氏之批评,能使读者不致如猪八戒之吃人参果,囫囵吞下,绝未注意于篇法、章法、句法,一也。"②读者对篇法、章法、句法的留意,也促进了这种评点的日益普及,而这类评点的普及为扩大小说的文人学子读者群,促进小说在文人学子中的传播起到了积极的推动作用。

综上所述,评点既是一种行之有效的读书方法,更是一种独特的文学批评方式。评点活动作为读书界、出版界乃至学术界的一种重要现象,在辅助阅读、指导阅读、促进阅读,传播和普及文化方面发挥了重要作用。评点本作为一种特殊文本,在促进读者接受作品方面具有积极而巨大的作用。它们都是文学史、学术史、出版史和阅读史研究的重要内容。而且,它们也是一个内容丰富而浩瀚的研究领域。

第七节　西学思潮

明清之际的西学东渐是中国乃至世界文化交流史上的大事。以利玛窦为首的欧洲天主教耶稣会士,于万历、天启和崇祯年间(1573—1644),纷纷来到中国。他们在进行传教活动的同时,也将西方的科学、哲学、宗教和艺术著作广泛地翻译和介绍到中国,在晚明的社会各阶层,尤其是上层官僚和士大夫中,产生了广泛而深远的影

---

① 转引自宋莉华《明清小说评点的广告意识及其传播功能》,载《北方论丛》,2000年第2期,63—67页。
② 俞明震:《觚庵漫笔》,见黄霖、韩同文编《中国历代小说论著选》(下),南京:江苏人民出版社,1985年,322页。

响,为长期停滞不前的中国科学文化带来了活力。朝野上下,掀起了一股读西洋书、学西洋文化的热潮,这极大地推动了国内自然科学技术的研究与进步。西学思潮不仅在明代的阅读史和文化史上具有重要意义,也对后来学人读书治学风格和科学技术的发展与进步产生了深远影响。

一、耶稣会士的著译活动

明朝作为一个封建王朝,在意识形态领域具有强烈的排外心理。因此,耶稣会士们为达到传教目的,采取了以学术为媒,借西方科学文化和艺术来打开士大夫们封闭心理的方法。而且,他们认识到"基督教信仰的要义通过文字比通过口头更容易得到传播,因为中国人好读有任何新内容的书,也因为用象形文字所表达的中国著作具有特殊的力量而且表现力巨大"①。"中国人还有一件与众不同的事情,那就是他们所有的宗教教派的发展以及宗教学说的传播都不是靠口头而是靠文字书籍。他们很不喜欢人们聚集成群,所以消息主要是靠文字来传布。"②因此,耶稣会士们以联络学术阶层为努力方向,并通过著译活动,使自己的影响播扬四方。

于是,他们不断将西方书籍带到中国,并将其中的部分译介给中国读者,并用中文著述,贯彻其学术传教的基本路线。如史书称"金尼阁载书有万卷之富"③。万历四十八年(1620),他就将七千部西方书籍运到澳门④,其内容包括天文、算学、几何、水利、生物、地理、物理、医学、音乐、宗教、哲学等。需要指出的是,明清之际的西学东渐,

---

① 利玛窦、金尼阁:《利玛窦中国札记》,何高济等译,北京:中华书局,1983年,172页。
② 利玛窦、金尼阁:《利玛窦中国札记》,何高济等译,北京:中华书局,1983年,482页。
③ 徐宗泽:《明清间耶稣会士译著提要》,上海:中华书局,1949年,199页。
④ 徐宗泽:《明清间耶稣会士译著提要》,上海:中华书局,1949年,363页。

西书译介是最为核心的部分,也是耶稣会士在中国所进行的事业中,最有历史价值和意义的工作。

据近人徐宗泽《明清间耶稣会士译著提要》附"明清间耶稣会士译著书名表"所载,明亡前出版的耶稣会士书籍有 100 余种。从书名看,至少一半是关于宗教方面的书籍,其余则是有关哲学和自然科学的书籍。①

在此次大规模的西书译介活动中,耶稣会士中的利玛窦(意大利人)、罗明坚(意大利人)、汤若望(德国人)、艾儒略(意大利人)、庞迪我(西班牙人)、熊三拔(意大利人)、龙华民(意大利人)、邓玉函(瑞士人)、毕方济(意大利人)、罗雅谷(意大利人)、傅汎际(葡萄牙人)等,中国学者徐光启、李之藻、杨廷筠、王徵、焦勖等做出了重要贡献。他们中的代表人物及其著译活动如下。

罗明坚(1543—1607),是最先进入中国内地,并用汉文著述传教的耶稣会士。他认为用中文撰写书籍是"归化"中国人必须有的步骤。② 因此,他在获准留居肇庆之前,就用中文翻译了《天主经》《圣母经》和《天主十诫》,并将其刊刻出版,在一些中国士人中流行。③ 万历十二年(1584),他在广州出版《天主圣教实录》。这是天主教教士到中国后用汉文撰写并出版的第一部书籍。"此书一出,不到一年而流布达一千余册。"④

利玛窦(1552—1610),号西泰,万历十年(1582)始至中国澳门,万历十一年(1583)与罗明坚同至肇庆居住近十年,万历二十四

---

① 徐宗泽:《明清间耶稣会士译著提要》,上海:中华书局,1949 年,473—475 页。
② 沈定平:《明清之际中西文化交流史——明代:调适与会通》,北京:商务印书馆,2001 年,244 页。
③ 沈定平:《明清之际中西文化交流史——明代:调适与会通》,北京:商务印书馆,2001 年,244 页。
④ 徐宗泽:《明清间耶稣会士译著提要》,上海:中华书局,1949 年,2 页。

年(1596)任中国区耶稣会会长,万历二十八年(1600)后一直住在北京,并继续翻译书籍,奠定了天主教日后在中国进一步传播的基础。利玛窦著译图书二十余种,其中影响较大的有《天主实义》《几何原本》

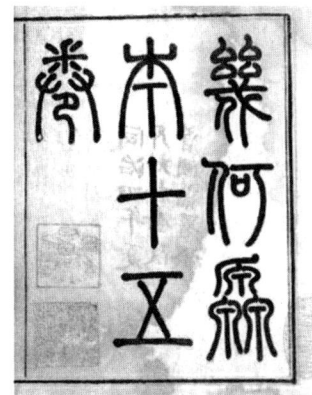 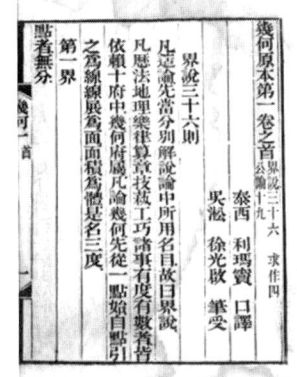

《几何原本》

《万国全图》等。《天主实义》是利玛窦首次用儒家思想论证基督教教义的一本著作。它是利玛窦与中国士大夫们质疑问难讨论教理而写成的。因为书中言论深得当时士大夫们的赞许,其观念又能浸润人心,有极大的权威性,所以有不少人读后深受触动,不少达官显宦皈依天主教,如冯应京、徐光启等。

《几何原本》由利玛窦口授,徐光启笔录而成,原书十五卷,二人只译了前六卷,后九卷由清代数学家李善兰翻译完。它是第一本系统介绍欧几里得平面几何的著作,也是译成汉文的第一部欧洲数学著作。它的出版丰富了中国几何学的内容,特别是完善并确定了几何中名词术语的表达方式,如点、线、角、形等术语一直沿用到现在。因此它对中国的数学发展具有划时代的意义,是明末到清代数学学习者的必读书。人们通过阅读这部书,不仅形成了公理化的表述方式,而且在几何论证方面受到很大影响。这部数学著作的译文因准确流畅而深得读者好评。梁启超就曾称赞它"字字精金美玉,是千古

不朽之作,无用我再为赞叹了"①。

利玛窦在肇庆时,住处挂有欧洲著名地理学家奥特利乌斯(Abraham Ortelius)绘制的一幅《世界舆图》。当时的文人学士见之,莫不惊异。于是,利玛窦对其重加考订,精心绘制,于万历十二年(1584)完成《坤舆万国全图》(或称为《世界地图》)。该图以五大洲之分,将世界的缩影第一次展现在中国人面前。该图除了介绍世界地理学知识外,还对天文学知识进行介绍。因为利玛窦在与中国士人的接触中发现,中国知识分子对数学、天文学有着浓厚的兴趣。中国士人向利玛窦请教数学、天文知识的为数最多。② 所以,他在绘制地图时,特别注重对诸如宇宙天体、物质起源及日食、月食等的图示介绍和说明。为了适应中国士人的这种阅读需求,利玛窦还翻译了《额我略历书》《浑盖通宪图说》和《天体图》,并用中文撰写了数学、天文学著作《乾坤体义》。

《坤舆万国全图》(局部)

① 梁启超:《中国近三百年学术史》,天津:天津古籍出版社,2003年,13页。
② 沈定平:《明清之际中西文化交流史——明代:调适与会通》,北京:商务印书馆,2001年,397页。

明代爱国科学家徐光启,为学习西方科学技术,与耶稣会士交往甚密,并于万历三十一年(1603)加入天主教。万历三十二年(1604),徐光启入京,向已定居北京的利玛窦"学天文、历算、火器,尽其术"①,并与利玛窦、熊三拔等传教士合作翻译西方学术著述。由此形成了一个以徐光启为首的研究、介绍西方近代自然科学的学者群体。

经过徐光启执笔或审订的科学著作共有十多种,三百多卷,三百万字左右。这些著作大部分都有印刷本行世。其中最重要的除《几何原本》外,还有《崇祯历书》和《农政全书》。《崇祯历书》是一部天文历学丛书,包括《测天约说》《浑天仪说》《恒星历指》等三十多种书籍。这部丛书大多由外国传教士口述,徐光启一人执笔,经五年多的时间编译而成。由于它是呈送崇祯皇帝朱由检的,所以后人统称之为《崇祯历书》。《崇祯历书》在明末曾随时刻印,但印数不多。

《农政全书》是徐光启独立编撰的一部重要农书,它虽然不是译著,但书中的水利部分引录了熊三拔的《泰西水法》。通过这部书可见徐光启是明代农书阅读的杰出代表和集大成者。

除上述三种重要的科学著作外,徐光启还和利玛窦翻译了《测量法义》《勾股义》,与熊三拔合译了《泰西水法》《简平仪说》,与毕方济合译了《灵言蠡勺》,与李之藻、李天经、龙华民、邓玉函、罗雅谷、汤若望等修撰了《新法算书》,还撰写了《九章算法》《考工记解》《读书算》等。

李之藻(1565—1630),字振之,浙江仁和人,万历进士,官至工部员外郎,万历三十八年(1610)入天主教。他所学甚广,天文、地理、军事、水利、音乐、数学、理化、哲学、宗教,无所不窥,亦无所不究。万历二十九年(1601),利玛窦到北京后,李之藻开始与之交往,并开始了西书翻译事业。在地理学方面,他与利玛窦合作绘制并刻印了《坤舆

---

① 张廷玉等:《明史》卷二五一《徐光启传》,北京:中华书局,1974年,6493页。

万国全图》；在数学方面，最有影响的有《圜容较义》和《同文算指》。《圜容较义》是《几何原本》的引申，专论圆之内接和外接。《同文算指》由利玛窦口授，李之藻笔录，于万历四十二年（1614）刊行，是介绍欧洲笔算的第一部著作，对后来的中国算术有很大影响。数学方面，李之藻还和徐光启、罗雅谷合作编译了《比例规解》和《测量全义》等。在天文、历法方面，李之藻与利玛窦所译著的《浑盖通宪图说》较有影响。该书主要研究天象测量，万历三十五年（1607）刊刻于北京。此外，李之藻还和徐光启、罗雅谷、利玛窦合译了《日躔表》《历指》以及《经天该》等。在神学和哲学方面，李之藻与傅汎际合译了《名理探》和《寰有诠》。《名理探》是一本有关逻辑学方面的书，它是依据葡萄牙高因盘利（Coimbre）耶稣会士大学哲学讲义翻译而成的，崇祯四年（1631）刻印。《寰有诠》亦为高因盘利大学讲义，它是一本有关宇宙天地的论著，刻于崇祯元年（1628）。李之藻为翻译这两种书各费时五年，特别是其译笔简洁，有信、达、雅三长。马良在序中曰："其所译《寰有诠》《名理探》至艰深，而措辞之妙，往往令读者忘其为译。"①

除进行翻译活动外，李之藻还编刻了我国第一部西学译著丛书《天学初函》。天学，即天主教和科学。初函，即第一套，意指还将续刻。丛书收入西学译著20种，凡52卷，分理编和器编两大部分，各收书籍10种。理编有艾儒略的《职方外纪》《西学凡》、利玛窦的《天主实义》《辩学遗牍》《畸人十篇》《交友论》《二十五言》、庞迪我的《七克》、徐光启与毕方济的《灵言蠡勺》、李之藻的《唐景教碑书后》；器编有徐光启和熊三拔的《泰西水法》《简平仪说》、李之藻的《浑盖通宪图说》《同文算指》、利玛窦的《几何原本》《测量法义》《勾股义》《圜容较义》、熊三拔的《表度说》、阳玛诺的《天问略》。这20种文献代表了明末西学翻译的重要成果。在这20种文献中，器编类中的10种科技文献自

---

① 徐宗泽：《明清间耶稣会士译著提要》，上海：中华书局，1949年，193页。

不必说。在理编的10种书中,《职方外纪》是一部介绍世界各国地理知识的书籍;《西学凡》是一本介绍欧洲大学所授各科课程纲要的书,科目有文、理、哲、医、法、道;《交友论》是一本有关交友之道的读物,"书中所言交友之道,皆为至理名言。其中许多观念为我国人所未习闻者。又有许多思想,非常超越,有非常人所能领悟者"①;《二十五言》则是一本伦理方面的书,书中有二十五节修身格言;《灵言蠡勺》虽然是论述灵魂(灵性)的,但它也是一本充满哲学思想的书。其中,只有五种是宣扬天主教的读物。

除上述著作之外,在科学著作方面,邓玉函与中国学者王徵合译的《远西奇器图说》刻于天启七年(1627),它是一本物理学方面的著作,介绍了重心、比重、杠杆、滑轮以及简单的机械制造原理。汤若望的《远镜说》是第一本向中国读者介绍望远镜之功用和制造的书籍,刻于天启六年(1626)。汤若望还与焦勖合著《则克录》(《火攻挈要》),该书对炮台建筑、各种炮身的铸造技术、火药、大炮使用及教练皆有叙述。崇祯六年(1633),意大利人高一志出版《空际格致》,该书论述了火、气、水、土为宇宙四大元素的说法。崇祯八年(1635),邓玉函翻译了《泰西人身说概》,这是第一本传入中国的西方人体学著作。

除了自然科学和技术方面的书籍外,耶稣会士更多地译著了一些宗教神学方面的书。关于这类书籍的译著情况,这里不进行具体介绍。但需要说明的是,宗教是包含了科学、哲学、艺术等内容的一种文化现象。传播宗教就是在传播文化,而传播文化最根本和最广泛的途径就是阅读书籍。所以利玛窦们无论是想用西方科技来笼络中国士人,还是想传教,都是以译著书籍,并通过书籍的流布与阅读来达到其目的的。因此,他们以极大的努力译著了多种书籍,并使之广为流播。

---

① 徐宗泽:《明清间耶稣会士译著提要》,上海:中华书局,1949年,343页。

由此可见书籍阅读所具有的文化传播力量是巨大的。特别是耶稣会士们在这次大规模的译著活动中,始终以译著宗教方面的书籍为主,所产生的宗教方面的书籍占到了全部译著书籍的多半,这里还不包括中国人撰写的有关读物。如徐光启撰写的大量布道祷文,其中如《圣母像赞》《正道题纲》《真福八端箴赞》《哀矜十四端箴赞》,以及用基督教思想撰写的《辟妄略论》《咨诹偶编》等,都成为基督教文化传播中的经典文字,这些文字广泛流传于我国东南一带。耶稣会士和中国学者所译著的大量读物必然会催生无数忠实的读者和信奉者。

如前所述,耶稣会士对西方科学技术的译介活动仅仅是一种手段和一块敲门砖,以取得中国官员和士人阶层的好感和信任,其真正的目的是为传教创造条件。如利玛窦在万历三十三年(1605)给罗马教皇的报告中说:"现在只好用数学来笼络中国的人心。"①耶稣会士的科学著作翻译活动有两个特点:一是著作内容多半已过时,二是往往半途而废。如高一志的《空际格致》所介绍的宇宙四大元素论,在中国出版前13年,就已被英国哲学家培根所批判。《几何原本》共有15卷,利玛窦与徐光启只译了前六卷,具有爱国主义热情的科学家徐光启很想全部译完,但利玛窦一再推托。利玛窦在《译〈几何原本〉引》中说:"太史(徐光启)意方锐欲竟之。余曰止,请先传此,使同志者习之果以为用也,而后徐计其余。"②《泰西水法》的翻译亦如此,全书不到两万字,因熊三拔的推托,前后拖延了两年才译出。这些现象说明,耶稣会士既想以学术招徕信徒,又不愿把先进的科学技术传到中国,以免失去其垄断地位。所以,徐光启深有感触地说:"西方诸君

---

① 利玛窦:《利玛窦书信集》(下册),台北:台湾光启出版社,辅仁大学出版社,1986年,275页。
② 徐宗泽:《明清间耶稣会士译著提要》,上海:中华书局,1949年,262页。

子而犹世局中人也,是者种种有用之学,不乃其秘密家珍乎?亟请之,往往无吝色而有怍色,斯足以窥其人矣。"①

明末的这次大规模的西学翻译活动,是中国历史上第一次大规模的西学东渐,给明末乃至后来的阅读活动及科学文化发展带来了深刻影响。

二、西书之流布

如前所言,西书译介是明清之际西学东渐的核心部分,也是耶稣会士在中国进行的事业中最有价值的活动。书籍的价值和意义的实现在于它的广泛流布和被更多的人阅读。耶稣会士们正是希望借书籍的印刷和流布能够获得更多的信徒。实际情况也说明,耶稣会士以书籍传教的方法是可行的。尽管西书的流传和被阅读是一个难以确切考证的问题,但从现有材料中,我们还是能看到一些端倪。这里从印刷、传抄和藏书家收藏三个方面来考察西书的流布情况。

印刷是书籍流布的最有力途径。只有印刷才能将同一种书大量复制,然后其才能得到广泛传播。因此,耶稣会士和中国学人们始终非常重视通过印刷来传播其著述。而且确实有许多著述通过大量印刷得到了广泛传播。尽管印刷数量并不等于书籍被阅读的数量和质量,但印刷情况能基本反映出这些书籍被阅读的情况。如罗明坚用中文撰写的第一部宣扬基督教义的书籍《天主圣教实录》,尽管"文理不甚清顺"②,但该书先后印刷了4200册,在中国各地广为散发,并流传至交趾(越南)、菲律宾等国。③ 利玛窦的《几何原本》前六卷曾一再

---

① 徐光启:《徐光启集》卷二,上海:上海古籍出版社,1984年,68页。
② 徐宗泽:《明清间耶稣会士译著提要》,上海:中华书局,1949年,141页。
③ 沈定平:《明清之际中西文化交流史——明代:调适与会通》,北京:商务印书馆,2001年,276页。

重版,还有过满文版,并汇入李之藻编辑的《天学初函》中,这更促进了它的推广和流传。清代数学家李善兰说他在十五岁时读《几何原本》,并"通其义",可见《几何原本》前六卷在17世纪初期到19世纪中期的200年里,对培养我国的数学工作者起过重要作用。《坤舆万国全图》(或统称《世界地图》)从万历十二年(1584)到万历三十六年(1608),在肇庆、南昌、苏州、南京、北京、贵州等地翻刻十多次,其中万历二十九年(1601)至万历三十六年(1608),在北京就刻印了三次。其中一次由李之藻主持。这幅地图的说明书就是《职方外纪》,它已成为地理学名著。由此可见这幅地图在当时流传广泛,极受读者欢迎。有关情形,利玛窦也在当时寄往欧洲的书信中多次提到。如他在《致高斯塔神父书》中说:

> 前几年曾给您寄《世界地图》,是用中文在北京印刷的……这个印刷物给我们帮了大忙,先后已印刷十次以上,很多人希望占有一张,争相购置。①
> 万历皇帝也很喜欢《万国全图》,很多殿中都挂起了这张世界地图。②

《天主实义》自万历二十三年(1595)在南昌初刻后,万历二十九年(1601)、万历三十二年(1604)在北京两次重刻,万历三十五年(1607)在杭州重刻,崇祯二年(1629)收入李之藻所辑《天学初函》中,后来又多次重刻。《交友论》也很受中国读者的喜欢,它曾在两地被

---

① 利玛窦:《利玛窦书信集》(下册),罗渔译,台北:台湾光启出版社,辅仁大学出版社,1986年,292页。
② 利玛窦:《利玛窦书信集》(下册),罗渔译,台北:台湾光启出版社,辅仁大学出版社,1986年,388—389页。

印刷过。①《畸人十篇》也是一本畅销书。利玛窦在致罗马高斯塔神父的信中说:"在我用中文所撰写的著作中,最受中国人欢迎、影响最大的当推出版不久的《畸人十篇》。"②该书于万历三十六年(1608)在北京雕版印刷。为了使更多人能了解它,神父们到处散发这本书。有些人还把刻印工匠请到教会驻地来复制此书,以便他们分赠友人。《畸人十篇》第一次印刷一年内就发行一空,第二年又印了两版:一次是在南京皇都,另一次是在江西南昌。③《二十五言》成书于万历二十七年(1599),万历三十二年(1604)由冯应京重印。这本修身格言读物,"尽管它源出外国,但这部著作满足了中国读者的真正需要。实际上它触及到了一个使当时许多儒生都感到困惑的问题,并且还对他提出了一种符合儒教精神的解决办法"④。因此,"这本小册子已传遍四方",尤其是"所有的宗教人士皆喜欢读它"⑤。

  李之藻编辑出版的《天学初函》是第一套西学丛书,是对当时西学译介成果的汇集,并以丛书的形式出版发行。这种系统和全面的文献传播效应,使其在明末"流传极广,翻板者数次"⑥,从而对明末的西学传播产生了重要影响。

  印刷固然是西书传播的重要而最为有效的途径。但由于种种原因,许多书没能够即时付梓,或者由于读者急于阅读,没有等到刻印就开始流传了。这种流传途径主要就是传抄。

  传抄也是西书传播与阅读的主要途径与方式。明末文人结社成

---

① 利玛窦:《利玛窦书信集》(下册),罗渔译,台北:台湾光启出版社,辅仁大学出版社,1986年,258页。
② 利玛窦:《利玛窦书信集》(下册),罗渔译,台北:台湾光启出版社,辅仁大学出版社,1986年,357页。
③ 利玛窦、金尼阁:《利玛窦中国札记》,何高济等译,北京:中华书局,1983年,488页。
④ 利玛窦、金尼阁:《利玛窦中国札记》,何高济等译,北京:中华书局,1983年,700页。
⑤ 利玛窦:《利玛窦书信集》(下册),罗渔译,台北:台湾光启出版社,辅仁大学出版社,1986年,268页。
⑥ 陈垣:《重刊〈灵言蠡勺〉序》,见《陈垣学术论文集》,北京:中华书局,1980年,237页。

风,藏书家和文人学者成立抄书社,以传抄互补有无,抄书成为西书传播和士人获得西书的途径之一。如利玛窦的《天主实义》就是在不断修改和流传的过程中完成定稿的,从万历二十三年(1595)初刻于南昌,到万历三十二年(1604)正式在北京刊刻,其间虽然有过刻印本,但主要还是以抄本流传。① 利玛窦的《世界地图》广泛流行,其中就有许多是手绘本,如利玛窦于万历二十三年(1595)和万历二十四年(1596)的几个绘写本、万历三十六年(1608)北京太监的摹绘本、崇祯元年(1628)汤若望的摹绘本等。② 《畸人十篇》写作于万历三十四年(1606),刊刻于万历三十六年(1608),其间它的手抄本已在读者中流传。③ 《二十五言》在出版前,就有一些中国读者阅读过它,并衷心表示赞许。④ 利玛窦《交友论》写出后,"引起中国学人们的惊奇……后来不少学者争相传阅、抄录"⑤。其中,李贽就将其抄写数本,分送给他的众多弟子。

藏书家对西书的收藏情况亦反映着西书在当时的流传情况。

明代书籍印刷业的发达促进着藏书事业的发展与进步,所以明代是藏书事业发达的时期,藏书成为文人、学者的普遍活动和爱好。这既有利于书籍的保存,又有利于书籍的传播,也是西书传播情况的又一个佐证。虽然藏书家数量众多,藏书活动非常普遍,但藏书目录鲜有印行和保存,但是从为数不多的几种书目中亦可看出西书在当时的收藏情况。这些书目是赵用贤《赵定宇书目》、陈第《世善堂书

---

① 沈定平:《明清之际中西文化交流史——明代:调适与会通》,北京:商务印书馆,2001年,406页。
② 沈定平:《明清之际中西文化交流史——明代:调适与会通》,北京:商务印书馆,2001年,390页。
③ 沈定平:《明清之际中西文化交流史——明代:调适与会通》,北京:商务印书馆,2001年,423页。
④ 利玛窦、金尼阁:《利玛窦中国札记》,何高济等译,北京:中华书局,1983年,484页。
⑤ 利玛窦:《利玛窦书信集》(上册),罗渔译,台北:台湾光启出版社,辅仁大学出版社,1986年,231—232页。

目》、董其昌《玄赏斋书目》、赵琦美《脉望馆书目》、祁承㸁《澹生堂藏书目》、徐𤊹《徐氏家藏书目》、无名氏（明末）《近古堂书目》、钱谦益《绛云楼书目》，还有清初的钱曾《也是园藏书目》、黄虞稷《千顷堂书目》、徐乾学《传是楼书目》等。① 这些藏书家除徐𤊹和陈第是福建人外，其他人都是江南地区人士，而江南地区是明代阅读活动最为发达的地区。

上述书目共收录西书约138种，其中70%为科技方面的著作。这些书中的大多数都被收入李之藻于崇祯二年（1629）编印的《天学初函》中，而且《天学初函》也被两种书目收录。这再次说明《天学初函》所收入的著作在当时流传很广。其中的《西学凡》和《职方外纪》是最受读者欢迎的两种著作。特别是地理学著作《职方外纪》被籍贯同是福建的徐𤊹和陈第的书目收录，这似乎说明它曾在福建地区非常受读者欢迎。

未被《天学初函》收入，而流传甚广的科学著作有龙华民的《地震解》（1620年）、汤若望的《西洋测食略》（1623年、1635年、1646年）和徐光启的《崇祯历书》。宗教文化类书籍中除收入《天学初函》的《天主实义》《畸人十篇》《交友论》《二十五言》和《七克》这些显然是流传最广的书外，书目中还收录了高一志的《正道论》、著者不明的《西士超言》、耶稣会集体译的《天主教要》、庞迪我的《庞子遗诠》和卫匡国的《天主理证》等。②

从读者的地理分布情况看，西书的传播也十分广泛，如：郭子章的《黔草》作于贵州贵阳，书中记录了利玛窦的《世界地图》；木增的《云薖淡墨》作于云南丽江，书中谈及利玛窦带来的西洋乐器；王英明

---

① 钟鸣旦、杜鼎克：《简论明末清初耶稣会著作在中国的流传》，尚扬译，载《史林》，1999年第2期，58—62页。
② 钟鸣旦、杜鼎克：《简论明末清初耶稣会著作在中国的流传》，尚扬译，载《史林》，1999年第2期，58—62页。

的《历体略》作于直隶开州,该书大量参考了利玛窦所介绍的天文学知识,同时融合了中国传统天文学知识,是中国历史上第一部兼容中西的天文学著作。① 这些现象均表明,西书亦曾传播到了这些边远地区。

三、西学思潮对阅读活动的影响

耶稣会士来华的传教活动,特别是对西方学术文化的译介,前后持续了 60 年。这个过程和他们所译著书籍的流布,在中西文化交流史上具有深远意义。它对明末清初的阅读活动产生了广泛而深刻的影响。这些影响可归纳为以下几个方面。

其一,在知识阶层中掀起了一股研读西学的热潮,从而形成了一个庞大的读者群体,产生了一批杰出的读者。

西书的译介、出版和流传,产生和影响了多少读者这显然是一个无法考证清楚的问题。但毫无疑问的是,包括宗教在内的西学的确对中国读者产生了广泛而深远的影响,并由此形成了一个以知识阶层人士为主的读者群体,出现了"中土士人受其学者遍宇内"②的兴盛局面。这个群体中的大多数人同时也是天主教徒。他们中包括宗室、太监、显宦、贡士、举人、秀才、商贾乃至黎民庶人,到清朝初年已发展到 15 万之众。③

教徒中的杰出读者,除了被称为"中国圣教三柱石"的徐光启、李之藻和杨廷筠外,还有冯应京、李天经、叶益、瞿汝说、瞿式耜、王徵、韩霖、段衮等。梁启超在《中国近三百年学术史》中提到当时治西学

---

① 庞乃明:《试论晚明时代的"利玛窦现象"》,载《贵州社会科学》,2008 年第 7 期,99—105 页。
② 沈德符:《万历野获编》卷三十《外国大西洋》,北京:中华书局,1959 年,784 页。
③ 冯天瑜:《明清文化史散论》,武汉:华中工学院出版社,1984 年,149 页。

的著名学者有周子愚、瞿式榖、虞淳照、樊良枢、汪应熊、李天经、杨廷筠、邓洪猷、冯应京、方汝淳、周炳谟、王家植、瞿汝夔、曹于汴、郑以伟、熊明遇、陈亮采、许胥臣、熊士旂等。① 此外,还有汪元泰、黄景昉、苏茂相、林起、张向达、陈仪、张能信、米嘉穗、蒋德璟、孙元化、孔贞时、林一俊、张赓、毕拱辰等②,他们不仅是西学的杰出读者,而且曾为西书作序跋,对西书的宣扬和传播起到了积极的作用。莲池大师也曾与利玛窦往来,并有书札讨论中西文化与学术。③ 此外,李贽、焦竑、陈继儒、董其昌等明末文人亦与耶稣会士相交往。明清之际的学者黄宗羲、方以智、李二曲、刘献廷等也对西学有所研究。由此可见西学思潮影响之广,声势之大。

西学读者们或参与译介著述,或钻研阅读,或积极刻印,或为之作序跋,从而形成了一股学习西学、传播西学、阅读西书的热潮。"所谓泰西文明便普遍地成了士大夫中间时髦的学问。"④西书成为当时的畅销书,得到广泛流传。利玛窦也说:

> 人们争相拉拢我们,有的刻印我们的作品,有的重刻我们的书籍,有的撰述欧洲风土人情的书,有的在自己的著作中引用我们的意见,对我们的教会、伦理、哲学与数学无不钦佩。至论《世界地图》,每年都有出版,或单独印刷,或附在讨论地理的书籍之中。⑤

在西书读者中,徐光启是最杰出的读者和推动西学阅读的最重

---

① 梁启超:《中国近三百年学术史》,天津:天津古籍出版社,2003年,10页。
② 徐宗泽:《明清间耶稣会士译著提要》,上海:中华书局,1949年,72—339页。
③ 梁启超:《中国近三百年学术史》,天津:天津古籍出版社,2003年,10页。
④ 侯外庐:《中国思想通史》卷五,北京:人民出版社,1956年,38页。
⑤ 利玛窦:《利玛窦书信集》(下册),罗渔译,台北:台湾光启出版社,辅仁大学出版社,1986年,369页。

要人物之一。他与利玛窦"学天文、历算、火器,尽其术"①,并将其后半生的大部分精力投入到了译介西学和著述活动中,为推动西学阅读做出了巨大贡献。除徐光启外,李之藻也是西书阅读的杰出代表和阅读活动的推动者。他的广博的阅读实践,兼收并蓄的阅读观念和对西书的译介、编辑与出版活动,对明末西书传播和阅读活动的发展做出了巨大贡献。李之藻所学甚广,于书无所不窥,尤精西学。他对西学之热爱,译介、阅读之执着与刻苦在西学读者中实属罕见。传教士鲁德昭说:

> 李之藻自从与西士游,以至末年,前后共二十多年,他的主要的工作,是在编译书籍;不论何时何处,即在轿中,即在宴会,也不停地看阅、写作。迨自年老,一目已坏,一目又不甚明,他还面书披阅;他和西士面谈时,第一问题:"现在有何新书?""现在何书可译?"从1583年至1640年,西士所编著付印的书近五十种,但许多书是经过李公目、手,或改削,或润色,或作序文。②

苏州常熟儒士瞿汝夔(太素)是最早学习西学并在西学传播中起过重要作用的人物。他先是在利玛窦指导下学习欧洲算学,继而研习克拉威奥编著的《天球论》,然后学习欧几里得《几何原本》,并将《几何原本》第一册译为中文。他在为利玛窦《交友论》所写的序中,对利玛窦的道德和学问以及西学对儒学的意义给予了高度赞扬和肯定。他说:"如利公者,慕化来宾,匪希闻达,愿列编氓,诵圣谟,遵王度,受冠带,祠春秋,躬守身之行,以践真修;申敬事天之旨,以裨正学。"③

---

① 张廷玉等:《明史》卷二五一《徐光启传》,北京:中华书局,1974年,6493页。
② 转引自徐宗泽《中国天主教传教史概论》,上海:上海书店出版社,1990年,336页。
③ 徐宗泽:《明清间耶稣会士译著提要》,上海:中华书局,1949年,345页。

冯应京也是最早阅读西学著作并受其影响,在西书的传播中起了重要作用的人物。他在阅读《天主实义》《交友论》《二十五言》等书的传抄本后,不仅成为忠实的天主教徒,而且想方设法将它们刊刻流传。经他刻印的书有《天主实义》《交友论》《二十五言》《世界舆地二小图》《四元行论》等。他还将《山海舆地全图》收录于他的《月令广义》中。

被称为"中国圣教三柱石"之一的杨廷筠亦是西书读者的杰出代表。他不仅为许多西书作序,做宣传,促进其出版流通,如《西学凡序》《西学十诫初解序》《职方外纪序》等,而且在自己的许多著述中为西学辩护,对沟通西学和儒学,促进西学的传播,推动经世致用实学思潮的发展起了积极作用。

许多读者在饶有兴趣地阅读西书后,对西书给予了很高评价。如黄景昉在《国史唯疑》中说,利玛窦所传天学、格物学,特别"精辨"①。徐𤊹认为利氏所著《交友论》"尤切中人情"②。姚旅认为,利玛窦有关友谊的讨论发人深省。他说:"人有异域,其道其情一也,读此,谁谓海外无人哉!世每少异域夏虫耳,然生中华而徒有其胸,反不彼若矣,不愧杀乎。"③王肯堂看完《交友论》后说:"利君遗余《交友论》一编,有味哉!其言之也,病怀为之爽然,胜枚生《七发》远矣。"④王家植读过利玛窦《天主实义》和《畸人十篇》后说:"所习为崇善重伦事天语,往往不诡于尧舜周孔大指。"⑤周炳谟也说:"今试取兹篇读之(指《畸人十篇》),耳目一新,神理毕现。"⑥陈继儒读过《交友论》后,认

---

① 黄景昉:《国史唯疑》卷九,见《续修四库全书》第432册,上海:上海古籍出版社,2002年,153页。
② 徐𤊹:《笔精》卷八《交友》,福州:福建人民出版社,1997年,288页。
③ 姚旅:《露书》卷九《风篇中》,刘彦捷点校,福州:福建人民出版社,2008年,214页。
④ 徐宗泽:《明清间耶稣会士译著提要》,上海:中华书局,1949年,344页。
⑤ 徐宗泽:《明清间耶稣会士译著提要》,上海:中华书局,1949年,151页。
⑥ 徐宗泽:《明清间耶稣会士译著提要》,上海:中华书局,1949年,150页。

为"刻此书,真可补朱穆刘孝标之未备"①。张萱《西园闻见录》中也大篇幅引用了利玛窦的著述。② 谢肇淛在其《五杂俎》中说:

> 有利玛窦者……其书有《天主实义》,往往与儒教互相发……余甚喜其说为近于儒,而劝世较为亲切,不似释氏动以恍惚支离之语愚骇庸俗也。③

陈亮采在《七克篇序》中说:

> 所谓《天主实义》《畸人十篇》者,每阅卒篇,余亦复大诧,谓与周孔教合。其后复因西泰以交顺阳庞君(迪我)……因持其所论著《七克》篇示余,余卒业焉。其书精实切近,多吾儒所雅称。至其语语字字,刺骨透心,则儒门鼓吹也。④

韩霖认为高一志的《童幼教育》,"此非独童幼书也,修齐(治)平尽在是矣"⑤。

其二,形成了一股研读科技书籍的热潮,推动了明末实学思潮的形成和发展。

在传教士们所译介的书籍中,科学技术类,包括天文、地理、数学、物理、农业、机械制造、医学、军事等是最受中国士人欢迎和影响最为广泛的读物。顾起元在《客座赘语》中说利玛窦"其人所著有《天主实义》及《十论》,多新警,而独于天文算法为尤精……士大夫颇有

---

① 陈继儒:《友论小叙》,见利玛窦《友论》,丛书集成初编,北京:中华书局,1985年,1页。
② 张萱:《西园闻见录》卷十五《慎默》,中华文史丛书之四十二,北京:哈佛燕京学社,1940年,1630—1632页。
③ 谢肇淛:《五杂俎》卷四《地部二》,上海:上海书店出版社,2009年,82页。
④ 陈亮采:《七克篇序》,见李之藻《天学初函》(理编),黄曙辉点校,上海:上海交通大学出版社,2013年,303页。
⑤ 徐宗泽:《明清间耶稣会士译著提要》,上海:中华书局,1949年,217页。

传而习之者"①。实际上,在明末清初的西学思潮中,对中国的学术文化影响最为深远的就是西方科技知识。由此形成的科技著作研读热潮促进了明末经世致用实学思潮的深入发展,并对清初的学风产生了深刻的影响。

近人徐宗泽说:"尝考西士所著之书,在我国学术界上,其影响不限于局部,而为整个者也。何以言之,吾国学者自宋以迄明末,其所讨论者为一般空疏之理学,不切实用,无补民生,其弊之所至,养成士大夫萎靡苟安之气而已。"②梁启超也说:

> 明朝以八股取士,一般士子除了永乐皇帝钦定的《性理大全》外,几乎一书不读。学界本身,本来就像贫血症的人衰弱的可怜。③

> 利玛窦、庞迪我、熊三拔、龙华民、邓玉函、阳玛诺、罗雅谷、艾儒略、汤若望等,自万历末年至天启、崇祯间,先后入中国,中国学者如徐文定、李凉庵,都和他们来往,对于各种学问有精深的研究……在这种新环境之下,学界空气,当然变换,后此清朝一代学者,对于历算学都有兴味,而且最喜欢谈经世致用之学,大概受到徐诸人的影响不小。④

许多学者在阅读这些科技类书籍后,对西书更是推崇备至,赞扬有加,并表达了热切向往和探究学习的愿望。如周子愚在《表度说序》中说耶稣会士们带来的西书,"其种甚广,各极其妙。我中国人当一一而译之,悉如此书也",而且要"尽传其书,以裨履端考正之功,而

---

① 顾起元:《客座赘语》卷六《利玛窦》,北京:中华书局,1987年,194页。
② 徐宗泽:《明清间耶稣会士译著提要》,上海:中华书局,1949年,4页。
③ 梁启超:《中国近三百年学术史》,天津:天津古籍出版社,2003年,3页。
④ 梁启超:《中国近三百年学术史》,天津:天津古籍出版社,2003年,9页。

佐我国家敬天勤民之政,是亦千古一快事也"①。陈仪在《性学觕述序》中说:

> 其传衍若推步表度之法,与制造音律之器,皆超出吾习见习闻之外,有足为司天司乐氏备咨诹者。……欲以弘同文之化,广王会之图,为一代盛事。②

郑以伟在《泰西水法序》中说:

> 大都西洋之学,尊天而贵神,其余伎复善历算,精于勾股,予每欲学,而苦不得暇。至其言物理,则愿与之相与质难于无穷。③

曹于汴也在《泰西水法序》中说:

> 阅泰西水器,及水库之法,精巧奇绝,译为书而传之。……当以此书颁之直省,而方岳之长,宜宣告郡邑,仿而行,触类而长,尚何患粒食之难乎!④

在科技类图书中,最受中国读者欢迎和使中国人开眼界的是世界地图和地理知识。如利玛窦所说:"我们的著作中,使中国人感觉兴趣的,首推世界地图和数学之类的书籍,以及其他介绍新奇事物的书籍。"⑤中国读者对利玛窦等人带来的地图和地理学书籍除表现出极大的阅读兴趣外,还给予了很多评论。如叶向高对《舆地全图》评论道:"吾中国人耳目闻见有限,自非绝域奇人,躬履其地,积年累世,

---

① 徐宗泽:《明清间耶稣会士译著提要》,上海:中华书局,1949年,282页。
② 徐宗泽:《明清间耶稣会士译著提要》,上海:中华书局,1949年,212页。
③ 徐宗泽:《明清间耶稣会士译著提要》,上海:中华书局,1949年,311—312页。
④ 徐宗泽:《明清间耶稣会士译著提要》,上海:中华书局,1949年,310页。
⑤ 利玛窦:《利玛窦书信集》(下册),罗渔译,台北:台湾光启出版社,辅仁大学出版社,1986年,292页。

何以得其详悉之若是乎!"①吴中明说:"利山人自欧逻巴入中国,著《山海舆地全图》。其国人好远游,时经绝域,则相传而志之。"②章潢在其名著《图书编》中,收录了利玛窦的《舆地山海全图》六幅,并撰有《舆地山海全图叙》和《舆地圆图考》等。③

有的学者还从西书能够开拓中国读者的思维方面进行了评论。如许胥臣说:"《职方外纪》似亦稗官小说,要于哀奇荟异,使人识造物主功化之无涯。扩其所见,不局于所未见,而以醒其锢习之迷,以归大正,则不第多其见闻而已也。"④熊士旂也在读了《职方外纪》后指出:

> 善读是纪者,当思盈天地间生生不已,必非偶然徒然。大造良属,有意欲令人见形而下者,既如是万变无方,非一人耳目可悉,则形而上者有无穷奥义妙境,非人心思之所及。⑤

黄景昉在《三山论学记序》中写道:"吾辈安坐饱食,目不窥井外,乃觑焉议其区区得失,是则可愧也。"⑥林一俊也在《口铎日抄叙》中说:"世人拘于旧习,溺于秽乐,曾不能开拓心胸,驰域外超旷之观;思此生所自来,与所自往……贸贸以死,而卒不悟,是固先生所大痛也。"⑦米嘉穗在《西方答问序》中写道:"窃谓吾儒之学,得西学而益明。西学诸书,有此册而益备也。学者因其不同以求其同,其于儒学

---

① 叶向高:《职方外纪》序,见艾儒略《职方外纪校释》,谢方校释,北京:中华书局,1996年,13页。
② 谈迁:《国榷》卷八十一,张宗祥校点,北京:中华书局,1958年,5021页。
③ 章潢:《图书编》卷二十九,见《四库全书》第969册,上海:上海古籍出版社,1987年,552—561页。
④ 许胥臣:《职方外纪小言》,见艾儒略《职方外纪校释》,谢方校释,北京:中华书局,1996年,11页。
⑤ 熊士旂:《跋》,见艾儒略《职方外纪校释》,谢方校释,北京:中华书局,1996年,15页。
⑥ 徐宗泽:《明清间耶稣会士译著提要》,上海:中华书局,1949年,153页。
⑦ 徐宗泽:《明清间耶稣会士译著提要》,上海:中华书局,1949年,90页。

西学思过半矣。"①毕拱辰在《泰西人身说概序》中说:"远西名士……著有象纬舆图诸论,探源穷流,实千古来未发之旨。俾我华宗学人,终日戴天,今始知所以高;终日履地,今始知所以厚。"②中国读者们通过阅读西书,开阔了眼界,增广了见闻,获得了很多科学知识,这在当时的很多著作中都有记录。

这股科技著作阅读热潮不仅深刻地影响了明末的学风,而且催生了一批卓越的科学家、技术家。他们不仅是研究者和著作者,而且是科技著作阅读的推动者、倡导者和杰出的读者。其中的代表人物及其著作有李时珍及其《本草纲目》、徐霞客及其《徐霞客游记》、徐光启及其《农政全书》、宋应星及其《天工开物》、方以智及其《物理小识》、朱载堉及其《乐律全书》、茅元仪及其《武备志》、王徵及其《奇器图说》、孙兰及其《柳庭舆地隅说》、王英明及其《历体略》等。其中《农政全书》《天工开物》和《物理小识》都有西学的影子。《柳庭舆地隅说》是孙兰从耶稣会士汤若望学习天文地理后的著作。《历体略》则是一部融合中西方天文学知识的

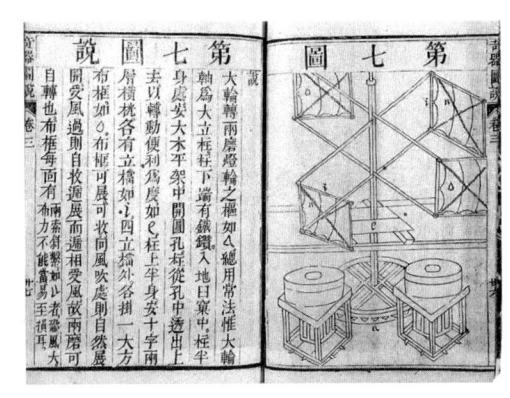

《奇器图说》

通俗著作。此外,程大位于万历二十年(1592)撰写的《算法统宗》也成为当时的畅销书,万历年间初版后,曾多次重版。③ 这些著作无论对明末的西书阅读风气的形成,还是对明末的科技发展,都产生了广

---

① 徐宗泽:《明清间耶稣会士译著提要》,上海:中华书局,1949年,300—301页。
② 徐宗泽:《明清间耶稣会士译著提要》,上海:中华书局,1949年,303页。
③ 转引自沈定平《明清之际中西文化交流史——明代:调适与会通》,北京:商务印书馆,2001年,580页。

泛而深刻的影响。

其三,促进了传教士和西方国家对中国典籍的阅读和汉文化的传播。

耶稣会士们不仅将西方文化和典籍带到了中国,同时也学会了阅读汉文典籍并将它们传播到了西方国家,从而促进了西方国家读者对中国典籍的阅读和对汉文化的了解。这种阅读活动虽然不是发生在中国读者中,但也是中国和世界阅读史上的重要事件。

传教士们为进入中国社会,用汉文化传播天主教义,他们"习华言,易华服,读儒书,从儒教,以博中国人之信用,其教始能推行"①。利玛窦在澳门时,就潜心钻研中国典籍,"按图画人物,倩人指点,渐晓语音,旁通文字,至于六经子史等编,无不尽畅其意义"②。李贽在给友人的信中也谈到利玛窦:

> 住南海肇庆,几二十载,凡我国书籍无不读。请先辈与订音释,请明于《四书》性理者解其大意,又请明于《六经》疏义者通其解说。今尽能言我此间之言,作此间之文字,行此间之仪礼。③

利玛窦在《上明神宗疏》中自称:"颇知中国古先圣人之学,于凡经籍亦略诵记,粗得其旨。"④这当然不是虚夸自己,从利玛窦留下的中文著述中可看出他的中国经史文学典籍的阅读水平。当然,利玛窦只是传教士中的典型代表,其他传教士亦是如此。他们"传华语,学华文字,篝灯攻苦,无异儒生"⑤,"其人皆绝世聪明,于书无所不读,

---

① 柳诒徵:《中国文化史》(下),北京:中国大百科全书出版社,1988年,661页。
② 转引自冯天瑜《明清文化史散论》,武汉:华中工学院出版社,1984年,147页。
③ 李贽:《续焚书》卷一《与友人书》,北京:中华书局,1975年,35页。
④ 罗光:《利玛窦传》,台北:辅仁大学出版社,1982年,95页。
⑤ 熊明遇:《七克引》,见李之藻《天学初函》(理编),黄曙辉点校,上海:上海交通大学出版社,2013年,302页。

凡中国经史译写殆尽。其技艺制作之精,中国人不能及也,士大夫多与之游"①。从这些评论中可见,他们不仅是西方人读中国书的先驱者,而且他们的好学苦读和对中国典籍的钻研精神对中国读者产生了巨大的感染力。

利玛窦们不仅苦读中国典籍,而且将中国典籍和文化介绍到欧洲,让欧洲人阅读中国典籍,了解中国文化。"利子尝将中国四书译以西文,寄回本国之人读之。"②他还通过著作、书信向欧洲人谈及中国的政治、经济、文化状况和风土人情。他曾编写了一本《中意葡字典》和一本《中国文法》,以帮助欧洲人学习汉语。他还帮助耶稣会士范礼安编辑了一部书,名叫《中国之奇异》。利玛窦将平时的日记汇编成回忆录,后由耶稣会士金尼阁整理,于1615年在德国奥格斯堡以拉丁文印行,书名为《基督教远征中国史》,后改为《利玛窦中国札记》。书中广泛地介绍了中国的政治、经济、文化以及风土人情等,"它把孔夫子介绍给欧洲,把哥白尼和欧几里得介绍给中国。它开启了一个新世界,显示了一个新的民族"③。所以,来华传教士们的工作也对"东学西渐"有历史贡献。

---

① 转引自沈定平《明清之际中西文化交流史——明代:调适与会通》,北京:商务印书馆,2001年,618页。
② 转引自冯天瑜《明清文化史散论》,武汉:华中工学院出版社,1984年,153页。
③ 利玛窦、金尼阁:《利玛窦中国札记》,何高济等译,北京:中华书局,1983年,32页。

第四章 教育与阅读

教育是培养读书人的最主要途径,是阅读活动发展的基础。而且,教育活动的过程主要是通过阅读活动完成的。所以,一个时代社会的教育状况和水平,不仅决定着这个时代社会读者的数量和质量,同时也决定着这个时代社会的阅读状况和发展水平。本章讨论的是包括蒙童、生员和科考士子在内的学生读者群问题。其中的一些内容也将会在"藏书与阅读"等章节中有所涉及。这里主要从教学角度论述有关阅读的问题。

第一节 概况

明朝开国之初,太祖朱元璋就确立了"重教兴学"的治国方针。他说:"朕惟治国以教化为先,教化以学校为本。"[①]因此,明朝大力发展官办教育,使中央官学和地方府学、州学、县学、卫学、运学以及社

---

① 张廷玉等:《明史》卷六九《选举一》,北京:中华书局,1974年,1686页。

学等得到了空前的普及。"盖无地而不设之学,无人而不纳之教,庠声序音,重规叠矩,无间于下邑荒徼、山陬海涯,此明代学校之盛,唐宋以来所不及也。"①官办学校教育的普及与发达在培养人才、敦化风俗、促进社会阅读发展等方面发挥了重要作用。

私学主要是指私塾或家馆,以及许多具有私人性质的书院。无数隐居不仕,或致仕、辞官归里的文人往往都以授徒讲学为生。而且这种现象在整个明代都久盛不衰,从而对明代的人才培养、文化进步和阅读发展发挥了重要作用。

明代的科举之盛有力地推动着明代教育的普及与发展。可以说,明代学校教育主要是为科举做准备的。所以,科举就成为激发读书人读书热情的最大推动力。凡是科第之盛、人才辈出的地区,都是文化教育发达和读书风气浓厚的地区。

明代的文化教育普及程度究竟如何,由于缺乏充足的材料和证据,无法给出准确结论,而只能从一些零星的记载中看到一些情形。如晚明著名学者和作家张岱曾描述他的家乡余姚道:"惟余姚风俗,后生小子无不读书。及至二十无成,然后习为手艺。故凡百工贱业,其《性理》《纲鉴》皆全部烂熟。偶问及一事,则人名、官爵、年号、地方,枚举而未尝少错,学问之富,真是两脚书厨。"②王世贞也曾描述明代后期江南一带教育的普及程度道:"虽十家村落,亦有讽读之声。"③

---

① 张廷玉等:《明史》卷六九《选举一》,北京:中华书局,1974年,1686页。
② 张岱:《琅嬛文集》卷一《夜航船序》,长沙:岳麓书社,1985年,49页。
③ 转引自唐力行《商人与中国近世社会》,北京:商务印书馆,2006年,205页。

第二节　官学与阅读

明代的官学主要是中央的国子监、宗学和武学,地方的府学、州学、县学、卫学、运学和社学等。

一、中央官学

国子监最初称为太学、国子学,是国家的最高学府,早在明朝建立前就已设置。洪武元年(1368):

> 令品官子弟及民俊秀通文义者,并充学生。选国琦、王璞等十余人,侍太子读书禁中。……天下既定,诏择府、州、县学诸生入国子学。……其才学优赡、聪明俊伟之士,使之博极群书,讲明道德经济之学,以期大用。①

这是国子学最初的情况,从中亦可见国子学生员中不仅有"品官子弟",而且有普通民众子弟。其办学宗旨和目的是"使之博极群书,讲明道德经济之学,以期大用",成为国家的栋梁之材。

洪武十四年(1381),明朝将国子学扩建于南京鸡鸣山下,并改名为国子监,设祭酒、司业及监丞、博士、助教、学正、学录、典籍、掌馔、典簿等官职,并"分六堂以馆诸生,曰率性、修道、诚心、正义、崇志、广业"②。永乐十九年(1421),明朝迁都北京后,以北京国子监为京师国

---

① 张廷玉等:《明史》卷六九《选举一》,北京:中华书局,1974 年,1676 页。
② 张廷玉等:《明史》卷六九《选举一》,北京:中华书局,1974 年,1676 页。

子监,原来的京师国子监改为南京国子监。此后便有南北二监之分。

国子监生员"所习自'四子'本经外,兼及刘向《说苑》及律令、书、数、《御制大诰》"①。

国子监的教官都是一些饱读经史的耆宿之士,他们乐于施教,课督严谨,为人才培养和学术文化的发展做出了重要贡献。如李叔正于洪武初任国子学正和助教时,因"诸生多贵胄,不率教。叔正严立规条,且夕端坐,督课无倦色"②。李时勉在正统年间任国子监祭酒时,"督令读书,灯火达旦,吟诵声不绝,人才盛于昔时"③。著名学者吕柟在嘉靖年间任国子监祭酒时,"由是讲读之声彻于桥门"④。

国子监作为国家的最高学府,为国家培养了无数的高级人才,不仅"历科进士多出太学",而且仅洪武二十六年(1393)就任命监生刘政、龙镡等64人为省布政、按察两使,及参政、参议、副使、佥事等官。特别是明朝建立之初,"以北方丧乱之余,人鲜知学,遣国子生林伯云等三百六十六人分教各部。后乃推及他省,择其壮岁能文者为教谕等官"⑤。由此可见,国子监不仅是明代特别是明初管理人才培养的重要基地,而且是明代文化教育和阅读活动的发源地。

宗学是为宗室子弟设立的学校。万历中,规定宗室子弟十岁以上俱入宗学。教师从王府长史、纪善、伴读、教授等官中择学行优长者除授。教读之书有《皇明祖训》、《孝顺事实》、《为善阴骘》、《四书》、《五经》、《通鉴》、《性理》等。⑥

武学是培养军事人才的学校,始建于建文四年(1402),后停办。

---

① 张廷玉等:《明史》卷六九《选举一》,北京:中华书局,1974年,1677页。
② 张廷玉等:《明史》卷一三七《李叔正传》,北京:中华书局,1974年,3956—3957页。
③ 张廷玉等:《明史》卷一六三《李时勉传》,北京:中华书局,1974年,4423页。
④ 冯从吾:《关学编》(附续编)卷四《愧轩吕先生》,北京:中华书局,1987年,56页。
⑤ 张廷玉等:《明史》卷六九《选举一》,北京:中华书局,1974年,1679页。
⑥ 张廷玉等:《明史》卷六九《选举一》,北京:中华书局,1974年,1689页。

正统六年(1441),因边防多事,武学又于南北二京恢复,专门培训高级武官。后来又令都司、卫所应袭子弟年十岁以上者,由提学官选送武学读书,无武学者送卫学或附近儒学。武学生所读书有"四书"、"五经"、《通鉴纲目》以及"武经七书"等。

二、地方官学

地方官学主要有府学、州学、县学、卫学、运学和社学等。洪武二年(1369),朱元璋谕中书省臣曰:"京师虽有太学,而天下学校未兴。宜令郡县皆立学校,延师儒,授生徒,讲论圣道,使人日渐月化,以复先王之旧。"①于是,天下府、州、县、卫所皆建儒学。府设教授、州设学正、县设教谕各1人。设训导,府4人,州3人,县2人。生员都来自当地官员军民子弟中的"端重俊秀者"。规定生员数为府学40人,州30人,县20人。生员专治一经,以礼、乐、射、御、书、数设科分教。

除了府学、州学、县学外,明朝还在辽东、北边、陕、甘、宁和云、贵、川地区以及东部沿海的驻军中设置了100多个都司、卫、所儒学,以教育军队子弟。洪武十七年(1384),朱元璋对礼部诸臣说:"武臣子弟久居边境,鲜闻礼教,恐渐移其性。"于是他命辽东设立学校,"使之诵诗书,习礼仪,非但可以造就其才,他日亦可资用"②。据考证,明代卫学共有109所。③ 至明末,一所卫学的生员数有二三百人。一些无卫学的地方,生员只能寄学当地的书院,但生员数量亦相当惊人。卫学多设于西南土司地带或边疆地区。这些地区多为少数民族聚居地,文化相对落后。卫学的建立,无疑对少数民族地区的文化发展起

---

① 张廷玉等:《明史》卷六九《选举一》,北京:中华书局,1974年,1686页。
② 《明太祖实录》卷一五八,台北:"台湾中央研究院历史语言研究所",1962年,2567页。
③ 郭培贵:《明代科举的坚实基础——官学教育的发展特点及其经验教训》,载《中国文化研究》,2009年第2期,62—68页。

到了极大的推动作用。如云南曲靖军民府,自明初设立学校以来,"士风渐盛,而科第人材,后先相望,殆与中州埒焉"①。

此外,正统五年(1440),明朝在山西运城设立了"运盐使司儒学",以专门教育盐商子弟。②

社学是一种最基层的官办学校。明代以 30 家为一社。洪武八年(1375)春,朱元璋诏天下立社学③,延师以教民间子弟,所读内容有《三字经》《百家姓》《千字文》以及"四书""五经",兼读《御制大诰》及《大明律》④。正统时,明朝允许社学生员作为州学、县学的补充,并令各府、州、县都建立社学,民间 15 岁以下的儿童都可入学读书。生员除读书之外,亦学习冠、婚、丧、祭之礼。

明代的官学教育发达,不仅表现在体系完备,分布广泛,无地不设学方面,而且也表现在受学范围广泛,学生人数众多方面。就生员的来源方面而言,除了官宦子弟以外,更多的是平民,举凡农、工、商各阶层都有子弟入学读书。如洞庭之东山,因商业贸易而多高赀富人。有一翁氏家族,家世以商业而富。"其子弟多读书,好行其德,有闻于时。"⑤在数量方面,有的学者估计,明代每年有六七岁至十三四岁的儿童学生 200 万人。国子监学生最多时有数千人,永乐二十年(1422)达 9900 多人。⑥ 在弘治时,全国府学、州学、县学的生员有 30

---

① 《云南志》(正德朝)卷九《曲靖军民府·风俗》,天一阁藏明代方志选刊续编,上海:上海书店出版社,1990 年。
② 郭培贵:《明代科举的坚实基础——官学教育的发展特点及其经验教训》,载《中国文化研究》,2009 年第 2 期,62—68 页。
③ 张廷玉等:《明史》卷二《太祖二》,北京:中华书局,1974 年,30 页。
④ 张廷玉等:《明史》卷六九《选举一》,北京:中华书局,1974 年,1690 页。
⑤ 钱谦益:《牧斋有学集》卷三五《太学生约之翁君墓表》,钱曾笺注,钱仲联标校,上海:上海古籍出版社,1996 年,1247—1248 页。
⑥ 缪咏禾:《明代出版史稿》,南京:江苏人民出版社,2000 年,380—381 页。

万人左右。① 到明末，顾炎武估计，全国生员"不下五十万"。② 按照这个数字估算，如果再加上武学、医学以及非蒙学性质的私学和书院等，明代的生员总数在最多时，每年当有两三百万。这样就形成了一个庞大的学生读者群体。它与市民大众就构成了明代最大的两个读者群。因此，蒙童读物、科举读物和通俗文学读物成为印量最大、读者最多、最为畅销的出版物。

关于学生们读书的内容和次第，元程端礼《程氏家塾读书分年日程》在明代仍然是生员们的读书标准。该"日程"所规定的读书内容和次第如下：

> 八岁以前：读《三字经》《百家姓》《千字文》《千家诗》，目的是识字，或以《性理字训》代《千字文》，又以《童子须知》贴在壁上，每天记说一段。

> 八岁至十五岁：先读《小学》正文，次读《大学》《论语》《孟子》《中庸》正文，《孝经刊误》。

> 十五岁以后：读《论语集注》《孟子集注》《中庸章句或问》《论语或问》《孟子或问》，次读《易经》《尚书》《诗经》《仪礼》《礼记》《周礼》《春秋经》（并"三传"），读完"五经"后，每五天中，用三天读史，二天温习"四书""五经"，读史的次序是先《通鉴》（参看《纲目》），次《史记》《汉书》《唐书》，再次读"韩文"和《楚辞》。③

官学是为明朝培养统治人才的主要机构。作为政治附庸，其读书内容完全是以思想教化和科举为重点的。如前所言，明朝为尊孔

---

① 郭培贵：《明代科举的坚实基础——官学教育的发展特点及其经验教训》，载《中国文化研究》，2009年第2期，62—68页。
② 顾炎武：《顾亭林诗文集·亭林文集》卷一《生员论上》，北京：中华书局，1983年，21页。
③ 程端礼：《程氏家塾读书分年日程》卷一，丛书集成初编，北京：中华书局，1985年，1—14页。

崇儒,统一思想,对官学读书内容有着严格的限制,而且一些主要读物是由朝廷统一颁发的。如洪武六年(1373),朱元璋召国子博士赵俶等人说:"汝等一以孔子所定经书为教,慎勿杂苏秦、张仪纵横之言。"于是,赵俶"因请颁正定'十三经'于天下,屏《战国策》及阴阳谶卜诸书,勿列学宫"①。洪武十四年(1381),朱元璋下令"颁'五经''四书'于北方学校"②。洪武十五年(1382),礼部尚书刘仲质奉命"颁刘向《说苑》《新序》于学校,令生员讲读"③。

永乐时颁降府学、州学、县学的必读书有《大诰三编》《大明律》《礼仪定式》《表笺式》《减繁行移体式》《新官到任须知》《韵会定式》《六部职掌》《科举程式》《孟子节文》《朔望行香体式》《四书大全》《五经大全》《性理大全》《孝顺事实》《为善阴骘》《劝善书》《五伦书》等。④除了这些内容外,官学还重视科学技术及其他实践方面内容的学习,如天文、地理、兵法、水利、农业等。

直到万历三年(1575),一道《换给提学官敕谕》中还在强调:"国家明经取士,说书者以宋儒传注为宗,行文者以典实纯正为尚。今后务将颁降'四书'、'五经'、《性理》、《通鉴纲目》、《大学衍义》、《历代名臣奏议》、《文章正宗》,及当代诰律典制等书,课令生员诵习讲解。俾其通晓古今,适于世用。其有剽窃异端邪说、炫奇立异者,文虽工,弗录。"⑤

为做官和科举做准备的生员们的阅读范围虽然被严格地限制,但由于官方指定的读物往往会使人觉得枯燥无味,因此那些诗词歌

---

① 张廷玉等:《明史》卷一三七《赵俶传》,北京:中华书局,1974年,3955页。
② 张廷玉等:《明史》卷二《太祖二》,北京:中华书局,1974年,36页。
③ 张廷玉等:《明史》卷一三六《崔亮传》,北京:中华书局,1974年,3933页。
④ 郑元庆:《吴兴藏书录·府学藏书目》,见祁承㸁等:《澹生堂藏书约》(外八种),上海:上海古籍出版社,2005年,11—12页。
⑤ 李东阳等撰、申时行等修:《大明会典》卷七十八《学校》,台北:新文丰出版公司,1976年,1247页。

赋、稗官小说就成为最吸引他们的读物。如汤显祖《艳异编序》云："吾尝浮沉八股道中,无一生趣,月之夕,花之辰,衔觞赋诗之余,登山临水之际,稗官野史,时一展玩。诸凡神仙妖怪,国士名姝,风流得意,慷慨情深……"①正统七年(1442),国子监祭酒李时勉指出："近有俗儒,假托怪异之事,饰以无根之言,如《剪灯新话》之类。不惟市井轻浮之徒争相诵习,至于经生儒士,多舍正学不讲,日夜记忆以资谈论。若不严禁,恐邪说异端日新月盛,惑乱人心。"②

还有一点需要指出的是,因为官学主要是以培养忠君勤政的统治人才为目的的,所以明朝政府不仅重视生员们的书本学习,而且特别强调生员们要"知而能行"。如天顺六年(1462)的一道敕谕中说："学者读书,贵乎知而能行。先将圣贤经书熟读背诵,牢记不忘。却从师友讲解明白。俾将圣贤言语体而行之,敦尚孝弟忠信、礼义廉耻之行,不许徒务口耳之学。将来朝廷,庶得真才任用。"③

在地方官学教育中,有无数地方官员,他们重教尚读,热心于文化教育事业,为那些落后地区的文化教育的发展与普及做出了积极贡献。如王宗显,"故儒者,博涉经史",任宁越府知府时,"开郡学,聘叶仪、宋濂为'五经'师,戴良为学正,吴沉、徐源为训导。自兵兴,学校久废,至是始闻弦诵声"④。杨继宗,成化初任嘉兴知府时,"大兴社学,民间子弟八岁不就学者,罚其父兄。师儒竞劝,文教大兴"⑤。陈选,成化初督学南畿,作《小学集注》以教诸生,并且"按部常止宿学

---

① 汤显祖:《汤显祖诗文集》卷五十附《艳异编序》,上海:上海古籍出版社,1982年,1503页。
② 《明英宗实录》卷九十,台北:"台湾中央研究院历史语言研究所",1962年,1813页。
③ 李东阳等撰、申时行等修:《大明会典》卷七十八《学校·风宪官提督》,台北:新文丰出版公司,1976年,1245页。
④ 张廷玉等:《明史》卷一四〇《王宗显传》,北京:中华书局,1974年,4005页。
⑤ 张廷玉等:《明史》卷一五九《杨继宗传》,北京:中华书局,1974年,4350页。

宫,夜巡两庑,察诸生诵读"①。方孝孺,洪武时任汉中教授,"日与诸生讲学不倦"②。王九思,正统时,官寿州同知,"奉职爱民,尤加意学校,暇日进诸生讲习,亹亹忘倦"③。汪道昆,隆庆时抚治郧阳,尤重学校,"一时家弦户诵,有盛治之风"④。段坚,天顺时,选山东福山知县,福山为僻壤之地,段坚"以德化民,刊布《小学》诸书,令邑人讲诵。复以诗歌兴之,必欲变其风俗。由是陋俗丕变,海邦岛屿渢渢乎有弦诵风"⑤。张舜典,为开州学正时,"挺立师道,与诸生朝夕提究'四书''五经'外,多濂、洛、关、闽之书,不以举业为先"⑥。可见,哪里有崇文重教之风,哪里就有家读户诵之声;哪里有家读户诵之声,哪里就有风俗习尚之改变和文明种子之播撒。

第三节　私学与阅读

　　明代的官学,体系、规模和学生人数都已达到空前的程度。然而,仅有官学还远远不能满足人们的读书求知需要,亦不能适应社会经济和文化的发展。于是,灵活多样、充满生机与活力,而且颇具竞争力的各种私人办学形式就得到了蓬勃发展。具体来说,明代的私学有蒙学性质的私塾家馆,为年龄较大者学习、研究学问和为科举做准备而设立的经馆,以及具有私人办学性质的书院等。

---

① 张廷玉等:《明史》卷一六一《陈选传》,北京:中华书局,1974年,4388—4389页。
② 张廷玉等:《明史》卷一四一《方孝孺传》,北京:中华书局,1974年,4017页。
③ 赵景深、张增元:《方志著录元明清曲家传略》,北京:中华书局,1987年,33页。
④ 赵景深、张增元:《方志著录元明清曲家传略》,北京:中华书局,1987年,53页。
⑤ 冯从吾:《关学编》(附续编)卷三《容思段先生》,北京:中华书局,1987年,27页。
⑥ 王心敬:《关学续编》卷一《鸡山张先生》,见冯从吾《关学编》(附续编)附录一,北京:中华书局,1987年,75页。

一、私塾

私塾,即私人办的相当于小学的学校,包括家塾、义学、村学、乡校、族学、小学等。私塾教学对象主要是儿童,学生须缴纳一定的学费,普通劳动人民的子弟也有机会入学读书。

从很多记载来看,明代的蒙学教育也是空前发达的。如前所述,早在洪武初年,苏州府就已"虽闾阎村僻之所,莫不置句读师以训童蒙"①。万历时的松江府,"虽乡愚村僻,莫不置句读师以训童蒙"②。天津宝坻小镇林亭,"家弦户诵,大约有专馆延师教读者十数家,即附近村庄,多习儒业,故入胶序,食廪饩,充成均者,概不乏人"③。

很多隐居不仕或致仕归里的文人学者都曾从事这类教学活动。这种现象在本书的其他内容里也有论述。这里仅略举数例以说明之。

明初著名学者谢应芳,在元末"避地吴中,吴人争延致为弟子师"④。著名诗人丁鹤年,于元末明初,"转徙逃匿,为童子师"⑤。王行,"授徒齐门,名士咸与交。富人沈万三延之家塾,每文成,酬白金镒计"⑥。韩禹梁,娴吟咏,家贫授徒,三子皆自教之。⑦ 蔡伯蓥与其弟仲迩,力田之暇,出外课蒙,课授余闲,篝灯读书,夜分不辍。⑧ 以教

---

① 卢熊纂修:《洪武苏州府志》卷十六《风俗》,北京:全国图书馆文献缩微复制中心,1992年。
② 转引自李伯重《八股之外:明清江南的教育及其对经济的影响》,载《清史研究》,2004年第1期,1—14页。
③ 转引自王日根《试论明清文化的世俗化》,载《社会科学辑刊》,1993年第1期,89—93页。
④ 张廷玉等:《明史》卷二八二《儒林一》,北京:中华书局,1974年,7224页。
⑤ 张廷玉等:《明史》卷二八五《文苑一》,北京:中华书局,1974年,7313页。
⑥ 张廷玉等:《明史》卷二八五《文苑一》,北京:中华书局,1974年,7330页。
⑦ 赵景深、张增元:《方志著录元明清曲家传略》,北京:中华书局,1987年,121页。
⑧ 陈确:《陈确集》卷十二《蔡伯蓥传》,北京:中华书局,2009年,296页。

书为生是文人学士们的一种普遍行为,这也反映了这种民间教育活动的普遍性。

私塾学生所学内容以识字和学习基础知识为主,有时也不限于此。所读内容与程端礼的《程氏家塾读书分年日程》一样,初期一般是一些浅显易懂,便于熟读记诵的歌括体文字,如《急就篇》《千字文》《百家姓》《三字经》《千家诗》《性理字训》等,然后是《小学》、《孝经》、"四书"、"五经"、《通鉴纲目》、《史记》、《汉书》、《唐书》、《旧唐书》以及"韩文"和《楚辞》等。

仇英《村学》

需要强调和说明的是,蒙童教材都是一些既注重思想教育,又有基础文化知识和语言文字训练的读物。它们"是跨越白话、文言间那条鸿沟的一座桥梁,在文言文时代,它是从识字走向阅读的很好的过渡"①。

除上述之外,明代还出版了数十种蒙童读物,如:赵南星等人为

---

① 张志公:《传统语文教育初探》,上海:上海教育出版社,1962年,79页。

《三字经》和《女儿经》作注的《教家三书》；萧良友所撰《龙文鞭影》；金陵勤有堂刊刻的《魁本对相四言杂字》；建阳书林刻印的《天下难字》《千家姓》《初学绳尺》《声律发蒙》《诗对押韵》，以及《蒙求》《咏史诗》；通鉴类读物《编年节要》《纲鉴要略》《便蒙通鉴》及《课儿鉴略》；类书形式的《敏求机要》《纯正蒙求》；诗文类的《唐诗三百首》《唐宋八大家文钞》；女童读的《女四书》《女论语》；等等。

教育和读书作为社会意识形态的生产过程中的一部分，必然会随着社会经济的发展而变化。这种变化不仅表现在数量和规模上，而且表现在内容、质量以及方法和目的等方面。就明代蒙童教育和读书而言，现在看来其至少有以下三个方面的变化。

一是大众教育的普及反映了人们读书已不只是为了参加科举或求取功名，而更多的是为了获得谋生手段。所以教育的目的主要是使受教育者获得起码的读、写、算的能力。因此，阅读能力也得到了极大的普及。

二是教育内容已不只限于识字和经义方面，也有了算术、天文、地理等方面的科学知识。如江南流行的儿童读物《魁本对相四言杂字》《新编对相四言杂字》中就有算盘图和算筹图。①

三是在蒙童教育内容中，在增加科技新知识的同时，传统经典阅读被弱化。如生活在明中期的浙江台州黄岩县人，著名学者黄绾说："吾为童子时，见乡里前辈训蒙童，犹以《孝经》《小学》讲解，以此先入，故当时人才风俗不至大坏。近年始大坏，皆由师道无人，《孝经》《小学》不惟不知讲，且皆不读。"②这种对传统经典的弱化现象在当时应是很普遍的。

---

① 劳汉生：《珠算与实用算术》，石家庄：河北科学技术出版社，2000 年，53—56 页。
② 黄绾：《明道编》卷三，北京：中华书局，1959 年，35—36 页。

二、经馆

经馆,即文人学士们为年龄稍大者或成人举办的以读书治学或参加科举为目的的读书场所。它与私塾并没有本质的差异,只是办学层次与私塾不同而已。传道授业不仅是文人学士们谋生的重要手段,更是他们对人生价值和理想的追求。所以,收徒授学就成为明代最普遍的一种教育形式和读书活动。

隐居不仕或致仕归里的文人学士都有过以收徒授学为生的经历。其中如梁寅,结庐石门山,四方学子多从学,称为梁五经,又称石门先生[1];陈谟,隐居不求仕,而究心经世之务,经生学子多从之游,著书教授以终[2];柯维骐,罢官后,"谢宾客,专心读书,久之,门人日进,先后四百余人,维骐引掖靡倦"[3];刘球,永乐十九年(1421)进士,家居读书十年,从学者甚众[4];章懋,致仕后,"屏迹不入城府。奉亲之暇,专以读书讲学为事,弟子执经者日益进。贫无供具,惟脱粟菜羹而已"[5];赵应震,归里,读书清凉山寺,购书万卷,执经问字者盈门[6];秦之鉴,崇祯进士,住马迹山,隐居教授,读书不异经生。[7]

三、书院

书院是中国古代私立的高等学校。明初,虽然朱元璋建立了洙

---

[1] 张廷玉等:《明史》卷二八二《儒林一》,北京:中华书局,1974年,7226页。
[2] 张廷玉等:《明史》卷二八二《儒林一》,北京:中华书局,1974年,7227页。
[3] 张廷玉等:《明史》卷二八七《文苑三》,北京:中华书局,1974年,7366页。
[4] 张廷玉等:《明史》卷一六七《刘球传》,北京:中华书局,1974年,4402页。
[5] 张廷玉等:《明史》卷一七九《章懋传》,北京:中华书局,1974年,4752页。
[6] 李元春:《关学续编》卷二《廉夫赵先生》,见冯从吾《关学编》(附续编)附录一,北京:中华书局,1987年,101页。
[7] 赵景深、张增元:《方志著录元明清曲家传略》,北京:中华书局,1987年,159页。

泗、尼山等书院,但书院并不兴盛。从明中叶开始,随着政治日益腐败,官学不断衰落,书院逐渐兴盛起来。虽然由于政治原因,明代书院曾四次被毁废,但无论在数量方面还是影响方面,明代书院的兴盛都是历史上空前的。据统计,明代书院有1239所,遍布19个省。[1]

明代书院的兴盛主要有三方面的原因:一是经济的发展和政治的宽松促进了学术文化的发展和思想言论的自由;二是理学的发达促进了学者们对学术文化传播产生更多需求,如王守仁与湛若水的讲学活动就与书院的发展有很大关系;三是官学经过明初的兴盛后,弊端丛生,而书院以其独特的优势,特别是平民化的特点,吸引了莘莘学子。所以,明代书院在人才培养和学术文化的发展中发挥了不可替代的作用。

书院学生的学习以自学、听讲、讨论、教师指导为主要形式。教师讲学的内容不只涉及儒学知识,还涉及讲明义理,以及躬行实践。教师注重个别指导,学生注重切己体察,并且特别重视道德修养。书院的教学内容、程序和方法一般都在学院订立的"学规"或"学约"中有明确说明。宋代朱熹的"白鹿洞学规"仍然是明代书院的范本。

不管书院的教学内容和方法如何,读书仍然是最重要的学习过程。但读什么,不读什么,如何读,学规一般都有规定。当然主要是读圣贤经书。如南宋吕祖谦所谓"讲求经旨"。明代胡居仁的"丽泽堂学约"中规定:"读书务以《小学》为先,次'四书'以及'六经'与周、程、张、朱、司马、邵之书。非理之书不得妄读。"关于读书方法,他规定:"读书务在循序渐进,一书已熟,方读一书,毋得卤莽躐等,虽多无益。"[2]

---

[1] 来新夏:《中国古代图书事业史》,上海:上海人民出版社,1990年,272页。
[2] 胡居仁:《胡敬斋集》卷二《丽泽堂学约并序》,丛书集成初编,北京:中华书局,1985年,72页。

书院一般都有比较丰富的藏书：一是反映了书院对读书的重视，二是反映了书院往往是一个地区最大的具有半公共性质的藏书机构。而且书院作为一个地方的最高学府，其活跃的学术气氛，会对一个地方的学术文化发展和读书风气的形成起到重要的促进作用。

明代书院发展的一个特点是平民化趋向。这首先表现在教学对象的平民化。到明中期，随着平民儒者的出现和平民教育的开展，书院的受众已不局限于经生文士，往往还有山林布衣、市井农夫、山野乡民，甚至还有目不识丁的"愚夫愚妇"。其次是书院讲学的内容重点已不是高深的学术理论，而是"百姓日用之学"，书院用儒家经典来解释日常伦理和价值观念。在这方面，尤以泰州学派的王艮及其传人的讲学活动为典型。

很多学者和官员都积极投身于书院建设和教学活动，为当地的人才培养和学术文化发展做出了重要贡献。如段坚官南阳时，"慨近世学者以读书谋利禄、阶富贵，士鲜知圣贤之学，乃倡明周、程、张、朱与古人为学之意，建志学书院，聚郡庠及属治诸生，亲授讲说。士习翕然改观"①。冯从吾致仕归里后，与张舜典、周传诵等先后讲学于宝庆寺和关中书院，四方从学者至五千余人。② 张舜典为鄢陵令时，创弘仁书院，置经史数千卷，"政暇，辄与诸生讲切道德、经济要略"③。王承裕致仕归里后，讲学于宏道书院，弟子咸知敬学，故成名者甚众。④ 吕柟官解州时，建解梁书院，"选少年俊秀歌《诗》、习小学诸仪，朔望令耆德者讲会典、行《乡约》，廉孝弟节义者表其间"⑤。姚镆，弘

---

① 冯从吾：《关学编》(附续编)卷三《容思段先生》，北京：中华书局，1987年，27页。
② 王心敬：《关学续编》卷一《少墟冯先生》，见冯从吾：《关学编》(附续编)附录一，北京：中华书局，1987年，74页。
③ 王心敬：《关学续编》卷一《鸡山张先生》，见冯从吾：《关学编》(附续编)附录一，北京：中华书局，1987年，76页。
④ 冯从吾：《关学编》(附续编)卷三《平川王先生》，北京：中华书局，1987年，38页。
⑤ 冯从吾：《关学编》(附续编)卷四《泾野吕先生》，北京：中华书局，1987年，44页。

治时,任广西提学佥事,立宣成书院,延'五经'师以教士子。①

书院的学生中亦有一部分要准备科考,所以其读书范围不会广泛。同时,明中期王阳明心学泛滥,"束书不观,游谈无根"之风对书院的读书风气产生了不良影响。

第四节　科举与阅读

中国古代科举制度建立以来,大部分读书人都将科举及第作为奋斗目标,欲通过科举走上仕途,获得功名利禄。古往今来,莘莘学子将大量的阅读时间用在了应付科举考试上。这种情况,一方面极大地刺激了整个社会的读书热情和积极性,使社会上形成了一种尊重知识、尊重人才的风气;另一方面也给学术文化发展带来了许多不良影响,特别是它限制了学子们读书治学的深度和广度,从而阻碍了阅读活动的健康、深入发展,并由此引起了人们对它的强烈不满和批评。

一、科举对读书的促进

尽管任何一个社会和时代都有无数不为功利的嗜读好学者,但趋功近利作为人的本能,必然会成为人们读书学习的驱动力。而科举就成为这种驱动力的主要来源。

明代是科举制度最为鼎盛和完备的时期,这有三点原因:一是它

---

① 张廷玉等:《明史》卷二〇〇《姚镆传》,北京:中华书局,1974年,5277页。

给读书人提供了一条相对公平的提升自我的路径,广大平民百姓家的子弟都可以通过它进入仕途,从而获得功名利禄,光宗耀祖;二是明朝将科举作为选拔官吏的主要途径,对其给予了极大的重视,并将其官方哲学——理学,作为科举考试的核心内容,从而强化了理学的官学地位,把学术与政治更为紧密地结合在一起;三是明朝将八股文作为科举考试的程文格式,从而使明朝的科举制达到了空前的完备程度。与此同时,科举成为一种控制思想、钳制学术自由的有效手段。

洪武三年(1370),朱元璋在一封诏书中说:"自今年八月始,特设科举,务取经明行修,博通古今,名实相称者,第其高下而任之以官。"①明代由此开始了科举取士。

明朝殿试情景图

科举考试的内容"专取四子书及《易》《书》《诗》《春秋》《礼记》五经命题"②,即所谓"制科取士,一以经义为先"③。而且,它们的标准答案是,"'四书'主朱子《集注》,《易》主程《传》、朱子《本义》,《书》主蔡氏《传》及古注疏,《诗》主朱子《集传》,《春秋》主左氏、公羊、谷梁三传及胡安国、张洽《传》,《礼记》主古注疏。永乐间,颁'四书五经大

---

① 张廷玉等:《明史》卷七十《选举二》,北京:中华书局,1974年,1695页。
② 张廷玉等:《明史》卷七十《选举二》,北京:中华书局,1974年,1693页。
③ 张廷玉等:《明史》卷二八二《儒林一》,北京:中华书局,1974年,7221页。

全',废注疏不用。其后,《春秋》亦不用张洽《传》,《礼记》止用陈澔《集说》"①。这里的"四书五经大全"也是以程朱传注为主的。这些考试内容及指定参考书基本上规定了士子们读书的主要范围。

此外,明朝还对考试的行文格式和体裁做了规定:"其文略仿宋经义,然代古人语气为之,体用排偶,谓之八股,通谓之制义。"②

尽管科举对读书范围有着严格的限制,但明初的科举,一方面体现了朱元璋以儒治国、以经取士的方针政策,并对明初社会稳定、恢复生产和经济、重振读书治学风气起到了很大的推动作用;另一方面,明初士子们大多还能本着"道学绪余即举业,举业精华即道学"③的观念将举业学习看作是悟道的一种方式,将究心经传作为参加举业的一种途径。士子们在举业学习中多以经传原文为本,而不屑于对程文的揣摩与剽窃。宣德时,国子监祭酒李时勉就连时人解说的经义之书亦不许士子习读,"以其专为进取计,能怠学者求道之心故"④。士子们也以熟读书传,贯通经义为进阶资本。如杨士奇少时,"'四书''五经'皆手抄以读"⑤。何文渊为诸生,"刻苦读书,涵儒既久,经史百氏无不贯通"⑥。举子们"非下帷十年,读书千卷,不能有此三场也"⑦。所以明初的科举,虽"一以经义为先",但还是起到了"网罗硕学"⑧的作用。

---

① 张廷玉等:《明史》卷七十《选举二》,北京:中华书局,1974年,1694页。
② 张廷玉等:《明史》卷七十《选举二》,北京:中华书局,1974年,1693页。
③ 李开先:《李开先全集·李中麓闲居集》文之十一《中麓书院记》,卜键笺校,上海:上海古籍出版社,2014年,1010页。
④ 叶盛:《水东日记》卷六,北京:中华书局,1980年,67页。
⑤ 王直:《少师杨公传》,见徐纮《明名臣琬琰续录》卷一,《四库全书》第453册,上海:上海古籍出版社,1987年,283页。
⑥ 章纶:《吏部尚书何公行状》,见徐纮《明名臣琬琰续录》卷七,《四库全书》第453册,上海:上海古籍出版社,1987年,354页。
⑦ 顾炎武:《日知录》卷十六《三场》,周苏平、陈国庆点注,兰州:甘肃民族出版社,1997年,731页。
⑧ 张廷玉等:《明史》卷二八二《儒林一》,北京:中华书局,1974年,7221页。

概括地说，士子们为准备考试要读的书，主要有以下几类。

一是朝廷规定的《四书大全》《五经大全》及其传注。

二是性理方面的著作，如《性理大全》以及一些同时代人所著的阐释经书的著作，如"四书"就有白文、集注、旁注、大全、纂疏、通考、通典、浅说、通证、音考、句解、辑释、发明、章图等，其中也有很多成为举业的热门读物。如永乐时胡广所撰《诗经大全》、嘉靖时陈琛所著《易经通典》《四书浅说》，以及林希元所著《存疑》，"并为举业所宗"①。有关这类书的阅读，成化、嘉靖时的著名学者黄绾曾说："学者读书极难，四子、六经之外，有宋儒濂洛关闽之著作、注解，此外又有性理群书：《性理大全》《近思录》《近思续录》《伊洛渊源录》《伊洛渊源续录》《理学名臣录》。此外，又有何北山、王鲁斋、吴草庐、金仁山、许白云、方逊志、薛敬轩、吴康斋、陈白沙、胡敬斋诸君子之文集及注解之类多矣。要皆不出宋儒之学，其源流皆本于宋儒，而非尧舜以来之传。其言满世，况为时制所重，资以取士，学者不能不读……此读书之所以难也。"②

三是考试范文选本或称为时文选本，即将以往考试中的优秀范文经选择并加以评点，然后汇编印成读物。这是最受士子们欢迎的读物。其中影响最大的选本如夏允彝等六人选编的《几社六子会义》，张天如、周介生选编的《复社图表》，艾千子的《艾选》以及包括11位作者的《壬申文选》等。③

四是一些类似考试指南，具有讲解性质的书，如《献廷策表》《答策秘诀》等。

需要指出的是，八股文虽然从"四书"内出题，但其范围甚广，名

---

① 张廷玉等：《明史》卷二八二《儒林一》，北京：中华书局，1974年，7235页。
② 黄绾：《明道编》卷三，北京：中华书局，1959年，40—41页。
③ 缪咏禾：《明代出版史稿》，南京：江苏人民出版社，2000年，383页。

物、典章、性理、处事、记言、记事,"天下舆地礼乐兵农帝王损益升降"无不包括。所以只有"究心汉魏六朝唐宋文及濂洛关闽诸书,然后能含英咀华,卓然成一家言"。可见,要做好这些题目,必须有很高的学养。"必贯穿经史,包罗古今,周察事情,明体达用"①才能作好八股文。而应试者要作好八股文必须平日多读书,多积天下古今义理,以借题发挥自己胸中之蕴藏。

科举考试所要求的阅读能力主要是记忆力,所以熟读并背诵"四书""五经"是科举阅读需要的基本功。此外,还要背诵一定篇数的唐、宋古文,更多篇数的名家时文,还有几百首唐诗、试帖诗、诗韵等。

不管怎么说,科举取士都极大地激发了人们的读书热情,使整个社会的读书观念有了极大的强化。"万般皆下品,唯有读书高"成为整个学界的价值取向。无论山野乡村,还是市井人家,都充满着浓厚的读书风气,可谓"茅茨陋巷弦诵相闻,蔚然有文雅之风"②。如浙江南浔,不仅商业经济繁荣,而且重教尚读风气浓厚。明中叶,这里科第极盛,有"九里三阁老,十里两尚书"之谚。入清以后,这里更是"书声与机杼声往往夜分相续"③。晋江安海,由于读书风气浓厚,有明一代共出进士33人,中武进士4人,中举人18人,中武举人25人,仅万历四十年(1612)一科,安海就中了5名。④ 一些家族也明确规定了对教育的支持和重视。如福建侯官云程林氏在《家范》中规定:

> 子孙四岁以上令习祭祀,学礼;七岁以上令入小学,讲《孝经》"四书";十五岁以上令入大学,习书史经传,若二十以上不通

---

① 方苞:《方望溪集外文》卷八,见沈云龙《近代中国史料丛刊》第52辑,台北:文海出版社,1970年,156—157页。
② 刘万春:《[崇祯]泰州志》卷一《职方志·风俗》,济南:齐鲁书社,1996年。
③ 转引自王日根《试论明清文化的世俗化》,载《社会科学辑刊》,1993年第1期,89—93页。
④ 蔡尔鸿:《明代安海文化繁荣和经济发展的关系》,见《安海港史研究》编辑组《安海港史研究》,福州:福建教育出版社,1989年,108—118页。

一经大义,业无所就者,令习理家事,治农理财,专务一业。①

二、科举对读书的不良影响

明代的科举无论对选拔人才,还是对教育的促进和社会读书风气的形成,都发挥了巨大的作用,具有重要的历史意义。然而它也对学术文化的发展和人才培养产生了许多负面影响。其中对读书治学的不良影响尤为显著,具体表现在以下三个方面。

1. 阅读范围狭窄

如前所述,尽管科举考试要求士子有一定的阅读范围和阅读数量,但总体来说士子的读书范围很窄,除程朱传注的"四书""五经",特别是永乐间钦定的《五经大全》《四书大全》和《性理大全》外,几乎一书不读。程朱传注成为士子们唯一的读物。"世之治举业者,以'四书'为先务,视'六经'为可缓;以言《诗》,非朱子之传义弗敢道也;以言《礼》,非朱子之家礼弗敢行也;推是而言,《尚书》《春秋》,非朱子所授,则朱子所与也;言不合朱子,率鸣鼓而攻之。"②士子们为追求功名利禄,"日夜竭精疲神以攻其业,自'四书'一经外,咸束高阁。虽图史满前,皆不暇目,以为妨吾之所为,于是天下之书不焚而自焚矣"③。生活于万历年间的孙慎行回忆他幼年的读书生活时说,他父亲发现他读八大家文,即"大骂迂阔,不令其读,以为伤制举业"④。由此可见,士子们的读书范围和学术视野完全被限制在了程朱理学的藩篱之中。

---

① 北京图书馆:《侯官云程林氏家乘》卷十一《家范》,见《北京图书馆藏家谱丛刊·闽粤卷》第3册,北京:北京图书馆出版社,2000年,1626页。
② 朱彝尊:《曝书亭集》卷三五《道传录序》,上海:商务印书馆,1935年,297页。
③ 廖燕:《二十七松堂文集》卷一《明太祖论》,上海:上海远东出版社,1995年,13页。
④ 孙慎行:《玄宴斋文钞》甲集《读书记》,见《四库禁毁书丛刊》集部第123册,北京:北京出版社,1997年,93页。

2. 不利于学术发展与创新

科举士子所读的书不仅范围窄、数量少,而且其内容也无益于学术的继承与发展。如《明史·儒林传序》云:"经学非汉唐之精专,性理袭宋元之糟粕,论者谓科举盛而儒术微。"① 清人焦循也指出:"有明二百七十余年之中,拾宋人之唾余,以大全讲义取士。"② 顾炎武也说:明代的科举是"八股行而古学弃,大全出而经说亡"③。而且八股文体重视的是应试技能,并不重视能力的培养和思想的创造。它尤其不利于学术的继承和创新。但朱元璋规定:"使中外文臣皆由科举而进,非科举者毋得其官。"④ 这样,科举就成为读书人入仕的唯一途径,三部大全就成为他们皓首穷经的对象。再加上标准答案和固定的程文格式,使得他们很少有思想上的自由和学术上的创新。如胡居仁所言:"道之不明,科举之学害之也。"⑤

3. 徒务虚文,不读经史原著

举业为功利之习。士人对科举的热衷和出于求仕的功利性需要,使他们在读书求学中往往以"程墨房稿,行卷社义"取代"四书""五经",以"揣摩风气,寻章摘句"取代"究心经传","舍圣人之经典、先儒之注疏与前代之史不读,而读其所谓时文"⑥。这些"时文""选本"相当于现在的高考辅导材料。虽然它们"既非经传,复非子史,皆杜撰无根之语"⑦,是"割裂经史之集百家之说,区别门类,缀集成书,

---

① 张廷玉等:《明史》卷二八二《儒林一·序》,北京:中华书局,1974年,7222页。
② 焦循:《雕菰集》卷十二《国史儒林文苑传议》,丛书集成初编,北京:中华书局,1985年,181页。
③ 顾炎武:《日知录》卷十八《书传会选》,周苏平、陈国庆点注,兰州:甘肃民族出版社,1997年,807页。
④ 张廷玉等:《明史》卷七十《选举二》,北京:中华书局,1974年,1696页。
⑤ 薛瑄:《读书录》卷七,丛书集成初编,北京:中华书局,1985年,127页。
⑥ 顾炎武:《顾亭林诗文集·亭林文集》卷一《生员论中》,北京:中华书局,1983年,23页。
⑦ 顾炎武:《日知录》卷十八《经义论策》,周苏平、陈国庆点注,兰州:甘肃民族出版社,1997年,729页。

务欲包括古今问目,以为决科之利,使后学转相剽窃,但资侥幸利达,而无以资身心之用,其弊也甚矣"①,但"天下之人唯知此物可以取科名、享富贵,此之谓学问,此之谓士人,而他书一切不观"②。他们即使"读诸般经书,只安排作时文材料用,于己全无干涉,故其一时所资以进身者,皆古人之糟粕。……诚所谓书自书,我自我,与不学者何以异"③。郎瑛也说:"皆录诸书藻丽之语,货进时泛巧时文,读不过二三册,遂高举而夺魁矣。此岂非其衰耶,而于古人读经读史之学何如哉。"④何良俊也批评道:"自程朱之说出,将圣人之言死死说定。学者但据此略加敷演,凑成八股,便取科举,而不知孔孟之书为何物矣。以此取士,而欲得天下之真才,其可得乎?"⑤胡应麟也说:"后生科举之士,皆束书不观,游谈无根。"⑥而且当他们"有了一第之后,四书本经,悉置而不观,则身心事业,从可知矣"⑦。

关于时文之害,清代民间曾有一首民谣《时文叹》,它虽然说的是清代的现象,但也同样反映了明代的问题。其文曰:

> 读书中,最不齐,烂时文,烂似泥,
> 本来原为求贤计,谁知变了欺人技。
> 看了半部讲章,记了三千拟题。
> 状元塞在荷包里,等到那岁考日,乡试期,
> 房行墨卷,汪汪念到三更际。
> 也不晓得《三通》《四史》是何等的文章,

---

① 薛瑄:《读书录》卷七,丛书集成初编,北京:中华书局,1985年,127页。
② 顾炎武:《日知录》卷十八《十八房》,周苏平、陈国庆点注,兰州:甘肃民族出版社,1997年,727页。
③ 薛瑄:《读书录》卷七,丛书集成初编,北京:中华书局,1985年,127页。
④ 郎瑛:《七修类稿》卷十八《文盛乃衰》,北京:中华书局,1959年,273页。
⑤ 何良俊:《四友斋丛说》卷三《经三》,北京:中华书局,1959年,22页。
⑥ 胡应麟:《少室山房笔丛》卷四《经籍会通四》,北京:中华书局,1958年,68页。
⑦ 薛瑄:《读书录》卷七,丛书集成初编,北京:中华书局,1985年,127页。

也不晓得汉祖唐宗是那样的皇帝。
读得来口角离奇,眼目眯萎,
脚底下不晓得高低,大门外辨不出东西。
更有两个肩头,一耸一低,真头喫了几服迷魂剂。
又不能稳中高魁,只落得昏沉一世。
就是做得官时,把甚么施经济!
得趣的是衙役长随,只有百姓们精遭晦气。
劝世人何不读几部有用经书,
倘遇合有期,正好替朝廷出力。
若遭逢不遇,也还为学校增辉。①

明代士子不读书,特别是不读"四书""五经",不究心圣贤之说,已成为科举的通病。所以顾炎武说科举是"八股盛而'六经'微,十八房兴而'廿一史'废"②。"八股之害,等于焚书。"③它不仅耽误了人才培养,而且"学问由此而衰,心术由此而坏"④。

三、不事科举的读书人

在科举制艺大行其道,士子生员追名逐利之时,很多读书人却以自己的实际行动反对这种不良倾向,实践着自己的读书思想,以"求圣人之心"为读书目标。社会上出现了一个不为世风所染的读者群

---

① 郑振铎:《中国俗文学史》,北京:作家出版社,1954 年,459 页。
② 顾炎武:《日知录》卷十八《十八房》,周苏平、陈国庆点注,兰州:甘肃民族出版社,1997 年,727 页。
③ 顾炎武:《日知录》卷十六《拟题》,周苏平、陈国庆点注,兰州:甘肃民族出版社,1997 年,733 页。
④ 顾炎武:《日知录》卷十六《三场》,周苏平、陈国庆点注,兰州:甘肃民族出版社,1997 年,731 页。

体,其人数之众,影响之大,在明代的学术文化继承与发展中发挥了中流砥柱的作用。其中的代表人物如下。

范钦,好学嗜古,弃举子业,博涉经史,工诗赋,娴音律。所著诗篇、词曲多为人传诵。① 周履靖,弃经生业,废千金,庋古今典籍,博涉经史诸子百家言,工古文辞。② 张凤翼,弃举子业归家,"杜门深居,读书养母以终其身"③。邓元锡,"不复会试,杜门著述,逾三十年,'五经'皆有成书"④。陈真晟,弃举业,笃志圣贤之学,成一代理学名家。⑤ 黄淳耀,"为诸生时,深疾科举文浮靡淫丽,乃原本'六经',一出以典雅。名士争务声利,独澹漠自甘,不事征逐。崇祯十六年(1643)成进士。归益研经籍,缊袍粝食,萧然一室"⑥。唐时升,年未三十,谢举子业,专意古学。⑦ 王叔承,治经生业,以好古谢去。⑧ 吕柟与马伯循、秦世观、寇子惇、张仲修、崔仲凫、马敬臣诸同志讲学宝邱寺时,以"文必载道,行必顾言。毋徒举业以要利禄,毋徒任重弗克有终"为誓言,"日孜孜唯以古圣贤进德修业为事"⑨。段坚官南阳时,"慨近世学者以读书谋利禄、阶富贵,士鲜知圣贤之学,乃倡明周、程、张、朱与古人为学之意,建志学书院,聚诸生,亲授讲说"⑩。张舜典为开州学正时,"与诸生朝夕提究'四书''五经'外,多濂、洛、关、闽之书,不以举业为先",并说:"误天下人才者,八股也!"⑪史料中记载的这样的读书

---

① 赵景深、张增元:《方志著录元明清曲家传略》,北京:中华书局,1987年,483页。
② 赵景深、张增元:《方志著录元明清曲家传略》,北京:中华书局,1987年,113页。
③ 赵景深、张增元:《方志著录元明清曲家传略》,北京:中华书局,1987年,69页。
④ 张廷玉等:《明史》卷二八三《儒林二》,北京:中华书局,1974年,7291页。
⑤ 张廷玉等:《明史》卷二八二《儒林一》,北京:中华书局,1974年,7242页。
⑥ 张廷玉等:《明史》卷二八二《儒林一》,北京:中华书局,1974年,7258页。
⑦ 张廷玉等:《明史》卷二八五《文苑四》,北京:中华书局,1974年,7391页。
⑧ 张廷玉等:《明史》卷二八五《文苑四》,北京:中华书局,1974年,7390页。
⑨ 冯从吾:《关学编》(附续编)卷四《泾野吕先生》,北京:中华书局,1987年,41页。
⑩ 冯从吾:《关学编》(附续编)卷三《容思段先生》,北京:中华书局,1987年,27页。
⑪ 王心敬:《关学续编》卷一《鸡山张先生》,见冯从吾《关学编》(附续编)附录一,北京:中华书局,1987年,75页。

人可谓举不胜举。

总之,在科举制度既促进着社会阅读活动的蓬勃发展,也给读书治学带来很多不良影响的明代社会,有很多人不求名利,有志于圣贤之学,把读书治学作为生活方式,来实践着他们的人生理想和追求。他们是任何一个社会都不可缺少的读者群体,是播撒在中国大地上每个角落的读书种子。就是因为这些种子的生根发芽,以至开花结果,中国的阅读传统才会生生不息,发扬光大。

第五章　出版与阅读

出版业是读物的生产者和传播者,是连接读物与读者的中介和桥梁。一个文本能否被广泛传播,从而被更多的人阅读,在很大程度上取决于它是否能够通过出版者这个中介被大量生产。所以,出版印刷业的发展状况和水平决定着一个时代和社会的读物生产数量和质量,从而影响着这个时代和社会阅读活动的发展程度。

第一节　概况

明代是一个出版印刷业非常发达与繁荣的时期,它对明代读物的传播和学术文化的发展和繁荣起到了巨大的推动作用。对此,学界已有很多详细具体的论述。这里仅就其大概状况及其对阅读活动的促进做一简要概括。

一、出版业的繁荣

明朝经过从洪武、永乐到宣德六七十年的休养生息,社会经济得到了发展与繁荣,特别是工商业的发展,加快了城镇化的步伐。随着经济的发展和社会文化教育的普及,社会阅读需求不断增长,出版印刷业逐渐发展起来,到明代中后期已达到空前繁荣的程度。如生活在嘉靖、隆庆、万历年间的江阴人李诩曾说:"余少时学举子业,并无刊本窗稿。……今满目皆坊刻矣,亦世风华实之一验也。"①利玛窦也评论说:"数不胜数的书籍堆积于此,其售出的价格也低得惊人。"②

明代的出版机构首先是从中央到地方的官刻。中央官刻包括南国子监、北国子监和司礼监经厂,此外还有各部、院及钦天监等几十个部门。地方出版机构则有省、府、州、县的官署和儒学。此外,各地的藩府也曾刻了不少书,其中如蜀王府,自洪武起几乎刻书不绝。官刻书主要以政令典制和经史读物为主,亦有大量的子书、诗文集和法帖等,主要供宫廷和各级官员阅读。

私刻包括坊刻和家刻两种形式。坊刻又称"书林",在明代得到了较大规模的发展,其分布范围之广泛,数量之多,都是空前的。它们主要集中在南京、苏州、建阳、杭州、徽州、湖州、北京等地。其中尤以建阳、苏州和南京最为集中。建阳地区,书坊数百家,刻书千百种,延续数百年。其中如麻沙、崇化两镇,"比屋皆鬻书籍,天下客商贩者如织,每月以一、六日集"③,苏州的书坊,仅可查知者就有67家。④ 其

---

① 李诩:《戒庵老人漫笔》卷八《时艺坊刻》,北京:中华书局,1982年,334页。
② 伊佩霞:《剑桥插图中国史》,赵世瑜等译,济南:山东画报出版社,2002年,149页。
③ 《嘉靖建阳县志》卷三《崇化里》,天一阁藏明代方志选刊,上海:上海古籍出版社,1982年,6页。
④ 缪咏禾:《明代出版史稿》,南京:江苏人民出版社,2000年,77页。

中的著名者有毛晋汲古阁、席鉴扫叶山房等。南京的刻书业亦十分兴旺,其书坊可考者有上百家之多。① 其中尤以唐姓和周姓为多,如唐对溪的富春堂、周曰校的万卷楼等。

　　书坊所刻图书的内容主要有经史、医学、科技、文学、日用百科、通俗读物、教材等。所以,书坊是最贴近大众读者的出版者。"越来越多的书被印出来服务于社会底层。插图丰富的家庭用书包罗万象,从多用桌的制作及丧礼规则到买牛契约中的注意事项,应有尽有。大众宗教礼仪书中有功过格,通过它人们可以积累善行、反对恶行并决定自己的选择。"②特别是许多书坊不仅形成了自己的特色,而且拥有了比较稳固的读者群。这类书坊有富春堂、继志斋、万卷楼、环翠堂、师俭堂、世德堂、文林阁、广庆堂、大业堂、天许斋、书种堂、衍庆堂、墨憨斋、容与堂等。其中专门刊刻戏曲读物的有富春堂、继志斋、师俭堂、文林阁、墨憨斋等,它们刊行的《牡丹亭》《拜月亭》《琵琶记》《红拂记》等都是传世的名作。万卷楼以刊刻《三国志通俗演义》,世德堂以刊刻《西游记》,天许斋、书种堂、衍庆堂以刊行"三言"而成为书坊中的知名品牌;杭州武林容与堂专刻李贽的作品,计有《李卓吾先生批评忠义水浒传》《李卓吾先生批评幽闺记》《李卓吾先生批评红拂记》《李卓吾先生批评玉合记》《李卓吾先生批评琵琶记》《李卓吾先生批评西厢记》《李卓吾先生批评金印记》等,而且印刷数量之大,印刷速度之快是绝无仅有的。万历以后,仅南京书坊刻印的戏曲读物、小说就有 300 多种,其中如富春堂就有上百种之多。由此可见通俗读物在南京地区的市场广大。

　　明代的家刻风气也很浓厚。特别是明人最崇尚诗文,而且文人也多有诗文创作。很多文人、学者、官员乃至布衣喜欢将自己或先人

---

① 缪咏禾:《明代出版史稿》,南京:江苏人民出版社,2000 年,73 页。
② 伊佩霞:《剑桥插图中国史》,赵世瑜等译,济南:山东画报出版社,2002 年,149 页。

的著作刻印出来,以赠送亲友或自己收藏。所以明代文人大多有文集行世,"数十年读书人,能中一榜,必有一部刻稿"①。据统计,现存明人文集就有2000多种,几乎是唐、宋、辽、金、元诸代文集总和的两倍。② 这类书虽印数不大,没有在市场上广泛流通,但由于参与人数之众,范围之广,所印书种数之多,因此对保存文献,提供阅读亦具有重要的意义。

据《明代版刻综录》所录,明代至少有5257家出版单位。再根据其他材料估计,明代所刻印的书应在3万种以上。③ 加上无数的手抄本,它们共同成为明代阅读活动存在与发展的物质基础和条件。

二、印刷术的进步

印刷术的进步不外乎两个目的:一是提高印刷效率;二是改进读物的美观程度,增强视觉效果,以吸引读者阅读,并提高阅读效率。

明代的印刷技术,除了版刻工艺在基本定型的基础上有所发展外,亦有了新的进步。这主要表现为两点:一是使用活字印刷,二是彩印。在活字印刷方面,明代的出版家们曾使用了木活字、泥活字、铜活字、铅活字等,印了几百种书,其中最多的是诗文集。特别是从崇祯十一年(1638)起,明代出版家用木活字印刷了《邸报》,这成为中国新闻史和阅读史上的一件有意义的事。在彩色印刷方面,有三色套印、五色套印,还有饾板、拱花等技术也被广泛应用于书籍印刷中,从而使印刷品更为精美雅致,可谓"五彩缤纷,烂然夺目",这对提高印刷品的可读性具有重要的促进作用。

---

① 叶德辉:《书林清话》卷七《明时刻书工价之廉》,北京:中华书局,1999年,185页。
② 曹之:《中国古籍版本学》,武汉:武汉大学出版社,1992年,302页。
③ 缪咏禾:《明代出版史稿》,南京:江苏人民出版社,2000年,10—11页。

此外，明代的造纸业亦非常发达，其生产范围之广，纸的品类之多，纸的质量之高，为书籍生产提供了充足的材料，如浙江常山的榜纸、上虞的大笺纸、铅山的奏本纸、临川的小笺纸等。应用最多的是竹纸，以福建顺昌生产最多，史称"独专其盛"。安徽泾县生产的各种宣纸，更是闻名天下，为书画家和书籍印刷者广泛使用。

三、书籍的发行与流通

书籍印刷后，要经过各种渠道发行，才能到达读者手中。发行作为沟通书籍生产者与读者的桥梁，它的发达与否直接影响着书籍传播的广度与深度。当然，发行作为书籍传播链条上的一个环节，出版印刷业的发达也决定了图书发行业的发达。

与以往一样，明代的图书发行渠道主要有两条：一是作为商品的销售渠道，即经过图书市场，以货币作为交换手段，使图书到达读者手中；二是非商品销售渠道，即由出版者将图书发给各级、各类收藏机构。还有就是亲友的相互赠送。关于这种渠道，上面已有所涉及，这里不再叙述。

销售是图书发行的主要途径，绝大多数出版物，特别是书坊所刻图书，都是通过销售得以发行的。明代的图书销售渠道主要有以下几个。

1. 书店

书店，又称书坊、书林、书铺。起初的书店都是刻印和销售合在一起的。如福建建阳地区既是刻书之地，又是售书之地，后来又有了专门的售书店和兼营图书的杂货铺。

2. 集市

集市，即图书买卖的专门集市或兼营图书的综合性集市，一般位

于刻书业发达的地区。如福建建阳的崇化里,每月一日、六日都有一次图书交易集市,"比屋皆鬻书籍,天下客商贩者如织"①。

3. 书摊

书摊,即售卖图书的摊点,一般设在市廛店铺周围。

4. 贩运

贩运,即把书拿到异地去卖。

5. 书船

书船,即将船舶作为贩运、卖书的工具,往来于有水道通往的乡镇乃至沿海地区。

6. 货担郎

货担郎,即卖日用杂货的货担郎,他们也兼售图书。他们所售的书一般都是一些通俗性的大众读物。这些走村串巷的卖货郎虽然所卖的书数量和品种都不多,但他们把大众喜闻乐见的一些读物送到了读者手中,所以他们在读物的发行和流通中也起着作用。

另外需要提到的是,明代书籍发行与流通渠道的发达,还依仗明代发达的交通网络和邮递发行渠道。明代的交通以运河与长江为主要水路,形成了四通八达的水陆交通网络,从而为书籍的流通与传播提供了便利条件。还有永乐年间出现的民用邮政——民信局,也为民间通信和书籍发行提供了一条便利途径。

总之,明代的图书发行业经过不断发展已形成了一个完整而严密的体系,它能够即时方便地将不断生产出来的图书输送到需要它的读者手中。读者或买家"挟资入贾肆,可立致数万卷"②。

---

① 《嘉靖建阳县志》卷三《崇化里》,天一阁藏明代方志选刊,上海:上海古籍出版社,1982年,6页。
② 曹溶:《流通古书约》,见李希泌、张椒华《中国古代藏书与近代图书馆史料》,北京:中华书局,1982年,31页。

四、对阅读活动的促进

作为读物的生产者,出版印刷业对阅读活动的发展具有巨大的推动作用。印刷术的出现和进步,不仅改变了知识和信息的记录方式、媒介形态、语言内容和阅读习惯,更提高了文本的复制效率,扩大了文本的传播规模。法国学者费夫贺(Lucien Febvre)和马尔坦(Henri-Jean Martin)所著的《印刷书的诞生》,将印刷术推崇为"变革的推手",使 15 到 16 世纪欧洲的宗教改革、文艺复兴、科学文化突飞猛进。① 新西兰学者费希尔的《阅读的历史》则将人类各个阶段的阅读历史做比较,认为活字印刷术的发明,不仅是一场阅读领域的革命,而且标志着整个社会的革命。他说:

> 自谷登堡首创螺旋式压印机,实现活版印刷以来,书籍的材质、内容、语言以及阅读方式都开始悄然变化。应该看到,活字印刷术的发明,绝不仅仅意味着一场阅读领域的革命,它更是标志着整个欧洲社会的革命。印刷品的影响力渗透到欧洲人生活的方方面面,预示着世界上最为伟大的一场社会、知识变革即将来临。②

关于阅读所带来的整个社会领域的革命,仅就读物及其生产而言,与手抄方式相比,印刷术使读物物美价廉,大量生产,广泛传播,乃至"朝出九重,暮行四海""日传万纸"。这对阅读活动的普及和深入无疑具有巨大的推动作用。

如胡应麟谈到一老儒,他在"少时欲求《史记》《汉书》而不可得。

---

① 费夫贺、马尔坦:《印刷书的诞生》,李鸿志译,南宁:广西师范大学出版社,2006 年,248—338 页。
② 史蒂文·罗杰·费希尔:《阅读的历史》,李瑞林等译,北京:商务印书馆,2009 年,189 页。

幸而得之,皆手自书,日夜诵读,惟恐不及"。印刷业发达之后,"近岁市人转相摹刻,诸子百家之书,日传万纸。学者之于书,多而且易致如此"①。特别是印刷业的进步促进了大众阅读的繁荣。大众喜闻乐见的那些作品,在印刷业不发达的情况下,只能靠传抄流传。这无疑限制了它的传播范围和不利于人们对它的阅读。如甄伟在为《西汉通俗演义》所作的序中说:"书成,识者争相传录,不便观览,先辈乃命工锓梓,以与四方好事者共之。"②书坊主们改变了只有少量通俗读物抄本在小圈子中传阅的状况,使大量为市民阶层所喜闻乐见的包括小说和戏曲在内的各类通俗读物,通过书坊印刷出来,得到广泛传播,乃至在社会上形成"无翼飞,不胫走"③的局面。如绿天馆主人《古今小说·序》称:"茂苑野史氏,家藏古今通俗小说甚富。因贾人之请,抽其可以嘉惠里耳者,凡四十种,畀为一刻。"④《三国志通俗演义》在弘治年间还是以手抄的形式流传的,嘉靖以后,各种版本的《三国志通俗演义》不断出现。据粗略统计,现在的明刊本就有30余种。再如明初至万历前,"通鉴纲目"类史书有140余种,其中90余种为坊刻本。⑤ 还有明末出版的日用类书,仅现存的就有35种之多,而且绝大多数都出自福建建阳。⑥

明代的出版印刷技术不仅在经济文化发达的地区得到了发展,而且传播到了偏远的地区,既促进了那里的阅读,提高了当地人的文化水平,又改变了当地落后的风俗习惯。如山东福山自古为僻邑,天

---

① 胡应麟:《少室山房笔丛》卷四《经籍会通四》,北京:中华书局,1958年,68页。
② 朱一玄:《明清小说资料选编》(上),朱天吉校,天津:南开大学出版社,2006年,13页。
③ 凌濛初:《初刻拍案惊奇·序》,上海:上海古籍出版社,1982年,1页。
④ 绿天馆主人:《古今小说·序》,见冯梦龙《古今小说》,上海:上海古籍出版社,1987年,9页。
⑤ 纪德君:《明代"通鉴"类史书之普及与通俗历史教育之风行》,载《中国文化研究》,2004年,111—116页。
⑥ 吴惠芳:《〈中国日用类书集成〉及其史料价值》,载《近代中国史研究通讯》第30期,2000年,109—117页。

顺年间,段坚任福山知县时,"以德化民,刊布《小学》诸书,令邑人讲诵。复以诗歌兴之,必欲变其风俗。……由是陋俗丕变,海邦岛屿洸洸乎有弦诵风"①。

出版印刷业对书籍传播的巨大推动力量,也可通过一些"反面"例子看出来。如沈德符说《金瓶梅》"此等书必遂有人板行。但一刻则家传户到,坏人心术"②。李贽的著作虽然被禁,但"士大夫多喜其书,往往收藏",乃至"全不读'四书'本经,而李氏《藏书》《焚书》人挟一册,以为奇货"。由此可见,如果没有印刷术,就不可能有这样的传播效果。

此外,书坊主们不仅刊刻了大量的通俗读物,而且纷纷参与小说的编撰。如余象斗就编撰了神魔小说《南游记》《北游记》以及公案小说《廉明公案》《续廉明公案》等,熊大木撰写了《大宋演义中兴英烈传》《唐书志传通俗演义》《南北宋志传》《全汉志传》等,杨尔曾推出《东西晋演义》与《韩湘子全传》等。

总之,明中后期掀起的小说阅读热潮,尤其与出版业的发达关系密切。关于这个问题,国内外学者已做了很多深入细致的考察和研究。③ 这里只是一个简单介绍。

---

① 冯从吾:《关学编》(附续编)卷三《容思段先生》,北京:中华书局,1987年,27页。
② 沈德符:《万历野获编》卷二十五《词曲》,北京:中华书局,1959年,652页。
③ 其中如程国赋:《明代书坊与小说研究》,北京:中华书局,2008年;蔡亚平:《读者与明清时期通俗小说创作、传播的关系研究》,广州:暨南大学出版社,2013年;大木康:《明末江南的出版文化》,周保雄译,上海:上海古籍出版社,2014年。

第二节　文本的变化与阅读

出版印刷业的发达与进步不仅使书籍品种、数量及流通范围和速度都达到了空前的规模，而且出版者们能够根据读者需求，以种种手段，通过文本的变化来增强图书的可读性，吸引读者阅读。文本的变化，在改变读者数量的同时，也改变着人们的阅读趣味和质量。而且，这些文本的变化主要表现在以文学为主要内容的通俗读物中。其具体的表现主要有：从手抄到印刷、白话与简本、绣像与插图、套印与饾版、注释与评点、广告与识语、选本与汇编、题材与体式以及封面、字体与版式等。

一、从手抄到印刷

手抄是印刷术发明之前读书人获取书籍的主要途径。在印本出现之后，它仍然是读书人获取读物和进行有效阅读的重要途径和方法。这有四点原因，一是在相当一段时期内，在一些经济文化相对落后的地区，印本还不是很普及。如生活在明代早中期的胡居仁在写给其师的信中说："京中凡有先儒书籍，如《程子遗书》《朱子语类》《伊洛渊源》《晦庵文集》等书，皆发于义理，切于人心，有志圣贤之学者，不可不求也。……某去岁往建阳书坊买求，止有《晦庵文集》，即今刊

版未完,其余诸书皆无。"①"某僻处穷乡,难得书籍,闻京国多书,困于贫乏,不能往来,如遇有圣贤遗书,更望赐焉。"②二是即使有印本流传,但受经济条件所限,它们也只能是贵族和有一定经济地位的读书人的奢侈品,一般中下层读者是买不起的,他们只能靠手抄获得读物。三是手抄作为一种传统而经典的读书方法,几乎所有的读书人一生都没有抛弃它。特别是那些嗜书如命的藏书家和读书人,他们对抄书更是有一种特殊的依赖感。四是无论官刻、私刻还是坊间所刻,一般都是读者需求量大,需要广泛流播的书籍,而一些真善异本,或读者少的书籍,多数还是靠手抄来传播的,包括一些新创作的作品,最初也都是通过手抄流传的。如《三国演义》,"书成,士君子争相誊录"③。《金瓶梅》亦如此。当然,印本书籍里,也并非都是印量大,能够广为流传者,也有很多是数量少,流传范围极为有限者,如内府本、藩刻本等。

显然,印刷术的出现和发展,给文本复制带来了革命性的变化,从而极大地提高了读物的生产效率,扩大了读物的流通规模。它不仅给阅读领域带来了革命性的变化,而且对整个社会的教育文化、学术研究、价值观念、民风士俗,乃至政治变革、经济发展产生了深远的影响。然而,任何事物的发展都离不开利弊相生的原则,印刷术作为"变革的推手",在推动社会阅读活动规模不断扩大的同时,不可避免地给阅读活动,以及学术文化的发展带来了一些不利的影响,其中最为明显的有以下三个方面。

一是印本书籍的粗制滥造使文本质量降低,从而影响了阅读质量。如杨慎所言:

---

① 胡居仁:《胡敬斋集》卷一《奉于先生》,丛书集成初编,北京:中华书局,1985年,10页。
② 胡居仁:《胡敬斋集》卷一《复于先生》,丛书集成初编,北京:中华书局,1985年,11页。
③ 庸愚子:《〈三国志通俗演义〉序》,见罗贯中《三国志通俗演义》卷首,上海:上海古籍出版社,1980年。

古书无讹字,转刻转讹,莫可考证。余于滇南见故家收《唐诗纪事》抄本甚多,近见杭州刻本,则十分去其九矣,刻《陶渊明集》,遗季札赞。《草堂诗余》旧本,书坊射利,欲速售,减去九十余首,兼多讹字。余抄为《拾遗辩误》一卷,先太师收《唐百家诗》,皆全集。近苏州刻,则每本减去十之一。如《张籍集》本十二卷,今只三四卷,又傍取他人之作入之。王维诗取王涯绝句一卷入之。诧于人曰:"此维之全集",以图速售。今王涯绝句一卷,在《三舍人集》之中,将谁欺乎?此其大关系者。若一句一字之误尤多……①

　　陕西近刻左克明《乐府》,本节郭贸倩《乐府诗集》,误字尤多。②

　　焦竑曾说:"司马班范诸史与六经,皆传世之写本渐少。然墨本讹驳,初不是正,而学者无他本刊验,司马班范三史,尤多脱乱,其后不复有古本可证,真一恨事也。"③冯班也曾说:"读书需求古本,近时所刻,多不可读。"④由此可见,在对商业利润的追求下而大量生产书籍,粗制滥造而质量下降的情况就不可避免。而印本数量之大,流播范围之广,写本亦日渐减少,其"讹驳,初不是正,而学者无他本刊验",其对阅读质量之负面影响,可谓深远。

　　二是因印本书籍易得,读书效果下降。

　　以抄书为读书,以传抄为书籍复制的传统习惯,由于印刷术而发

---

① 杨慎:《升庵诗话》卷五《书贵旧本》,丛书集成初编,北京:中华书局,1985年,61—62页。
② 杨慎:《升庵诗话》卷五《乐府误字》,丛书集成初编,北京:中华书局,1985年,63页。
③ 焦竑:《焦氏笔乘续集》卷三《板本之始》,丛书集成初编,北京:中华书局,1985年,208页。
④ 冯班:《钝吟杂录》卷二《家诫下》,丛书集成初编,北京:中华书局,1985年,29页。

生了改变,读书人的阅读态度和质量随之受到影响。如宋代叶梦得就曾云:

> 唐以前,凡书籍皆写本,未有摹印之法,人以藏书为贵。……学者以传录之艰,故其诵读亦精详。……国朝淳化中,复以《史记》《前后汉》付有司摹印,自是书籍刊镂者益多,士大夫不复以藏书为意。学者易于得书,其诵读亦因灭裂,然板本初不是正,不无讹误。①

传统读书过程强调手到、眼到、口到和心到四个环节缺一不可。印本书籍省略了手抄这一过程,也就削弱了眼、口、心对文字的感知程度,所以读书过程也就变得粗糙起来了。如朱熹所言:

> 今人所以读书苟简者,缘书皆有印本多了。……如东坡作《李氏山房藏书记》,那时书犹自难得。晁以道尝欲得公、谷传,遍求无之,后得一本,方传写得。今人连写也自厌烦了,所以读书苟简。②

张舜徽也曾言:"故印刷愈便,而记诵日衰,斯故创物造器者之所不任咎也。"③宋代如此,而几百年后的明代,这种现象更为严重。

三是学者们虽然标签满架,但往往置书不观。

印本书所带来的"读书苟简""记诵日衰",乃至"诵读灭裂"还算不得最严重的问题,最严重的问题是有书不观。对此,很多学者发出了感叹和担忧。如焦竑在谈到韩忠献勤苦读书时说:

> 时印板书绝少,文字皆是手写。每借人脱落旧书,必详为节

---

① 叶梦得:《石林燕语》卷八,宇文绍奕考异,北京:中华书局,1984年,116页。
② 黎靖德:《朱子语类》卷十《读书法上》,北京:中华书局,1986年,171页。
③ 张舜徽:《清人笔记条辨》卷八《十二砚斋随录》,北京:中华书局,1986年,331页。

录,今子弟饱食安坐,典籍满前,乃束书不观,游谈无根,能不自愧?①

李日华在《紫桃轩杂缀》中云:

> 东坡自抄两《汉书》,既成,夸以为贫儿暴富。唯手写校勘,经几番注意,自然融贯记忆,无卤莽之失。今人买印成书,连屋充栋,多亦不读,读亦不精。书日多而学问日虚疏,子弟日愚,可叹也。②

叶昌炽在《藏书纪事诗》中亦云:

> 古人得本皆亲写,至与贫儿暴富同。
> 雕印流传千百部,置书虽易马牛风。③

清代的另一位学者汪鋆也说:

> 然自镂版之后,书籍日多,人以其得之易也,反置之不观,而淫辞芜说不可传世者,亦率灾夫梨枣,此又板刻之害也。④

张舜徽也曾言:

> 自印刷之术日新,致用之途益广,便民垂远,为效甚宏,然其影响后世,有利有弊。由于得书甚便,学者多置之不观。⑤

---

① 焦竑:《焦氏笔乘续集》卷四《韩忠献》,丛书集成初编,北京:中华书局,1985年,224页。
② 李日华:《紫桃轩杂缀》卷三,国学珍本文库,上海:商务印书馆,1935年,82页。
③ 叶昌炽:《藏书纪事诗》卷一《周启明》,北京:北京燕山出版社,2008年,21页。
④ 汪鋆:《十二砚斋随录》卷四,转引自张舜徽《清人笔记条辨》卷八,北京:中华书局,1986年,331页。
⑤ 张舜徽:《清人笔记条辨》卷八,北京:中华书局,1986年,331页。

可见,印本图书与任何事物一样,均存在着利与弊。印刷术虽然能使读物大量产生,读者得之亦能方便快捷,但阅读的质量和效果却不如写本。如元代盛如梓《庶斋老学丛谈》所言:"昔州郡备有刊行文籍《寰宇书目》备载之。虽为学者之便,而读书之功,不及古人矣。"①

二、白话与简本

将以往的书面语言即文言文口语化,即用白话来作为书面语言是明代读物通俗化、大众化的一个重要表现。特别是以小说、戏曲为主要形式的通俗文学,在明代能够繁荣和发展,原因不仅是其内容为大众所喜闻乐见,而且语言文字口语化和通俗化。

白话小说最初来源于说书人的"说话"。将说书人的"说话"用文字记录下来就成了读物。

尽管用白话来作为书面语言并不完全是出版商的发明,但毫无疑问,出版商们因为看中了白话读物的市场前景,所以才将这种文本作为他们的主要产品,从而推动了大众阅读的发展与繁荣。特别是明代中后期,随着出版业的发达与繁荣,白话小说进入了繁荣和兴盛时期,不仅出版了以《三国志通俗演义》《水浒传》《西游记》《金瓶梅》为代表的大量的长篇小说,而且注意对宋元以来白话短篇小说的收集、整理、加工,使白话短篇小说由说话人的底本发展为书面文学,其标志就是洪楩《六十家小说》的刊行。这为"三言""二拍"的出现奠定了基础。白话小说已不仅是对"说话"的记录,而且成为文学创作的主要趋势。出版商们则成为这个趋势的主要推动者。此外,文言小说也呈现出篇幅加长,采用半白、半文语言形式的趋势。

在推进语言通俗化的同时,出版商们为提高作品的可读性,对文

---

① 盛如梓:《庶斋老学丛谈》卷中之上,丛书集成初编,北京:中华书局,1985年,18页。

本的故事情节和内容进行了增删和简化。如建阳出版的多种《三国志传》版本中,有一些本子文字简略,少了十多万字,但故事内容却多了,成为典型的文简事繁本。① 还有余象斗的双峰堂也出版了《水浒传》《西游记》的简本。②

三、绣像与插图

喜欢阅读图画是人类的一种普遍心理。人类的阅读活动起源于阅读图画。图文并茂的读物不仅有助于读者对文本的理解,而且能极大地促进文本的传播。因此,在书籍中增加图画,以促进书籍的阅读和流通,向来是出版印刷者们所追求的目标之一。明代是书籍插图最为兴盛的时期,出版者们为促进书籍的传播与阅读,以求得利益的最大化,运用精湛的绘画和版刻艺术、形式多样的版式和构图风格,在书籍中增加插图。所以明代有"无书不图"之说,图文互动和图文阅读成为明代书籍出版的一个重要趋势和阅读活动的一大特点。

书籍中的图又分为绣像和插图两种形式,并且两者之间有着较大的差别。

1. 关于绣像与插图

绣像是用白描的绘画手法,通过艺术再创造,把文学作品中先后出场的人物,逐个加以个性化地描绘出来,然后将之列于书籍正文前,使读者首先对故事中的人物有一个形象化的印象,然后在阅读作品时,随着故事情节的发展,加深对人物的理解的一种艺术形式。同时,绣像也有装饰、美化书籍的作用。

---

① 齐裕焜:《明代建阳坊刻通俗小说评析》,载《福建师范大学学报》,2006年第1期,104—109页。
② 齐裕焜:《明代建阳坊刻通俗小说评析》,载《福建师范大学学报》,2006年第1期,104—109页。

插图是根据故事情节的需要,对人物的神貌、动态以及有关的道具、背景和环境进行描绘,以进一步说明故事内容,加深读者对文字意义的理解和印象的一种艺术再创造形式。

中国文学书籍中配有绣像,最早见于宋椠本《列女传》。后来随着版刻艺术的发展,配有绣像的文学书籍逐渐多了起来。叶德辉在《书林清话》中说:

> 绣像书籍,以宋椠《列女传》为最精,顾抱冲得而翻刻,上截图像,下截为传,仿佛武梁造像。人物车马极古拙,相传为顾虎头绘。元椠则未之见。明代最为工细,曾见《人镜阳秋》及郑世子载堉《乐书》《隋炀艳史》《元人百种曲》《水浒传》《隋唐演义》,皆有绘画。①

(1) 明代书籍插图的特点。

明代是书籍绣像和插图发展最为鼎盛的时期,其特点主要表现为以下几个方面。

第一,使用普遍,数量巨大。明代的书籍中使用插图是一种很普遍的现象,特别是到明代中后期,几乎是无书不图,无图不精,因为"没有好的插图的书籍在这时期好像是不大好推销出去似的"②。所以,举凡儒家经典、历史地理、小说戏曲、诗文画谱、科技博物、识字课本、人物传记、佛道医卜、日用百科、兵法武经等,都以插图本制胜。张秀民《中国印刷史》估计,明代的插图本当在千种左右,图画当有万幅之多。③ 郑振铎也说,万历时,"差不多无书不插图,无图不精工"④。

---

① 叶德辉:《书林清话》,上海:上海古籍出版社,2008年,163—164页。
② 郑振铎:《中国古代木刻画史略》,上海:上海书店出版社,2011年,55页。
③ 张秀民:《中国印刷史》,上海:上海人民出版社,1989年,502页。
④ 郑振铎:《中国古代木刻画史略》,上海:上海书店出版社,2011年,51页。

诗集中的插图本,如《百咏图谱》《唐诗画谱》等;文集如《绘像注释古文大全》等;画谱如《高松画谱》《顾氏画谱》等;历史类如《帝鉴图说》《人镜阳秋》等。还有在明代盛行的"家谱"中,举凡重要的祖先,也几乎都附有画像;地理类如《西湖游览志》《天下名山胜概记》《海内奇观》等;传记类如《列女传》《状元图考》等;科技类如《天工开物》《农政全书》《农书》《本草纲目》《鲁班经匠家镜》《诸器图说》等;医学类如《合并脉诀难经太素评林》《秘传外科方》等;日用百科类如《三才图会》《图书编》等;军事类如《武经总要》《军器图说》等。

《天工开物》插图

有插图的书往往冠以"全像""绘像""绣像""图像""出相""补相"等字样。如《绘像注释古文大全》《出相唐诗》《新刊图像音释唐诗鼓吹大全》《新增补相剪灯新话大全》等。

第二,制作精美,争奇斗艳。明代的书籍插图不仅使用普遍、类型多样、数量巨大,而且制作精美,佳作如云。不少著名画家,如仇英、李翠峰、陈洪绶(老莲)、杜堇、唐寅、丁云鹏、王文衡、顾正谊、汪耕、陆武清等都参与了书籍插图创作,从而极大地提高了书籍插图的艺术水平。《全本绣像三国演义》《全本绣像水浒》等相继问世,并受到人们的喜爱,乃至竞相争购,供不应求。时称"白描第一手"的明代

画家杜堇作的《水浒人物全图》,把《水浒传》中的一百〇八人都精工画了绣像。其劲挺的笔法,秀明的线条,使这些不同人物的性格、神貌都活灵活现地表现了出来,确有"栩栩如生"之感。著名画家陈老莲的《水浒叶子》《九歌图》《西厢记》等绣像,既继承了宋元绣像传统,又创造了用笔简练、流畅,形象夸张的独特风格,对后世绣像产生了重要影响。仇英的《新镌批评绣像列女传》、李翠峰的《南北宋传》、陆武清的《七十二朝四书人物演义》等,也都堪称版画精品,深受人们的欢迎,并对书籍插图艺术产生了广泛而深刻的影响。

第三,小说戏曲,无书不图。插图最多的是小说和戏曲文本。1967年,上海嘉定宣昶墓出土的十多种唱本及南戏,每种都有插图,为明初说唱词话插图的代表作。从万历开始,明代的插图本书籍出版进入鼎盛时期,几乎无书不图,无图不精,争奇斗艳,灿然夺目。戏曲中,如万历七年(1579)刊刻的《目连救母劝善戏文》分上、中、下三卷,有图三千余幅。而且该戏文在徽郡各县每年都有演唱。① 特别是万历时,在杭州刊刻的《西厢记》《琵琶记》《牡丹亭》《元曲选》等,都是戏曲插图中的典范之作。而且,像《西厢记》这样的名著甚至有十几种插图本行世。② 戏曲文本中插图的广泛使用,也说明戏曲文本是一种深受读者欢迎而流传广泛的通俗读物。

陈洪绶《西厢记》插图《窥简》

---

① 赵景深、张增元:《方志著录元明清曲家传略》,北京:中华书局,1987年,109页。
② 蒋星煜:《西厢记的文献学研究》,上海:上海古籍出版社,1997年,16—18页。

明代是小说插图艺术最为辉煌的时期。嘉靖之前,小说刊本数量少,小说插图较为罕见。嘉靖、万历之后,随着出版业的发达昌盛,小说创作步入高潮,成批的有影响的作品不断涌现,如《金瓶梅》、"三言"、"二拍"等。于是各地书坊竞相刻印,并附以精美的插图,小说版画蔚然兴起。

小说题材以讲史类比例最高,神魔小说和直接描写社会生活的写实小说数量亦不少。插图本小说亦以建阳、杭州、苏州以及徽州所刻品种多、质量精。流传至今的明代插图本小说有一百余种,其中以《三国演义》和《水浒传》的插图版本最多,也最精美。《三国演义》的插图本有八九种。仅建阳就有余象斗、刘龙田、熊冲宇、杨起元、杨美生、黄飞甫、郑少恒等多家版本。其中,金陵刻本注重刻画英雄人物的气质、个性等特征,如金陵雄飞馆刻本有插图62幅,每幅皆配以题语,关羽的勇武神威,诸葛亮的足智多谋,都刻画得生动传神。《水浒传》的版本更是众多,而且各种版本表现出了不同地区版画的风格。如麻城袁无涯刊本《李卓吾评忠义水浒全传》是《水浒传》插图本中最精彩的一部,它突破按回设图的程式,选择书中精彩动人的情节制作插图,并按照不同情节塑造人物特定的心态和情感,展现了英雄人物的复杂性格。

(2)明代书籍插图的形式。

明代书籍插图的形式主要有以下三种类型。

第一,上图下文,每页有图,每图有目,即通常所说的"全相(像)本"。图像所绘内容大多为每页文字叙述的核心情节,即插图与文字内容相互配合。由于图像多,并且各图像间具有连续性,因此这类插图的叙事性较强,图文互动效果明显,可读性强。如弘治十一年(1498)北京金台岳家书籍铺刊印的《新刊大字魁本全相参增奇妙注释西厢记》、嘉靖二十七年(1548)叶逢春刊《新刊按鉴汉谱三国志传绘像足本大全》、嘉靖三十二年(1553)杨氏清白堂刊《全像西游记》

等。万历年间余象斗双峰堂刊《京本增补校正全像忠义水浒志传评林》是明代通俗小说中插图最多的一部，类似于连环画，每页一图，共有一千二百多幅插图。

第二，插图式，即所谓"绣像"本。插图为全幅大版，并为双面连式图。有些插图也标有图目，并在左右两旁写上联句。图像所表现的是文字内容中的核心人物和情节，特别是突出了对关键人物举止、神情的描摹和性格的刻画，图像的独立性、叙事能力得到增强，艺术性、观赏性得到提高。而且那些双版大幅的插图也可作为单独的连环画观赏。可想而知，这种插图版式对于读书不多的一般大众无疑具有很强的吸引力。这种插图版式在嘉靖以后得到了广泛的推广。其中的代表者，如清白堂刊《新刊大宋演义中兴英烈传》、双峰堂刊《新刻按鉴通俗演义列国前编十二朝》、乔山堂刊《西厢记》、世德堂刻《南北宋志传通俗演义》、万卷楼刻《三国志通俗演义》、大业堂刻《唐书志传》等。新安刘应祖等人合刻的崇祯本《新刻绣像批评金瓶梅》有插图200幅。

第三，上评、中图、下文，即每页既有图和正文，又有评论或注释。图像具有连续性，增强了叙事阅读的视觉效果，评点者加强了对叙事阅读的规范。图文并茂，再加评论，既增强了叙事功能，又增强了阅读效果和吸引力。如建阳余氏刊的《全像忠义水浒志传评林》以及一些戏文读物就是这种版式。

除上述之外，明代书籍插图的版式还有文包图、上文下图以及左图右文等形式。

2. 明代书籍插图的社会功能及其对阅读活动的促进

(1) 明代书籍插图产生的社会背景。

明代书籍插图本的普及和盛行主要有以下两方面的原因。

一是社会安定、经济繁荣和文化教育的发展与普及。特别是到明代中后期，明朝经过近二百年的休养生息，人民安居乐业，经济繁

荣,文化教育得到了空前的发展与普及。特别是在江南一带,"虽乡愚村僻,莫不置句读师以训蒙童"①"后生小子无不读书"②。而且,随着城镇化的加快,包括普通知识分子、官吏、商人、手工业者、学生、农民及其他人员的市民读者群体日益崛起和壮大,"他们渴求阅读消遣娱情养性的作品,不再只限于学术著作或宗教读物"③。因此就形成了一个潜力巨大的通俗读物消费市场。

二是商品经济所驱动的出版印刷业的发展和繁荣。在市场经济的驱动下,出版者们为满足读者市场的需求,千方百计地对读物的内容与形式进行改革,并运用商业运作手段,以促进书籍的销售与流通。其中的书籍插图就是书坊主们对文本所做的重要改变。"在这个充满竞争的市场上,为了使自己的书更具有吸引力,书坊日益频繁地聘请艺术家画插图……插图被用来吸引读者对各种书籍的兴趣。"④对此,明代的书坊主说:"戏曲无图,便滞不行,顾不惮模仿,以资玩赏。所谓未能免俗,聊复尔尔。"⑤

(2)明代书籍插图的社会功能。

明代书籍插图的社会功能主要表现在以下三个方面。

一是促进了大众阅读活动的发展与普及。如前所述,大众阅读的发展与普及主要来自经济的发展和文化教育的普及。另外,读物的可接受性亦是大众阅读发展的一个重要因素。书坊主们除了降低书籍成本外,还通过使用大量插图,再加上注释、评点、浅显白话以及

---

① 转引自李伯重《八股之外:明清江南的教育及其对经济的影响》,载《清史研究》,2004年第1期,1—14页。
② 张岱:《琅嬛文集》卷一《夜航船序》,长沙:岳麓书社,1985年,49页。
③ 钱存训:《中国纸和印刷文化史》,郑如斯编订,桂林:广西师范大学出版社,2004年,241—242页。
④ 伊佩霞:《剑桥插图中国史》,赵世瑜译,济南:山东画报出版社,2002年,152—153页。
⑤ 转引自聂付生《论晚明插图本的文本价值及其传播机制》,载《南京师大学报》,2005年第3期,110—114页,119页。

广告性识语等,极大地提高了书籍的通俗性、趣味性和可读性。如刻于万历十九年(1591)的《三国志通俗演义》就是"句读有圈点,难字有音注,地理有释义,典故有考证,缺略有增补,节目有全像"①。这些做法无疑会扩大通俗读物特别是白话小说的读者范围,使读者阶层下落,阅读活动由精英走向大众,从而促进大众阅读时代的到来。

二是提供了一种认识社会的媒介。文学艺术是生活的一面镜子。明代书籍中的大量插图,其内容无论是山川地理、自然景观、历史事件,还是人物面貌、生活景象,都是对现实世界的真实反映。只要打开它,你就会看到一个丰富多彩的世界。特别是小说、戏曲插图,具有强烈的现实主义风格,对封建社会的现实生活进行了真实而深刻的描摹与刻画。无论是明君贤相、英雄豪杰、烈妇贞女,还是贩夫走卒、地痞无赖、无助小民,形形色色的人物都在这里活灵活现。这在《金瓶梅》《水浒传》《西厢记》《元曲选》《三国演义》《盛明杂剧》《玉茗堂四梦》等作品中,都有典型的表现,插图给读者展现了一个活生生的世界。就是那些百科性质的类书,也以大量的插图为读者提供了丰富的信息。如《三才图会》,"其人物一门,绘画古来名人形象,某甲某乙,宛如目睹"②。对识字不多,读书甚少的明代大众来说,阅读插图无疑是一条认识社会、获得知识的途径。如《禅真逸史·凡例》所言:"俾观者展卷,而人情物理,城市山林,胜败穷通,皇畿野店,无不一览而尽。"③

三是促进了版画艺术的发展。从数量上来讲,中国的版画艺术史就是中国的书籍插图史。明代的书籍插图除了能够帮助和引导读

---

① 转引自宋莉华《插图与明清小说的阅读及传播》,载《文学遗产》,2000年第4期,116—125页。
② 永瑢等:《四库全书总目》卷一三八《子部·类书类存目二·三才图会》,北京:中华书局,1965年,1170页。
③ 大连图书馆:《明清小说序跋选》,沈阳:春风文艺出版社,1983年,179页。

者阅读、促进书籍流通、为读者提供一个认识社会的途径外,作为版画艺术,其艺术价值和审美功能亦不容忽视。无论从书籍插画的数量来看,还是从书籍插画的质量来看,明代都是中国版画史上最为鼎盛的时期。特别是那些名家的作品,已成为中国版画史上的经典之作,并对后世产生了重要影响。因此,插图本书籍成为文人墨客们的珍藏之物,从而极大地刺激了插图本读物在读者中的传播。如崇祯四年(1631),人瑞堂刊《隋炀帝艳史·凡例》中称该书插图"特恳名笔妙手,传神阿堵,曲尽其妙。一展卷,而奇情艳态勃勃如生,不啻顾虎头、吴道子之对面,岂非词家韵事、案头珍赏哉"①。

(3)明代书籍插图对阅读活动的促进。

具体来说,明代书籍插图对阅读活动的促进主要表现为以下几个方面。

第一,增加阅读兴趣,吸引读者阅读。

如前所言,喜欢阅读图画是人类的一种普遍心理。郑振铎也曾说:"不喜欢图画的人,可以说是绝无仅有。"②"画面叙事诉诸人们的感官而非心智,它所带来的是简便的直接的感官刺激,是一种混合着人们生理冲动的全方位的灵与肉的享受。"③所以,有图画的读物会受到人们的普遍欢迎,甚至成为人人珍爱之物。这在插图盛行的明代,表现得尤为显著。如崇祯时,举人朱一是在为《蔬果争奇》所做的跋语中指出:"今之雕印,佳本如云,不胜其观,诚为书斋添香,茶肆添闲。佳人出游,手捧绣像,于舟车中如拱璧;医人有术,索图以示病家。凡此诸百事,正雕工得剞劂之力,万载积德,岂逊于圣贤之传道

---

① 大连图书馆:《明清小说序跋选》,沈阳:春风文艺出版社,1983年,139页。
② 郑振铎:《郑振铎文集·插图之话》,北京:线装书局,2009年,114页。
③ 转引自聂付生《论晚明插图本的文本价值及其传播机制》,载《南京师大学报》,2005年第3期,110—114页,119页。

授经也。"① 由此可见,从书斋到茶楼,从出行的妇女到医生,插图本读物不仅极大地满足了人们的精神需求,成为人们玩赏娱乐之物,而且还有查检信息,指示门径之功能。所以,它是一种"万载积德"的事业,其功能与作用不亚于"圣贤之传道授经"。普通百姓如此,皇帝同样是这样。如沈德符在《万历野获编》中记载:焦竑为皇太子讲官时,"撰《养正图说》,进之东朝……既而徽州人所刻,梨枣既精工,其画像又出新安名士丁南羽之手,更飞动如生,京师珍为奇货。大珰陈矩购得数部以呈上览"②。在这样一种普遍的需求心理支配下,书坊主们竞相聘请画家刻工绘制插图,以吸引读者,赢得市场,所谓"戏曲无图,便滞不行"。由于插图本的畅销,出现了大量翻刻本。如余象斗刊《华光天王传》、叶敬池刊《警世通言》等书籍插图就曾被盗版翻刻,以期速售牟利。

第二,提示文本内容,帮助读者理解。

首先,插图是对文本内容的提示和说明,它所揭示的一般是文本内容的精华和重点所在,即插图所表现内容亦是文字所强调的内容。关于这种图文互动的意义,历代学者多有论述。如南宋郑樵说:

> 见书不见图,闻其声不见其形;见图不见书,见其人不闻其语。图至约也,书至博也,即图而求易,即书而求难。古之学者为学有要:置图于左,置书于右,索象于图,索理于书,故人亦易为学,学亦易为功,举而措之,如执左契。后之学者离图即书,尚辞务说,故人亦难为学,学亦难为功,虽平日胸中有千章万卷及置之行事之间,则茫茫然不知所向。③

---

① 转引自程国赋《论明代通俗小说插图的功用》,载《文学评论》,2009 年第 3 期,132—138 页。
② 沈德符:《万历野获编》卷二十五《著述·吕焦二书》,北京:中华书局,1959 年,636 页。
③ 郑樵:《通志》卷七十二《图谱略第一》,北京:中华书局,1987 年,837 页。

明代学者陈继儒也说:"古之学者,左有图,右有书。图者,书之精神也。"①所以读图也是在阅读文本的主要内容。

其次,插图具有直观、简洁、明了的特点,能缩小读者与文本内容的距离,帮助读者理解文本,并能减少由语言文字引起的阅读障碍。这对阅读能力不高的明代大众读者来说,无疑是一个很大的帮助。无论是科技类读物,如《天工开物》《农书》《鲁班经匠家镜》,还是日用百科类书,如《三才图会》《图书编》等,其丰富的插图对提示文本内容、帮助读者理解都具有很重要的作用。特别是对明代的通俗小说读者来说,那些优美生动的插图,随着故事情节的发展而逐步展示,读者通过插图也逐步了解了文本所讲的内容,获得了文本的意义,从而享受到了文学阅读的乐趣。如明弘治十一年(1498)北京书坊金台岳家刊本《新刊大字魁本全相参订奇妙注释西厢记》牌记云:"本坊谨依经书重写绘图参订编次,大字魁本,唱与图合,使寓于客邸、行于舟中、闲游坐客,得此一览始终。歌唱了然,爽人心意。"②这种"唱与图合""爽人心意"正是图文互动的阅读功能。还有那些为数众多的上图下文式小说,如前所述的嘉靖二十七年(1548)叶逢春刊《新刊按鉴汉谱三国志传绘像足本大全》、嘉靖三十二年(1553)杨氏清白堂刊《全像西游记》、万历间余象斗双峰堂刊《京本增补校正全像忠义水浒志传评林》以及《列国前编十二朝》《华光天王传》等,每页配有插图,并与故事情节的发展相对应,特别是重要情节,作者往往能够突出重点,给予提示。如明代世德堂刊《西游记》,每一回的关键处都既"有诗作证",又有图配合,相得益彰,使人印象深刻。周曰校万卷楼于万历间所刊《国色天香》,每当涉及男女情爱的重要时刻,往往伴有插

---

① 陈继儒:《陈眉公全集》上册《三才图会序》,国学基本文库,南京:中央书店,1936年,73页。
② 转引自程国赋《论明代通俗小说插图的功用》,载《文学评论》,2009年第3期,132—138页。

图,以渲染气氛,增强表达效果,加深读者对故事情节的理解。这种图文对照,相互诠释、相互补充的文本形式,其可读性必然会大大提高。明代的小说就是在这样的雅俗共赏和阅读普及中获得了极大的发展。明代的大众阅读也是在这种文本形式的推动下,得到了前所未有的发展。所以,鲁迅先生说:"因中国文字太难,只得用图画来济文字之穷的产物。""那目的,大概是在诱引未读者的购读,增加阅读者的兴趣和理解。"①可见,插图是沟通读者与文字信息的桥梁,是帮助读者理解文本信息的工具。

第三,补充文本信息,拓展读者视野。

插图,特别是小说、戏曲插图,能够揭示故事发生的时代和社会背景,刻画和展示人物的形象和特点,补充文本信息,从而使读者能够深入解读文本内容的意义。这一点在明末出版的小说中表现得尤为突出。注重对现实生活的表现,注重对人情世故的摹写是这一时期小说插图的主要特点。"在那些可靠的来源的插图里,意外的可以使我们得见各时代的真实的社会生活的情态。"②如崇祯年间所刊《新刻绣像批评原本金瓶梅》,共有插图 200 幅。这些图以写实的手法将市井百姓及豪门贵族的生活状况表现得淋漓尽致,使读者对当时的社会现实与市民生活有了直观的认识与了解。对此,郑振铎曾说:"崇祯版的《金瓶梅》插图,以二百幅的版画,横恣深刻地表现出封建社会的现实生活,在那里,没有金戈铁马,名将对垒,没有神仙鬼怪的幻变,没有大臣名士的高会、遨游,有的只是平平常常的人民的日常生活,是土豪恶霸们的欺诈、压迫,是被害者们的饮泣吞声,是无告的弱小人物的形象,实在可称为封建社会时代的现实主义的大杰作,正

---

① 鲁迅:《鲁迅全集》卷六《且介亭杂文·连环图画琐谈》,北京:人民文学出版社,1981年,27页。
② 郑振铎:《插图本中国文学史》,北京:团结出版社,2007年,2页。

和《金瓶梅》那部大作品相匹配。"①

《金瓶梅》插图

明代通俗小说的插图能够以其直观、形象的特点向读者展示人物的性格特点,从而对小说中人物形象的塑造起到了补充与完善的作用。具体来说:一是对文本内容进行了再创造,使人物形象更为生动和丰满;二是补充了文字表达之不足,使文字内容得到了延伸,使读者的阅读要求得到满足。明代通俗小说中那些栩栩如生的人物形象,如曹操、诸葛亮、刘备、关云长、李逵、鲁智深、武松、宋江、孙悟空、猪八戒、唐僧、西门庆、潘金莲、隋炀帝等,他们的言行举止、性格特征都在插图中得到了充分展现,明代的读者们通过大量的插图对这些人物产生了更为深刻的印象。如杭州容与堂本《忠义水浒传》中有关李逵的几幅插图,把李逵的英勇无畏、鲁莽天真、幽默风趣的性格一一展现出来。崇祯四年(1631)南京人瑞堂刊《隋炀帝艳史》中的一些插图,则把隋炀帝贪婪残暴、阴险狡诈、荒淫无耻的丑恶言行刻画得淋漓尽致,不仅揭露了一个残害人民的暴君的本质,而且控诉了封建专制的残酷给人民带来的苦难。

---

① 郑振铎:《〈中国古代版画丛刊〉总序》,见《郑振铎文集》,北京:线装书局,2009年,252页。

第四,增强广告效应,扩大社会影响。

因为插图本书籍会广受读者欢迎,所以书坊主们就将插图作为书籍内容的亮点,在书籍的凡例、识语、序跋和书名中对其大加宣传,以吸引读者,扩大影响,促进书籍流通。如建阳书坊主余象斗在所刊《列国志传》的识语中称:"象斗校正重刻全像批断,以便海内君子一览。"①苏州龚绍山于万历时所刊《春秋列国志传批评》的识语云:"本坊新镌《春秋列国志传批评》,皆出自陈眉公手阅。删繁补缺,而正讹谬,精工绘像,灿烂之观。"②雄飞馆崇祯刊本《英雄谱》识语云:"本馆上下其驷,判合其圭,回各为图,括画家之妙染;图各为论,搜翰苑之大乘。校雠精工,楮墨致洁,诚耳目之奇玩、军国之秘宝也。识者珍之。"③至于在书名中以"绣像""全相""出像"等字样作为广告术语,则更为普遍,从中可见插图对明代读者的号召力。如天启间杭州刊《绣像韩湘子全传》、成化时北京刊《新刊全相说唱包待制出身传》、万历间南京富春堂刊《新镌增补出像评林古今列女传》等。不过也有不少图书,虽然不是每页有图,但为了做宣传,仍在书名中加入"全相"字样以为号召。如成化间北京所刊《新刊全相莺哥孝义传》《新编说唱全相石郎驸马传》等。

第五,提高审美价值,丰富阅读内容。

阅读活动本来就是一个审美过程。因此,阅读活动的对象——读物,其内容与形式的审美价值亦往往成为决定文本价值的重要因素。特别是文学艺术作品,其审美价值的体现亦是其社会意义的体

---

① 转引自程国赋《论明代通俗小说插图的功用》,载《文学评论》,2009 年第 3 期,132—138 页。
② 转引自宋莉华《插图与明清小说的阅读及传播》,载《文学遗产》,2000 年第 4 期,116—125 页。
③ 转引自宋莉华《插图与明清小说的阅读及传播》,载《文学遗产》,2000 年第 4 期,116—125 页。

现。明代的书籍插图,不仅使用普遍,数量巨大,而且已经从单纯的文字附庸,发展为具有独立欣赏价值和审美意义的版画艺术作品。当时很多名家妙手热衷于插图创作,而且精心绘制,不遗余力。这不仅极大地提高了插图的艺术价值,使其成为读者的"案头珍赏",而且使插图成为一种独立的阅读对象,丰富了阅读内容,使读者获得了更多的审美愉悦感。如前所述的徽州著名刻工黄子立刻制的《隋炀帝艳史》,其凡例中云:"一展卷,而奇情艳态勃勃如生,不啻顾虎头、吴道子之对面,岂非词家韵事、案头珍赏哉!"①

第六,缓解视觉疲劳,提高阅读效率。

长时间的文字阅读会使读者产生视觉疲劳,从而降低阅读效率。而一边阅读文字,一边看图,有利于调节视觉神经、保持思维兴奋、使阅读过程轻松愉快。特别是像《三国演义》《水浒传》《西游记》这些几十万字的长篇读物,阅读时间久了,难免会产生倦怠感,而图文并茂的形式则可以对阅读思维起到调剂作用,从而改善阅读状态,提高阅读效率。

综上所述,书籍插图作为明代出版物的一个重要特点,对明代的阅读活动和文化教育发展具有巨大的促进作用。由此,我们可以认识到,阅读活动作为人类获得知识信息、进行文化教育、满足精神需求的一种重要的活动,既需要文字,也需要图画,将二者进行完美的结合,作为阅读对象的文本,才会有最佳的传播效果。在当今数字化阅读滚滚而来,传统纸本阅读每况愈下的趋势下,我们更应该将书籍插图传统发扬光大,以促进社会阅读活动的发展与普及。

---

① 大连图书馆:《明清小说序跋选》,沈阳:春风文艺出版社,1983年,139页。

四、套印与饾版

套印是指用不同颜色印刷正文、批注、圈点、评论等内容,以起到区别、醒目和美观的作用。

套印的颜色有朱墨两色、朱墨蓝三色以及四色、五色等。套印术早在元代就已出现,但在明代的大部分时间里并没有流行开来。直到明末,套印术才逐渐盛行起来。其中用套印术印刷图书最多的是吴兴(湖州)地区的闵氏和凌氏。其所印书以集部为多,亦有经部和子部。除了印刷文字符号外,亦有插图套印本。如天启间闵氏所刻《董解元西厢》即为朱墨套印之精品。

用多种颜色来印刷图书内容,有以下两点作用:一是有助于读者分辨内容,提高阅读效率;二是鲜艳的色彩不仅有助于增加书面的美感,而且有助于增加读者的阅读兴趣。

饾版亦发明于明代末期,它是用来印刷图画的一种技术。具体方法是用若干块印版经若干次印刷,把一幅图画的复杂色彩印刷出来。此外,明代还发明了拱花技术,即用凹凸两版来印刷图画,以表现画面内容的立体感,使图画更为精美。饾版的创始人是休宁人胡正言,代表作是《十竹斋画谱》。后来,他又兼用饾版和拱花两法印刷了《十竹斋笺谱》,它成为明代绘画印刷史上的经典之作,受到社会的高度评价,并且对后来的印刷工艺产生了深远影响。

五、注释与评点

注释,即出版者为了减少读者的阅读障碍,使读者能够顺利完成阅读活动,对文本的意义和读音所做的解释。这也是出版者为吸引读者阅读,使读物通俗化、大众化,在文本内容上所做的一个重要

改变。

以流行最为广泛的通俗小说为例,明代的书坊主们普遍采用了注释的方式,以促进小说的流通。如建阳书坊主熊大木在他创作与刊刻的《大宋中兴通俗演义》《唐书志传》《全汉志传》《南北宋志传》等小说中,将种种注释穿插于正文之间,包括人名、地名、官职、风俗典故、词语、音注等。还有建阳刘太华明德堂所刊《详刑公案》、与耕堂所刊《包龙图判百家公案》等,也都使用了音注和义注。

评点,即评论和圈点。它与注释一样,属于对文本正文的信息附加,是为了帮助和促进读者阅读文本正文。而且最初的评点也主要是对文章的圈点和注释。与注释不同的是,评点在后期更加注重对正文内容的评论,乃至增改,成为沟通作者与读者的桥梁。在小说出版中,首开评点先河者是书坊主。他们通过增加评点内容,使文本发生变化,从而帮助读者阅读文本,并增加阅读趣味。如余象斗在其刊刻的《列国志传》的识语中说:"象斗校正重刻全像批断,以便海内君子一览。"①署名李贽的《忠义水浒全书发凡》云:"书尚评点,以能通作者之意,开览者之心。"②

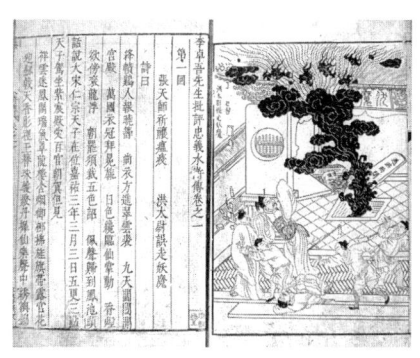

《李卓吾先生批评忠义水浒传》内页

---

① 转引自程国赋《明代小说读者与通俗小说刊刻之关系阐析》,载《文艺研究》,2007年第7期,64—71页。
② 黄霖、韩同文:《中国历代小说论著选》,南昌:江西人民出版社,1990年,213页。

关于评点对阅读的意义,本书已在"学术文化思潮对阅读的影响"中有专题论述。这里笔者要再强调的是以下几点。

第一,明代的评点作为学术评论,特别是文学批评的一种重要形式,其学术意义已远非本书能够阐述清楚。

第二,明代的评点已不仅仅是对文本正文内容的圈点、注释和评论,它还通过评点者对文本内容的增饰、修订等再创作活动,提高了文本价值,增强了其传播功能。如毛评本《三国演义》就通过对内容的增删、修改、整理,并对语言文字进行润饰、加工,使《三国演义》以全新的面貌出现,风靡一时,畅销不衰。再如余象斗双峰堂刊《水浒志传评林》卷首云:"《水浒》一书……惟三槐堂一副,省诗去词,不便观诵。今双峰堂余子,改正增评,有不便览者芟之,有漏者删之,内有失韵诗词,欲削去,恐观者言其省漏,皆记上层,前后廿余卷,一画一句,并无差错。"[1]

第三,评点的过程也是作品流传和阅读的过程,而且评语作为文本内容的一部分能够得以流传,从而极大地促进着作品的传播和读者阅读积极性的提高。

套印技术与评点相结合而成为"套印评点本",即正文用黑色,批语与圈点用其他颜色。由于色彩艳丽,对比鲜明,一目了然,因此就出现了"无问贫富好丑,垂涎购之"[2]的状况。同样,套印评点本也以吴兴闵氏和凌氏所刻为多,到明末天启、崇祯年间,几乎为闵、凌二氏所垄断。

此外,评点还与插图配合,成为"插图评点本"。如余氏双峰堂所刻《全像水浒志传评林》《全像批评三国志》,三台馆刊《春秋列国志

---

[1] 《水浒志传评林》前言,《古本小说丛刊》第十二册,北京:中华书局,1990年。
[2] 表野和江:《明末吴兴凌氏刻书活动考——凌濛初和出版》,载《中国典籍与文化》,2003年第3期,57—67页。

传》等，多采用上评、中图、下文的形式。精美的插图与精彩的评点相互配合的读物，不仅在市井细民中广泛传播，而且成为文人学士们一卷在手、乐而忘忧的宝物。

六、广告与识语

书坊主们为了促销和吸引读者阅读，往往在所刻印书的封面、扉页、牌记或卷末，以简明扼要的语言来标明或宣传所刻图书的种种优势，包括刊刻特点、版本情况、内容特色、创作主旨等。这种具有广告性的词语，学界往往称之为"识语"，它在明代书籍刻印中非常常见，对书籍的传播具有积极的促进作用。具体来说，它主要有以下几种形式。

其一，在书名中冠以限定词。一般来说，书名最能够反映书籍的内容特点，所以它是读者选择书籍时关注的第一个信息。在书名中标示出书籍的特色和优势，容易吸引读者的视线，从而引起读者的阅读欲望。最常见的限定词有"古本""宋本""原本""秘本""足本""全传""奇书""才子书""新编""新镌""新锓""新刊""新刻""按鉴""考订""分类""大字""增定""校正""音注""绣像""绘图""全像""出像"等。如万历十九年（1591）南京刊《新刊校正古本大字音释三国志通俗演义》、万历南京富春堂刻《新刻出像音注商辂三元记》、万历元年（1573）刘龙田刻《新镌考正绘像注释古文大全》、泰昌建安刻《新刊大字分类校正日记大全》、万历西清堂刻《按鉴增补全像两汉志传》等。

其二，在封面或牌记上标示出自名家之手。一些名家，如徐渭、汤显祖、李贽、袁宏道、陈继儒、冯梦龙、钟惺、凌濛初、金圣叹以及余象斗等，他们所创作、编刊、校订、评点的作品，往往极易售出。所以书坊主们往往会在书名或其他显著位置上标出这些名人的名字，以

吸引读者购买。如阊门龚绍山梓《陈眉公先生批点列国传》《杨升庵批点隋唐两朝志传》，容与堂刊《李卓吾先生批评西游记》，金阊藏珠馆刊《徐文长先生批评唐传演义》，休宁汪氏环翠堂刊《草堂余意》在封面上题"环翠堂精订陈大声草堂余意"，金阊嘉会堂刊《平妖传》在牌记上书"墨憨斋手授新平妖传"等。

其三，在封面、扉页或牌记上使用广告性识语。识语作为一种广告宣传性文体，在明代书籍特别是小说刻印中非常常见。书坊主们往往喜欢在所刻印书籍的封面、扉页或牌记上用一段简明扼要的语言对该书的创作情况、刻印质量、内容价值、出版意图、装帧变化、编排体例等优势进行介绍，以对读者起到导读和导购的作用。如明末夏履先所刻《禅真逸史》的识语云：

> 刀笔既工，雠勘更密，文犀夜光，世所共赏。嗣此续刻种种奇书，皆脍炙人口。①

万历十九年（1591），金陵周曰校万卷楼刊《三国志通俗演义》的封面识语曰：

> 是书也……俾句读有圈点，难字有音注，地理有释义，典故有考证，缺略有增补，节目有全像。②

万历二十三年（1595），余氏双峰堂刊《水浒志传评林》的扉页识语云：

> 《水浒》一书，坊间梓者纷纷，偏像十余幅，全像者只一

---

① 转引自程国赋《明清通俗小说识语研究》，载《文艺研究》，2009 年第 4 期，30—40 页。
② 转引自宋莉华《插图与明清小说的阅读及传播》，载《文学遗产》，2000 年第 4 期，116—125 页。

家。……士子买者,可认双峰堂为记。①

成化十七年(1481)书林刘氏溥济药堂刻《新编医方大成》总目后面牌记云:

> 古今医方汗牛充栋,虽良医有不能尽阅,阅之有不能尽用者。文江孙氏允贤世为儒医,每用一方,有验者必集而类编之,以方名附各门圆散之下,名曰《医方集成》。意使今之医者,虽行万里,不必挟他医书,而治病之要了然在目,其于活人之心,视杏林阴德不啻过矣。不敢私秘,敬锓诸梓,与天下明医之士共之。②

其四,在书后所附的牌记中刊登书籍印卖和所出书目的广告。如嘉靖十三年(1534)吴郡袁褧嘉趣堂刻《六家文选》,书后附牌记云:

> 此集精加校正,绝无舛误,见在广郡县北门裴堂印卖。③

嘉靖元年(1522)汪谅刻印的《文选注》,后附书目广告云:

> 正阳门内西第一巡警更铺对门今将所刻古书目录列于左及家藏今古书籍不能悉载愿市者览焉。(后列书目14种)④

这些广告意味颇浓的标题、识语、牌记、书目等都极力宣传所刻书籍的种种特点和优势,以指导读者阅读和促进书籍的销售。

---

① 《水浒志传评林》前言,《古本小说丛刊》第十二册,北京:中华书局,1990年。
② 转引自缪咏禾《明代出版史稿》,南京:江苏人民出版社,2000年,396页。
③ 转引自谢彦卯《明代图书市场初探》,载《图书馆理论与实践》,2006年第3期,115—117页。
④ 转引自缪咏禾《明代出版史稿》,南京:江苏人民出版社,2000年,398页。

七、选本与汇编

小说的编选与出版虽然很多源自文人们的爱好和兴趣,但更多的是源自出版者的功劳。书坊主们为了使出版物的信息含量更为密集,以使出版物更能受到读者欢迎,在改编文本的策略中,采取了选本与汇编的方式,以促进小说的传播。

明代小说选本与汇编出版的繁荣时期在明代中后期。据统计,正德以后的138年间,出现了文言和白话小说选本240多种。[1] 其中,文言小说选本有《顾氏文房小说》《广四十家小说》《见闻搜玉》《稗史汇编》《广世说新语》《艳异编》《新刊谐史》《剑侠传》《广列仙传》《三教搜神大全》等,白话小说选本主要有《六十家小说》《今古奇观》等。其中的《今古奇观》是从"三言""二拍"中选出40篇作品编辑而成的。由于其很受读者欢迎,流行范围极广,因此在很长一段时间内,"三言""二拍"中的许多故事通过这部选本在社会上得到了广泛传播。

有些书坊主由于热衷于编选小说,因此成为小说编选的专家。如嘉靖时的出版家洪楩,曾以"清平山堂"名编刊了话本小说集《雨窗集》《长灯集》《随航集》《欹枕集》《醒梦集》等。许多文人学者也纷纷从事小说编选工作,代表人物如都穆、王世贞、陈继儒、汤显祖、王稚登、张凤翼等。至于选本的刊刻类型,既有官刻、书院刻,又有坊刻。如广东布政司刊刻的《群书类编故事》、俨山书院刊刻的《古今说海》、周氏万卷楼所刻的《国色天香》等。小说编选业的繁荣,既说明了编选者和出版者对这种文本意义的高度认识,也反映了读者对它们的喜爱。

此外,有的出版者还将两种小说合在一起刊刻。如万历之际的《小说传奇合刊》,还有崇祯时期建阳雄飞馆将《三国演义》和《水浒

---

[1] 任明华:《明代的小说选本论略》,载《明清小说研究》,2006年第4期,29—42页。

传》合刻为《英雄谱》。① 这种文本形式，无疑适应了读者的阅读需求。

八、题材与体式

对小说来说，题材是决定其能否吸引读者阅读，打开销路的重要因素。书坊主们在深刻了解读者阅读心理的基础上，想方设法出版他们喜闻乐见的题材的小说。如历史上有关朝代更替、忠奸贤良的故事，向来为人们所津津乐道，从而促进了民间说唱业的兴盛和历史题材小说刊刻的繁荣。时事、公案、神怪以及风月小说，其新颖的题材、生动的故事与诙谐幽默的风格，受到了广大读者的欢迎。书坊主们抓住了读者的这种心理，促进了这些小说的创作、出版与阅读。

体式，即文本的体裁样式，这里主要指通俗小说的文本体式。通俗小说的文本体式主要包括话本体和章回体两种形式。这两种体裁的小说就是为了适应听众和读者的接受心理和阅读习惯而发展起来的。话本里有"入话"和"正话"内容，章回小说的分回讲述也保留了话本小说的叙述方式，后来文人们依据史料来改编讲史话本时，为了方便读者阅读，又有意借鉴了《资治通鉴纲目》分纲立目的记事格式，逐渐创立了长篇小说的章回体制。虽然小说体式的改进主要是创作者们所关心的事情，但书坊主们通过大量刊刻、出版小说，也成为这种体式发展与成熟的主要推动者。

九、封面、字体与版式

封面是书籍的"脸面"，读者往往根据封面来对图书做出阅读选

---

① 程国赋：《明代小说读者与通俗小说刊刻之关系阐析》，载《文艺研究》，2007年第7期，64—71页。

择。所以书坊主们往往非常重视对书籍封面的装帧设计,以使读者对图书产生美好、愉悦的感觉,从而吸引他们产生阅读欲望。同样,书坊主们也往往采用图文并茂的形式来设计封面,以取得最佳视觉效果。如余象斗所刻《列国志传评林》,封面上截配图一幅,图两旁分别题有"谨依古板校"和"正批点无讹"字样,下截两旁竖题"按鉴演义全像列国评林",中间为一段广告性识语:

《列国》一书,乃先族叔翁余邵鱼按鉴演义纂集,惟板一付,重刊数次,其旧蒙旧。象斗校正重刊,全像批断,以便海内君子一览。买者须认双峰堂为记。余文台识。①

明代前期刻书所用字体沿袭宋、元传统,以颜、柳、欧、赵的楷体字书写上板。到明后期,版刻所用字体多变为宋体,即所谓"明体字"。宋体字横细直粗,笔画样式固定,有一定的几何学规范,易于刻工掌握,适合普及推广。

版式是指正文,包括文字、表格、图画等在版面上安排的形式。明代所印书籍版式的变化主要表现在字距、行距、边栏、书名页、牌记、正文布局以及插图安排等方面。

对于经典、正史和诗文等书,明代的出版者们往往采取字形大、字距和行距宽的文字安排方式,以表现书籍疏朗开阔、美观大方,乃至庄严华贵的气派。对于通俗小说和戏剧读物,明代出版者们则采取小字形、小字距和小行距的方式,以表现其紧凑严密、实用价廉、便于携带、浏览消遣的特点和功能。

明代许多书的边栏采取花边的形式,如万历间南京富春堂所刻《白袍记》《虎符记》等,这种形式对增进页面美观,改善视觉效果具有

---

① 转引自张天星《尺寸之间见筹谋——明清小说刊本封面、内封与牌记设计的促销策略及价值》,载《明清小说研究》,2007年第4期,29—43页。

重要作用。

封面或牌记除了印有书名、版本项的内容外,有些封面或牌记还印有一些广告性文字和插图。如正德六年(1511)建阳杨氏刊《剪灯新话》的封面即是如此。此外,有些书的牌记被画成钟、鼎、琴、莲等形状。如嘉靖三十八年(1559)书林杨氏归仁斋刊《大明一统志》的牌记,为长方形,上覆莲叶,下托莲花,上记"大明嘉靖己未孟秋吉旦书林杨氏归仁斋重梓行"①。

关于正文布局和插图的位置,已在"插图"部分中有过论述,此处不再赘述。

明代书籍在文本方面的变化还表现在所用纸、墨,以及雕印和装订技术的进步等方面。

总之,文本的变化,对提高书籍的生产效率,增强读物的可读性,满足读者的阅读心理,指导和吸引读者阅读发挥了积极而重要的作用,促进了书籍的传播和大众阅读活动的开展。

---

① 缪咏禾:《明代出版史稿》,南京:江苏人民出版社,2000年,293页。

第六章 藏书与阅读

藏书是阅读活动赖以开展的重要物质条件和基础。没有一定数量和规模的藏书,就很难谈得上阅读活动的发展与繁荣。一个时代的藏书状况,反映着这个时代的阅读状况。

第一节 概况

在社会安定、政治宽松、经济繁荣、学术文化进步和出版业发达的社会环境下,明代的藏书事业得到了空前的发展与繁荣。官府藏书在接收前代藏书的基础上,经过不断搜集,更加丰富;教育的普及与发展和学术文化的繁荣,使学校和书院藏书的数量和规模也得到了进一步的增加和扩大;私人藏书无论是数量、质量,还是分布范围,都较前代有了大幅度的发展。特别是藏书理论和观念都有了显著的进步。这些都为明代阅读活动的发展与繁荣奠定了坚实的物质基础,发挥了不可替代的作用,具体如下。

一是保存图书,积累文化。这是藏书的最基本功能和进行阅读

的基本条件。

二是提供阅读,开展研究。这是藏书的最大功能和最终目的。无论是公藏还是私藏,不管其读者范围的大小,它们总是具有提供阅读的功能。即使是"秘不示人"的藏书,也最终会被收藏者和其后代以及其他人阅读、使用。

三是通过校勘、补遗,纠正错误,恢复文献的本来面目。这不仅是文献传播中的一个重要环节,而且对阅读具有重要意义。

四是通过编辑刊印,开发利用图书,即把藏书中有推广价值者刻板刊印,或辑为丛书,公之于众。这是藏书家对学术文化和阅读发展所做的又一个重要贡献。

第二节　官府藏书与阅读

明朝政府与历史上其他朝代的政府一样,十分重视对图书的搜集与典藏,而且非常重视对所收藏图书的阅读和利用。这对明代的阅读活动和学术文化发展起到了重要作用。

一、宫廷藏书与阅读

1. 藏书来源

(1)搜集。

在明朝建立之前,朱元璋就十分重视读书,并开始注意对图书的收藏。如元至正二十六年(1366)六月,朱元璋攻克建康(南京),即"命有司访求古今书籍,藏之秘府,以资览阅",并对侍臣詹同说:"三

皇五帝之书,不尽传于世,故后世鲜知其行事。汉武帝购求遗书,而六经始出,唐、虞三代之治始可得而见,甚有功于后世。吾每于宫中无事,辄取孔子之言观之,如'节用而爱人,使民以时',真治国之良规,孔子之言,万世之师也。"①

洪武元年(1368)十月,大将军徐达率军破元大都(今北京)后,"封库府图籍,守宫门,禁士卒侵暴"②,然后"收其秘阁所藏图书典籍,尽解金陵"③。于是,明朝政府藏书就由宋、辽、金、元的国家藏书奠定了基础。之后,朱元璋又下诏征求民间遗书。如洪武二十三年(1390),朱元璋颁诏:"购遗书。""福建布政司进《南唐书》《金史》《苏辙古文》。"④

成祖朱棣亦非常重视对书籍的收藏。永乐四年(1406),"帝御便殿阅书史,问文渊阁藏书。解缙对以尚多阙略。帝曰:'士庶家稍有余资,尚欲积书,况朝廷乎?'遂命礼部尚书郑赐遣使访购,惟其所欲与之,勿较值"⑤。而后成祖又对解缙说:"置书不难,须常阅乃有益。凡人积金玉欲遗子孙,朕积书亦欲遗子孙,金玉之利有限,书籍之利岂穷也?"⑥永乐十九年(1421),北京皇宫落成。朱棣命修撰陈循"取文渊阁书一部至百部,各择其一,得百柜,运致北京"⑦。之后,明朝内府藏书的主要部分就来自南京转移到北京的书籍。

(2)刊印。

明朝政府刊印的书是宫廷藏书的重要来源之一。明朝政府不仅从全国各地搜集了大量图书,而且获得了大批前代所遗的书版,这为

---

① 余继登:《典故纪闻》卷一,北京:中华书局,1981年,10页。
② 张廷玉等:《明史》卷二《太祖二》,北京:中华书局,1974年,21页。
③ 沈德符:《万历野获编》卷一《访求遗书》,北京:中华书局,1959年,4页。
④ 龙文彬:《明会要》卷二十六《学校下》,北京:中华书局,1956年,419页。
⑤ 张廷玉等:《明史》卷九六《艺文一》,北京:中华书局,1974年,2343页。
⑥ 余继登:《典故纪闻》卷六,北京:中华书局,1981年,116页。
⑦ 张廷玉等:《明史》卷九六《艺文一》,北京:中华书局,1974年,2343页。

明朝的书籍刊印提供了基本条件。在明朝建立后的几百年里，明朝的各级政府机构根据阅读需要，刻印了为数不少的典籍文献，丰富了各级官府藏书。其中的二十四衙门之首司礼监下属的经厂是皇室出版机构，所刻印的书籍既多又精。据统计，经厂所刻印的书约有200种，内容除大量的制书外，还有经、史、子、集及农、医、卜筮类等。其中卷帙最大者有《佛藏》《番藏》《道藏》《文献通考》《历代名臣奏议》《事文类聚》《大明会典》《少微通鉴节要》《通鉴纲目》《大学衍义》《大学衍义补》《资治通鉴纲目》《历代通鉴纂要》《大明一统志》《性理大全》《雍熙乐府》《增定华夷译语》《通鉴节要续编》《四书大全》《大明集礼》《重刻证类本草》等。① 此外，国子监作为明朝的最高学府和教育管理机构，也是中央官府藏书和刻书的"重镇"，所藏书版数量既多又精。其所刻书除了经史重典外，亦有诗文医农等。这两个出版机构所刻印的书，除了供皇宫收藏外，还要颁赐给其他官府机构和学校收藏。

2. 典藏与管理

明代所搜集的这些书籍曾先后由大本堂、文华殿、华盖殿、文渊阁、东阁、广寒殿、清暑殿、琼华岛、皇史宬、秘书监以及国子监等机构保存。

洪武元年（1368）十一月，"建大本堂，取古今图籍充其中。延四方名儒教太子诸王，分番夜值，选才俊之士充伴读"②。大本堂是为太子及诸王读书而设的皇宫藏书处，其大部分藏书来自从元大都带回的宋、金、元三朝旧藏，也有一些是从民间购求的。因为大本堂是为皇太子与诸王而设的读书处，所以大本堂的藏书主要以经史为主，以

---

① 缪咏禾：《明代出版史稿》，南京：江苏人民出版社，2000年，52—53页。
② 余继登：《典故纪闻》卷二，北京：中华书局，1981年，27页。

让太子、诸王"讲说经史,蓄养德性,博通古今,庶可以承籍天下国家之重"①。很多著名的文士和儒臣如陶凯、宋濂、孔克仁、魏观等人都曾在这里为太子及诸王讲书。大本堂除收藏图书外,还收藏元明两朝的案牍文件。

大本堂存在的时间并不长,后来太子及诸王的读书处改为文华殿(堂)。《明史·礼志》载:"太祖命学士宋濂授太子、诸王经于大本堂,后于文华后殿。"②文华殿开设于洪武六年(1373),它既是一个读书讲学之所,也是一个重要的藏书之处。"圣祖甫定天下,即遣使求遗书。国初,四库之书多藏文华堂。堂在禁中,抵奉天门下百武,车驾常幸临之。"③据清阮葵生《茶余客话》卷十六载,"明时《文华殿书目》亦有《三国志通俗演义》"④。由此可见文华殿不仅有藏书,而且编有书目,《三国志通俗演义》一类的通俗小说亦有所藏。

华盖殿为南京皇宫的三大殿之一(另两处为奉天殿和谨身殿),它和东阁所收藏的图书主要为内阁学士等官员使用。洪武三年(1370),太祖朱元璋设弘文馆,收藏校理典籍,教授生徒,洪武九年(1376)废置。

文渊阁亦称内阁或秘阁,是明朝最主要的皇家藏书处,徐达从元大都所收大量珍贵典籍都藏在这里。它既是藏书处,又是皇帝及内阁大臣研读典籍、谋划政事的地方。《永乐大典》曾在这里开局编纂,并入藏于阁中。到宣宗时,秘阁藏书二万余部,近百万卷,刻本十三,抄本十七。正统六年(1441),杨士奇等人对文渊阁、东阁所藏书籍进行清理,并编出《文渊阁书目》。这些书"皆宋、元所遗,无不精美,装

---

① 余继登:《典故纪闻》卷三,北京:中华书局,1981年,41页。
② 张廷玉等:《明史》卷五五《礼志九》,北京:中华书局,1974年,1408页。
③ 黄佐:《翰林记》卷十二《收藏秘书》,丛书集成初编,北京:中华书局,1985年,149页。
④ 阮葵生:《茶余客话》卷十六《小说》,北京:中华书局,1959年,495页。

用倒摺,四周外向,虫鼠不能损"①。可见,当时的内阁藏书,不仅数量可观,而且精美珍贵。万历中,修撰焦竑修国史,辑《经籍志》,这也是对内府藏书的一次整理活动。

广寒殿、清暑殿、琼华岛以及皇史宬等亦是皇宫中的藏书之处。如宣德八年(1433),宣宗命少傅杨士奇、杨荣于馆阁中择能书者数十人,取五经、四子及《说苑》之类,"各录数本,分贮广寒、清暑二殿及琼华岛,以备观览"②。

嘉靖十五年(1536),在重华殿之西侧建成"皇史宬",并将《实录》《宝训》以及档案等秘籍藏储于此,《永乐大典》的副本也曾在这里保存。此后,皇史宬亦成为皇宫的重要藏书处。

洪武三年(1370)三月,明朝置秘书监,设令、丞、直长等官员,掌管内府书籍。洪武十三年(1380)七月,朝廷取消秘书监,由翰林院掌管文渊阁藏书,直到明末。管理力量的减弱是后来内府藏书管理混乱,多有散失的重要原因之一。

明初至明中期,由于历代皇帝重视藏书,所以这是明朝政府藏书最为兴盛的时期。之后,随着正统十四年(1449)南京皇宫一场大火,文渊阁、大本堂、华盖殿,"内署诸书,悉遭大火。凡宋、元以来秘本,一朝俱尽矣"③。北京所藏图书,"虽置高阁,饱蠹鱼,卷帙尚如故也"。但"自宏政以后,阁臣词臣,俱无人问及,渐以散佚"④。明朝中央政府藏书事业逐渐走向衰落。

3. 藏书的阅读与利用

政府藏书,特别是中央政府藏书,精美丰富,无与伦比,那些藏书

---

① 张廷玉等:《明史》卷九六《艺文一》,北京:中华书局,1974年,2344页。
② 倪灿:《明史艺文志》序,见黄虞稷等《明史艺文志·补编·附编》上册,北京:商务印书馆,1959年,4页。
③ 沈德符:《万历野获编》卷一《访求遗书》,北京:中华书局,1959年,4页。
④ 沈德符:《万历野获编》卷一《访求遗书》,北京:中华书局,1959年,4页。

机构,如华盖殿、大本堂、文华殿、文渊阁、武英殿、东阁等,不仅是皇帝和大臣们读书修学之处,而且是他们谋划政事之所。它们对明代的学术文化发展和政权巩固无疑起到了重要作用。藏书的阅读与利用情况大致反映在以下几个方面。

(1)皇室读者群。

对皇室藏书的阅读和利用的人首先是皇帝及其子孙们。皇帝在这些藏书机构中不仅批阅典籍,吟诗赏文,而且往往与学士们谈经论史,讨论政事。如洪武初,"太祖御东阁,与学士陶安等论兴亡之事"①。建大本堂后,太祖"时赐宴赋诗,商榷古今,评论文字,无虚日"②。文渊阁建成后,太祖"万几之暇,辄临阁中,命诸儒进经史,躬自披阅,终日忘倦"③。成祖"或时至阁,阅诸学士暨庶吉士应制诗文,诘问评论以为乐"④。成祖御武英殿,览《存心录》,顾翰林侍臣曰:"适览慕容超郊有异兽出坛侧,隋炀帝祀圜丘暴风未成礼而退,后二人皆不旋踵而亡。古人言惟德动天,夫不德亦动天,善则降祥,不善则降殃,但各以类应之。"⑤宣宗也喜爱读书,"尝临视文渊阁,亲批阅经史,与少傅杨士奇等讨论,因赐士奇等诗"⑥。如上页所述,为了便于阅读,他还命学士数十人,将五经、四子及《说苑》等典籍,各抄录数本放在各处以备随时观览。

如前所述,太子及诸王也是皇室藏书的主要读者群体,其主要在大本堂、文华殿和华盖殿等处读书。很多儒臣曾在这里为他们讲说,辅导他们读书学习,使他们从小就接受了良好的文化教育。他们所读的内容以经史为主。"凡入侍太子,与坊、局翰林官番直进讲《尚书》《春秋》

---

① 余继登:《典故纪闻》卷二,北京:中华书局,1981年,21页。
② 余继登:《典故纪闻》卷二,北京:中华书局,1981年,21页。
③ 黄瑜:《双槐岁钞》卷四《文渊阁铭》,北京:中华书局,1999年,64页。
④ 黄佐:《翰林记》卷十六《车驾幸馆阁》,丛书集成初编,北京:中华书局,1985年,205页。
⑤ 余继登:《典故纪闻》卷六,北京:中华书局,1981年,115页。
⑥ 张廷玉等:《明史》卷九六《艺文一》,北京:中华书局,1974年,2343页。

《资治通鉴》《大学衍义》《贞观政要》诸书。"①此外,还有一些优秀生员曾以伴读的身份被选入到这里读书。如洪武元年(1368),朱标为皇太子时,选国子生国琦、王璞、张杰等十余人侍太子读书禁中。② 洪武六年(1373),文华堂开设时,举人张唯入堂读书。宋濂、桂彦良、孔克表为之师。③

(2)学士和官员读者群。

内阁学士和部分官员也是中央政府藏书的主要读者群体。他们不仅在这里研读典籍,讲经论史,而且利用这些丰富的藏书修书撰文,著书立说,为明代的学术文化发展和政权巩固发挥了重要作用。据史料记载,从洪武元年(1368)至永乐十八年(1420),明朝官修书籍就有百余种。其中除了《元史》《五经大全》《四书大全》《性理大全》和《永乐大典》这样的大型图书外,翰林学士刘三吾曾为太祖所制《大诰》及《洪范注》作序,并负责敕修《省躬录》《书传会选》《寰宇通志》《礼制集要》等书。④ 文渊阁大学士朱善,尝为太祖讲说《家人卦》《心箴》,太祖大悦。⑤ 东阁大学士吴沉曾受太祖之命编纂《精诚录》。⑥ 萧用道于建文中,召入翰林,修《类要》。⑦ 万历时,张萱"侍经筵,得发秘阁所藏书,读之,著《阁藏家录》四卷,贮阁中"⑧。还有太祖时的陶凯、宋濂,成祖时的解缙,仁宗和英宗时的杨士奇、杨荣、杨溥,正德时的李继先等,他们都是内府藏书的杰出读者。

成祖命翰林侍读学士解缙、姚广孝等人编纂的《永乐大典》也是对

---

① 张廷玉等:《明史》卷七三《职官二》,北京:中华书局,1974年,1783页。
② 张廷玉等:《明史》卷一一五《兴宗孝康皇帝》,北京:中华书局,1974年,3548页。
③ 张廷玉等:《明史》卷一三七《桂彦良传》,北京:中华书局,1974年,3948页。
④ 张廷玉等:《明史》卷一三七《刘三吾传》,北京:中华书局,1974年,3942页。
⑤ 张廷玉等:《明史》卷一三七《朱善传》,北京:中华书局,1974年,3944页。
⑥ 张廷玉等:《明史》卷一三七《吴沉传》,北京:中华书局,1974年,3948页。
⑦ 张廷玉等:《明史》卷一三七《萧用道传》,北京:中华书局,1974年,3951页。
⑧ 赵景深、张增元:《方志著录元明清曲家传略》,北京:中华书局,1987年,117页。

政府藏书的一次很好的阅读和利用。《永乐大典》成书于永乐六年（1408），是世界上最大的一部百科全书，共收入图书7000余种，凡22937卷，分装11095册，约3亿7000万字。以文渊阁为主的内府藏书是编纂《永乐大典》的基础。此外，为编纂此书，成祖还派大批官员分赴各地访购书籍，所购书籍均入藏文渊阁。《永乐大典》编成后，先后抄写两部分贮北京和南京文渊阁。所以，《永乐大典》的编纂不仅是一次全国性的书籍普查活动，而且是一次大规模的书籍整理活动。它在历时五年的编纂过程中，参与编纂的两千余人能够翻阅内府及各级官署所藏的各种典籍。如《明史·陈济传》说：修《永乐大典》时，"词臣纂修者及太学儒生数千人，翻秘库书数百万卷，浩无端倪。济与少师姚广孝等数人，发凡起例，区分钩考，秩然有法"①。

此外，《永乐大典》编成后，孝宗和世宗常常翻阅这部大书。孝宗曾把《永乐大典》中的药方抄出赐给太医院。世宗则常把《永乐大典》放在案头，按韵索览，并有日读三卷的计划。崇祯则曾把《日食卷》单印，以便阅读和使用。

说到学士和官员们的阅读，不能不提到明朝后期，由于皇帝不关心藏书，而且藏书管理不善，因此书籍遭受了重大损失。如正德间，主事李继先借整理文渊阁藏书的机会，窃取精本。"杨升庵因乃父为相，潜入攘取。"②内阁大学士们也"假阅者，往往不归原帙"③。

(3) 其他读者。

除皇家读者和官员读者之外，也有个别读书人曾有机会阅读内府藏书。如《五杂俎》的作者谢肇淛曾经通过有私人关系的大学士，得见

---

① 张廷玉等：《明史》卷一五二《陈济传》，北京：中华书局，1974年，4193页。
② 沈德符：《万历野获编》卷一《先朝藏书》，北京：中华书局，1959年，28页。
③ 倪灿：《明史艺文志》序，见黄虞稷等《明史艺文志·补编·附编》上册，北京：商务印书馆，1959年，4页。

文渊阁的藏书。①

此外，还有一些优秀的读书人曾在宫廷藏书机构读书。如永乐二年（1404），成祖命翰林学士解缙选进士颖秀者二十八人读书于文渊阁。其中有周忱、李时勉、陈敬宗、②周述③、孟简、曾棨、王英④等。至于国子监，因为它是一个面向全国士人的教育机构，所以其藏书的利用率相对较高，读者也更为广泛。

综上所述，明代前期是明朝官府藏书最为鼎盛的时期。明朝不仅重视对书籍的搜集整理，而且对其积极开发利用，从而为明代的书籍保存和学术文化事业的发展发挥了重要作用。

二、中央和地方官府藏书与阅读

中央和地方官府是指中央各官署，包括部、院、司等机关以及地方上的省、府、州、县官府。明朝的中央各部、院、司及地方各级官府都有规模不等的藏书。其中，以行人司、都察院、礼部等为最，它们的藏书也为明代阅读活动的发展发挥了重要作用。

1. 藏书来源

各级官府的藏书有以下三个来源。

一是朝廷颁赐。如永乐十五年（1417），颁"五经"、"四书"、《性理大全》于两京六部、国子监及天下府、州、县学。⑤

二是各级官署自己刻印。据史料载，明代的官府，从司礼监的经

---

① 来新夏：《中国古代图书事业史》，上海：上海人民出版社，1990年，306页。
② 钱谦益：《列朝诗集小传》乙集《周尚书忱，李祭酒懋，陈祭酒敬宗》，上海：上海古籍出版社，1959年，170—171页。
③ 张廷玉等：《明史》卷一五二《周述传》，北京：中华书局，1974年，4192页。
④ 张廷玉等：《明史》卷一五二《王英传》，北京：中华书局，1974年，4195页。
⑤ 龙文彬：《明会要》卷二十六《学校下》，北京：中华书局，1956年，419页。

厂，各部、院、司，到地方的府、州、县，多数都有刻书。

三是各级官府自己购置。如行人司藏书多来源于自己购置。

2. 行人司藏书

在中央各部、院、司中，行人司的藏书最为丰富，管理和利用最有特色。

行人司，洪武十三年（1380）置，职责主要是奉旨出差，为皇帝办事或传令。行人称"使臣"，原由孝廉举人担任，后改为进士担任。使臣们在京城里是"清曹散吏"，他们奉旨出差，回朝便悠闲无事，可以从容读书治学。所以行人司是中央官府中除翰林院之外，读书治学风气最浓厚的机关。这就促进了行人司藏书的发展。行人司有一个制度："凡乘使车，事竣报命，无不购书数种为公费，赍即留署中。"①经过多年积累，行人司异书毕集，珍本满架。这样就形成了一个共聚共用、藏书丰富的"图书馆"。陈继儒《太平清话》中载："行人司有例，其以事奉差复命者，纳数部于库。秘阁而外，差可读者，此耳。"②由此可见，行人司藏书堪与内阁媲美。王夫之在《识小录》中说："惟行人司每一员出使，则先索书目以行，购书目中所无者，多至数册，少亦必一册纳之司署。专设官吏一人，收贮检晒……故行人司藏书最富。"③

行人司司正徐图于万历三十年（1602）组织编刻了《行人司书目》，著录藏书1571种，内容包括经、史、子、集、典故、杂说等。④ 其中亦多有罕秘不传之本。书目前有凡例五则，记录了行人司藏书的管理制度和借阅规则。用现在的话来说，这是一个从采购、典藏到借阅、流通，管理制度十分完善的"中央机关图书馆"。

---

① 徐图：《行人司重刻书目序》，见冯惠民等选编《明代书目题跋丛刊》，北京：书目文献出版社，1994年，619页。
② 孟昭晋：《有趣的明代〈行人司书目〉》，载《图书馆杂志》，1988年第2期，48—49页。
③ 王夫之：《船山全书》第十二册《识小录》，长沙：岳麓书社，1996年，611页。
④ 王国强：《明代目录学研究》，郑州：中州古籍出版社，2000年，81—82页。

3. 中央其他官署藏书概况

除行人司外，中央其他官署藏书、刻书较多者有都察院、礼部、兵部等。

据载，南京都察院所藏书中有《大明令》《皇明奏疏》《留台杂考》《草木子》《阴阳捷径》《律条疏议》，所藏书板有《金陵图版》《十三省图版》《九边图版》《国土懿苑》《椽史芳规》《留台奏疏》《三编奏疏》《杨升庵文集》《罗念庵集》《杨文忠集》《礽林伐山》《阳宅集成》《酉阳杂俎》《正续笔丛》《赵文肃公集》等。① 《古今书刻》中著录有都察院所出书33种，其中文史类有《史记》《文选》《杜诗集注》《三国演义》《水浒传》等。

礼部所刻印的书除《登科录》和《会试录》外，见于著录者还有《大狩龙飞集》《大礼集义》《诸番诏敕》《洪武礼制》《明伦大典》《明宝训》以及一些医药方面的书，如《素问抄》《医方选要》《补要袖珍小儿方论别集》《小儿痘疹方论》等。②

兵部所刻书见于著录者有《大阅录》《九边图说》《九边图》《历代武举录》《军令》《昭代武功编》等；工部所刻印的书有《御制诗》《工部厂库须知》《奉制纪乐赋》；太医院也曾刻印如《铜人针灸图》《医林集要》《经验奇效良方》《补要袖珍小儿方论》等与医药有关的书。③

上述各部门所刻印的书，是官署藏书的重要内容，被官署官员所阅读和利用。

4. 地方官府藏书

地方官府藏书情况虽然缺乏史料，但从官府刻书的情况看，它们应有数量不等的藏书。而且，这些藏书的存在对地方的阅读活动和学术文化的发展起到了重要作用。

---

① 施沛：《南京都察院志》卷八，四库全书存目丛书本，济南：齐鲁书社，1996年。
② 缪咏禾：《明代出版史稿》，南京：江苏人民出版社，2000年，54页。
③ 缪咏禾：《明代出版史稿》，南京：江苏人民出版社，2000年，54页。

明代设有十三个省(布政司)，一百几十个府和州，一千一百多个县。据《古今书刻》载，明代的多数省、府、州、县官署都曾刻印过书。其中尤以南直隶、北直隶、江苏、浙江和福建为多，反映了这些地区书籍业发达和藏书、读书风气浓厚。省级官府中布政司的刻书数量最多，其次为按察司、学署以及一些专门机构如盐运司、督粮道、卫所巡道等。如陕西布政司所刻印的书，《古今书刻》中载有35种，《明代版刻综录》中有4种，内容包括经、史、医、文学等。其中地方志一类的书最有特色。其他省也如此。

府、县官署中，也有刻书较多者，如苏州府刻有《史记》等173种，常州府刻有《初学记》等45种，扬州府刻有《大明官制》等75种，江西临江府刻有《十九史》等39种。由此可见这些地方官署尚文重读风气浓厚。

第三节　私人藏书与阅读

私人藏书是一种最贴近读者，最能够促进阅读活动开展的藏书形式。明代的私人藏书以其藏书的普遍性、藏书丰富、藏书家众多、藏书分布地域广泛而极大地促进了阅读活动的发展与繁荣。

一、藏书之盛

明朝"二百年间，颇多缥缃之贮，对于空疏之习，多所纠正。而自嘉靖以降，海内平定，私家藏书，极称一时风尚"[①]。据统计，有明一代的藏

[①] 袁同礼:《明代私家藏书概略》，载《图书馆学季刊》，1927年第1期，1—4页。

书家有897人之多,近似宋、元两代的总和。① 实际上,对社会阅读活动的发展来说,其主要依靠的则是大众性和普遍性的藏书活动,而并非依靠这几百个藏书家的藏书活动。但毫无疑问的是,藏书家们所起的表率、带头和中流砥柱般的作用,是一般藏书人所不能替代的。所以,他们对阅读活动的作用充分说明藏书对促进阅读的巨大意义。

明人姜绍书《韵石斋笔谈》记载,明代最著名的藏书家有50多人。他们是宋濂、刘基、杨士奇、李东阳、王鏊、吴宽、史鉴、陆深、程敏政、邱濬、邵宝、杨一清、林俊、王守仁、杨慎、李梦阳、顾璘、文徵明、杨循吉、郑晓、雷礼、王世贞、王世懋、唐顺之、先凤阿、薛应旂、李攀龙、冯琦、黄洪宪、胡应麟、何良俊、茅坤、焦竑、顾起元、袁宏道、王肯堂、屠隆、汤显祖、李贽、董其昌、何三畏、陈继儒、冯时可、李维桢、冯梦桢、黄汝亨、朱国桢、李日华、谢肇淛、钟惺、陈仁锡、文震孟、俞彦、张溥。② 当然,还有很多著名藏书家没有被列入这个名单,如祁承㸁、祁彪佳父子,黄居中、黄虞稷父子,以及陆容、毛晋、徐𤊹、丁雄飞、范钦等。

明代藏书家主要分布在经济和文化发达的东南地区。其中藏书家最多的市县是苏州、杭州、常熟、湖州、绍兴、宁波、福州、嘉兴、海宁、南京。特别是苏州地区,"自元季迄国初,博雅好古之儒,总萃于中吴,书籍金石之富,甲于海内"。"景天以后,俊民秀才,汲古多藏",涌现出一大批藏书家,"吴中文献,于斯为盛"。③

藏书事业发达的地区,也是文化教育发达和读书风气浓厚的地区。如晋江安海黄居中、黄虞稷父子的"千顷堂",藏书最多时达八万卷。郑成功、黄虞稷、王慎中等皆闻名全国。有明一代,安海中进士33人,中武进士4人,中举人18人,中武举人25人,仅万历四十年(1612)一科,

---

① 范凤书:《中国私家藏书史》,郑州:大象出版社,2001年,166页。
② 姜绍书:《韵石斋笔谈》卷上《名贤著述》,见《四库全书》第872册,上海:上海古籍出版社,1987年,94页。
③ 钱谦益:《列朝诗集小传》丙集《朱处士存理》,上海:上海古籍出版社,1983年,303页。

安海就中了 5 名。① 安海藏书与读书风气之盛,由此可见一斑。

二、藏书现象之普遍

藏书在明代是一种很普遍的现象。如成祖朱棣所言:"士庶家稍有余资,尚欲积书,况朝廷乎?"②陈登原也说:"明代文人,类多藏书。"③所以,不仅是那些名人或学者才有藏书,就是一般文人乃至平民百姓也有藏书。如吴纯甫,"生而奇颖,好读书。父为致书千卷,姿其所欲观"④。他虽然没有登第,但一生都没有离开书。金陵人罗㴋,"自髫年即好声律,旁畜群籍,牙籤满架"⑤。何乔遇,博览洽闻,家甚贫,衣食恒不给。藏书数千卷,无不贯综涉猎。⑥ 卓尔康,"空囊壁立,日拥万卷,进麦糜一盂而已。诸经皆有解义,著成《春秋辨义》四十卷"⑦。阎起山,"喜积书,见书必力购。日从友人家借所未读书,手抄口吟,穷日夜不休,所获学俸,尽费为书资。家甚贫,或时不能炊,至质衣以食,而玩其书不忍弃"⑧。蒋少补,"家贫不能购书,人间多有之书,皆手自缮写,积至盈箱溢几"⑨。还有像卖药者徐翁这样的普通商人,家里亦有不少藏书,否则,王行不可能读后,"遂淹贯经史百家言"⑩。

藏书的存在不等于读书活动的存在,如胡应麟就曾将藏书家分为

---

① 蔡尔鸿:《明代安海文化繁荣和经济发展的关系》,见《安海港史研究》编辑组《安海港史研究》,福州:福建教育出版社,1989 年,108—118 页。
② 张廷玉等:《明史》卷九六《艺文一》,北京:中华书局,1974 年,2343 页。
③ 陈登原:《古今典籍聚散考》卷三《明之私人收藏》,上海:上海书店出版社,1983 年,311 页。
④ 归震川:《震川先生集》卷二十五《吴纯甫行状》,上海:上海古籍出版社,1981 年,577 页。
⑤ 钱谦益:《列朝诗集小传》丙集《罗主簿㴋》,上海:上海古籍出版社,1983 年,352 页。
⑥ 吴晗:《江浙藏书家史略》,北京:中华书局,1981 年,20 页。
⑦ 吴晗:《江浙藏书家史略》,北京:中华书局,1981 年,40 页。
⑧ 杨立诚、金步瀛:《中国藏书家考略》,上海:上海古籍出版社,1987 年,328 页。
⑨ 杨立诚、金步瀛:《中国藏书家考略》,上海:上海古籍出版社,1987 年,304 页。
⑩ 张廷玉等:《明史》卷二八五《文苑一》,北京:中华书局,1974 年,7330 页。

两类:"列架连窗,牙标锦轴。务为观美,触手如新,好事家类也;枕席经史,沈湎青缃,却扫闭关,蠹鱼岁月,赏鉴家类也。"①但书的存在,藏书活动的开展乃至兴盛本身就营造了一种崇文重典、尚读重教的气氛。更何况有无数的藏书者不仅热衷于抄写、阅读、校勘、研究、观赏以及编刊等藏书的利用活动,而且其藏书理论和观念有了明显进步。这就产生了许多学者、校勘家、目录学家、作家以及无数的饱学之士和善读好学者,他们为保存文献、促进阅读发挥了不可替代的作用。

三、勤于抄录,孜孜不倦

王世贞曾言:"世有勤于聚而倦于读者,即所聚穷天下书,犹亡聚也。"②胡应麟也说:"率有富于青缃,而贫于问学,勤于访辑,而怠于钻研者。"③这固然是在批评明代藏书家不读书现象,但这些批评也不尽有全面性,原因如下:一是几乎所有的藏书者,其藏书中的相当一部分,是通过抄写获得的,而这本身就是一个阅读过程;二是在藏书者中,嗜于阅读和勤于校勘亦是一种普遍现象。所以,不仅任何人的藏书都具有积极的意义,而且那些手不释卷、孜孜以求的嗜读者作为藏书者中的主流,对学术和文化的发展做出了重要贡献。他们的具体贡献体现在抄书、读书和校勘方面。

抄书是明代藏书者中的一种最为普遍的现象,可以说几乎所有的藏书者都热衷于抄书。如近人袁同礼说:"明人好抄书,颇重手抄本。藏书家均手自缮录,至老不厌。"④这有以下两点原因。一是印刷业还不是很发达,很多书还得不到印刷,即使印刷也数量较少,特别是一些珍

---

① 胡应麟:《少室山房笔丛》卷四《经籍会通四》,北京:中华书局,1958年,62页。
② 胡应麟:《少室山房笔丛》卷二《经籍会通二》,北京:中华书局,1958年,34页。
③ 胡应麟:《少室山房笔丛》卷四《经籍会通四》,北京:中华书局,1958年,61页。
④ 袁同礼:《明代私家藏书概略》,载《图书馆学季刊》,1927年第1期,1—4页。

本、善本还需要通过手抄得以流传。如《三国志演义》到嘉靖以后才有了刻印本,此前只能通过手抄流传。《金瓶梅》成书后也曾以手抄本的形式在文人中广泛流传。特别是"吴中藏书家多以密册相尚,若朱性甫、吴原博、阎秀卿、都元敬辈皆手自抄录,今尚有流传者"①。二是书价较高,抄书是一种最经济的获书途径。但不管出于什么原因,抄书本身就是一种非常有意义的读书过程和方法。很多人通过抄书既得到了文本,又获得了知识和学问。史料中有关抄书者的记载比比皆是,数不胜数,这里略举数例,以见一斑。

钱绅,质醇行端,所藏书皆手自缮写。② 邹缉,廉静嗜学,见异书必露抄雪纂。③ 秦四麟,夙喜藏书,从人得秘籍,多用行书抄写,篝灯校勘,老而不倦。④ 朱存理,"闻人有异书,辄从以求,以必得为志。或手自缮录,动盈筐篋,群经诸史下逮稗官小说无所不有。手录前辈诗文,积百余家",祝希哲赠之诗云:"书抄满篋皆亲手,诗草随身半在舟。"⑤杨循吉,好蓄书,闻有异本,必购求缮写。其抄书诗有句云:

沈疾已在躬,嗜书犹不废。每闻有奇籍,多方必罗致。
手录兼贸人,恒辍衣食费。往来绕案行,点画劳指视。
成编亦艰难,把玩自珍贵。家人怪我癖,既宦安用是?⑥

王朝志,"手录经史诸子百家书积十六笥,出其门者成名甚众"⑦。顾德育,家贫好学,手录几数千卷。⑧ 包柽芳,"喜书,闻有异本,即僻巷

---

① 吴晗:《江浙藏书家史略》,北京:中华书局,1981年,203页。
② 钱谦益:《列朝诗集小传》乙集《钱广文绅》,上海:上海古籍出版社,1983年,203页。
③ 钱谦益:《列朝诗集小传》乙集《邹庶子缉》,上海:上海古籍出版社,1983年,167页。
④ 赵景深、张增元:《方志著录元明清曲家传略》,北京:中华书局,1987年,480页。
⑤ 吴晗:《江浙藏书家史略》,北京:中华书局,1981年,133—134页。
⑥ 吴晗:《江浙藏书家史略》,北京:中华书局,1981年,203页。
⑦ 吴晗:《江浙藏书家史略》,北京:中华书局,1981年,12页。
⑧ 吴晗:《江浙藏书家史略》,北京:中华书局,1981年,232页。

环堵,必徒步相访。得之,则分命左右传写,手自摘录,垂丙夜不休"①。

藏书家们抄书是十分勤奋刻苦的。如叶盛,生平嗜书,手自雠录,至数万卷,做官数十年未尝一日停止抄书,"虽持节边徼,必携钞胥自随,每钞一书成,辄用官印识于卷端"②。谢肇淛在所抄《竹友集》跋中说:

> 时方沍寒,京师佣书甚贵,需铨京邸,资用不赡,乃手抄写。每清霜呵冻,十指如槌,几二十日始竣。③

钱允治,年八十余,隆冬病疡,映日抄书,薄暮不止。④ 顾辖,"性独好书,甚于饥渴饮食。力有所不能得,则手自抄写,夜尝不寐,寐亦止尽数刻,而张灯披衣,往往达旦,手不释卷,不停抄,自以为愉快极,虽老至不知也。凡钞阅,校雠精审,不讹一字,稍涉疑义,则尽记之,举其辞问晰乃已"⑤。

此外,见于杨立诚、金步瀛《中国藏书家考略》和吴晗《江浙藏书家史略》两书中明确强调的抄书者还有史兆平、何大成、吴继志、李可教、金俊明、俞弁、柳佥、浦杲、钱榖、王宠、高培、梅鼎祚、谢兆申、王应阯、黄宗羲、吴宽、阎秀卿、都玄敬、唐广、刘伯宗、许元溥、陈继儒、陆师道、龚时焕等。

藏书家们为了提高抄书效率,互通有无,相互合作并订约。如"梅鼎祚与焦竑、冯开之、赵玄度订约搜访,期三年一会于金陵,各出其所得异书逸典,互相雠写"⑥。黄宗羲、刘伯宗、许元溥三人结为"抄书社"⑦。

---

① 吴晗:《江浙藏书家史略》,北京:中华书局,1981年,14页。
② 杨立诚、金步瀛:《中国藏书家考略》,上海:上海古籍出版社,1987年,273—274页。
③ 叶昌炽:《藏书纪事诗》卷三《谢肇淛在杭》,上海:古典文学出版社,1958年,159页。
④ 杨立诚、金步瀛:《中国藏书家考略》,上海:上海古籍出版社,1987年,319页。
⑤ 杨立诚、金步瀛:《中国藏书家考略》,上海:上海古籍出版社,1987年,353页。
⑥ 钱谦益:《列朝诗集小传》丁集下《梅太学鼎祚》,上海:上海古籍出版社,1983年,627页。
⑦ 吴晗:《江浙藏书家史略》,北京:中华书局,1981年,184页。

丁雄飞与黄虞稷立"古欢社",互相考订,"尽一日之阴,探千古之秘,或彼藏我阅,或彼阅我藏,互相质证,当有发明……"①

上述现象表明,明代的私人藏书亦能够通过相互借阅传抄,实现了比较广泛的流通与阅读。

四、嗜读好学,手不释卷

藏书者们都能够嗜读好学,乃至手不释卷,因此产生了无数饱学之士。首先,那些大藏书家几乎无一例外,都是嗜读好学者。如胡应麟,"聚而读之几尽矣"②。杨一清对所藏书籍皆成诵。③ 杨士奇"积书岂徒以侈座隅,充箧笥而已。必将讲读究明,务得之于心,而行之于身也"④。赵琦美"好之之笃挚,与读之之专勤,近古所未有"⑤。郎瑛,所藏书甚盛,日危坐讽读其中,"揽要咀华,刺瑕指类,辩同异得失"⑥。梅鼎祚,归隐书带园,构无逸阁藏书,坐卧其中。⑦ 杨慎,藏书既富,记诵也博。毕拱辰,生平最好书,家中积书几万卷,署中无事,终日读书。⑧ 王光经,藏书万卷,手不废卷,常曰:"士大夫一日不读书,则性情疏散,义理荒错,致君将凭何术?"⑨ 余钰,"藏书万卷,皆丹黄数过。终日下帷,不与外

---

① 丁雄飞:《古欢社约》,见李希泌、张椒华《中国古代藏书与近代图书馆史料》,北京:中华书局,1982年,45页。
② 胡应麟:《少室山房笔丛》卷二《经籍会通二》,北京:中华书局,1964年,35页。
③ 张廷玉等:《明史》卷一九二《杨慎传》,北京:中华书局,1974年,5083页。
④ 杨士奇:《东里续集》卷十四《文籍志序》,见《四库全书》第1238册,上海:上海古籍出版社,1987年,550—551页。
⑤ 钱谦益:《牧斋初学集》卷六十六《刑部郎中赵君墓表》,钱曾笺注,钱仲联标校,上海:上海古籍出版社,1985年,1537页。
⑥ 杨立诚、金步瀛:《中国藏书家考略》,上海:上海古籍出版社,1987年,182页。
⑦ 赵景深、张增元:《方志著录元明清曲家传略》,北京:中华书局,1987年,67页。
⑧ 张岱:《石匮书后集》卷二十三,北京:中华书局,1959年,163页。
⑨ 吴晗:《江浙藏书家史略》,北京:中华书局,1981年,11页。

事"①。吴之器,"藏书十余楹,坐卧其间,浏览诵记,盥洗俱废"②。骆象贤,图书满屋,至老玩读不辍,所著有《羊枣集》《笃终易览》《溪园遗稿》《归全集》等。③ 宋震,"聚书万轴,经史子集环向恣读之,间发为诗歌盈帙"④。胡祯,甘贫力学,聚古今图籍,终日吟诵其中,不慕仕进。⑤ 胡荣,"拥书万卷,反复披寻,不知人世南面百城之贵也"⑥。杨循吉,藏书十余万卷,其题书厨诗云:"经史及子集,一一义贯穿。当怒读则喜,当病读则痊。恃此用为命,纵横堆满前。"⑦李延宝,"签藏最富,履士籍三十年,手未尝释卷,经经纬史,雅有次第,所藏几数千余卷"⑧。徐源,藏书数千卷,无一日不披览群籍。⑨ 范大澈,月俸所入,辄以聚书,审经阅史,品画评书者垂二十年。⑩ 此外,还有江元祚、吴昂、汤绍祖、刘毅、强溱、张綖、许元溥⑪、李汝宽、李犹龙、凌云翰、徐孝直、胡震亨⑫等,他们都是手不释卷的嗜读者。

五、精于校勘,丹黄不倦

校勘是藏书家们经常和必须要做的事情。藏书家不管出于什么目的对书籍进行校勘,这都是一种研读过程和有效的读书方法。明代的藏书家们勤于校勘,乃至废寝忘食,是一种非常普遍的现象。其中的典

---

① 吴晗:《江浙藏书家史略》,北京:中华书局,1981年,20页。
② 吴晗:《江浙藏书家史略》,北京:中华书局,1981年,24页。
③ 吴晗:《江浙藏书家史略》,北京:中华书局,1981年,108页。
④ 吴晗:《江浙藏书家史略》,北京:中华书局,1981年,28页。
⑤ 吴晗:《江浙藏书家史略》,北京:中华书局,1981年,50页。
⑥ 吴晗:《江浙藏书家史略》,北京:中华书局,1981年,50页。
⑦ 吴晗:《江浙藏书家史略》,北京:中华书局,1981年,203页。
⑧ 杨立诚、金步瀛:《中国藏书家考略》,上海:上海古籍出版社,1987年,91页。
⑨ 杨立诚、金步瀛:《中国藏书家考略》,上海:上海古籍出版社,1987年,163页。
⑩ 杨立诚、金步瀛:《中国藏书家考略》,上海:上海古籍出版社,1987年,146页。
⑪ 见吴晗《江浙藏书家史略》各传。
⑫ 见杨立诚、金步瀛《中国藏书家考略》各传。

型者如下。

孙楼,杜门校雠,昼夜不辍,所藏逾万卷,略无脱误。① 秦景阳,喜藏书,朱黄丹白,开卷烂然,得秘籍,多用行书抄写,篝灯雠勘,老而不倦。② 沈懋孝,拥书万卷,日丹黄其间,寒暑不辍,故博洽无比。③ 黄标,藏书甚富,审阅无间寒暑。④ 郁文博,居万卷楼,年七十有九,丹铅校核不去手,自赋诗云:"白头林下一耆儒,终岁楼间校说郛,目力心思俱竭尽,不知有益后人无。"⑤沈云鸿,"喜积书,雠勘勤剧,曰后人视非货财,必不易散,万一能读,则吾所遗厚矣"⑥。沈方,积书数万卷,皆亲点校。⑦ 童佩,藏书数万卷,皆手自勘雠。⑧ 还有张应徵、马森、王羽、邢量⑨、倪瓒、陆容、张民表、虞堪⑩、赵琦美、祁承㸁、焦竑、陆伸、钱邦治、王文禄、沈维镜、周明辅、金华、姚瀚、洪楩、徐洪珵、高承埏、王云、朱大韶、何镗、吴竑⑪等,他们都是勤于校勘,丹黄不去手者。

六、博学多识,勤于著述

藏书家多是博学多识者。特别是那些勤学嗜读者,更是博洽多闻的杰出者。高濂说:"藏书以资博洽,为丈夫子生平第一事。"⑫所以,在明代的藏书家中,博学多识是一种普遍现象。实际上,前文所说的学者

---

① 杨立诚、金步瀛:《中国藏书家考略》,上海:上海古籍出版社,1987年,154页。
② 杨立诚、金步瀛:《中国藏书家考略》,上海:上海古籍出版社,1987年,174页。
③ 吴晗:《江浙藏书家史略》,北京:中华书局,1981年,34页。
④ 吴晗:《江浙藏书家史略》,北京:中华书局,1981年,258页。
⑤ 吴晗:《江浙藏书家史略》,北京:中华书局,1981年,160页。
⑥ 吴晗:《江浙藏书家史略》,北京:中华书局,1981年,148页。
⑦ 钱谦益:《列朝诗集小传》乙集《沈佺侗愚》,上海:上海古籍出版社,1983年,212页。
⑧ 钱谦益:《列朝诗集小传》丁集中《童书贾佩》,上海:上海古籍出版社,1983年,524页。
⑨ 见杨立诚、金步瀛《中国藏书家考略》各传。
⑩ 见钱谦益《列朝诗集小传》各传。
⑪ 见吴晗《江浙藏书家史略》各传。
⑫ 叶昌炽:《藏书纪事诗》卷三《高濂深父》,上海:古典文学出版社,1958年,133页。

和藏书家都是博学多识者。而且,我们还将在后面的有关章节中对这一现象进行论述。本节中,还将有专题对一些藏书名家进行单独介绍。除此之外,我们仍然有必要在这里把它作为藏书家中存在的一个普遍现象做一些阐述。

史料中有关藏书家博学多识的记载数不胜数,这里略举数例,以见一斑。

张翱,藏书甚富,"探索隐奥,五经六史靡不究心;尤精《周易》,暇则涉猎九流百家之书。视财若浼,惟知进修,日益渊邃,时多推重"①。钱同爱,"所积甚富,诸经子史之外,山经、地志、稗官、小说,无所不有,亦无所不窥,尤喜左氏"②。史鉴,"于书无所不读,而尤熟于史"③。吴玭,"藏书数屋,键户二十年不下,博通典籍。尤精皇极经世之学"④。张一韶,"积书数万卷,自刑法、钱赋、礼乐、旁及方舆、氏族、星历、医卜,无不精究。慨然以著作自负"⑤。胡震亨,"才高学博,于书无所不读。藏书万卷,日夕搜讨。称博物君子"⑥。刘凤,"家多藏书,学勤博记,安世之箧,不足称焉"⑦。葛涧,"藏书至万部,博学有名理"⑧。还有刘昌、何乔遇、王涛、沈启原、陆容、高濂⑨、王维俭、许元溥⑩、李荟、赵崡⑪等,他们都是以博学著称者。

只有博学,而不善于著述,往往为学者们所诟病。如王世贞有言:

---

① 杨立诚、金步瀛:《中国藏书家考略》,上海:上海古籍出版社,1987年,193页。
② 杨立诚、金步瀛:《中国藏书家考略》,上海:上海古籍出版社,1987年,320页。
③ 杨立诚、金步瀛:《中国藏书家考略》,上海:上海古籍出版社,1987年,30页。
④ 吴晗:《江浙藏书家史略》,北京:中华书局,1981年,22页。
⑤ 吴晗:《江浙藏书家史略》,北京:中华书局,1981年,69页。
⑥ 吴晗:《江浙藏书家史略》,北京:中华书局,1981年,53页。
⑦ 吴晗:《江浙藏书家史略》,北京:中华书局,1981年,212页。
⑧ 吴晗:《江浙藏书家史略》,北京:中华书局,1981年,205页。
⑨ 见吴晗《江浙藏书家史略》各传。
⑩ 见杨立诚、金步瀛《中国藏书家考略》各传。
⑪ 见钱谦益《列朝诗集小传》各传。

"世有侈于读而俭于辞者,即所读穷天下书,犹亡读也。"①所以博学而勤于著述是明代藏书家们所追求的目标。其中的典型者,除吴琉、张一韶、郎瑛、胡震亨、张萱、梅鼎祚、王朝志、都穆、范大澈等之外,还有以下人物。

徐应秋,"充栋之藏,渔猎殆尽,著述甚富",已行世者有《谈会》《雪艇尘余》《古文藻海》《古文奇艳》《骈字凭霄》等。② 丰坊,藏书数万卷,喜法书名帖,心摹手追,夜以继日,著有《易辨》《古书世学》《鲁诗世学》《春秋世学》《诗说》等书。③ 丁雄飞,积书数万卷,撰述甚富,有《尊儒帖》《先圣录异录》《蒲团菴生意》《霜舲日札》《江湄旧话》《琴鹤乡剩史》《祀社通考》《燧人遗意》《需郊欵日录》等九十八种,另有《读书馋笔》五十卷。④ 谢铎,有藏书室曰朝阳阁,所著有《桃溪集》《续真西山读书记》《伊洛渊源续录》《伊洛遗音》《四子释言》《元史元末宰辅沿革》《国朝名臣事略》《尊乡录》《赤城新志后集》《诗集》《论谏录》《祭礼仪注》《緫山集》《朝阳阁书目》。⑤ 司马泰,藏书极富,著有《南都英华》《南都野记》《风雅会编》《护龙河北杂言》《荫白堂稿》《杂识录》《西虹视履百录》《知次录》《山居百泳》《龙广山人小令集》等。⑥ 顾元庆,藏书万卷,多所著述,有《瘗鹤铭考》《山房清事》《十友图赞》《茶谱》《云林遗事》《大石山房石友谱》《夷白斋诗话》《阳山新录》《簷曝偶谈》《紫府奇言》《云拊新编》《消暑珠》《大石八景记》等。⑦ 谢肇淛,博学能诗文,收藏宋人集颇富,著有《五杂俎》《文海披沙》《西吴枚乘》《慎略》《百奥风土记》《支提山志》《长溪琐语》《小草

---

① 胡应麟:《少室山房笔丛》卷二《经籍会通二》,北京:中华书局,1964 年,34 页。
② 吴晗:《江浙藏书家史略》,北京:中华书局,1981 年,61 页。
③ 吴晗:《江浙藏书家史略》,北京:中华书局,1981 年,112 页。
④ 吴晗:《江浙藏书家史略》,北京:中华书局,1981 年,120 页。
⑤ 吴晗:《江浙藏书家史略》,北京:中华书局,1981 年,109 页。
⑥ 吴晗:《江浙藏书家史略》,北京:中华书局,1981 年,132 页。
⑦ 杨立诚、金步瀛:《中国藏书家考略》,上海:上海古籍出版社,1987 年,355 页。

齐稿》《游燕集》等。① 韩霖,购书数百卷,筑楼储之,校勘编靡,日事著述,所著有《守圉全书》数十种。② 朱存理,藏书之富,纂集也多,如《铁网珊瑚》《野航漫录》《经子钩玄》《吴郡献徵录》《名物寓言》《鹤岑随笔》等数百卷,还有《野航诗集》等传世。③ 还有顾璘、林懋和、姚咨、都穆④、曹学佺⑤等。

七、乐于借阅,致力编刊

在明代的私人藏书者中,有许多人乐于出借图书,提倡藏书的目的是利用的观念,从而对发挥藏书的作用,促进书籍的流通与阅读起到了重要作用。这种现象具体表现如下。

一是借抄。如前所述,藏书者相互传抄是一种很普遍、很频繁的现象。如苏州人阎起山,"日走从友人家借所未读书,手抄口吟,穷日夜不休"⑥。黄宗羲年轻时,抄钮氏世学楼、祁氏澹生堂、黄氏千倾堂、钱氏绛云楼等藏书,晚年抄范氏天一阁、郑氏丛桂堂、曹氏倦圃及徐氏传是楼藏书。⑦

二是借阅。与借抄一样,把藏书干脆借给别人阅读也大有人在。如李如一主张:"天下好书,当天下人共之。"⑧"遇秘册必赍书相问,有求假必朝发夕至。"有人来借书必"倒屐相付"。⑨ 徐𤊹也认为,借书者"是

---

① 杨立诚、金步瀛:《中国藏书家考略》,上海:上海古籍出版社,1987年,332页。
② 杨立诚、金步瀛:《中国藏书家考略》,上海:上海古籍出版社,1987年,333页。
③ 钱谦益:《列朝诗集小传》丙集《朱处士存理》,上海:上海古籍出版社,1983年,303页。
④ 见杨立诚、金步瀛《中国藏书家考略》各传。
⑤ 张廷玉等:《明史》卷二八八《文苑四》,北京:中华书局,1974年,7400页。
⑥ 杨立诚、金步瀛:《中国藏书家考略》,上海:上海古籍出版社,1987年,328页。
⑦ 杨立诚、金步瀛:《中国藏书家考略》,上海:上海古籍出版社,1987年,261页。
⑧ 陈登原:《古今典籍聚散考》第三卷《借书与不借书》,上海:上海书店出版社,1983年,407页。
⑨ 叶昌炽:《藏书纪事诗》卷三《李如一》,上海:古典文学出版社,1958年,166页。

与书相知也。与书相知者,则亦与吾相知也。何可不借"①?所以,他也乐于把书借人阅读。杨循吉题书橱诗云:"奈何家人愚,心惟财货先。坠地不肯拾,断烂无与憐。朋友有读者,悉当相奉捐。胜付不肖子,持去将鬻钱。"②范大澈也数次借阅范钦天一阁藏书,后来也成为藏书家。③ 著名理学家李颙,十七岁时,得《冯少墟先生集》读之,恍然悟圣学渊源,于是一意究心经史,求其要领。是时,当地有二赵、南李及杜氏,皆博藏书籍,李颙皆一一借读,遂无所不窥,亦无所不知,后成一代名儒。④ 还有著名文学家徐祯卿,"资颖特,家不蓄一书,而无所不通"⑤。这种现象只有通过借阅才能产生。

三是阅读主人家的书。如张鉴,曾馆于耀州通政乔因阜家,得尽读三石小邱山房藏书,著有《历代事实》《荒歌》行世。⑥ 还有前述的王行,幼随父侬卖药徐翁家,尽读其书,遂淹贯经史百家言。这样的借阅现象在明代很常见。

藏书家们积极致力于编刊图书,为促进阅读发展做出了重要贡献。在这方面,最为典型者当数毛晋,他每获善本秘册,便刻印流传,以公之于世为快。其所刻有十三经、十七史、古今百家及从未梓印诸书,共计六百余种。⑦ 胡文焕曾编刊《格致丛书》⑧,胡震亨编刊《秘册汇函》⑨,顾元庆刻《文房小说》四十二种、《明朝四十家小说》等⑩。钮石溪也曾将所

---

① 徐燉:《笔精》卷七《借书》,福州:福建人民出版社,1997年,242页。
② 吴晗:《江浙藏书家史略》,北京:中华书局,1981年,203页。
③ 吴晗:《江浙藏书家史略》,北京:中华书局,1981年,55页。
④ 冯从吾:《关学编》卷一《二曲李先生》,北京:中华书局,1987年,85页。
⑤ 张廷玉等:《明史》卷二八六《文苑二》,北京:中华书局,1974年,7350页。
⑥ 冯从吾:《关学编》卷一《湛州张先生》,北京:中华书局,1987年,77页。
⑦ 范凤书:《中国私家藏书史》,郑州:大象出版社,2001年,249页。
⑧ 杨立诚、金步瀛:《中国藏书家考略》,上海:上海古籍出版社,1987年,141页。
⑨ 杨立诚、金步瀛:《中国藏书家考略》,上海:上海古籍出版社,1987年,143页。
⑩ 杨立诚、金步瀛:《中国藏书家考略》,上海:上海古籍出版社,1987年,355页。

藏数百家小说出借用于刊刻《稗海》①。钱培名也曾刻有丛书②。范钦曾刻《范氏奇书》二十种③。周明辅"尝得高元礼所选《唐诗正声》善本重刊之"④。司马泰编次《文献汇编》一百卷、《续百川学海》三十卷、《广说郛》八十卷、《古今汇说》六十卷、《再续百川学海》八十卷。⑤ 安国曾刊《初学记》《熊朋来集》《吴中水利书》等。⑥ 袁褧刻有《六臣注文选》《世说新语》《四十家小说》《后四十家小说》《广四十家小说》等书。还有黄标、葛鼐⑦、王延喆、沈与文⑧、吴勉学、汪廷讷、胡正言⑨等,他们都是藏书家中的编刻书者。

八、书目编撰与阅读

书目是一种揭示文献信息的工具,它对学术文化的发展具有重要作用。书目的类型亦有多种,如藏书目录、出版目录、著述目录、专题书目等。在明代学术文化发展与繁荣的背景下,明代的书目编撰有了空前的发展,这对明代的文献记录、保存、报道和传播起了重要作用。

就藏书目录而言,明代藏书事业发达,促进了书目编撰的发展与繁荣。如私人藏书目录,目前可考者就有167种。⑩ 藏书目录的编撰不仅对书籍收藏和保存具有重要作用,而且能够极大地促进书籍的流通和

---

① 黄宗羲:《南雷文定前集》卷二《天一阁藏书记》,丛书集成初编,北京:中华书局,1985年,19页。
② 杨立诚、金步瀛:《中国藏书家考略》,上海:上海古籍出版社,1987年,321页。
③ 陈登原:《古今典籍聚散考》卷三《刊布所藏之风气》,上海:上海书店出版社,1983年,348页。
④ 吴晗:《江浙藏书家史略》,北京:中华书局,1981年,41页。
⑤ 吴晗:《江浙藏书家史略》,北京:中华书局,1981年,131页。
⑥ 吴晗:《江浙藏书家史略》,北京:中华书局,1981年,132页。
⑦ 见吴晗《江浙藏书家史略》各传。
⑧ 见吴晗《江浙藏书家史略》各传。
⑨ 范凤书:《中国私家藏书史》,郑州:大象出版社,2001年,245—247页。
⑩ 范凤书:《中国私家藏书史》,郑州:大象出版社,2001年,263页。

阅读。

从最直接的意义来说,书目编撰与阅读的关系主要表现在以下三个方面。

一是书目本来就是一种读书工具。如王鸣盛在《十七史商榷》中说:"凡读书最切要者,目录之学。目录明,方可读书,不明,终是乱读。"[①]所以,明代书目编撰的兴盛为藏书家和广大读者指示了读书门径,书目成为他们读书治学的重要工具。

二是书目编撰本身就是在大量阅读、深入研究、认真校勘的基础上完成的。藏书家所编撰的书目就是他们的读书目录,也是他们读书历程的记录和重要成果。博览群书,刻苦钻研是编撰书目的基础和前提。书目编撰者和目录学家首先是杰出的学者。如叶盛及其《菉竹堂书目》、朱睦㮮及其《万卷堂书目》、陈第及其《世善堂藏书目录》、焦竑及其《国史经籍志》、祁承㸁及其《澹生堂藏书目》、徐㷆及其《红雨楼书目》、钱曾及其《述古堂书目》、沈启原及其《存石草堂书目》、沈嗣选及其《法宋楼书目》、丁雄飞及其《古今书目》等,这些编撰者都是手不释卷、穷搜博览的嗜读好学之士。

三是由于书目编撰与藏书、读书、著述以及出版有着直接的关系,因此明代书目编撰的兴盛成为读书兴盛的重要标志之一。

九、藏书名家与阅读

如前所述,明代私人藏书兴盛,名家辈出。藏书名家的读书事迹,除了上述提到的外,这里再选几位有代表性的人物给予介绍。

1. 家贫嗜藏杨士奇

明初,江西泰和城南五十多里处,有一代名相杨士奇的东里草堂。

---

① 王鸣盛:《十七史商榷》卷一《史记一》,北京:商务印书馆,1959年,1页。

草堂里有友松轩、贫乐堂和善乐堂等建筑。其中的善乐堂是杨士奇藏书的地方。为此杨士奇曾题诗云:"家惟经籍富,数世坐丘园。善乐承先训,心清味道言。"这里有杨士奇用尽一生心血收藏的珍本奇书,其版本之精,数量之大,亦为明初所少见。

杨士奇(1365—1444),名寓,江西泰和(今江西吉安泰和县)人。官至礼部侍郎兼华盖殿大学士。杨士奇为官清廉,与杨荣、杨溥并称"三杨"。

杨士奇自小就酷爱读书,并立志要藏书。为此,他倾注了一生的心血。杨士奇的祖上也曾是读书人,并有藏书数万卷,可惜在元末全部被毁于兵燹。孩童时代,杨士奇就把家里的零星藏书读遍了。后来由于家贫,他就到处借书阅读,并开始抄书、藏书。十六岁时,杨士奇欲买《史略》二册,百钱不能得。于是其母把自己喂养多年的一只母鸡卖了,才换来了这部《史略》。这个卖鸡市书的故事成为藏书和读书史上的一段佳话。

此后,无论在什么处境下,他都数十年如一日地把藏书作为人生中最重要的事情。如他所言:

> 吾早有志于学,而孤贫不能得书。稍长,事抄录,无以为楮笔之费,则往往从人借读,不能数得。年十四五,出为教童蒙,颇有所入,以供养不暇市书也。弱冠,稍远出授徒,所入颇厚,始蓄书,不能多也。及仕于朝,有常禄,又时有赐赉,节缩百费,日月积之,一为收书之资,历十余年,经史子集,虽不能备,颇有所蓄。视吾先世所藏千百之十一,视吾少之时,可谓富也。①

杨士奇藏书的目的是阅读、研究和著述。他说:"积书岂徒以侈座

---

① 杨士奇:《东里续集》卷十四《文籍志序》,见《四库全书》第1238册,上海:上海古籍出版社,1987年,550页。

隅,充箧笥而已。必将讲读究明,务得之于心,而行之于身也。"①他一生读书很多,年轻时曾隐居桃源山,与文士陈子韶一起以苦读为乐。他一生校书也多,代表作品如《三史正统》《铁崖传》《两汉诏令》等。特别是由于他藏书丰富,读书勤奋,因此他一生著述也多,所著有《东里文集》25卷、《东里诗集》3卷、《东里续集》62卷、《东里别集》3卷。

2. 博学多闻何良俊

何良俊(1506—1573),字元朗,松江华亭(今上海奉贤柘林)人。"少笃学,二十年不下楼,与弟良傅并负俊才。"②嘉靖中以岁贡生入国学,特授南京翰林院孔目。居官久之,郁郁不得志,每慨然叹曰:"吾有清森阁在海上,藏书四万卷,名画百签,古法帖彝鼎数十种,弃此不居,而仆仆牛马走乎!"③遂弃官归家,读书著述。

何良俊自幼好读嗜学,手不释卷。特别是他藏书甚富,读书也博。如他在《四友斋丛说·序》中说:"何子读书颛愚,日处四友斋中。四友云者:庄子、维摩诘、白太傅与何子。此四人者,友也。何子少好读书,遇有异书,必厚赀购之。撤衣食为费,虽饥冻不顾也。每巡行田陌,必挟策以随。或如厕,亦必手一编。所藏书四万卷,涉猎殆遍。"④何良俊著有《何氏语林》《四友斋丛说》。在明代学者中,何良俊博学多闻,地位仅次杨慎、胡应麟、王世贞。

3. 叶盛与菉竹堂

叶盛(1420—1474),字与中,号蜕庵,江苏昆山人。正统十三年(1448)进士,官至吏部左侍郎。

叶盛生平嗜书,一生抄录雠校不辍,藏书之富甲于海内,服官数十

---

① 杨士奇:《东里续集》卷十四《文籍志序》,见《四库全书》第1238册,上海:上海古籍出版社,1987年,550—551页。
② 张廷玉等:《明史》卷二八七《文苑三》,北京:中华书局,1974年,7364页。
③ 张廷玉等:《明史》卷二八七《文苑三》,北京:中华书局,1974年,7364页。
④ 何良俊:《四友斋丛说·自序》,见何良俊《四友斋丛说》,北京:中华书局,1959年,5页。

年,未尝一日废。"虽持节边徼,必携抄胥自随。每抄一书成,辄用官印识于卷端。"①他曾想建一书室以藏书,并自定书室名为"菉竹堂"。可是他在生前一直没有实现这个愿望。直到他去世百年后,才由其玄孙叶恭焕建成菉竹堂,并将其藏书贮于堂中,完成了他的夙愿。王世贞曾撰有《菉竹堂记》。叶盛生前亦编有《菉竹堂书目》六卷。

为告诫子孙读书、爱书,叶盛曾撰《书厨铭》:"读必懂,锁必牢,收必审,阁必高。子孙子,惟学教,借非其人亦不孝。"②在他的谆谆教导下,他的藏书不仅历经百余年没有散失,而且在其后代中亦出现了几位爱读书的藏书家。如其五世孙叶恭焕,七世孙叶国华,八世孙叶奕苞、叶方蔼等。

叶盛不仅爱书藏书,而且勤于读书著述。除《菉竹堂书目》外,他还编撰有《菉竹堂碑目》《箓庵集》《水东日记》等。

4. 天一阁主人范钦

范钦(1506—1585),字尧卿,一字安卿,号东明,浙江鄞县(今宁波市)人。嘉靖十一年(1532)进士,官至兵部右侍郎。

范钦一生嗜好收藏图书,他于嘉靖四十年(1561)建天一阁藏书楼,购海内异本,列为四部,尤注重收经部诸书及先辈诗文集未传世者。两浙藏书以天一阁为最。为了收集图书,范钦遍访江浙的藏书家和坊肆。特别是他抄录了丰氏万卷楼的许多珍善本,与王世贞订立了藏书互抄的契约。他在江西、广西、福建、陕西、河南等地做官时,每到一处,都要搜访图书,并以购买或抄录的方式获得了很多好书。

范钦不仅竭尽全力收集图书,而且勤于研读校勘,所以他的藏书不仅数量多,而且以精而著名。他本人也是一位才学出众的学者,所著有《灌园丛谈》《卧云山房遗稿》等。他对藏书管理很严,从不外借。子孙

---

① 叶昌炽:《藏书纪事诗》卷二《叶文庄盛》,上海:古典文学出版社,1958年,80页。
② 叶盛:《菉竹堂书目·文庄公书厨铭》,丛书集成初编,北京:中华书局,1985年,3页。

有读书之志者,"就阁读之"。所以他的藏书经历了四百年后,能够依然保存完好,这成为我国私家藏书史上的奇迹。范钦在收集图书的同时,也刊印了很多书,其中有如前所述的《范氏奇书》二十种,还有《天一阁集》等。这无疑也是对阅读活动所做的重要贡献。

5. 舍庄换书王世贞

"得一奇书失一庄,团焦犹恋旧青箱。"①这是叶昌炽在《藏书纪事诗》中对著名学者和藏书家王世贞的描述。它生动地表现了王世贞的爱书心切和嗜书之癖的特征。

王世贞(1526—1590),字元美,号凤洲,又号弇州山人。江苏太仓人。"生有异禀,书过目不忘。"十九岁,举嘉靖二十六年(1547)进士,官至刑部尚书。

王世贞一生喜欢读书、藏书,乃至成为一代著名学者。王世贞的庄园名为弇州园。园内有凉风堂。堂后就是他的藏书楼,名为小酉馆,有藏书三万余卷。另外,他还有"尔雅楼""九友斋",专藏宋刻精本及书画名迹、古器、罏、鼎、酒枪。其所藏宋版书籍如《周易》《毛诗》《左传》《史记》《三国志》《唐书》《汉书》《后汉书》等共三千余卷,皆宋本精绝。而班、范的《汉书》《后汉书》尤为诸本之冠,它们是王世贞用一庄园换来的。

王世贞藏书是为了阅读和研究。他说:"世有勤于聚而倦于读者,即所聚穷天下书,犹亡聚也。有侈于读而俭于辞者,即所读穷天下书,犹亡读也。"②所以,他能够充分利用其藏书读书治学,成为著名的学者和文学家。他的诗文与李攀龙齐名,时称"王李",二人同为"后七子"领袖。李攀龙死后,他曾主持文坛二十年。他主张"文必秦汉,诗必盛唐",这种观点对读书界产生了深远影响。其著作有很多,其中主要有

---

① 叶昌炽:《藏书纪事诗》卷三《王世贞元美》,上海:古典文学出版社,1958年,131页。
② 胡应麟:《少室山房笔丛》卷二《经籍会通二》,北京:中华书局,1958年,34页。

《弇州山人四部稿》及剧本《鸣凤记》等。

6. 白华楼主人茅坤

茅坤(1512—1601),字顺甫,号鹿门,归安(今江苏吴兴)人。嘉靖十七年(1538)进士。官至大名兵备副使。

茅坤生平藏书甚富,甲于海内,有白华楼数十间,至充栋不能容。茅坤藏书既富,学问也佳,是明代著名的散文家。他反对"前七子""后七子"的"文必秦汉(西汉)"的观点,提倡学习唐宋古文。在作品内容方面,他主张必须阐发"六经"之旨。他编选的《唐宋八大家文钞》,对韩愈、欧阳修和苏轼尤加推崇,对读书界亦影响很大,乃至"盛行海内,乡里小生无人不知茅鹿门者"①。他与王慎中、唐顺之、归有光等人同被称为"唐宋派"。其著作有《白华楼藏稿》和《茅鹿门集》。

7. 赵用贤、赵琦美父子的藏书与读书

赵用贤(1535—1596),字汝师,号定宇,江苏常熟人。隆庆五年(1571)进士,官至吏部侍郎。

明中叶以后,常熟一地,藏书家辈出。赵用贤及其长子赵琦美开藏书风气之先,为这一地区的好学之士树立了榜样。赵用贤自幼嗜读好学,博闻强记。成人后,他立志搜求古籍。为此,他节衣缩食,用省下的钱买书、抄书。做官之后,他有条件借阅和抄写秘阁藏书,因此读书更多,藏书愈加丰富。《赵定宇书目》载,他所收藏的图书有二千余种,上万余册。

赵用贤勤于读书,老而弥笃,对所藏书籍亦勤于校勘,以至夜以继日,丹黄不倦。他著有《松斋集》《三吴文献志》《因革录》《国朝典章》《赵定宇书目》等。同样,赵用贤不仅藏书、校书,而且刻板印书,以嘉惠学子。如他所刻印的"五经"、《管子》、《韩子》、《玉海》等已被后人视为善本。

---

① 张廷玉等:《明史》卷二八七《文苑三》,北京:中华书局,1974年,7375页。

赵用贤长子赵琦美(1563—1624),字元度,自号清常道人,官至刑部郎中。

赵琦美天性颖发,博闻强记,继承了其父好读嗜书之性,一向是"宁废寝食,断不忘书"。其所藏图书有近五千种,两万多册。其中有一部分是他父亲的藏书,多数是他自己访求收集所得。明末清初著名学者和藏书家钱谦益说他:"欲网罗古今载籍,甲乙铨次,以待后之学者,损衣削食,假借缮写,三馆之秘本,《兔园》之残册,刋编啮翰,断碑残壁,梯航访求,朱黄雠校,移日分夜,穷老尽气,好之之笃挚,与读之之专勤,盖近古所未有也。"①在访书、校书方面,他曾获得李诫《营造法式》残本一部,其中缺十余卷。为此他遍访藏书家,而均无收藏者。后来他从一书商手中购得此书三册,又从秘阁藏书中借阅抄写,但阁本亦缺六七卷。之后,他又不断搜访,历二十余年,终于补齐了这套书。他的著作有《脉望馆书目》《洪武圣政记》《伪吴杂记》等。此外,他也刻印了许多书,如《新唐书纠谬》《周髀算经》《酉阳杂俎》《仇池笔记》《东坡志林》等。

8. 博极群书的焦竑

焦竑(1540—1620),字弱候,号澹园,山东日照人,后迁江宁。万历十七年(1589)进士,授翰林编修,谪福宁州同知。

祁承㸁在《澹生堂藏书约》中说焦竑"藏书两楼,五楹俱满,余所目视,而一一皆经校雠探讨,尤人所难"②。黄宗羲在《明儒学案》中说他:"积书数万卷,览之略遍。"③焦竑是明代学者中藏书丰富、读书广博、学识渊博的藏书家之一。如《明史》说他:"博极群书,自经史至稗官、杂说,无不淹贯。善为古文,典正驯雅,卓然名家。"④同时,焦竑也是藏书

---

① 钱谦益:《牧斋初学集》卷六十六《刑部郎中赵君墓表》,钱曾笺注,钱仲联标校,上海:上海古籍出版社,1985年,1537页。
② 祁承㸁等:《澹生堂藏书约·藏书训略》(外八种),上海:上海古籍出版社,2005年,16页。
③ 黄宗羲:《明儒学案·泰州学案四》,北京:中华书局,1985年,829页。
④ 张廷玉等:《明史》卷二八八《文苑四》,北京:中华书局,1974年,7393页。

家中著述最多的学者,所著有《焦氏藏书目》《易筌》《禹贡解》《逊国忠臣录》《澹园集》《漪园集》《支谈》《焦弱侯问答》《焦氏笔乘》《焦氏类林》《玉堂丛话》《老子翼》《庄子翼》《阴符经解》《献征录》《熙朝名臣实录》《俗书刊误》《国史经籍志》《中原文献》等。

9. 唯书是癖的将军藏书家陈第

陈第(1541—1617),字季立,号一斋,福建连江人。

陈第出身于读书之家,受家庭熏陶,从小喜欢读书。但他从来不循科场之道,而是广览博究,探索古学。他直到三十多岁才考中秀才。此后他一边在乡间教书,一边收访图书,研究古学。后来,他被招募入伍,并在几年之后被提拔为游击将军,镇守蓟镇有十几年之久。他因看不惯当地官吏徇私枉法,便弃官归里,潜心读书治学。

陈第在《世善堂书目题词》中说:"吾性无他嗜,唯书是癖。"①虽然他能够有幸继承祖业,阅读了前辈留下的许多藏书,但"不足以广其见闻"。因此,他自少至老,四处求书,遇书辄买,唯恐有失,而且不择善本,不争价值。特别是他辞官归里后,不顾年迈体弱,前往金陵焦竑家读书抄书,与焦竑切磋学问数年,其勤学苦读的精神使焦竑叹服。经过四十余年的搜访和积累,他的世善堂藏书已至万余卷。

陈第藏书主要是为了阅读。他说:"吾买书盖以自娱,子孙之读不读,听其自然。……至于守与不能守,亦数有必至。"②陈第藏书之富,读书之博,学问之精在藏书家中亦属少见。他精熟于"五经",对《诗》《易》尤有研究。特别是他对古音韵学颇有造诣。他的著述有《毛诗古音考》《屈宋古音义》《读诗拙言》《寄心集》《一斋诗集》以及《世善堂书目》等。

---

① 陈第:《世善堂藏书目录·世善堂书目题词》,丛书集成初编,北京:中华书局,1985年,1页。
② 陈第:《世善堂藏书目录·世善堂书目题词》,丛书集成初编,北京:中华书局,1985年,1页。

10. 祁承 и 澹生堂

祁承(1562—1628),字尔光,号夷度,又号旷翁、密园老人,浙江山阴(绍兴)人。万历三十三(1605)年进士,官至江西布政使右参政。

在明代的浙江,祁承的澹生堂与会稽钮氏的世学楼、宁波范氏的天一阁齐名。祁承不仅是一位著名的藏书家,而且是一位善读能用的杰出学者。他的儿辈在他的熏陶下,也都好读能文,卓然成家。

祁承自幼接触祖父遗书,从而对阅读产生了兴趣。青年时代,他曾夜以继日地阅读五百多卷的《通史》,因过度劳累而病倒数月。尽管如此,他的读书兴趣却是有增无减。只要听到或见到不曾读过的书,他总是千方百计地找来阅读。他在去北京参加会试期间,看到很多书籍,但因无力购买,只好到书铺里去阅读,因此,朋友们把他当作王充来嘲笑。

祁承对读书的重要作用和意义有着深刻的体会和认识。他说:"胸中久不用古今浇灌,便尘俗生其间,照镜则面目可憎,对人则语言无味。""积财千万,不如薄伎在身,伎之易习而可贵者,无过读书。世皆欲识人之多,见事之广,而不肯读书,是犹求饱而懒营馔,欲暖而懒裁衣也。"[1]

由于祁承对读书的作用和意义有着深刻的认识,因此他特别重视对儿辈的读书教育。首先,他以古人的事迹为规训,教育他们爱书。为此他收集了三十则聚书和二十三则读书的故事[2],以做示范。其次,他教育他们读书要专心致志,深入体会。最后,他要求他们不仅能聚能读,而且要善读,能够掌握书中的精神实质,做到经世致用,兼济天下。

由于祁承对读书的意义和作用有着充分的认识,因此他始终

---

[1] 祁承:《澹生堂藏书约》(外八种),上海:上海古籍出版社,2005年,4—6页。
[2] 祁承:《澹生堂藏书约》(外八种),上海:上海古籍出版社,2005年,6—14页。

能够竭尽全力地进行图书收集活动。每次外出,他都要遍访当地书肆。觅见异本,他都会不计价值地购回。经济紧张时,他曾将妻子的陪嫁卖掉买书。有收入时,他就节衣缩食,将所余的钱全部用以购书。最初十年中,他的藏书曾全部毁于火灾。但他又以惊人的毅力和顽强的精神重新开始购求书籍。经过二十年左右的努力,其藏书有九千多种,约十万卷。经过日夜整理和校阅,他将其藏书编成了《澹生堂书目》。为了表达藏书、读书生活的艰辛,并告诫子孙爱护书籍,他刻了一枚藏书铭印。铭文曰:

> 澹生堂中储经籍,主人手校无朝夕。读之欣然忘饮食,典衣市书恒不给。后人但念阿翁癖,子孙益之守弗失。①

祁承㸁不仅身体力行地藏书、读书和用书,而且对藏书进行理论总结,以教育后人。他撰写的《澹生堂藏书约》的内容分为读书训、聚书训、购书训和鉴书训几个部分。其目的就是教育子孙如何读书、藏书、择书、保护书等。如对藏书的阅读和保管,他规定:"子孙能读者,则以一人尽居之;不能读者,则以众人递守之。入架者不复出,蠹啮者必速补。子孙取读者,就堂检阅;阅竟即入架,不得入私室。"②他在藏书、读书和鉴书等方面的言论对后世产生了重要影响。如郑振铎在阅读《澹生堂藏书约》后说:"若与故人对话,娓娓可听,语语皆从阅历中来,亲切之至,盖承㸁不仅富于藏书,亦善于择书,读书也。惟甘苦深知,乃不作一字虚语。"③

在祁承㸁的训导和家风的熏陶下,他的家庭充满了浓厚的读书氛围。后代们从小就寝馈在丰富的藏书中间,养成了良好的读书习

---

① 叶昌炽:《藏书纪事诗》卷三《祁承㸁》,上海:古典文学出版社,1958年,163页。
② 祁承㸁:《澹生堂藏书约》(外八种),上海:上海古籍出版社,2005年,4页。
③ 郑振铎:《劫中得书记·澹生堂藏书训约》,上海:古典文学出版社,1956年,64页。

惯,并都学有专长,乃至成为一代名家。如四子祁彪佳,十七岁中举人,二十一岁登进士第,官至苏松诸府巡按,是一位坚持民族气节,关心人民疾苦,为人民做了很多好事的官员。同时他也是一位著名的藏书家和作家。他的"八求楼"藏书有三万余卷,其中有大量他所喜欢的杂剧和传奇。他对图书的喜爱程度并不亚于其父,也是"镇日摩挲",手不释卷。而且经史百家、诗文小说,他无所不读。对此,他在《祁忠敏公日记》中留下了很多记录。

祁彪佳的两位哥哥麟佳、骏佳,从兄豸佳都是戏曲作家。祁彪佳的夫人商景兰是吏部尚书商国祚的女儿,著有《锦囊集》。祁彪佳的两个儿子理孙和班孙也都好读能文,热爱藏书,并有著作行世。两位儿媳也都能诗。祁彪佳的四个女儿德渊、德琼、德茝、德玉也都有诗文集行世。

11. 黄居中、黄虞稷父子与千顷堂

黄居中(1562—1644),字明立,号海鹤,福建晋江人。万历十三年(1585)举人,自上海县教谕,迁南京国子监丞。

黄居中少好读书,老而弥笃。好藏书,恒手自抄撮。衣食所余,辄以市书。寝食坐卧,未尝一日废书。所积六万余卷,储千顷堂中,学者称海鹤先生,有《千顷堂集》。

黄居中次子黄虞稷(1629—1691),字俞邰,号楮园。自幼受到父亲的熏染,七岁能诗,号神童。十六岁入县学,年未二十,博极群书,学问渊博,文章典雅。他继承其父遗志,不仅能守先世藏书,而且时访别人藏本,稽其同异。他与藏书家丁雄飞订立"古欢社约",互访互抄,以补所无,使千顷堂藏书增至八万卷,并编撰了《千顷堂书目》三十二卷。他还与江右诸名士成立"经史会",以资博览。钱谦益、王士祯、周雪客、朱彝尊、黄宗羲等尝与之交往借读。康熙十八年(1679),奉召修纂《明史·艺文志》。有《楮园杂志》《我贵轩》《朝爽阁》《蝉巢》诸集行世。

12. 勤抄善读的谢肇淛

谢肇淛（1567—1624），字在杭，福建长乐人。万历三十年（1602）进士，累官广西右布政使。

谢肇淛一生嗜书好读。他曾说："读未曾见之书，历未曾到之山水，如获至宝、尝异味，一段奇快难以语人也。"① 他一生所任官职多种，每到一地，都以极大的热情搜读当地古籍。他在不到一年的时间里就读遍了藏书家叶向高的藏书。

除了勤于阅读和倾力购书外，谢肇淛还通过抄录来增加藏书，并把它作为一种最好的读书方法。如前所述，抄书是明代藏书家最为普遍的获得图书的途径。谢肇淛是其中最为典型者。他虽然长期为官，但薪俸有限，不可能见书就买，只好通过抄写获得自己喜爱的书籍。但抄书是很艰苦的工作，没有顽强的毅力和不辞辛苦的精神是难以完成的。他客居京城时，从内府中借来一部《谢幼槃文集》，然后就夜以继日地抄写。时值隆冬，"每清霜呵冻，十指如槌，几二十日始竣"②。对此，叶昌炽写诗称颂道：

> 十指如椎冻不信，清霜初下写书频。
> 可知石鼎松声里，桃叶摊书未是真。③

谢肇淛一生所抄的书无数，至今尚可见到的还有二十多种。他所抄的书中，有许多是内府秘本，后世没有刻印。所以，不少珍本是靠谢氏的抄本才得以流传的。

谢肇淛认为，读书是为了"明义理""资学问"，而不是为了升官发财。人要有学问，就必须刻苦读书；要认真刻苦读书，就不能过多地

---

① 谢肇淛：《五杂俎》卷十三《事部一》，上海：上海书店出版社，2009年，259页。
② 叶昌炽：《藏书纪事诗》卷三《谢肇淛在杭》，上海：古典文学出版社，1958年，159页。
③ 叶昌炽：《藏书纪事诗》卷三《谢肇淛在杭》，上海：古典文学出版社，1958年，158页。

顾及财产和安逸。他主张为读书而藏书,反对为藏书而藏书的行为。所以他一生抄书多,藏书多,所读过的书更是无数。他的著述也很多,代表作如《小草斋稿》《五杂俎》《文海抄沙》《西吴枚乘》《慎略》《百粤风土记》《支提山志》《长溪琐语》《游燕集》等。

13. 嗜藏善读的徐𤊹

徐𤊹(1563—1639),字惟起,又字兴公,福建闽县人。

徐𤊹自少喜欢读书,终生布衣不仕,以搜罗典籍、研讨学问、潜心读书著述为乐。他"博闻多识,善草隶书。积书鳌峰书舍至数万卷"①。他在《红雨楼书目》自序中说:

> 予少也贱,性喜博览,闲尝取父书读之,觉津津有味。然未知载籍无尽,而学者耳目难周也。既长,稍费编摩,始知访辑,然室如悬磬,又不能力举群有也。②

他在《藏书铭》中云:

> 少弄词章,遇书则喜。家乏良田,但存经史。先人手泽,连篇累纸。珍惜装潢,不忍残毁。补缺拾遗,坊售肆市。五典三坟,六经诸子。诗词集说总兼,乐府稗官咸备。藏蓄匪称汗牛,考核颇精亥豕。虽破万卷之有余,不博人间之青紫。茗椀香炉,明窗净几。开卷朗吟,古人在此。名士见而嘉叹,俗夫闻而窃鄙。淫嗜生应不休,痴癖死而后已。③

徐𤊹的嗜书好读行为在明代的藏书家中最为可称。如他在《笔精》中说:

---

① 张廷玉等:《明史》卷二八六《文苑二》,北京:中华书局,1974年,7357页。
② 徐𤊹:《红雨楼书目·自序》,上海:上海古籍出版社,2005年,244页。
③ 徐𤊹:《红雨楼书目·自序》,上海:上海古籍出版社,2005年,245页。

余尝谓人生之乐,莫过闭户读书。得一僻书,识一奇字,遇一异事,见一佳句,不觉踊跃,虽丝竹满前,绮罗盈目,不足逾其快也。六一公有云:"至哉天下乐,终日在几案。"余友陈履吉云:"居常无事,饱暖读古人书,即人间三岛。"皆旨哉言也。①

他藏书甚富,读书也勤,以至"其遗籍大半点墨施铅,或题其端,或跋其尾"②。其《红雨楼序跋》共收有 264 篇文章。徐𤊹亦勤于著述,流传至今的著作就有《红雨楼书目》《红雨楼序跋》《徐氏笔精》《榕阴新检》等。

14. 藏书、刻书家毛晋

毛晋(1599—1659),原名凤苞,字子九,晚年改名毛晋,字子晋,江苏常熟人。

毛晋以藏书和刻书著称,同时他也是一个嗜读好学的饱读之士。钱谦益说他:"通明好古,强记博览。深知学问之指意。经史全书,勘雠流布,毛氏之书走天下。"③他虽然不是书香门第出身,但从小就喜欢读书。因为家里有钱,买了不少书,所以他从小就读了很多书。他不仅喜欢读书,而且喜欢抄书、藏书、编书,乃至成为著名的藏书家、出版家和学者,一生与书结下不解之缘。

毛晋的父亲给毛晋留下了许多田产,为毛晋购书、藏书提供了经济保证。而且由于毛晋购书肯出高价,因此他收藏了许多宋元善本。江浙地区文化发达,藏书丰富,这为毛晋藏书提供了极好的条件。凡是购不到的善本书,他就以"影抄法"雇人抄写。这种抄书法因为能保留原书面貌,所以被很多人使用。后来有不少宋元刻本亡佚,而这

---

① 徐𤊹:《笔精》卷七《读书乐》,福州:福建人民出版社,1997 年,241 页。
② 叶昌炽:《藏书纪事诗》卷三《徐惟起》,上海:古典文学出版社,1958 年,172—173 页。
③ 钱谦益:《牧斋有学集》卷三十一《隐湖毛君墓志铭》,钱曾笺注,钱仲联标校,上海:上海古籍出版社,1996 年,1141 页。

种影抄本则得以流传，这是毛晋为中国典籍保存所做的一大贡献。清人吴伟业在《汲古阁歌》中称颂道：

> 比闻充栋虞山翁，里中又得小毛公。搜求遗佚悬金购，缮写精能镂版工。①

经过几十年的辛勤努力，毛晋的藏书数量至八万四千多册，它们都藏在汲古阁和目耕楼里。

毛晋藏书不是为藏而藏，而是为用而藏。他每获一善本便开坊刻印，一生所刻之书有600余种，而且"手自雠校，恒废寝食"。其中如"十三经"、"十七史"、《津逮秘书》等皆宋元以前旧帙。所以他所刻的书"世皆争购之"。《汲古阁歌》里也说他："君获奇书好示人，鸡林巨贾争摹印。"②他的藏书多钤"子孙永宝""子孙世昌""开卷一乐"等字样。其大量藏书不仅得到刻印流传，而且允许别人抄写和阅读。这实在是值得称颂的。

毛晋不仅是一位成就卓著的藏书家、出版家，同时也是一位杰出的学者。在收藏、刻印和经营之余，他还勤于读书和著述，所著有《毛诗陆疏广要》《苏米志林》《海虞古今文苑》《毛诗名物考》《明诗纪事》《虞乡杂记》《隐湖小识》《隐湖遗稿》《题跋初集》等。

第四节　学校和书院藏书与阅读

学校（儒学）和书院作为读书和讲学之所，往往有一定数量的藏

---

① 叶昌炽：《藏书纪事诗》卷三《毛晋子晋》，上海：古典文学出版社，1958年，180页。
② 叶昌炽：《藏书纪事诗》卷三《毛晋子晋》，上海：古典文学出版社，1958年，181页。

书。虽然它们的藏书不一定多么丰富,但它们作为专门的知识传播机构,对阅读活动和学术文化的发展往往产生重要的影响。因这部分内容与第四章《教育与阅读》有部分重复,所以本文只对藏书进行叙述。

一、学校藏书与阅读

明代的学校,中央有南国子监、北国子监,地方有府、州、县、卫所儒学。洪武二年(1369),明政府下诏天下府、州、县宜立儒学,于是全国各地儒学大兴。

1. 国子监藏书与阅读

国子监既是明朝的最高学府,又是明朝藏书、刻书的重要机构。国子监所藏书籍和书板有三个来源,一是前代遗留,主要是宋、元的遗留。二是朝廷颁赐,如永乐十五年(1417),"颁'五经'、'四书'、《性理大全》于两京六部、国子监及天下府、州、县学"①。弘治间,大学士邱濬曾说:"两京国子监虽设典籍之官,然所收掌,止是累朝颁降之书及原贮书板,别无其它书籍。"②三是国子监自己刻印。明朝国子监承历代传统,仍将刊印典籍作为自己的要务。

南京国子监东设太庙,西设太学。太学的建筑除七堂(彝伦堂、率性堂、修道堂、诚心堂、正义堂、崇志堂、广业堂)外,还有东西书库,以庋藏书籍和板片。

南京国子监以藏书多、藏板多、印书多而闻名。其藏板多为宋、元书板。明朝建立前所搜访的图书就有一部分藏在国子监,它亦成为明朝最早设立的高等学府。徐达平定元大都后所收秘阁图书和版

---

① 龙文彬:《明会要》卷二十六《学校下》,北京:中华书局,1956年,419页。
② 邱濬:《访求遗书疏》,见陈子龙等《明经世文编》卷七十六,北京:中华书局,1962年,694页。

籍就被运到南京国子监中,这部分书籍就成了明朝中央官府基本藏书的重要组成部分。之后,国子监又从南京集庆路儒学调去了许多书板,特别是将杭州西湖书院所藏宋国子监的旧板也调集到了国子监。这样,南京国子监就成为明朝最重要的藏书和刻书中心之一。其藏书之富为全国学校之冠。据《南雍志·经籍考》的著录,到嘉庆间,南京国子监藏书有 260 余种。一书数部、数十部乃至百部的现象不曾少见。如"二十一史"就藏有 147 部,3780 册。所藏的书板有 300 种,16 万片。所刻书,据《中国大百科全书》的介绍,有 274 种。其中最主要的是"十三经"、"二十一史"、《资治通鉴》以及《通典》《通志》《文献通考》等部头较大的正经和正史。国子监所刻的书不仅成为它的藏书来源,而且分发于其他官府机构和学校。由此可见,国子监作为全国的最高学府,担负着传承主流文化,统一思想观念,引领读书风气,促进学术文化发展的重任。

北京国子监,其规制与南京国子监相同,有五厅七堂。五厅即绳衍厅、博士厅、典籍厅、典簿厅、掌馔厅;七堂即彝伦堂、率性堂、诚心堂、崇志堂、修道堂、正义堂、广业堂。其中的典籍厅,专掌图书与书板事宜。

北京国子监藏书的基础是永乐十九年(1421),朱棣命修撰陈循从南京文渊阁选取并运来的 100 柜图书。之后,经不断增加,其藏书渐成规模。明郭磐所撰《明太学经籍志》著录北京国子监藏书 79 种[1],其内容基本与南京国子监相同,即除制书类,如《孝顺事实》《五伦书》《劝善书》《为善阴骘》《大诰三编》《诽谤榜册》《明伦大典》《大明律》等外,大部分是经、史、子类书籍。数量较大者是史部,主要包括"二十史"、《资治通鉴》、《通典》、《通志》、《文献通考》等。其次是经

---

[1] 郭磐:《明太学经籍志》,见首都图书馆编《太学文献大成》第 4 册,北京:学苑出版社,1996 年,4—8 页。

部,主要是"十三经"。子部和其他类较少。

从国子监藏书可见,太学生们所阅读的书籍首先是正统的儒家经典,包括经、史及子类书籍。其中又以程朱理学为核心的《四书大全》《五经大全》《性理大全》为主,这是统一生员思想,使其形成知识结构体系的核心内容;其次是朝廷颁发的,目的是灌输封建礼法,规范道德行为,维护封建秩序的大量制书。还有文集和文艺类书籍,如《临川集》《陈情出师表》《山海经》等。此外,还有《四时气候图》《诗乐图谱》《仪礼图解》《本草》《药性珍珠囊》以及《诸司职掌》《新官到任须知》和各种字帖等。

这些书籍或读物,基本包括思想、政治、道德、经济、文学、艺术、管理、天文、地理、农业、医药等方面的内容。通过这些内容可知明朝对统治人才的要求:一是具有牢固统一的思想基础和知识体系;二是要奉行封建礼法,以维护封建统治秩序;三是要有良好的道德品格和相关技能,以便日后能更好地胜任官职。此即所谓"人人闲于言动之仪,察于伦纪之叙,博通乎事物理义之则,详究乎礼乐刑政之具。他日辅翊吾君,跻一世文治于尧舜三代之盛"①。而太学生们读书的最终目的,正如《明太学经籍志》所附的《崇文阁碑记》里所赞的那样:"维身之章,维国之光。匡扶圣化,上跻虞唐。民物阜蕃,礼乐明备。允显崇文,昌运万世。"②

2. 地方儒学藏书与阅读

地方儒学主要有府学、州学、县学、卫学和社学等。洪武二年(1369),朱元璋谕中书省臣曰:"京师虽有太学,而天下学校未兴。宜令郡县皆立学校,延师儒,授生徒,讲论圣道,使人日渐月化,以复先

---

① 郭磬:《明太学经籍志》附录《崇文阁碑记》,见首都图书馆编《太学文献大成》第4册,北京:学苑出版社,1996年,14页。
② 郭磬:《明太学经籍志》附录《崇文阁碑记》,见首都图书馆编《太学文献大成》第4册,北京:学苑出版社,1996年,15页。

王之旧。"①于是，天下府、州、县、卫所皆建儒学。

因为设立儒学的目的是为国家培养统治人才，并以此来控制人民思想，所以儒学的教学内容和学员所读的书就受到了严格的控制。如洪武六年(1373)太祖朱元璋召国子博士赵俶等人曰："汝等一以孔子所定经书为教，慎勿杂苏秦、张仪纵横之言。"于是，赵俶"因请颁正定'十三经'于天下，屏《战国策》及阴阳谶卜诸书，勿列学宫"②。洪武、永乐间，明朝政府屡颁书籍于天下儒学。这些书籍有《御制大诰三编》、《御制减繁行移体式》、《大明律》、《礼仪定式》、《新官到任须知》、《韵会定式》、《六部职掌》、《科举程式》、《朔望行香体式》、《孟子节文》、《各衙门进奉表笺式》、《仁孝皇后劝善书》、《性理大全》、《五经大全》、《为善阴骘》、《孝顺事实》、《五伦书》、"四书"、"五经"等③。这些书籍至少在明代前期就一直是各级地方儒学藏书的核心内容，同时也是儒学生员的必读书。通过这些必读书，我们可看到明朝政府对生员在思想道德和知识结构等方面的控制和要求以及由此反映出的教育目的。

在政府的大力支持下，明代的地方儒学藏书得到了很大发展。儒学的藏书处一般称为尊经阁。其中如杭州府学尊经阁，始建于宋，元末毁于兵燹。洪武七年(1374)，杭州府知府王德宣奉诏重建尊经阁，建成后，王德宣捐俸购置图书31部：《史记》《前汉书》《后汉书》《三国志》《晋书》《宋书》《南齐书》《梁书》《陈书》《魏书》《北齐书》《周书》《隋书》《唐书》《五代史》《通鉴纲目》《通鉴外纪》《文献通考》《杜氏通典》《古史》《临安志》《高氏春秋》《许氏说文》《刘向新序》《文公家礼》《孝经正义》《丙丁龟鉴》《平宋录》《息心铨要》《西湖纪遗》《救荒活民

---

① 张廷玉等：《明史》卷六九《选举一》，北京：中华书局，1974年，1686页。
② 张廷玉等：《明史》卷一三七《赵俶传》，北京：中华书局，1974年，3955页。
③ 郑元庆：《吴兴藏书录·府学藏书目》，见祁承㸁等《澹生堂藏书约》(外八种)，上海：上海古籍出版社，2005年，11—12页。

书》。永乐间,朝廷赐书凡17部:《御制大诰三编》《孝顺事实》《为善阴骘》《性理大全》《四书大全》《诗传大全》《周易大全》《书传大全》《春秋大全》《礼记大全》《书传会选》《孟子节文》《五伦书》《古今列女传》《仁孝皇后劝善书》《大明律》《诸司职掌》。正德十二年(1517),杭州知府留志淑将仁和县学藏《南宋石经》及《道统十三赞》移至尊经阁。提学副使刘瑞又请求以刑金购书万卷,一时"经、史、子、集秩然略备,棂藏于阁"。刘瑞撰文并刻碑以记此事。文中,刘瑞慨之杭州"华侈甲天下,而学无藏书"。而朝廷所赐者唯经、书、性理、五伦,官所置者仅汉、宋诸史。孔子设教,讲求"博约""读书者学之始终也,读天下之书,斯可与论天下之事矣"。他还强调,"为天地立心,持是心以读天下之书,无难矣"①。

碑阴详列书目如下:

《易经大全》《书经大全》《诗经大全》《礼记大全》《春秋大全》《四书大全》《孔子家语》《仪礼经传通解》《大戴礼记》《礼书》《乐书》《十三经注疏》《性理大全》《朱子大全》《朱子三书》《史记》《前汉书》《后汉书》《晋书》《南史》《北史》《魏书》《宋书》《梁书》《陈书》《南齐书》《北齐书》《后周书》《隋书》《唐书》《五代史》《宋史》《元史》《通鉴前编》《通鉴纲目》《三国志》《十七史》《少微通鉴》《通志略》《国语》《战国策》《桯史》《世史正纲》《宋元鉴》《六子全书》《吕氏春秋》《王充论衡》《韩柳文》《六书统》《书学正韵》《太玄本旨》《文献通考》《玉海》《集事渊海》《事文类聚》《韵府群玉》《翰林全书》《事林广记》《埤雅》《读书记》《宋文鉴》《文章正宗》《东莱博议》《大学衍义补》《地理大全》《玉机微义》《名臣奏议》《陆宣公

---

① 丁申:《武林藏书录》卷上《尊经阁》,见祁承㸁等《澹生堂藏书约》(外八种),上海:上海古籍出版社,2005年,11—12页。

奏议》《汉隽》《李忠定公奏议》《于少保奏议》《王鲁斋研几图》《古今识鉴》《锦绣策》《止斋论祖》《脉诀俗解》《类博藁》《三苏文集》《朱文公召寓录》《渭南文集》《叶水心文集》《梅溪文集》《止斋文集》《诚意伯文集》《苏平仲文集》《木钟集》《鹿城书院集》《儒志编》《逊志斋集》《杨文懿公文集》《杨文懿公敷奏集》《魏文靖公文集》《姚文敏公文集》《郑氏麟溪集》《郑氏旌义编》《忠简公文集》《疑辨录》《竹斋集》《钓台集》《严陵八景诗》《洪武正韵》《皇明政要》《孝顺事实》《劝善书》《为善阴骘》《五伦书》《大明一统志》《大明会典》《八闽志》《嘉兴府志》《桐乡县志》《湖州府志》《武康县志》《会稽县志》《上虞县志》《萧山县志》《嵊县志》《宁波府志》《慈豁县志》《赤城新旧志》《宁海县志》《金华府志》《兰溪县志》《严州府志》《遂安县志》《温州府志》《处州府志》《吴兴名贤录》《金华文统》，凡129种，2368册。①

由此可知府学对藏书、读书的重视，同时府学生员所读书除传统的经、史、子、集四部外，还有《大明一统志》《大明会典》及浙江各府、县志等，这反映了府学藏书之富与生员读书范围之广。

关于地方学校的藏书情况，我们还可从《(万历)湖州府志》所记录的湖州府学藏书目录②可见一斑：

《四书大全》《五经大全》《性理大全》《十三经注疏》《大明劝善书》《孝顺事实》《五伦全书》《明伦大典》《大礼纂要》《诸司职掌》《大狩龙飞录》《史记》《前汉书》《后汉书》《晋书》《隋书》《宋书》《魏书》《陈书》《南齐书》《北齐书》《南史》《北史》《五代史》《元

---

① 丁申：《武林藏书录》卷上《尊经阁》，见祁承爜等《澹生堂藏书约》（外八种），上海：上海古籍出版社，2005年，12—15页。
② 转引自王国强《明代目录学研究》，郑州：中州古籍出版社，2000年，50—51页。

史》《金史》《宋史》《辽史》《后周书》《三国志》《资治通鉴》《通鉴纲目》《杜氏通典》《文献通考》《文章正宗》《传志编》《礼乐书》《六书正伪》《赤城志》《会稽志》《宁波府志》《嘉兴府志》《温州府志》《金华府志》《严州府志》《处州府志》《慈溪县志》《上虞县志》《海宁县志》《桐乡县志》《萧山县志》《兰溪县志》《遂安县志》《嵊县志》《逆臣录》《朝祭制服图》《古今识鉴》《太玄本旨》《杨文懿讲学》《杨文懿公文集》《陆宣公奏仪》《宋忠简公文集》《梅溪文集》《正斋集》《逊志斋集》《渭南文集》《苏平仲文集》《王鲁斋研几图》《魏文靖公集》《文公台家录》《刘按察文集》《胡子粹言》《薛子粹言》《叶水心文集》《郑氏鳞溪集》《郑氏精义篇》《类博稿》《竹斋书》《木钟集》《钓台集》《鹿城书院集》《医方选要》，凡82种。

上述两个书目所列图书，虽然数量有别，但内容和性质基本一致。从中可见明代府学藏书的数量和规模以及生员读书内容的统一性和规范性。

学校藏书有五个来源。一是前代遗留。如松江府学所藏《十三经注疏》等为元代所遗，仁和县学有旧存者凡30种。[①] 二是朝廷颁赐。如上所述。此外还有洪武十四年（1381），"颁'五经''四书'于北方学校"[②]。永乐十五年（1417），"颁'五经'、'四书'、《性理大全》于两京六部、国子监及天下府、州、县学"[③]。三是学校自己刻印。明代儒学多有刻书活动，所刻书以经史、文集为主。如徽州府学刻有《怀麓堂诗稿》《孔子家语》《六臣注文选》《珂学斋集选》等，武昌府学刻《礼记集传》等。四是私人捐赠。如著名学者邱濬将所积图书庋藏于学

---

① 丁申：《武林藏书录》卷上《仁和学》，见祁承㸁等《澹生堂藏书约》（外八种），上海：上海古籍出版社，2005年，20页。
② 张廷玉等：《明史》卷二《太祖二》，北京：中华书局，1974年，36页。
③ 龙文彬：《明会要》卷二十六《学校下》，北京：中华书局，1956年，419页。

宫,俾后生小子有志于读书问学者。① 孟时芳,购遗书数万卷,资诸生讲习。② 五是官资购买。如杭州府学在正德年间购书万卷。③

学校藏书的目的是供生员和教师阅读参考。如叶德辉说:"宋明国子监及各州郡学,皆有官书以供众读。"④由于生员的阅读范围比较狭窄,阅读目的亦很明确,因此一般来说学校藏书的内容也比较固定,数量也不太多。但由于学校藏书对师生开放,甚至允许邑人借阅,因此它对一个地方的文化教育和阅读活动具有重要的促进作用。

二、书院藏书与阅读

最早的书院就是一个藏书之所,虽然后来书院成为讲学授徒之地,但藏书仍然是它的重要功能之一,藏书的阅读价值也因此得到充分的发挥。

明代的书院继承了宋代的传统,并有所发展。与宋、元相比,明代书院虽然数量有所不及,但讲学之盛行,影响之巨大,则较宋、元有过之而无不及。据统计,明代共有书院 1239 所,遍及 19 个省。⑤ 特别是,书院作为一种高级教育机构,往往有着比较稳定和丰厚的收入,所以,其藏书的数量和质量已远不是地方学校可比的。同时,书院藏书的半公共性质以及书院活跃的学术气氛,都会对一个地方读书风气的形成和学术文化的发展产生积极的影响。

书院藏书有四个来源。一是私人捐赠。如王世贞官郧阳时,出

---

① 转引自王国强《明代目录学研究》,郑州:中州古籍出版社,2000 年,44 页。
② 杨立诚、金步瀛:《中国藏书家考略》,上海:上海古籍出版社,1987 年,121 页。
③ 丁申:《武林藏书录》卷上《尊经阁》,见祁承㸁等《澹生堂藏书约》(外八种),上海:上海古籍出版社,2005 年,11—12 页。
④ 叶德辉:《书林清话》卷八《宋元明官书许士子借读》,沈阳:辽宁教育出版社,1998 年,183 页。
⑤ 来新夏:《中国古代图书事业史》,上海:上海人民出版社,1990 年,272 页。

资购书于三吴、两浙、秦楚间,得数百卷,贮于清美堂中,俾士人肄习,文风丕变。① 李敏,筑室紫云山麓,聚书数千卷,与学者讲习,成化时诏赐名紫云书院。② 二是书院购买。如张舜典为鄢陵令时,创弘仁书院,置经史数千卷。③ 弘治中,提学王云凤在西安府正学书院建书楼,"广收书籍,以资诸生诵览"④。三是书院自己刻印。明代书院亦多刻书,仅目前所见,刻书者不下百家,现存书有 300 余种,内容有经、史、子、集,其中又以文集为多。⑤ 四为朝廷颁发。如嘉靖九年(1530),"颁《敬一》诸箴于湖南岳麓书院"⑥。

不过,由于书院学生中亦有很多人终究会参加科举考试,因此其读书范围不会太广泛,这不利于书籍的传播。另外,明代中期王阳明心学泛滥,"束书不观,游谈无根"之风对书院的藏书建设和读书风气也产生了不良影响。

---

① 赵景深、张增元:《方志著录元明清曲家传略》,北京:中华书局,1987 年,60 页。
② 张廷玉等:《明史》卷一八五《李敏传》,北京:中华书局,1974 年,4895 页。
③ 王心敬:《关学续编》卷一《鸡山张先生》,北京:中华书局,1987 年,76 页。
④ 来新夏:《中国古代图书事业史》,上海:上海人民出版社,1990 年,273 页。
⑤ 王国强:《明代目录学研究》,郑州:中州古籍出版社,2000 年,52 页。
⑥ 龙文彬:《明会要》卷二十六《学校下》,北京:中华书局,1956 年,416 页。

第七章 宫廷读者群体及其阅读特点

宫廷读者群体包括皇帝、皇后、皇帝的子女以及宫女和宦官等人。虽然这个群体的人数不多,但是作为一个特殊的读者群体,其阅读活动不仅是一个时代社会阅读的重要组成部分,而且对一个时代社会阅读的发展产生着重要影响。

第一节 皇帝阅读

皇帝是整个封建统治集团的最高统治者。皇帝的意志就是统治阶级的最高意志。皇帝的知识背景、阅读观念和阅读行为不仅反映其文化观念和统治思想,而且会对一个时代的社会阅读产生重要影响。明代皇帝与历朝统治者一样,出于维护统治的需要,大多采取"崇儒右文"的文化政策。因此其阅读观念和阅读活动既有共性,又有差异。

一、太祖朱元璋

明太祖朱元璋，崇儒尚学，热爱阅读。他不仅重视藏书，读书广泛，而且勤于思考，善于评论。其读书观念是讲求实用，严于管理。作为在文治武功方面最有影响力的开国君主，朱元璋的阅读行为和观念不仅影响了他的知识结构，而且直接影响着其政治思想的形成和施政行为的产生，从而对明王朝的建立和巩固起了重要作用，也对明初及整个明代的学术文化发展产生了重要影响。

1. 崇儒尚学，重视藏书

朱元璋出身于农民家庭，识字不多。但在推翻元朝、建立明朝的过程中，由于政治和军事斗争的需要以及受周围儒士们的影响，他逐渐认识到读书的重要性。因此，他十分重视读书和藏书，并养成了读书和写作的习惯。如他所说："朕本农家子，未尝从师指授，然读书成文，释然自顺，岂非天授乎？"[①]元至正十八年(1358)，他征辟儒士范祖干、叶仪、许元等十三人，分直讲经史。[②] 范祖干向朱元璋讲《大学》一书的治国之道。由此，朱元璋懂得了"武定祸乱，文致太平"[③]的道理。对于书和读书的重要性，朱元璋在洪武十五年(1382)十一月命礼部修治国子监旧藏书板的一道上谕中说："古先圣贤，立言以教后世，所存者书而已。朕每观书，自觉有益，尝以谕徐达。达亦好学，亲儒生，囊书自随。盖读书穷理，于日用事务之间，自然见得道理分明，所行不至差缪，书之所以有益于人也如此。"[④]

由于朱元璋对读书的重要性有着高度的认识，因此他十分重视

[①] 徐祯卿：《翦胜野闻》，见陶珽《说郛续》卷十二，上海：上海古籍出版社，1988年，572页。
[②] 张廷玉等：《明史》卷一《太祖一》，北京：中华书局，1974年，7页。
[③] 张廷玉等：《明史》卷二八二《儒林一》，北京：中华书局，1974年，7223页。
[④] 《明太祖实录》卷一五〇，台北："台湾中央研究院历史语言研究所"，1962年，2360页。

对书籍的搜集和典藏。明朝建立前,他就"命有司访求古今书籍,藏之秘府,以资览阅",且对侍臣詹同说:"三皇五帝之书,不尽传于世,故后世鲜知其行事。汉武帝购求遗书,而'六经'始出,唐虞三代之治始可得而见,甚有功于后世。"①这也反映了他好学嗜读,相信书籍是知识来源的思想。之后,他又多次下令搜集图书。如洪武元年(1368),徐达率军攻破元大都时,朱元璋命徐达"收其秘阁所藏图书典籍,尽解金陵"②。洪武二十三年(1390),朱元璋再次下令搜购遗书,于是福建布政司呈进《南唐书》《金史》《苏辙古文》等。③ 朱元璋对书籍搜求和典藏的重视奠定了明朝官府藏书的基础,从而为宫廷阅读创造了良好的条件。

2. 热爱阅读,勤于钻研

朱元璋虽然没有受过正式的学校教育,但是后来却能够谙熟经典,评论经史,并能用文字表达己意,这是他热爱阅读、勤于钻研的结果。无论是在战乱时期,还是在立国后,朱元璋始终以极大的热情和毅力阅读和研究儒家经典,以寻求治国安邦之道。正如他所说:"吾每于宫中无事,辄取孔子之言观之,如'节用而爱人,使民以时',真治国之良规。孔子之言,万世之师也。"④《明太祖实录》称赞他:

> 退朝之暇,即延接儒生,讲论经典,取古帝王嘉言善行书寘殿庑,出入省观。斥侈靡,绝游幸,却异味,罢膳药,泊然无所好。敦行俭朴,以身为天下先。凡诏诰命令,词皆自制,淳厚简古,洞达物情。当宁戒谕臣下,动引经史,谆切恳至,听者感动。训敕子孙臣庶,具有成书,贻法万世。⑤

---

① 余继登:《典故纪闻》卷一,北京:中华书局,1981年,10页。
② 沈德符:《万历野获编》卷一《访求遗书》,北京:中华书局,1959年,4页。
③ 龙文彬:《明会要》卷二十六《学校下》,北京:中华书局,1956年,419页。
④ 余继登:《典故纪闻》卷一,北京:中华书局,1981年,10页。
⑤ 《明太祖实录》卷二五七,台北:"台湾中央研究院历史语言研究所",1962年,3717页。

这段话虽不无溢美之词,但朱元璋的一些言行确实反映了他崇儒尚学、读书勤奋、勤政尚俭、以身作则的行为和品德。

他对《诗》《书》《礼》《易》《春秋》《大学》《论语》《孟子》以及《列子》等典籍,都做过深入钻研①,并有很多精辟的见解。如洪武二十二年(1389)三月壬辰,太祖御谨身殿,观《大学》之书,谓侍臣曰:"治道必先于教化,民俗之善恶,即教化之得失也。《大学》一书,其要在于修身。身者,教化之本也。人君身修,而人化之,好仁者耻于为不仁,好义者耻于为不义。如此,则风俗岂有不美? 国家岂有不兴? 苟不明教化之本,致风陵俗替,民不知趋善,流而为恶,国家欲长治久安,不可得也。"②洪武二十七年(1394),他在阅读蔡氏《书传》时,发现其中对象纬运行的解释,与朱子《诗传》相悖,其他注释也与别人的有所不同,于是"征天下宿儒订正之,遂成《书传会选》……颁行天下"③。他对《大学》中"有土有人"阐释道:"人者国之本,德者身之本,德厚则人怀,人安则国固。故人主有仁厚之德,则人归之如就父母,人心既归,有土有财,自然之理也。若德不足以怀众,虽有财,亦何用哉!"④国子博士许存仁讲《尚书·洪范》至"休征咎征之应"时,朱元璋说:"天道微妙难知,人事感通易见,天人一理,必以类应,稽之往昔,君能修德,则七政顺度,雨旸应期,灾害不生;不能修德,则三辰失征,旱潦不时,乖异迭见,其应如响。今宜体此,下修人事,上合天道。"⑤他评论《春秋》说:"孔子作《春秋》,明三纲,叙九法,为百王轨范,修身立政,备在其中,未有舍是而能处大事决大疑者。"⑥一次,他在读《列子》之后说:

---

① 余继登:《典故纪闻》卷一至卷五,北京:中华书局,1981年,7—94页。
② 《太祖宝训》卷一《论治道》,台北:"台湾中央研究院历史语言研究所",1962年,9页。
③ 张廷玉等:《明史》卷一三七《钱宰传》,北京:中华书局,1974年,3955页。
④ 余继登:《典故纪闻》卷二,北京:中华书局,1981年,34页。
⑤ 余继登:《典故纪闻》卷一,北京:中华书局,1981年,10页。
⑥ 余继登:《典故纪闻》卷五,北京:中华书局,1981年,94页。

"信心常出于忠厚,疑心必起于偏私。夫信其所好,疑其所恶,乃人之常情,是不可不察也。"①

朱元璋还经常将自己对经典的理解向其子孙和大臣们讲说,以表达和传播自己读书治学的体会和思想。如洪武十五年(1382)五月,国子监落成时,朱元璋向全体学官讲说《尚书》三篇。"复命取《尚书》'大禹''皋陶谟''洪范',亲为讲说,反覆开谕。群臣闻者莫不悚悦,遂赐宴,竟日而还。"②他认为"经之不明,传注害之;传注之害,在乎辞繁而旨深"。因此,他担心儒臣不能达注释之凡,又亲自译《论语》二章,以赐翰林修撰孔克表。孔克表、刘基、林温"取诸经要言,析为若干类,使人以恒言释之,使之皆得通其说,而尽圣贤之旨意",朱元璋赐名曰《群经类要》。③

这些评论、讲说和解释,一是表现出朱元璋对经典阅读的执着和深入钻研;二是进一步反映了他对经典阅读的重视,且唯恐经典著作的微言大义不能深入人心;三是表明他反对对经典解释的复杂化,因此他对经典的解释并不拘泥于传统的注疏,而是根据自己的理解,进行直接而浅显易懂的解释;四是不仅反映了他的学术文化水平,而且表现出了他的政治思想和治国理念。

朱元璋对一些经典著作能够做到朝夕省阅,反复详味,以求古人之用心。例如,他命儒臣将《尚书·洪范》篇书写揭于御座之右,并亲自为之注疏,成《尚书·洪范注》。④ 他命儒臣将《尚书·无逸》篇书于殿壁,朝夕省阅,以为鉴戒。⑤ 他还将《大学衍义》书于新宫殿的西庑

---

① 余继登:《典故纪闻》卷五,北京:中华书局,1981年,81页。
② 《明太祖实录》卷一四五,台北:"台湾中央研究院历史语言研究所",1962年,2278页。
③ 宋濂:《宋学士全集》卷二《恭题御制论语解二章后》,丛书集成初编,北京:中华书局,1985年,416页。
④ 余继登:《典故纪闻》卷四,北京:中华书局,1981年,77页。
⑤ 余继登:《典故纪闻》卷五,北京:中华书局,1981年,96页。

壁间,并说:"前代宫室多施绘画,予用此以备朝夕观览,岂不愈于丹青乎?"①之后,他又说:"朕观《大学衍义》一书,有益于治道者多矣。每披阅,便有警省。故令儒臣日与太子、诸王讲说,使鉴古验今,穷其得失。大抵其书先经后史,要领分明,使人观之容易而悟,真有国之龟鉴也。"②由此可见朱元璋对儒家经典的喜爱之深和用功之勤。

　　以史为鉴也是朱元璋一贯的读书思想和做法。正如他所言:"往古人君所为善恶,皆可以为龟鉴。吾所以观此者,正欲知其丧乱之由,以为之戒耳。"③因此,除儒家经典外,朱元璋还特别喜爱阅读历史书籍。据考证,他读过的历史著作,从《左传》《周书》《史记》《汉书》到《唐书》《宋史》,多达六七十种。④ 其中《汉书》和《宋史》是朱元璋最常读的史书。他对《汉书》的酷爱,几乎到了手不释卷的地步,并且他经常就《汉书》中的问题与大臣们讨论。对此,史料中多有记载。如,元至正二十四年(1364)五月,太祖"上朝罢,退御白虎殿,阅《汉书》",并与侍臣宋濂、孔克仁讨论"汉之治道不能纯乎三代"的问题。⑤ 元至正二十七年(1367)十一月,"太祖阅《汉书》",与侍臣讨论"汉高祖以追逐狡兔比武臣,发踪指示比文臣"的譬喻及其意义。⑥ 洪武十二年(1379),"太祖观《武帝纪》,顾谓翰林侍臣曰:'人君理财之道,视国如家可也。一家之内,父子不异赀,其父经营储积,未有不为子孙之计者,父子而异赀,家必隳矣。君民犹父子也,若惟损民以益君,民衣食不给,而君独富,岂有是理哉'"⑦? 洪武十八年(1385)六月,"上阅

---

① 余继登:《典故纪闻》卷一,北京:中华书局,1981年,14页。
② 《明太祖实录》卷一六一,台北:"台湾中央研究院历史语言研究所",1962年,2489页。
③ 《明太祖实录》卷十七,台北:"台湾中央研究院历史语言研究所",1962年,232页。
④ 向燕南:《史学与明初政治》,载《浙江学刊》,2002年第2期,160—164页。
⑤ 《明太祖实录》卷十五,台北:"台湾中央研究院历史语言研究所",1962年,357页。
⑥ 《太祖宝训》卷四《评古》,台北:"台湾中央研究院历史语言研究所",1962年,26页。
⑦ 余继登:《典故纪闻》卷四,北京:中华书局,1981年,60—61页。

《汉书》",然后与侍臣讨论汉文帝的为人和用人之道。①《太祖宝训》卷四载:洪武二十四年(1391)二月,"太祖阅《汉书》赐民爵之令,谓侍臣曰:'汉高帝立社稷,施恩惠,赐民之爵,子孙相承以为法。或遇有事,辄赐民爵……'"②

《太祖宝训》中还有许多有关朱元璋阅读《尚书》《大学衍义》《宋史》《帝范》《唐书》等经典的记录和言论,而且它们一再反映了朱元璋勤于钻研、学以致用的进取精神和读书思想。

朱元璋不仅自己阅读《汉书》,而且极力鼓励臣民阅读。如《明史·郭云传》载:"元主北奔"时,湖广行省平章政事郭云坚守不降,大将军徐达遣指挥曹谅围而擒之,系送京师,"太祖奇其状貌,释之。时帝方阅《汉书》,问识字否,对曰'识'。因以书授之。云诵其书甚习。帝大喜,厚加赏赐"③。

此外,由于朱元璋对史书的资治作用有着深刻的认识,因此他"命礼部印《通鉴》《史记》《元史》以赐诸王"④。同时,他也通过敕修书籍,将史书上有关正反面的事迹编成教材,让子孙和大臣们阅读。

3. 经史之外,兴趣广泛

除儒学和历史方面的书外,朱元璋还喜欢阅读佛、道、文学及其他方面的书。特别是他青年时曾出家为僧,因而对佛学尤感兴趣,后来还曾著有《金刚经集注》。此外,他对《道德经》也深有研究,亦有《道德经注》行世。从他所作的大量的诗歌来看,他也喜欢吟诗诵词。大学士解缙说他:"圣情尤喜为诗歌……故常喜诵古人铿锵炳朗之作,尤恶寒酸咿嘤龌龊鄙陋,以为衰世之为,不足观。"⑤在文章方面,

---

① 《太祖宝训》卷四《评古》,台北:"台湾中央研究院历史语言研究所",1962年,30页。
② 《太祖宝训》卷四《评古》,台北:"台湾中央研究院历史语言研究所",1962年,31页。
③ 张廷玉等:《明史》卷一三四《郭云传》,北京:中华书局,1974年,3910页。
④ 《明太祖实录》卷二〇九,台北:"台湾中央研究院历史语言研究所",1962年,3122页。
⑤ 钱谦益:《列朝诗集小传》乾集上《太祖高皇帝》,上海:上海古籍出版社,1983年,1页。

他对诸葛亮的《出师表》评价很高,说该文"至今使之诵之,自然忠义感激"①。他对戏文词曲也极为喜欢。例如,他对高明的《琵琶记》就极为欣赏,曾对臣下说:"'五经''四书',布帛菽粟也,家家皆有;高明《琵琶记》,如山珍海错,富贵家不可无。"②他不仅自己谙习词曲,而且希望其子孙和大臣也喜欢词曲。如"洪武初年,亲王之国,必以词曲一千七百本赐之"③。

正因为朱元璋平时读书很杂,并且缺乏选择性,所以一些儒臣曾向他提出建议。如洪武年间,大学士解缙向太祖朱元璋上书说:

> 臣见陛下好观《说苑》《韵府》杂书与所谓《道德经》《心经》者,臣窃谓甚非所宜也。《说苑》出于刘向,多战国纵横之论。《韵府》出元之阴氏,抄辑秽芜,略无可采。陛下若喜其便于检阅,则愿集一二志士儒英,臣请得执笔随其后,上溯唐、虞、夏、商、周、孔,下及关、闽、濂、洛,根实精明,随事类别,勒成一经,上接经史,岂非太平制作之一端欤?④

解缙的这道奏折成为后来《永乐大典》和《五经大全》《四书大全》《性理大全》三部理学巨著编纂的起因。

另外,明朝虽然严禁谶纬之书,朱元璋时期的《大明律》就有类似的规定,但是由于这类书在当时流传很广,很受读者青睐,这引起了朱元璋的注意。洪武二十二年(1389),河南开封府封邱县民刘安寿曾向太祖献谶纬之书多种,如《五符太乙书》《遁甲书》《景祐符应经》

---

① 余继登:《典故纪闻》卷二,北京:中华书局,1981年,30页。
② 徐渭:《南词叙录》,见《中国古典戏曲论著集成》第二册,北京:中国戏剧出版社,1959年,240页。
③ 王利器:《元明清三代禁毁小说戏曲史料·前言》,上海:上海古籍出版社,1981年,4页。
④ 张廷玉等:《明史》卷一四七《解缙传》,北京:中华书局,1974年,4115—4116页。

《草里寻针法》《草算太乙》《祭法太乙》《玉律》《六壬书》①等。虽然史料中没有记载朱元璋读后有何反应,但我们不能否定朱元璋曾读过这类书。

由上述可见朱元璋的阅读范围之广和读书数量之多。

4. 讲求实用,重视管理

朱元璋的阅读思想和观念:一是讲求实学,经世致用;二是虚怀若谷,追求不懈;三是重视管理,严加防范。

第一,朱元璋作为一个出身于农夫、身经百战而得天下的皇帝,其阅读观念必然会表现为讲求实学和经世致用。有关这一点,除上述言行已有所充分反映外,他在命孔克仁教授其子孙读书时,希望他"宜辅以实学,毋徒效文士记诵辞章而已"②。他还对文士们的文章批评道:"近世文士,不究道德之本,不达当世之务,立辞虽艰深而意实浅近,即使过于相如、扬雄,何俾实用?"③这虽然是在批评文章,但也反映了他的阅读观念。

第二,朱元璋作为明朝的开国皇帝,其博大的胸怀、宽广的气度和永不满足的追求精神必然会反映在其读书治学思想和观念中。有关这一特点,除上述言行已有所反映外,史料中还有很多记载。例如,他曾与翰林待制秦裕伯等论学术曰:"为学之道,志不可满,量不可狭,意不可矜。志满则盈,量狭则骄,意矜则小。盈则损,骄则惰,小则鄙陋。故圣人之学,以天为准,贤人之学,以圣为则。苟局于小而拘于凡近,则亦岂能充广其学哉!"④这段话再一次反映了朱元璋志存高远、胸怀宽广、永不满足、勤奋不懈的人生追求和读书治学思想。

第三,朱元璋作为明朝的最高统治者,对阅读活动的思想认识和

---

① 沈德符:《万历野获编·补遗》卷四《献异书》,北京:中华书局,1959年,906页。
② 余继登:《典故纪闻》卷二,北京:中华书局,1981年,31页。
③ 余继登:《典故纪闻》卷二,北京:中华书局,1981年,30页。
④ 余继登:《典故纪闻》卷二,北京:中华书局,1981年,30页。

控制功能有着高度认识,并能付诸实施,严加管理。朱元璋虽然读书范围很广,读书内容很杂,但是他对臣民的读书范围则有所限制。例如,洪武六年(1373)颁布的《大明律》中就规定不准收藏和阅读"天文图谶"等"应禁之书"。同年,朱元璋对国子博士赵俶说:"汝等一以孔子所定经书为教,慎勿杂苏秦、张仪纵横之言。"赵俶"因请颁正定'十三经'于天下,屏《战国策》及阴阳谶卜诸书,勿列学宫"①。此外,他还对《孟子》进行删节,这亦反映出他的阅读控制思想。至于他所主持修纂的几十种制书,则更是一种出于政治目的的强制性阅读和思想控制的行为。

由上述可见,第一,朱元璋虽然不是读书人出身,但是其崇儒尚学、热爱读书、勤奋钻研、严于管理的思想和行为与历代皇帝相比,有过之而无不及。特别是他始终坚信书籍是知识的来源,阅读经典能给读者带来智慧,经史是治国安邦的思想武器。因此他始终重视对书籍的收藏,也非常重视对子孙及臣下的经史教育。

第二,读书既提高了朱元璋的文化素养,也提高了他的执政能力,从而对他的治国理念和政策制定产生了重要影响。这在他的大量有关读书的见解和评论,以及与儒臣们讲论经史和治国之道的言谈中有充分的反映。这是朱元璋在文治武功方面能够取得卓越成就的重要因素之一。正如《明史》所言:"武定祸乱,文致太平,太祖实身兼之。"②

第三,读书不仅提高了朱元璋的个人文化素质,而且对明初以及整个明代的儒学普及与发展具有重要影响。这主要表现在以下三点。其一,他始终能够"兴礼儒士,网罗硕学",重视对知识分子的保护和使用。其二,他非常重视发展教育,注意提高臣民的文化素养,

---

① 张廷玉等:《明史》卷一三七《赵俶传》,北京:中华书局,1974年,3955页。
② 张廷玉等:《明史》卷三《太祖三》,北京:中华书局,1974年,56页。

乃至"盖无地而不设之学,无人而不纳之教。……明代学校之盛,唐、宋以来所不及也"①。其三,他本人所写的各种体裁的文字,包括诗词文章、经典注释以及其他大量的敕修书籍,也对明初的文学发展和经史普及产生了重要影响。朱元璋对儒家经典的解说和理解及其学术主张,除了有助于儒学经典在社会上普及外,也必然会对明代的经学发展产生重要影响。

二、惠帝朱允炆和成祖朱棣

惠帝朱允炆,自幼颖慧好学。其为皇太孙时,就协助朱元璋"遍考礼经,参之历朝刑法"②,改定《大明律》。他继位后,亲贤好学,典章制度,锐意复古,且"购遗书,申旧典,日惟汲汲不遑逸"③。

成祖朱棣,崇儒尊孔,重读尚文,颇有乃父之风。他的阅读观念和行为及其对明代阅读的影响主要表现在以下几个方面。

第一,他十分重视对典籍的收藏。永乐四年(1406),有一次朱棣问文渊阁的藏书情况。大学士解缙回答说:"经史粗备,子集尚多阙。"朱棣听后说:"士人家稍有余资,皆欲积书,况乎朝廷可阙乎?"于是他下令派人"四出购求遗书",并说:"书籍不可较价直,惟其所欲与之,庶奇书可得。"然后他又对解缙等儒臣说:"置书不难,须常览阅乃有益。凡人积金玉欲遗子孙,朕积书亦欲遗子孙,金玉之利有限,书籍之利岂有穷也?"④这段话充分反映了朱棣对书籍的意义和阅读价值的高度认识。

第二,他十分重视对儒家经典的阅读。他把程朱理学确立为官

---

① 张廷玉等:《明史》卷六十九《选举一》,北京:中华书局,1974年,1686页。
② 张廷玉等:《明史》卷四《恭闵帝》,北京:中华书局,1974年,59页。
③ 傅维麟:《明书》卷七十五,丛书集成初编,北京:中华书局,1985年,1524页。
④ 余继登:《典故纪闻》卷六,北京:中华书局,1981年,116页。

学,使其成为全国生员士子的必读内容。永乐十二年(1414),他命翰林院学士胡广,侍讲杨荣、金幼孜修纂《五经大全》《四书大全》《性理大全》三部理学巨著。《四库全书总目》所言:"有明一代,士大夫学问根柢具在于斯。"①朱棣出于统一思想,巩固政权的目的而重视对儒家典籍的阅读,这与朱元璋是一致的。但他反对儒学以外的其他思想的阅读观念比朱元璋表现得更为明显。如《典故纪闻》记载:"永乐初有献《道经》者,成祖曰:'朕所用治天下者"五经"耳,《道经》何用?'斥之去。"②

第三,朱棣不仅读书用功勤勉,而且常与儒臣谈经论史。这在史料中多有记载。如《典故纪闻》记载:"成祖于视朝之暇,辄御便殿阅书史,或召翰林儒臣讲论。"③他还自称在处理朝政事务之余,"闲暇则取经史览阅,未尝敢自暇逸"④。"成祖御武英殿,览《存心录》,顾翰林侍臣曰:'适览慕容超郊有异兽出坛侧,隋炀帝祀圜丘暴风未成礼而退,后二人皆不旋踵而亡。古人言惟德动天,夫不德亦动天,善则降祥,不善则降殃,但各以类应之。'"⑤而且他还经常勉励大臣们勤于读书学习,不可虚度光阴。例如,有一次他问侍臣:"若等无事家居时,亦不废观书否?"对曰:"有暇亦时观书自适。"成祖曰:"常爱孔子言:'饱食终日,无所用心,难矣。'朕视朝罢,宫中无事,亦恒观书,深有启沃。若等皆年富力强,不可自逸。大禹尚惜寸阴,朕与汝等何可不勉?"⑥

第四,他不仅强调读书有益,而且强调读书要因人而异,有所选

---

① 永瑢等:《四库全书总目》卷三十六《经部四书类二》,北京:中华书局,1965年,302页。
② 余继登:《典故纪闻》卷六,北京:中华书局,1981年,107页。
③ 余继登:《典故纪闻》卷六,北京:中华书局,1981年,116页。
④ 余继登:《典故纪闻》卷六,北京:中华书局,1981年,116页。
⑤ 余继登:《典故纪闻》卷六,北京:中华书局,1981年,115页。
⑥ 余继登:《典故纪闻》卷七,北京:中华书局,1981年,120页。

择。如他说:"朕博考载籍,每览昔人言行可自警省者,读之不能释手,读书所以有益于人。然人资禀有强弱,泛而不切,亦未有益。"①

第五,朱棣的阅读思想具有兼收并蓄、注重实用的特点。这一点可以从专供御览的《永乐大典》的收书情况看出。特别是他对通俗文学作品具有浓厚的兴趣。除了在《永乐大典》中以很大的篇幅著录了评话、杂剧和戏文外,在文华殿书目中亦列有《三国志通俗演义》。②

此外,朱棣对明代阅读的贡献还体现在铺张文治、修书掞文方面。特别是他敕修的《永乐大典》,无论是修书的出发点,还是编撰过程,都对阅读活动具有重要意义。

三、仁宗朱高炽和宣宗朱瞻基

仁宗朱高炽,自幼雅尚儒术,爱好学问。在东宫时,他就喜欢蓄藏经籍,且手不释卷,常与儒臣讲论不辍。③ 他对儒家诸经多有研讨,尤其熟谙于《尚书》。他曾说:"为治不出此经,虽成康,皆苟道。"④因此,他在日常处理政务时经常以《尚书》中的语句警示自己。如他曾对杨士奇说:"《书》云:'有言逆于汝心,必求诸道。'朕恒存此心,闻群臣所言有拂意者,朕退必自思,或朕言有失,亦未尝不悔。"⑤此外,仁宗还对《春秋》《易》《诗》诸经发表自己的见解,多有创获。在文学方面,他"酷好宋欧阳修之文,乙夜翻阅,每至达旦"⑥。

宣宗朱瞻基,嗜书好读,博学多闻,"于载籍鲜所不窥"⑦。然而,

---

① 余继登:《典故纪闻》卷六,北京:中华书局,1981年,105页。
② 阮葵生:《茶余客话》卷十六《小说》,北京:中华书局,1959年,495页。
③ 张廷玉等:《明史》卷八《仁宗》,北京:中华书局,1974年,107页。
④ 转引自陈宝良《明代皇帝与明代文化》,载《史学集刊》,1992年第3期,20—27页。
⑤ 余继登:《典故纪闻》卷八,北京:中华书局,1981年,144页。
⑥ 钱谦益:《列朝诗集小传》乾集上《仁宗昭皇帝》,上海:上海古籍出版社,1983年,3页。
⑦ 沈德符:《万历野获编》卷二十五《著述》,北京:中华书局,1959年,635页。

宣德年间天下承平,宣宗"颇事游猎玩好"。于是御史陈祚驰疏劝宣宗勤于读书,特别是要多读《大学衍义》。宣宗见疏后大怒,认为陈祚讽刺他没有读过《大学》,于是下令将陈祚逮捕入狱。①

从史料记载来看,宣宗是一个好读善思的皇帝。钱谦益的《列朝诗集小传》称他:"天纵神敏,逊志经史,长篇短歌,援笔力就。"②他平时喜欢读的书有《诗》《书》《易》《周书》《汉书》《宋史》《贞观政要》等。他经常临视文渊阁,披阅经史,与儒臣讨论学问,询以时政。如宣德四年(1429)十月,宣宗临视文渊阁,取经史亲自披阅,与杨士奇等讨论后,赐诗曰:

秘阁宏开当巽隅,充栋之积皆图书。
仙家蓬山此其处,上与东壁星相符。
罢朝闲暇一临视,衣冠左右环文儒。③

宣宗也喜欢发表一些读书感想。如他在读《汉书·循吏传》后感慨道:"自古有天下者,皆以民为本……教养之道,农桑学校而已。农桑之业修,则民足于衣食而遂其生;学校之政举,则民习于礼义而全其性,如是足以为善治矣。"④有一次,他听侍臣讲《贞观政要》后说:"予尝反覆是书,谓安天下必须先正其身,未有身正而影曲,上理而下乱者。谓治国犹栽树,根本不摇则枝叶茂,君道清静则百姓安乐,皆要语也。"⑤

此外,宣宗还把自己的读书体会和为治之道总结为《帝训》二十五篇,以警示自己和教育子孙。其内容有君德、奉天、法祖、正家、睦

---

① 张廷玉等:《明史》卷一六二《陈祚传》,北京:中华书局,1974年,4401页。
② 钱谦益:《列朝诗集小传》乾集上《宣宗章皇帝》,上海:上海古籍出版社,1983年,3页。
③ 余继登:《典故纪闻》卷九,北京:中华书局,1981年,168页。
④ 余继登:《典故纪闻》卷九,北京:中华书局,1981年,158页。
⑤ 余继登:《典故纪闻》卷九,北京:中华书局,1981年,160页。

亲、仁民、经国、勤政、恭俭、儆戒、用贤、知人、去疾、防微、求言、祭祀、重农、兴学、赏罚、黜陟、恤刑、文治、武备、驭夷、药饵。

四、英宗朱祁镇及其后诸帝

英宗朱祁镇及其后的明朝皇帝虽然自幼受到了良好的文化教育，但是多数都不如前代诸帝那样嗜学好读、观经研史，而是更多地将阅读活动作为一种娱乐和消遣行为。但儒家经典也能时时警示他们，从而对其执政生涯产生了深刻影响。

英宗朱祁镇有一次和大臣李贤在谈论节俭时说："'四书'、《尚书》，朕尝读遍，如'二典''三谟'，真是格言，帝王修身、齐家、敬天、勤民、用人、为政之道，尽在其中矣。"①

代宗朱祁钰即位后，编修官刘定之上言道："夫经莫要于《尚书》《春秋》，史莫正于《通鉴纲目》。陛下留心垂览。其于君也，既知禹、汤、文、武之所以兴，又知桀、纣、幽、厉之所以替，而趋避审矣。"②代宗欣然采纳了他的建议，遂将《通鉴纲目》作为其经常阅读的书籍，并说《通鉴纲目》"亦天下后世之公论所在，不可泯也。朕尝三复，有得于心"③。

宪宗朱见深不仅喜欢阅读朱熹的《通鉴纲目》，而且很重视它的有裨于治道的学术价值。如他说，"朱文公《通鉴纲目》，可以辅经而行"，"是书所载……俾后世为君为臣者，因之以鉴戒惩劝，而存心施政，胥由正道，图臻于善治，其于名教岂小补哉！然则是书诚足以继

---

① 余继登：《典故纪闻》卷十三，北京：中华书局，1981年，239页。
② 张廷玉等：《明史》卷一七六《刘定之传》，北京：中华书局，1974年，4695页。
③ 《明英宗实录》卷二五六《废帝郕戾王附录》，台北："台湾中央研究院历史语言研究所"，1962年，5510页。

先圣之《春秋》,为后人之轨范,不可不广其传也"①。宪宗命儒臣考订《通鉴纲目》,刻梓以传,并敕修《续资治通鉴纲目》,亲作序文以冠其首:"观是编者,足以鉴前代之是非,知后来之得失,而因以劝于为善,惩于为恶,正道由是而明,风俗以之而厚,所谓以人文化成天下者,有不在兹乎?"②此外,宪宗还喜欢阅读通俗文学作品。史载,宪宗"好听杂剧及散词,搜罗海内词本殆尽"③。

孝宗朱祐樘,"圣学缉熙,光明纯粹"④,在尊孔崇儒方面的力度较之前朝的皇帝更大一些。弘治十七年(1504),重修阙里孔子庙,孝宗下令,让大学士李东阳前往祭拜,并亲自御制碑文。在日常阅读经史之余,孝宗还经常看《永乐大典》,并向臣下索要《太极图》《西铭》等书在宫中观览。⑤ 同样,他也十分推崇《通鉴纲目》的资政价值。如他所说:"《通鉴纲目》并《续编》深切治道",并且因"患其繁多,特敕翰林儒臣撮其要略",撰成《历代通鉴纂要》。⑥

睿宗朱祐杬"甫髫龀,受封出阁,学于西馆,锐志经史,有《含春堂集》和《恩纪诗集》"⑦。

武宗朱厚照,崇信番教,好武淫佚。他喜欢阅读通俗文学作品,"好听新剧及散词,有进词本者,即蒙厚赏,如徐霖与杨循吉、陈符所进,不止数千本焉"⑧。有一次,武宗要看《金统残唐》,求之而不得。

---

① 《明宪宗实录》卷一一三,台北:"台湾中央研究院历史语言研究所",1962年,2195—2197页。
② 《明宪宗实录》卷一五九,台北:"台湾中央研究院历史语言研究所",1962年,2910页。
③ 王利器:《元明清三代禁毁小说戏曲史料·前言》,上海:上海古籍出版社,1981年,9页。
④ 钱谦益:《列朝诗集小传》乾集上《孝宗敬皇帝》,上海:上海古籍出版社,1983年,3页。
⑤ 孙旬编:《皇明疏钞》卷二,台北:台湾学生书局,1986年,205页。
⑥ 《明孝宗实录》卷一九九,台北:"台湾中央研究院历史语言研究所",1962年,3694页。
⑦ 钱谦益:《列朝诗集小传》乾集上《睿宗献皇帝》,上海:上海古籍出版社,1983年,4页。
⑧ 王利器:《元明清三代禁毁小说戏曲史料·前言》,上海:上海古籍出版社,1981年,10页。

内侍以五十金买之以进览。① 此外,武宗对"通鉴"类读物的阅读价值推崇备至,高度赞扬。如他为《历代通鉴纂要》写的序曰:"经主道,史主事,皆不可缺。顾道约而事繁,自有文字以来,上下数千年之迹,势不能尽阅。而治乱兴亡、善恶得失之大者,不可以不知也。……兹当次第披阅,式监往事,以利后规。"②他还称《少微通鉴节要》一书"详不至泛,略不至疏,一开卷间,首尾俱见,盖读史之捷径也"③,因命司礼监重刻之,以广其传。

  世宗朱厚熜,幼颖敏,口授诗文,辄成诵。即位后,他开始迷恋道教,崇尚玄修,而不好研读经史。他十分喜欢阅读法秘一类读物,并且不遗余力地四处搜访。如嘉靖末年,他遣御史姜敬、王大任访天下法秘,回来后二人即被提升为学士。于是,方士赵天寿进献符法三十六本。在得到世宗的奖励后,嘉靖四十四年(1565),赵天寿又向世宗献法秘二十三种。但此次世宗浏览后终觉方术之不足信。④ 对于世宗的这种爱好,礼科给事中刘最曾进言,劝他"勤圣学,于宫中日诵《大学衍义》,勿令左右近习诱以匪僻"⑤。世宗在崇儒重经方面曾有过一些举措,如嘉靖二十二年(1543),他下令重录《四书大全》《五经大全》与《性理大全》,并将其全部藏于皇史宬。⑥

  神宗朱翊钧,即万历皇帝,是一个比较爱读书的人。其自称四岁就能读书。即位后,他根据大学士张居正的安排,一旬之中,逢三、六、九日早朝,其余时间则主要用来读书学习。五个主讲经史和两个教书法的老师都是由张居正任命的,而且张居正也经常亲自为万历

---

① 王利器:《元明清三代禁毁小说戏曲史料·前言》,上海:上海古籍出版社,1981年,10页。
② 李东阳等:《历代通鉴纂要·卷首》,广州:广雅书局,1897年。
③ 王重民:《中国善本书提要》,上海:上海古籍出版社,1983年,102页。
④ 沈德符:《万历野获编·补遗》卷四《著述》,北京:中华书局,1959年,906页。
⑤ 张廷玉等:《明史》卷二〇七《刘最传》,北京:中华书局,1974年,5463页。
⑥ 《明世宗实录》卷二七三,台北:"台湾中央研究院历史语言研究所",1962年,5372页。

皇帝授课。张居正去世后,虽然万历皇帝摆脱了翰林学士们的羁绊,但是成年后的万历皇帝变成了一个喜欢读书的人。他命令大学士把本朝祖宗的"实录"抄出副本供他阅读。"万几之暇,博览载籍。每谕司礼监臣及乾清宫管事牌子,各于坊间寻买新书进览。凡竺典、丹经、医、卜、小说、画像、曲本,靡不购及。"① 其中,他尤其喜欢阅读《水浒传》,并认为"此天下'盗贼'萌起之征也"②。此外,神宗特别留心翰墨,如米芾文赋,常以自随。"内府藏颜鲁公书《孝经》,得之如珙璧,命江陵相装潢题识,珠囊绨几,未尝一日去左右。"③

五、经筵及其他

从太祖朱元璋开始,经筵一直是明代皇帝们读书学习的一种重要形式。经筵所讲内容主要是经史。其讲授要点在于发挥经传的精义,指出历史的鉴戒,当然更要结合现实,以期古为今用。如前所述,太祖朱元璋在戎马征战中,就十分重视对经史的学习。元至正十八年(1358),他征辟儒士范祖干、叶仪、许元等十三人,分直讲经史。④明朝建立后,经筵作为皇帝和大臣们读书学习的一种形式一直延续下来。

经筵讲官都是一些饱学之士,或是对某一种经史有独到见解者。如成祖时,解缙讲《书》,杨士奇讲《易》,胡广讲《诗》,金幼孜讲《春秋》。⑤

---

① 刘若愚:《酌中志》卷一《忧危竑议前纪》,北京:北京古籍出版社,1994年,1页。
② 王利器:《元明清三代禁毁小说戏曲史料·前言》,上海:上海古籍出版社,1981年,10页。
③ 钱谦益:《列朝诗集小传》乾集上《神宗显皇帝》,上海:上海古籍出版社,1981年,5页。
④ 张廷玉等:《明史》卷一《太祖一》,北京:中华书局,1974年,7页。
⑤ 张廷玉等:《明史》卷一四七《金幼孜传》,北京:中华书局,1974年,4126页。

见于《明史》的经筵官有很多，如方孝孺、刘球、刘忠、倪岳、杨守陈、顾清、许诰、马愉、董伦、谢铎、张四维、马自强、方献夫、夏言、崔铣、何瑭、霍韬、钱唐、杨慎、李时勉、刘铉、曹鼐、黄景昉、刘翔、陈循、傅珪、王英、周叙、赵用贤、张居正、瞿景淳、冯琦、世能、余继登、罗喻义、张元忭、陆深、陈仁锡、程敏政、刘吉、尹直、殷士儋、王华①等。

南宋真德秀的《大学衍义》，作为一部专为封建皇帝讲治国要略的著作，是明朝皇帝们最为青睐的读物，因而成为经筵中最为重要的讲读内容。如前所述，朱元璋就曾将《大学衍义》书于新宫殿的壁间。宣宗则误认为御史陈祚劝他多读《大学衍义》是轻视他未读过《大学衍义》，而将之下狱。宪宗初御经筵，都给事中张宁请日以《大学衍义》进讲。② 弘治年间，陶谐请命儒臣日讲《大学衍义》，孝宗嘉纳之。③ 隆庆年间，殷士儋向穆宗进讲《大学衍义》《贞观政要》，穆宗嘉纳之。④

此外，《资治通鉴》类读物由于其有裨于治道，是"资治"之工具，因此被皇帝和儒臣们作为重要读物而受到高度重视。如成化年间，编修官谢铎校勘《通鉴纲目》时，向宪宗进言："《纲目》一书，帝王龟鉴。陛下命重加考定，必将进讲经筵，为致治资也。"⑤万历时，经筵讲官余继登、冯琦向万历皇帝共进《通鉴讲义》，"傅以时政缺失"⑥。

---

① 见《明史》各传。
② 张廷玉等：《明史》卷一八〇《张宁传》，北京：中华书局，1974年，4766页。
③ 张廷玉等：《明史》卷二〇三《陶谐传》，北京：中华书局，1974年，5364页。
④ 张廷玉等：《明史》卷一九三《殷士儋传》，北京：中华书局，1974年，5125页。
⑤ 张廷玉等：《明史》卷一六三《谢铎传》，北京：中华书局，1974年，4431页。
⑥ 张廷玉等：《明史》卷二一六《余继登传》，北京：中华书局，1974年，5701页。

第二节　太子与宗室藩王读者群

太子和藩王们因为"将有天下国家之责",所以是除皇帝之外宫廷中最重要的读者群体。

一、太子阅读

如前所述,明太祖朱元璋出身于布衣,识字不多,但他明白读书受教育的重要意义。因此,他始终特别重视读书人在治国安邦中的重要作用,以及其后代的读书受教育问题。

早在元至正二十年(1360),朱元璋就设置江南儒学提举司,以宋濂为提举,遣世子朱标受经学。① 之后,皇子、皇孙既有专门的教师教授他们读书学习,又有专人陪侍他们读书,还有专门的藏书、读书之地。

如朱标为太子时,国子生国琦、王璞、张杰等十余人侍太子读书禁中。特别是朱元璋于洪武元年(1368)在宫内"建大本堂,取古今图籍充其中,征四方名儒教太子诸王,分番夜直,选才俊之士充伴读"②。朱元璋对其子孙读书学习的重视,可以从他对国子博士孔克仁讲的一段话中反映出来。洪武二年(1369),太祖命博士孔克仁等授诸子经,功臣子弟亦令入太学。太祖谕之曰:

---

① 张廷玉等:《明史》卷一二八《宋濂传》,北京:中华书局,1974年,3784页。
② 张廷玉等:《明史》卷一一五《兴宗孝康皇帝》,北京:中华书局,1974年,3549页。

人有积金,必求良冶而范之,有美玉,必求良工而琢之。至于子弟有美质,不求明师而教之,岂爱子弟不如金玉也?盖师所以模范学者,使之成器,因其材力,各俾造就。朕诸子将有天下国家之责,功臣子弟将有职任之寄。教之之道,当以正心为本,心正则万事皆理矣。苟道之不以其正,为众欲所攻,其害不可胜言。①

皇子、皇孙们的教习者都是一些学高品端的硕学名儒。他们不仅培养了皇子、皇孙们的阅读兴趣和方法,而且对其思想观念的形成产生了重要影响。如永乐初,杨溥"侍皇太子为洗马。太子尝读《汉书》,称张释之贤。溥曰:'释之诚贤,非文帝宽仁,未得行其志也。'采文帝事编类以献。太子大悦"②。这些人除宋濂、方孝孺外,史料中记载的还有卢熙、陶凯、魏观、詹同、刘三吾、许存仁、邹济、孔克仁、杨士奇、杨溥、吴宽、张宗濬、傅珪、罗洪先、赵时春、唐顺之③等。

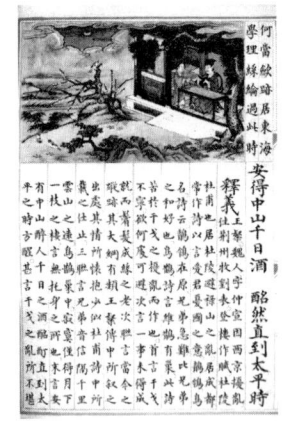

《千家诗注》

---

① 余继登:《典故纪闻》卷二,北京:中华书局,1981年,30—31页。
② 张廷玉等:《明史》卷一四八《杨溥传》,北京:中华书局,1974年,4142页。
③ 见《明史》各传。

太子和诸王的读书处先是在白虎殿和文楼,洪武初改为大本堂,后又改为文华殿。这些读书处同时也是藏书处,所收藏的图书以经史为主。

太子和诸王的读书目的与一般读书人的读书目的有所不同,因为他们"将有天下国家之责",所以朱元璋一开始就对他们的阅读内容和方法有所规定和限制。如,洪武二年(1369)四月,朱元璋命孔克仁等教授诸子经,并特别嘱咐他"宜辅以实学,毋徒效文士记诵辞章而已"①。洪武四年(1371),朱元璋谕令省台臣曰:"朕诸子日知务学,必择端谨文学之臣兼宫寮之职,日与之居,讲说经史,蓄养德性,博通古今,庶可以承藉天下国家之重。"②因此,太子和诸王所阅读的内容以经史为主。儒家经典当然主要是《诗》《书》《礼》《易》《春秋》《论语》《孟子》《大学》《中庸》等。史书类主要有《史记》《资治通鉴》《贞观政要》《汉书》《宋史》《元史》等。此外,皇帝还命儒臣编撰一些史鉴类读物供太子和诸王阅读。如,朱元璋于洪武六年(1373)颁《昭鉴录》,训诫诸王③,洪武二十六年(1393)又颁《永鉴录》于诸王。④ 成祖"尝命侍臣辑自古嘉言善行有益于太子者为书,以授长子"⑤。杨溥"采汉文帝事编类以献,太子大悦"⑥。

此外,太子们亦喜欢阅读文学、佛教等方面的书。如永乐六年(1408),杨士奇受命辅导太子。"太子喜文辞,赞善王汝玉以诗法进。士奇曰:'殿下当留意"六经",暇则观两汉诏令。诗小技,不足为也。'太子称善。"⑦宪宗时期,覃吉侍太子朱祐樘读书。"太子年九岁,吉口

---

① 余继登:《典故纪闻》卷二,北京:中华书局,1981年,31页。
② 余继登:《典故纪闻》卷三,北京:中华书局,1981年,41页。
③ 张廷玉等:《明史》卷二《太祖二》,北京:中华书局,1974年,28页。
④ 张廷玉等:《明史》卷三《太祖三》,北京:中华书局,1974年,51页。
⑤ 余继登:《典故纪闻》卷二,北京:中华书局,1981年,105页。
⑥ 张廷玉等:《明史》卷一四八《杨溥传》,北京:中华书局,1974年,4142页。
⑦ 张廷玉等:《明史》卷一四八《杨士奇传》,北京:中华书局,1974年,4132页。

授'四书'章句及古今政典。太子偶从内侍读佛经,吉入,太子惊曰:'老伴来矣。'亟手《孝经》。吉跪曰:'太子诵佛书乎?'曰:'无有,《孝经》耳。'吉顿首曰:'甚善。佛书诞,不可信也。'弘治之世,政治醇美,君德清明,端本正始,吉有力焉。"①

从上述两则史料可见,太子作为一般读者,体验阅读带来的轻松和愉快感以及求美、求奇的心理,出于本性。因此,他们既喜欢阅读诗文,也容易被佛经所吸引。另外,虽然皇帝和儒臣们"为正其心"而努力限制其读书范围,但是宫内总有人出于各种目的而诱导太子阅读经史以外的其他书籍。这也可以说是宫廷内思想领域斗争的一种表现。同时,一个朝代的政治清明与否,与其君主自幼所受何种教育、所读何书有着密切关系。

二、宗室藩王读者群

明王朝存在了270余年之久,在庞大的宗室群体中形成了一个庞大的并具有较高文化品位的读者群体。这个群体,除上述的太子们之外,还有那些被分封到各地为王的皇子、皇孙。他们中的很多人不但喜欢读书,而且富于藏书,精于刻书,成为明代一个特殊的读者群体,对明代的文化发展产生了积极影响。

这个群体中的杰出代表有以下诸人。

朱元璋第二子秦愍王朱樉之孙朱志𡊨,好古嗜学,以贤闻。② 其孙秦简王朱诚泳博通群籍,布衣蔬食,延揽文儒,竟日谈论不倦。他不但自己好学嗜读,而且还兴建正学书院,又旁建小学,择军校子弟秀慧者,延儒生教之,并亲临课试,开创了王府护卫子弟入学读书之

---

① 张廷玉等:《明史》卷三〇四《宦官一》,北京:中华书局,1974年,7778页。
② 张廷玉等:《明史》卷一一六《诸王一》,北京:中华书局,1974年,3560页。

先例。著有《经进小鸣集》。①

第三子晋恭王朱㭎,曾学文于宋濂,学书于杜环。②

第五子周定王朱橚,好学,能词赋,尝作《元宫词》百章,曾绘《救荒本草》,辟东书堂以教世子,聘长史刘淳为之师。③ 朱橚长子朱有燉,博学善书,有《诚斋乐府》《诚斋集》和杂剧 31 种,是明代著名的剧作家。朱橚第八子镇平王朱有爌,"嗜学,工诗,作《道统论》数万言。又采历代公族贤者,自夏五子迄元太子真金百余人,作《贤王传》若干卷"④。朱有爌之孙朱睦㮮,"覃精经学,从河、洛间宿儒游。年二十通'五经',尤邃于《易》《春秋》。谓本朝经学一禀宋儒,古人经解残阙放失,乃访求海内通儒,缮写藏弄,若李鼎祚《易解》、张洽《春秋传》,皆叙而传之。吕柟尝与论《易》,叹服而去。益访购古书图籍,得江都葛氏、章丘李氏书万卷,丹铅历然,论者以方汉之刘向。筑室东坡,延招学者。通怀好士,而内行修洁",所撰有《五经稽疑》六卷、《授经图传》四卷、《韵谱》五卷以及《明帝世表》《周国世系表》《建文逊国褒忠录》《河南通志》《开封郡志》诸书⑤,另有诗文集《陂上集》。其子朱勤羹,亦嗜书,收藏益富。⑥

第六子楚昭王朱桢,尝录《御注洪苑》和《大宝箴》置左右。其子庄王朱孟烷敬慎好学。朱孟烷之子宪王朱季埱,著《东平河间图赞》,为士林所诵。⑦

第八子潭王朱梓,英敏好学,善属文。⑧

---

① 张廷玉等:《明史》卷一一六《诸王一》,北京:中华书局,1974 年,3561 页。
② 张廷玉等:《明史》卷一一六《诸王一》,北京:中华书局,1974 年,3562 页。
③ 张廷玉等:《明史》卷一一六《诸王一》,北京:中华书局,1974 年,3566 页。
④ 张廷玉等:《明史》卷一一六《诸王一》,北京:中华书局,1974 年,3568 页。
⑤ 张廷玉等:《明史》卷一一六《诸王一》,北京:中华书局,1974 年,3569 页。
⑥ 钱谦益:《列朝诗集小传》闰集《中尉睦㮮》,上海:上海古籍出版社,1983 年,776 页。
⑦ 张廷玉等:《明史》卷一一六《诸王一》,北京:中华书局,1974 年,3570—3571 页。
⑧ 张廷玉等:《明史》卷一一六《诸王一》,北京:中华书局,1974 年,3574 页。

第十子鲁荒王朱檀，好文礼士，善诗歌。① 朱檀之后世孙奉国将军朱健根，"博通经术，年七十，犹纵谈名理，亹亹不倦"。其子镇国中尉朱观𤏳，尝绘《太平图》上献。世宗嘉奖之，赐承训书院名额并"五经"诸书。其弟朱观㷬以诗画著名。②

朱元璋第十一子蜀献王朱椿，"孝友慈祥，博综典籍，容止都雅，帝尝呼为'蜀秀才'。在凤阳时，辟西堂，延李叔荆、苏伯衡商榷文史。既至蜀，聘方孝孺为世子傅，表其居曰'正学'，以风蜀人"③。自朱椿以下"四世七王，几百五十年，皆检饬守礼法，好学能文，孝宗恒称蜀多贤王"④。其中成王朱让栩最贤明，性儒雅，好读书，手不释卷，日观经史，临法书，作诗属对，皆有程要。而且他不迩声伎，创义学，修水利，赈灾恤荒，为一代贤王。

朱元璋第十三子代简王朱桂之宗人聪㴂、聪浨、俊概、俊榷、俊㳟、俊杓、俊𡃤、充煒，皆娴于文章。其中俊𡃤尤博学，有盛名，不慕荣利。简王第六子灵丘王朱逊烇，好学工诗，尤善医。其后代有名为俊格者，亦能文善书，嘉靖时，曾为世宗所奖赏。⑤

朱元璋第十四子肃庄王朱楧，其孙朱真淤"博雅好文，诗调高古"⑥。

第十六子庆靖王朱㮵，"好学有文，忠孝出天性"⑦。其子安塞王朱秩炅，"性通敏，过目不忘，善古文。遇缙绅学士，质难辨惑，移日不倦。所著有《随笔》二十卷"⑧。

---

① 张廷玉等：《明史》卷一一六《诸王一》，北京：中华书局，1974年，3575页。
② 张廷玉等：《明史》卷一一六《诸王一》，北京：中华书局，1974年，3577页。
③ 张廷玉等：《明史》卷一一七《诸王二》，北京：中华书局，1974年，3579页。
④ 张廷玉等：《明史》卷一一七《诸王二》，北京：中华书局，1974年，3581页。
⑤ 张廷玉等：《明史》卷一一七《诸王二》，北京：中华书局，1974年，3583—3585页。
⑥ 钱谦益：《列朝诗集小传》乾集下《肃靖王》，上海：上海古籍出版社，1981年，10页。
⑦ 张廷玉等：《明史》卷一一七《诸王二》，北京：中华书局，1974年，3588页。
⑧ 张廷玉等：《明史》卷一一七《诸王二》，北京：中华书局，1974年，3590页。

朱元璋第十七子宁献王朱权，博学好古，于书无所不窥，旁通释老，尤长于史。晚年构精庐一区，鼓琴读书其间。著有《通鉴博论》二卷、《家训》六篇、《宁国仪范》七十四章、《汉唐秘史》二卷、《史断》一卷、《文谱》八卷、《诗谱》一卷及其他注纂数十种。他尤好戏曲，并著有杂剧12种。其六世孙朱多煃、朱多煌、朱多炌皆博雅好修，以词赋名。朱多煜与朱多𤌸杜门却扫，多购异书，以校雠为乐。朱多炡善诗歌，工绘事。七世孙镇国中尉朱谋㙔，好读能文，富藏书，"尤贯串群籍，通晓朝廷典故"①，是诸王子孙中最为好学敦行者。万历二十二年（1594），朱谋㙔理石城王府事，典藩政三十年，宗人咸就约束，暇则闭户读书；著有《易象通》《诗故》《春秋戴记鲁论笺》及其他书，凡112种，皆手自缮写；病重时，仍与诸子说《易》。其子八人皆贤而好学。从弟朱谋晋筑室龙沙，躬耕赋诗以终。

朱元璋第二十子韩宪王朱松，"性英敏，通古今"②。

第二十一子沈简王朱模，其后代中，宪王朱允栘"天资秀杰，耽好文学"，世宗曾以"五经""四书"赐之。③ 其子孙多人亦博学工诗，有文集行世。

朱元璋第二十三子唐定王朱桱，其后代中的朱芝址、朱芝垝、朱芝𤩰、朱韦键、朱硕煌、朱器封都是嗜学好读者。其中五世孙朱硕煌，五岁丧明，从师氏画掌识文字，而耳授书。久之，博通群籍，熟习国家典故，旁通太乙壬遁百家之学，与其子朱器封并以词章名海内。④

成祖朱棣后世孙赵康王朱厚煜，性和厚，嗜学博古，文藻赡丽。构一楼名"思训"，尝独居读书。有《居敬堂集》十卷。⑤

---

① 张廷玉等：《明史》卷一一七《诸王二》，北京：中华书局，1974年，3597页。
② 张廷玉等：《明史》卷一一八《诸王三》，北京：中华书局，1974年，3604页。
③ 钱谦益：《列朝诗集小传》乾集下《沈宪王》，上海：上海古籍出版社，1983年，10页。
④ 钱谦益：《列朝诗集小传》闰集《镇国中尉硕煌》，上海：上海古籍出版社，1983年，776页。
⑤ 张廷玉等：《明史》卷一一八《诸王三》，北京：中华书局，1974年，3621页。

在仁宗朱高炽的后代中,亦有一些好读能文之士。如,端王朱厚烇,性谦和,尚博雅,锐意典籍。朱载塎,折节恭谨,以文行称,读《易》穷理,著《大隐山人集》,其子多人亦工诗善文。①

英宗朱祁镇第七子吉简王朱见浚,成化十三年(1477)就藩长沙,刻《先圣图》及《尚书》于岳麓书院,以授学者。②

宪宗朱见深后代中的杰出读者有以下几人。益端王朱祐槟,好书史,爱民重士。其子益庄王朱厚烨,"醇粹嗜学,留心经史"③。新乐王朱载玺,博雅善文辞,曾搜集诸藩所纂述数十种,刻板印行,著有《洪武圣政颂》《皇明政要》诸书。④ 其从父高唐王朱厚煐博学嗜书,写录多秘本。齐东王朱厚炳亦以博学笃行闻。

第三节　宫廷中的女性与宦官读者

宫廷中的女性与宦官读者主要包括后妃、公主、宫女及宦官等。这是皇宫内不可忽视的一个读者群体,他们的阅读能力和水平往往会产生意想不到的影响与作用。

一、宫廷女性读者

"闺门者,万化之原,自古圣帝明皇,咸慎重之。"⑤因此,明朝的皇

---

① 张廷玉等:《明史》卷一一九《诸王四》,北京:中华书局,1974年,3632页。
② 张廷玉等:《明史》卷一一九《诸王四》,北京:中华书局,1974年,3637页。
③ 钱谦益:《列朝诗集小传》甲前集《益庄王》,上海:上海古籍出版社,1983年,12页。
④ 张廷玉等:《明史》卷一一九《诸王四》,北京:中华书局,1974年,3641页。
⑤ 沈德符:《万历野获编》卷三《重刊闺范序》,北京:中华书局,1959年,874页。

帝们非常重视女性读书受教育在治理国家中的重要作用。太祖朱元璋早在洪武元年(1368)就命儒臣朱升等人纂修《女诫》,并说:

> 治天下者,正家为先。正家之道,始于谨夫妇。后妃虽母仪天下,然不可俾预政事。……历代宫闱,政由内出,鲜不为祸。惟明主能察于未然,下此多为所惑。卿等其纂《女诫》及古贤妃事可为法者,使后世子孙知所持守。①

后世皇帝们继承了太祖重视女性教育的传统。如,成祖命颁行《古今列女传》《内训》《贞烈事实》;世宗亲自为章圣太后所著《女训》作跋语,将《慈孝高皇后传》和仁孝皇后所著《内训》一并刊行。②

后妃们也有儒臣为她们讲经说史。如万历时,张元忭曾请进讲《列女传》于两宫。③ 此外,皇后们所编纂的《内训》《女诫》《女训》以及《女鉴》等书"俱刻之内府,颁在宇内"④。它们不仅是宫内女性的读物,而且成为指导全社会女性行为的教科书。

在重视女性读书受教育风气的熏染下,宫室中出现了许多好读能文、贤明淑慧的杰出女性。正是由于她们好读善思,有较高的文化修养,因此其嘉言善行往往会对皇室阅读及其治国理念产生重要影响。

她们中的杰出者,如太祖高皇后马氏,"仁慈有智鉴,好书史。太祖有札记,辄命后掌之,仓卒未尝忘"。她"勤于内治,暇则讲求古训。以宋多贤后,命女史录其家法,朝夕省览","尝诵《小学》,求帝表章焉"。她曾对朱元璋说:"骄纵生于奢侈,危亡起于细微。法弊则奸

---

① 张廷玉等:《明史》卷一一三《后妃一》,北京:中华书局,1974年,3503页。
② 沈德符:《万历野获编》卷三《宫闱·颁行女训》,北京:中华书局,1959年,87页。
③ 张廷玉等:《明史》卷二八三《儒林二》,北京:中华书局,1974年,7289页。
④ 沈德符:《万历野获编》卷三《宫闱·母后圣制》,北京:中华书局,1959年,71页。

生,民困则乱生。"朱元璋叹曰:"至言也。"命女史书之册。①

《列女传》插图

成祖仁孝皇后徐氏,为中山王徐达女,贤明博学,"幼贞静,好读书,称女诸生"②,"承父母之教,诵《诗》《书》之典"。她入宫后"常观史传,求古贤妇贞女",亦精通内典。③ 她"尝采《女宪》《女诫》作《内训》二十篇,又类编古人嘉言善行,作《劝善书》,颁行天下"。特别是她"惟劝帝爱惜百姓,广求贤才,恩礼宗室,毋骄畜外家"④。她也是皇后中著述最多者,除《内训》外,还有《文皇后诗》一卷、《劝善嘉言》三卷、《劝善感应》一卷、《高皇后传》一卷、《贞烈事实》一卷,以及佛学著作三种九卷等。⑤ 其中佛学著作有《观音梦感经》二卷。董穀《碧里杂存》云:"皇后在燕邸时,尝梦白衣大士授以经一卷,梦中诵之一遍,觉而书之,凡数千言,不遗一字,遂命之曰《观音梦感经》,自制序文,宣

---

① 张廷玉等:《明史》卷一一三《后妃一》,北京:中华书局,1974 年,3506—3507 页。
② 张廷玉等:《明史》卷一一三《后妃一》,北京:中华书局,1974 年,3509 页。
③ 胡文楷:《历代妇女著作考》卷六《明代二》,上海:上海古籍出版社,1985 年,139 页。
④ 张廷玉等:《明史》卷一一三《后妃一》,北京:中华书局,1974 年,3510 页。
⑤ 胡文楷:《历代妇女著作考》卷六《明代二》,上海:上海古籍出版社,1985 年,138—141 页。

入大藏。"①

武宗妃王氏,能诗工书,题诗自书刻石。② 世宗贵妃王氏,读书能诗,恭俭贤良。③

世宗母亲睿宗兴献皇后蒋氏,好读嗜学,且特别重视女性的读书教育。她鉴于以往女教书的种种不足,编制了《女训》一书,并于嘉靖九年(1530)颁行天下。④ 她在自序中说:"人非生知,不可不学,男女虽异,未有不训教而成者也。不亲书史,则往行奚考;不受姆训,则妇道奚修。……吾自选入内庭,日多闲暇,间尝侍睿主之侧,听其议论,昼诵夜味,豁然贯通。乃采古人之教,《周南》《召南》之文,为《女训》拾贰篇。"⑤

神宗的母亲孝定李太后不仅读书好学,还曾编纂《女鉴》一书,而且她"教帝颇严。帝或不读书,即召使长跪。每御讲筵入,尝令效讲臣进讲于前"⑥。

神宗恭恪贵妃郑氏,亦是后妃中好读能文之杰出代表。也正是因为这一点,她才成为万历皇帝身边不可缺少的一位人物。郑氏"幼承母师之训,时诵诗书之言"⑦。入宫后,她更是勤学好读。如她自己所言:"侍御少暇,则敬捧我慈圣皇太后《女鉴》,庄诵效法,夙夜兢兢。且时聆我皇上谆谆诲以《帝鉴图说》,与凡训诫诸书。"⑧适时侍郎吕坤撰《闺范图说》,万历皇帝以之赐郑贵妃,贵妃将其重刻,并为其作序。序中曰:

---

① 董穀:《碧里杂存》,见陶珽《说郛续》卷十五,上海:上海古籍出版社,1988年,723—724页。
② 钱谦益:《列朝诗集小传》闰集《王妃》,上海:上海古籍出版社,1983年,724页。
③ 钱谦益:《列朝诗集小传》闰集《王妃》,上海:上海古籍出版社,1983年,725页。
④ 张廷玉等:《明史》卷一一五《睿宗兴献皇帝》,北京:中华书局,1974年,3553页。
⑤ 胡文楷:《历代妇女著作考》卷六《明代二》,上海:上海古籍出版社,1985年,198页。
⑥ 张廷玉等:《明史》卷一一四《后妃二》,北京:中华书局,1974年,3535页。
⑦ 沈德符:《万历野获编》卷三《重刊闺范序》,北京:中华书局,1959年,874页。
⑧ 沈德符:《万历野获编》卷三《重刊闺范序》,北京:中华书局,1959年,874页。

近得吕氏坤《闺范》一书。是书也,首列"四书""五经",旁及诸子百家。上溯唐虞三代,下迄汉宋我朝。贤后哲妃,贞妇烈女,不一而足。嘉言善行,照耀简编。清风高节,争光日月。真所谓扶持纲常,砥砺名节,羽翼王化者是已。……独惜传播未广,激劝有遗。愿出宫赀,命官重梓,颁布中外,永作法程。①

熹宗懿安皇后张氏,"帝尝至后宫,后方读书。帝问何书。对曰:'《赵高传》也。'帝默然"②。

在诸王妃子中也有许多善读知书者。如庄王朱致格之妃毛氏,"明书史,沉毅有断,中外肃然,贤声闻天下"③。

公主们自小都会受到良好的文化教育,也都有一定的阅读能力和经历。因此,她们中不乏一些善读能文者,但史料对她们的读书情况却记载不多。其中所能见到的,如:成祖之女常宁公主,"恭慎有礼,通《孝经》《女则》"④;宁靖王朱奠培之女安福郡主,工草书,能诗,有《桂华诗集》一卷⑤;朱翊铉之女朱隆姬,"守贞五十年,惟日翻阅经史而已"⑥。

来自民间的宫女们,多不识字。其中有一些宫女会被选中去接受文化教育。不过,教她们读书的老师不是外面的儒臣,而是宫中"选二十四衙门多读书、善楷书、有德行、无势力者任之"⑦。如王翱就曾在慈宁宫教书。⑧ 教她们所读的书有《百家姓》《千字文》《孝经》

---

① 沈德符:《万历野获编》卷三《重刊闺范序》,北京:中华书局,1959年,875页。
② 张廷玉等:《明史》卷一一四《后妃二》,北京:中华书局,1974年,3543页。
③ 张廷玉等:《明史》卷一一七《诸王二》,北京:中华书局,1974年,3587页。
④ 张廷玉等:《明史》卷一二一《公主》,北京:中华书局,1974年,3670页。
⑤ 钱谦益:《列朝诗集小传》闰集《安福郡主》,上海:上海古籍出版社,1983年,726页。
⑥ 胡文楷:《历代妇女著作考》卷五《明代一》,上海:上海古籍出版社,1985年,98页。
⑦ 刘若愚:《酌中志》卷十六《内府衙门识掌》,北京:北京古籍出版社,1994年,130页。
⑧ 钱谦益:《列朝诗集小传》闰集《内侍二人》,上海:上海古籍出版社,1983年,780页。

《女训》《女诫》《内则》《诗》《大学》《中庸》《论语》《孟子》等。

因为"读书通文理者,先为女秀才,递升女史,升宫官,以至六局掌印"①,所以宫女中亦有不少以好读嗜学、能文善诗而名于宫内外者,成为宫女中贤明淑慧之典范。如,宣德时女官王司綵,善诗词,"传宫词一首,专咏太宗朝高丽权贤妃之事"②;沈琼莲,博览经史,过目成诵,天顺时入宫为女秀才,尝制宫词十首,世多传诵,历官为女学士③;周宪王宫人夏云英,五岁能诵《孝经》,七岁学佛,背诵《法华》《楞严》等经,"端正温良,居宠能畏,雅好文章,不乐华縻。国有大事,多与裁决。明白道理,有贤明妇人之风",有《端清阁诗》一卷、《法华经赞》七篇。④ 还有宫人媚兰,好读善诗,文采清丽。南都旧宫墙壁留有题咏,其末句云:"寒气逼人眠不得,钟声催月下斜廊。"⑤

二、宦官读者

明代宦官是一个庞大的群体。明中叶,宦官已有 1 万余人,万历年间仅两次就收进新阉达 6000 人。明亡时,宫中阉人有 7 万之众,再加上分散各地的则不下 10 万。⑥ 明初,朱元璋规定,内臣不许读书识字。宣德元年(1426)七月,宣宗朱瞻基在宫内设立内书堂,作为专门教宦官读书写字的场所,并命大学士陈山为专职教习。这在中国历史上实属首次。"自此内宫始通文墨。"⑦

入内书堂读书的小宦官一般为 10 岁左右,初时有二三百人,后增

---

① 沈德符:《万历野获编·补遗》卷一《女秀才》,北京:中华书局,1959 年,805 页。
② 钱谦益:《列朝诗集小传》闰集《王司綵》,上海:上海古籍出版社,1983 年,724 页。
③ 胡文楷:《历代妇女著作考》卷五《明代一》,上海:上海古籍出版社,1985 年,119 页。
④ 钱谦益:《列朝诗集小传》闰集《夏氏云英》,上海:上海古籍出版社,1983 年,726 页。
⑤ 钱谦益:《列朝诗集小传》闰集《宫人媚兰》,上海:上海古籍出版社,1983 年,725 页。
⑥ 冯天瑜:《明清文化史散论》,武汉:华中工学院出版社,1984 年,299 页。
⑦ 夏燮撰:《明通鉴》卷十九,王日根等校点,长沙:岳麓书社,1999 年,581 页。

至四五百人，以翰林官为教习。

他们学习的主要课程和阅读的书籍首先是《内令》，人手一册，然后是《百家姓》《千字文》《孝经》《大学》《中庸》《论语》《孟子》以及《千家诗》和《神童诗》等。此外，小宦官们也私下传阅一些经史方面的书，如《通鉴节要》《大学衍义》《贞观政要》等。

通过内书堂学习，宦官们具备了基本的读书和写作能力。至于以后能否继续读书学习，那就要看个人阅读的兴趣和天赋了。对于多数宦官来说，他们的阅读能力和水平不高，只是掌握了一般的知识和学问。而一些有天赋、爱读书的宦官则会利用宫内良好的读书条件，广读博览，究心钻研，以至成为善书能文、颇有学问的杰出读者。这样的读者在整个明代不在少数。限于史料，这里只能略举数例。

刘若愚（1584—?），南直隶定远人。万历二十九年（1601）入宫。嗜书好读，博学多才，擅长书法。曾在司礼监内直房经管文书。他不仅善于利用宫内藏书读书学习，而且自购了"十三经""二十一史"，日夜披玩。① 后来，他因受魏忠贤阉党案牵连而蒙冤入狱。在狱中，他以司马迁为楷模，发愤著书，写下了《酌中志》这部记述晚明宫廷生活的著作。该著作不仅记载了许多极为珍贵的史料，而且文字典雅，记述生动，颇具文学色彩。在该著作里，我们虽然很少能看到有关作者本人读书生活的直接描写，但是它本身就反映出作者是一位饱读诗书、博通经传、工书能文的杰出读者。这既反映在他的写作水平上，又反映在书中所提到和列出的书籍名称中。据笔者粗略统计，《酌中志》中所提到的书名至少有 270 种，不包括《佛藏》《道藏》《番藏》各一部、佛经 16 种及其他抄本。其中有一些经典著作不止一次提到，而且作者对许多书籍的内容都有评论。如说到《易经》的阅读时，他评论道："宋程子以今《易》作传，朱子以《易》作本义，奈今绳于举业，拘于

---

① 刘若愚：《酌中志》卷七《先监遗事纪略》，北京：北京古籍出版社，1994 年，40 页。

大全,谁敢如傅文兆起而议之者耶?"①

陈矩,北直隶安肃县人。嘉靖时入宫,初任司礼监典簿,后升监官。好读善思,学术醇正。"菲衣食,淡滋味","声名货利,了无所好,聚蓄书画玩好之类"②。有志经济,留心国事。凡宫内所进之书,必册册过眼。每暇即玩味《大学衍义补》,或令左右诵读。极爱《左传》《国语》《史记》《汉书》诸书、周程张朱诸集,最爱《周礼》。又笃好《易》,并多有见解。尝曰:"扬雄《解难》、魏伯阳《参同契》、刘勰《文心雕龙》,俱直云伏羲、文王,曷尝有一字及周公哉?两汉及梁,去古未远,尔辈识之。"③著有《皇华纪实》诗一卷、《香山记游》、《闽中纪述》等。

汤盛,万历二十九年(1601)入宫。由司礼监迁东宫伴读。于书无所不读,自弱冠通经史,尤喜《左传》《国语》《史记》《汉书》,善饮酒,能诗。请病闲居后,益沉酣典籍,自号"醉侯",雅歌笃学。有《历代年号考略》等著作多种。

郑之惠,万历二十九年(1601)入宫。初为典簿,后升监官。专心于《左传》《国语》等书,诗习杜工部,字临黄山谷,亦能作时艺古文。④

王进德,世宗时宦官,"每休沐之暇,即闭门焚香,弹琴读书,或展古名人墨妙临写不释手,故书法遒丽,遂成名家。尤好接贤士大夫,宛然有儒者风"⑤。

王翱,嘉靖时入宫,于司礼监内书堂读书,受业于郭东野、赵大洲、孙继泉三公之门。后任御马监右监丞,万历间在慈宁宫教书。有《禁砌蛩吟稿》《村东集》行于世。⑥

---

① 刘若愚:《酌中志》卷七《先监遗事纪略》,北京:北京古籍出版社,1994 年,40 页。
② 刘若愚:《酌中志》卷七《先监遗事纪略》,北京:北京古籍出版社,1994 年,41 页。
③ 刘若愚:《酌中志》卷七《先监遗事纪略》,北京:北京古籍出版社,1994 年,40 页。
④ 刘若愚:《酌中志》卷二十二《见闻琐事杂记》,北京:北京古籍出版社,1994 年,149 页。
⑤ 刘若愚:《酌中志》卷二十二《见闻琐事杂记》,北京:北京古籍出版社,1994 年,196 页。
⑥ 刘若愚:《酌中志》卷二十二《见闻琐事杂记》,北京:北京古籍出版社,1994 年,198 页。

张维,嘉靖三十八年(1559)入宫。博学好书,善诗能文。神宗时,任东宫伴读,后任御马监太监。至晚年,两目虽盲,尚能濡笔写行草。凡闻有新书,必买来令左右念听者数年。著有《皇华集》《归来篇》《莫金山人集》《苍雪斋集》等书行于世。①

毛成,万历六年(1578)入宫。甘贫笃志,潜心濂洛之学,尤好薛文清、王文成诸君子之书,留心音韵、六书之理。成性刚介,菲饮食,敝衣履,通禅学,蓄书甚多,足未尝至显要之门。②

李进忠,万历时宦官。始读"四书"、《诗经》,后读《易经》《书经》《左传》《史记》《汉书》等古书,能作诗、作古文,亦能选看时文。③

范泓,永乐时入宫,"教令读书,涉经史,善笔札,侍仁宗东宫"。正统时,英宗称其为"蓬莱吉士"。后从征瓦剌,死于土木。④

显然,有不少宦官由于好读书,通经史,深明儒家经典对治国安邦的重要性,因此对太子们的读书受教育起了很重要的促进作用。如前面所说的覃吉,孝宗为太子时,他认真辅导其读书学习,并特别重视太子对儒家经典的阅读,但反对太子阅读经史以外特别是佛道方面的书籍。因此《明史》评论道:"弘治之世,政治醇美,君德清明,端本正始,吉有力焉。"⑤

由上述可见,宦官们的阅读有着非常明显的特点。与宫外学子们的专心举业和文人学士们的纵横百家不同,他们读书的主要目的是"惟讲明经史书鉴及本朝典制,以备圣主顾问"⑥,有余力时才学诗作文。

---

① 刘若愚:《酌中志》卷二十二《见闻琐事杂记》,北京:北京古籍出版社,1994年,198页。
② 刘若愚:《酌中志》卷二十二《见闻琐事杂记》,北京:北京古籍出版社,1994年,199页。
③ 刘若愚:《酌中志》卷十五《逆贤羽翼纪略》,北京:北京古籍出版社,1994年,79页。
④ 张廷玉等:《明史》卷三〇四《宦官一》,北京:中华书局,1974年,7771页。
⑤ 张廷玉等:《明史》卷三〇四《宦官一》,北京:中华书局,1974年,7778页。
⑥ 刘若愚:《酌中志》卷二十二《见闻琐事杂记》,北京:北京古籍出版社,1994年,198页。

除上述之外，《酌中志》所提供的阅读史史料还有以下几点。

一是书中所提到的书籍应当都是宫内上自皇帝、太子，下至宦官和宫女等各类读者所阅读的书籍。其中像《人镜阳秋》《闺范图说》《仙佛奇踪》之类的书，每年不止购进数次，所购亦不止数十部。① 由此可见，这类书也曾是宫内的畅销书。

二是书中所列内府有板经书159种，另有佛经、道经、番经各一藏和佛、道单本经书17种。② 其内容包括经、史、子、集四大部类。这些图书虽然种类和数量不多，但它们不仅反映了宫廷内外的阅读需求及明朝主流的知识脉络，而且反映了明朝政府的思想观念和文化政策。

三是作者把宦官及宫女的读书层次和喜好做了划分，且批评了当时的不良风气：对要求掌握一般知识和学问的宦官，"读'四书'、《书经》《诗经》，看《性理》《通鉴节要》《千家诗》《唐贤三体诗》，再加以《古文真宝》《古文精粹》，尽之矣。十分聪明有志者，看《大学衍义》《贞观政要》《圣学心法》《纲目》，尽之矣。《说苑》《新序》，亦间及之。《五经大全》《文献通考》，涉猎者亦寡也。至于《周礼》《左传》《国语》《国策》《史》《汉》，一则内府无板，一则绳于陋习，概不好焉。盖缘心气骄满，勉强拱高，而无虚己受善之风也。《三国志通俗演义》《韵府群玉》，皆乐看爱买者也"③。这也大致反映了明朝宦官的读书范围和知识结构。

作为一个特殊群体，宦官们读书学习固然提高了他们的文化素质和办事能力，但读书多、有文化的宦官往往更会擅权弄柄，工于心计。这是明代宦官擅权乱政的一个重要因素，当然这也是宣宗所始

---

① 刘若愚：《酌中志》卷一《忧危竑议前纪》，北京：北京古籍出版社，1994年，1页。
② 刘若愚：《酌中志》卷十八《内板经书纪略》，北京：北京古籍出版社，1994年，158—159页。
③ 刘若愚：《酌中志》卷十八《内板经书纪略》，北京：北京古籍出版社，1994年，158页。

料未及的。

　　虽然宦官擅权乱政是明代政治的一大悲剧,但是这种现象的出现,并不主要是因为宦官们读书有文化。恰恰相反的是,只有读书学习才能提高宦官们的文化素质和办事能力,并能从整体上提高宫廷的文化水平和行政管理效率。

第八章 士人读者群体及其阅读特点

文人学士是指读书出身走上仕途以及从事与学术文化有关职业的社会群体。这个群体作为一个时代的专业读者群和文化精英,是一个时代思想观念、道德精神、学术文化的承载者和传播者。一个时代文人学士的数量、质量及其阅读活动的状况,不仅反映着该时代的政治和经济状况,而且反映着这个时代的精神面貌和学术文化水平。特别是文人学士作为一个时代阅读文化的精英,其阅读观念和行为往往对一个时代阅读文化的产生与发展具有重要影响。因此,总结一个时代文人学士的阅读活动特点是了解一个时代社会阅读状况的重要窗口。

第一节 概况

明代是一个政治宽松、经济发达、学术文化繁荣的时期,特别是科举制度的发达,激励着整个社会的读书热情。读书既使无数人走上了读书求仕的道路,也使很多人实现了自己的人生理想,从而造就

了无数的优秀读者和学者,对明代的政治、经济和学术文化的发展与繁荣做出了巨大的贡献。

明代的文人学士,以身份来划分,有以下几种类型:一是进士出身,入翰林院的翰林学士;二是进士出身,官部郎、部曹、中书舍人、中书行人及知府、知州、知县之类者;三是虽获得科名,但不求仕进,退而专心读书著述者;四是虽未获得科名,但读书为文而才倾一时者,这类人也被称为山人。

然而,读者群的划分是一个比较复杂的问题,因为在很多情况下,他们的界限往往很模糊。古代所谓士、农、工、商,士就是指读书人。但读书人及第后就进入了官僚阶层。很多没有做官的读书人,无论他们是设塾授学,还是躬耕以养,抑或从事其他职业,多数人都继续保持着他们的读书爱好和习惯,甚至在读书治学方面颇有成就。因此,士这个群体往往充当着多重的社会角色。

明初的文人学士主要是由元入明者,其中对明代阅读活动贡献较大的人物有危素、戴良、方孝孺、宋濂、刘基、高启、宋讷、许存仁、王祎、汪与立、陶凯、詹同、朱升、刘仲质、刘三吾、朱善、李希颜、桂彦良、吴沉、陈南宾、胡翰、苏伯衡、张以宁、朱廉、李汶、秦裕伯、赵扬谦、陶宗仪、孙作、乐良、王行、吕敏、孙蕡、李德、赵俶、钱宰、李叔正、李仁鲁等。他们身历两朝,既是明代学术文化发展的奠基者,又是阅读活动的承上启下者。不过,如前所述,明初及永乐时,朝廷杀了大批的读书人才,如高启、徐一夔、方孝孺、戴良、孙蕡、王行、苏伯衡等,以至著名文士练子宁向朱元璋力言:"天之生材有限,陛下忍以区区小故,纵无穷之诛,何以为治?"[①]

永乐时期,明代开始有了本朝自己培养的文人学士。之后,随着明朝政权的稳定和经济的逐步发展,文化教育得到了空前的普及和

---

① 张廷玉等:《明史》卷一四一《练子宁传》,北京:中华书局,1974年,4022页。

发展。文人学士队伍不断壮大,文学创作和学术研究日渐繁荣,不仅产生了许多学术流派,而且出现了一些声势浩大、人数众多的党社团体。其影响之大,传播之广,朝野上下为之震动。

文人学士是一个代表精英文化的社会阶层,任何一个时代的学术文化中,都少不了他们的身影。无论是朝廷命官,还是山人隐士,他们都是一个时代学术文化事业普及、发展和繁荣的承担者和推动者,也是一个时代精神文化的探寻者和追求者。

阅读活动是一种精神文化的消费活动。文人学士既是精神文化——读物的生产者,又是读物主要的消费群体,还是读书人口的培养者和读书风气的引领者与营造者。因此,一个时代的阅读发展在很大程度上依赖于文人学士的数量和质量的提高。一个时代的阅读活动如果没有他们的参与,其就会失去精神文化的主脉,而流于盲目和无序,乃至造成一个时代学术文化的零落和荒漠化,更不会有阅读活动的发展与繁荣。如,著名学者和文学家曹学佺,《明史》说他:"万历中,闽中文风颇盛,自学佺倡之。"[1]著名学者何景明,"其教诸生,专以经术世务。遴秀者于正学书院,亲为说经,不用诸家训诂,士始知有经学"[2]。由此可见,文人学士在一个时代的阅读发展中具有中流砥柱的作用。

第二节　对阅读活动的促进

文人学士对阅读活动的促进,主要表现在引领社会读书风气和

---

[1] 张廷玉等:《明史》卷二八八《文苑四》,北京:中华书局,1974年,7401页。
[2] 张廷玉等:《明史》卷二八六《文苑二》,北京:中华书局,1974年,7350页。

促进社会阅读发展两个方面。

一、引领社会读书风气

所谓引领社会读书风气,是指文人学士对社会阅读观念、阅读内容、阅读方法的引导和影响。

纵观有明一代的社会阅读发展史,无论是经史阅读、诗文阅读,还是通俗文学以及科技和日常实用性文本的阅读,文人学士始终是阅读观念、阅读内容、阅读方法的引领者和倡导者。

以"四书""五经"为核心内容的儒学阅读是中国封建社会阅读活动的主要内容。正是这样的阅读,才使中国传统文化源远流长、发扬光大。正是这样的阅读,才使中华民族这个大家庭始终保持着强大的凝聚力和旺盛的生命力。

明代是儒学发展的一个重要时期。理学作为主流学术文化,贯穿于终明之世。其间虽有心学、反理学等诸多思潮和学派,但它们都出入于理学,属于理学的派生和变种,始终没有脱离儒学精髓的基本内容和主要精神。从明初到明末,上自皇帝,下至平民百姓,儒学阅读始终是整个社会阅读的主流和最基本的内容。在这个过程中,无论是传统的理学,还是心学、反理学及其他思潮和学派,对儒家经典的阐释、弘扬、推广乃至阅读方法的改进,都是由文人学士这个学术文化的主要传播者完成的。也正是他们,才使得儒学传遍天涯海角,深入穷乡僻壤,植入中华儿女的心田。

中国是个文学大国。诗文作为传统的主流文学形态成为中国文学发生和发展的主要来源和趋势。实际上,无论是儒学经典"四书""五经",还是史学名著《史记》《资治通鉴》等,都无一不是文学巨著或诗文名篇。这里所说的诗文主要是指广义的、文学意义上的诗文。

一个文学大国,不仅是一个文学创作的大国,而且必然是一个文学阅读的大国。因此,诗文阅读是中国读者阅读内容的主要部分。明代的诗文创作水平虽然远不如唐、宋,但其数量之多实属空前。就诗词而言,朱彝尊的《明诗综》所收,就有三千四百余家。文人间的诗词酬唱是明代文人诗文创作与阅读的重要方式。从宫廷文学的"台阁体"和宋濂、方孝孺、杨维桢所提倡的复古思想,到"前七子""后七子"对秦汉、唐宋诗文的大力鼓吹、整理和推广,以及唐宋派乃至晚明的公安派和竟陵派对唐诗的评点和整理,终明一代,诗文阅读始终是正统文学阅读的主流。这也使得文人学士在文学阅读的大潮中始终扮演着引领潮流的弄潮儿角色。

以小说、戏曲为主要形式的通俗文学在明代取得了空前的发展与繁荣,成为明代文学发展最显著的特点。因此,小说、戏文也成为上自皇帝、下迄平民百姓的主要阅读对象。特别是明中叶以后,随着城市经济的发展和教育的普及,市民的文学消费热情日益高涨。在不断变化的社会环境下,文人学士的文学审美观也在发生变化。面对社会大众对通俗文学的旺盛需求,他们又一次顺应了历史潮流,不仅成为通俗文学的热心读者,而且积极地对大众喜闻乐见的通俗文学作品进行评点、作序,给予高度赞扬,从而极大地促进了通俗文学的传播和普及,推动了通俗文学阅读的发展和繁荣。

晚明小品文盛行亦是明代文学阅读的一个显著特点。小品文也称随笔小品,属于杂纂、笔记一类的文体。在晚明社会内忧外患的年代,文人学士热衷于创作和阅读这种具有实用性特征的"闲情雅致"的小品文,不能不说是晚明社会读书生活中的一道风景。因为小品文具有生活性、实用性、趣味性和可读性,所以其走出了文人学士的圈子,进入了社会各阶层的视野,引起了上自官僚、士大夫,下至普通文人、商人以及市井小民的阅读兴趣。书贾见有利可图,于是纷纷对其加以编纂出版,以至小品丛书大量出现,社会上形成了一种阅读小

品文的流行时尚。

二、促进社会阅读发展

文人学士在引领社会阅读潮流的同时,也在促进社会阅读的发展。这里主要从读物的编撰、读书人口的培养、社会阅读能力的提高、社会读书价值观的塑造和读书风气的形成等方面说明文人学士对社会阅读发展的促进作用。

阅读行为的实现和阅读活动的普及与发展离不开读物数量和质量的提高。一个时代读物的编撰数量和质量,既标志着这个时代的学术文化水平,也反映着这个时代的阅读状况。

读物的编撰主要由文人学士完成,其形式主要有以下三种:一是对前代著述的整理、改编和开发,如通鉴类、评点类著述等;二是在研读前人作品的基础上进行著述和创作,如理学类著述和话本小说等;三是完全属于创作性著述,如诗歌、散文等文学作品。如果不考虑出版因素,这些著述加上前人流传下来的作品,就构成了一个时代读物的全部内容。

教育是培养读书人口的主要途径。一个社会读书人口占社会总人口的比例,主要取决于教育的普及程度。而教育活动则是文人学士赖以生存的最主要方式,如开家塾,办义学,创书院,主官学,设坛讲学,收徒授经,推广阅读,教化民众等。无论是天涯海角,还是深山荒野,无论是繁华城镇,还是乡村僻壤,哪里有儒士,哪里就有教育活动。笔者粗略统计,《明史·儒林传》共列出人物 110 余人,其中明确提到从事过教育活动者就有五十多人。① 实际上,收徒授经、指导后

---

① 张廷玉等:《明史》卷二八二《儒林一》至卷二八三《儒林二》,北京:中华书局,1974 年,7223—7293 页。

学几乎是所有的文人学士喜欢和从事过的工作。因此,文人学士对社会阅读发展的另一个贡献,就是不断地培养和提高人们的阅读能力,并发掘出读书人才。历史表明,文人学士在培养读书人口和提高社会阅读能力方面始终起着最重要的作用。

社会读书价值观是指一个时代社会的人们对读书价值的认识程度。毫无疑问,这种认识程度往往决定一个时代人们的读书态度和动机,从而影响人们的读书行为。文人学士大多是通过苦读而成才的典范。他们中的很多人都有一段勤于读书的故事,或者都曾走过一段不平凡的读书之路。他们也因此成为家乡邻里的骄傲,成为时代的榜样和读书人的楷模。人们也正是通过他们,才认识到了读书的价值和意义,并牢固树立了正确的读书观,从而极大地促进了社会读书热情的高涨。

第三节　阅读特点

文人学士的读书生活,既是一条浩荡的历史长河,又是一个色彩斑斓的精神世界。文人学士人数众多,读书生活的特点多样,我们很难对其给予全面总结。况且,史料记载的只是他们中的少数人,且多数记载只是片言只语,那些无数的生动鲜活的读书事迹被历史的尘埃湮没了。这不能不说是人类文明史上的莫大遗憾。这里,笔者根据所见到的史料记载,将明代文人学士的阅读生活及其特点概括总结为以下几个方面。

一、家贫力学

与中国历史上无数的读书成才者一样,明代的很多读书人亦是在食不果腹、衣不御寒、屋不避雨的贫困生活中,以顽强的毅力,通过苦读而走上成才之路的。

在这些读者中,有许多学子经过苦读,取得了功名,得到了良好的读书条件和环境,使自己的才能得到了发挥和展现。

冯恩,"幼孤,家贫,母吴氏亲督教之。比长,知力学。除夜无米且雨,室尽湿,恩读书床上自若。登嘉靖五年(1526)进士"①。李时勉,"成童时,冬寒以衾裹足纳桶中,诵读不已。中永乐二年(1404)进士"②。正统时,任翰林学士、国子监祭酒。丘濬,"幼孤,家贫无书,尝走数百里借书,必得乃已,景泰五年(1454)成进士"③。杨爵,年二十始读书,"家贫,燃薪代烛。耕陇上,辄挟册以诵"。后有好心人"资以膏火。益奋于学,立意为奇节,遂以学行名",登嘉靖八年(1529)进士。④ 杨继盛,"七岁失母,庶母妒,使牧牛。继盛经里塾,睹里中儿读书,心好之"。于是他向其兄请求去私塾读书。其兄说:"你这么小年纪,有什么可学的?"杨继盛回答说:"小孩子可以去放牛,就不可以去读书吗?"其兄把他的请求告诉了父亲。父亲答应让他去读书,但要求他不能耽误了放牛。于是13岁的杨继盛开始从师读书。家贫,杨继盛更加刻苦自励。后毕业于国子监,并登嘉靖二十六年(1547)进士。⑤ 邹智,"年十二能文。家贫,读书焚木叶继晷者三年。举成化二

---

① 张廷玉等:《明史》卷二〇九《冯恩传》,北京:中华书局,1974年,5518页。
② 张廷玉等:《明史》卷一六三《李时勉传》,北京:中华书局,1974年,4421页。
③ 张廷玉等:《明史》卷一四八《丘濬传》,北京:中华书局,1974年,4808页。
④ 张廷玉等:《明史》卷二〇九《杨爵传》,北京:中华书局,1974年,5523页。
⑤ 张廷玉等:《明史》卷二〇九《杨继盛传》,北京:中华书局,1974年,5535—5536页。

十二年(1486)乡试第一"①。夏原吉,"早孤,力学养母。以乡荐入太学,选入禁中书制诰"②。陈际泰,"家贫,不能从师,又无书,时取旁舍儿书,屏人窃诵。从外兄所获《书经》,四角已漫灭,且无句读,自以意识别之,遂通其义。十岁,于外家药笼中见《诗经》,取而疾走。父见之,怒,督往田,则携至田所,踞高阜而哦,遂毕身不忘",年六十八成进士。③ 文学家李攀龙,九岁而孤,家贫,自奋于学,"日读古书,里人共目为狂生",举嘉靖二十三年(1544)进士。④ 储罐,"九岁能属文。母疾,刮股疗之,卒不起。家贫,力营墓域。旦哭冢,夜读书不辍。成化廿年会试第一。授南京考功主事"⑤。刘崧,家贫力学,寒无炉火,手皲裂,而抄录不辍。元末举于乡,洪武初任国子司业。⑥ 林春,幼时因家贫不能读书。后来得到一个王姓千户的帮助,与其子一起读书,于是更加刻苦自励。及长,因家境窘甚,曾几度废书。后与母亲、妻子以织屦为生,乃至"织屦读书,率以夜不睡"⑦。嘉靖十一年(1532)会试第一。郭维经,少孤贫,依僧寺读书,辄以道学自勉,天启五年(1625)进士。⑧ 魏大中,"自为诸生,读书砥行。家酷贫,意豁如也。举于乡,家人易新衣冠,怒而毁之。第万历四十四年(1616)进士"⑨。戏曲作家顾大典,"少孤,依母家周氏读书,过目成诵,善古文词。隆庆二年(1568)进士"⑩。张奇,"家贫,弱冠游学吴、楚间,每诵读至夜

---

① 张廷玉等:《明史》卷一七九《邹智传》,北京:中华书局,1974年,4755页。
② 张廷玉等:《明史》卷一四九《夏原吉传》,北京:中华书局,1974年,4150页。
③ 张廷玉等:《明史》卷二八八《文苑四》,北京:中华书局,1974年,7403页。
④ 张廷玉等:《明史》卷二八七《文苑三》,北京:中华书局,1974年,7377页。
⑤ 张廷玉等:《明史》卷二八六《文苑二》,北京:中华书局,1974年,7345页。
⑥ 张廷玉等:《明史》卷一三七《刘崧传》,北京:中华书局,1974年,3957页。
⑦ 唐顺之:《荆川文集》卷十四《吏部郎中林东城墓志铭》,四部丛刊本,11页。
⑧ 张岱:《石匮书后集》卷四十六,北京:中华书局,1959年,260页。
⑨ 张廷玉等:《明史》卷二四四《魏大中传》,北京:中华书局,1974年,6333页。
⑩ 赵景深、张增元:《方志著录元明清曲家传略》,北京:中华书局,1987年,98页。

分，与其徒吸水噀面，醒则又诵读。弘治十一年(1498)第进士"①。

还有很多家贫力学者，他们虽没有通过科举考试获得功名，但亦能通过自己的好学苦读而走上成才之路，对社会做出贡献。举例如下。

杨士奇，"早孤，贫甚，力学，授徒自给"②。仁宗时任华盖殿大学士。仁宗和宣宗时，长期辅政，与杨荣、杨溥并称"三杨"。陈继，"幼孤，母吴氏，躬织以资诵读。比长，贯穿经学，人呼为'陈五经'"③。戚继光，"家贫，好读书，通经史大义"④，后成为一代抗倭名将和军事家。号称明末清初三大儒之一的李颙，幼时因病辍学后，因家贫不能再入学，于是取旧所读《大学》《中庸》，依稀认识，至《论语》《孟子》则逢人问字正句。不一年，识字渐广，文理渐通，读书遂一览辄能记其大略。年十五六时，博通典籍。后终成一代理学名家。⑤ 黄云，家贫好学，博极群书，尤熟于典故。⑥ 阎秀卿，"家惟一僮，日走从人家借书，手抄口吟，日夜不休，所获学俸，尽费为书资。家贫不能炊，质衣以食，而玩其书，不忍弃"⑦。顾云鸿，"起家孤贫，读书修行，以忠孝名节为己任"⑧。戏曲作家韩上桂，幼颖异，日诵万言如宿记。好读书，家贫不能给，常借人"二十一史"阅览，一日即默识人物、地名。所著有《凌云记》填词、《蓬芦稿》、《鸡肋篇》、《城坳集》、《四衍詹言》⑨等。戏曲作家徐士俊，家贫，仅容膝小楼，名曰雁楼。以一间为妇室，一间为读书

---

① 钱谦益：《列朝诗集小传》丙集《张兴化琦》，上海：上海古籍出版社，1983年，263页。
② 张廷玉等：《明史》卷一四八《杨士奇传》，北京：中华书局，1974年，4131页。
③ 张廷玉等：《明史》卷一五二《陈继传》，北京：中华书局，1974年，4194页。
④ 张廷玉等：《明史》卷二一二《戚继光传》，北京：中华书局，1974年，5610页。
⑤ 王心敬：《关学续编》卷一《二曲李先生》，北京：中华书局，1987年，85页。
⑥ 钱谦益：《列朝诗集小传》丙集《黄郡博云》，上海：上海古籍出版社，1983年，293页。
⑦ 钱谦益：《列朝诗集小传》丙集《朱处士凯》，上海：上海古籍出版社，1983年，304页。
⑧ 钱谦益：《列朝诗集小传》丁集下《顾先辈云鸿》，上海：上海古籍出版社，1983年，583页。
⑨ 赵景深、张增元：《方志著录元明清曲家传略》，北京：中华书局，1987年，120页。

堂。"雁楼之外无他地,读书之外无他事。"有《雁楼集》传世。① 戏曲作家陈忱,读书晦藏,以卖卜自给。究心经稗,编野乘,无不贯穿。老贫以终,诗文杂著,俱散佚不传。② 明末清初著名学者傅扆,"家苦贫,卒业华严寺僧寮,寒暑不辍。尝读《论语》首篇,反复不解其义,至废寝食,一旦豁然,全部'四书'皆如夙会。及长,经史子集,无不博综,著述甚富"③。程可中,"家贫,为童子师。从人借古书,篝灯夜读,遂博洽能为诗文"④。

二、嗜学好读

与家贫力学者一样,杰出的读者都是勤学苦读、手不释卷者。这些人酷爱读书,却不图功名,或虽获功名,但仍手不释卷。他们是一群真正把读书作为一种生活方式,以终身阅读为乐趣的人。他们的读书生活是一个时代乃至整个人类阅读史上一道美丽的风景,体现着一个民族优秀的阅读文化传统。因此,他们往往是一个社会学术文化发展和繁荣的推动者。

在这些读书人中,最为典型的是那些痴迷读书、心无旁骛的嗜学好读者,举例如下。

陈济,读书过目成诵。父命其去钱塘卖货,以其赀之半市书,口诵手抄。十余年,尽通经史百家之言。"所居蓬户苇壁,裁蔽风雨,终日危坐,手不释卷。为文根据经史,不事葩藻。尝云:'文贵如布帛菽

---

① 赵景深、张增元:《方志著录元明清曲家传略》,北京:中华书局,1987年,144页。
② 赵景深、张增元:《方志著录元明清曲家传略》,北京:中华书局,1987年,169页。
③ 赵景深、张增元:《方志著录元明清曲家传略》,北京:中华书局,1987年,484页。
④ 钱谦益:《列朝诗集小传》丁集下《程布衣可中》,上海:上海古籍出版社,1983年,631页。

粟,有益于世尔。'"①成祖诏修《永乐大典》,以布衣召为都总裁。何良俊,"少笃学,二十年不下楼"②。周玄,"尝挟书千卷止高棅家,读十年,辞去,尽弃其书,曰:'在吾腹笥矣'"③。陈献章,"读书穷日夜不辍。筑阳春台,静坐其中,数年无户外迹"④。王守仁,十七岁时游学还家,日端坐,讲读"五经",不苟言笑。筑室阳明洞中,泛滥二氏学。⑤王光鲁,"潜心积学,屏迹城东寺楼,去其梯,期以三年,尽读古人书",著《碧渐堂集》。⑥ 杨黼,好学,读"五经"皆百遍,注《孝经》数万言。⑦张元忭,好读书,"素羸弱,母戒毋过劳,乃藏灯幕中,俟母寝始诵"⑧。陆树声,"家世习农。稍长,独嗜书。族人毁其书,驱就田,跣而耕,芦刺入足跗中,归则挟书避人读之。后就里师授经,举《春秋》应天第五"⑨。童佩,"从其父以鬻书为业,往来吴越间。少不能从师塾,从其父挟笈问字,辄能通晓意义。买一舫,不能直项,帆樯下皆贮书,读之,穷日夜不休"⑩。

常熟人黄叔阳,少聪敏好学。家无藏书,于是他每天去街市借书阅读,有时一整天不回家。时正值明初,社会刚刚安定,法律严酷,士人不愿做官,文人逃散过起了隐逸生活。朝廷下令征召有才能的人以授官重用。叔阳的父亲看到儿子好学上进,担心让县令知道,曾多次告诫叔阳,但没能制止他读书求学。于是叔阳的父亲就让他到一

---

① 张廷玉等:《明史》卷一五二《陈济传》,北京:中华书局,1974年,4193页。
② 张廷玉等:《明史》卷二八七《文苑三》,北京:中华书局,1974年,7364页。
③ 张廷玉等:《明史》卷二八六《文苑二》,北京:中华书局,1974年,7337页。
④ 张廷玉等:《明史》卷二八三《儒林二》,北京:中华书局,1974年,7261页。
⑤ 张廷玉等:《明史》卷一九五《王守仁传》,北京:中华书局,1974年,5168页。
⑥ 赵景深、张增元:《方志著录元明清曲家传略》,北京:中华书局,1987年,161页。
⑦ 张廷玉等:《明史》卷二九八《隐逸传》,北京:中华书局,1974年,7629页。
⑧ 张廷玉等:《明史》卷二八三《儒林二》,北京:中华书局,1974年,7288页。
⑨ 陈继儒:《陈眉公全集·陆文定公传》,国学基本文库,南京:"中央书店",1936年,217页。
⑩ 钱谦益:《列朝诗集小传》丁集中《童书贾佩》,上海:上海古籍出版社,1983年,524页。

个叫葛泽陂的地方帮助种田。在那里,叔阳没有书读,于是就假称上街去买东西,每一两天就进城,从其朋友家中借书。而每次回家,他就在路上把书读完了。有一次,一位名叫杨溁的隐士看到叔阳在房檐下专注地阅读,就上前问道:"年轻人如此好学,那么你每天能读多少书呢?"叔阳回答说:"我是苦于没有书读。如果有书读,我能过目不忘。"听罢,杨溁就把叔阳领到自己家里,把自己的藏书借给他读。此后叔阳不断地借书和还书,其读书之快使杨溁很惊异。于是杨溁就让其背诵他读过的书,结果叔阳都能牢记不忘。杨溁很高兴,便说:"我的藏书不下万卷,你就住在我家读吧。"之后,叔阳就与杨溁的儿子同室而居三年,并读完了他家的全部藏书。后来,他的读书事迹还是被县令知道了,于是他被召到官府,任命为宜章典史。

三、耕读传家

中国是个农业大国,农耕文明源远流长。儒家文化作为中国传统文化的核心,就是在这个漫长的农耕文明和特定的地域文化环境中孕育、产生、发展并丰富起来的。中华民族文化的主体汉文化虽然融合了多民族文化,但是儒家文化始终起着核心作用。因此,在很大程度上说,农耕文明决定了汉文化或儒家文化的精神特质、价值观念、思维方式、生发过程乃至存在状态。

耕读传统作为一种文化生发和延续形成,就是在这种农耕文明的影响下产生并发扬光大的。耕读不仅是中国古代读书人主要的生活方式,而且体现着他们对人生价值的理解,对生命意义的体悟,对独立人格的追求,对读书与生活的实践,对学术文化的传承。因此,耕读就成为中国古代文人生活的重要特点。所谓"带经而锄"亦为美丽的田园风景平添了一道亮丽的色彩。

《耕读图》

关于耕读的意义,元代学者盛如梓在《庶斋老学丛谈》中说:

> 前辈有云:"读书生计疏,耕田子孙愚。二者不偏废,传家为永图。"士以耕读为上,屡见弃田谋富者,被误多。①

明末清初学者张履祥在其《初学备忘》中对耕稼的意义和与读书的关系进行了精辟的论述:

> 稼穑之艰,学者尤不可不知。食者,生民之原,天下治乱,国家废兴存亡之本也。古之人,自天子以至于庶人,未有不知耕者。……夫能稼穑,则可无求于人。可无求于人,则能立廉耻。知稼穑之艰,则不妄求于人。不妄求于人,则能兴礼让。廉耻立,礼让兴,而人心可正,世道可隆矣。古之士,出则事君,处则躬耕,故能守难进易退之节,立光明俊伟之勋。……吴康斋先生讲濂洛之学,率弟子以躬耕。刘忠宣公教子读书,兼力农。何粹夫官归,辟后圃种菜。俱可为百世之师也。许鲁斋有言:"学者以治生为急。"愚谓治生以稼穑为先,舍稼穑无可为治生者。②

---

① 盛如梓:《庶斋老学丛谈》卷中上,丛书集成初编,北京:中华书局,1985年,24页。
② 张履祥:《初学备忘》卷上,丛书集成初编,北京:中华书局,1985年,4—5页。

因此他总结道:"读而废耕,饥寒交至;耕而废读,礼义遂亡。"①明末清初著名学者、教育家孙奇逢也对他的弟子们说:

> 汝等学稼,吾虑汝不明习此事而小视之也。舜耕历山,尹耕有莘,亮耕南阳,此是何等勋业! ……不耕无以为养,且无以置吾躬也。不有耕者,无以佐读者,况角薪挂甬,古人何尝不兼尽于一身?②

明代是中国封建社会发达的时期之一,文化的积累、读书人数量的增多和社会阅读观念的强化都已达到空前的程度。因此,昼耕夜读亦是明代许多文人学士主要的治生方式。例如,明代中叶章丘弭氏对其子谢惟馨说:"吾家赖以为生者,不过读与耕耳。君于读书之暇,何不于田省耕,劝戒勤惰,以望有秋,以办两税之需,以赡一家之养。"③潍州人孙惟中,世为农。"朝耕暮读,善谈古今事,亹亹也,雅爱宋名臣言行录。"④杨恒,为师十年后,"退居白鹿山,戴椶冠,披羊裘,带经耕烟雨间,啸歌自乐"⑤。杨黼,"居桂楼,歌诗自得。躬耕数亩供甘脆,但求亲悦,不顾余也"⑥。著名理学家胡九韶,"家贫,课子力耕,仅给衣食"⑦。祝子仁,"环青山草堂有田数百亩,春夏耕桑,秋冬读书"⑧。陈所闻,"少孤,奉母能得其欢,且读且耕。次第为弟妹营婚,

---

① 张履祥:《杨园先生全集》卷四十七《训子语上》,陈祖武点校,北京:中华书局,2002年,1352页。
② 转引自张显清《张显清文集》,上海:上海辞书出版社,2005年,509页。
③ 李开先:《李开先全集·李中麓闲居集》文之八《淑媛弭氏墓志铭》,卜键笺校,上海:上海古籍出版社,2014年,819页。
④ 李贽:《续藏书》卷二十四《孝义名臣孙公》,北京:中华书局,1959年,478页。
⑤ 张廷玉等:《明史》卷二九八《隐逸传》,北京:中华书局,1974年,7626页。
⑥ 张廷玉等:《明史》卷二九八《隐逸传》,北京:中华书局,1974年,7629页。
⑦ 张廷玉等:《明史》卷二八二《儒林一》,北京:中华书局,1974年,7241页。
⑧ 钟惺:《隐秀轩集》卷三十三《少豁祝公墓志铭》,上海:上海古籍出版社,1992年,531页。

以耕读所得置田各畀一顷,弟兄白首怡怡如也"①。栗应宏,弱冠举于乡,累试南宫不第,耕读太行山中。②龚诩,两荐为学官,坚不应。独与一老婢居破庐中,有田三十亩,种豆植麻,歌咏自得。③王照,"少为学,后弃而耕,耕暇益唔咿不辍,尤喜读《周易》、子史及当代掌故律历,垂老犹据梧手抄诸书盈籝。每中夏跣足坐枫林,手一帙纵观,遇会意辄起舞"④。另外,陶宗仪也是一位既耕又读、勤于著述的杰出代表。

四、至老弥笃

孜孜不倦,至老弥笃,向来是无数读书人所追求的一种状态和境界。这种现象在明代读书人中也很常见。他们平时手不释卷,到老益笃弥坚。读书已成为他们生活中不可或缺的一部分,是他们追求幸福生活的一种方式。这样的读者举例如下。

彭泽,"自少有闻,长益好学,平生书不释手"⑤。徐士俊,"读书无论卷叶多寡,自首至末,以竟览为率。日有课程,虽老勿替。'五经'岁读一遍,有徐广之风"⑥。韩邦奇,"素敦孝友,尤好学,老不释卷,精于律数。所著有文集《律吕直解》《乐书》数十卷"⑦。张萱,"生平无他嗜,独癖书,老而弥笃,藏万卷,丹铅无不遍者"⑧。屠本畯,"年既老,

---

① 赵景深、张增元:《方志著录元明清曲家传略》,北京:中华书局,1987年,477页。
② 钱谦益:《列朝诗集小传》丁集上《栗举人应宏》,上海:上海古籍出版社,1983年,392页。
③ 钱谦益:《列朝诗集小传》甲集《龚安节诩》,上海:上海古籍出版社,1983年,154页。
④ 袁宗道:《白苏斋类集》卷十一《王公墓志铭》,上海:上海古籍出版社,1989年,151页。
⑤ 赵景深、张增元:《方志著录元明清曲家传略》,北京:中华书局,1987年,437页。
⑥ 赵景深、张增元:《方志著录元明清曲家传略》,北京:中华书局,1987年,145页。
⑦ 赵景深、张增元:《方志著录元明清曲家传略》,北京:中华书局,1987年,441页。
⑧ 赵景深、张增元:《方志著录元明清曲家传略》,北京:中华书局,1987年,118页。

好学不倦。或曰:'先生老矣!奚自苦为?'答曰:'吾于书,饥以当食,渴以当饮,欠伸以当枕席,愁寂以当鼓吹,未尝苦也。'"①。陆粥,"自髫龀至老,治博士家言,咿唔吟哦,日夜不少废。又好博涉,多所撰述"②。来集之,家居手不释卷。③ 丘濬,"性嗜学,既老,右目失明,犹披览不辍"④。杨慎,"肆力古学。既投荒多暇,书无所不览。尝语人曰:'资性不足恃。日新德业,当自学问中来。'故好学穷理,老而弥笃"⑤。朱升,自幼力学,至老不倦。元末战乱避兵,卒未尝一日废学。尤邃经学,所作诸经旁注,辞约义精。⑥ 薛敬之,"嗜道若饴,老而弥笃。年已七十,日夜读书不释卷"⑦。张节,"日坐南园草屋中读书穷理,涵养本原,至老不倦,即恶衣粝食淡如也"⑧。郭郛,"生平手不释卷,冠履几榻,悉列箴铭,而晚年尤喜读《易》",有诗云:

莫道老来积德难,古人虽老志不朽。
富公八十尚书屏,武公九十犹求友。
老来闻道未为迟,错过一生宁不忸。
从此努力惜分阴,毋徒碌碌空白首。⑨

孙奇逢,耄耋之年,"秉烛之光不熄,日月之明何分"⑩。读书不辍,笔耕不止。都穆,致仕归里后,手不释卷,勤学如故。史载:"吴门有娶妇者,夜大风雨灭烛,遍乞火无应者。杂然曰:'南濠都少卿家有

---

① 赵景深、张增元:《方志著录元明清曲家传略》,北京:中华书局,1987年,473页。
② 赵景深、张增元:《方志著录元明清曲家传略》,北京:中华书局,1987年,126页。
③ 赵景深、张增元:《方志著录元明清曲家传略》,北京:中华书局,1987年,158页。
④ 张廷玉等:《明史》卷一八一《丘濬传》,北京:中华书局,1974年,4810页。
⑤ 张廷玉等:《明史》卷一九二《杨慎传》,北京:中华书局,1974年,5083页。
⑥ 张廷玉等:《明史》卷一三六《朱升传》,北京:中华书局,1974年,3929页。
⑦ 冯从吾:《关学编》卷三《思菴薛先生》,北京:中华书局,1987年,37页。
⑧ 冯从吾:《关学编》卷四《愧轩吕先生》,北京:中华书局,1987年,57页。
⑨ 冯从吾:《关学编》卷四《蒙泉郭先生》,北京:中华书局,1987年,59页。
⑩ 转引自张显清《张显清文集》,上海:上海辞书出版社,2005年,431页。

读书灯在。'扣其门,果得火,其老而好学如此。"①赵用贤,"强学好问,老而弥笃,午夜摊书,夹巨烛,窗户洞然,每至达旦"②。黄居中,"专勤汲古,得异书,必手自缮写。年八十余,犹篝灯诵读,达旦不倦"③。程嘉燧,"晚年学益进,识益高,尽览中州、遗山、道园及国朝青丘、海叟、西涯之诗,老眼无花,照见古人心髓"④。吕愳,"读书赋诗,至老不倦"⑤。金大舆,"不以壮暮而废吟,不以泰约而辍咏"⑥。

还有许多人至老还在读书著述,亦可见他们老而益笃的读书精神。如,赵鹤,平生嗜学,迨老不衰。晚注"五经",考论历代史,刊正先误,自信弥笃,有集若干卷。⑦ 周晖,老而好学,为乡里所重。年八十余,撰《金陵旧事》《瑼事》。⑧ 林昺,八十四岁著《群书归正集》。⑨ 姚舜牧,六十岁著《五经疑问》,八十岁又把《诗经》《仪礼》重订一遍。⑩ 姚士粦,十三岁而孤,二十岁还是文盲。晚而求学,著《陆氏易解》。⑪ 陆树声,八十二岁著《耄余杂识》。⑫ 王圻,"年逾耄耋,犹篝灯帐中,丙夜不辍。所撰《续文献通考》诸书行世"⑬。

---

① 钱谦益:《列朝诗集小传》丙集《都少卿穆》,上海:上海古籍出版社,1983年,302页。
② 钱谦益:《列朝诗集小传》丁集上《赵侍郎用贤》,上海:上海古籍出版社,1983年,443页。
③ 钱谦益:《列朝诗集小传》丁集上《黄监丞居中》,上海:上海古籍出版社,1983年,471页。
④ 钱谦益:《列朝诗集小传》丁集下《松园诗老程嘉燧》,上海:上海古籍出版社,1983年,577页。
⑤ 钱谦益:《列朝诗集小传》丙集《吕太常愳》,上海:上海古籍出版社,1983年,279页。
⑥ 钱谦益:《列朝诗集小传》丁集上《金秀才大舆》,上海:上海古籍出版社,1983年,457页。
⑦ 钱谦益:《列朝诗集小传》丙集《赵副使鹤》,上海:上海古籍出版社,1983年,346页。
⑧ 钱谦益:《列朝诗集小传》丁集上《周秀才晖》,上海:上海古籍出版社,1983年,467页。
⑨ 曹之:《中国古籍编撰史》,武汉:武汉大学出版社,1999年,486页。
⑩ 曹之:《中国古籍编撰史》,武汉:武汉大学出版社,1999年,486页。
⑪ 曹之:《中国古籍编撰史》,武汉:武汉大学出版社,1999年,485页。
⑫ 曹之:《中国古籍编撰史》,武汉:武汉大学出版社,1999年,485页。
⑬ 张廷玉等:《明史》卷二八六《文苑二》,北京:中华书局,1974年,7358页。

吴伟《临流读书图》

五、手不释卷

手不释卷,孜孜以求,是无数嗜读好学者普遍具有的一个特点。在这些读者中,有很多人更是能够在公务之暇,不遗余力地苦读钻研。虽然公务繁忙,生活条件优越,但是读书已成为他们业余生活的主要内容。特别是他们不仅尚学好读,而且都是廉洁奉公、以身作则、有事业抱负的好官员。这样的读者举例如下。

刘崧,洪武初任国子监司业。"晡时吏退,孤灯读书,往往达旦。"①王琎,洪武末官宁波知府。"夜四鼓即秉烛读书,声彻署外。间诣学课诸生,诸生率四鼓起,诵习无敢懈。"②张祐,"性好书,每载以自随,军暇即延儒生讲论"③。耿九畴,"节俭无他好,公退焚香读书,廉

---

① 张廷玉等:《明史》卷一三七《刘崧传》,北京:中华书局,1974年,3958页。
② 张廷玉等:《明史》卷一四三《王琎传》,北京:中华书局,1974年,4061页。
③ 张廷玉等:《明史》卷一六六《张祐传》,北京:中华书局,1974年,4497页。

名益振,妇孺皆知其名"①。刘实,"苦节自持。政务纷沓,未尝废书,士大夫重其学行"②。彭韶,嗜学,公暇手不释书。③ 刘健,天顺时任翰林院编修,"谢交游,键户读书,人以木强目之。然练习典故,有经济志"④。曹学佺,居官七年,肆力于读书治学。⑤ 王志坚,任兵部郎中时,暇日与同舍郎组成读史社,撰《读史商语》。⑥ 王济,官横州州守时,"放衙吟诵不辍"⑦。许潮,任河南新安知县时,犹手不释卷,有著述多种。⑧ 王世贞,万历年间在郧阳做官时,不仅自己勤于读书,还出资购书数百卷,贮于他开辟的清美堂中,俾士人阅读。⑨ 顾梦圭,嘉靖二年(1523)进士,累官至江西右布政使。"为人敦重,所至阖户读书,自奉如寒素。"⑩汪道昆,性好学,博览多识,积官至兵部左侍郎,"不以案牍辍披吟"⑪。杨循吉,为礼部主事,"居曹事简,矻矻读书"⑫。陆容,"居官手不释卷,家藏万余卷,皆手自雠勘"⑬。刘韶,官至工部营缮司主事。为人清素,居官少暇,手不释卷。⑭ 萧翀,"少孤好学,居官清直。随起随仆,公暇即闭户读书哦诗"⑮。张和,既仕,犹苦学,读《汉书》必三十遍,有《篠庵集》行于世。⑯ 王鸿儒,累官至户部尚书,

---

① 张廷玉等:《明史》卷一五八《耿九畴传》,北京:中华书局,1974年,4321页。
② 张廷玉等:《明史》卷一六一《刘实传》,北京:中华书局,1974年,4388页。
③ 张廷玉等:《明史》卷一八三《彭韶传》,北京:中华书局,1974年,4858页。
④ 张廷玉等:《明史》卷一八一《刘健传》,北京:中华书局,1974年,4810页。
⑤ 张廷玉等:《明史》卷二八八《文苑四》,北京:中华书局,1974年,7400页。
⑥ 张廷玉等:《明史》卷二八八《文苑四》,北京:中华书局,1974年,7401页。
⑦ 赵景深、张增元:《方志著录元明清曲家传略》,北京:中华书局,1987年,34页。
⑧ 赵景深、张增元:《方志著录元明清曲家传略》,北京:中华书局,1987年,42页。
⑨ 赵景深、张增元:《方志著录元明清曲家传略》,北京:中华书局,1987年,60页。
⑩ 赵景深、张增元:《方志著录元明清曲家传略》,北京:中华书局,1987年,465页。
⑪ 赵景深、张增元:《方志著录元明清曲家传略》,北京:中华书局,1987年,53页。
⑫ 赵景深、张增元:《方志著录元明清曲家传略》,北京:中华书局,1987年,434页。
⑬ 钱谦益:《列朝诗集小传》丙集《陆参政容》,上海:上海古籍出版社,1983年,280页。
⑭ 钱谦益:《列朝诗集小传》乙集《刘主事韶》,上海:上海古籍出版社,1983年,173页。
⑮ 钱谦益:《列朝诗集小传》乙集《萧运副翀》,上海:上海古籍出版社,1983年,187页。
⑯ 钱谦益:《列朝诗集小传》乙集《张提学和》,上海:上海古籍出版社,1983年,206页。

"服儒诵书,弗因官辍"①。冯惟讷,仕宦三十余年,图书诗卷外无长物。有《冯光禄集》行世。② 朱日藩,官礼部主客郎中时,"留都事简,闭户读书,词翰倾动海内"③。于慎行,官翰林编修,穷年矻矻,以读书为事,贯穿经史,通晓掌故,以为有用之学。每进讲唐史,至成败得失之际,反覆论说,上为悚听。④ 陈邦瞻,累官至吏部左侍郎。"留心学问,于经史之学,殊有原本。撰宋、元史纪事本末,为史家所称。"⑤王思任,通籍五十年,官至监国。"沉湎曲蘖,放浪山水,且以暇日闭户读书。"⑥

六、勤于抄录

抄书是古代读书人经常做的事情。特别是在印刷术发明之前,抄书就是一种非常好的读书方式。而手抄一遍书,亦大有益于熟记,如唐代以前的学者记诵能力特别强。印刷术出现后,虽然书籍传播较易,但是抄录仍然是很多读书人获取书籍和读书治学的主要途径与方法。

明代读书人好抄书也为世所公认。抄书的原因大致有三点:一是家贫买不起书;二是一些书珍贵罕见,难以得到;三是抄书是一种有效的读书方法。

---

① 钱谦益:《列朝诗集小传》丙集《王尚书鸿儒》,上海:上海古籍出版社,1983年,259页。
② 钱谦益:《列朝诗集小传》丁集上《冯光禄惟讷》,上海:上海古籍出版社,1983年,391页。
③ 钱谦益:《列朝诗集小传》丁集上《朱九江日藩》,上海:上海古籍出版社,1983年,449页。
④ 钱谦益:《列朝诗集小传》丁集中《于阁学慎行》,上海:上海古籍出版社,1983年,547页。
⑤ 钱谦益:《列朝诗集小传》丁集下《陈侍郎邦瞻》,上海:上海古籍出版社,1983年,644页。
⑥ 张岱:《琅嬛文集》卷四《王谑庵先生传》,长沙:岳麓书社,1985年,193页。

抄书者往往不辞路途遥远去借书,然后夜以继日地抄书,最后一遍又一遍地苦读,因此他们更是勤学苦读的典范。

顾德育,家贫好学,手录几数千卷。① 陆师道,嘉靖十七年(1538)进士,辞官归里,杜门却扫二十五年,"家贫,手抄典籍,积数千卷,丹铅严然"②。虞淳熙、虞淳贞兄弟,"家贫无书,搜奇猎秘,闭门抄写,方术阴符,靡不通晓"③。袁峻,家贫无书,常向别人借书,每借必抄录,并规定每天必抄五十页,抄不够数就不停止。④ 李益亭,"家无藏书,手抄课之。读不丙夜不休,文不中尺度不休"⑤。

出于第二种原因而抄书者,如,何大成,"嗜书好古,每闻一异书,徒步访求,篝灯传写,虽寒冻不少休"⑥。钱榖,"晚葺故庐,读书其中。闻有异书,虽病必强起,匍匐借观,手自抄写,几于充栋,穷日夜校勘,至老不衰"⑦。黄居中,"专勤汲古,得异书,必手自缮写。年八十余,犹篝灯诵读,达旦不倦"⑧。邹缉,历官左春坊左庶子,"廉静嗜学,见异书必露抄雪纂"⑨。马公素,读书甚博,手抄奇书百余卷,笔画端楷,恒以自随。⑩ 董谒,喜异书,每见必往自己的手心里抄录,回家后再往

---

① 钱谦益:《列朝诗集小传》丁集中《顾隐士祖辰》,上海:上海古籍出版社,1983年,488页。
② 钱谦益:《列朝诗集小传》丁集中《陆少卿师道》,上海:上海古籍出版社,1983年,474页。
③ 钱谦益:《列朝诗集小传》丁集下《虞稽勋淳熙》,上海:上海古籍出版社,1983年,619页。
④ 吴应箕:《读书止观录》,见王余光等译注《读书四观》,武汉:湖北辞书出版社,1997年,33页。
⑤ 陈继儒:《陈眉公全集·澄川李公传》,国学基本文库,南京:"中央书店",1936年,221页。
⑥ 钱谦益:《列朝诗集小传》丁集下《何秀才允泓》,上海:上海古籍出版社,1983年,598页。
⑦ 钱谦益:《列朝诗集小传》丁集中《钱处士榖》,上海:上海古籍出版社,1983年,487页。
⑧ 钱谦益:《列朝诗集小传》丁集上《黄监丞居中》,上海:上海古籍出版社,1983年,471页。
⑨ 钱谦益:《列朝诗集小传》乙集《邹庶子缉》,上海:上海古籍出版社,1983年,167页。
⑩ 王琦、于慎行:《寓圃杂记縠山笔麈》卷七,北京:中华书局,1984年,55页。

笋壳上誊录。这样往往弄得舌头墨黑,手心溃烂。因此人们说他是用手掌记录,用舌头学习。① 这类抄书者在明代读书人中还有很多,特别是在明代藏书家中普遍存在。这既促进了书籍的流通和传播,又有利于书籍的保存,当然也是一种很有效的读书方法。

抄书作为一种读书方法,在明代读书人中很流行,其中运用得最为典型者当数张溥。他少年时读书就是先抄后读,然后焚毁,再抄再读再焚毁,如是者六七次,直到烂熟为止。② 此外,再如王宠,嗜学好读,"于书无所不窥,而尤详于经,手写经书,皆一再过"③。柳仲郢,不分昼夜地读书,九经三史等书各抄一遍,魏晋南北朝史书各抄两遍,所抄书称"柳氏自备"。④ 王萧钧,把"五经"各抄一遍放在巾箱内。人问为何?他说一是为了查检方便,二是经过手抄就不易忘记了。⑤

说到抄书,这里还需要指出的是,在明代抄书已成为读书人中的一种时尚。这种时尚除了表现在上述种种抄书行为中,还表现在晚明文人中形成了一种喜欢抄撮古人著述而成己书的风气方面。陈继儒则是这种风气的代表人物。他说:"看棋不若抄书,谈人过不若述古人佳言行。"因此,他的许多著述实际上多是采择史传、说部及前人言语,或摘录其琐言僻事而成的。这样的著述从学术角度讲,虽然没有什么价值,但是文人们则是想通过这种抄撮,在古人的言行事迹中为自己寻求生命的寄托。

---

① 吴应箕:《读书止观录》,见王余光等译注《读书四观》,武汉:湖北辞书出版社,1997年,39页。
② 张廷玉等:《明史》卷二八八《文苑四》,北京:中华书局,1974年,7404页。
③ 钱谦益:《列朝诗集小传》丙集《王贡士宠》,上海:上海古籍出版社,1983年,309页。
④ 吴应箕:《读书止观录》,见王余光等译注《读书四观》,武汉:湖北辞书出版社,1997年,33页。
⑤ 吴应箕:《读书止观录》,见王余光等译注《读书四观》,武汉:湖北辞书出版社,1997年,33—34页。

七、广读博览

博极群书，淹贯百家，自古以来既是读书人所追求的一种目标和境界，也是中国古代有成就的学者的共同特点和读书方法。祖冲之说他从小就"专功数术，搜炼古今"①。韩愈也说自己："少好学问，自'五经'之外，百氏之书未有闻而不求，得而不观者。"②王安石说："读经而已，则不足以知经。"因此他"自百家诸子之书，至于《难经》、《素问》、《本草》、诸小说，无所不读，农夫、女工，无所不问"③。明中期著名理学家罗钦顺说："圣门设教，文行兼资，博学于文，厥有明训。"④

明代读书人在继承这种传统的基础上，在新的社会环境下，又对其进行了弘扬和光大，从而形成了一种显著的阅读特点和风气。关于这一点，笔者已在"博学思潮"中有过论述。在这里，笔者从阅读特点的角度再对其进行强调和补充。

明初，由元入明的那些博学多闻之士是明代博学传统的承上启下者。他们中的杰出者，如，刘基，"博通经史，于书无不窥，尤精象纬之学"⑤。陈谟，"幼能诗文，邃于经学，旁及子史百家"，于礼乐、刑政、钱谷、甲兵、度数，亦常讲习。⑥ 梁寅，"自力于学，淹贯'五经'、百氏"⑦。戴良，"通经、史百家暨医、卜、释、老之说"⑧。赵撝谦，"博究'六经'、百氏之学，尤精六书，作《六书本义》，复作《声音文字通》，时

---

① 转引自吴天石、马莹伯《谈谈我国古代学者的学习精神和学习方法》，北京：中国青年出版社，1963年，47页。
② 韩愈：《韩昌黎文集校注》卷三《答侯继书》，马其昶校注，上海：上海古籍出版社，1986年，164页。
③ 中山大学等：《王安石诗文选注》，广州：广东人民出版社，1975年，180—181页。
④ 张廷玉等：《明史》卷二八二《儒林一》，北京：中华书局，1974年，7237页。
⑤ 张廷玉等：《明史》卷一二八《刘基传》，北京：中华书局，1974年，3777页。
⑥ 张廷玉等：《明史》卷二八二《儒林一》，北京：中华书局，1974年，7227页。
⑦ 张廷玉等：《明史》卷二八二《儒林一》，北京：中华书局，1974年，7226页。
⑧ 张廷玉等：《明史》卷二八五《文苑一》，北京：中华书局，1974年，7312页。

目为考古先生"①。王行,幼随父依卖药徐翁家,尽读徐翁家藏书,遂淹贯经史百家言。②孙蕡,"性警敏,书无所不窥"③。唐肃,"通经史,兼习阴阳、医卜、书数"④。赵介,博通六籍及释、老书。⑤王绂,博学,工歌诗,能书画。⑥方行,"善谈名理,于书无所不读,古诗俊逸超群"⑦。王宾,"自唐虞三代以降汉、唐、宋、元,上下数千百年,中间圣经贤传、诸子百氏、阴阳历数、山海图志、兵政刑律与稗官小说之书,该览贯穿,问无不知"⑧。还有苏伯衡、陶宗仪、袁凯、高启、顾德辉等,他们也都以博学多识著称。

在他们的影响下,后来的学者们亦继承和发扬了博闻多识、广读博览的读书传统,出现了很多博学多识之士。特别是在明朝中后期阳明心学盛行之际,以博学多识见称的学者层出不穷。他们中的杰出者举例如下。

胡俨,少嗜学,于天文、地理、律历、医卜无不究览。洪武中以举人授华亭教谕,能以师道自任。⑨ 沈周,"少从同邑陈孟贤游,得其指授……及长,书无所不览"⑩。刘溥,研究经史,兼通天文、历数。宣德时,以文学征,又以善医调太医院任职。⑪ 聂大年,博学,善诗古文。⑫ 庄昶,自幼豪迈不群,嗜古博学,举成化二年(1466)进士。⑬ 杨廉,专

---

① 张廷玉等:《明史》卷二八五《文苑一》,北京:中华书局,1974年,7323—7324页。
② 张廷玉等:《明史》卷二八五《文苑一》,北京:中华书局,1974年,7329—7330页。
③ 张廷玉等:《明史》卷二八五《文苑一》,北京:中华书局,1974年,7331页。
④ 张廷玉等:《明史》卷二八五《文苑一》,北京:中华书局,1974年,7330页。
⑤ 张廷玉等:《明史》卷二八五《文苑一》,北京:中华书局,1974年,7332页。
⑥ 张廷玉等:《明史》卷二八六《文苑二》,北京:中华书局,1974年,7337页。
⑦ 钱谦益:《列朝诗集小传》甲集前《方参政行》,上海:上海古籍出版社,1983年,45页。
⑧ 钱谦益:《列朝诗集小传》甲集前《王高士宾》,上海:上海古籍出版社,1983年,99页。
⑨ 张廷玉等:《明史》卷一四七《胡俨传》,北京:中华书局,1974年,4127—4128页。
⑩ 张廷玉等:《明史》卷二九八《隐逸传》,北京:中华书局,1974年,7630页。
⑪ 张廷玉等:《明史》卷二八六《文苑二》,北京:中华书局,1974年,7341页。
⑫ 张廷玉等:《明史》卷二八六《文苑二》,北京:中华书局,1974年,7340页。
⑬ 张廷玉等:《明史》卷一七九《庄昶传》,北京:中华书局,1974年,4754页。

心于"居敬穷理之学,文必根'六经',自礼乐、钱谷至星历、算数,具识其本末"①。韩邦奇,学有本源,自诸经、子、史及天文、地理、乐律、术数、兵法之书,无不通究,著述甚富。② 常伦,弱冠始折节读书,好治百家言,尤邃黄老。③ 张炜,为诸生,博览群书,所著歌行、词曲,才藻蔚然可观。④ 徐暅,幼颖敏,日记五千字。及长,博习经史百家之书。⑤ 兰茂,"年十六通经史,于濂、洛、关、闽之学焕如也。旁及医道、堪舆、丹青,无不通晓"⑥。丘濬,读书过目成诵,日记数千言。稍长,博观群籍,虽释老、伎术无不阅览。⑦ 唐顺之,"于学无所不窥。自天文、乐律、地理、兵法、弧矢、勾股、壬奇、禽乙,莫不究极原委。尽取古今载籍,剖裂补缀,区分部居,为《左》《右》《文》《武》《儒》《稗》六编传于世,学者不能测其奥也"⑧。戴冠,"生而颖异,笃学过人,其学自经史外,若诸子百家、山经地志、阴阳历律、稗官小说,莫不贯总搜弥,刳剔必求缘起,而会之以理"⑨。

在阳明心学盛行之际,虽然有些学者的学问源自阳明之学,但他们也能博极群书,自有主张。如邓元锡,其学"渊源王守仁,不尽宗其说。时心学盛行,谓学惟无觉,一觉即无余蕴,九容、九思、四教、六艺皆桎梏也。元锡力排之,故生平博极群书,而要归于'六经'"⑩。

明后期是博学风气的兴盛期。在政治日益颓废,经济繁荣发达,学术文化思潮激荡的社会环境下,明代的读书风气,特别是士人的读

---

① 张廷玉等:《明史》卷二八二《儒林一》,北京:中华书局,1974年,7248页。
② 赵景深、张增元:《方志著录元明清曲家传略》,北京:中华书局,1987年,442页。
③ 赵景深、张增元:《方志著录元明清曲家传略》,北京:中华书局,1987年,446页。
④ 赵景深、张增元:《方志著录元明清曲家传略》,北京:中华书局,1987年,457页。
⑤ 赵景深、张增元:《方志著录元明清曲家传略》,北京:中华书局,1987年,17页。
⑥ 赵景深、张增元:《方志著录元明清曲家传略》,北京:中华书局,1987年,18页。
⑦ 赵景深、张增元:《方志著录元明清曲家传略》,北京:中华书局,1987年,20页。
⑧ 张廷玉等:《明史》卷二〇五《唐顺之传》,北京:中华书局,1974年,5424页。
⑨ 钱谦益:《列朝诗集小传》丙集《戴训导冠》,上海:上海古籍出版社,1983年,293页。
⑩ 张廷玉等:《明史》卷二八三《儒林二》,北京:中华书局,1974年,7292页。

书风气,进入了一个兴盛阶段,以李贽、陈第、焦竑、李时珍、张溥、胡应麟、徐光启、陈子龙、王夫之、徐霞客、宋应星、王世贞、何良俊、顾炎武、方以智、黄宗羲等为代表的学者,以经世致用、匡救时弊为宗旨,在全国范围内掀起了一股广读博览、求实致用的读书风气。其中,顾炎武是这些学者中的杰出者和博学风潮的引领者之一。他不但提出"博学于文"的思想,而且能够"综贯百家,上下千载,详考其得失之故,而断之于心,笔之于书,朝章图典,民风土俗,元元本本,无不洞悉。其术足以匡时,其言足以救世"①。他批评宋、元、明学者"不习六艺之文,不考百王之典,不综当代之务,举夫子论学、论政之大端,一切不问"②。因此,明代晚期的博学之风更得到广泛和深入的传播。学者们追求广读博览,无所不窥,蔚然成风。这样的读者,有以下诸人。

沈德符,"幼禀异质,日读一寸书,凡经、史、子、集及前代经济典故,精核靡遗"③。陈铎,"豪爽多气节。于经、传、子、史百家、九流,莫不贯穿"④。屠隆,"生有异才,于书靡所不究。学诗于沈明臣,落笔数千言立就"⑤。张萱,家藏万卷,故自天地、阴阳以及兵、农、礼、乐、元乘、韬略无不探讨淹贯。⑥ 瞿九思,"学极奥博,其文章不雅驯,然一时嗜古笃志之士亦鲜其俦"⑦。王志坚,"卜居吴门古南园,杜门却扫,肆

---

① 潘耒:《〈日知录〉原序》,见顾炎武《日知录集释》,黄汝成集释,上海:上海古籍出版社,1984年,1页。
② 顾炎武:《日知录集释》卷七《夫子之言性与天道》,黄汝成集释,上海:上海古籍出版社,1984年,538页。
③ 赵景深、张增元:《方志著录元明清曲家传略》,北京:中华书局,1987年,517页。
④ 赵景深、张增元:《方志著录元明清曲家传略》,北京:中华书局,1987年,471页。
⑤ 赵景深、张增元:《方志著录元明清曲家传略》,北京:中华书局,1987年,78页。
⑥ 赵景深、张增元:《方志著录元明清曲家传略》,北京:中华书局,1987年,118页。
⑦ 张廷玉等:《明史》卷二八八《文苑四》,北京:中华书局,1974年,7391页。

志读书,先经后史,先史后子、集"①。艾南英,长为诸生,好学无所不窥。②

除上述读者之外,钱谦益的《列朝诗集小传》中明确记载有"博极群书"特点的读者还有张田、汪广洋、韩奕、王履、袁廷玉、沈愚、王淮、杜琼、王穆、钱宽、高得旸、罗纮、罗欣、唐子仪、刘玉、浦瑾、储巏、李祯、杨子器、龙瑄、史鉴、黄云、戴冠、薛章宪、都穆、王宠、傅汝楫、王逢元、周廷用、王慎中、冯惟讷、靳学颜、陆粲、袁裒、姜玄、邓竤、李维桢、张之象、王嗣经、周晖、钦叔阳、刘凤、陆弼、张如兰、张可大、顾云鸿、钱明相、何允泓、杨用修、李蓘、黄裳、虞淳熙、虞淳贞、孙文昌、公鼐、吴子玉、钱希言、瞿汝稷、徐𤊹、阮汉闻、阮自华、来复、姚士粦、王彦泓、廖孔等。③

实际上,包括明代在内的古代读书人,在社会环境和自然环境相对较好的条件下,多数人都是广读博览、于书无所不窥者,只是史料没有记载而已。

此外,在许多博学好读者中,还有一些人,他们虽然广读博览,无所不窥,但并非以做学问为目的,而是将读书视为生命存在的一种方式。如孙源文,"虽为诸生,而非其意。善饮酒,好读书,颇类滑稽玩世者。其学经史百家无不毕览。慷慨语天下事,或古今成败,莫不穷其源流"④。

虽然文人学士们读书博杂,乃至淹贯百家,但是经学永远是其根本,且亦都能"粹然一出于正"。如,邵宝,"学以洛、闽为的,为诗文,典重和雅,以东阳为宗。至于原本经术,粹然一出于正,则其所自得

---

① 张廷玉等:《明史》卷二八八《文苑四》,北京:中华书局,1974年,7402页。
② 张廷玉等:《明史》卷二八八《文苑四》,北京:中华书局,1974年,7402页。
③ 见《列朝诗集小传》各传。
④ 赵景深、张增元:《方志著录元明清曲家传略》,北京:中华书局,1987年,161页。

也。博综群籍,有得则书之简"①。焦竑,"博极群书,自经史稗官、杂说、无不淹贯。善为古文,典正驯雅,讲学以罗汝芳为宗"②。任瀚,"百家二氏之书,罔不搜讨。被废,益反求'六经',阐明圣学"③。邓元锡,"生平博极群书,而要归于'六经'"④。张鼎,"日勤励于圣贤之学,诸子百家虽靡不研究,而一禀于濂、洛、关、闽之旨"⑤。何景明,"教诸生,专以经术世务。遴秀者于正学书院,亲为说经,不用诸家训诂,士始知有经学"⑥。

八、快读善记

读书一目十行,且过目不忘,这可以说是所有读书人的理想追求。因为阅读速度快便于博览群书,记得住所读内容才会有渊博的知识。如胡应麟所言:"博洽必资记诵,记诵必藉诗书。"⑦快读善记作为许多读书人的一个重要优势和特点,亦反映了这些人的读书天赋和才华。对此,史料中有很多记载。其中在快读方面,举例如下。

陈际泰,"读经史,一目数十行下。尝点二十一史,不三月而成"⑧。石光霁,读书五行俱下,洪武十三年(1380)以明经举,授国子博士,著有《春秋钩玄》。卓敬,颖悟过人,读书十行俱下。"凡天官、舆地、律历、兵刑诸家无不博究。"⑨孙柚,"少负异才,豪放不羁,读书

---

① 张廷玉等:《明史》卷二八二《儒林一》,北京:中华书局,1974年,7246页。
② 张廷玉等:《明史》卷二八八《文苑四》,北京:中华书局,1974年,7393页。
③ 张廷玉等:《明史》卷二八七《文苑三》,北京:中华书局,1974年,7371页。
④ 张廷玉等:《明史》卷二八三《儒林二》,北京:中华书局,1974年,7292页。
⑤ 冯从吾:《关学编》卷三《大器张先生》,北京:中华书局,1987年,32页。
⑥ 张廷玉等:《明史》卷二八六《文苑二》,北京:中华书局,1974年,7350页。
⑦ 胡应麟:《少室山房笔丛》卷四《经籍会通四》,北京:中华书局,1958年,61页。
⑧ 计六奇:《明季北略》卷十《江右四大家》,北京:中华书局,1984年,164页。
⑨ 张廷玉等:《明史》卷一四一《卓敬传》,北京:中华书局,1974年,4024页。

五行俱下,才情流丽。歌诗乐府,脍炙人口"①。王衡,"生而颀然,读书五行俱下。博览群书,尤长经世略,注意朝典边务"②。臧懋循,"读书数行下,博闻强记,畋渔百代,高才逸韵,不屑屑一官"③。张和,读书数行俱下,为文立就。④

读书过目不忘、善于记诵者举例如下。

王世贞,"书过目,终身不忘"⑤。桑悦,"书过目,辄焚弃,曰:'已在吾腹中矣。'"⑥。卢柟,"少负才敏,其读书一再过,终身不忘"⑦。傅占衡,少有异秉,涉猎诸家,经月不忘。多有著述,诗文传诵一时。⑧ 傅宸,"读书十行下,一过目终身不忘"⑨。景清,倜傥尚大节,读书一过不忘。洪武中授编修。⑩ 袁华,读一二过,辄记诵不遗。该洽莫比。⑪ 刘昌,"早岁颖悟,过目不忘,尝避雨染肆,阅其簿籍,已而染肆火,书以畀之,不失毫发"⑫。因此他博学多闻,著述也繁富。张璨,"经史一览不忘,为诗文操笔立就"⑬。林志,"少从王孟杨游,日记数千言"⑭。王鸿儒,读书过目不忘,成化间进士。⑮ 乔世宁,"日记数千言,强学好问,至老不倦,有《丘隅集》行世"⑯。

---

① 赵景深、张增元:《方志著录元明清曲家传略》,北京:中华书局,1987年,100页。
② 赵景深、张增元:《方志著录元明清曲家传略》,北京:中华书局,1987年,103页。
③ 赵景深、张增元:《方志著录元明清曲家传略》,北京:中华书局,1987年,513页。
④ 钱谦益:《列朝诗集小传》乙集《张提学和》,上海:上海古籍出版社,1983年,206页。
⑤ 张廷玉等:《明史》卷二八七《文苑三》,北京:中华书局,1974年,7379页。
⑥ 张廷玉等:《明史》卷二八六《文苑二》,北京:中华书局,1974年,7353页。
⑦ 赵景深、张增元:《方志著录元明清曲家传略》,北京:中华书局,1987年,81页。
⑧ 赵景深、张增元:《方志著录元明清曲家传略》,北京:中华书局,1987年,170—171页。
⑨ 赵景深、张增元:《方志著录元明清曲家传略》,北京:中华书局,1987年,484页。
⑩ 张廷玉等:《明史》卷一四一《景清传》,北京:中华书局,1974年,4024页。
⑪ 钱谦益:《列朝诗集小传》甲集《袁训导华》,上海:上海古籍出版社,1983年,126页。
⑫ 钱谦益:《列朝诗集小传》乙集《刘参政昌》,上海:上海古籍出版社,1983年,205页。
⑬ 钱谦益:《列朝诗集小传》乙集《张处士璨》,上海:上海古籍出版社,1983年,232页。
⑭ 钱谦益:《列朝诗集小传》乙集《林谕德志》,上海:上海古籍出版社,1983年,242页。
⑮ 钱谦益:《列朝诗集小传》丙集《王尚书鸿儒》,上海:上海古籍出版社,1983年,259页。
⑯ 钱谦益:《列朝诗集小传》丁集上《乔按察世宁》,上海:上海古籍出版社,1983年,388页。

无论是十行俱下,还是过目不忘,其除了与这些人的天赋有关外,也是他们热爱读书、勤于钻研、用心专注的结果。

九、淡泊名利

为获得功利而读书作为人的本能,固然会成为很多人读书的动机和目的,乃至头悬梁、锥刺股,夜以继日,孜孜不倦。他们的事迹和精神往往会成为社会的榜样和楷模对阅读活动起到巨大的促进作用。然而,如果仅仅是为了获得功利而读书,那么,这样的读者一旦取得了功名利禄,就可能不会像从前那样勤于读书治学了。

可是,一个时代总会有这样的嗜读好学者,他们孜孜以求,却淡泊名利,或不事举业,或不乐仕进,或屡征不就,或辞官归里,或遁迹山林,抑或屡试不第而攻读不辍,从而形成一个不为世风所染,不为利禄所诱,苦节自持,淡泊明志,情操高洁的读者群体。其人格力量为社会所景仰,其事迹为人们所称颂。

在这样的读者中,最为典型的是那些好读嗜学而不事举业者,举例如下。

范铣,"性嗜古,弃举子业,博涉经史。工诗赋,又娴音律。所著诗篇、南北词曲多为人传诵"[1]。周履靖,"弃经生业,废千金庋古今典籍……筑舍鸳湖之滨,种梅百余株咿唔其下……博涉经史诸子百家言,工古文辞"[2]。唐寅,"日惟读书,不识户外街陌,其中矻矻有一日千里气,然一意望古豪杰,殊不屑事场屋"[3]。梅鼎祚,"性不喜经生业,以古学自任,饮食寝处不废书,发为文辞,沉博雅赡,士大夫好

---

[1] 赵景深、张增元:《方志著录元明清曲家传略》,北京:中华书局,1987年,483页。
[2] 赵景深、张增元:《方志著录元明清曲家传略》,北京:中华书局,1987年,113页。
[3] 赵景深、张增元:《方志著录元明清曲家传略》,北京:中华书局,1987年,463页。

之"①。张凤翼,弃举子业归家,杜门深居,读书养母以终其身。② 兰茂,"冲淡简远,不乐仕进。读书过目成诵,耻为童子章句,返求'六经',究心关、闽、濂、洛之微"③。许自昌,"少读书即好渔猎,记两汉、四唐之业,饮食其中,不屑屑为经生言"④。沈仕,"尝事举子业,后惮拘持,遂舍去。乃恣情诗翰,以诗书画名世"⑤。郭翼,"工诗,尤精于《易》,不屑为举子业,专志学古"⑥。马麐,"酷志读书,好文尚雅,屏绝世虑,日诵经史"⑦。崔澂,"厌弃举业,好古攻诗"⑧。方太古,"年十八,废经生业,读书学古。不应征召,以终其身"⑨。俞允文,"年十五,谢去诸生,读书汲古",向以工书善诗名世。⑩ 钱谦贞,"早谢举子业,读书求志,辟怀古堂以奉母。帘户靓深,书签错列,论诗度曲,移日永夕,下键谢客,意泊如也"⑪。应宗祥,"少好学,读书达旦,悬髻屏床以自警。为诸生,未久即弃去,构书屋于澧川之上。诗文好古,不自贬以趋世"⑫。蔡烈,隐居鹤鸣山之白云洞,不复应试,后亦屡荐不起。⑬ 郑伉,"为诸生,试有司,不偶,即弃去。辞归,日究诸儒论议,一切折衷于朱子",著有《易义发明》《读史管见》《观物余论》《蛙鸣集》。⑭ 陈

---

① 赵景深、张增元:《方志著录元明清曲家传略》,北京:中华书局,1987年,67页。
② 赵景深、张增元:《方志著录元明清曲家传略》,北京:中华书局,1987年,69页。
③ 赵景深、张增元:《方志著录元明清曲家传略》,北京:中华书局,1987年,18页。
④ 赵景深、张增元:《方志著录元明清曲家传略》,北京:中华书局,1987年,133页。
⑤ 赵景深、张增元:《方志著录元明清曲家传略》,北京:中华书局,1987年,449页。
⑥ 钱谦益:《列朝诗集小传》甲集《郭训导翼》,上海:上海古籍出版社,1983年,126页。
⑦ 钱谦益:《列朝诗集小传》甲集《马麐》,上海:上海古籍出版社,1983年,128页。
⑧ 钱谦益:《列朝诗集小传》丙集《崔秀才澂》,上海:上海古籍出版社,1983年,310页。
⑨ 钱谦益:《列朝诗集小传》丙集《方处士太古》,上海:上海古籍出版社,1983年,335页。
⑩ 钱谦益:《列朝诗集小传》丁集上《俞处士允文》,上海:上海古籍出版社,1983年,439页。
⑪ 钱谦益:《列朝诗集小传》丁集下《钱秀才谦贞》,上海:上海古籍出版社,1983年,600页。
⑫ 钱谦益:《列朝诗集小传》乙集《应秀才宗祥》,上海:上海古籍出版社,1983年,178页。
⑬ 张廷玉等:《明史》卷二八二《儒林一》,北京:中华书局,1974年,7236页。
⑭ 张廷玉等:《明史》卷二八二《儒林一》,北京:中华书局,1974年,7242页。

真晟,弃举业,笃志圣贤之学,成一代理学名家。① 王叔承,少孤,治经生业,以好古谢去。② 唐时升,年未三十,谢举子业,专意古学。③ 陶宗仪,弃举子业,务古学,无所不窥。④ 谢复,"闻与弼倡道,弃科举业从之游"⑤。邓元锡,"不复会试,杜门著述,逾三十年,'五经'皆有成书"⑥。刘闵,"绝意科举,求古圣贤禔躬训家之法,率而行之"⑦。李锦,"得闻周、程、张、朱为学之要,遂弃记诵辞章之习,专以主敬穷理为事"⑧。整个明代这样的读书人不在少数。

还有一些人虽屡试不第,但读书不辍,并成为杰出的学者。他们也是不为追求功利而读书的读书人,其中的代表者如下。

归有光,九岁能属文,弱冠尽通"五经""三史"诸书。屡试不第,居嘉定安亭江上,读书谈道,从学者常数百人。⑨ 胡应麟,万历四年(1576)举于乡,久不第,筑室山中,购书四万余卷,手自编次,多所撰著。⑩ 陈仁锡,举万历二十五年(1597)乡试。久不第,益究心经史之学,多所论著。⑪ 王之士,嘉靖举于乡,后屡试不第,"遂屏弃帖括,潜心理窟,毅然以道学自任"⑫。郭郛,"累试春官不第",读书不辍,至老不休。⑬ 陈芹,"六上南宫不第,与诸人结青溪社,读书郊野间,逾二十

---

① 张廷玉等:《明史》卷二八二《儒林一》,北京:中华书局,1974年,7242页。
② 张廷玉等:《明史》卷二八八《文苑四》,北京:中华书局,1974年,7390页。
③ 张廷玉等:《明史》卷二八五《文苑四》,北京:中华书局,1974年,7391页。
④ 张廷玉等:《明史》卷二八五《文苑一》,北京:中华书局,1974年,7325页。
⑤ 张廷玉等:《明史》卷二八二《儒林一》,北京:中华书局,1974年,7241页。
⑥ 张廷玉等:《明史》卷二八三《儒林二》,北京:中华书局,1974年,7291页。
⑦ 张廷玉等:《明史》卷二九八《隐逸传》,北京:中华书局,1974年,7628页。
⑧ 冯从吾:《关学编》卷三《介庵李先生》,北京:中华书局,1987年,34页。
⑨ 张廷玉等:《明史》卷二八七《文苑三》,北京:中华书局,1974年,7382—7383页。
⑩ 张廷玉等:《明史》卷二八七《文苑三》,北京:中华书局,1974年,7382页。
⑪ 张廷玉等:《明史》卷二八八《文苑四》,北京:中华书局,1974年,7395页。
⑫ 冯从吾:《关学编》卷四《秦关王先生》,北京:中华书局,1987年,60页。
⑬ 冯从吾:《关学编》卷四《蒙泉郭先生》,北京:中华书局,1987年,58页。

年"①。李流芳,"再上公车不第,遂绝意进取,誓毕其余年,读书养母,刳心学道,以求正定之法"②。谢褧,累试不利,一意汲古。③ 王鏳,"数踏省门,不得举,闭门下键,读书尚志,欲期古人于千载之上"④。王穉登,十岁能诗,屡试不第。"卜筑长春巷,日肆力古文词,二酉五车靡所不博涉。"⑤

此外,还有一些人虽然不反对举业,但是反对把举业作为求取利禄之途。如著名学者吕柟在宝邛寺与马伯循、秦世观、寇子惇、张仲修、崔仲凫、马敬臣诸学人讲学时,相约曰:"文必载道,行必顾言。毋徒举业以要利禄,毋徒任重弗克有终。"因此,他们"日孜孜惟以古圣贤进德修业为事"。⑥

有很多文人学士虽然登第,取得了功名,但是无意仕进,屡荐不起,安贫乐道,专心于读书治学。他们是一些典型的要读书而不要做官的读书人。这样的读书人,如,柯维骐,登第五十载,未尝一日服官。世味无所嗜,惟嗜读书。⑦ 吴与弼,在正统、景泰、天顺时,屡荐不仕。特别是在天顺时,他被召入京,几次授官,力辞不就。他提出要读宫廷秘阁藏书,英宗曰:"欲观秘书,勉受职耳。"于是,他在京师留了两个月,就回家了。⑧ 陈献章,读书穷日夜不辍,学问名震京师。屡荐不起,读书讲学终身。⑨ 刘观,正统四年(1439)进士。"年方少,忽

---

① 钱谦益:《列朝诗集小传》丁集上《陈宁乡芹》,上海:上海古籍出版社,1983年,459页。
② 钱谦益:《列朝诗集小传》丁集下《李先辈流芳》,上海:上海古籍出版社,1983年,581页。
③ 钱谦益:《列朝诗集小传》丁集中《谢湖衰褧》,上海:上海古籍出版社,1983年,479页。
④ 钱谦益:《列朝诗集小传》丁集下《王遗民鏳》,上海:上海古籍出版社,1983年,612页。
⑤ 赵景深、张增元:《方志著录元明清曲家传略》,北京:中华书局,1987年,74页。
⑥ 冯从吾:《关学编》卷四《泾野吕先生》,北京:中华书局,1987年,41页。
⑦ 张廷玉等:《明史》卷二八七《文苑三》,北京:中华书局,1974年,7367页。
⑧ 张廷玉等:《明史》卷二八二《儒林一》,北京:中华书局,1974年,7240页。
⑨ 张廷玉等:《明史》卷二八三《儒林二》,北京:中华书局,1974年,7262页。

引疾告归。终不出。杜门读书,求圣贤之学。"①李承箕,好学嗜读,举成化二年(1466)乡试。隐居黄公山,不复仕。② 张诩,举成化二十年(1484)进士,累荐不起。"其学以自然为宗,以忘己为大,以无欲为至。"③娄谅,景泰四年(1453)举于乡。天顺末,选为成都训导。寻告归,闭门著书。④ 来知德,嘉靖三十一年(1552)举于乡。之后,在山中读书几十年,万历三十年(1602)荐为翰林侍诏,力辞不赴。⑤ 王汶,成化十四年(1478)进士,授中书舍人。谢病归,读书齐山下。⑥ 黄淳耀,崇祯十六年(1643)进士。"名士争务声利,独淡漠自甘,不事征逐。归益研经籍,缊袍粝食,萧然一室。"⑦施绍华,万历十六年(1588)举人。"年方二十,不乐仕进。闭户注《老》《庄》,以恬退闻。"⑧何永达,"以岁贡为清丰县丞,寻弃去。读书讲学,老而弥笃"⑨。

有不少读书人,虽然也曾为官,但是由于种种原因而辞官归里,屡荐不起,以读书著述终老一生。这些人无论是为官,还是为民,都体现了中国传统知识分子的一种普遍追求——进要宣力王朝,退要洁身自隐。为官时,他们能尽心尽职,为民造福,辞官后则潜心读书,著书立说,传播知识,表现了中国传统士人的操行职守和道德风范。这些人中的代表如下。

潘府,任长乐知县时,"教民行《朱子家礼》。躬行郊野,劳问疾苦,田夫野老咸谓府亲己,就求笔札,府辄欣然与之"。致仕既归,屏居南山,布衣蔬食,惟以发明经传为事。尝曰:"居官之本有三:薄奉

---

① 张廷玉等:《明史》卷二八二《儒林一》,北京:中华书局,1974年,7248页。
② 张廷玉等:《明史》卷二八三《儒林二》,北京:中华书局,1974年,7262页。
③ 张廷玉等:《明史》卷二八三《儒林二》,北京:中华书局,1974年,7263页。
④ 张廷玉等:《明史》卷二八三《儒林二》,北京:中华书局,1974年,7263页。
⑤ 张廷玉等:《明史》卷二八三《儒林二》,北京:中华书局,1974年,7291页。
⑥ 张廷玉等:《明史》卷二八九《忠义一》,北京:中华书局,1974年,7416页。
⑦ 张廷玉等:《明史》卷二八二《儒林一》,北京:中华书局,1974年,7258页。
⑧ 赵景深、张增元:《方志著录元明清曲家传略》,北京:中华书局,1987年,478页。
⑨ 冯从吾:《关学编》卷四《豂田马先生》,北京:中华书局,1987年,48页。

养,廉之本也;远声色,勤之本也;去逸私,明之本也。"①章懋,成化时任编修,曾有"翰林四谏"之称。在福建为官时,"建议番货互通贸易以裕商民,政绩甚著"。致仕归里后,"屏迹不入城府。奉亲之暇,专以读书讲学为事,弟子执经者日益进。贫无供具,惟脱粟菜羹而已"。家居二十余年,屡荐不起。②曹学佺任四川按察使时,蜀府毁于火,估修资七十万金,学佺以《宗藩条例》却之。崇祯初,辞官不就,家居二十年,读书著述于石仓园中。"万历中,闽中文风颇盛,自学佺倡之,晚年更以殉节著云。"③于孔兼,任礼部仪制郎中时,敢于上书,评判仪制中的不公平现象。致仕后,"家居二十年,杜门读书,矩矱整肃,乡人称之无间言"。④冯从吾任御史时,力谏万历皇帝,要励精图治,居安思危,体恤民情。被罢官后,家居二十五年,"杜门谢客,取先正格言,体验身心,造诣益邃"⑤。郑善夫,正德年间为户部主事,"以清操闻"。因宦官用事,辞官告归。筑草堂金鳌峰下,为"迟清亭",读书其中。曰:"俟天下之清也。""寡交游,日晏未炊,欣然自得。"⑥罗伦,成化间授翰林修撰。"为人刚正,严于律己。义所在,毅然必为,富贵名利泊如也。引疾归,遂不复出。以金牛山人迹不至,筑室著书其中,四方从学者甚众。"⑦张杰,正统时,就山西赵城训导。"居官六年,惟以讲学教人为事。值岁祲,捐俸赈饥,虽所捐无几,亦寒毡所难。"尝言:"力学以明道,禄仕以养亲。"老母去世后,辞官归里,并赋诗自责曰:"年几四十四,此理未真知。昼夜不勤勉,迁延到几时?"此后,"益大肆力于学。居恒瞑目端坐,至于移时。起则取诸经子史,朗然

---

① 张廷玉等:《明史》卷二八二《儒林一》,北京:中华书局,1974年,7254页。
② 张廷玉等:《明史》卷一七九《章懋传》,北京:中华书局,1974年,4751—4752页。
③ 张廷玉等:《明史》卷二八八《文苑四》,北京:中华书局,1974年,7400—7401页。
④ 张廷玉等:《明史》卷二三一《于孔兼传》,北京:中华书局,1974年,6044页。
⑤ 张廷玉等:《明史》卷二四三《冯从吾传》,北京:中华书局,1974年,6315页。
⑥ 张廷玉等:《明史》卷二八六《文苑二》,北京:中华书局,1974年,7356页。
⑦ 张廷玉等:《明史》卷一七九《罗伦传》,北京:中华书局,1974年,4747—4750页。

讽诵，或至丙夜后已。造诣日深，弟子从游者日众"①。段坚，景泰五年(1454)进士。"为政持大体，重风教，不急功利，不规规于簿书，不以毁誉得失动其心。凡属吏不法者，即案问不少贷。""治行为天下第一。以直道不能谐时，遂致政归。"②于是结庐兰山之麓，授徒讲业，读书著述以自乐。张锐，成化间任吉安知府时，"政教兼举，士习聿兴，民用安业"。致仕居乡后，"日进执经诸弟子于庭，讲学不倦，乡间薰德焉"。③ 王裕平，为官时"清平正直"，多有政绩。致仕后，林居十年，惟以读书教人为事。④ 郭郛，万历间出守马瑚。马瑚为南夷故地，"俗陋易嚣，先生恩威并济，礼让躬先"，乡民爱戴弥切。致仕归田二十余年，自读书讲学外，他无所事。⑤ 王问，嘉靖间授户部主事，监徐州仓，有政声。父卒，遂不复仕。筑室湖上，读书三十年，不履城市，数荐不起。⑥ 梁有誉，以刑部主事，念母告归，杜门读书。⑦ 宗臣，由刑部主事调考功，谢病归，筑室百花洲上，读书其中。⑧ 王惟俭，万历间官兵部主事。削籍后，家居二十年，肆力经史百家。⑨ 张祥鸢，为云南知府，"镇静有体，执法平反"。告归后，读书赋诗，足迹不入城市。⑩ 鲁铎，官至国子祭酒，请告家居。"沉潜问学，杜门敛迹，焚香危坐，日夜读书，屡起屡归，执持名节，为翰苑师儒之官，诚无愧焉。"⑪张之象，任

---

① 冯从吾:《关学编》卷三《默斋张先生》，北京：中华书局，1987年，29页。
② 冯从吾:《关学编》卷三《容思段先生》，北京：中华书局，1987年，26—27页。
③ 冯从吾:《关学编》卷三《大器张先生》，北京：中华书局，1987年，33页。
④ 冯从吾:《关学编》卷三《平川王先生》，北京：中华书局，1987年，39页。
⑤ 冯从吾:《关学编》卷四《蒙泉郭先生》，北京：中华书局，1987年，58—59页。
⑥ 张廷玉等:《明史》卷二八二《儒林一》，北京：中华书局，1974年，7246页。
⑦ 张廷玉等:《明史》卷二八七《文苑三》，北京：中华书局，1974年，7378页。
⑧ 张廷玉等:《明史》卷二八七《文苑三》，北京：中华书局，1974年，7378页。
⑨ 张廷玉等:《明史》卷二八八《文苑四》，北京：中华书局，1974年，7400页。
⑩ 钱谦益:《列朝诗集小传》丁集上《张云南祥鸢》，上海：上海古籍出版社，1983年，402页。
⑪ 钱谦益:《列朝诗集小传》丙集《鲁祭酒铎》，上海：上海古籍出版社，1983年，272—273页。

浙江布政司经历。"投劾而归,闭门却扫,横经籍书,纷披几案间,客至不能布席,贫不能买山。"①

如此等等,泱泱中华大地,浩浩历史长河,众多这样的廉官贤士,使我中华民族生机勃勃,蒸蒸日上,文化灿烂,河山生辉。

十、山中读书

中国古代战乱频仍,长期处于动荡之中,众多读书人为远离战乱而入山读书。于是,山林丘壑、岩谷溶洞就成为读书人离尘绝俗,躲祸避乱,专心于读书治学的绝佳去处。从这个角度讲,中国的文化,包括儒、释、道诸学,在很大程度上是从山林中孕育出来的。

明代是一个山林文化非常发达的时期。很多读书人,或是因为厌烦仕宦生活,而不求仕进;或是因淡泊世味,而欲远离红尘;或是为了躲避世乱,以寻求安宁;或是为了穷山林之胜,与大自然结为一体,以修身养性。于是,他们往往选择遁迹山林的读书生活。这些读书人除上文提到者之外,还有以下诸人。

曹璘,弘治间出按广东,访陈献章于新会,服其言论,遂引疾归。居山中读书,三十年不入城市。② 胡居仁,绝意仕进,筑室山中,四方来学者甚众,皆告之曰:"学以为己,勿求人知。"③ 赵汸,筑东山精舍,读书著述其中。④ 方献夫,正德中授礼部主事,谢病归,读书西樵山中者十年。⑤ 唐顺之,削籍后,卜筑阳羡山中,读书十余年。⑥ 王守仁,

---

① 钱谦益:《列朝诗集小传》丁集上《张经历之象》,上海:上海古籍出版社,1983年,451页。
② 张廷玉等:《明史》卷一八〇《曹璘传》,北京:中华书局,1974年,4793页。
③ 张廷玉等:《明史》卷二八二《儒林一》,北京:中华书局,1974年,7232页。
④ 张廷玉等:《明史》卷二八二《儒林一》,北京:中华书局,1974年,7226页。
⑤ 张廷玉等:《明史》卷一九六《方献夫传》,北京:中华书局,1974年,5186页。
⑥ 张廷玉等:《明史》卷二〇五《唐顺之传》,北京:中华书局,1974年,5423页。

筑室阳明洞,泛滥二氏之学。谢诜,嘉靖二十三年(1544)进士,授泰兴令。致仕归家,筑白鸥庄于荷叶山中,朝夕唯读书著述,吟咏为事,不入城市者余二十年。① 郑若庸,为诸生,三试皆首。隐支硎山,殚精古文词。② 张深,博涉经史,善吟咏,工词曲。屡荐不就,筑精舍于荷峰下,读书其中。③ 郭郛,读书龙岩洞中,学益有得,负笈从游者甚众。④ 袁袠,致仕归田后,读书横山别业,著《皇明献实》《吴中人物志》。⑤ 于慎行,读书贯穿经史,通晓掌故。谢部事,居榖城山中,十有七年,网罗搜抉,蕴籍益富。⑥ 华淑,读书惠山之下,肆力古学,刻意于诗。⑦

山中读书图

---

① 赵景深、张增元:《方志著录元明清曲家传略》,北京:中华书局,1987年,66页。
② 赵景深、张增元:《方志著录元明清曲家传略》,北京:中华书局,1987年,64页。
③ 赵景深、张增元:《方志著录元明清曲家传略》,北京:中华书局,1987年,479页。
④ 冯从吾:《关学编》卷四《蒙泉郭先生》,北京:中华书局,1987年,58页。
⑤ 钱谦益:《列朝诗集小传》丁集上《袁金事袠》,上海:上海古籍出版社,1983年,397页。
⑥ 钱谦益:《列朝诗集小传》丁集中《于阁学慎行》,上海:上海古籍出版社,1983年,547页。
⑦ 钱谦益:《列朝诗集小传》丁集下《华秀才淑》,上海:上海古籍出版社,1983年,662页。

山中读书，远离尘嚣，坐卧于山林泉石之间，覃思静虑，涤荡心灵，的确为很多读书人所向往。如蒋鸣玉在给其家人的一封信中说：

> 吾无日不读书。以读书多益少损，塞眼藏身。虽市嚣卒伍，展卷深山，意吾子必得此性格耳。凉飔静户，正好研思玩味。无论圣贤字字精深……①

关中名儒段坚赠予周蕙的诗云：

> 白云封锁万山林，卜筑幽居深更深。
> 养道不干轩冕贵，读书探取圣贤心。②

山中读书不仅是那些淡泊名利、不乐仕进者的选择，更是莘莘学子的好去处。黄道周，"学贯古今，所至学者云集"。自幼在铜山读书。铜山在孤岛中，有石室，道周坐卧其中。故学者称其为石斋先生。③ 霍韬，读书西樵山，经史淹洽。④ 王彝，少孤贫，读书五台山中，得金履祥之传，学有端绪。⑤ 王衡，读书五行俱下，从陈继儒习业支硎山中。⑥ 梁时，随其母长，于会稽山中读书。曾任翰林典籍，修《永乐大典》。⑦ 李承箕，幼有大志，不喜为举子业，读书大厓山，非礼不动。⑧ 郑作，读书方山之上，自号方山子。⑨ 周祚，读书前梅山中，后官郑州州同知。⑩

---

① 周亮工：《明三百家尺牍》卷六，南昌：二十世纪出版公司，1947年，99页。
② 冯从吾：《关学编》卷三《小泉周先生》，北京：中华书局，1987年，31页。
③ 张廷玉等：《明史》卷二五五《黄道周传》，北京：中华书局，1974年，6601页。
④ 张廷玉等：《明史》卷一九七《霍韬传》，北京：中华书局，1974年，5207页。
⑤ 张廷玉等：《明史》卷二八五《文苑一》，北京：中华书局，1974年，7320页。
⑥ 赵景深、张增元：《方志著录元明清曲家传略》，北京：中华书局，1987年，101页。
⑦ 钱谦益：《列朝诗集小传》乙集《梁典籍时》，上海：上海古籍出版社，1983年，202页。
⑧ 钱谦益：《列朝诗集小传》丙集《李举人承箕》，上海：上海古籍出版社，1983年，286页。
⑨ 钱谦益：《列朝诗集小传》丙集《方山子郑作》，上海：上海古籍出版社，1983年，322页。
⑩ 钱谦益：《列朝诗集小传》丙集《周给事祚》，上海：上海古籍出版社，1983年，320页。

也有不少读书人与山中读书者有同样的追求,他们选择居住在江边或湖边读书。如,邵亨贞,徙居华亭,卜筑溪上,以贞谿自号。博通经史,赡于文词,工篆隶。① 王宠,读书石湖之上二十年,不入城市。② 汤珍,读书石湖治平寺,凡十五年。③ 张经,避地荆溪,筑良常草堂于溪上。④ 熊梦祥,弃教官,卜居娄江上,以诗酒放浪淮浙间。⑤

在明代,还有一个由无数隐士组成的"山人"读者群体。这些人好学嗜读,淡泊名利,隐身匿迹,志存高远,行谊脱俗,守节自持,放浪山水,纵情诗翰,身居山林,游走于湖海,谈经论史,吟诗作赋,形成了一个颇具个性与时代特点的读者群体。这个群体中的杰出者,除上述之外,还有以下诸人。

周之翰,兵兴,隐居神山,谈经论史,终日不倦。⑥ 刘睿,治经术,攻古诗文。居青田山中二十年,出游吴、楚、齐、晋,又二十年归。⑦ 岳岱,好读书,辟草堂于阳山,结隐其中。中年出游恒、岱诸岳。⑧ 潘纬,"家于白岳之下,隐居诵读,不妄交与"⑨。赵善瑛,明《诗》《礼》《春秋》。隐居教授。入明,筑室锦江之滨。⑩ 顾元庆,隐居大石左麓,以图书自娱。自经史以至丛说,多所纂述。藏书万卷,年七十五,犹吟诗不倦。⑪ 邢量,独居鄪城之东,闭门读书。"陋室三间,青台满壁,折

---

① 钱谦益:《列朝诗集小传》甲集《邵贞谿亨贞》,上海:上海古籍出版社,1983年,103页。
② 钱谦益:《列朝诗集小传》丙集《王贡士宠》,上海:上海古籍出版社,1983年,308页。
③ 钱谦益:《列朝诗集小传》丙集《汤迪功珍》,上海:上海古籍出版社,1983年,309页。
④ 钱谦益:《列朝诗集小传》甲前集《张府判经》,上海:上海古籍出版社,1983年,42页。
⑤ 钱谦益:《列朝诗集小传》甲前集《熊梦祥》,上海:上海古籍出版社,1983年,34页。
⑥ 钱谦益:《列朝诗集小传》甲前集《周处士之翰》,上海:上海古籍出版社,1983年,51页。
⑦ 钱谦益:《列朝诗集小传》甲前集《刘睿》,上海:上海古籍出版社,1983年,55页。
⑧ 钱谦益:《列朝诗集小传》丁集中《岳山人岱》,上海:上海古籍出版社,1983年,476页。
⑨ 钱谦益:《列朝诗集小传》丁集中《潘舍人纬》,上海:上海古籍出版社,1983年,503页。
⑩ 钱谦益:《列朝诗集小传》甲前集《玉峰山人赵善瑛》,上海:上海古籍出版社,1983年,47页。
⑪ 钱谦益:《列朝诗集小传》丁集中《大石山人顾元庆》,上海:上海古籍出版社,1983年,478页。

铛败席,淡如也。"①

明太祖朱元璋"兴礼儒士,聘文学,搜求岩穴,侧席幽人,后置不为君用之罚,然韬迹自远者亦不乏人"②。因此,这样的读者在整个明代,特别是明初,其人数之众为历代所少见。如在钱谦益的《列朝诗集小传》中,明确记载的有过隐居生活者就有九十余人。这些人绝大多数是元末明初人。这种现象的出现主要有两点原因:一是社会动荡,文人学士们欲求一个安静的环境读书治学;二是刚刚建立的明王朝还缺乏一定的社会基础,特别是缺乏知识分子对它的认可。对此,朱元璋多次下诏宣传动员,搜罗人才,如洪武元年(1368)九月诏曰:

> 天下之治,天下之贤共理之。今贤士多隐岩穴,岂有司失于敦劝欤,朝廷疏于礼待欤,抑朕寡昧不足致贤,将在位者壅蔽使不上达欤。不然,贤士大夫,幼学壮行,岂甘没世而已哉。天下甫定,朕愿与诸儒讲明治道。有能辅朕济民者,有司礼遣。③

洪武二年(1369)四月,朱元璋"命有司访求通经术明治道者"④。但是很多文人学士还是不愿与新政权合作,或观望,或消极,或干脆不信任。于是很多人就选择了隐居读书的生活方式。"迨中叶承平,声教沦浃,巍科显爵,顿天网以罗英俊,民之秀者无不观国光而宾王廷矣。"⑤随着社会风气和文人观念的变化,隐迹避世者逐渐减少。然而,山人作为明代文人学士中一个特点鲜明的读者群体,其读书生活无论是对整个明代文人学士的读书治学,还是对后来的学术文化发展,都产生了重要影响。

---

① 文震孟:《姑苏名贤小纪》卷上,四库全书存目丛书,济南:齐鲁书社,1996年,79页。
② 张廷玉等:《明史》卷二九八《隐逸传序》,北京:中华书局,1974年,7623页。
③ 张廷玉等:《明史》卷二《太祖二》,北京:中华书局,1974年,21页。
④ 张廷玉等:《明史》卷二《太祖二》,北京:中华书局,1974年,24页。
⑤ 张廷玉等:《明史》卷二九八《隐逸传序》,北京:中华书局,1974年,7623页。

十一、知行合一

知行合一既是一个内容丰富、意义深刻、影响深远的话题,也是中国读书人读书治学的一个重要特点。同时,它还是中国读书人把读书治学作为一种安身立命的方式来实践的内容。它讲求身心合一,讲求实践性,既要做到知行一致,又要注重实践。所谓"纸上得来终觉浅,绝知此事要躬行"。

随着明代政治、经济的发展和学术文化的繁荣与进步,知行合一这一传统和特点在明代得到了弘扬与发展,并对明代的阅读活动乃至社会的精神风貌、道德品格和价值观念产生了深刻影响。其具体表现形式可大略分为下面四种类型。

1. 读书明志,笃信力行

颜之推在《颜氏家训·勉学篇》里批评道:"世人读书者,但能言之,不能行之。忠孝无闻,仁义不足。"①这种现象虽然任何时候都有,但是读书明志、笃信力行则是明代读书人的一个优良传统和显著特点。如,吕柟,他的读书治学和为人处事的主张就是"以立志为先,慎独为要,忠信为本,格致为功,而一准之以礼。重躬行,不事口耳。平居端严恪毅,接人则和易可亲,至义理所执,则铿然兢烈,置死生利害弗顾也"②。南大吉,"饬躬励行,惇伦叙理,非世儒矜解悟而略检押者可比"③。杨爵,"自少至老,孳孳学问。其所涵养者诚深,鼎镬汤火,百折不回,完全名节,铿锵一代不偶也"④。周惠,"究通'五经',笃信

---

① 颜之推:《颜氏家训·勉学八》,长沙:岳麓书社,1999 年,89 页。
② 冯从吾:《关学编》卷四《泾野吕先生》,北京:中华书局,1987 年,46 页。
③ 冯从吾:《关学编》卷四《端泉南先生》,北京:中华书局,1987 年,52 页。
④ 冯从吾:《关学编》卷四《斛山杨先生》,北京:中华书局,1987 年,55 页。

力行,慨然以程、朱自任。时人咸敬信乐从之,为一时学者之宗"①。郭郛,"学重根本,笃于伦理而兢兢持敬,自少至老,一步不肯屑越"②。王之士,"笃信好学,见彻本源。生平修姱敦伦,笃于行谊。藁床粝食,尚友千古,行己必恭,与人必敬,饮食必祭必诚,兢兢遵守孔氏家法。一时学者以为蓝田吕氏复出,感慕执经者屦满户外,士习翕然。乡里美俗复兴"③。傅宸,读书既博,著述也富。为人忠信、朴直,胸无篱棘,尝训诸子曰:"吾愿汝辈为道义中君子,不愿为功名中小人也。"林居二十余年,"日以砥名行厚风俗为事"。④ 谢应芳,"自幼笃志好学,潜心性理,以道义名节自励"⑤。叶仪,"理明识精,一介不苟。安贫乐道,守死不变","授徒讲学,士争趋之"⑥。其门人何寿朋亦"穷经守志,不妄干人"⑦。明末清初学者王夫之曾言:"学者之于道,知之非艰,行之维艰。知而不行,犹无知也。况乎因知而有言,而徒求之言,则有非真知而可以言者。故学莫切于力行,而言为不足贵。"⑧

2. 躬行实践,淬砺道德

知识来源于实践。躬行实践是获得认识,修养道德的重要方式。因此自古学者都讲求躬行实践为先,识见言论次之。明代的许多读书人都努力实践了这一原则。如,蔡清,"平生饬躬砥行,贫而乐施,为族党依赖"⑨。吴与弼,尝云"学者须亲细务"。娄谅,"虽扫除之事,

---

① 冯从吾:《关学编》卷三《小泉周先生》,北京:中华书局,1987年,31页。
② 冯从吾:《关学编》卷四《蒙泉郭先生》,北京:中华书局,1987年,59页。
③ 冯从吾:《关学编》卷四《秦关王先生》,北京:中华书局,1987年,60页。
④ 赵景深、张增元:《方志著录元明清曲家传略》,北京:中华书局,1987年,485页。
⑤ 张廷玉等:《明史》卷二八二《儒林一》,北京:中华书局,1974年,7224页。
⑥ 张廷玉等:《明史》卷二八二《儒林一》,北京:中华书局,1974年,7224页。
⑦ 张廷玉等:《明史》卷二八二《儒林一》,北京:中华书局,1974年,7224页。
⑧ 王夫之:《四书训义》卷九《论语》五,见《船山全书》(七),长沙:岳麓书社,1988年,408页。
⑨ 张廷玉等:《明史》卷二八二《儒林一》,北京:中华书局,1987年,7234页。

必身亲之"①。"中岁家益贫,躬亲耕稼,非其义,一介不取。"②谢复,从吴与弼游,"身体力行,务求自得。居家孝友,丧祭冠婚,悉遵古礼。或问学,曰:'知行并进,否则落记诵诂训矣。'"③。蒋信,"践履笃实,不事虚谈"④。贺钦,"不务博涉,专读'四书''六经''小学',期于反身实践"⑤。陈时芳,"博览多闻,而归于实践"⑥。欧阳德,"学务实践,不尚空虚"⑦。尤时熙,"病学者凭虚见而忽躬行,故其议论切于日用,不为空虚隐怪之谈"⑧。邓以赞、张元忭,"自未第时即从王畿游,传良知之学,然皆笃于孝行,躬行实践。以赞品端志洁,而元忭矩矱俨然"⑨。崔铣,"中岁自厉于学,言动皆有则。尝曰:'学在治心,功在慎动。'"⑩。吕潜,"刻意躬行,远声色,慎取予,一毫不苟,而尤严于礼"⑪。王敬臣尝言:"议论不如著述,著述不如躬行。"弟子从游者至四百余人。⑫ 明末清初著名学者孙奇逢明确提出"躬行实践,舌上莫空谈"的主张。他认为"学问皆从躬行出,而不从口出",且"行"对"知"有决定性的作用。他说:"行足以兼知,未有能行而不知者。知不足以兼行,耻躬不逮,圣人固虑之矣。"特别是他将淬砺道德、砥砺名节作为"学在躬行"的重要内容和最高境界。他提出"气节是理学之骨","节之奇,死之烈,忠到足色,方于理学无憾"⑬。因此,他在反

---

① 张廷玉等:《明史》卷二八三《儒林二》,北京:中华书局,1987年,7263页。
② 张廷玉等:《明史》卷二八二《儒林一》,北京:中华书局,1987年,7241页。
③ 张廷玉等:《明史》卷二八二《儒林一》,北京:中华书局,1987年,7241页。
④ 张廷玉等:《明史》卷二八三《儒林二》,北京:中华书局,1987年,7268页。
⑤ 张廷玉等:《明史》卷二八三《儒林二》,北京:中华书局,1987年,7265页。
⑥ 张廷玉等:《明史》卷二八三《儒林二》,北京:中华书局,1987年,7273页。
⑦ 张廷玉等:《明史》卷二八三《儒林二》,北京:中华书局,1987年,7277页。
⑧ 张廷玉等:《明史》卷二八三《儒林二》,北京:中华书局,1987年,7287页。
⑨ 张廷玉等:《明史》卷二八三《儒林二》,北京:中华书局,1987年,7289页。
⑩ 张廷玉等:《明史》卷二八二《儒林一》,北京:中华书局,1987年,7255页。
⑪ 冯从吾:《关学编》卷四《愧轩吕先生》,北京:中华书局,1987年,56页。
⑫ 张廷玉等:《明史》卷二八二《儒林一》,北京:中华书局,1987年,7252页。
⑬ 孙奇逢:《夏峰先生集》卷四《麟书钞序》,朱茂汉点校,北京:中华书局,2004年,121页。

阉党、抗清兵的斗争中,能以名节自持、大义凛然,以实际行动践行了他的为学之道和理论主张。纵观有明一代,这样的读书人何其之多!他们不愧是民族的脊梁、读书人的楷模。

3. 学以致用,经世为本

具有这种读书治学特点的读书人的数量应该是最多的,因为很多读书人都怀有读书以求经世致用之志,都想通过读书成就一番事业。明后期,实学思潮兴起,社会上掀起了经世致用的读书之风。如,顾炎武,"综观百家,上下千载,详考其得失之故,而断之于心,笔之于书,朝章国典,民风土俗,元元本本,无不洞悉,其术足以匡时,其言足以救世,是谓通儒之学"①。此外,再如罗洪先,他曾说:"儒者学在经世,而以无欲为本。"因此,他"甘淡泊,炼寒暑,跃马挽强,考图观史,自天文、地志、礼乐、典章、河渠、边塞、战阵攻守,下逮阴阳、算数,靡不精究。至人才、吏事、国计、民情,悉加意咨访"②。陈仁锡,"讲求经济,有志天下事,性好学,喜著书,一时馆阁中博洽者鲜其俦云"③。任瀚,"少怀用世志,百家二氏之书,罔不搜讨"④。陈谟,"究心经世之务。尝谓:'学必敦本,莫加于性,莫重于伦,莫先于变化气质。若礼乐、刑政、钱谷、甲兵、度数之详,亦不可不讲习。'一时经生学子多从之游"⑤。徐有贞,"文武兼资,于天官、地理、河渠、兵法、风角之书,无不通晓,志在经世,诗文取通达,不屑为雕章饰句"⑥。

有明一代,这类读者中最杰出者当数前面已提到过的徐光启、李

---

① 潘耒:《〈日知录〉原序》,见顾炎武《日知录集释》,黄汝成集释,上海:上海古籍出版社,1984年,1页。
② 张廷玉等:《明史》卷二八三《儒林二》,北京:中华书局,1974年,7279页。
③ 张廷玉等:《明史》卷二八八《文苑四》,北京:中华书局,1974年,7395页。
④ 张廷玉等:《明史》卷二八七《文苑三》,北京:中华书局,1974年,7371页。
⑤ 张廷玉等:《明史》卷二八二《儒林一》,北京:中华书局,1974年,7227页。
⑥ 钱谦益:《列朝诗集小传》乙集《徐武功有贞》,上海:上海古籍出版社,1983年,203—204页。

时珍、宋应星、徐霞客、顾炎武、黄宗羲、孙奇逢、王夫之等。如谢国桢所言:"明末学者,尤喜欢谈兵,而旁及于天文、舆地、政治、经济、农田、水利之学,不是单停留在书本上,而是从实践中体验出来,其目的是在致用。他们治学问的方法,尤在于博古以通今……"①他们的"学以致用,经世为本"的读书观念对后世影响颇大。

4.游历交友,注重实地考察

读书治学,需要结合自己的阅历和经验,才能体会于心;需要广泛交流信息,才能有所启发和提高,从而有自己的发明和创造。如苏辙所言:"太史公行天下,周览四海名山大川,与燕、赵间豪俊交游,故其文疏荡,颇有奇气。"他也称自己"百氏之书,虽无所不读,然皆古人之陈迹,不足以激发其志气。恐遂汩没,故决然舍去,求天下奇闻壮观,以知天地之广大"②。就连朱熹这样的强调读书穷理的理学大家也说:"书册埋头无了日,不如抛却去寻春。"③因此,"读万卷书,行万里路"早已被古代学人奉为治学圭臬。这里的"行路"不仅指旅游、考察,还指交游访学。因此,访贤会友,览江山之胜几乎是每一位读书人的爱好和经历。他们既注重书本学习,也努力接触社会,广闻博识,把游历和

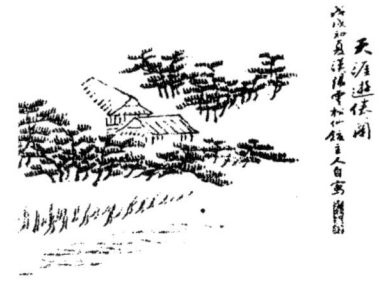

学士游历图

---

① 谢国桢:《明末清初的学风》,北京:人民出版社,1982年,37—38页。
② 苏辙:《栾城集》卷二十二《上枢密韩太尉书》,上海:上海古籍出版社,1987年,477—478页。
③ 朱熹:《朱熹集》卷九《出山道中口占》,成都:四川教育出版社,1996年,381页。

考察作为其读书治学的重要内容与方式。

这类读书人中最杰出和典型者当数李时珍、徐霞客、陈第、顾炎武、孙奇逢等。陈第是明代考据学的开创者之一,其读书广博、著述丰富,在明代学术史上具有重要地位。同时,他也是一位著名的旅行家。自43岁解甲归里后,便游历四方,其足迹遍布福建、广东、广西、江苏、浙江、江西、安徽、湖北、湖南、山东、山西、陕西、河南、辽宁等地区的名山大川。顾炎武是明末清初实学的代表人物,他不仅倡导经世致用,而且十分重视实际考察。全祖望在《亭林先生神道表》中说他:遍游边塞之区,游历所至,"以二马二骡,载书自随。所至厄塞,即呼老兵退卒,询其曲折,或与平日所闻不合,则即坊肆中发书而对勘之。故于山川险要,皆经目击,因能言之,了了如指诸掌"①。孙奇逢是明末著名学者和教育家。他不仅主张"学在躬行""学以致用",而且将游历作为读书治学的重要内容。其游历所及,"北自塞上,东临大海,南至伊洛,涉易水,渡黄河,登太行,望嵩山,足迹几遍畿辅、中州"②。他观览名山大川,凭吊历史遗迹,了解社会民情,结识名人贤士,开阔了眼界,增长了见识,扩展了胸襟,陶冶了情操,对祖国更是充满了热爱之情。此外,这类读书人还有以下几人。

张一韶,"纵游三辅、两都、岱宗、阙里、匡庐、九嶷、彭蠡、洞庭、岭外,尽交楚、蜀、闽、粤诸名士,自是文益雄迈"③。郑若庸,"博学通方,交游遍海内,著作甚多"④。屠隆,善诗能文,落笔数千言立就。"遨游吴越间,啸咏山川。寻溯盱江,登武夷,穷八闽之胜。及晚年,家益

---

① 全祖望:《鲒埼亭集》卷十二《亭林先生神道表》,四部丛刊本,5页。
② 张显清:《杰出教育家孙奇逢述论》,见《张显清文集》,上海:上海辞书出版社,2005年,510页。
③ 吴晗:《江浙藏书家史略》,北京:中华书局,1981年,69页。
④ 赵景深、张增元:《方志著录元明清曲家传略》,北京:中华书局,1987年,64页。

贫,出游徂徕、金间。"①秦鸣雷,嘉靖年间进士,致仕后,家居二十余年,凡吴越名胜山川,无不穷探。② 陈鹤,颖悟绝群,好古嗜读。年十余已知买奇帙、名画,穷昼夜诵览。弃其所受官,踰粤岭,下彭蠡,游吴渡越,遍交海内名士。③ 唐寅,"放浪远游祝融、匡庐、天台、武夷,观海于东南,浮洞庭、彭蠡归,其学务穷研造化"④。佘翘,屡试不第后,制一舫,号浮斋,乘之遍访名胜,归后著诗文、传奇多种。⑤ 王之士,"访道求友,虽跋涉间关数千里,亦不惮远云"⑥。周砥和马治,兵乱避地义乌,游荆溪诸山,极山水之胜,作《荆南倡和集》。⑦ 田汝成,致仕归里,盘桓湖山,穷探浙西诸名胜。著《西湖游览志》,凡一百六十余卷。⑧ 范沨,"攻苦读书,苦吟精思,家贫落魄,出游八闽、滇南,搜剔名胜,往往垂橐而归"⑨。顾亮,"尝游名区奥壤,梵宇仙宫。遇异人,得异书,必尽其蕴"⑩。薛章宪,"通经博学,弃经生业,遍游吴越山水,与沈启南、都玄敬为文字交"⑪。秦镐,家贫好读书。弃举业,刻意为诗。"奚囊布袍,历览名胜。"尝曰:"吾游不独好山水,以求友也。"⑫张慎言,为诸生时,"裹粮袱被,遍游吴越名胜"⑬。潘之恒,"颛精古文词、工诗歌,恣情山水。海内名流,无不交欢。所游行山水,随得随录记

---

① 赵景深、张增元:《方志著录元明清曲家传略》,北京:中华书局,1987年,79页。
② 赵景深、张增元:《方志著录元明清曲家传略》,北京:中华书局,1987年,48页。
③ 赵景深、张增元:《方志著录元明清曲家传略》,北京:中华书局,1987年,106页。
④ 赵景深、张增元:《方志著录元明清曲家传略》,北京:中华书局,1987年,463页。
⑤ 冯从吾:《关学编》卷四《秦关王先生》,北京:中华书局,1987年,61页。
⑥ 赵景深、张增元:《方志著录元明清曲家传略》,北京:中华书局,1987年,126页。
⑦ 钱谦益:《列朝诗集小传》甲前集《马同知治》,上海:上海古籍出版社,1983年,31页。
⑧ 钱谦益:《列朝诗集小传》丁集上《田参议汝成》,上海:上海古籍出版社,1983年,387页。
⑨ 钱谦益:《列朝诗集小传》丁集下《范太学沨》,上海:上海古籍出版社,1983年,608页。
⑩ 钱谦益:《列朝诗集小传》乙集《顾学究亮》,上海:上海古籍出版社,1983年,223页。
⑪ 钱谦益:《列朝诗集小传》丙集《薛秀才章宪》,上海:上海古籍出版社,1983年,295页。
⑫ 钱谦益:《列朝诗集小传》丁集下《秦秀才镐》,上海:上海古籍出版社,1983年,642页。
⑬ 钱谦益:《列朝诗集小传》丁集下《张尚书慎言》,上海:上海古籍出版社,1983年,654页。

之,有集曰《鸾啸集》》"①。徐舫,弃举子业,学为歌诗。"游四方,交其名士,诗益工。"②孙一元,"姿性绝人,善为诗,风仪秀朗,遍游中原,东逾齐、鲁,南涉江、淮,历荆抵吴越,所至赋诗,谈神仙,论当世事,往往倾其座人"③。明末清初的史学家谈迁,为撰写史学巨著《国榷》,从海宁坐船到北京。他在北京住了两年半,借书、抄书、交友、调查、访问、考察遗迹,搜集了大量资料。由此可见,交游、考察也是明代读书人中的普遍活动。

十二、勤于动笔

一位杰出的读者应该既是知识信息的吸收者,又是知识信息的使用者、创造者和记录者。勤于动笔或著述早已是中国古代读书人的优良传统和读书方法。实际上,也只有这样的读者才能在阅读史上留下自己的足迹。因此,史料所记载的杰出读者大都是或有著述流传于世,或在仕途和文化教育领域有业绩者,抑或在这些方面兼有成就者。那些既不善著述,又不乐仕进,也没有传道授业者,则往往湮没在历史的尘埃里。

实际上,对于阅读活动来讲,只要一个人热爱阅读,并能将阅读所获内化为自己的知识,落实在言行中,他就是一位杰出的读者,是对人类文明有贡献的人,是一个应该被阅读史记载的人。这样的人,本书其他内容中已有所论及。这里仅从勤于动笔或著述这个角度来凸现这些人的读书特点。

一般来说,一个人只有读书之多、理解之深、体会之切,才能有感

---

① 赵景深、张增元:《方志著录元明清曲家传略》,北京:中华书局,1987年,519页。
② 张廷玉等:《明史》卷二九八《隐逸传》,北京:中华书局,1974年,7625页。
③ 张廷玉等:《明史》卷二九八《隐逸传》,北京:中华书局,1974年,7629页。

而发,有所创造和发明。所谓"读书破万卷,下笔如有神"说的就是这个道理。随着明代学术文化的繁荣、读书人口的增多和出版业的发展,明代的著述活动空前繁荣,能文善诗者亦数不胜数。特别是那些杰出的学者和作家,他们往往都是读书既博、勤于笔耕且著述繁富者。这里再略举数例,以窥一斑。

邵宝,"博综群籍,有得则书之简,取程子'今日格一物,明日格一物'之义,名之曰日格子。所著有《学史录》《简端录》《定性书说》《漕政举要》诸集若干卷"①。何乔新,年十一读《通鉴续编》。"比长,博综群籍。闻异书辄借抄,积三万余帙,皆手校雠,著述甚富。"②杨慎,"明世记诵之博,著作之富,推慎为第一。诗文外,杂著至一百余种,并行于世"③。傅㠋,好学嗜读,"肆力为文章,十三经、廿一史,旁泊诸子、稗官之书、州次部居,无不博综"④,有著述二十余种。赵南星,"戍代州时,僦居一小楼,楼中辟一室曰'味蘖斋',日夕开卷,弄笔自适,所著甚多"⑤。屠本畯,好学不倦,有著述五十余种。⑥ 张萱,家藏万卷,读书既博,著述也富。有著作十九种。⑦ 归有光,读书常不荒废,"时有所见,用著于录。意到即笔,不得留,昔人所谓兔起鹘落时也"⑧。刘昌,博学多闻,勤于纂述,有著作数百卷,诗词为一时传诵。⑨ 罗顶,敦笃古道,于书无所不窥,上下古今,成一家之言。所著浩繁,称《梅山丛书》,二百余卷。⑩ 朱存理,自少至老,未尝一日忘学。居恒无他

---

① 张廷玉等:《明史》卷二八二《儒林一》,北京:中华书局,1974年,7246页。
② 张廷玉等:《明史》卷一八三《何乔新传》,北京:中华书局,1974年,4854页。
③ 张廷玉等:《明史》卷一九二《杨慎传》,北京:中华书局,1974年,5083页。
④ 赵景深、张增元:《方志著录元明清曲家传略》,北京:中华书局,1987年,484页。
⑤ 赵景深、张增元:《方志著录元明清曲家传略》,北京:中华书局,1987年,470页。
⑥ 赵景深、张增元:《方志著录元明清曲家传略》,北京:中华书局,1987年,474页。
⑦ 赵景深、张增元:《方志著录元明清曲家传略》,北京:中华书局,1987年,118页。
⑧ 归有光:《震川先生集》卷二《尚书别解字》,上海:上海古籍出版社,1981年,51页。
⑨ 钱谦益:《列朝诗集小传》乙集《刘参政昌》,上海:上海古籍出版社,1983年,205页。
⑩ 钱谦益:《列朝诗集小传》乙集《罗顶》,上海:上海古籍出版社,1983年,233页。

过从,惟闻人有异书,必从访求,以必得为志,手自缮录前辈诗文,积百余家。有著述数百卷。① 黄佐,博综古今,著书凡二十二种。② 王懋明,读书经目辄诵,裒撮旧闻,多所撰述,人称为经笥。③ 倪钜,勤苦好学,足迹遍天下,著述数百卷。④ 明末清初著名学者方以智,不仅博学多识,而且著述繁富,仅现存的著述就有二十八种之多。这些著作大部分是在他的读书笔记的基础上写成的。还有前述的谈迁也是一个勤于动笔、善于记录的杰出读者。他一生喜欢读书,手不释卷,且勤于笔记,所闻所见,只要有用就记录下来。"时于坐聆途听,稍可涉笔者,无一轻置也。铢而积,寸而累,故称杂焉。"⑤他在北京搜集资料时,"及坐穷村,日对一编,掌大薄蹄,手尝不辍。或覆故纸背,涂鸦萦蚓,至不可辨"⑥。后来,他终于完成了《国榷》这部史学巨著。该书共108卷,其中1卷到32卷所引用明人著作就有120余家。⑦ 此外,还有王世贞、郑若庸、杨循吉、梅鼎祚、冯梦龙、陈仁锡、杨惟休、徐光启、陈第、胡应麟、焦竑等,他们都是博极群书、著作等身的杰出学者。

十三、阅读早慧

每一个时代都有阅读早慧者。他们幼而颖异,好读善思,吟诗诵经,能文善对,既反映了中国传统家庭对儿童早期阅读训练的重视,也为一个时代的阅读注入了无限的生机和活力,更让人们为这些读

---

① 钱谦益:《列朝诗集小传》丙集《朱处士存理》,上海:上海古籍出版社,1983年,303页。
② 钱谦益:《列朝诗集小传》丁集上《黄少詹佐》,上海:上海古籍出版社,1983年,383页。
③ 钱谦益:《列朝诗集小传》丁集上《王山人懋明》,上海:上海古籍出版社,1983年,399页。
④ 钱谦益:《列朝诗集小传》丁集下《倪学究钜》,上海:上海古籍出版社,1983年,601页。
⑤ 吴晗:《灯下集》,北京:生活·读书·新知三联书店,1962年,176—177页。
⑥ 吴晗:《灯下集》,北京:生活·读书·新知三联书店,1962年,176—177页。
⑦ 吴晗:《灯下集》,北京:生活·读书·新知三联书店,1962年,176—177页。

书种子的不断出现而感到欣慰。明代的有关史料中对这种现象多有记载。这些记载虽然有宣扬这些知识精英是读书天才的意味,但是也告诉我们,早期阅读能力的开发,对一个人日后的成长乃至事业上取得成功起着重要的作用。因此,这里有必要将这种现象作为一个阅读特点与规律给予介绍和总结。

根据史料,这里把阅读早慧者分为以下几种类型。

1. 幼而好读者

薛敬之,"生五岁,爱读书。十一,解属文赋诗。稍长,言动必称古道、则先贤"①,后成为关中著名理学家。李锦,"九岁从师学,端坐终日,不逐群儿嬉,读书知大义,日见英发"②,后亦成为关中著名学者。汪克宽,十岁时,父授之书,辄有悟。乃取"四书",自定句读,昼夜诵习,专勤异凡儿。③ 后成为元末明初著名学者。蔡毅中,五岁通《孝经》。父问:"读书何为?"对曰:"欲为圣贤耳!"万历二十九年(1601)第进士。④ 蔡伯子,年十二岁,依纺车下,伏而诵《史记》。⑤ 著名文学家钟惺,年少时,每日从塾馆回家后,父必教以《通鉴》《语录》《国朝宪章录》等书。十三四岁时,自己读了《左传》《战国策》《史记》《汉书》《文选》。⑥ 陈鹤,年十余已知买书,穷昼夜诵览⑦,为明后期著名作家。

2. 幼而善读者

实际上,善读者中包括很多好读者。因为好读故往往能够善读,所以史料中对善读者的记载比较多。如,赵贞吉,六岁日诵书一卷。

---

① 冯从吾:《关学编》卷三《思菴薛先生》,北京:中华书局,1987年,36页。
② 冯从吾:《关学编》卷三《介菴李先生》,北京:中华书局,1987年,34页。
③ 张廷玉等:《明史》卷二八二《儒林一》,北京:中华书局,1974年,7225。
④ 张廷玉等:《明史》卷二一六《蔡毅中传》,北京:中华书局,1974年,5714页。
⑤ 钟惺:《隐秀轩集》卷二十二《蔡先生传》,上海:上海古籍出版社,1992年,361页。
⑥ 钟惺:《隐秀轩集》卷二十二《家传》,上海:上海古籍出版社,1992年,374页。
⑦ 赵景深、张增元:《方志著录元明清曲家传略》,北京:中华书局,1987年,106页。

及长,以博洽名。① 朱善,九岁通经史大义,能属文。洪武十八年(1385)官文渊阁大学士。② 曾鲁,"年七岁,能暗诵'五经',一字不遗。稍长,博通古今。凡数千年国体人才,制度沿革,无不能言者。以文学闻于时"③。刘定之,"幼有异禀,父授之书,日诵数千言",学博敏思,谦恭质直,以文学名一时。④ 薛瑄,"性颖敏,甫就塾,授之《诗》《书》,辄成诵,日记千百言"⑤,后成为一代理学名家。杨基,"九岁背诵'六经',及长著书十万余言,名曰《论鉴》"⑥。王行,幼而善读,授以《论语》,翌日悉成诵,遂淹贯经史百家言。⑦ 佘翘,甫四岁,父授书即能成诵。稍长,一目数行,遂悉究经史,有著述多种。⑧ 常伦,"警敏绝人,五六岁时,能诵书赋诗,为奇语"⑨。韩邦靖,"五岁读《文王至德篇》,掩卷若有思者,父问之,对曰:'即如是,武王非矣。'父大奇之。八岁通举子业,十四举于乡,二十一第进士"⑩。傅占衡,"少有异秉,涉猎诸家,经月不忘。以太学游两雍间,文名大起"⑪。万元亨,"幼颖异,十岁通'五经',十五岁补博士弟子员,从父文英司理凤阳"⑫。张圣清,生秀慧,十岁诵诗骚,十二娴经术。⑬ 王之士,七八岁即知学,教授公授之《毛诗》、"二南"辄解,辄为诸弟妹诵之。⑭ 郭郛,甫八龄,即

---

① 张廷玉等:《明史》卷一九三《赵贞吉传》,北京:中华书局,1974年,5122页。
② 张廷玉等:《明史》卷一三七《朱善传》,北京:中华书局,1974年,3943页。
③ 张廷玉等:《明史》卷一三六《曾鲁传》,北京:中华书局,1974年,3935页。
④ 张廷玉等:《明史》卷一七六《刘定之传》,北京:中华书局,1974年,4691页。
⑤ 张廷玉等:《明史》卷二八二《儒林一》,北京:中华书局,1974年,7228页。
⑥ 张廷玉等:《明史》卷二八五《文苑一》,北京:中华书局,1974年,7328页。
⑦ 张廷玉等:《明史》卷二八五《文苑一》,北京:中华书局,1974年,7330页。
⑧ 赵景深、张增元:《方志著录元明清曲家传略》,北京:中华书局,1987年,126页。
⑨ 赵景深、张增元:《方志著录元明清曲家传略》,北京:中华书局,1987年,444页。
⑩ 赵景深、张增元:《方志著录元明清曲家传略》,北京:中华书局,1987年,442页。
⑪ 赵景深、张增元:《方志著录元明清曲家传略》,北京:中华书局,1987年,170—171页。
⑫ 计六奇:《明季北略》卷十一,北京:中华书局,1984年,173页。
⑬ 陈继儒:《陈眉公全集·张圣清传》,国学基本文库,南京:"中央书店",1936年,224页。
⑭ 冯从吾:《关学编》卷四《秦关王先生》,北京:中华书局,1987年,60页。

知诵读,谙音律。① 徐𣌾,幼颖敏,日记五千字。及长,博习经史百家之书。② 徐士俊,少奇敏,于书无所不读。发文跌宕,后以文学名。③ 刘嘉靖,"年数岁,据小几习书,选古诗俨如成人。十五丧父,尽读其遗书"④。黄省曾,"六龄好缃素古文,解通《尔雅》。弱冠,与其兄鲁曾,散金购书,覃精艺苑"⑤。

3.幼能诗文者

幼能诗文是一个人幼而好读善学的反映,史料对此记载甚多。如,张适,七岁能赋诗弹琴,十岁通"五经"。⑥ 王洪,生八岁,能文章。稍长,从训导胡粹中授《春秋》,日记数千言,才思颖发。⑦ 马中锡,三岁识字,七岁能赋诗,为文有隽才。⑧ 李叔正,年十二能诗,长益淹博。任国子助教,有贤声。⑨ 艾南英,七岁作《竹林七贤论》。长为诸生,好学无所不窥。⑩ 何景明,八岁能诗古文,十五岁举于乡,十九岁第进士。⑪ 杨慎,十一岁能诗,十二岁拟作《古战场文》《过秦论》。⑫ 祝允明,"五岁作径尺字,九岁能诗。博极群书,发为文章,茹涵古今"⑬。汪岳,十岁能文章,十五补博士弟子。有诗文集行世。⑭ 陈贞贻,"四岁能为骈体,十岁为文。补博士弟子员,益攻苦,屏居玉潭阁,经史诸集,丹铅殆遍,旁及稗

---

① 冯从吾:《关学编》卷四《蒙泉郭先生》,北京:中华书局,1987年,58页。
② 赵景深、张增元:《方志著录元明清曲家传略》,北京:中华书局,1987年,17页。
③ 赵景深、张增元:《方志著录元明清曲家传略》,北京:中华书局,1987年,144页。
④ 钱谦益:《列朝诗集小传》丙集《刘秀才嘉靖》,上海:上海古籍出版社,1983年,305页。
⑤ 钱谦益:《列朝诗集小传》丙集《黄举人省曾》,上海:上海古籍出版社,1983年,320页。
⑥ 钱谦益:《列朝诗集小传》甲集《张都水适》,上海:上海古籍出版社,1983年,132页。
⑦ 钱谦益:《列朝诗集小传》乙集《王侍讲洪》,上海:上海古籍出版社,1983年,170页。
⑧ 钱谦益:《列朝诗集小传》丙集《马左都中锡》,上海:上海古籍出版社,1983年,259页。
⑨ 张廷玉等:《明史》卷一三七《李叔正传》,北京:中华书局,1974年,3956页。
⑩ 张廷玉等:《明史》卷二八八《文苑四》,北京:中华书局,1974年,7402页。
⑪ 张廷玉等:《明史》卷二八六《文苑二》,北京:中华书局,1974年,7349页。
⑫ 张廷玉等:《明史》卷一九二《杨慎传》,北京:中华书局,1974年,5082页。
⑬ 赵景深、张增元:《方志著录元明清曲家传略》,北京:中华书局,1987年,459页。
⑭ 赵景深、张增元:《方志著录元明清曲家传略》,北京:中华书局,1987年,479页。

官乐府,尤酷嗜眉山长公文。放笔千言,才情浩淼,江左文坛,推为主盟"①。丘濬,读书过目成诵,日记数千言。六岁为诗歌,多警语。② 王承裕,七岁能诗,弱冠著《太极动静图说》。③

由上述可见,具有阅读早慧特点的人,虽然幼而颖悟,但他们更重视发挥阅读天赋,培养阅读兴趣和能力,从而从小就打下了良好的阅读基础,以至成才。

第四节 关于阅读内容的一些特点

由于受历史、社会乃至读者自身因素的影响,每一个时代的读者总会在阅读内容上表现出偏爱的倾向,或对某一种书有深入的钻研,或对某类内容的读物情有独钟,从而表现出博而有约、兴趣广泛的阅读特点。当然,这种特点无论是对阅读活动的促进,还是对学术文化的发展,都具有重要而积极的意义。这里仅就史料所见,对这种特点归纳如下。

一、《易经》

《易经》是中国文化史上最重要的经典之一,也是经书中最易令读者着迷的一部读物。它自产生以后,就有无数人对它痴迷、精研覃思,并由此形成了专门之学和许多流派,这使得《易》学著作汗牛充

---

① 赵景深、张增元:《方志著录元明清曲家传略》,北京:中华书局,1987年,107页。
② 赵景深、张增元:《方志著录元明清曲家传略》,北京:中华书局,1987年,20页。
③ 张廷玉等:《明史》卷一八二《王承裕传》,北京:中华书局,1974年,4837页。

栋。前述的元代是这样，明代更是如此。如赵景深、张增元的《方志著录元明清曲家传略》中所载明人有关《易经》的著述就有许潮的《易解》，冯时可的《易说》，屠隆的《读易便解》，来集之的《易象图》《易偶通》《亲易》，吴炳的《说易》，彭泽的《读易纷纷稿》，韩邦奇的《周易集说》《易占经纬》，屠本畯的《易林起例》，熊司平的《易照》，熊玉明的《易通》，刘绘的《易勺》，朱荃宰的《周易内外图说》等。① 见于《明史·儒林传》者则有蔡清的《易经蒙引》、林希元的《易经通典》、郑伉的《易义发明》、吕柟的《易说翼》、来知德的《周易集注》、章潢的《周易象义》等。② 《明史·艺文志》所著录的明人《易》学著作，不包括43部经类综合性著述，共有222部，1570卷，为诸经之冠。③

《易经》的热爱者和对《易经》有一定造诣者就更数不胜数了。如，陶安，少敏悟，博涉经史，尤长于《易》。④ 詹同，学识淹博，讲《易》《春秋》最善。⑤ 鲍恂，受《易》于临川吴澄。好古力行，著《大易传义》，学者称之。⑥ 金忠，"少读书，善《易》卜"⑦。沈束，"衣食屡绝，惟日读《周易》为疏解"⑧。钱一本，罢官归乡后，潜心"六经"、濂、洛诸书，尤研精《易》学。⑨ 来知德，"自言学莫邃于《易》"，有《周易集注》，历二十九年后成书。⑩ 任瀚，晚年潜心于《易》，深有所得。⑪ 蔡清，少从林玭学《易》，尽得其肯綮。⑫ 赵逯，受《易》于蔡清。"蔡氏《易》止行于闽

---

① 见《方志著录元明清曲家传略》各传。
② 见《明史》各传。
③ 张廷玉等：《明史》卷九六《艺文一》，北京：中华书局，1974年，2351页。
④ 张廷玉等：《明史》卷一三六《陶安传》，北京：中华书局，1974年，3925页。
⑤ 张廷玉等：《明史》卷一三六《詹同传》，北京：中华书局，1974年，3928页。
⑥ 张廷玉等：《明史》卷一三七《鲍恂传》，北京：中华书局，1974年，3946页。
⑦ 张廷玉等：《明史》卷一五〇《金忠传》，北京：中华书局，1974年，4159页。
⑧ 张廷玉等：《明史》卷二〇九《沈束传》，北京：中华书局，1974年，5532页。
⑨ 张廷玉等：《明史》卷二三一《钱一本传》，北京：中华书局，1974年，6041页。
⑩ 张廷玉等：《明史》卷二八三《儒林二》，北京：中华书局，1974年，7291页。
⑪ 张廷玉等：《明史》卷二八七《文苑三》，北京：中华书局，1974年，7371页。
⑫ 张廷玉等：《明史》卷二八二《儒林一》，北京：中华书局，1974年，7234页。

南,及是北行齐、鲁矣。"①俞大猷,少好读书,受《易》于王宣、林福,得蔡清之传。又闻赵本学以《易》知名,从其受业。②张献翼,"好《易》,十年中,笺注凡三易"③。杨循吉,少从舅氏刘昌学《易》。④熊玉明,于书无所不读,尤嗜《易》《太元》,著《易通》十七篇、《太元经外传》六十四篇。⑤张鼎,景泰四年(1453)以《易》举于乡。⑥郭郛,生平手不释卷,晚年尤喜读《易》。⑦周之翰,博极群书,尤精《易》学,自号"《易》痴道人"⑧。沈梦麟,博通群经,尤邃于《易》。⑨郭翼,专志学古,尤精于《易》。⑩瞿智,性嗜学,明《易》。⑪蔡羽,其学邃于《易》。⑫黄鲁曾,正德十一年(1516)举于乡,以《易》魁其经。⑬张岱说:"余少读《易》,为制科所蛊惑者半世矣。今年已六十有六,复究心《易》理,始知天下之用,咸备于《易》。"⑭此外,还有曾秉正、王樵、王之士、杨爵、张邦奇等人,他们也都是《易经》爱好者。

二、《春秋》

《春秋》是我国最早的一部编年体史书。它曾作为孔门传习的经

---

① 张廷玉等:《明史》卷二八二《儒林一》,北京:中华书局,1974年,7235页。
② 张廷玉等:《明史》卷二一二《俞大猷传》,北京:中华书局,1974年,5601页。
③ 赵景深、张增元:《方志著录元明清曲家传略》,北京:中华书局,1987年,69页。
④ 赵景深、张增元:《方志著录元明清曲家传略》,北京:中华书局,1987年,434页。
⑤ 赵景深、张增元:《方志著录元明清曲家传略》,北京:中华书局,1987年,481—482页。
⑥ 冯从吾:《关学编》卷三《大器张先生》,北京:中华书局,1987年,32页。
⑦ 冯从吾:《关学编》卷四《蒙泉郭先生》,北京:中华书局,1987年,59页。
⑧ 钱谦益:《列朝诗集小传》甲前集《周处士之翰》,上海:上海古籍出版社,1983年,51页。
⑨ 钱谦益:《列朝诗集小传》甲集《沈徵士梦麟》,上海:上海古籍出版社,1983年,105页。
⑩ 钱谦益:《列朝诗集小传》甲集《郭训导翼》,上海:上海古籍出版社,1983年,126页。
⑪ 钱谦益:《列朝诗集小传》甲集《瞿教谕智》,上海:上海古籍出版社,1983年,127页。
⑫ 钱谦益:《列朝诗集小传》丙集《蔡孔目羽》,上海:上海古籍出版社,1983年,307页。
⑬ 钱谦益:《列朝诗集小传》丁集上《黄举人鲁曾》,上海:上海古籍出版社,1983年,417页。
⑭ 张岱:《琅嬛文集》卷一《大易用序》,长沙:岳麓书社,1985年,43页。

典教材,后经儒家后学整理,被渲染为孔子发挥其政治思想的理论大纲,遂成为儒学的重要经典。历代对《春秋》的研读者层出不穷,其亦成为专门之学。

在明代学术文化繁荣的社会环境下,人们对《春秋》的喜好与研读亦蔚为壮观,且名家辈出,著述繁富。如赵景深、张增元的《方志著录元明清曲家传略》中所载的明人有关《春秋》的著述就有汪道昆的《春秋左传节文》,李先芳的《春秋辨疑》,王衡的《春秋纂注》,冯梦龙的《春秋指月》《春秋衡库》,来集之的《春秋志在》,屠本畯的《崔氏春秋补传》,熊司平的《春秋照》,刘绘的《春秋管》等。① 见于《明史·儒林传》者则有赵汸的《春秋师说》《春秋集传》《春秋属辞》《左氏补注》,石光霁的《春秋钩玄》,汪克宽的《春秋经传附录纂疏》,吕柟的《春秋说志》,娄谅的《春秋本意》,章潢的《春秋窃义》,胡翰的《春秋集义》等。② 《明史·艺文志》所著录的明人《春秋》学著作,不包括 43 部经类综合性著述,共有 131 部,亦在诸经前列。③

《春秋》的热爱者和对《春秋》有一定造诣的读者就更数不胜数了。如,赵汸,"诸经无不通贯,而尤邃于《春秋》"④。程徐,为元代名儒程端学之子,由元入明,以明《春秋》知名。⑤ 张以宁,"以《春秋》致高第,故所学尤专《春秋》,多所自得"⑥。曾秉正,太祖时,"极论《大易》《春秋》之旨。帝嘉之,召为思文监丞"⑦。安国,"初为诸生,通《春秋》子史"⑧。马永,"习兵法,好《左氏春秋》"⑨,为一代名将。张萱,

---

① 见《方志著录元明清曲家传略》各传。
② 见《明史》各传。
③ 张廷玉等:《明史》卷九六《艺文一》,北京:中华书局,1974 年,2366 页。
④ 张廷玉等:《明史》卷二八二《儒林一》,北京:中华书局,1974 年,7226—7227 页。
⑤ 张廷玉等:《明史》卷一三九《程徐传》,北京:中华书局,1974 年,3982 页。
⑥ 张廷玉等:《明史》卷一八五《文苑一》,北京:中华书局,1974 年,7316 页。
⑦ 张廷玉等:《明史》卷一三九《曾秉正传》,北京:中华书局,1974 年,3988 页。
⑧ 张廷玉等:《明史》卷一七四《安国传》,北京:中华书局,1974 年,4651 页。
⑨ 张廷玉等:《明史》卷二一〇《马永传》,北京:中华书局,1974 年,5575 页。

万历十年（1582）以《春秋》魁乡试。① 刘绘，喜读左氏与纵横家书。②赵善瑛，明《诗》《礼》《春秋》，隐居教授。③ 王冕，通《春秋》诸传。④ 张枢，居华亭东门，日与子弟数十人讲《春秋》。⑤ 陈继儒，方束发时，好读《左氏春秋》，考订其全文，稍采诸家之笺注。⑥

此外，钱谦益的《列朝诗集小传》中明确记载长于《春秋》的学者还有刘永之、郑榦、任原、殷奎、陶振、萧规、曾恒、马弓、胡粹中、苏大、陈叔绍、陆粲、黄省曾、林章等。⑦

三、诗文

诗歌和散文是中国文学的主要形态，也是中国古代阅读的主要内容。可以说，从先秦两汉到唐宋元明，每一位读者的精神世界都曾得到过它们的滋润。无数读书人一生的阅读生活都没有离开这些诗词美文。

明代是中国传统文化发展的一个重要时期，诗文阅读在继承传统的基础上又有所发展。其主要表现在以下几个方面。

其一，特别重视儿童的古诗文阅读训练，把诗歌作为儿童阅读启蒙的主要内容。

这也是中国古代阅读和阅读教育的重要特点之一。实际上，中国传统的蒙童读物，如《三字经》《百家姓》《千字文》等，都无一不是以

---

① 赵景深、张增元：《方志著录元明清曲家传略》，北京：中华书局，1987年，118页。
② 赵景深、张增元：《方志著录元明清曲家传略》，北京：中华书局，1987年，507页。
③ 钱谦益：《列朝诗集小传》甲前集《玉峰山人赵善瑛》，上海：上海古籍出版社，1983年，47页。
④ 钱谦益：《列朝诗集小传》甲前集《王参军冕》，上海：上海古籍出版社，1983年，16页。
⑤ 钱谦益：《列朝诗集小传》甲前集《林泉民张枢》，上海：上海古籍出版社，1983年，50页。
⑥ 陈继儒：《陈眉公全集·左传》，国学基本文库，南京："中央书店"，1936年，236页。
⑦ 见《列朝诗集小传》各传。

诗歌形式的韵文出现的。因为诗歌是一种凝结了语言艺术、审美意境和思维品格的文体,所以其阅读特点决定了诗歌在培养儿童语言能力、文学素养和思维方式等方面具有不可替代的作用。对此,中国古代的教育者和读书人早就有深刻的认识,而明代表现得尤为突出。虽然史料中记载了大量的这种幼而能吟诗诵赋的现象,而很少说明他们如何吟诗诵赋,但是毫无疑问,幼而能吟诗诵赋是以大量的阅读为基础的。而且,幼而能吟诗诵赋作为一种阅读早慧现象,也说明儿童时期的诗赋诵读训练既是一种非常有效的阅读能力和智力开发手段,也是一种审美教育过程。明代的无数读书人才,其启蒙教育都是从吟诗诵赋开始的。这种现象除前面已提到的之外,史料中记载的还有很多,举例如下。

田艺蘅,十岁赋诗有警句。① 王穉登,"四岁能属对,六岁善擘窠大字,十岁能诗,长益骏发有盛名"②。王慎中,四岁能诵诗,十八岁举嘉靖五年(1526)进士。③ 袁中道,十余岁作《黄山》《雪》二赋,五千余言。④ 徐渭,十余岁仿扬雄《解嘲》作《释毁》,后以诗文书画名。⑤ 王隼,七岁能诗,后以诗名。⑥ 陈沂,十岁能诗,十二岁作《孔墨解》《赤宝山赋》,传诵人口。⑦ 林章,七岁能诗,曾题韩文公像云:"独立蓝关雪,回看秦岭云。非干马不进,步步恋明君。"⑧蒋山卿,自髫年学诗,弱冠遍读汉、魏、晋、宋、唐人之诗,年二十九举进士。⑨ 刘溥,八岁赋《沟水

---

① 张廷玉等:《明史》卷二八七《文苑三》,北京:中华书局,1974年,7372页。
② 张廷玉等:《明史》卷二八八《文苑四》,北京:中华书局,1974年,7389页。
③ 张廷玉等:《明史》卷二八七《文苑三》,北京:中华书局,1974年,7367页。
④ 张廷玉等:《明史》卷二八八《文苑四》,北京:中华书局,1974年,7398页。
⑤ 张廷玉等:《明史》卷二八八《文苑四》,北京:中华书局,1974年,7387页。
⑥ 赵景深、张增元:《方志著录元明清曲家传略》,北京:中华书局,1987年,523—524页。
⑦ 赵景深、张增元:《方志著录元明清曲家传略》,北京:中华书局,1987年,26页。
⑧ 钱谦益:《列朝诗集小传》丁集中《林举人章》,上海:上海古籍出版社,1983年,529页。
⑨ 钱谦益:《列朝诗集小传》丙集《蒋参政山卿》,上海:上海古籍出版社,1983年,345页。

诗》云:"门前一沟水,日夜向东流。借问归何处,沧溟是住头。"①后以博学能诗名。此外,钱谦益的《列朝诗集小传》中所记载的幼能诗文者还有管讷、罗以明、郭登、秦夔、李兆先、丘濬、都穆、徐霜、谢承举、杨慎、苏濬、袁袠、皇甫汸、朱阳仲、王养端等人。②

其二,受诗文阅读传统和文学审美心理的影响,吟诵诗歌成为文人学士的普遍爱好。

文人学士几乎无人不读诗,无人不写诗。读诗和写诗几乎是每个文人的喜好和经历。特别是贯穿于终明之世的文学复古运动,更为诗文阅读推波助澜,强化着人们的这种爱好和习惯。史料对这种爱好读诗的现象记载甚多,兹举例如下。

史谨,性高洁,耽吟咏,卖药自给,以诗画终其身。③ 吴文泰,性耽于诗,无日夕吟不休。④ 陈铎,耽于吟咏,博极群书。⑤ 范沨,"徙居吴门,凿池种竹,攻苦读书,沈酣唐人之诗,讽咏其清词丽句,苦吟精思,寝食尽废。辑《全唐诗》千余卷,胝手瘃足,迄无宁夕"⑥。徐于,"酷爱晚唐、宋、元诗,多所采辑。尝集唐人句为百绝,好事者犹传之"⑦。沈性,少孤,养母以孝闻,善吟唐人诗。⑧ 沈璟,喜诵读,工诗文及行草书。⑨ 胡东铭,善吟咏,工金元词曲。⑩ 熊司平,幼孤,能读父书,喜吟咏,负奇磊落。⑪ 邵璨,少习举子业,长耽词赋。⑫ 王济,"夙能诗为文

---

① 钱谦益:《列朝诗集小传》乙集《刘御医溥》,上海:上海古籍出版社,1983年,209页。
② 见《列朝诗集小传》各传。
③ 钱谦益:《列朝诗集小传》乙集《史湘阴谨》,上海:上海古籍出版社,1983年,200页。
④ 钱谦益:《列朝诗集小传》乙集《吴涿州文泰》,上海:上海古籍出版社,1983年,201页。
⑤ 钱谦益:《列朝诗集小传》丙集《陈指挥铎》,上海:上海古籍出版社,1983年,352页。
⑥ 钱谦益:《列朝诗集小传》丁集下《范太学沨》,上海:上海古籍出版社,1983年,608页。
⑦ 钱谦益:《列朝诗集小传》丁集下《徐伯子于》,上海:上海古籍出版社,1983年,599页。
⑧ 钱谦益:《列朝诗集小传》甲前集《沈性》,上海:上海古籍出版社,1983年,24页。
⑨ 赵景深、张增元:《方志著录元明清曲家传略》,北京:中华书局,1987年,96页。
⑩ 赵景深、张增元:《方志著录元明清曲家传略》,北京:中华书局,1987年,481页。
⑪ 赵景深、张增元:《方志著录元明清曲家传略》,北京:中华书局,1987年,482页。
⑫ 赵景深、张增元:《方志著录元明清曲家传略》,北京:中华书局,1987年,24页。

章,放衙吟诵不辍"①。董文奎,为诸生,耽咏善书,兼通音律。② 王磐,好读书,洒落不凡,弃经生业,纵情山水诗画间。③ 佟铉,性嗜山水,耽吟咏。④

其三,写诗填词、诗简往来、相互酬唱是明代文人学士生活中的基本内容。

工于诗赋是文人学士中的普遍现象。如前所述,能诗者亦是善读者。明代的诗词创作水平虽然远不如唐、宋,但在元之上,特别是作者之众、作品数量之多实属空前。朱彝尊的《明诗综》中所收作者有三千四百余人。钱谦益的《列朝诗集小传》中亦收入了两千余名作者。至于作品,如钱谦益所言:"近代诗文别集,汗牛充栋。"⑤现存明代诗文集就有两千多种,几乎是唐、宋、辽、金、元总和的两倍。⑥ 其中的诗作,明代亦是唐代的十倍之多。当然,史料所收大多是当时有名望、有地位者的作品,至于一般的喜好读诗作诗者的诗作,那就无法统计了。

工诗善赋作为明代文人学士中的一种普遍现象,史料也给予了充分记载。如,钱逵,博通经史,尤工词翰。⑦ 张希贤,读书儒雅,酷志作诗。⑧ 聂镛,能经术,善歌诗。⑨ 何允泓,厌程文之习,为诗歌古文,累数万言。⑩ 徐祯卿,"自为诸生,已工诗歌。其为诗,喜白居易、刘禹

---

① 赵景深、张增元:《方志著录元明清曲家传略》,北京:中华书局,1987年,34页。
② 赵景深、张增元:《方志著录元明清曲家传略》,北京:中华书局,1987年,521页。
③ 赵景深、张增元:《方志著录元明清曲家传略》,北京:中华书局,1987年,454页。
④ 赵景深、张增元:《方志著录元明清曲家传略》,北京:中华书局,1987年,526页。
⑤ 钱谦益:《列朝诗集小传》丁集中《刘金事凤》,上海:上海古籍出版社,1983年,485页。
⑥ 曹之:《中国古籍版本学》,武汉:武汉大学出版社,1992年,302页。
⑦ 钱谦益:《列朝诗集小传》甲集《钱徵士逵》,上海:上海古籍出版社,1983年,132页。
⑧ 钱谦益:《列朝诗集小传》甲前集《张希贤》,上海:上海古籍出版社,1983年,24页。
⑨ 钱谦益:《列朝诗集小传》甲前集《聂镛》,上海:上海古籍出版社,1983年,36页。
⑩ 钱谦益:《列朝诗集小传》丁集下《何秀才允泓》,上海:上海古籍出版社,1983年,597页。

锡"①。袁宏道,"年十六为诸生,闲为诗歌古文,有声里中"②。袁中道,"于唐好白乐天,于宋好苏轼,名其斋曰'白苏'"③。俞允文,"年十五为《马鞍山赋》,援据该博。年未四十,谢去诸生,专力于诗文书法"④。范钶,博涉经史,工诗赋。⑤ 光岳奇,博学善属文,尤工于诗。⑥ 即使像吴与弼这样的理学名家亦为自己的诗作"沾沾自喜",然而"识者哂之"。⑦ 还有方以智,著作等身,诗最悲壮。⑧ 此外,在赵景深、张增元的《方志著录元明清曲家传略》中还有周履靖、冯惟敏、王衡、胡文焕、沈自晋、施凤来、徐阳辉、邓云霄、徐復祚、冯梦龙、徐畈、孙柚、屠本畯、施绍华⑨等人,他们也都是博学能诗、词赋雅丽者。

其四,读诗、写诗作为文人学士生活中的重要内容,几乎伴随着他们的一生。

以诗为伴,歌咏自娱是文人学士生活内容的重要组成部分。如,郭郛,平生手不释卷,暇中喜吟诗。段坚,致仕归,结庐兰山下,授徒讲业,读书吟咏以自乐。⑩ 朱索臣,少习举子业,弃去为农。暇则读书吟咏,著传奇18种。⑪ 金堡,崇祯进士。遭斥谪戍清浪卫。筑月亭,植松种梅,吟咏其中。⑫ 汤显祖,所居玉茗堂,"文史狼藉,萧闲咏歌,

---

① 张廷玉等:《明史》卷二八六《文苑二》,北京:中华书局,1974年,7350—7351页。
② 张廷玉等:《明史》卷二八八《文苑四》,北京:中华书局,1974年,7398页。
③ 张廷玉等:《明史》卷二八八《文苑四》,北京:中华书局,1974年,7398页。
④ 张廷玉等:《明史》卷二八八《文苑四》,北京:中华书局,1974年,7390页。
⑤ 赵景深、张增元:《方志著录元明清曲家传略》,北京:中华书局,1987年,483页。
⑥ 赵景深、张增元:《方志著录元明清曲家传略》,北京:中华书局,1987年,168页。
⑦ 钱谦益:《列朝诗集小传》丙集《吴聘君与弼》,上海:上海古籍出版社,1983年,265页。
⑧ 赵景深、张增元:《方志著录元明清曲家传略》,北京:中华书局,1987年,523页。
⑨ 见《方志著录元明清曲家传略》各传。
⑩ 冯从吾:《关学编》第三卷《容思段先生》,北京:中华书局,1987年,28页。
⑪ 赵景深、张增元:《方志著录元明清曲家传略》,北京:中华书局,1987年,164页。
⑫ 赵景深、张增元:《方志著录元明清曲家传略》,北京:中华书局,1987年,167页。

俯仰自如。胸中块垒,发为词曲"①。沈仕,工书画,以诗歌自娱。② 刘效祖,致仕归里后,辟日涉园,陶情觞咏,间作乐府数阕,击节歌之。③ 杨盛春,"卒业成均,诗酒自娱,轻财好义,不苟然诺"④。范文若,知光化时,"暇则以钓筒、诗卷自娱"⑤。戏曲作家郑之珍,"喜谈诗,兼习吴歈宋词奥旨,一于调笑中发之"⑥。谢说,辞官后,朝夕唯读书著述、吟咏为事,间为乐府,含怀自放。⑦ 施峻,"楼棲如斗,典籍甚具,歌诗欢饮,以终其身"⑧。王嗣经,"身魁梧,多笑言,吟诗不辍,博学多撰述"⑨。陈员胤,"烹茗焚香,孤吟不辍"⑩。饶介,家采莲泾上,日以觞咏为事。⑪ 杨荣,"襟度夷旷,南冠而絷,不废吟咏"⑫。

其五,唐宋文始终是士子们最喜欢阅读的古文。

文人士子们学习和阅读的古文主要是唐宋文。虽然"前七子""后七子"提倡"文必秦汉",但是受传统影响,坊间所刻以及乡塾流行的散文读本仍然是以韩、柳、欧、苏、曾、王为代表的唐宋文。与"前七子"同时的祝允明曾描述当时的情况说:

> 士号知文者,其所选辑无虑数家,莫不随声逐景,无复寻索。村塾书坊,亦复纷纭。至于兹辰,八龄三尺之蒙,父师诏之,此子

---

① 赵景深、张增元:《方志著录元明清曲家传略》,北京:中华书局,1987年,93页。
② 赵景深、张增元:《方志著录元明清曲家传略》,北京:中华书局,1987年,450页。
③ 赵景深、张增元:《方志著录元明清曲家传略》,北京:中华书局,1987年,452页。
④ 赵景深、张增元:《方志著录元明清曲家传略》,北京:中华书局,1987年,480页。
⑤ 赵景深、张增元:《方志著录元明清曲家传略》,北京:中华书局,1987年,137页。
⑥ 赵景深、张增元:《方志著录元明清曲家传略》,北京:中华书局,1987年,109页。
⑦ 赵景深、张增元:《方志著录元明清曲家传略》,北京:中华书局,1987年,66页。
⑧ 钱谦益:《列朝诗集小传》丁集上《施青州峻》,上海:上海古籍出版社,1983年,420页。
⑨ 钱谦益:《列朝诗集小传》丁集上《王嗣经》,上海:上海古籍出版社,1983年,463页。
⑩ 钱谦益:《列朝诗集小传》丁集上《陈布衣员胤》,上海:上海古籍出版社,1983年,468页。
⑪ 钱谦益:《列朝诗集小传》甲前集《饶右丞介》,上海:上海古籍出版社,1983年,40页。
⑫ 钱谦益:《列朝诗集小传》丙集《杨主事荣》,上海:上海古籍出版社,1983年,263页。

承之,未识世间有何典籍,话及文章,辄已能道韩柳欧苏之目,略上者既称六家,已咎言四家之寡陋矣。比及少长,目未接萧之《选》、姚之《粹》,闻评古作,便赞秦汉高古,斥六代之绮靡。其意以为前人论定,何更权量?四家六氏,无复加尚。①

由此可见,当时童蒙所阅读的古文主要是唐宋文,成年后受"文必秦汉"思潮的影响,又对唐宋文加以鄙薄。不过,唐宋文始终是士子们最喜欢的散文。如,张大复,原本经史,泛滥于汉魏唐宋诸家。双目失明后,仍呼其子诵古今诗文于侧。② 吴宽,"为诸生,遍读左氏、班、马、唐、宋大家之文,欲尽弃制举业,从事古学"③。徐渭,"文类宋唐,诗杂入于唐中、晚"④。王志坚,少年读书,"为诗文已知法唐宋名家,而深鄙庆、历间之俗学"⑤。黄辉,刻意学古,一以韩、欧为师。⑥ 唐顺之,"喜唐、宋诸大家文,所著文编,唐、宋人自韩、柳、欧、三苏、曾、王八家外,无所取"⑦。特别是茅坤,选《唐宋八大家文钞》,"其书盛行海内,乡里小生无不知茅鹿门者"⑧。

其六,小品文的创作与流行是明代,特别是晚明文人学士阅读的一个显著特点。

小品文起源于笔记体散文,滥觞于魏晋,发展于隋唐,成熟于两宋。晚明小品文就是在继承笔记体散文的基础上,经过改造、创作而成的一种文体。这种文体最初主要流行于山人群体中,但随着城市

---

① 祝允明:《罪知录》卷八,四库全书存目丛书,济南:齐鲁书社,1997年,727页。
② 赵景深、张增元:《方志著录元明清曲家传略》,北京:中华书局,1987年,516页。
③ 钱谦益:《列朝诗集小传》丙集《吴尚书宽》,上海:上海古籍出版社,1983年,275页。
④ 钱谦益:《列朝诗集小传》丁集中《徐记室渭》,上海:上海古籍出版社,1983年,562页。
⑤ 钱谦益:《列朝诗集小传》丁集下《王提学志坚》,上海:上海古籍出版社,1983年,588页。
⑥ 张廷玉等:《明史》卷二八八《文苑四》,北京:中华书局,1974年,7394页。
⑦ 张廷玉等:《明史》卷二八七《文苑三》,北京:中华书局,1974年,7375页。
⑧ 张廷玉等:《明史》卷二八七《文苑三》,北京:中华书局,1974年,7375页。

经济的发展和人口流动的频繁,读书不仅成为求取功名的必经之路,成为社会精神生活的重要组成部分,而且具有生产和生活的实用性功能。因此,小品文这种兼具"闲适玩好"与生活实用性的文体经山人墨客之手一出,即引起社会各阶层的广泛关注。虽然晚明政权已处于风雨飘摇之际,但是士大夫们追求闲适安静、逃避社会矛盾的心理却与日俱增。于是,他们颇受此风熏染,纷纷加入小品文阅读和写作的队伍中。书贾们见有利可图,纷纷对小品文著作加以编纂出版,以至小品丛书大量出现。如卫泳的《枕中秘》,辑明人杂说为闲赏、时令、书宪、读书观、护书、国士谱、悦容编、胜境、园史、瓶史、香禅、酒缘、茶寮、诗诀、棋经、书谱、绘妙、曲调、琴论、拇阵、俗砭、清供、食谱、儒禅。① 还有吴从先等人的《快书》《广快书》等。它们的写作者和编订者多是文人墨客和社会名流。另外,由于它们很流行,社会上还出现了许多伪作。

四、小说和戏曲

随着明代社会的日益安定、政治环境的相对宽松和商品经济的高度发展,明代的城镇化得到了快速发展。于是,小说、戏曲在明代得到了空前的发展与繁荣。随之,文人学士的文学审美趋向也发生了很大变化,他们的阅读趣味和审美观念逐渐倾向于世俗化和平民化。他们既是小说、戏曲的主要读者群体,也是小说、戏曲文本的生产者、开发者和传播者。

文人学士对小说的热爱和对小说阅读繁荣所做的贡献,首先体现在他们是小说的主要读者群体。如胡应麟曾说:"今世人耽嗜《水

---

① 张建德:《小品盛行与晚明文学权力的下移》,载《新华文摘》,2006 年第 15 期,88—91 页。

浒传》，至缙绅文士亦间有好之者。……嘉、隆间一巨公，案头无他书，仅左置《南华经》，右置《水浒传》各一部。"①祁彪佳在其日记中，仅崇祯八年(1635)十数日内，就有多则读小说的记录："九月二十日，观公案数则；九月廿五日，取《皇明小说》观之；九月廿七日，暇则阅小说，如《皇明盛事》；十月一日，观小说以消暇日。"②再如杨循吉，"课读经史，旁通内典、稗官"③。陈继儒，经史诸子、术伎稗官与二氏家言，靡不较核。④

文人学士是小说的主要读者群体，这也可以从当时出版的小说序言、识语中反映出来。如，天都外臣在《〈水浒传〉序》中称："雅士之赏此书者，甚以为太史公演义。"⑤庸愚子在《〈三国志通俗演义〉序》中说："书成，士君子之好事者，争相誊录，以便观览。"⑥余象斗双峰堂刊《批评三国志传》卷首《三国辨》中说："士子观之乐然……以便海内士子览之。"双峰堂刊《万锦情林》的封面识语云："更有汇集诗词歌赋诸家小说甚多，难以全录于票上，海内士子买者一展而知之。"⑦由此可见，士子阶层是明代小说阅读的主要群体。

《金瓶梅》刻本面世之前，社会上早有抄本广泛流传。如袁宏道给画家董其昌的一封信中说：

《金瓶梅》从何得来？伏枕略观，云霞满纸，胜于枚生《七发》

---

① 胡应麟：《少室山房笔丛》卷四十一《庄岳委谈下》，北京：中华书局，1958年，572页。
② 祁彪佳：《祁忠敏公日记》第五册《南归快录》，见李德龙、俞冰《历代日记丛抄》第七册，北京：学苑出版社，2006年，301—303页。
③ 张廷玉等：《明史》卷二八六《文苑二》，北京：中华书局，1974年，7351页。
④ 张廷玉等：《明史》卷二九八《隐逸传》，北京：中华书局，1974年，7631页。
⑤ 朱一玄、刘毓忱：《水浒传资料汇编》，天津：百花文艺出版社，1981年，187页。
⑥ 庸愚子：《〈三国志通俗演义〉序》，见罗贯中《三国志通俗演义》卷首，上海：上海古籍出版社，1980年。
⑦ 转引自程国赋《明清通俗小说识语研究》，载《文艺研究》，2009年第4期，30—40页。

多矣。后段在何处？抄竟当于何处倒换？幸一的示。①

万历年间，袁宏道在给谢肇淛的一封信中问道：

> 仁兄近况如何？《金瓶梅》料已成诵，何久不见还也？②

沈德符在《万历野获编》中记载道：

> 袁中郎《觞政》，以《金瓶梅》配《水浒传》为外典，予恨未得见。丙午，遇中郎京邸，问曾有全帙否，曰第睹数卷甚奇快。今惟麻城刘涎白承禧家有全本，盖从其妻家徐文贞录得者。又三年小修上公车，已携有其书，因与借抄挈归。③

屠本畯在《山林经济籍》中亦记载道：

> 往年予过金坛，王太史宇泰出此，云以重资购抄写二帙；予读之，语句宛似罗贯中笔。复从王征君百榖家又见抄本二帙，恨不得睹其全。④

上述几例记载中已涉及的人名就有袁宏道、董其昌、沈德符、谢肇淛、刘承禧、袁中道、屠本畯、王肯堂、王稚登等。此外，谢肇淛、李日华、薛冈等人的著述中亦有《金瓶梅》抄本流传情况的记载。除他们之外，收藏或抄录过《金瓶梅》抄本的士人还有王世贞、徐阶、文在兹、丘志充⑤等。

---

① 袁宏道：《袁宏道集笺校》卷六《锦帆集之四》，钱伯城笺校，上海：上海古籍出版社，1981年，289页。
② 袁宏道：《袁宏道集笺校》卷五十五《未编稿之三·尺牍》，钱伯城笺校，上海：上海古籍出版社，1981年，1596页。
③ 沈德符：《万历野获编》卷二十五《金瓶梅》，北京：中华书局，1959年，652页。
④ 阿英：《小说闲谈·〈金瓶梅〉杂话》，上海：上海古籍出版社，1985年，31页。
⑤ 齐裕焜：《明代小说史》，杭州：浙江古籍出版社，1997年，271页。

说到士人喜欢阅读《金瓶梅》,还有这样一个传说:王世贞欲杀其仇人严世蕃,知其好读白话小说,故以《金瓶梅》诱之,并布毒于书页。严氏习以手指沾口液翻书,结果书未竟读而中毒身亡。① 由上述现象可见,《金瓶梅》在隆庆、万历年间曾广泛流传于士大夫阶层之手,且亦可见明后期士人对小说阅读的热爱。

　　文人学士对小说的热爱和对小说阅读繁荣所做的贡献的第二个表现是,他们对小说给予了高度评价。如,杨慎在《山海经跋》中说:"'六经',五谷也,岂有人而不食五谷者乎?虽然,'六经'之外,如《文选》《山海经》,食品之山珍海错也。"②唐锦在《古今说海引》中认为小说具有"裨名教、资政理、备法制、广见闻、考同异、昭劝戒"和"舒疲宣滞、澡濯郁伊"③的功能。张尚德要求"天下之人"读《三国志通俗演义》,并说它能够"入耳而通其事,因事而悟其意,因义而兴乎感。不待精研覃思,知正统必当扶,窃位必当诛,忠孝节义必当师,奸贪谀佞必当去。是是非非,了然于心目之下,裨益风教,广且大焉"④。李开先在《词谑》中说:"崔后渠、熊南沙、唐荆川、王遵严、陈后岗谓:《水浒传》委曲详尽,血脉贯通,《史记》而下,便是此书。"⑤李贽更是将《西厢记》和《水浒传》说成是"古今之至文"⑥。袁宏道在其《觞政》中,则把《水浒传》和《金瓶梅》等称为逸典⑦,并将罗贯中、关汉卿与司马迁相

---

① 鲁迅:《中国小说史略》,北京:人民文学出版社,1973年,151页。
② 丁锡根:《中国历代小说序跋集》,北京:人民文学出版社,1996年,9页。
③ 唐锦:《〈古今说海〉引》,见陆楫《古今说海》,上海:上海文艺出版社,1989年,1—2页。
④ 修髯子:《〈三国志通俗演义〉引》,见罗贯中《三国志通俗演义》卷首,北京:人民文学出版社,1975年。
⑤ 李开先:《词谑》,见《中国古典戏曲论著集成》第三册,北京:中国戏剧出版社,1959年,286页。
⑥ 李贽:《焚书》卷三《童心说》,北京:中华书局,1975年,99页。
⑦ 袁宏道:《袁宏道集笺校》卷四十八《觞政·掌故》,钱伯城笺校,上海:上海古籍出版社,1981年,1419页。

提并论①。他还深有体会地说:"少年工谐谑,颇溺《滑稽传》。后来读《水浒》,文字益奇变。六经非至文,马迁失组练。一雨快西风,听君酣舌战。"②袁于令在《西游记题辞》中也说:"至于文章之妙,《西游》《水浒》实并驰中原。……日见闻之,厌饫不起;日诵读之,颖悟自开也!故闲居之士,不可一日无此书。"③冯梦龙公开宣称:"以《明言》《通言》《恒言》为'六经'、国史之辅,不亦可乎?"④胡应麟尝言:"小说者流,其善者,足以备经解之异同,存史官之讨核,总之有补于世,无害于时。"⑤"今世人耽嗜《水浒传》,至缙绅文士,亦间有好之者,第此书中间用意,非仓卒可窥。世但知其形容曲尽而已,至其排比一百八人,分量重轻,纤毫不爽。而中间抑扬映带,回护咏叹之工,真有超出语言之外者。"⑥著名学者宋懋澄亦曾表示欲"穷群经诸史之奥,及国朝掌故与百家言,暨《周髀》、《甘石》、稗官、艺术之书,以迄二氏"⑦。他将"稗官"与"群经诸史"及"国朝掌故"相提并论,并且在自己的著作《九籥集》中专辟"稗编"⑧,可见其对小说的重视。

　　文人学士对小说的热爱和对小说阅读繁荣所做的贡献的第三个表现是文人学士积极参与小说的宣传和编刊。包括上述在内,很多文人学士都积极为小说作序、评点以促进小说的推广和传播。如,林瀚修订、整理了《隋唐志传通俗演义》,杨慎对此书批点并作序;袁宏道为《东西汉通俗演义》作序;李贽评点《水浒传》;王稺登、汤显祖、欧

---

① 袁宏道:《袁宏道集笺校》卷五《龚惟长》,钱伯城笺校,上海:上海古籍出版社,1981年,205页。
② 袁宏道:《袁宏道集笺校》卷九《听朱先生说〈水浒传〉》,钱伯城笺校,上海:上海古籍出版社,1981年,418页。
③ 朱一玄:《明清小说资料选编》(上),朱天吉校,天津:南开大学出版社,2006年,427页。
④ 冯梦龙:《〈醒世恒言〉序》,见《醒世恒言》卷首,上海:上海古籍出版社,1987年。
⑤ 胡应麟:《少室山房笔丛》卷七十九《九流绪论下》,北京:中华书局,1958年,375页。
⑥ 胡应麟:《少室山房笔丛》卷四十四《庄岳委谈下》,北京:中华书局,1958年,572页。
⑦ 宋懋澄:《九籥集》卷八《将迁居金陵议》,北京:中国社会科学出版社,1984年,181页。
⑧ 宋懋澄:《九籥集》卷十《稗编》,北京:中国社会科学出版社,1984年,205页。

大任以及凌性德都为《虞初志》作序,高度评价《虞初志》及其作用。其中汤显祖《点校〈虞初志·序〉》云:

> 然则稗官小说,奚害于经传子史?游戏墨花,又奚害于涵养性情耶!……《虞初》一书,罗唐人传记百十家,中略引梁沈约十数则,以奇僻荒诞,若灭若没,可喜可愕之事,读之使人心开神释,骨飞眉舞。虽雄高不如《史》《汉》,简淡不如《世说》,而婉缛流丽,洵小说家之珍珠船也。①

文人学士们以其在学术文化界的权威地位,使其评论有着特殊的宣传效应。特别是那些评点名家,他们的评点本往往成为最流行的本子,其中如金圣叹评点的《水浒传》、毛宗岗评点的《三国演义》、张竹坡评点的《金瓶梅》等。清人梁章钜说:"今人鲜不阅《三国演义》《西厢记》《水浒传》,即无不知有金圣叹其人者……"②此外,还有蒋大器、熊大木、汪道昆、张凤翼、董其昌、叶昼、钟惺、徐渭、谢肇淛、郎瑛、高儒、陈继儒、田汝成、沈德符等人,他们或作序跋,或评点,或在杂著中给予评论,对小说的创作和传播做出了积极贡献。

文人学士不仅热衷于小说的评点和鼓吹,而且积极投身于小说的创作和编选,从而使明代小说的生产和消费达到了空前的繁荣程度。

小说的语言,无论是文言,还是白话,都主要出自文人之手。特别是那些中下层文人,无数脍炙人口的小说几乎无一例外地出自他们之手。如《剪灯新话》的作者瞿佑,明后期文言小说的代表人物宋懋澄,史志通俗小说家熊大木,志人小说家梅鼎祚,《西游记》的作者

---

① 汤显祖:《点校〈虞初志·序〉》,见《汤显祖集》卷五十《补遗》,上海:上海人民出版社,1973年,1482页。
② 朱一玄、刘毓忱:《水浒传资料汇编》,天津:百花文艺出版社,1981年,366页。

吴承恩，《金瓶梅》的作者兰陵笑笑生，以及冯梦龙、凌濛初等。

明代小说创作，无论是种类、数量，还是文学水平，都达到了历史的高峰。与此同时，为满足读者的阅读需求，小说的编选亦随之发展和繁荣起来。特别是正德以后的138年间，就出现了240余种小说选本。其中，文言小说选本有《六十家小说》《今古奇观》等。编选者有宗室藩王，如镇国中尉朱郁仪；有高官巨卿，如都穆、王世贞等；有著名文人，如陈继儒、汤显祖、梅鼎祚、何良俊、冯梦龙等；有下层文人或布衣，如张凤翼、王稚登等；有书坊主人，如洪楩、袁褧等。其中王世贞编有《剑侠传》《艳异编》等，陈继儒编有《香案牍》《珍珠船》《古今奇闻》《闲情野史》《读书镜》《续秘笈》《广秘笈》等，梅鼎祚编有《青泥莲花记》《才鬼记》《才神记》《才幻记》等，何良俊编有《四友斋丛说》，冯梦龙编有《古今谭概》《情史》等。文人们通过对小说的搜集、整理和加工所产生的这些小说选本，无疑会促进小说文本的开发和利用，促进它的传播和阅读。且无论是评点，还是编选，它们都是一种特殊的阅读过程，反映着评选者的审美趣味和阅读观念。

陈大康的《明代小说史》第十五章附录《明中后期官员、名士与通俗小说关系简表》中列有63人，其中进士40人，举人6人。他们或品评，或收藏，或作序跋，或创作，都表现出对小说的热爱。①

文人学士同样喜欢阅读戏曲剧本。如，胡应麟在其《少室山房笔丛》中，对元杂剧评论甚多。如他评论董解元的《西厢记诸宫调》说："精工巧丽，备极才情。而字字本色，言言古意，当是古今传奇鼻祖，金人一代文献尽此矣。"②何良俊在《四友斋丛说》中亦有词曲一卷专门品评戏曲。如他评论王实甫说："王实甫才情富丽，真词家之

---

① 陈大康：《明代小说史》，北京：人民文学出版社，2007年，588—590页。
② 胡应麟：《少室山房笔丛》卷四十一《庄岳委谈下》，北京：中华书局，1958年，560页。

雄。……王实甫《西厢》，其妙处亦何可掩。"①沈德符在其《万历野获编》词曲一卷中亦对杂剧剧本、剧目、作家、演唱者等进行了介绍和评论。② 就连"前七子"之一的康海，虽倡言"君子言文与诗者，先秦两汉、汉魏盛唐"③，但酷嗜戏曲，捧读不倦，自言："予曩游京师，会见馆阁诸书，有元人传奇几千百种，而躬自阅涉者，才十二三。"④这说明了两点：一是元人传奇流传之多，二是他因不能全读而感到遗憾。

明代文人学士喜欢阅读戏曲作品，也反映在他们热衷于戏曲创作和编选戏曲作品上面。如赵景深、张增元编著的《方志著录元明清曲家传略》收有明代戏曲作家和理论家（包括元末明初人）260 余人。其中既有宗室藩王朱权、朱有燉、朱载堉，又有名卿巨公或著名文人，如杨慎、丘濬、康海、王世贞、徐渭、赵南星、沈仕、祁彪佳等，还有下层文人，如陈忱、徐士俊、吴兆、陈所闻、张冠卿等。⑤ 此外，因为明代人喜欢戏曲，特别是把元曲作为创作和阅读的经典之作，所以他们也编刊了多种元人杂剧选本。如李开先的《改定元贤传奇》、陈与郊的《古名家杂剧》、王骥德的《古杂剧》、息机子的《杂剧选》、黄正位的《阳春奏》等，特别是臧懋循的《元曲选》100 种最为著名。

五、史书

史书是文人学士必读的基本典籍。而在史书中又有两种书的阅读情况比较引人注目，那就是"通鉴"类史书和《汉书》。

"通鉴"类史书主要是指司马光的《资治通鉴》（以下又称《通鉴》）

---

① 何良俊：《四友斋丛说》卷三十七《词曲》，北京：中华书局，1959 年，338 页。
② 沈德符：《万历野获编》卷二十五《词曲》，北京：中华书局，1959 年，639—652 页。
③ 转引自尚学锋等《中国古典文学接受史》，济南：山东教育出版社，2000 年，387 页。
④ 蔡毅：《中国古典戏曲序跋汇编》，济南：齐鲁书社，1989 年，855—856 页。
⑤ 见《方志著录元明清曲家传略》各传。

和朱熹的《资治通鉴纲目》(以下又称《纲目》)。如前所述,司马光的《资治通鉴》问世后,受到社会各阶层的普遍推崇:统治者重视,士人青睐,研究者趋之若鹜。特别是朱熹的《资治通鉴纲目》,随着理学的兴起,被研究《资治通鉴》者奉为圭臬,成为学者必读之经典。

在宋、元两代学术传统的影响和明朝统治者的重视与倡导下,明代自上而下掀起了一股研读《通鉴》的热潮。如前所述,明朝的许多皇帝都非常推崇《资治通鉴纲目》,他们是它的热心读者和宣传者。皇室子弟及宗学亦将《通鉴》作为必读之书。① 文臣们更是大加赞扬《纲目》。如,杨士奇说:"其书则孔子作《春秋》之义,以正人心,植世教,有助于治道者也。"② 刘定之曾向代宗朱祁钰上言道:"夫经莫要于《尚书》《春秋》,史莫正于《通鉴纲目》。陛下留心垂览。其于君也,既知禹、汤、文、武之所以兴,又知桀、纣、幽、厉之所以替,而趋避审矣。"③ 商辂等人则称:"《春秋》为经中之史,而《纲目》实史中之经。"同时,他们还称《纲目》及其续编可以"正大纲,举万目,隆世道于亨嘉;兴教化,淑人心,保鸿图于悠久"④。著名学者陆世仪说:"读史当以朱子《纲目》为主,参之《资治通鉴》,以观其得失……然约礼之功,一《纲目》足矣。"⑤ 陈继儒也认为:"一部《通鉴》,乃是万卷书之关津。若未曾过得此关,则他书必无别路可入。或读之而不能解,解之而不能竟,竟之而不能彻首彻尾者,皆坐史不熟也。"⑥

对《资治通鉴》和《资治通鉴纲目》的熟读精思乃至有所发明和创

---

① 张廷玉等:《明史》卷六十九《选举一》,北京:中华书局,1974年,1689页。
② 杨士奇:《东里续集》卷十四《通鉴纲目集览正误序》,见《四库全书》第1238册,上海:上海古籍出版社,1987年,543页。
③ 张廷玉等:《明史》卷一七六《刘定之传》,北京:中华书局,1974年,4695页。
④ 转引自纪德君《明代"通鉴"类史书之普及与通俗历史教育之风行》,载《中国文化研究》,2004年春季号,111—116页。
⑤ 陆世仪:《思辨录辑要》卷四《格致类》,丛书集成初编,北京:中华书局,1985年,50页。
⑥ 陈继儒:《陈眉公全集》上册《古今大帐本》,国学基本文库,南京:"中央书店",1936年,245页。

造者就更多了。如张岱族弟张培，虽瞽，好读书，《通鉴纲目》中凡姓氏世系、地名年号、一人一事都能记其始末。①

因为学者们热衷于研读二书，所以产生了许多相关著述，如瞿佑曾的《通鉴纲目集览镌误》、陈济的《通鉴纲目集览正误》、冯智舒的《通鉴纲目集览质实》、魏时亨的《新刻历考纲目训解通鉴全篇》、张光启的《资治通鉴节要续编》、董继祖的《纲目集略》、诸燮的《纲目集要》、商辂的《续资治通鉴纲目》、李东阳的《历代通鉴纂要》、南轩的《资治通鉴纲目前编》、薛应旂的《宋元资治通鉴》、许诰的《通鉴纲目前编》、张时泰的《续通鉴纲目广义》、周礼的《续通鉴纲目发明》、严衍的《资治通鉴补正》、李浩的《通鉴断义》、顾锡畴的《纲鉴正史约》、王峰的《通鉴纲目发微》、孙蕡的《通鉴前编纲目》等。

此外，还有许多直接服务于科考的"纲鉴"类著述。如，唐顺之曾辑有《新刊古本大字合并纲鉴大成》。托名苏瞳会纂的《历代纪要纲鉴》，其"告白"云："《纲鉴》一书，坊间混刻多矣，其间纲目不备，旨意不详，实乃发蒙之病也。"②还有诸如《新刻补遗标题论策指南纲鉴纂要》《新刊通鉴纲目策论摘题》《鼎锲纂补标题论表策纲鉴正要精抄》《新刻精纂注释历史标题通鉴捷旨》等，都是科考之辅助读物。有的学官还将《资治通鉴纲目》定为学子的必读书。如黄仲昭作《资治通鉴纲目合注·后序》云："仲昭承乏提督江西学政，以为学者定读书之法，其于诸史，则欲其熟观《纲目》，以端其本。"③

在大量的研究、仿作"通鉴"类著作问世的同时，"通鉴"类史书也在不断简约化和通俗化，以满足各阶层人士的阅读需求。如，张居正

---

① 张岱：《琅嬛文集》卷四《五异人传》，长沙：岳麓书社，1985年，186页。
② 转引自纪德君《明代"通鉴"类史书之普及与通俗历史教育之风行》，载《中国文化研究》，2004年春季号，111—116页。
③ 转引自纪德君《明代"通鉴"类史书之普及与通俗历史教育之风行》，载《中国文化研究》，2004年春季号，111—116页。

的《通鉴直解》是专门给万历皇帝看的,《纲鉴要略》是私塾蒙学所用的教材,《鼎锲赵田了凡袁先生编纂古本历史大方纲鉴补》是给科考士子阅读用的。据对《中国古籍善本书目·史部·编年类》①进行粗略统计,明初至万历以前的"通鉴"类史书有20余种,"纲目"类史书有140余种(其中90余种为坊刻本,坊刻本中又有60余种为建阳书坊所刻)。这些史书的编撰者,当然是文人学士,这些史书亦是他们研读《资治通鉴》和《资治通鉴纲目》的结果。特别是这些读物出版后,其中很大一部分读者是文人学士,或者说它们在很大程度上是为满足文人学士的阅读需求而产生的。由此可见明代文人学士对"通鉴"类史书阅读的热衷程度。而且,这种现象也反映出明朝在推进和普及史学教化功能方面所做的积极努力。

《汉书》是"前四史"之一,有"世之言史者,并称《史》《汉》"②之说,因此向来受到文人的喜爱和重视。如胡应麟所言:"六代至唐,为班氏学至众,著述传者殆数十家,《史记》次之。"③宋代的欧阳修、苏轼、黄庭坚就爱读《汉书》。④到了明代,《汉书》由具有史学意义的典籍变为具有政治意义的经典,受到全国上下的关注和重视。如前所述,《汉书》始终是明朝的皇帝、太子、宗室藩王子弟的必读典籍。文人学士,在历史传统和社会环境的影响下,更是热衷于阅读《汉书》。如,吏部尚书王直称自己"始读《汉书·循吏传》而慨慕其人,思欲自试于一县"⑤。张和,"既仕,犹苦学,读《汉书》必三十遍"⑥。陆深,嘉靖中,以祭酒侍经筵,后因事谪延平府同知。其在南贬路途中,"以舟中

---

① 《中国古籍善本书目》编委员:《中国古籍善本书目·史部·编年类》,上海:上海古籍出版社,1991年,118—135页。
② 何良俊:《四友斋丛说》卷五《史一》,北京:中华书局,1959年,45页。
③ 胡应麟:《少室山房笔丛》卷十三《史书佔毕一》,北京:中华书局,1958年,173页。
④ 何良俊:《四友斋丛说》卷五《史一》,北京:中华书局,1959年,45页。
⑤ 王直:《抑菴文集》(外三种),上海:上海古籍出版社,1991年,757页。
⑥ 钱谦益:《列朝诗集小传》乙集《张提学和》,上海:上海古籍出版社,1983年,206页。

日读《汉书》，故评史之语亦杂载其间"①。宗臣曾言："余读《汉书》，所称《循吏传》，未尝不投翰而叹也。"②李桢称自己"读《汉书》萧望之从夏侯胜狱中受书事，又未尝不贤其人视死不二，利害不怵也"③。天启元年（1621）十月，江西道御史王心一在一份奏疏中称："臣尝读汉史，至文帝有所幸，慎夫人与皇后同席坐。中郎将袁盎引却慎夫人坐，帝怒，慎夫人亦怒。及盎以尊卑有序对，帝悦。"④万历间，李日华"尝与时辈宴集，征《汉书》一事，具悉本末，指其腹笑曰：'名下宁有虚士乎！'其自喜如此"⑤。可见他因精通《汉书》而颇为自负。何良俊在其《四友斋丛说》中更是对《汉书》多有考评。⑥ 实际上，明代的文人学士在当时的社会环境下，多数人应该都熟读过《汉书》，上述这些读者只不过是其中的几例而已。明代那些淹贯经史百家的学者，如杨慎、胡应麟、王世贞、陆容等，更是熟读《汉书》而精通者。

因为《汉书》地位重要，所以它成为重要的收藏对象。如嘉靖、万历间的藏书家高濂认为，收藏图书应以"坟典、六经、《骚》、《国》、《史记》、《汉书》、《文选》为最，以诗集百家次之，文集释道二书又其次也"⑦。

---

① 永瑢等：《四库全书总目》卷六十四《史部二十·传记类·存目六》，北京：中华书局，1965年，572页。
② 宗臣：《宗子相集》卷十二《赠曾公叙》，台北：伟文图书出版社有限公司，1976年，573页。
③ 李桢：《杨爵墓表》，见杨爵《杨忠介集》附录卷四，《四库全书》第1276册，上海：上海古籍出版社，1987年，170页。
④ 李长春：《明熹宗七年都察院实录》，见《明实录》附录，台北："台湾中央研究院历史语言研究所"，1962年，233页。
⑤ 张廷玉等：《明史》卷二八八《文苑四》，北京：中华书局，1974年，7400页。
⑥ 何良俊：《四友斋丛说》卷五《史一》，北京：中华书局，1959年，45—47页。
⑦ 高濂：《遵生八笺》卷五《燕闲清赏笺上卷·论藏书》，成都：巴蜀书社，1985年，42页。

六、佛道及其他

佛教在公元 1 世纪前后传入中国,后来成为中国传统文化的重要组成部分。道教作为中国的本土宗教,本身就与中国传统文化不可分割。隋唐以降,儒、释、道三教进入相互融和的阶段。如柳宗元就率先提出了"三教合一"[①]说,揭示出儒、释、道三教相通之处,并指出:"浮图诚有不可斥者,往往与《易》《论语》合……不与孔子异道。"[②]到了宋代,理学家们以种种方式援佛入儒,援老庄入儒,借助于佛学精密的理论体系和思辨性较强的老庄学说,促进儒学的哲理化。历代文士儒流覃研释教,综贯道书者更是数不胜数。如胡应麟所列出的精通释教者就有汉代的傅毅、牟融、桓谭,晋代的许询、殷浩、孙棹、习凿齿,南北朝的范泰、罗含、宗炳、雷次宗、何尚之、何承天、颜延之、刘澄之、王僧儒、刘义宣、张融、周颙、萧子良、明僧绍、沈约、刘勰、裴子野、阮孝绪、刘子遴、徐孝克、崔敏、颜之推、甄鸾、徐陵、江总,隋代的卢思道、虞世南,唐代的褚亮、萧瑀、王维、王缙、梁肃、李繁、白居易、柳宗元、李通玄、李师正、裴休、房融、刘轲、李俨,宋代的杨亿、杨杰、王古、王随、晁迥、井度、苏轼、李邴、王安石、黄庭坚、张方平、李遵勖、张商英、张九成;综贯道书者,汉代有淮南王刘安、东方朔、魏伯阳、徐景休、刘向、王褒、严遵、襄楷,曹魏有何晏、王肃、徐邈、任嘏,晋代有羊祜、钟会、向秀、嵇康、王弼、王烈、王衍、王戎、郭象、郭璞、孙绰、孙登、张湛、张凭、谢安、谢尚、乐广、卫玠、刘惔、葛洪,南北朝有张融、顾欢、陶弘景、弘正,唐代有孙思邈、王方庆、颜真卿、张志和、樊宗师、陆希声、施肩吾、王松年、李泌、李荃、罗隐、沈汾、刘商、王叡,宋代有欧

---

① 柳宗元:《柳宗元集》卷二十五《送元十八山人南游序》,北京:中华书局,1979 年,662—663 页。
② 柳宗元:《柳宗元集》卷二十五《送僧浩初序》,北京:中华书局,1979 年,673 页。

阳修、王安石、郭忠恕、张君房、苏辙、王禹、曾慥、彭晓、乐史、刘泾、吕惠卿、叶梦得、林希逸、程大昌。① 因此，何良俊说："释教之所以大明于世者，亦赖吾儒有以弘之耳。"②至于学道者，其"读书万卷，谈道如悬河"③。

如前所述，明太祖朱元璋曾出家为僧，即帝位后又成为佛道典籍的热心读者。明武宗嗜好番教，明世宗则崇尚焚修。在知识界，随着明代理学的兴盛，以及统治者积极倡导理学，文人学士研内典、读老庄蔚然成风。由"百家二氏靡不博览"，乃至"博极群书，邃于内典"者数不胜数，形成了一个鲜明的读书特点和风尚。

面对晚明内忧外患的现状，士大夫们对国家的前途和个人的命运感到担忧，内心产生了一种逃避现实和追求闲静的愿望。佛道的空静理念正契合了他们抚平内心躁动不安的需要，成为其精神上的寄托。于是修身学佛、参禅问道成为许多文人学士生活中的一大乐事。仕宦罢归者，或陶情于声伎，或肆意于山水，或学仙参禅，或求田问舍，总之为排遣不平。"闭门阅佛书，开门接佳客，出门寻山水，此人生三乐。"④与此同时，文人学士对道家著作也多有研习。道家逍遥无为的思想使他们忘记了尘世的烦恼，求得了精神上的满足，找到了人生的快乐。总之，中国文人学士"入而儒，出而道，逃而佛"的人生轨迹在明代得到了显现。特别是晚明，更是儒、释、道融合明显的一个时期，同时也是明代文人学士好释乐道的一个高峰时期。

纵观有明一代，释道典籍也是文人学士喜欢阅读的内容之一。其中在释家典籍喜好者中，被称为"开国文臣之首"的宋濂是最有代

---

① 胡应麟：《少室山房笔丛》卷三十八《华阳博议上》，北京：中华书局，1958 年，504—505 页。
② 何良俊：《四友斋丛说》卷二十一《释道一》，北京：中华书局，1959 年，187 页。
③ 何良俊：《四友斋丛说》卷二十一《释道一》，北京：中华书局，1959 年，192 页。
④ 陈继儒：《小窗幽记》，陈桥生评注，北京：中华书局，2008 年，100 页。

表性的一位。他向以佞佛闻名,自称无相居士。辞官归里后,居青萝山,辟一室曰静轩,终日闭户读书,少与外界往来。"尝三阅大藏,暇则习禅观。"①并撰有《护法录》。

瞿汝稷,博学无所不窥,尤邃于内典。② 陈芹,屡试不第,读书郊野间,逾二十年。后专精内典,亦以诗名。③ 董穀,能诗,年六十七往师阳明,晚究心内典。④ 雷思霈,万历二十九年(1601)进士,"好学问,通禅理,讲经世出世之法"⑤。刘璟,弱冠以好学知名,"议论英发,尤深禅学。一时尊宿,推为作家"⑥。陶望龄,与焦竑、袁宗道、黄辉,讲性命之学,精研内典。⑦ 虞淳熙,万历十一年(1583)进士。晚年赋诗赞佛,专修净业。⑧ 万表,正德十五年(1520)武进士。"少嗜玄学,已而精阅内典,披衲入伏牛山,晓行见日升,忽大悟。"⑨陈第,退役归里,遍阅佛藏。⑩ 孔晖,端雅好学,笃信守仁之学,"自名王氏学,浸淫入于释氏"⑪。杨循吉,课读经史,旁通内典、稗官。⑫ 颜钧,其学归于释

---

① 南炳文、何孝荣:《明代文化研究》,北京:人民出版社,2006年,301页。
② 钱谦益:《列朝诗集小传》丁集下《瞿少卿汝稷》,上海:上海古籍出版社,1983年,628页。
③ 钱谦益:《列朝诗集小传》丁集上《陈宁乡芹》,上海:上海古籍出版社,1983年,459—460页。
④ 钱谦益:《列朝诗集小传》丁集上《董汉阳穀》,上海:上海古籍出版社,1983年,394页。
⑤ 钱谦益:《列朝诗集小传》丁集中《雷简讨思霈》,上海:上海古籍出版社,1983年,569页。
⑥ 钱谦益:《列朝诗集小传》甲集《刘阁门璟》,上海:上海古籍出版社,1983年,71页。
⑦ 钱谦益:《列朝诗集小传》丁集下《陶祭酒望龄》,上海:上海古籍出版社,1983年,622页。
⑧ 钱谦益:《列朝诗集小传》丁集下《虞稻勋淳熙》,上海:上海古籍出版社,1983年,620页。
⑨ 钱谦益:《列朝诗集小传》丁集中《万都督表》,上海:上海古籍出版社,1983年,544页。
⑩ 钱谦益:《列朝诗集小传》丁集中《陈将军第》,上海:上海古籍出版社,1983年,543页。
⑪ 张廷玉等:《明史》卷二八三《儒林二》,北京:中华书局,1974年,7270页。
⑫ 张廷玉等:《明史》卷二八六《文苑二》,北京:中华书局,1974年,7351页。

氏,所以其弟子罗汝芳之学亦近释。① 黄辉,诗文俱佳,雅好禅学。②丁鹤年,回族人,好学洽闻,精诗律。晚年学浮图法。③ 杨黼,好学,读"五经"皆百遍。工篆籀,好释典。④ 袁宏道自称:"仆自知诗文一字不通,唯禅宗一事,不敢多让。"⑤马公素,"读书甚博,尤好佛典,深造其理。每驾小舟,置《圆觉楞伽》诸经于几上,跏趺而坐,朗诵不辍"⑥。屠隆,诗文万言立就,兼通内典。⑦ 以博学著称的胡应麟在其《少室山房笔丛》中更是对佛教的历史、佛统的流传做了多方论述。⑧ 袁宗道在其《白苏斋类集》中多处引用《楞严经》语⑨,并有诗《看华严经》。⑩宋懋澄,每日早起焚香,书《华严经》若干行。⑪ 强烈反对佛学的明末清初大学者黄宗羲,也并不是简单地谩骂佛教,而是在认真研读了各种佛经,真正做到了"深明其说"后,才给予了"皆能中其窾要"⑫的批判。陈继儒更是认为"一切诸佛,其若古先辈视也;一切诸经,其若古异书视也"⑬。此外,还有杨起元,"清修娭节,然其学不讳禅"⑭。周汝登,"更欲合儒释而会通之,辑《圣学宗传》,尽采先儒语类禅者以入。盖万历世士大夫讲学者,多类此"⑮。可见,万历年间士人研读佛

---

① 张廷玉等:《明史》卷二八三《儒林二》,北京:中华书局,1974年,7276页。
② 张廷玉等:《明史》卷二八八《文苑四》,北京:中华书局,1974年,7394页。
③ 张廷玉等:《明史》卷二八五《文苑一》,北京:中华书局,1974年,7313页。
④ 张廷玉等:《明史》卷二九八《隐逸传》,北京:中华书局,1974年,7629页。
⑤ 袁宏道:《袁宏道集笺校》卷十一《尺牍·张幼予》,钱伯城笺校,上海:上海古籍出版社,1981年,503页。
⑥ 王琦、于慎行:《寓圃杂记縠山笔麈》卷七,北京:中华书局,1984年,55页。
⑦ 赵景深、张增元:《方志著录元明清曲家传略》,北京:中华书局,1987年,78页。
⑧ 胡应麟:《少室山房笔丛》卷四十六至卷四十八《双树幻钞》,北京:中华书局,1958年,620—653页。
⑨ 袁宗道:《白苏斋类集》卷二十一《杂说》,上海:上海古籍出版社,1989年,302页。
⑩ 袁宗道:《白苏斋类集》卷五《看华严经》,上海:上海古籍出版社,1989年,63页。
⑪ 宋懋澄:《九籥集》卷四《写〈华严经〉疏文》,北京:中国社会科学出版社,1984年,75页。
⑫ 江藩:《汉学师承记》卷八《黄宗羲》,上海:上海书店出版社,1983年,129页。
⑬ 陈继儒:《狂夫之言》卷二,丛书集成初编,北京:中华书局,1985年,14页。
⑭ 张廷玉等:《明史》卷二八三《儒林二》,北京:中华书局,1974年,7276页。
⑮ 张廷玉等:《明史》卷二八三《儒林二》,北京:中华书局,1974年,7276页。

书,并试图将儒、释会通的现象已很普遍。

除上述这些有名的文人学者外,一般的文人中亦有喜欢读佛书者。如长洲人马勗,"初好内典,有卖饧者劝令读儒书,遂通《诗》、《易》、史传"①。

许多文人学士在研读佛学典籍的基础上,还有著述行世。如王肯堂有《参禅要诀》、戚继光有《禅家六籍》、张有誉有《金刚经义趣广演》、袁中道有《禅宗正统》、袁宏道有《宗镜摄录》、杨时芳有《心经集解》、汪道昆有《楞严纂注》、杨慎有《禅藻集》等。《明史·艺文志》收录此类著述有 70 种之多。②

喜欢释道,并能兼通二氏典籍者亦不少,举例如下。

徐渭,"读书好深思,自谓有得于首《楞严》《庄》《列》《素问》《参同契》诸书,欲尽斥注家膠戾,独标新解"③。王志坚,经史子集,无不精究。"读佛书,研相而穷性,阐教而闷宗,手写《华严经》至再。著《太上感应篇续传》,以辅翼因果之书。"皇甫濂,嘉靖二十三年(1544)进士。官至兴化府同知,投劾不赴。读书著述,皈心释氏,从名僧检经说难,翻大乘、法华内典,持诵《维摩诘品》,作《妙伽它赞》。"习吐纳延化术,得黄帝房中秘方,谓可登真度世。"④朱长春,万历十一年(1583)进士。有文名,好仙学佛。⑤ 程嘉燧,"读书不务博涉,精研简练,采掇菁英。晚尤深《老》《庄》《荀》《列》《楞严》诸书,钩纂穿穴,以为能得其

---

① 归有光:《震川先生集》卷二十六《东园翁家传》,上海:上海古籍出版社,1981 年,613 页。
② 张廷玉等:《明史》卷九十八《艺文三》,北京:中华书局,1974 年,2453—2456 页。
③ 钱谦益:《列朝诗集小传》丁集中《徐记室渭》,上海:上海古籍出版社,1983 年,561 页。
④ 钱谦益:《列朝诗集小传》丁集上《皇甫同知濂》,上海:上海古籍出版社,1983 年,415 页。
⑤ 钱谦益:《列朝诗集小传》丁集下《朱主事长春》,上海:上海古籍出版社,1983 年,621 页。

用"①。赵介,博通六籍及释、老书。② 任瀚,少怀用世志,百家二氏之书,罔不搜讨。③ 王守仁,"泛滥二氏学,数年无所得"④。丘濬,博观群书,虽释老、伎术无不阅览。⑤ 陈继儒,"博闻强识,经史诸子、术伎、稗官与二氏家言,靡不校核"⑥。陈与郊,性嗜学,自六籍外,留心太玄潜虚,好屈、宋、扬、马、张、左诸家赋。⑦ 袁宏道曾有诗云:"闭门读《庄子》,秋水马蹄篇。"⑧还有以博学著称的何良俊在其《四友斋丛说》中对释、道二氏多有论述。⑨ 沈德符在其《万历野获编》中亦谈释论道,多有考索。⑩ 胡应麟曾说:"嘉隆间一巨公,案头无他书,仅左置《南华经》,右置《水浒传》各一部。"由此亦可见道家经典《庄子》和小说《水浒传》是这位巨公的至爱。

同样,许多读者亦有道家著述行世。如田艺蘅有《老子指玄》、曹学佺有《蜀中神仙记》、焦竑有《老子翼》、徐渭有《分释古注参同契》、陶宗仪有《金丹密语》、杨慎有《庄子阙误》、李先芳有《阴府经解》等。《明史·艺文志》收录有这类著述58种。⑪

---

① 钱谦益:《列朝诗集小传》丁集下《松园诗老程嘉燧》,上海:上海古籍出版社,1983年,577页。
② 张廷玉等:《明史》卷二八五《文苑一》,北京:中华书局,1974年,7333页。
③ 张廷玉等:《明史》卷二八七《文苑三》,北京:中华书局,1974年,7371页。
④ 张廷玉等:《明史》卷一九五《王守仁传》,北京:中华书局,1974年,5168页。
⑤ 赵景深、张增元:《方志著录元明清曲家传略》,北京:中华书局,1987年,20页。
⑥ 赵景深、张增元:《方志著录元明清曲家传略》,北京:中华书局,1987年,506—507页。
⑦ 赵景深、张增元:《方志著录元明清曲家传略》,北京:中华书局,1987年,86页。
⑧ 袁宏道:《袁宏道集笺校》卷一《病起独坐》,钱伯城笺校,上海:上海古籍出版社,1981年,10页。
⑨ 何良俊:《四友斋丛说》卷二十一至卷二十二《释道》,北京:中华书局,1959年,187—201页。
⑩ 沈德符:《万历野获编》卷二十七《释道》,北京:中华书局,1959年,676—695页。
⑪ 张廷玉:《明史》卷九十八《艺文三》,北京:中华书局,1974年,2451—2453页。

七、报纸和谶纬之书

文人学士对政府和社会时事的了解主要靠阅读当时的邸报和塘报。据史料记载,很多文人都有阅读邸报的习惯。邸报为人们提供了政治、经济、社会等诸方面的信息。

李日华的《味水轩日记》中多处有"阅邸报"的记录。其中如万历三十八年(1610)六月十七日的日记云:

> 十七日阅邸报,本年四月廿八日,永平燕河路军人潘真家生猪七口,内一口,一身二头六蹄二尾,有气不能食。①

祁彪佳在崇祯八年(1635)九月下旬的两则日记云:

> 二十一日天雨,体稍爽,勉起栉沐,点定先子尺牍,阅邸报,午后读《春秋》,再观程朱论气质之性,颇有会于心。②
>
> 二十九日,作书复谢象三,得曹秋水菁中书,以避风,居室中不出,观邸报。③

袁宏道在写给朋友的信中说:

> 每日一见邸报,必令人愤发裂眦。时事如此,将何底止?……万一世界扰扰,山中人岂得高枕。④

---

① 李日华:《味水轩日记》卷二,嘉业堂丛书,36页。
② 祁彪佳:《祁忠敏公日记》第五册《南归快录》,见李德龙、俞冰《历代日记丛钞》第七册,北京:学苑出版社,2006年,301页。
③ 祁彪佳:《祁忠敏公日记》第五册《南归快录》,见李德龙、俞冰《历代日记丛钞》第七册,北京:学苑出版社,2006年,302页。
④ 袁宏道:《袁宏道集笺校》卷五十五《未编之三·尺牍》,钱伯城笺校,上海:上海古籍出版社,1981年,1611页。

在另一封信中他又说:"读邸报,知拂衣还里……"①

明世宗时吏部左侍郎何孟春在云南时的一次上书言:

> 臣阅邸报,见进士屈儒奏中请尊圣父为"皇叔考兴献大王"……②

顾炎武的祖父顾绍芾七十多岁时,还天天阅读邸报,并亲自把主要内容抄录下来。③ 顾炎武十几岁时就开始阅读邸报。④

此外,士人们亦喜欢阅读谶纬之书。如沈德符所言:"本朝谶纬之书,皆有厉禁,惟奇门六壬之属,人间多习之。士大夫亦有笃好且奇验者,苦不得秘本真传,徒以影响推测耳。"⑤

综上所述,明代的文人学士作为明代阅读活动的中流砥柱,不仅引领和推动着明代阅读活动的发展和繁荣,而且对明代的政治、经济和学术文化的发展起着巨大的推动作用。

此外,我们也要看到,上述阅读特点作为中国读书人读书治学的优良传统,具有不可分割的整体性,即一位杰出的读者往往会具备多种阅读特点。或者说,只有多种阅读特点共同作用,才能成就一位杰出读者的读书人生,才能使一个人体会到阅读带来的甘苦和荣辱,乃至有所创造和发明。

读书作为一种生命存在的方式,给读书人带来的既有寒暑不辍的煎熬,又有功成名就的甘甜;既有不得其解的苦闷,又有欣然有悟的愉悦。它既能给读书人带来荣华富贵,也会使读书人贫困潦倒,甚

---

① 袁宏道:《袁宏道集笺校》卷六《锦帆集之四·尺牍》,钱伯城笺校,上海:上海古籍出版社,1981年,282页。
② 张廷玉等:《明史》卷一九一《何孟春传》,北京:中华书局,1974年,5066页。
③ 顾炎武:《三朝纪事阙文序》,见《顾亭林诗文集·亭林余集》,北京:中华书局,1983年,155页。
④ 顾炎武:《顾亭林诗文集·出版说明》,北京:中华书局,1983年,1页。
⑤ 沈德符:《万历野获编·补遗》卷四《著述》,北京:中华书局,1959年,906页。

至招来杀身之祸。但无论如何,读书的意义和使命已融入每个读书人的生命意识和生存状态之中,因此读书影响了每一个读书人的人生轨迹和前途命运。

　　以上述这些人为代表的明代读书人绝大多数是民族的脊梁和社会的精英,正如鲁迅先生所说:"我们从古以来,就有埋头苦干的人,有拼命硬干的人,有为民请命的人,有舍身求法的人……虽是等于为帝王将相作家谱的所谓'正史',也往往掩不住他们的光耀,这就是中国的脊梁。"①上述这些人物的确多数来自正史,而且正史的确没有"掩住他们的光耀",因此给我们留下了一笔宝贵的遗产。

第五节　读书种种

　　文人学士是一个庞大的读者群体,其阅读活动丰富多彩,其中有一些形形色色,甚至感人至深的表现。

一、盲而读书

　　张大复,字元长,昆山人。中年时,因父殁哀毁而双目失明。但他"性好读书,不以盲废,时或垂簾瞑坐,服习其已读之书,或让其子诵古今诗文于侧。口占笔授,酬应杂沓,日不暇给"②。唐汝询,五岁时双目失明,父兄抱膝上,授以《诗经》三百篇及唐诗,无不成诵,并旁

---

① 鲁迅:《鲁迅全集》第六卷《且介亭杂文·中国人失掉自信力了吗》,北京:人民文学出版社,1981年,118页。
② 赵景深、张增元:《方志著录元明清曲家传略》,北京:中华书局,1987年,516页。

通经史。① 镇国中尉朱硕煐,"五岁丧明,从师氏画掌识文字,而耳授书。久之,博通群籍,熟习国家典故,旁通太乙壬遁百家之学。博雅慷慨,以词章名海内"②。张岱族弟张培,虽瞽,性好读书,倩人读之,入耳辄能记忆。朱熹之《通鉴纲目》,凡姓氏世系、地名年号、一人一事都能记其始末。其所读之书,自经史子集,以至九流百家,稗官小说,无不淹博。尤喜谈医书,《黄帝素问》《本草纲目》《医学准绳》《丹溪心法》《医荣丹方》,无不毕集。架上医书有数百余种,一一倩人读之,过耳辄能记忆。遂究心脉理,尽取名医张景岳所辑诸书,日夕研究,遂得其精髓。③

二、狱中读书

狱中之囚本就生死未卜,然而有些人仍能平心静气地发愤读书。如杨溥,他在永乐十二年(1414)任太子洗马时,因得罪皇帝而被下狱。在狱中,杨溥想到自己随时可能被处死,于是更加发愤读书。十年中,他把经史诸子读了数遍。④ 同难者曾劝他中止勤苦读书,他则说:"朝闻道,夕死可矣。"⑤还有卢柟,因醉酒误伤人命,被入狱论死。在狱中,卢柟读所携书,并作《幽鞫》《放招》二赋,"词旨沈郁"⑥。杨爵,因上书犯讳而入狱。在狱中,他日与同入狱的周怡、刘魁"切劘修诣不少辍。绎四子诸经百家,研精于《易》,著《周易辨录》及《中庸解》

---

① 钱谦益:《列朝诗集小传》丁集中《唐瞽者汝询》,上海:上海古籍出版社,1983年,527页。
② 钱谦益:《列朝诗集小传》闰集《镇国中尉硕煐》,上海:上海古籍出版社,1983年,776页。
③ 张岱:《琅嬛文集》卷四《五异人传》,长沙:岳麓书社,1985年,186—187页。
④ 张廷玉等:《明史》卷一四八《杨溥传》,北京:中华书局,1974年,4142页。
⑤ 胡维霖:《墨池浪语》,见陶珽《说郛续》卷十六,上海:上海古籍出版社,1988年,782页。
⑥ 张廷玉等:《明史》卷二八七《文苑三》,北京:中华书局,1974年,7376页。

若干卷。诸所著作,略无愤惋不平语。诗文倡和,身世顿忘,如是者五年"①。

三、军人读书

军人虽身在行伍,但军人酷爱读书的事例,明代亦不少见。如,戚继光"少折节为儒,通晓经术,军中篝灯读书,每至夜分。戎事少闲,登山临海,缓带赋诗"②。俞大猷,家贫,读书不辍。嘉靖中举武进士。以副总兵身份抗倭,身经百余战,功勋卓著。读书嗜学,深于《易》,而精于兵。其论兵多参用儒家言,有《正气堂集》。③ 陈第,"为学官弟子,教授清漳,生徒云集"。后投笔从戎十五年,读书论兵,"慨然有长驱远略之志"。④ 万表,年十七袭父职为宁波指挥佥事。正德十五年(1520)中武进士,以都指挥起家。少嗜玄学,已而精阅内典。好与理学名家往来,自号鹿园居士。其子孙亦以儒将名。⑤

四、折节读书

折节者,乃改变平日的志节或行为者。折节读书者多属于"浪子回头"者,故他们往往也是大器晚成者。这样的读书人自古就有很多,如《后汉书·段颎传》载:"颎少便习弓马,尚游侠,轻财贿,长乃折

---

① 冯从吾:《关学编》卷四《斛山杨先生》,北京:中华书局,1987年,54页。
② 钱谦益:《列朝诗集小传》丁集中《戚少保继光》,上海:上海古籍出版社,1983年,540页。
③ 钱谦益:《列朝诗集小传》丁集中《俞都督大猷》,上海:上海古籍出版社,1983年,541—542页。
④ 钱谦益:《列朝诗集小传》丁集中《陈将军第》,上海:上海古籍出版社,1983年,542页。
⑤ 钱谦益:《列朝诗集小传》丁集中《万都督表》,上海:上海古籍出版社,1983年,543—544页。

节好古学。"①

明代折节读书者亦有不少,如,程嘉燧,"少学制科不成,去学击剑,又不成,乃折节读书。刻意为歌诗,三十而诗大就"②。常伦,少好游侠,谈兵击剑,有蒙古风。甫弱冠,则折节读书,好治百家言,尤邃黄老。③ 顾敬,"早年衣貂裘,驰百金马市中,为弹射遨游事。洎长,折节读书,为古歌诗,凌轹时辈"④。顾德辉,"轻财结客,年三十始折节读书,师友名硕"⑤。朱麐,"世以赀雄乡里,麐独折节读书,称淹博,雅好倚声,又善顾曲,虽老梨园莫及"⑥。谢榛,"年十六,作乐府商调,少年争歌之。已,折节读书,刻意为歌诗"⑦。周惠,"为临洮卫卒,戍兰州。年二十,听人讲《大学》首章,惕然感动,遂读书"⑧。何璧,"魁岸类河朔壮士,跅弛放迹,使酒纵博,聚里党轻侠少年,阴为部署,有事一呼而集。上官闻而捕之,踰城夜走,亡匿清流王若家,尽读其藏书"⑨。后以奇士名。

五、富家子弟爱读书

与折节读书者一样,许多家境优越者亦能读书好学、习文善诗。如,陈铎,世袭官指挥,"屏纨绮之习,耽于吟咏,其于经、传、子、史、百

---

① 范晔:《后汉书》卷六十五《段颎传》,北京:中华书局,1965年,2145页。
② 钱谦益:《列朝诗集小传》丁集下《松圆诗老程嘉燧》,上海:上海古籍出版社,1983年,576页。
③ 赵景深、张增元:《方志著录元明清曲家传略》,北京:中华书局,1987年,446页。
④ 钱谦益:《列朝诗集小传》甲前集《顾敬》,上海:上海古籍出版社,1983年,59页。
⑤ 钱谦益:《列朝诗集小传》甲前集《顾钱塘德辉》,上海:上海古籍出版社,1983年,26页。
⑥ 赵景深、张增元:《方志著录元明清曲家传略》,北京:中华书局,1987年,542页。
⑦ 张廷玉等:《明史》卷二八七《文苑三》,北京:中华书局,1974年,7375页。
⑧ 张廷玉等:《明史》卷二八二《儒林一》,北京:中华书局,1974年,7230页。
⑨ 钱谦益:《列朝诗集小传》丁集中《何侠士璧》,上海:上海古籍出版社,1983年,531页。

家、九流,莫不贯穿"①。葛一龙,字震甫,洞庭人。山中多富室,习为行贾,而震甫以读书好古,尽破其产。后以诗名。② 费元禄,为故相家贵公子,但能折节读书。"为歌诗,落笔数千言,蕴义生风,倾慕贤士大夫,如恐不及。"③陈鹤,家世本百户,少年辄弃去。研精词翰,名重一时。④

六、嗜酒好书

酒和书是古代无数文人学士所喜好的两样东西,因此,历代嗜酒好书者亦不乏其人。明代"筑庐山下,觞咏其中"的文人学士更是数不胜数,觞咏成为文人学士读书生活中的一道风景。如前所述,刘效祖,致仕归里,陶情觞咏。杨盛春,卒业成均,诗酒自娱。饶介,日以觞咏为事。屠隆,"纵情诗酒,卖文为活"⑤。王叔承,性嗜酒,以诗名。⑥ 唐寅,筑室桃花坞,与客日饮其中。⑦ 特别是有一位名叫黄虞龙的人,少负逸才,以能诗名。嗜酒及书,作书酒诗若干,如:"我自呼书伧,君当恕酒人。""池上酌君酒,山中读我书。""蟹佐持螯酒,牛供挂角书。""安得中山千日酒,载来惠子五车书。""怀中有圣方中酒,天上无仙不读书。"⑧由此可见其风致。

---

① 钱谦益:《列朝诗集小传》丙集《陈指挥铎》,上海:上海古籍出版社,1983年,352页。
② 钱谦益:《列朝诗集小传》丁集下《葛理问一龙》,上海:上海古籍出版社,1983年,610页。
③ 钱谦益:《列朝诗集小传》丁集中《费秀才元禄》,上海:上海古籍出版社,1983年,528页。
④ 赵景深、张增元:《方志著录元明清曲家传略》,北京:中华书局,1987年,106页。
⑤ 张廷玉等:《明史》卷二八八《文苑四》,北京:中华书局,1974年,7388页。
⑥ 张廷玉等:《明史》卷二八八《文苑四》,北京:中华书局,1974年,7390页。
⑦ 张廷玉等:《明史》卷二八六《文苑二》,北京:中华书局,1974年,7353页。
⑧ 钱谦益:《列朝诗集小传》丁集上《黄监丞居中》,上海:上海古籍出版社,1983年,471—472页。

七、手舞足蹈

读书能给人带来莫大的欢乐和欣慰,这是不言而喻的。有很多读书人,当读书读到会意处时,往往喜形于色,情不自禁,乃至忘乎所以地手舞足蹈,其忘我和动情的读书之态,的确可佩可敬。如,杨循吉,"好读书,每得意,手足踔掉不能自禁,用是得颠主事名"①。王照,好读书,"每中夏跣足坐枫林,手一帙纵观,遇会意辄起舞"②。

第六节 书房掠影

书房既是读书人读书著述和生活之所,也是他们生命寄托之所在。因此,读书人往往为自己的读书和生活所居之处取一个名字,以表达他们的思想、情感和志趣。在明代文人学士的读书生活中,那些意义深刻的书房名,是明代读书人在特定的社会环境下,其精神世界和理想追求的反映。

下列读书人及其书房名是笔者在翻阅史料时所记,其中有的已在前文中提及。虽罗列有限,且有的书房名因其含义无法考证,只能照录,但我们从中亦能窥见明代读书人的志趣。

"读书种子"方孝孺的书房名"逊志斋",其文集名为《逊志斋集》。吴中著名文人、读书"狂人"桑悦的书房名为"独坐轩"。钱谦益,以侍郎罢归后,筑"耦耕堂",邀程嘉燧读书其中。③ 章潢,父亲去世后,"哀

---

① 张廷玉等:《明史》卷二八六《文苑二》,北京:中华书局,1974年,7351页。
② 袁宗道:《白苏斋类集》卷十一《王公墓志铭》,上海:上海古籍出版社,1989年,151页。
③ 张廷玉等:《明史》卷二八八《文苑四》,北京:中华书局,1974年,7392页。

毁血溢。构'此洗堂',联同志讲学。辑群书百二十七卷,曰《图书编》",另有著述多种。其乡人称他:"自少迄老,口无非礼之言,身无非礼之行,交无非礼之友,目无非礼之书。"①崔铣,官至侍读,引疾归,作"后渠书屋",读书讲学其中。②陈献章,读书穷日夜不辍,筑"阳春台",静坐其中,数年无户外迹。③赵汸,筑"东山精舍",读书著述其中,④并题其精舍之西室曰"共学"。对此,赵汸自云:"学于古人,而未之能进,窃惧夫气昏力薄不足以底于成,乃题山居读书精舍之西室曰'共学',与同志者居而勉焉。"⑤郑之恒,"居黟水之南,乌柳之北,题其隙宇曰'栎轩'。栎即不材木也,无所可用,是以能终其天年"⑥。临江人侯彦芳,在寿安建有别墅,尝读书其中,并题其斋居曰"古愚",谓"好古而愚者也"⑦。黄伯厚,匾其斋居曰"知止斋",谓"北辰之止于天也,不偏也;流水之止于海也,不息也。心犹辰也,静而不偏,则所止者正矣;心犹水也,动而不息,则所止者至矣"⑧。上虞人管起远将自己的居舍名之曰"樗舍"。"樗固散材而无用者也,以无用之散材比有用之美木。"⑨顾德辉,筑别业于茜泾西,曰"玉山佳处",晨夕与客置酒赋诗其中。⑩张溥,因读书必手抄六七次,故名其读书斋曰"七录"。⑪郑善夫,辞官后,筑草堂金鳌峰下,为"迟清亭",读书其中,曰:"俟天

---

① 张廷玉等:《明史》卷二八三《儒林二》,北京:中华书局,1974年,7293页。
② 张廷玉等:《明史》卷二八二《儒林一》,北京:中华书局,1974年,7255页。
③ 张廷玉等:《明史》卷二八三《儒林二》,北京:中华书局,1974年,7261页。
④ 张廷玉等:《明史》卷二八二《儒林一》,北京:中华书局,1974年,7226页。
⑤ 赵汸:《共学斋记》,见程敏政《皇明文衡》卷三十,四部丛刊本,7页。
⑥ 赵汸:《栎轩记》,见程敏政《皇明文衡》卷三十,四部丛刊本,7页。
⑦ 刘永之:《古愚斋记》,见程敏政《皇明文衡》卷三十一,四部丛刊本,2页。
⑧ 钱宰:《知止斋记》,见程敏政《皇明文衡》卷三十一,四部丛刊本,4页。
⑨ 谢肃:《樗舍记》,见程敏政《皇明文衡》卷三十二,四部丛刊本,1页。
⑩ 张廷玉等:《明史》卷二八五《文苑一》,北京:中华书局,1974年,7325页。
⑪ 张廷玉等:《明史》卷二八八《文苑四》,北京:中华书局,1974年,7404页。

下之清也。"① 袁中道,因好白居易与苏轼,故名其斋曰"白苏"。② 沈周,构"有竹居",兄弟读书其中。③ 王穉登,"卜筑'长春巷',日肆力古文词,二酉五车靡所不博涉"④。刘绘,结草阁,匾曰"注经",讲经术,作《易勺》《春秋管》。⑤ 邱园,志洁行方,辟"既耕堂"于坞圻之左,种竹莳花,浩乎自得。喜写山水,善吟咏。⑥ 汤显祖,"所居'玉茗堂',文史狼藉,萧闲咏歌,俯仰自如。胸中块垒,发为词曲"⑦。谢诜,筑"白鸥庄"于荷叶山中,朝夕唯读书著述、吟咏为事。⑧ 兰茂,因究心理学,欣然得,乃匾其居曰"止轩"。⑨ 金堡,题其亭曰"月亭",植松种梅,吟咏其中。⑩ 刘效祖,辟"日涉园",陶情觞咏,间作乐府数阕,击节歌之。⑪ 赵南星,戍代州时有书房名曰"味蘖斋"。⑫ 陈沂,致仕归里后,筑"遂初斋",杜门读书著述。⑬ 张枢,徙居华亭,筑室曰"读书庄",与诸弟唱和为乐。⑭ 王穆,筑"东郭草堂",读书不仕。⑮ 严恭,筑室海上,号"惜寸阴斋",日以琴书自适。⑯ 段坚,致仕归,乃结庐兰山之麓,扁曰"南村""东园",取陶渊明诗"昔欲居南村""青松在东园"意。授徒讲业,读书著述以自乐。⑰ 吕柟,致仕归,卜筑邑东门外,扁曰"东郭

---

① 张廷玉等:《明史》卷二八六《文苑二》,北京:中华书局,1974年,7356页。
② 张廷玉等:《明史》卷二八八《文苑四》,北京:中华书局,1974年,7398页。
③ 张廷玉等:《明史》卷二九八《隐逸传》,北京:中华书局,1974年,7630页。
④ 赵景深、张增元:《方志著录元明清曲家传略》,北京:中华书局,1987年,74页。
⑤ 赵景深、张增元:《方志著录元明清曲家传略》,北京:中华书局,1987年,508页。
⑥ 赵景深、张增元:《方志著录元明清曲家传略》,北京:中华书局,1987年,165页。
⑦ 赵景深、张增元:《方志著录元明清曲家传略》,北京:中华书局,1987年,93页。
⑧ 赵景深、张增元:《方志著录元明清曲家传略》,北京:中华书局,1987年,66页。
⑨ 赵景深、张增元:《方志著录元明清曲家传略》,北京:中华书局,1987年,18页。
⑩ 赵景深、张增元:《方志著录元明清曲家传略》,北京:中华书局,1987年,167页。
⑪ 赵景深、张增元:《方志著录元明清曲家传略》,北京:中华书局,1987年,452页。
⑫ 赵景深、张增元:《方志著录元明清曲家传略》,北京:中华书局,1987年,470页。
⑬ 赵景深、张增元:《方志著录元明清曲家传略》,北京:中华书局,1987年,25页。
⑭ 钱谦益:《列朝诗集小传》甲前集《林泉民张枢》,上海:上海古籍出版社,1983年,50页。
⑮ 钱谦益:《列朝诗集小传》乙集《王县丞肆》,上海:上海古籍出版社,1983年,219页。
⑯ 钱谦益:《列朝诗集小传》甲前集《严恭》,上海:上海古籍出版社,1983年,25页。
⑰ 冯从吾:《关学编》卷三《容思段先生》,北京:中华书局,1987年,28页。

别墅""东林书屋",四方学者日众。① 归有光,因喜陶渊明的诗文,遂将书房名为"陶庵"。河南渑池人曹均,自少读书,即有求道之志,因以"拙巢"名其读书之室。"其可谓能择所处而知所戒者。"② 杨尚德,"作斋于居之侧,盛积古今书。公退,必据几吟诵于中,若将有志于古人之为者,因扁其额曰'笃敬',盖取圣贤修己之要自励也"③。山东人王惟善,"分教于开封之鄢陵,即其居之西边,作堂为藏修之所。环堂之外,种竹数百竿。每退自黉序,则必往游其间。洞辟轩槛,挹清风,坐绿阴,手披书史,心惟训义,顾瞻回复,整肃身心,以增益其所未行,而勉其所未至,遂名其轩曰'友竹'"④。周秉忠,分教覃怀,即宫舍东偏,做小斋以居。名之曰"慎独"。自言:"吾之作是斋,非欲自佚,欲自修也。自修之要,诚莫先于慎独。今将取以名吾斋,庶几居处出入,俯仰顾瞻,有所敬发,而勉所不逮。"⑤ 归有光在青年时曾有一间窄小的书斋,名曰"项脊轩","室仅方丈,可容一人居",却"借书满架,偃仰啸歌,冥然兀坐,万籁有声"⑥。这表现出一位青年士子的博大胸怀。

---

① 冯从吾:《关学编》卷四《泾野吕先生》,北京:中华书局,1987年,43页。
② 薛瑄:《薛敬轩集》卷五《拙巢记》,丛书集成初编,北京:中华书局,1985年,86页。
③ 薛瑄:《薛敬轩集》卷五《笃敬斋记》,丛书集成初编,北京:中华书局,1985年,87页。
④ 薛瑄:《薛敬轩集》卷五《友竹斋记》,丛书集成初编,北京:中华书局,1985年,86页。
⑤ 薛瑄:《薛敬轩集》卷五《慎独斋记》,丛书集成初编,北京:中华书局,1985年,88页。
⑥ 归有光:《震川先生集》卷十七《项脊轩志》,上海:上海古籍出版社,1981年,429页。

第七节　文社与阅读

明代的结社风气向来浓厚。到明末,社团繁兴,派别很多。如谢国桢先生说:"结社这一事件,在明末已成风气,文有文社,诗有诗社,普遍于江、浙、福建、广东、江西、山东、河北各省,风行了百数十年。大江南北,结社的风气,犹如春潮怒上,应运勃兴。那时候,不但读书人要立社,就是女士们也要结起诗酒文社,提倡风雅,从事吟咏。"① 这些社团,学界把它们统称为"文社"。他们结社的目的和宗旨是以文会友,倡导读书,以促进读书治学、进行文学创作为己任。如武林《读书社约》云:

> 文会,正读书也。今人止以操觚为会,是犹猎社田而忘简赋,食社饭而忘粢盛。本之不治,其能兴乎？吾党二三士既有社以誓众矣。苟美赋不兴,将于吾党问焉,其何辞之有？董子读书不窥园,幼安读书席着膝处穿。二子者,一为两汉之精兵,一为俭岁之嘉穀,愿吾党效之。②

这些社团对明末的阅读活动起了积极的推动作用,并影响了清代学术文化的发展。

天启四年(1624),张溥在苏州创立应社。"应社之始立也,所以

---

① 谢国桢:《明清之际党社运动考》,沈阳:辽宁教育出版社,1998年,7页。
② 丁奇遇:《读书社约》,见陶珽《说郛续》卷四十六,上海:上海古籍出版社,1988年,1386页。

志于尊经复古者,盖其志也。"①到崇祯二年(1629),文社颇众,如云间有几社,浙西有闻社,江北有南社,江西有则社,历亭有席社,昆阳有云簪社,吴门有羽朋社、匡社,武林有读书社,山左有大社,中州有端社,莱阳有邑社,浙东有超社,浙西有庄社,黄州有质社等。这些文学社团各立门户,各有主张,处于分散、自由状态。于是张溥将它们合而为一,目的是"期与庶方多士,共兴复古学,将使异日者,务为有用",故名之曰"复社"。"于是复社之名振天下,繇吴越以及四方,凡其地俊造,经明行修者,以不与为耻。"②"复社初起,四方造访者,舟楫相蔽而下,客既登堂,供具从者,或在舟中作食,烟火四五里相接……先后大会者有三,四方以舟车至者数千人。"③难怪有"复社之名动朝野"④之说。其参与者之众、影响之广、声势之大,可见一斑。

这种文学团体被后人称为读书社。其阅读活动及效果对明季及后世影响很大。以最早成立的应社为例,应社之初起,主要以读书为事,其读书方法是社员们分工配合,各专一经,相互切磨,集体讨论,如张溥、朱隗主攻《易》,杨廷枢、钱旉主攻《书》,杨彝、顾梦麟主攻《诗》,张采、王启荣主攻《礼记》,周铨、周钟主攻《春秋》。这种读书方法后来推广到复社,并传于浙江。如余姚黄宗羲讲学于鄞,并设"五经会",万斯大、万斯同兄弟都曾在那里受业。对这种读书方法的感受,万斯大曾有言:"非通诸经,不能通一经;非悟传注之失,则不能通经;非以经释经,则亦无由悟传注之失。"⑤因此一人专一经,而月为会讲,各出所长,以相灌输切磨,则"五经"皆通,而所专之经,更能精深独到。

---

① 蒋逸雪:《张溥年谱》,上海:商务印书馆,1947年,12页。
② 蒋逸雪:《张溥年谱》,上海:商务印书馆,1947年,24页。
③ 蒋逸雪:《张溥年谱》,上海:商务印书馆,1947年,25页。
④ 蒋逸雪:《张溥年谱》,上海:商务印书馆,1947年,26页。
⑤ 蒋逸雪:《张溥年谱》,上海:商务印书馆,1947年,25页。

清代时经学发达,应归功于五经应社所开创的读书方法。而集体治学,分工互助之法,为明季应社首开读书治学方法之先河。应社虽以评骘五经制义为主,但其主要成员都有经注,如张采有《周礼合解》,杨廷枢有《易论》,杨彝有《四书大全节要》及《四书说约》,顾梦麟有《诗经说约》《四书十一经通考》《重订说约》,张溥的经注则更多。应社所开创的一代读书风气,更被推广至复社。其治学风格更明显,治学特征更鲜明。特别是其中的主要成员在社会鼎革之际,或杀身以成仁,或采薇而高隐,亮节高风,泽被后世。这固然与他们学养深厚、各有所守有关,但也更与他们当年所倡导的读书宗旨和读书治学活动中所崇尚的精神和表现出来的激扬声气有关。

第九章 读书名家及其阅读特点

第一节 概况

所谓读书名家是指那些在读书治学中取得卓越成就,并以其道德文章和社会实践活动对一个时代乃至后世产生重要影响的人物。

明代重读尚文风气浓厚,著述与出版事业日新月异。读书人不仅有着良好的读书条件,而且迸发出了前所未有的读书热情。整个社会崇儒右文的气氛浓厚,使中华民族优秀的阅读文化传统得到了发扬光大。这显然是一个人才辈出、阅读繁荣的时代。一代代读书人孜孜矻矻,前仆后继。他们或安贫乐道,矢志不移;或以道德文章垂范后世;或手不释卷,笔耕不辍。读书在照亮他们人生道路的同时,也照耀了整个社会。

特别是那些读书名家,他们的读书事迹和所取得的成就,影响广泛而深远。他们是知识界的精英,是读书治学的典范,是读书人的楷模,也是社会阅读活动的中坚和领袖。他们的读书经历和方法特点不仅促进了当时的学术文化状况和社会精神面貌的改善,而且对后来的社会阅读和学术文化发展产生了深远影响。

第二节　代表人物

如前所述,明代是一个读书名家辈出的时代,他们的读书事迹不胜枚举。本书在前文已提及很多这样的人物和他们的读书事迹。这里,笔者再选择几位有代表性的人物给予介绍,以进一步展现他们的读书特点和精神风貌。

一、开国文臣宋濂

宋濂(1310—1381),字景濂,号潜溪,浦江人。六岁入私塾,启蒙老师授以李翰的《蒙求》,宋濂一日就能成诵。自后日记两千言,所读书皆成诵。九岁为诗歌有奇语。十五六岁时,里人张继之闻宋濂善记诵,特意将其所藏杂书让宋濂阅读,然后考查他。结果宋濂将所记五百言,一字不遗地背出。于是从闻人梦吉先生读书,受以《春秋三传》之学及《诗》《书》《易》《礼》诸经,并学举子业。后又从吴莱攻读古文词,博极经史。此后嗜学日笃,名声亦起。时有柳贯、黄溍,为当时大儒。宋濂游之门下,二人皆礼之如朋友,自谓弗如。自此,以文章名海内。至正中,荐授翰林编修,以亲老不受,入龙门山读书著述。

宋濂能够成才并不是完全依靠其天赋,而主要来自他的好学苦读和博览群书。据其所说,他小时候就嗜学好读。因家贫,无书可读,他就常常向别人家借书,借来就抄,计日以还。天气大寒,砚已结冰,宋濂手指冻僵,亦不懈怠,抄毕,就赶快把书送回去,不敢稍有逾约。故人们都愿意把书借给他,他也因此得以遍览群书。

二十岁时,他更加仰慕圣贤之道,但苦于没有大师、名人可以请教。于是他就去百里之外向一位有道德、有学问的先生求教。这位先生的家里挤满了学生,而且先生讲话并不客气。宋濂站在旁边一边聆听,一边向他请教疑难问题,弓着身子听先生的教诲。被斥责时,他就更加谦恭,礼节更加周到,一句话也不敢回答。待先生高兴了,再向他请教。因此,他学到了很多知识。

他去求师的时候,背着行李,要走过深山峡谷。冬天刮着大风,下着大雪,积雪深到几尺,脚冻裂了他都不知道。到了客栈,他的四肢都冻僵了。人家给他喝了热水,盖了被子,他的四肢才渐渐有了知觉。他一天吃两顿饭,穿一件破棉袍,从不羡慕别人吃得好、穿得好,也从不觉得自己寒碜。因为他觉得读书求知识是最快乐的事情,别的也就不理会了。

宋濂就是在这样艰苦的条件下,经过不断苦读,博极群书,勤于思考,融会贯通,为己所用,才成为一代大学问家。郑楷在《潜溪先生宋公行状》中评论他:"于天下之书无不读,而析理精微,百氏之说,悉得其旨要,至于佛老之学,亦所研究。用其义趣,裁为经论,类其语言,寘诸其书中无辩也。"①刘基也说他"主圣经而奴百氏,驰骋之余,取佛老语,以资戏剧。譬犹饫粱肉,而茹荼饮茗汁耳"②。

他能博极群书,孜孜求学,也来自他的丰富的藏书。他在青萝山读书时,就已聚书万卷。如胡应麟说:"国初之博学者,无如宋文宪,且该通内典。自云青萝山房有书万余卷。……于诸史百家,靡不淹贯。至虫鱼草木,脞说稗官,似不甚究心。"③

学识渊博,道德文章名满天下的宋濂,必然会受到朝廷的重用,

---

① 郑楷:《宋公行状》,见薛熙纂《明文在》卷八十八,上海:商务印书馆,1936 年,757 页。
② 郑楷:《宋公行状》,见薛熙纂《明文在》卷八十八,上海:商务印书馆,1936 年,757 页。
③ 胡应麟:《少室山房笔丛》卷四《经籍会通四》,北京:中华书局,1958 年,64 页。

成为国家之栋梁。

早在至正十九年(1359),朱元璋攻取婺州后,就召见了宋濂,并聘宋濂和叶仪为宁越府郡学"五经"师。至正二十年(1360),朱元璋又任命宋濂为江南儒学提举,并让其教授太子读书。从此,宋濂一直就以博学能文见称而陪伴在朱元璋身边。他不仅长期担任太子的老师,指导其读书学习,还负责撰修了《元史》。特别是他在明朝建立前后,经常为朱元璋讲解儒家经典,咨以安邦治国之道,"一代礼乐制作,濂所裁定者居多"①。其对明朝的建立和巩固,明初学术文化事业的恢复和发展以及人才的培养发挥了重要作用。

如他在给太祖朱元璋讲解《春秋左氏传》时,向朱元璋进言:"《春秋》乃孔子褒善贬恶之书,苟能遵行,则赏罚适中,天下可定也。"②太祖御端门,与宋濂论及黄石公《三略》。宋濂建议道:"《尚书》'二典''三谟',帝王大经大法毕具,愿留意讲明之。"他还说:"得天下以人心为本。人心不固,虽金帛充牣,将焉用之。"③对于这些言论,太祖朱元璋很是赞赏。

还有一次,太祖朱元璋因事心神不宁,宋濂则从容言曰:"养心莫善于寡欲,审能行之,则心清而身泰矣。"朱元璋听后,"称善者良久"④。特别是当太祖问宋濂"帝王之学,何书为要"时,宋濂举《大学衍义》。于是朱元璋便命人将《大学衍义》书于宫殿东西庑壁间。之后不久,朱元璋就与诸大臣在庑壁前一起听宋濂讲"司马迁论黄老事"。听毕,朱元璋又向他询问了一些有关读书与治国的问题。对宋濂的讲解和回答,朱元璋欣然曰:"卿可谓善陈矣。"⑤

---

① 张廷玉等:《明史》卷一二八《宋濂传》,北京:中华书局,1974年,3788页。
② 张廷玉等:《明史》卷一二八《宋濂传》,北京:中华书局,1974年,3785页。
③ 张廷玉等:《明史》卷一二八《宋濂传》,北京:中华书局,1974年,3785页。
④ 张廷玉等:《明史》卷一二八《宋濂传》,北京:中华书局,1974年,3786页。
⑤ 张廷玉等:《明史》卷一二八《宋濂传》,北京:中华书局,1974年,3786页。

当然,宋濂为朱元璋及其同僚讲解儒家学说,对明初的政权巩固和学术文化,特别是理学的发展产生了重要影响。事实证明,太祖朱元璋在建立明朝之后,大力尊崇儒学,尤其重视程朱理学的作用,这与以宋濂为首的幕僚集团所起的作用有直接关系。

宋濂的渊博学识和道德文章除了来自他年轻时的刻苦努力,更来自他孜孜不倦地读书治学。如《明史》评论他:"自少至老,未尝一日去书卷,于学无所不通。为文醇深演迤,与古作者并。"①明人评论道:"本朝能通释典者,宋景濂一人而已。"②因此朝内文臣"屡推为开国文臣之首"③。其所著有《宋学士全集》《龙门子凝道记》《浦阳人物记》《篇海类编》等。

二、"读书种子"方孝孺

"读书种子"一词,出自宋代周密《齐东野语·书种文种》:"山谷云:四民皆坐世业,士大夫子弟能知忠、信、孝、友,斯可矣,然不可令读书种子断绝。"④

建文三年(1401),燕王朱棣反。军师姚广孝曾跪求朱棣说:"城下之日,彼必不降,幸勿杀之。杀孝孺,天下读书种子绝矣。"⑤这个"孝孺"就是被称为"读书种子"的方孝孺。然而他最终还是被朱棣杀害了,受其株连而死者有870余人,包括其宗亲、门人弟子,另有发配充军者无数。其弟子中被杀者如卢原质、郑公智、林嘉猷、胡子昭、郑居贞等,他们都是贤正尚节、读书能文之士。

---

① 张廷玉等:《明史》卷一二八《宋濂传》,北京:中华书局,1974年,3787页。
② 陆容:《菽园杂记》卷二,北京:中华书局,1985年,22页。
③ 张廷玉等:《明史》卷一二八《宋濂传》,北京:中华书局,1974年,3787—3788页。
④ 周密:《齐东野语》卷二十《书种文种》,北京:中华书局,1983年,380页。
⑤ 张廷玉等:《明史》卷一四一《方孝孺传》,北京:中华书局,1974年,4019页。

方孝孺(1357—1402),字希直,一字希古,浙江宁海人。幼警敏,双眸炯炯,读书日盈寸,乡人目为"小韩子"。长从宋濂学,宋濂门下知名之士皆出其下。方孝孺是一个读书有大志者,他向来视辞章制艺为末学,"恒以明王道、致太平为己任"①。有一次,他因病卧床,家中粮食吃完了。家人告诉他这个情况,他却笑着说:"古人三旬九食,贫岂独我哉!"②

洪武十五年(1382),方孝孺被任命为汉中教授。任教期间,他"日与诸生讲学不倦",培养了不少贤良好学之士。蜀献王朱权闻其贤,聘其为世子师。方孝孺每次见到朱权,都向他陈说道德学问。因此朱权很尊重方孝孺的为人和学问,并将自己的书房命名为"正学"。

惠帝即位,召方孝孺为翰林侍讲学士,国家大政方针多向其咨访。惠帝好读书,每有疑难即召孝孺讲解。时修《太祖实录》及《类要》,孝孺皆为总裁。之后,方孝孺又被任命为文学博士。在"靖难之役"中,惠帝的"诏檄皆出其手"③。

朱棣攻占京城后,方孝孺作为建文帝最为亲近的文臣之一,被逮捕入狱。后来,朱棣准备登基,方孝孺被释放出狱,受命草诏。他穿着孝服,来到殿庭上悲恸大哭。朱棣对他说:"先生不要悲痛了,我是学习周公辅助成王的。"

方孝孺问道:"现在成王在什么地方?"

朱棣答道:"他自焚死了。"

方孝孺说:"为什么不立成王之子?"

朱棣答:"国家需要年长的君主。"

方孝孺问:"为什么不立成王之弟?"

---

① 张廷玉等:《明史》卷一四一《方孝孺传》,北京:中华书局,1974年,4017页。
② 张廷玉等:《明史》卷一四一《方孝孺传》,北京:中华书局,1974年,4017页。
③ 张廷玉等:《明史》卷一四一《方孝孺传》,北京:中华书局,1974年,4018页。

朱棣说："这是朕家事。"然后朱棣叫左右拿笔札给他，说："诏天下，非先生草不可。"

方孝孺掷笔于地，且哭且骂说："死即死耳，诏不可草。"①朱棣大怒，下令将方孝孺处以磔刑。临死前，方孝孺作绝命词曰：

> 天降乱离兮孰知其由，奸臣得计兮谋国用犹。
> 忠臣发愤兮血泪交流，以此殉君兮抑又何求。
> 呜呼哀哉兮庶不我尤。②

孝孺有兄孝闻，亦力学笃行，先孝孺死。弟孝友与孝孺同就戮，亦赋诗一章而死。妻郑氏及二子中宪、中愈先自到死，二女投秦淮河死。

一代"读书种子"死了，受其株连而死的还有几百个优秀的读书人。虽然他们没有给后世留下太多的读书事迹，但是他们将永远以其忠正尚节、铮铮铁骨的读书人形象被载入史册，被后人铭记。《明史》称："孝孺工文章，醇深雄迈。每一篇出，海内争相传诵。"③方孝孺死后，他的著作遭到严禁，乃至"藏孝孺文者罪至死"④。

三、记诵之博杨慎

读书既要讲求博览，又要能够记诵，否则便徒劳无功。在明代读书人中，杨慎被推为"记诵之博，著述之富"第一的读书人。

杨慎（1488—1559），字用修，号升庵，四川新都人。幼警敏，好读书。十一岁能诗，十二岁拟作《古战场文》《过秦论》，长老惊异。后入

---

① 张廷玉等：《明史》卷一四一《方孝孺传》，北京：中华书局，1974 年，4019 页。
② 张廷玉等：《明史》卷一四一《方孝孺传》，北京：中华书局，1974 年，4019 页。
③ 张廷玉等：《明史》卷一四一《方孝孺传》，北京：中华书局，1974 年，4020 页。
④ 张廷玉等：《明史》卷一四一《方孝孺传》，北京：中华书局，1974 年，4020 页。

京,师从著名学者李东阳。

举正德六年(1511)进士,授翰林院修撰。一次,武宗问钦天监及翰林:"星有注张,又作汪张,是何星也?"众不能对。杨慎曰:"柳星也。"并历举《周礼》《史记》《汉书》以解答。① 这反映出杨慎对经史典籍的熟悉程度。之后,杨慎又参与了《武宗实录》的撰写、修改和定稿。

杨慎任经筵讲官时,常向世宗讲解《尚书·舜典》中的刑法问题。他曾说:"圣人设赎刑,乃施于小过,俾民自新。若元恶大奸,无可赎之理。"②这对当时解决法律量刑问题多有裨益。

杨慎的记诵之博、著述之富来自他的好学嗜读、孜孜不倦。有一次他奉使过镇江时,拜谒了著名学者杨一清,并阅读了他的藏书。当他向杨一清请教疑难问题时,杨一清皆能对答如流。对此,杨慎既惊异又佩服,于是他更加肆力古学。特别是在谪戍云南永昌的35年中,他更是攻读不辍,著述不断。他曾说:"资性不足恃。日新德业,当自学问中来。"因此他"好学穷理,老而弥笃"③。

杨慎不仅读书广博,而且著述宏富。如《明史》言:"明世记诵之博,著作之富,推慎为第一。"④他的著述除诗文外,还有杂著一百余种,皆并行于世。他的这些著作多数是在云南永昌写成的。杨慎在写作时由于"无书可检,惟凭记忆",因此他的著作中错漏之处很多。这也引起了很多学者,如陈耀文、王世贞、焦竑、胡应麟、周婴、方以智等人对他的著述进行辩驳和纠谬。但是,杨慎作为明代考据学的开山者,他的著作能被这些学者批评,这本身也在推动着明代考据求实读书风气的形成和发展。

---

① 张廷玉等:《明史》卷一九二《杨慎传》,北京:中华书局,1974年,5083页。
② 张廷玉等:《明史》卷一九二《杨慎传》,北京:中华书局,1974年,5081页。
③ 张廷玉等:《明史》卷一九二《杨慎传》,北京:中华书局,1974年,5083页。
④ 张廷玉等:《明史》卷一九二《杨慎传》,北京:中华书局,1974年,5083页。

四、阅尽本草李时珍

李时珍既是中国历史上最为著名的一位药物学家,也是明代自然科学的代表人物。

李时珍(1518—1593),字东璧,晚年自号濒湖山人。他出生在湖北蕲州一个世代行医的家庭,自幼好读嗜学,特别是受到家学的熏陶,从少年时代起就对医药学产生了浓厚的兴趣。他好读医书,对本草很有研究。我国古代的一些药物学著作都称为本草,如汉代的《神农本草经》、南朝陶弘景的《本草经集注》、唐朝修的《新修本草》、宋代唐慎微的《证类本草》等。鉴于前人所编的本草书中存在着种种错误、遗漏之处,他决定重新编一部本草。为此,李时珍阅读了大量书籍,除医药之外,"凡子、史、经、传、声韵、农圃、医卜、星相、乐府诸家"①,无不毕览。而且他记录了大量可资参考的资料,写了读书笔记。同时,他还把自己在医疗实践中的经验、心得随时记录下来。

除了阅读书本外,李时珍更注重野外采集和实地考察。他的足迹遍布湖北、江西、安徽、江苏以及河南等地的山川野岭。通过实地考察,他解决了书本上的疑难问题,纠正了以往书中的错误,经过"穷搜博采,芟烦补阙,历三十年,阅书八百余家"②,三易其稿,最后写成《本草纲目》。

《本草纲目》共50卷,190多万字,收药物1892种,包括动物、植物和矿物,收药方11091个,附有插图1110幅。它是前人对药物学遗产的总结,反映了明代医学和药物学的新成就。它不仅对前人成果进行了补充,而且对药物属性的分类、药理性质和使用进行了说明,具有重大的科学价值。

---

① 娄曾泉、颜章炮:《明朝史话》,北京:北京出版社,1984年,273页。
② 张廷玉等:《明史》卷二九九《方伎》,北京:中华书局,1974年,7653页。

《本草纲目》最初是以手抄本形式流传的。万历二十四年(1596),万历皇帝诏修国史,购四方遗书。李时珍的儿子李建元将《本草纲目》献出,得到万历皇帝的嘉许,并"命刊行天下,自是士大夫家有其书"①。继《本草纲目》之后,学界又陆续出版了《本草述》《本草术钩玄》《本草备要》《本草从新》《本草纲目拾遗》等书。由此可见,李时珍的《本草纲目》具有继往开来的作用,使明代人对药物学书籍的阅读与研究蔚然成风。

五、异端之尤李贽

关于李贽,前面已有过不少介绍和论述。作为明代思想史和学术史上的重要人物,李贽的那些反传统、反潮流思想,即所谓的异端思想,可谓一枝独秀。他对明代后期及后来的学术文化产生了重要影响。

毫无疑问,李贽的那些思想光芒主要来自他的博学精思和丰富的实践活动。就读书而言,李贽应是明代读书人中最具有批判性精神和创造性思维的典型代表。如他在《〈初潭集〉序》中说:"善读儒书而善言德行者,实莫过于卓吾子也。"②这个评价虽然很具有李贽那种口出"狂言"的特点,但也并非毫无根据的自吹自擂。

李贽出身于一个小知识分子家庭,家道清寒,他七岁时就失去了母亲,跟随教书的父亲读书识字。十二岁时,李贽试《老农志圃论》,同学奇之。及长,习古文词,"眼高一世"。其间他虽然熟读儒家经典,但对朱熹的传注不感兴趣,甚至厌恶。通过读书学习,他养成了"不信学,不信道,不信仙释"的倔强性格和批判精神。为了谋取生

---

① 张廷玉等:《明史》卷二九九《方伎》,北京:中华书局,1974年,7653页。
② 李贽:《〈初潭集〉序》,见《初潭集》,北京:中华书局,1974年,1页。

计,李贽二十六岁时考中举人,之后就开始了二十年的宦游生涯。

在历官的二十年中,他始终没有停止读书学习,平素在外出或路途中,"囊中仅图书数卷"。他曾接受了王阳明的学说,拜泰州学派王艮之子王襞为师。后来他又潜心研究佛学,在姚安知府任上时,还曾入佛教圣地鸡足山研读佛经,受到了佛教禅宗唯心主义思想的影响。就在这二十年的仕宦生涯中,他饱受顽固派的歧视和排挤,也目睹了官场的黑暗和腐朽,从而更加厌恶道学官僚的昏庸、无能和伪善。最终,他于万历八年(1580)毅然辞官,迁居湖北麻城的龙湖,专事读书、著述和讲学。

李贽虽身在龙湖,但并不是遁迹山林。他对黑暗的现实仍然耿耿于怀。他尤其厌恶那些身居高位、欺世盗名的道学官僚。为发泄内心"蓄积既久,势不能遏"的愤激之情,他通过著书立说、从事讲学来传播他的学术思想,对他们进行批判。

在龙湖,他集中精力,"闭门下键,日以读书"。为了充实其理论依据,以古鉴今,"读书论世",他博览群书,"寒不停,暑不辍,夜不休"。他的学生汪本钶称赞他无书不读,就像饥渴的人求饮食,非得吃饱饮足,否则不肯罢休。尤其可贵的是,他读书善于独立思考,且眼光敏锐,见解独到,具有深刻的批判精神。他披阅史书,善于擘肌分理,联系实际,借题发挥,抒写出自己的见解。

经过大量阅读和日积月累,他写下了大批富有批判精神的著作。其中以《焚书》《续焚书》《藏书》《续藏书》最为著名,它们集中反映了李贽反道学、叛"圣道"的思想。

由于他的反判思想产生了很大的影响,因此他遭到了种种政治迫害。统治者们诬蔑李贽"狂诞不经,大逆不道"。于是在万历三十年(1602),李贽以"倡言乱道,惑世诬民"的罪名被捕入狱。当传言要

治罪论死时,李贽说:"我年七十六矣,安能抑抑求生乎?"①于是他以剃刀自割咽喉而死。

人类文明的进步需要批判精神和创造性思维。虽然李贽之死是历史的悲剧,但是他的思想光芒将永远照耀人类探索的道路。

六、博学多闻胡应麟

如前所述,博学多闻是明代读书人读书治学的一个重要特点。明代出现了众多的博学多识者,他们中的最杰出者当数杨慎、王世贞、胡应麟、何良俊诸辈。关于胡应麟,前面已多次提及,这里再做详述。

胡应麟(1551—1602),字元瑞,号石羊生,又号少室山人,浙江兰溪人。出身于书香门第,先祖胡祖瑗是宋代学者和教育家。外祖宋震亦是饱学之士。父亲胡僖有著作行世,母亲通晓诸子百家,喜读稗官小说和传奇词曲。

胡应麟自幼好学能诗,喜欢读书。如他所说:"余生平驽劣,世事懵然,独癖嗜青缃,逾于饮食。"②万历四年(1576),胡应麟举于乡,后久试不第。于是他"筑室山中,购书四万余卷,手自编次,多所撰著"③,终成一代博学大家。胡应麟的读书生活主要集中在购书、读书和评论考证方面。他曾说:"博洽必资记诵,记诵必藉诗书。然率有富于青缃,而贫于学问,勤于访辑,而怠于钻研者。"④因此,他首先特别重视搜集图书。为此,他到处奔波,历尽艰辛。如他回忆说:

---

① 转引自赵景深、张增元《方志著录元明清曲家传略》,北京:中华书局,1987年,511页。
② 胡应麟:《少室山房笔丛》卷三十九《华阳博议下》,北京:中华书局,1958年,517页。
③ 张廷玉等:《明史》卷二八七《文苑三》,北京:中华书局,1974年,7382页。
④ 胡应麟:《少室山房笔丛》卷四《经籍会通四》,北京:中华书局,1958年,61页。

> 余自髫岁,夙婴书癖。稍长,从家大人宦游诸省,遍历燕、吴、齐、赵、鲁、卫之墟。补缀拮据,垂三十载。……大率穷搜委巷,广乞名流,录之故家,求诸绝域。中间解衣缩食,衡虑困心,体肤筋骨,靡所不瘅。①

为了购书,胡应麟"时时乞月俸,不给则脱妇簪珥而酬之。又不给则解衣以继之。元瑞之橐,无所不罄。而独其载书,陆则惠子,水则米生,盖十余岁而尽毁其家以为书"②。

胡应麟将其所购书四万余卷,藏于山中所筑室中,号曰二酉山房。在那里,他闭门却扫,埋头苦读。如他说:

> 于他无所嗜,所嗜独书。饥以当食,渴以当饮,诵之可以当韶濩,览之可以当夷施。忧藉以释,忿藉以平,病藉以起色。而是三槛者,无他贮,所贮亦独书。书之外,一榻、一几、一博山、一蒲团、一笔、一砚、一丹铅之缶而已。性既畏客,客亦见畏。门屏之间,剥啄都尽。亭午深夜,坐榻隐几,焚香展卷,就笔于砚,取丹铅而雠之,倦则鼓琴以抒其思。③

胡应麟读书治学非常严谨,既不盲从他人,也不随意否定他人。如他说:

> 读书大患,在好诋诃昔人。夫智者千虑,必有一失。昔人所见,岂必皆长。第文字烟埃,纪籍渊薮,引用出处,时或参商,意义重轻,各有权度。加以鲁鱼亥豕,讹谬万端。凡遇此类,当博稽典故,细绎旨归,统会殊文,厘正脱简,务成曩美。④

---

① 胡应麟:《少室山房笔丛》卷四《经籍会通四》,北京:中华书局,1958年,55页。
② 胡应麟:《少室山房笔丛》卷二《经籍会通二》,北京:中华书局,1958年,33页。
③ 胡应麟:《少室山房笔丛》卷二《经籍会通二》,北京:中华书局,1958年,33—34页。
④ 胡应麟:《少室山房笔丛》卷三十九《华阳博议下》,北京:中华书局,1958年,534页。

胡应麟不仅读书广博、治学严谨,而且著述也富,收入《四库全书总目》的就有《少室山房笔丛》四十八卷和《诗薮》二十卷。其中《少室山房笔丛》全书分为12个部分:"经籍会通",考论图籍的撰写、流传和收藏情况;"丹铅新录"和"艺林学山",驳斥杨慎的考据谬误;"史书佔毕",对史书及历史事件进行评论;"九流绪论",考论诸子百家的源流;"四部正伪",辨订伪书之作;"三坟补逸",论述汲冢遗书;"二酉缀遗",采掇古书中的奇闻怪事;"华阳博议",杂述古人博闻强记之事;"庄岳委谈",广泛谈论社会杂事;"玉壶遐览"和"双树幻钞",分别谈论道教和佛教。该书集中反映了胡应麟博学多闻、精于考证的读书治学特点和面貌。特别是他善于发现问题,敢于质疑问难的治学精神,对后世的读书治学产生了重要影响。

七、山人学者陈继儒

在明代众多的山人隐士中,陈继儒是其中最重要的一位。作为山林文化的代表人物,他对明代的学术文化和阅读活动产生了重要影响。

陈继儒(1558—1639),字仲醇,号眉公、麋公,上海华亭人。幼颖异,能文章,为诸生时,就与董其昌齐名。当朝宰相王锡爵曾招他与其子王衡读书支硎山。时为"文坛盟主"的王世贞亦"雅重之"。三吴名士争欲得为师友。

就在他声名鹊起,仕进有途时,29岁的陈继儒却焚弃了儒衣冠,隐居昆山之阳,"构草堂数椽,焚香晏坐,意豁如也"①。时有顾宪成在东林讲学,欲招他去,被他谢绝了。朝中官员多次举荐,他皆以病辞。

---

① 张廷玉等:《明史》卷二九八《隐逸传》,北京:中华书局,1974年,7631页。

母亲去世后,他又筑室东佘山,此后便杜门读书著述,"暇则与黄冠老衲穷峰泖之胜,吟啸忘返,足迹罕入城市"①。他曾说:"予于昆山有读书台,干将山有读书村。秀林山居,则在季孟之间。"②

陈继儒工诗善文,兼能绘事。他博学强识,经史、诸子、术伎、稗官与二氏家言,靡不校核。黄道周曾称:"志尚高雅,博学多通,不如继儒。"③

陈继儒亦勤于著述,代表作有《晚香堂词》《佘山诗话》《建文史待》《逸民史》《松江府志》《读书十六观》《古今韵史》《福寿全书》《眉山十集》《文奇豹斑》《养生肤语》《白石山樵真稿》等。他曾言:"看棋不若抄书,谈人过不若述古人佳言行。"所以他"或刺取琐言僻事,诠次成书,远近竞相购写。征请诗文者无虚日"④。他所辑的《宝颜堂秘籍》,保存了若干小说和掌故资料。《国朝名公诗选》收录有上自高启、下迄李贽等人的诗,并附有小传,保存了很多文献资料。他的一些小品文如《狂夫之言》《读书镜》则反映了他的读书思想。

陈继儒很重视读书,谓"医俗病者,独书耳"。特别是他很重视史书的作用,认为"史者,天地间一大帐簿也"⑤。此外,他还非常重视佛学,认为"一切诸佛,其若古先辈视也",并将《大明三藏圣教目录》抄而藏之。⑥

总之,陈继儒既是明代山人群体中博学多才的学者之一,也是读书人中有广泛影响的文人之一。

---

① 张廷玉等:《明史》卷二九八《隐逸传》,北京:中华书局,1974年,7631页。
② 陈继儒:《陈眉公全集·文苑豹斑序》,国学基本文库,南京:"中央书店",1936年,105页。
③ 张廷玉等:《明史》卷二九八《隐逸传》,北京:中华书局,1974年,7631页。
④ 张廷玉等:《明史》卷二九八《隐逸传》,北京:中华书局,1974年,7631页。
⑤ 陈继儒:《陈眉公全集·古今大帐本》,国学基本文库,南京:"中央书店",1936年,244页。
⑥ 陈继儒:《狂夫之言》卷二,丛书集成初编,北京:中华书局,1985年,14页。

八、务为有用的徐光启

徐光启(1562—1633),字子先,上海人。万历七年(1579)进士。晚年曾任内阁大学士。自幼好学嗜读,"宽仁果毅,淡泊自好,生平务有用之学,尽绝诸嗜好,博访坐论,无间寝食"①。他虽然曾师事"致力于心性之学"的黄体仁,并在经史文学方面下过相当功夫,但他认为这些学问于富国强兵无补,因而并不特别重视它们。他对心学的清谈学风和呆板的八股文十分反感,认为这种陈腐的学风"有使人损于德,咈于行,废于事者哉"②。因此,他一生致力于经世致用之学,特别是农学,是他读书治学的主要领域。如陈子龙说他:"平生所学,博究天人,而皆主于实用,至于农事,尤所用心。"③

在大量阅读、实地考察与亲自种植实践的基础上,他用科学的方法总结了中国传统的农业知识和生产经验,并吸收西方科学技术,写下了大量的农学著作,如《农遗杂疏》《屯盐疏》《种棉花法》《北耕录》《宜垦令》《农辑》《农政全书》《甘薯疏》《吉贝疏》《种竹图说》等。④ 其中《农政全书》是他毕生最主要的代表作,也是流传范围最广、读者最多的著作,其博大精深的内容和划时代性,使其在科学史上具有重要地位。

为完成该书的写作,徐光启除阅读像《齐民要术》《农桑辑要》《农书》《便民图纂》一类的农学著作外,还阅读了大量历代和同时代的有

---

① 娄曾泉、颜章炮:《明朝史话》,北京:北京出版社,1984年,277页。
② 徐光启:《徐光启集》卷二《焦士澹园续集序》,上海:上海古籍出版社,1984年,89页。
③ 陈子龙:《〈农政全书〉凡例》,见徐光启《农政全书》,上海:上海古籍出版社,1979年,4—5页。
④ 转引自梁家勉《〈农政全书〉撰述过程及若干有关问题的探讨》,见中国科学院中国自然科学史研究室《徐光启纪念论文集》,北京:中华书局,1963年,78—109页。

关著作与资料。"大而经纶康济之书,小而农桑琐屑之务,目不停览,手不停毫。"①据统计,《农政全书》征引文献共250种。这些文献按内容分,除农业行政和农业理论技术外,还有历史、地理、名物、训诂等方面的文献;从时间看,自先秦到明代,其中以明代为主。② 因此,它确实是一部"总括农家诸书"的农业科学巨著。它不仅反映了徐光启的农本思想和政治主张,而且记录了他个人的阅读历史。另外,该书对征引文献的批注,可称为"独见"的相当多。如清初著名学者刘献廷曾说,徐光启"其所著述皆迥绝千古","人间或一引先生(《农政全书》中)独得之言,则皆令人拍案叫绝"。③ 一位不轻易赞许别人的著名学者对其都有这样的评价,更何况一般的读者。

《农政全书》完成后,由其弟子陈子龙"总其大端",谢廷祯、张密、李待问、徐孚远、宋征璧、徐凤彩、陈于阶以及徐光启的子孙徐骥、徐尔觉、徐尔爵、徐尔斗、徐尔默、徐尔路等参与整理,于崇祯十二年(1639)付刻。④ 参加整理的这些人都是一些崇尚经世致用之学,重视"农本",博览多识,且大多数有著述的杰出读者。

除农学外,徐光启还遍习天文、历算、火器、兵机、屯田、盐荚、水利等书,并进行了深入研究,且各有著述,具体情况,本书在"西学思潮"中已有详述。总之,他以"富国强兵"为目的,为国计民生的改善而进行的读书治学和研究活动,开一代实学之风气,对后来实学家的读书治学活动产生了深远影响。

除《农政全书》外,明代的农学著作还有邝璠的《便民图纂》、马一

---

① 转引自梁家勉《〈农政全书〉撰述过程及若干有关问题的探讨》,见中国科学院中国自然科学史研究室《徐光启纪念论文集》,北京:中华书局,1963年,78—109页。
② 转引自梁家勉《〈农政全书〉撰述过程及若干有关问题的探讨》,见中国科学院中国自然科学史研究室《徐光启纪念论文集》,北京:中华书局,1963年,78—109页。
③ 刘献廷:《广阳杂记》卷三,北京:中华书局,1957年,122页。
④ 转引自梁家勉《〈农政全书〉撰述过程及若干有关问题的探讨》,见中国科学院中国自然科学史研究室《徐光启纪念论文集》,北京:中华书局,1963年,78—109页。

龙的《农说》、王象晋的《群芳谱》、耿荫楼的《国脉民天》、沈氏的《沈氏农书》等,它们既是明代农学阅读的产物,又促进了明代农学阅读活动的广泛和深入发展。

九、"读万卷书,行万里路"的徐霞客

徐霞客是中国历史上最为杰出的一位旅行家和地理学家。他是中国历史上"读万卷书,行万里路"的典范,为中国地理科学的发展做出了重大贡献,其著作《徐霞客游记》是中国文化宝库中的瑰宝。

徐霞客(1586—1641),名宏祖,字振之,南京常州府江阴县人。由于家境富裕,他从小就接受了良好的教育,养成了爱好读书的习惯。特别是他家里藏书丰富,他有机会便广读博览。他最喜欢阅读历史、舆地志、山海图经一类的书。他自幼聪敏过人,过目成诵,且能落笔成章。青年时代,他曾应试,但不得意。因为对应试之时文不感兴趣,所以他后来便不求仕宦,矢志读书,"益收古人逸事,与丹台石室之藏,靡不旁览"①。他喜欢阅读历史、地理和游记一类的书籍,读得愈多,兴趣愈浓,从而被书中所描绘的壮丽山河深深吸引。在大量深入的阅读中,他发现过去的山经、地志中存在着不少与实际情况不符的错误。于是,他决定亲自进行实地考察,以探索大自然的奥秘。

他的抱负得到了母亲王氏的支持。母亲鼓励他外出游览,以增长见识。于是在父母去世后,他就开始了漫长而艰辛的旅行生涯,从22 岁到去世时的 55 岁,持续 30 多年。徐霞客历经千辛万苦,跋山涉水,披荆斩棘,攀悬崖,走峭壁,置身于荒野险壁之处,出没于深山老林之中,风餐露宿,不畏艰险,以坚定的信念和超人的意志,完成了无数次的自然地理考察,足迹遍布大江南北的山山水水,获得了大量的

---

① 娄曾泉、颜章炮:《明朝史话》,北京:北京出版社,1984 年,283 页。

第一手资料,更正了以往志书上的许多错误,为中国的自然地理研究做出了杰出贡献。

在游历和考察途中,徐霞客亦喜欢搜集他没有见过的书籍。如果口袋里没有钱,他就解下衣服卖掉以买书,然后背着书回家。他的房子里堆满了书,以至挨到了房梁。其内容包括经、史、子、集四大部类。此外,他还特别喜欢结交名师益友,每到一地,必定会前去拜访当地名人。

在考察途中,徐霞客将沿途所见所闻和内心感受记载下来。无论是在山村茅屋的油灯前,还是在荒野破庙的松明下,他都坚持记录和写作。他以生动的笔触歌颂祖国的壮丽山河,记录下自己的考察所获。这些文字,日积月累,逐渐丰富,经后人编辑刊行,成为举世闻名的《徐霞客游记》。它既是文学名篇,又是重要的地理学文献。其科学价值和贡献又使它成为一部科学巨著。

《徐霞客游记》整理成书后,已是明朝末年,后几经辗转,直到清乾隆四十一年(1776)才正式刻印出版,此前一直是以手抄本的形式流传。

十、注重生产实践的宋应星

宋应星是一位对中国科学技术做出重大贡献的杰出科学家。虽然他的著作《天工开物》与《徐霞客游记》一样没有在明代广泛流传,从而对明代后期的阅读产生影响,但是其读书治学经历使他永远成为阅读史上值得纪念的人物。

宋应星(约1587—约1666),字长庚,江西奉新县人。出身于官宦世家,自幼诵习经书,并受家庭环境的影响,从小就接触到了建筑和手工业方面的知识,因此他比一般儒生更注重实用性知识。他所生

活的时代,是商品经济高度发展,手工业生产发达、科学技术取得进步的时期。作为一个注重实际知识的学者,读书之余,他十分关心世事,重视了解工农业生产技术状况,强调对客观事物的观察和调查。这种读书治学的观念和方法,使他不断从社会经济活动中获得广博的知识。同时,为了探讨和解决与社会生产和人民生活密切相关的问题,总结有关的科技知识和生产经验,他写了很多相关的科技著作,如《卮言十种》《画音归正》《杂色文》《原耗》《天工开物》《野议》《论气》《谈天》和《思怜诗》等。其中,成就最高、影响最大的是《天工开物》。这是一部内容广泛的百科全书式的科学巨著,人类生活的方方面面,几乎都包括在内。它既总结了我国古代农业和手工业生产技术等各方面的成就,又反映了当时的社会生产水平,是一部内容丰富、体系分明、资料充实、图文并茂的科学巨著。该书于崇祯十年(1637)完成后,就开始刻印流传,并很快传到了日本。之后,它不断被刻印、阅读和研究,引起了国内外学界的高度重视。

十一、七录斋主人张溥

在明代阅读史上,张溥是一位奇特的人物。他的读书事迹和成就至今为人们所称颂。

张溥(1602—1641),字天如,江苏太仓人。自幼嗜学,不逐童戏,六岁入私塾,早出晚归,能日诵数千言。十一岁时被称为"神童"。他的读书方法很特别:所读书必手抄,抄完,朗诵一遍,焚掉,再抄,再朗诵,再焚掉,如是者六七遍。因此,他握笔的右手上磨起老茧,每过数日就得用刀割去。冬天手被冻裂了,他就每天用热水浸泡数次。

张溥的这种顽强毅力来自他从小孤零的生活境遇。对此,陆世仪在《复社纪略》中记述:张溥兄弟十人,而溥为婢出,故不为家族器

重。尤其是时任工部尚书的伯父张辅之不仅从不关照他们,反而欺凌他们,并常常加害于张溥及其亲人。为此,张溥的父亲带着家族中的隐痛,最终郁郁而死。于是,饱受欺凌而年少有志的张溥就血书于壁:"不报仇奴,非人子也。"可张辅之的家人看到后却讥笑道:"塌蒲屦儿何能为!"张溥听到此话后,伤心地哭了。此后,他更加刻苦读书,常常不分昼夜。十五岁时,父亲去世,他随母亲迁居于郊外,并将他的屋子命名为"七录斋"。

十九岁时,张溥补博士弟子,并渐有名声,开始结交社会贤达名人,立志做大学问家。二十二岁时,同邑张采至七录斋与之共读。于是二人更加刻励奋发,肆力经史,从而名声渐传开来,时有"娄东二张"之称。

在共读期间,二人形影相依,声息相接,乐善规过,互推畏友,时设疑难,你我畅怀。张溥的母亲从窗外窥听,每称:"二子不但勤学,乃从未见惰容嬉色。"

二十四岁之后,张溥读书治学更加勤苦。他在《近集顾麟士四书说约序》中说:"予口诵笔记,笺满篱壁,暑月置大瓮,纳两足,漏尽毕读。或讥为迂阔,塞耳若不闻者。"[①]张采也说,他们二人一起读书时,曾有一次吃粽子,张溥误将墨汁当糖吃,结果满口尽黑,而他却始终不觉。二人常常读书到夜深灯尽。有一次,他们读书到半夜,窗照如白日,以为是天亮了,开门看院中,已是雪深一尺。

天启四年(1624),张溥于苏州创立应社,时年二十三岁。应社是一个以"尊经复古"为志向的民间学术团体,创立之初,颇以读书为是,以"五经"之选,义各有托:张溥、朱隗主《易》,杨廷枢、钱旟主《书》,杨彝、顾梦麟主《诗》,张采、王启荣主《礼记》,周铨、周钟主《春秋》。这种集体治学、分工互助之法,以明季应社首开先河。因此,从

---

① 蒋逸雪:《张溥年谱》,上海:商务印书馆,1946年,15—16页。

这点来说,张溥称得上是百世之师。

应社初为十一人,其后请入者日众。到崇祯二年(1629),江南文社颇众,张溥将其合而为一,名曰复社,声势动朝野。复社以"复兴古学,务为有用"为宗旨,在明末士人中产生了广泛影响,对推动社会阅读活动的发展起到了积极作用。

张溥二十七岁时,以贡生入京师太学。公卿名流,闻溥名,皆愿与之折节订交,"骚坛文酒,笈筐车骑,日不暇给",张溥由是名满京都。这一年,张溥撰写了被后人广泛传诵的《五人墓碑记》。

崇祯四年(1631),三十一岁的张溥登进士第,改庶吉士,并受教于徐光启。徐光启勉以读书经世大义。张溥向徐光启请教历学疑难问题。第二年,张溥告假归家葬父,此后便居家,倾力读书著述。这时,张溥已有藏书数万卷,校勘整理,丹黄纰绎,无寒暑间。对此,张采在《西铭近集序》中描述道:"读书,日高起,漏下四鼓息,起坐书舍,拥卷丹黄,呼侍史缮录,口占手注,旁侍史六七辈不给。"①

由于声誉渐远,慕名者日众。"海内学者争及门,屦满户。"②经过二十多年的苦读精研,张溥从一个受人歧视的少年,终于成为一位声名远播的大学者。

在张溥四十年的人生中,他不仅给后人留下了一段段浩然正气、高风亮节、勤学苦读、追求学问的佳话,而且给后人留下了一笔丰厚的思想和文化财富。正如明末大学者黄道周在张溥英年早逝后所做的评价:"十年著作千秋秘,一代文章百世师。"③张溥不仅博学善读,而且文思敏捷、著作等身。他的著述主要如下:

《周易注疏大全合纂》《诗经注疏大全合纂》《春秋三书》《四书注

---

① 蒋逸雪:《张溥年谱》,上海:商务印书馆,1936年,30页。
② 蒋逸雪:《张溥年谱》,上海:商务印书馆,1936年,31页。
③ 蒋逸雪:《张溥年谱》,上海:商务印书馆,1936年,52页。

疏大全合纂》《十三经诂释》《宋史纪事本末》《元史纪事本末》《通鉴纪事本末》《南北史同异》《历代史论一编》《历代史论二编》《论略》《读史管见》《皇明经济书》《历代名臣奏议》《七录斋诗文合集》《七录斋近集》《历代文典》《历代文乘》《崇祯文典》《古文五删》以及《汉魏六朝百三家集》等。

其中最能代表张溥的文学思想和阅读观念的是《汉魏六朝百三家集》,这是作者为历代文学家编录的一个文集,而且作者为每个文集都撰写了"题辞"。张溥在该书的叙中说:"余少嗜秦汉文字,苦不能解,既略上口,遍求义类,断自唐前,目成掌录,编次为集,可得百四十五种。近闻闽刻七十二家,更服其搜肠苦心,有功作者。"①张溥编录这个集子,并为之撰写全部"题辞",实际上就使其成了一个历代作家评论集。它具体地反映了张溥"兴复古学,务为有用"的一贯思想。他对百三家其文、其人分别给予论述,这些论述分之则为作家各论,合之则为文学简史。所以,它是一部系统、全面反映作者学术思想、文学阅读观念乃至政治倾向的著作。包括上述其他著作在内,它们不仅记录了作者的阅读经历和思想历程,而且反映了明代晚期知识分子的价值观念、心路历程和阅读历史。

十二、经世致用顾炎武

在中国文化史上,明清之际的顾炎武是一位重要人物。他的读书治学成就具有继往开来的意义。清人汪中说:"古学之兴也,顾炎武开其端。"②阎若璩更是称赞顾炎武是"上下五百年,纵横一万里"亦

---

① 张溥:《〈汉魏六朝百三家集题辞注〉原叙》,见《汉魏六朝百三家集题辞注》,殷孟伦注,北京:人民文学出版社,1960年,313页。
② 转引自张舜徽《顾亭林学记》,北京:中华书局,1963年,82页。

罕得的学人。① 鲁迅也认为顾炎武是"今人已无从企及"的学者。②那么,这样一位罕见的人物是如何读书治学的呢?

顾炎武(1613—1682),初名绛,明亡后易名炎武,字宁人,号亭林,江苏昆山人。出身于一个官僚地主家庭,祖先世代为官。他出生时,家道已中落,但还保存着一部分藏书。六岁时,母亲王氏亲自教他《大学》,七岁跟老师读"四书",九岁读《周易》。从十岁起,跟祖父读《孙子》《吴子》《左传》《国语》《战国策》《史记》等书。十一岁读《资治通鉴》。同时,开始习科举文字。为诸生,读《诗》《书》《春秋》。这时,他也开始喜欢宋儒的理学。可是,祖父却教导他"为士当求实学,凡天文、地理、兵农、水土,及一代典章之故不可不熟究"③。

暇时,母亲常向他讲述历史上的民族英雄故事,以鼓励他读书学习。十三四岁时,他就读完了《资治通鉴》。少年时的这些读书学习经历,对他后来的读书治学趋向和多方面成就的取得,以及民族气节的养成无疑具有很大影响。

十四岁时,他与同道友人归庄参加了进步的知识分子组织——复社。在那里,他能够广泛地和许多名士往来,切磋学问,讲学论道,谈论天下事,并开始阅读当时的报纸——邸报。

他从来就看不起科举应试,而是发愤读书,努力钻研实用之学。如在史地方面,他阅读"二十一史"、《大明一统志》及各府、州、县的方志。因此他经常慨叹:"感四国之多虞,耻经生之寡术。"④这句话表达了他讲求实学的志趣。从二十七岁起,他开始博综群籍,搜集明代以前中国的经济状况和自然环境方面的资料,举凡有关农田、水利、矿

---

① 转引自冯天瑜《明清文化史散论》,武汉:华中工学院出版社,1984年,276页。
② 鲁迅:《鲁迅书信集·致曹聚仁》,北京:人民文学出版社,1976年,379页。
③ 顾炎武:《三朝纪事阙文序》,见《顾亭林诗文集·亭林余集》,北京:中华书局,1983年,155页。
④ 顾炎武:《顾亭林诗文集》卷六《天下郡国利病书序》,北京:中华书局,1983年,131页。

产、交通的记载,无不勤加抄撮。这不仅为他写作《肇域志》和《天下郡国利病书》准备了丰富的资料,而且奠定了他一生学问的基础。

崇祯十七年(1644),清兵入关时,顾炎武三十二岁。第二年五月,清兵过长江,大肆屠杀。顾炎武义无反顾地参加了苏州起义和保卫昆山的战斗。特别是当家乡沦陷之时,他的母亲王氏绝食十多天以身殉国。临死时,她给顾炎武留下了"无为异国臣子,无负世世国恩"①这句话。这就使他更加坚定了民族气节,并且他在诗文中经常引用母亲的遗嘱来鼓励自己。

之后,他离开江南,开始了长期大规模的游历和著述生活。其间,他的外甥徐乾学、徐元文在清初官至尚书和宰相,为他在江南买田置宅,多次请他回去终老,顾炎武却始终不愿南归。康熙二十一年(1682),他在从陕西华阴出游河东时,死于曲沃,年七十岁。

顾炎武的读书治学经历几乎集中反映了中国古代学人的所有优良传统和治学特点。这些特点主要表现如下。

1. 勤学苦读,始终不懈

顾炎武一生勤学苦读,始终不懈。他曾说:"君子之学,死而后已。"②由此可见,他已把读书、做学问看作是终身要做的事情。少年时,他对古代经典和子史群书进行了广泛阅读和深入钻研。特别是他能把"十三经"背诵下来。而且,他每年都用三个月的时间来复习读过的书,其余的时间则用来读新书。在读新书的同时,他安排一定的时间来复习读过的书。这也就是所谓的温故而知新。

后来在长期的旅途中,他始终手不释卷,没有一天不读书。他在旅行时,往往带着两匹马,以换着骑,两头骡驮着书跟在后面。无论是在马上,还是停下来的时候,他都在背书、读书。如他的学生潘

---

① 转引自张舜徽《顾亭林学记》,北京:中华书局,1963年,2—3页。
② 顾炎武:《顾亭林诗文集》卷四《与人书六》,北京:中华书局,1983年,92页。

末说:

> 先生精力绝人,无他嗜好,自少至老,未尝一日废书。出必载书数簏自随,旅店少休,披寻搜讨,曾无倦色。有一疑义,反复参考,必归于至当;有一独见,援古证今,必畅其说而后止。①

全祖望在《亭林先生神道表》中也说:

> 凡先生之游,以二马二骡载书自随。所至厄塞,即呼老兵退卒询其曲折。或与平日所闻不合,则即坊肆中发书而对勘之。或径行平原大野,无足留意,则于鞍上默诵诸经注疏。偶有遗忘,则即坊肆中发书而熟复之。②

由上述可见,顾炎武在读书治学的过程中是何等刻苦钻研和努力不懈。

2. 注重实地考察

"读万卷书,行万里路",这是顾炎武读书治学的最大特点,也是他能够取得巨大成就的最主要途径。顾炎武的足迹遍及祖国南北,他考察过很多地区。每至一地,他都细致、深入地做调查研究工作。如潘耒在《〈日知录〉序》中说:"先生足迹半天下,所至交其贤豪长者,考其山川风俗、疾苦利病,如指诸掌。"③

当细看顾炎武的许多著述,如《山东考古录》《京东考古录》《营平二州地名记》《昌平山水记》诸书时,你会发现它们都是通过实地调查,然后根据调查所得材料经加工分析研究后写成的。还有他的《金

---

① 潘耒:《〈日知录〉原序》,见顾炎武《日知录集释》,黄汝成集释,郑州:中州古籍出版社,1990年,1—2页。
② 全祖望:《鲒埼亭集》卷十二《亭林先生神道表》,四部丛刊本,5页。
③ 潘耒:《〈日知录〉原序》,见顾炎武《日知录集释》,黄汝成集释,郑州:中州古籍出版社,1990年,1—2页。

石文字记》《求古录》《石经考》诸书,也是经过长期艰苦的野外考察和搜集资料后写成的。如他说:

> 比二十年间,周游天下,所至名山巨镇、祠庙伽蓝之迹,无不寻求。登危峰,探窈壑,扪落石,履荒榛,伐颓垣,畚朽壤,其可读者,必手自抄录。得一文为前人所未见者,辄喜而不寐。①

只有这种不避艰险、不畏困难的精神,才使他在金石考古方面取得辉煌成就。

3. 博学多识

顾炎武一生读书治学,喜欢标举"行己有耻,博学于文"八个字。"行己有耻"是讲立身要正直狷介,有志节。"博学于文"是说读书求知要广泛博览。纵观顾氏一生的学术成就,他之所以能在众多领域,如小学、经学、理学、辞章、金石、史地、政治等方面取得巨大成就,原因就在于他对知识学问的广求博览,悉心搜讨,乃至成为清代学术的鼻祖。如他的朋友程先贞所言:"东吴顾征君亭林先生,今之大儒。于书无所不读,习熟国家典制,以至人情物理,淹贯会通,折衷而守之,卓乎为经济之学者也。"②

4. 注重经世致用

经世致用是顾炎武一生读书治学的最终落脚点。虽然顾炎武的读书治学的成就主要是在考据方面,但是其目的主要是"引古筹今"。如他在谈租赋、盐铁、斗称、币制时,就密切联系了当时人民的生活情况;在谈官秩、选举等问题时,就联系了当时的政治制度优劣问题;他对山川、里井、姓氏、称谓等方面的考证,并没有漫无目的地引经据典,而是具有深远用意。他的《日知录》,上篇谈经术,中篇谈治道,下

---

① 顾炎武:《顾亭林诗文集》卷二《金石文字记序》,北京:中华书局,1983年,29页。
② 转引自张舜徽《顾亭林学记》,北京:中华书局,1963年,72页。

篇谈博闻，共三十余卷，更是被他看成是"坐而言，可起而行"的经世致用之书。

5.勤于动笔

勤于动笔是顾炎武读书治学取得成就的最大法宝。这主要表现在以下两个方面。

一是勤于抄书。如前所述，抄书是中国古代学者最为常用的一种读书方法。顾炎武继承了这一优良传统，并努力实践其祖训："著书不如抄书。"①所以，他在平时，既抄录他没有见过的书，又从大量的阅读中抄辑有关资料，然后编撰为著作，如《天下郡国利病书》《肇域志》等。这当然属于一种撰述型的抄录活动。对此，阮元曾在《顾亭林先生〈肇域志〉跋》中说：

亭林生长离乱，奔走戎马，阅书数万卷，手不辍录。观此帙密行细书，无一笔率略。始叹古人精力过人，志趣远大。世之习科条而无学术，守章句而无经世之具者，皆未足与论此也。②

二是他在平时的读书过程中，能够随时将自己的心得、体会和发明、创造记录下来，经日久积累，渐成帙，并经加工，成为著作。如他说：

愚自少读书，有所得，辄记之。其有不合，时复改定。或古人先我而有者，则遂削之。积三十余年，乃成一编。取子夏之言，名曰《日知录》，以正后之君子。③

6.重视对当代掌故和时事的学习

清初学者刘献廷在《广阳杂记》中说："今之学者，率知古而不知今。

---

① 顾炎武：《顾亭林诗文集》卷二《抄书自序》，北京：中华书局，1983年，30页。
② 转引自张舜徽《顾亭林学记》，北京：中华书局，1963年，72页。
③ 潘耒：《〈日知录〉序》，见顾炎武《日知录集释》，黄汝成集释，郑州：中州古籍出版社，1990年，1页。

纵使博极群书,亦只算得半个学者。"①由此可见,一个学者既要阅读古书,又要了解和研究当代掌故和时事。顾炎武一生特别重视这方面的学习。如前所述,他在十几岁时就开始阅读邸报,在长期的读书治学过程中亦对时事政务非常关心。如潘耒在《〈日知录〉序》中说他:"尤留心当世之故,实录奏报,手自抄节,经世要务,一一讲求。"②

7. 虚怀若谷,从善如流

顾炎武平日常说:"时人之言,而亦不敢没其人。君子之谦也,然后可与进于学。"③由此可见,他非常尊重同时代人和朋友的意见,并能取人之长补己之短。他在长期出游中结交了很多朋友,而且他也善于发现这些人的长处,并给予高度评价,这更促进了他的读书治学活动。如他曾这样评价他的朋友:

> 学究天人,确乎不拔,吾不如王寅旭;读书为己,探赜洞微,吾不如杨雪臣;独精《三礼》,卓然经师,吾不如张稷若;萧然物外,自得天机,吾不如傅青主;坚苦力学,无师而成,吾不如李中孚;险阻备尝,与时屈伸,吾不如路安卿;博闻强记,群书之府,吾不如吴任臣;文章尔雅,宅心和厚,吾不如朱锡鬯;好学不倦,笃于朋友,吾不如王山史;精心六书,信而好古,吾不如张力臣。④

明代有特点、有影响的读书名家还有很多,如薛瑄、王守仁、王世贞、归有光、刘宗周、朱舜水、方以智、金圣叹、陆世仪、黄宗羲、孙奇逢等。限于篇幅,这里不再一一详述。

---

① 刘献廷:《广阳杂记》卷三,北京:中华书局,1959年,122页。
② 潘耒:《〈日知录〉序》,见顾炎武《日知录集释》,黄汝成集释,郑州:中州古籍出版社,1990年,1—2页。
③ 顾炎武:《日知录集释》卷二十《述古》,黄汝成集释,郑州:中州古籍出版社,1990年,725页。
④ 顾炎武:《顾亭林诗文集》卷六《广师》,北京:中华书局,1983年,134页。

第十章 女性读者群体及其阅读特点

阅读活动的性别差异，从阅读活动的产生时起就始终存在。但随着社会的不断发展与进步，女性读者的阅读活动也在不断发展。女性读者阅读的发展与变化，包括阅读普及程度、阅读数量和质量，以及所产生的社会影响等内容，其向来是一个社会文明与进步的标尺。因此，笔者把女性读者单列出来论述，就是想突显和强调女性读者在阅读史和社会发展中的重要意义与巨大作用。

第一节 概况

明代女性读者的阅读，无论是读者的范围和数量、受教育的途径，还是阅读的内容和质量，所达到的水平和程度，以及所产生的社会影响等，都是前所未有的。

从地域范围来看，资料显示，明代女性读者阅读活动繁荣的地区主要集中在经济文化发达的江南和京城。尤其是这些地区的士绅和富豪，他们大多非常重视女性的读书受教育问题，积极鼓励她们读书

识字,学习诗书琴画,乃至阅读经史典籍。特别是在苏州一带,读书风气浓厚,出现了一批女诗人、女作家和女弹词艺术家。"不仅名门闺秀学诗作文,小户女子也执笔以试,反映一时之风尚。"①一些名门世宦之家,往往出现了女诗人群体。如吴江沈家和叶家、山阴祁家、桐城方家等,都是才女辈出、彤管之盛的诗书之家。

女子读书图

女性读书受教育的途径主要有四个。一是从家庭中的男性(主要是父兄或丈夫)学习。如教谕端廷弼之女端淑卿,幼从父亲在宦邸生活,"日读《毛诗》《列女传》《女范》诸篇",成年后,"博通群书,备有仪法"。② 番禺尉王雪窗之女王美君,其父"爱而教之以《孝经》,六岁即能通晓"③。秣陵女子崔秀玉,其父"吴门老教授,家贫,居僦鸡鸣埭

---

① 戴庆钰:《明清苏州名门才女群的崛起》,载《苏州大学学报》,1996 年第 1 期,130—133 页。
② 钱谦益:《列朝诗集小传》闰集《端氏淑卿》,上海:上海古籍出版社,1959 年,732 页。
③ 钱谦益:《列朝诗集小传》闰集《林妷》,上海:上海古籍出版社,1959 年,733 页。

下,常口授秀玉书史,无不明晓。著有《耽佳阁诗集》一卷"①。诸暨人赵淑,父孟德,有文学,授之《论语》《孝经》《列女传》,皆能通其义。②无锡人杨氏,自少从父叔识字,通书史大指。③ 二是从家庭中的女性学习。这种读书受教育途径的具体事例在本文后面将会提到很多,这里暂不列举。三是延聘教师。如,苏州通判黄议之女黄幼藻,"少受业于宿儒方泰"④。吴娟,"幼而黠慧,从家塾读书,即娴为诗歌,兼通绘事"⑤。吴琪,幼而颖悟,父母为之延师教读。⑥ 四是去学堂读书。明代的四川,女子同男子一样,自小从师读书。如成都府绵竹县武官闻确之女蚩娥,年十七岁,不仅学得一身好武艺,而且一直在学堂读书,乃至满腹文章,博通经史,还考中了秀才。⑦

然而,受封建传统、经济和文化的束缚与制约,包括明代在内的中国古代大多数女子还是不能读书识字的。如明代女性教育家吕坤说:"今人养女,多不教读书认字,盖亦防微杜渐之意。"⑧《温氏母训》中亦说:"妇女只许粗识柴米鱼肉数百字,多识字无益而有损也。"⑨所以女性读者还是一个弱小群体。而且,由于女性所担负的社会职责与男性不同,因此她们的阅读,从目的、内容、要求和途径等来看,表

---

① 陈维崧:《妇人集》,见虫天子《香艳丛书》第1集卷二,上海:上海书店出版社,2014年,132页。
② 宋濂:《宋学士全集》卷十一《周节妇传》,丛书集成初编,北京:中华书局,1985年,400页。
③ 唐顺之:《荆川集》卷十五《杨孺人旌节碑铭》,四部丛刊本,16页。
④ 钱谦益:《列朝诗集小传》闰集《莆阳黄氏》,上海:上海古籍出版社,1959年,737页。
⑤ 胡文楷:《历代妇女著作考》(增订本)卷五《明代一》,上海:上海古籍出版社,1985年,103页。
⑥ 胡文楷:《历代妇女著作考》(增订本)卷五《明代一》,上海:上海古籍出版社,1985年,104页。
⑦ 凌濛初:《二刻拍案惊奇序》卷十七《同窗友认假作真,女秀才移花接木》,北京:知识出版社,2001年,169页。
⑧ 吕坤:《闺范》,见陈宏谋《教女遗规》卷中,北京:中国华侨出版社,2012年,119页。
⑨ 温以介:《温氏母训》,丛书集成初编,北京:中华书局,1985年,1页。

现出了许多明显的特点。这些特点主要表现在以下几个方面。

第一，女性的启蒙阅读往往重视对她们进行伦理道德的教化和灌输，而不重视阅读和文化基础的训练。这主要反映在明代对女教读物的重视和大量出版方面。

第二，女性一旦学会阅读，其阅读活动往往会表现出一种出于兴趣、不受外界影响和制约、完全自觉主动的特征。因此，这种阅读活动能使人真正感受到身心愉悦。

第三，由于女性阅读活动是一种自觉、主动、出于兴趣的行为，因此它也往往是一种纯粹的审美活动。女性通过阅读，发现了自然之美、生活之美、人性之美和爱情之美。如她们对诗歌、小说的偏爱，对忠孝节义品德和爱情的追求等。

第四，女性阅读往往是一种非功利性的阅读。由于女性并不承担主要的社会责任，因此她们的读书学习也就具有了非功利性的特点。这一点可以从她们的阅读内容和目的上看出。虽然她们也进行了很多文学创作，但那多数是为了消遣和自慰，是为了满足自己的精神需求。

明代的女性读者是明代读者群体中重要的组成部分，其阅读活动也具有显著的特点。

第二节　女性阅读繁荣的社会背景和条件

明代女性阅读繁荣的原因主要有以下几个方面。

一、经济的发展和繁荣

明代,特别是明代中后期商品经济的发展与繁荣,一方面极大地提高了人们的物质生活水平,促进了人们对文化教育的投入,刺激着社会各阶层对精神生活的追求;另一方面,商品经济的发展在促进着社会物质、人员和信息流动的同时,也对包括妇女在内的社会各阶层的读写能力和文化素质提出了更高的要求。另外,经济发展还极大地促进着书籍的生产和传播,使得人们能够更容易获得书籍,从而促进女性读者及其阅读数量的不断增加。

二、文化教育的普及和发达

教育的普及和发达是促进女性阅读的重要社会条件。明代科举的发达,各级各类学校的普及,书院讲学之风的盛行,极大地激发了民众读书求学的热情。无论是山野乡村,还是市井人家,都形成了浓厚的读书风气。而且明代社会允许女子读书识字。特别是江南文化教育的普及和兴盛,女子受教育得到了空前的重视,女子的识字率有了很大的提高。

三、进步思想的推动

经济的发展,教育的普及,必然会促进社会思想的进步。明代中后期的反理学和思想启蒙思潮更是催生着个性解放运动的出现。新的人生价值观在多变的世界中确立,人性逐渐得到了人们的认识和重视。男女平等、婚姻自由等观念开始出现。传统的封建礼教和"女子无才便是德"的社会偏见遭到了人们的抨击。李贽主张女子应当

与男子一样有读书受教育的权利,坚决反对"妇人见短,不堪学道"的陈腐之见,并在麻城公开招收女学生。① 冯梦龙主张女子无才就不能成全妇德,对闺阁女性的才智大加称赞。② 叶绍袁把妇女的德、才、色三者并重,誉为"三不朽"③。女性解放运动的出现,社会对女性的知识要求和对女子才华的赏识,促进着女性读书受教育活动的深入发展。

四、对女教的重视

如前所述,明朝的皇帝们始终非常重视女性读书受教育对治理国家的重要作用。朱元璋命儒臣朱升等人纂修《女诫》;世宗为《女训》作序;皇后们所编纂的多种女性启蒙读物,如《内训》《女诫》《女训》以及《女鉴》等,"俱刻之内府,颁在宇内"。吕坤借鉴以往女性的启蒙读物,以图文并茂的形式编撰成《闺范》一书,既通过生动形象的故事调动女性的阅读积极性,又附以栩栩如生的图像帮助她们理解文意。因此该书得到了万历皇帝的好评,之后贵妃郑氏为其作序,得到其推崇和赞扬,并重新刻板,"颁布中外",从而广为流传,得到了社会

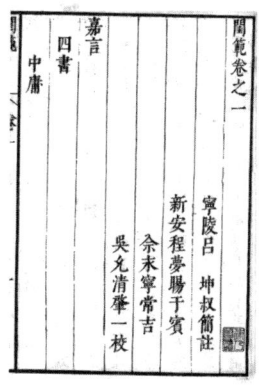

《闺范》内页

---

① 李贽:《焚书》卷二《答以女人学道为见短书》,北京:中华书局,1975年,59—60页。
② 冯梦龙:《闺智部总序》,见《智囊全集》,南京:江苏古籍出版社,1986年,504页。
③ 叶绍袁:《〈午梦堂全集〉序》,见《午梦堂全集》,北京:中华书局,1998年,1页。

的广泛认可。"女子见之,喜于观览,转相论说,因事垂训,实具苦心。当时士林,乐诵其书,摹印不下数万本,直至流布宫禁。"①缙绅相互赠送,书商纷纷印售,遂为闺门至宝。传统的女教经典,如《女诫》《列女传》《女论语》《女宪》《女则》等,也经不断刻印,广为流传。还有民间的一些女教读物,如《女小儿语》《温氏母训》《女范捷录》《古今彤史》《内则类编》《至孝通神集》《女镜》《古今孝史》《古今女鉴》②等,也在社会上广泛传播,影响甚巨。这些现象表明明朝自上而下对女性读书受教育的空前重视。这是明代女性阅读发展和繁荣的重要基础与前提。

第三节 阅读特点

这里所谓的女性读者是指皇室女性之外的其他女性读者。如上所述,明代的女性阅读活动在多种社会因素的影响和作用下,得到了长足发展。其特点可以归纳为以下几个方面。

一、宦门闺秀,多能读书

良好的家庭背景是女性具备阅读能力并进行阅读活动的决定性因素。和古代其他时期一样,明代的大多数女性往往不能与男子一样去私塾或官学读书接受教育。因此,家庭作为她们主要的生活区

---

① 吕坤:《闺范·序》,见陈宏谋《教女遗规》卷中,北京:中国华侨出版社,2012年,117页。
② 赵秀丽:《明代女性教化体系的建构》,载《山西师范大学学报》(社科版),2008年第2期,99—103页。

域,就成为她们接受文化教育和进行阅读活动的主要场所。那些有文化背景的家庭,父母、兄长或丈夫有较高的文化素养,阅读活动是他们日常生活中的重要内容,容易造就出杰出的女性读者。这有以下几点原因。

第一,由于他们具有较强的读书意识,因此他们往往希望家中的女子能够通过读书,"知伦常日用之事",以提高相夫教子、治家理财的能力。知书识礼的妇女会为家族带来良好的声誉,特别是能够提高整个家族的文化水平。

第二,这种家庭具有浓厚的文化氛围,而这种氛围往往会对子女们产生耳濡目染的影响,从而使他们从小就喜欢读书学习。

第三,有文化背景的家庭,有条件和能力教育家中女子读书识字,把她们培养成喜欢读书的人。

第四,这样的家庭生活条件较为优越,女子们能从繁重的生产和家务劳动中解放出来,从而有更多的闲暇时间读书学习。

家庭有良好的文化背景是造就女性读者的决定性因素。明代的多数女性读者往往出自有良好文化背景的家庭。如著名诗人、作家刘世伟之妻毛钟秀,为大中丞毛继贤之女,好读嗜学,才思颖隽,娴于礼法,为诗温厚和平,庄严不佻,所著《离思小咏》三十二首,传于世。[1] 工部尚书黄珂之女、著名学者杨慎之妻黄娥,博通经史,工笔札。[2] 诗人和书画家陆师道之女陆卿子,读书能文,与其夫赵宧光俱闻名于时。[3] 宁波卫指挥佥事万钟之女万义颛,幼贞静,善读书。[4] 四川宜宾人尹子求"风流儒雅,冠于巴蜀,儿童妇女,皆以琴书翰墨为事"[5]。

---

[1] 赵景深、张增元:《方志著录元明清曲家传略》,北京:中华书局,1987年,72页。
[2] 钱谦益:《列朝诗集小传》闰集《杨安人黄氏》,上海:上海古籍出版社,1983年,730页。
[3] 张廷玉等:《明史》卷二八七《文苑三》,北京:中华书局,1974年,7364页。
[4] 张廷玉等:《明史》卷三〇一《列女一》,北京:中华书局,1974年,7698页。
[5] 钱谦益:《列朝诗集小传》闰集《尹氏纫荣》,上海:上海古籍出版社,1983年,750页。

明代有很多女子是在父母和兄长的教育与影响下学会读书的。如，吴江梅氏，父梅宽，尝授以《孝经》《小学》，能通其大义。① 仲云鸾，少聪慧，父仲承嘉，教以读书，遂工诗，有《匪莪堂集》。其女亦读书明大义，工诗。② 李璧，"幼时父母授以闺训，间出遗书分读，颇能成诵"③。沈榛，"幼失怙，外父手授《诗》《礼》《内则》，及三唐近体、《香奁草堂》诸集。书法秀劲，得九成宫意。能背诵《纲鉴》，于古今理乱沿革，举一得十，不愧巾帼学士矣"④。赵氏，父赵瀛，为福州尹。赵氏"随任之官邸，簿书之暇，辄课女诗赋，辨问难事，应对如掌"⑤。张引元，"六岁能诵唐诗三体，皆得母王文如之训。《左》《国》《骚》《选》诸书示之，皆一一了悟"⑥。叶小鸾，张倩倩之养女，儿时能诵《毛诗》《楚词》，皆倩倩教之。⑦ 李开先之妹见其兄读书，"从旁质问史传默记，入其室翻阅册籍，濡染笔墨，稍能通其大意"⑧。

有很多杰出的女性读者，她们从小在父母和兄长的熏陶下喜欢上读书学习，并打下了良好的阅读基础。出嫁后，她们又受丈夫的影响，将自己的阅读活动推向更广泛、更深入的方面，乃至成为诗人或学者。如，端淑卿，为教谕端廷弼之女。幼从父宦邸，日读《毛诗》

---

① 周用：《陆孺人梅氏墓志铭》，见薛熙《明文在》卷八十二，国学基本丛书，上海：商务印书馆，1936年，710页。
② 胡文楷：《历代妇女著作考》（增订本）卷五《明代一》，上海：上海古籍出版社，1985年，93—94页。
③ 胡文楷：《历代妇女著作考》（增订本）卷五《明代一》，上海：上海古籍出版社，1985年，110页。
④ 胡文楷：《历代妇女著作考》（增订本）卷五《明代一》，上海：上海古籍出版社，1985年，116页。
⑤ 胡文楷：《历代妇女著作考》（增订本）卷六《明代二》，上海：上海古籍出版社，1985年，192页。
⑥ 胡文楷：《历代妇女著作考》（增订本）卷六《明代二》，上海：上海古籍出版社，1985年，157页。
⑦ 钱谦益：《列朝诗集小传》闰集《张倩倩》，上海：上海古籍出版社，1983年，757页。
⑧ 李开先：《李开先全集·李中麓闲居集》文之七《亡妹袁氏妇墓志铭》，卜键笺校，上海：上海古籍出版社，2014年，704页。

《列女传》《女范》诸篇。出嫁后,"博通群书,备有仪法,与其夫白首相庄,里党重之。有《绿窗诗稿》"①。华阴都御史屈某之女屈安人,十余岁时,其父课诸儿读经史,安人刺绣其旁,窃听背诵,通晓意义。为进士韩邦靖之妻后,二人"诗文唱和,如良友焉"②。徐媛,字小淑,副使范允临之妻。"允临以临池负时名,而小淑多读书,好吟咏,与寒山陆卿子唱和。"③陈惟允之女陈氏,与其夫钱中"皆读书善琴"④。闽中女子周玉箫为武人方舆之妾,方舆读书任侠,所以她也谙晓书史。⑤ 万历间嘉兴女子桑贞白,"幼习女训,粗通文翰",嫁与文学家周履靖后,见丈夫"侧弁吟哦,欣然有会,遂益留心典籍,先后赓倡,凡数百余首"⑥。杨宛,"能读书,工小楷"。归茅元仪后,"授以诗词之学,本之三百篇"。能诗善草书,有诗词集《钟山献》。⑦

虽然很多家庭非常重视文化教育,并有着浓厚的读书氛围,但是由于受到"男尊女卑""女子无才便是德"等观念的影响,很多女子无法得到良好的教育,只能凭着自己的聪明智慧和强烈的读书兴趣而读书能文,自学成才。这样的例子在史料中还有很多记载,这里不再赘述。

在家庭环境的影响下,明代还出现了不少一家女子尽读书,共同切磋、相互酬唱的景象。如文学家屠隆之女瑶瑟与其儿媳、修撰沈懋学之女沈天孙,二人皆读书好学,工诗能文。屠隆有所作,两人辄和

---

① 钱谦益:《列朝诗集小传》闰集《端氏淑卿》,上海:上海古籍出版社,1983年,732页。
② 钱谦益:《列朝诗集小传》闰集《韩安人屈氏》,上海:上海古籍出版社,1983年,729页。
③ 钱谦益:《列朝诗集小传》闰集《范允临妻徐氏》,上海:上海古籍出版社,1983年,751页。
④ 钱谦益:《列朝诗集小传》乙集《钱广文绅》,上海:上海古籍出版社,1983年,203页。
⑤ 钱谦益:《列朝诗集小传》闰集《女郎周玉箫》,上海:上海古籍出版社,1983年,737页。
⑥ 胡文楷:《历代妇女著作考》(增订本)卷六《明代二》,上海:上海古籍出版社,1985年,148页。
⑦ 胡文楷:《历代妇女著作考》(增订本)卷六《明代二》,上海:上海古籍出版社,1985年,184页。

之。屠隆之妻亦好读能文,"每有讽咏,就商订焉"。屠隆有诗云:

> 封胡与遏末,妇总爱篇章。但有图书簏,都无针线箱。

其又有诗云:

> 姑妇欢相得,西园结伴行。分题花共笑,夺锦句先成。①

其一家之盛事,为一时之美谈。参政黄承昊之妻沈纫兰,有诗《效颦集》。其女黄双蕙,亦好读能诗。黄承昊从妹黄淑德,为学士黄介弟之女,髫年通文史,解音律,亦有集传世。"彤管之盛,萃于一门。"②工部郎中叶绍袁之妻沈宜修与三位女儿纨纨、蕙绸、小鸾,均负绝代才华。四人常常"相与题花赋草,镂月裁云。中庭之咏,不逊谢家;娇女之篇,有逾左氏"。在她们的影响下,"诸姑伯姊,后先娣姒,靡不屏刀尺而事篇章,弃组纴而工子墨。松陵之上,汾湖之滨,闺房之秀代兴,彤管之诒交作矣"③。著名作家祁彪佳的夫人商景兰是吏部尚书商周祚的女儿,著有《锦囊集》。儿媳张德蕙、朱德蓉,女儿祁德渊、祁德茝、祁德琼都读书好学,工诗能文。如商景兰说她"平生性喜柔翰",儿媳和女儿"又俱解读书,每于女红之余,或拈题分韵,推敲风雅。或尚溯古昔,衡论当世。遇才妇淑媛,辄流连不能去"④。由此可见,这是一个充满浓厚的读书气氛和文学艺术氛围的书香之家。

---

① 钱谦益:《列朝诗集小传》闰集《屠氏瑶瑟》,上海:上海古籍出版社,1983年,748页。
② 钱谦益:《列朝诗集小传》闰集《黄恭人沈氏》,上海:上海古籍出版社,1983年,752页。
③ 钱谦益:《列朝诗集小传》闰集《沈氏宛君》,上海:上海古籍出版社,1983年,753页。
④ 商景兰:《琴楼遗稿序》,见祁彪佳《祁彪佳集》附编,北京:中华书局,1960年,289页。

二、工诗能文,精于书画

明代是一个女性诗人、作家辈出的时代。胡文楷的《历代妇女著作考》中著录有明代女性作者 245 人。① 钱谦益的《列朝诗集小传》亦记录了明代女性作者 130 余人。② 而且她们中的大多数人都有作品流传。其中著述有三种以上者,在《历代妇女著作考》中就有 20 多人。③ 由此可见,工诗能文是明代女性读者的重要特点。

虽然史料中很少记载这些女性的读书情况,但是毫无疑问,只有好读嗜学,才会能文善诗。能文善诗既是她们展示读书才华和阅读水平的方式,也是她们表达思想感情、交流读书信息的重要途径。因此,工诗能文是无数女性读者所追求的一种目标或境界。实际上,她们正是因为能文善诗,所以才在浩荡的历史中留下了读书生活的印迹,让后人通过其诗文看到其才情逸致,窥见其昔日的读书生活。

不过,需要特别指出的是,工诗能文者在浩荡的女性读者中毕竟只是少数。而且受传统观念影响和条件所限,在这些少数人中,能留下作品或文字记录者更是少数,因为有很多作品随写随弃毁,或者因没有人整理、保存或刊印而散失了。所以还有无数才华出众、嗜读能文的女性读者没有留下只言片语便消失在了浩荡的人类历史长河中,做了阅读史和文学史的铺路石。

史料中所记录的那些能文善诗的女性,是明代女性读者中的杰出代表。这里略举数例,以见一斑。

山东提学潘应昌之女潘氏,有诗稿《女郎碧天道人》,"温柔敦厚,

---

① 胡文楷:《历代妇女著作考》(增订本)《总目》,上海:上海古籍出版社,1985 年,2—6 页。
② 钱谦益:《列朝诗集小传》甲前集、闰集,上海:上海古籍出版社,1983 年,13—69 页,665—799 页。
③ 胡文楷:《历代妇女著作考》(增订本)卷五至卷六,上海:上海古籍出版社,1985 年,79—211 页。

守礼不放",为读者所称。① 王素娥,"生有淑德,长能诗文,尤妙女红"②。呼文如,知诗词,善琴,能写兰。③ 项兰贞,出嫁后,学诗十余年,与女诗人黄淑卿多有酬唱。有《裁云》《月露》二草传诵。④ 王微,"才情殊众,扁舟载书,往来吴会间。性好名山水,撰集名山记数百卷,自为叙以行世"⑤。董少玉,其丈夫元孚两遭贬谪,间关万里,皆与共之。贬雁门期间,三日不火食,僮仆皆悲泣,少玉哦诗自如。过彭蠡湖时,舟将覆,口咏唐子方"平生仗忠信"之句,以慰元孚。⑥ 马间卿,"贤而有文。年近八旬,尚不废吟咏",有《芷居集》行世。书画亦工。⑦ 沈蕙端,能诗词,尤精曲律。尝作小令《挽昭齐琼章》,为时人所传。⑧ 易氏,"少才慧,手不释卷。工诗歌,善楷法,妇德醇备"⑨。陈絜,"幼博学,诗文绝工",有《绣佛斋集》。⑩

　　受家庭读书风气的熏陶,明代的很多读书之家出现了一家女性都工诗的现象。这样的女性除前文提及的外,再如大理寺少卿方大镇长女方孟式,志笃诗书,著有《纫兰阁集》八卷、《纫兰阁诗集》十四卷。次女方维仪,聪慧过人,攻读刻苦,"工诗善画,文史宏瞻"。儿媳吴棣倩,从方维仪读书学诗,有《驮佩居遗稿》,又与方维仪共作《宫闱

---

① 钱谦益:《列朝诗集小传》闰集《女郎潘氏》,上海:上海古籍出版社,1983年,742页。
② 钱谦益:《列朝诗集小传》闰集《王素娥》,上海:上海古籍出版社,1983年,743页。
③ 钱谦益:《列朝诗集小传》闰集《呼文如》,上海:上海古籍出版社,1983年,745页。
④ 钱谦益:《列朝诗集小传》闰集《项氏兰贞》,上海:上海古籍出版社,1983年,753页。
⑤ 钱谦益:《列朝诗集小传》闰集《草衣道人王微》,上海:上海古籍出版社,1983年,760—761页。
⑥ 钱谦益:《列朝诗集小传》闰集《西陵董氏少玉》,上海:上海古籍出版社,1983年,744页。
⑦ 钱谦益:《列朝诗集小传》闰集《陈宜人马氏》,上海:上海古籍出版社,1983年,730页。
⑧ 赵景深、张增元:《方志著录元明清曲家传略》,北京:中华书局,1987年,519页。
⑨ 胡文楷:《历代妇女著作考》(增订本)卷五《明代一》,上海:上海古籍出版社,1985年,131页。
⑩ 胡文楷:《历代妇女著作考》(增订本)卷六《明代二》,上海:上海古籍出版社,1985年,167页。

诗史》。大理卿方大铉之女方维则著有《松茂阁集》。① 著名诗人、学者王隼之妻孟齐，能诗善文，与其夫"倡随拈韵，雅相得也"。其女瑶湘亦能诗。② 吴郡薛兰英、薛蕙英姐妹，二人皆聪明秀丽，能赋诗。所居曰"兰蕙联芳"，二女日夕吟咏不辍。③ 华亭王凤娴，进士张本嘉之妻。张本嘉去世后，其"艰辛自誓"，抚养子女。其子举于乡，为怀庆丞。女儿引元和引庆，皆工翰藻。母女自相倡和，有《焚余草》《双燕遗音》行于世。④

吴江沈氏家族，在明清时期先后出过文学家 140 多人。其中不仅男性成绩卓著，女性也人才辈出，作品林立。先后有 27 位女性作家有诗词及戏曲作品流传。⑤ 这既是这个家族文学阅读传统深厚的表现，也是其重视女性文学阅读的反映。

还需要说明的一个现象是，明代的学者和出版者为满足女性读者对诗文阅读和创作的需求，编选出版了一大批女性诗文集。特别是万历以降到明末，女性诗文总集的编纂刊行出现了空前繁荣的局面。如胡文楷《历代妇女著作考》所录，明人所编刊的女性诗文总集就有 31 种之多。⑥ 这里还没有包括以合刻收录的周履靖《香奁诗十种》、叶绍袁编《午梦堂全集》⑦等。此外，总集部分还有未收录的如周公辅《古今青楼集选》、马嘉松《花镜隽声》、张嘉和《名珠文璨》、张梦

---

① 朱彝尊：《明诗综》卷八十六，北京：中华书局，2007 年，4178 页。
② 赵景深、张增元：《方志著录元明清曲家传略》，北京：中华书局，1987 年，523 页。
③ 钱谦益：《列朝诗集小传》闰集《薛氏兰英蕙英》，上海：上海古籍出版社，1983 年，26 页。
④ 钱谦益：《列朝诗集小传》闰集《王氏凤娴》，上海：上海古籍出版社，1983 年，733 页。
⑤ 郝丽霞：《明清吴江沈氏家族的女性文学意识》，载《西北师大学报》(社科版)，2005 年第 6 期，68—72 页。
⑥ 胡文楷：《历代妇女著作考》(增订本)《附录二·总集》，上海：上海古籍出版社，1985 年，876—894 页。
⑦ 胡文楷：《历代妇女著作考》(增订本)《附录一·合刻书目》，上海：上海古籍出版社，1985 年，844—847 页。

徽《闲情女肆》等多种。① 而且，这些诗歌总集的编选和出版具有明显的商业化特征。因为其中很多是书坊托学者之名所编，而且很多都内容重复，只是改换了书名。这表明，明代女性诗文作品具有巨大的读者市场，或者说，明代女性文学作品已成为大众阅读的重要内容之一。

与工诗能文交相辉映的是女性读者的能书善画。因为琴棋书画是古代宦门闺秀必须学习的科目，所以明代的女性在学习诗词文章的同时，往往能书善画。这表明，书画作品也是女性读者阅读的重要内容。这样的女性举例如下。

吴娟，"娴为诗歌，兼通绘事"②。秦淑贞，工诗词，精绘事。③ 孙瑶华，"读书赋诗，好蓄古书画鼎彝之属"④。吴闺贞，"工文善书，赋性娴雅"⑤。沈素瑛，"既擅丹青，复工吟咏"⑥。卞赛，"知诗词，工小楷，善画兰"⑦。王伯姬，"所蓄架上书无不窥。工小楷及画，山水花卉，无一不精"⑧。张乔，"尤好诗词，善弹琴，工画兰竹"⑨。成岫，"涉略书

---

① 转引自陈广宏《中晚明女性诗歌总集编刊宗旨及选录标准的文化解读》，载《中国典籍与文化》，2007年第1期，40—48页。
② 胡文楷：《历代妇女著作考》（增订本）卷五《明代一》，上海：上海古籍出版社，1985年，103页。
③ 胡文楷：《历代妇女著作考》（增订本）卷六《明代二》，上海：上海古籍出版社，1985年，149页。
④ 胡文楷：《历代妇女著作考》（增订本）卷六《明代二》，上海：上海古籍出版社，1985年，138页。
⑤ 胡文楷：《历代妇女著作考》（增订本）卷五《明代一》，上海：上海古籍出版社，1985年，106页。
⑥ 胡文楷：《历代妇女著作考》（增订本）卷五《明代一》，上海：上海古籍出版社，1985年，116页。
⑦ 胡文楷：《历代妇女著作考》（增订本）卷五《明代一》，上海：上海古籍出版社，1985年，80页。
⑧ 胡文楷：《历代妇女著作考》（增订本）卷五《明代一》，上海：上海古籍出版社，1985年，86页。
⑨ 胡文楷：《历代妇女著作考》（增订本）卷六《明代二》，上海：上海古籍出版社，1985年，159页。

传,通六艺,手谈齿句,斗茗弹丝,无不精妙。然性爱云间董宗伯书法画意,临摹多年。每一着笔,即可乱真"①。此外,还有文俶、朱斗儿、吴瑛、邢慈静、张如玉、呼文如、马间卿、朱泰玉、易睐娘、徐媛、徐德英、李贞丽、李无尘、徐范、方维仪、姚少娥、范景姒、倪仁吉、梁孟昭、蔡润石、刘春仪、袁九淑、翁孺安②等,她们亦都是博览多识、工诗能文、精于书画的女性杰出读者。

三、熟读文史,博极经传

文史显然是女性读者最喜欢阅读的内容之一。除了上述能文善诗和精于书画者喜欢阅读文史外,还有以下例子。

顾炎武之母王氏,"昼则纺织,夜观书至二更乃息。尤好观《史记》《通鉴》及本朝政纪诸书"③。武进唐中丞女,自幼爱慕文史,及长,"女红之暇,搜览书册,每至午夜"④。朱无瑕,淹通文史,工诗善书,有《绣佛斋集》。⑤ 徐德英,"善临池,博览传记,作诗最凄婉",有《批点二十一史》《读离骚》《六朝隋唐史论》数十篇。⑥ 崔嫣然,"少机警,知文史,所居有影阁,书帙横陈,茗香精洁"⑦。张引元,"六岁能诵唐诗三

---

① 胡文楷:《历代妇女著作考》(增订本)卷五《明代一》,上海:上海古籍出版社,1985年,120页。
② 见《历代妇女著作考》各小传。
③ 顾炎武:《先妣王硕人行状》,见《顾亭林诗文集·亭林余集》,北京:中华书局,1983年,165页。
④ 孙继皋:《宗伯集》卷七《唐孺人合葬墓碑铭》,见《四库全书》第1291册,上海:上海古籍出版社,1987年,418页。
⑤ 钱谦益:《列朝诗集小传》闰集《朱无瑕》,上海:上海古籍出版社,1983年,767页。
⑥ 胡文楷:《历代妇女著作考》(增订本)卷六《明代二》,上海:上海古籍出版社,1985年,145页。
⑦ 胡文楷:《历代妇女著作考》(增订本)卷六《明代二》,上海:上海古籍出版社,1985年,156页。

体,《左》《国》《骚》《选》诸书,一一了悟"①。张如玉,"熟精《文选》《唐音》,善小楷及绘事,耽吟咏"②。梁小玉,博涉群书,自称"最爱阅史,以为罗万象于胸中,玩千古于掌上,无如是书"。而且她著述也富,"有可喜可愕、可怖可怜之事,辄长歌以咏之。借纸上之雌黄,写心窝之玄白"③。董少玉,"喜读《史》、《汉》、诸子书,为诗词,皆有韵致"④。倪仁吉,通文史,工书画。⑤ 周琼,"工诗词,喜纵观古史书"⑥。沈榛,工诗善书法,"能背诵《纲鉴》,于古今理乱沿革,举一得十,不愧巾帼学士矣"⑦。

很多女性读者,不仅喜读文史,而且博涉经传百家。如,姚少娥,"抚床诵书,博通群籍。日读汉魏以来诸集,摹晋诸家书法"⑧,有《玉鸳阁集》。朱仲娴,博极群书,著述也富。⑨ 范景姒,好读书,通经史,尤工书画。⑩ 高妙莹,"悉通经史传记,善小楷,晓音律算数,女工极其

---

① 胡文楷:《历代妇女著作考》(增订本)卷六《明代二》,上海:上海古籍出版社,1985年,157页。
② 胡文楷:《历代妇女著作考》(增订本)卷六《明代二》,上海:上海古籍出版社,1985年,158页。
③ 胡文楷:《历代妇女著作考》(增订本)卷六《明代二》,上海:上海古籍出版社,1985年,161页。
④ 胡文楷:《历代妇女著作考》(增订本)卷六《明代二》,上海:上海古籍出版社,1985年,186页。
⑤ 胡文楷:《历代妇女著作考》(增订本)卷六《明代二》,上海:上海古籍出版社,1985年,137页。
⑥ 胡文楷:《历代妇女著作考》(增订本)卷五《明代一》,上海:上海古籍出版社,1985年,125页。
⑦ 胡文楷:《历代妇女著作考》(增订本)卷五《明代一》,上海:上海古籍出版社,1985年,116页。
⑧ 胡文楷:《历代妇女著作考》(增订本)卷五《明代一》,上海:上海古籍出版社,1985年,132页。
⑨ 胡文楷:《历代妇女著作考》(增订本)卷五《明代一》,上海:上海古籍出版社,1985年,94页。
⑩ 胡文楷:《历代妇女著作考》(增订本)卷五《明代一》,上海:上海古籍出版社,1985年,133页。

敏妙"①。陈玲,"通经史,尤善于诗。五七言绝句诗,颇有得唐人音意者"②。陈氏,"少读'五经'、《周礼》、《孝经》诸书,兼通史鉴"③。陆静专,"肆力于古,博雅淹贯"④。顾若璞,"攻苦刻厉如儒生,自经史百家及国朝典故之属,无不驰骤贯穿"⑤。濮秀兰,博学攻诗,有《未斋诗》三卷。⑥ 朱静庵,幼聪颖,博极群书,有《静庵集》十卷。⑦ 黄幼藻,工声律,通经史,有《柳絮编》。⑧ 宋懋澄祖母唐孺人,"通时艺,于司马氏《通鉴》,朱子《纲目》《性理大全》《大学衍义补》诸书,无所不窥"⑨。唐顺之的妹妹唐孺人,嗜读好学,"自《孝经》《女传》诸书常诵之外,至于医药、卜筮、种树之书,顾不如专门家耳,然未尝不通其旨,其试之,亦数数有效。往来姻戚所,或见有异书及诸稗官小说,辄携取以归,旬日而还之,则既诵习之矣"⑩。太仓人盛孺人,"自少读《小学》《孝经》《书》",颇解意旨,故平生喜书,独不喜佛书。中馈有间,则取《小学》、日记、故事、稗官小说家诵说之。每至古人壮节伟行,则击手诧叹,以为烈士当如是若,自恨其不得也"⑪。

---

① 胡文楷:《历代妇女著作考》(增订本)卷六《明代二》,上海:上海古籍出版社,1985年,155页。
② 胡文楷:《历代妇女著作考》(增订本)卷六《明代二》,上海:上海古籍出版社,1985年,167页。
③ 胡文楷:《历代妇女著作考》(增订本)卷六《明代二》,上海:上海古籍出版社,1985年,168页。
④ 胡文楷:《历代妇女著作考》(增订本)卷六《明代二》,上海:上海古籍出版社,1985年,172页。
⑤ 胡文楷:《历代妇女著作考》(增订本)卷六《明代二》,上海:上海古籍出版社,1985年,172页。
⑥ 钱谦益:《列朝诗集小传》闰集《濮孺人邹氏》,上海:上海古籍出版社,1983年,728页。
⑦ 钱谦益:《列朝诗集小传》闰集《朱氏静庵》,上海:上海古籍出版社,1983年,741页。
⑧ 钱谦益:《列朝诗集小传》闰集《莆阳黄氏》,上海:上海古籍出版社,1983年,737页。
⑨ 宋懋澄:《九籥集》卷六《唐孺人外传》,北京:中国社会科学出版社,1984年,129页。
⑩ 唐顺之:《荆川文集》卷十五《吴母唐孺人墓志铭》,四部丛刊本,25页。
⑪ 唐顺之:《荆川文集》卷十五《盛孺人墓志铭》,四部丛刊本,14—15页。

四、通俗文学的爱好者

随着明代小说、戏曲的发达与繁荣,女性读者同样对它们表现出了极大的阅读兴趣。如叶盛《水东日记》所言,小说杂书,"农工商贩,钞写绘画,家蓄而人有之。痴騃女妇尤所酷好"①。这样的女性读者除上述提到的外,再如太学生陆子征之妻张孺人,"好观《北史遗文》、《隋朝故事》、诸稗官小说家,数为诸子言之"②。

女子读书消闲图

汤显祖的《牡丹亭》问世后,在读者中广为流传,引起强烈反响。如沈德符在《万历野获编》中说:"《牡丹亭梦》一出,家传户诵,几令《西厢》减价。"③它成为女性读者最喜欢的读物之一。如崔浩所云:"闺人筐篋中物,盖闺人必有石榴新样,即无不用一书为夹袋者,剪样之余,即无不愿看《牡丹亭》者。"④可见该书在女性读者中引起的反响

---

① 叶盛:《水东日记》卷二十一《小说戏文》,北京:中华书局,1980年,213—214页。
② 归有光:《震川先生集》卷二十一《张孺人墓志铭》,上海:上海古籍出版社,1981年,506页。
③ 沈德符:《万历野获编》卷二十五《词曲》,北京:中华书局,1959年,643页。
④ 程琼:《批才子〈牡丹亭〉序》,见毛效同《汤显祖研究资料汇编》,上海:上海古籍出版社,1986年,920页。

之大。

从当时的记载来看，痴迷于《牡丹亭》的女性读者不在少数。女性读者之所以热爱《牡丹亭》，显然是因为杜丽娘对真挚爱情的追求引起了她们的强烈共鸣。她们会不由自主地将自己的情感投注到女主人公身上，其对杜丽娘的理解程度是男性读者难以企及的。因此就出现了许多关于女性阅读《牡丹亭》后，因感同身受而悲伤自怜的故事。

娄江女子俞二娘，秀慧能文词，酷嗜《牡丹亭》，不但悉心捧读，而且蝇头细字，密密批注，多有独到见解。这个女子就是因读杜丽娘的故事伤感而死。扬州女子冯小青，十六岁嫁给杭州冯云将为妾，受冯妻忌妒，幽居在杭州孤山脚下的一所旧屋里。她平日与进士杨廷槐之妻交往甚密，杨夫人借她《牡丹亭》传奇，她阅后赋诗云：

冷雨幽窗不可听，挑灯闲看《牡丹亭》。
人间亦有痴于我，岂独伤心是小青。①

之后，冯小青有感于自己孤独、凄凉的身世，因向往杜丽娘对爱情的追求，不久便忧郁而死。吴江叶绍袁的女儿叶小鸾也曾为杜丽娘像题诗云：

凌波不动怯春寒，觑久还如佩欲珊。
只恐飞归广寒去，却愁不得细相看。②

不久之后，十七岁的叶小鸾也如杜丽娘般伤情而逝。

对于《牡丹亭》在女性读者中引起的强烈反响，有人对它提出了

---

① 佚名：《小青传》，见张潮《虞初新志》，转引自汤显祖等《说海》，北京：人民日报出版社，1997年，341页。
② 叶小鸾：《又继前韵》，见叶绍袁《午梦堂全集》上册《返生香》，北京：中华书局，1998年，317页。

激烈的批评,如史震林的《西青散记》曾载凤岐之语:"才子罪孽胜于佞臣,佞臣误国害民,数十年耳。才子制淫书,传后世,炽情欲,坏风化,不可胜计。近有二女,并坐读《还魂记》,俱得疾死。"①

在阅读《牡丹亭》的无数女性读者中,也有很多人对它进行了评点。除了前面提到的俞二娘外,再如建武女子黄淑素,曾有《牡丹亭评》。该文后被收入明末卫泳所编的《晚明百家小品》中。

此外,弹词也是明代女性喜闻乐见的一种曲艺形式。弹词剧本以描写细腻、通俗易解、朗朗上口的韵文写成,因此它也成为女性读者喜欢阅读的文学作品。郑振铎曾说:"弹词为妇女们最喜爱的东西,故一般长日无事的妇女们,便每以读弹词或听唱弹词为消遣永昼或长夜的方法。一部弹词的讲唱,往往是需要一月半年的,这正投合了这个被幽闭在闺门里的中产以上的妇女们的需要。她们是需要这种冗长的读物的。"②如1967年上海嘉定县城东公社发掘的明代宣昶古墓里,其妻的随葬品中就有多种明刻唱本,如《花关索传》《薛仁贵跨海征辽》《仁宗认母传》《断曹国舅公案传》《莺歌行孝义传》《开宗义富贵孝义传》等。③由于弹词有着广泛而众多的读者,因此到明末已有"弹词万本将充栋"④之说。

五、对女教书的阅读

众所周知,明代是一个集封建专制政治之大成的时代,封建伦理与政治关系极为密切,所以有明一代女教空前发达。封建伦理纲常通过言传身教的方式渗透到各个阶层妇女的日常生活之中,对女教

---

① 史震林:《西青散记》卷二,北京:中国书店,1987年,29页。
② 郑振铎:《中国俗文学史》,上海:上海人民出版社,2006年,482页。
③ 谭正璧、谭寻:《弹词通考》,北京:中国曲艺出版社,1985年,347页。
④ 陶贞怀:《天雨花》第三十回,郑州:中州古籍出版社,1984年,1426页。

书的阅读亦受到了全社会的重视。

女教书,即对女子进行伦理道德和文化启蒙教育的读物。这类读物除了《百家姓》《千字文》《小学》及儒家经典《论语》《孝经》《礼记》等外,明代所流传的有 50 种之多①,如刘向的《列女传》,班昭的《女诫》,宋若莘的《女论语》,仁孝皇后的《内训》,章圣太后的《女训》,慈圣皇太后的《女鉴》,朱升等的《女诫》,吕坤的《闺范》,解缙的《古今列女传》《典故列女传》,赵如源的《古今女史》,赵南星的《女儿经》,吕德胜的《女小儿语》,温璜母陆氏的《温氏母训》,王相母刘氏的《女范捷录》,陈克仕的《古今彤史》,曹思学的《内则类编》,顾昱的《至孝通神集》,夏树芳的《女镜》,潘振的《古今孝史》等。

这些读物兼有文化启蒙和伦理教化的双重功能,它们在教会女子识文断字,具有初步阅读能力的同时,也以宣扬礼教、普及儒学,使女性接受"男尊女卑""三从四德"的思想为目的,以"教以正道,令知道理,如《孝经》《列女传》《女诫》《女训》之类,不可不熟读讲明,使她心上开朗,亦闺教之不可少也"②。

这些读物往往将深奥的示训通俗化,并且以押韵的四言或三言编成,朗朗上口,以利村姑农妇记诵。有些书籍图文并茂,如茅坤的《增补全像评林古今列女传》、吕坤的《绘图列女传》,更能够使女性读者"读其文而见其意,观其像而识其心"③。

这些女教读物在皇室的倡导和民间的呼应下,成为明代女性接受启蒙教育时的必读之书。无论是贵族、官宦,还是平民家庭的女子,往往都要阅读这些书籍,接受启蒙教育。如万历三十二年(1604)于镇僭所撰的《于氏家训》中就规定:"大凡男女五六岁时,知觉渐开,

---

① 丁伟忠:《明代的妇女教育》,载《中国典籍与文化》,1994 年第 3 期,72—75 页。
② 陈东原:《中国妇女生活史》,上海:上海书店出版社,1984 年,190 页。
③ 黄治征:《书〈七诫〉后》,转引自丁伟忠《明代的妇女教育》,载《中国典籍与文化》,1994 年第 3 期,72—75 页。

聪明日启,便当养育良知良能。……女则令其不出闺门,亦教以《小学》《列女传》《内则》诸篇古人孝姑、敬夫、教子、贞烈、纺绩等事。务要使其朝夕讲诵,熏陶渐染,以成其德性……"①另一位明人庞尚鹏在家训中也规定:"女子年六岁诵《女诫》,不许出闺门。"②这样的读书现象在史料中的记载亦很多,举例如下。

　　武昌蒲圻人宋氏,生而颖异,七岁能诵《曲礼》《内则》《女训》。③吴江充溪人陆氏,女红之余,略涉文史,通《女诫》诸书。④太仓人茅氏,幼习《小学》《孝经》。⑤长洲徐时泰之女徐媛,"髫年辑学,晓畅《内则》诸书大义"⑥。海宁人高凉,娴《内则》,能诗。⑦吴中人郑允端,能诗文,娴《内则》。⑧武进人陆氏,"少颖异,十龄,手录《女诫》及《列女传》,心向往之"⑨。广东番禺陈仲裕之女,七岁时,其父聘女师,教其读《孝经》《内则》《列女传》《女诫》等书。⑩陶宗仪曾在一首诗中写道:"小妹方才习《孝经》,可怜骄怯性偏灵。自寻《女诫》窗前读,嗔道家人不与听。"⑪章圣太后所著的《女训》刊行后,内阁次辅桂萼曾建议

---

① 转引自郭英德《明清女子文学启蒙教育述论》,载《北京师范大学学报》(社科版),2007年第4期,40—46页。
② 转引自陈宝良《明代的妇女教育及其转向》,载《社会科学辑刊》,2009年第6期,157—161页。
③ 高启:《魏夫人宋氏墓志铭》,见薛熙《明文在》卷八十一,上海:商务印书馆,1936年,698页。
④ 文徵明:《文徵明集》补辑卷三十一,上海:上海古籍出版社,1987年,1557页。
⑤ 胡文楷:《历代妇女著作考》(增订本)卷五《明代一》,上海:上海古籍出版社,1985年,135页。
⑥ 胡文楷:《历代妇女著作考》(增订本)卷六《明代二》,上海:上海古籍出版社,1985年,143页。
⑦ 胡文楷:《历代妇女著作考》(增订本)卷六《明代二》,上海:上海古籍出版社,1985年,155页。
⑧ 钱谦益:《列朝诗集小传》闰集《女秀李氏》,上海:上海古籍出版社,1983年,738页。
⑨ 计六奇:《明季北略》卷十一《陆贞女柏操》,北京:中华书局,1984年,189页。
⑩ 屈大均:《女官传》,见《中国香艳全书》第二册,北京:团结出版社,2005年,911页。
⑪ 陶宗仪:《南村辍耕录》卷十三《绿窗遗稿》,四部丛刊缩编本,上海:上海书店出版社,1985年,7页。

"两京布政司府州县各修官女学,其教矇瞽之人以《女训》一书,教令讲解背诵"①。

刘向的《列女传》和吕坤的《闺范》是这些女教书籍中刊刻数量最多、流传最广、影响最大的读物。吕坤的《闺范》,如前所述,"士林乐诵其书,摹印不下数万本","风靡全国,为闺门至宝"。刘向的《列女传》作为阐述儒家伦理道德观念的代表,无论是作为规范女性品德的读物,还是作为宣扬贞节操行的最好教材,自成书后,流传不绝。随着明代印刷术的日益发达,它更是以多种版本的形式被大量刊刻印行,成为明代广受读者欢迎的一种通俗文学读物。官方对它的推广的目的是强化其统治。它在民间的流行,则表明它所体现出的女性品德规范已深入人心,成为民众的自觉选择。

在这样的背景下,女性贞节观念更为明显。史料中有关女性阅读《孝经》《列女传》及《闺范》等书的记载除上述之外,还有很多,举例如下。

昆山人朱柔英,"尝读《列女传》,女子之德,俨然接轨"②。汤慧信,上海人,通《孝经》《列女传》。③ 会稽范氏二女,幼好读书,并通《列女传》。④ 丹阳姜士进之妻蒋氏,幼颖悟,喜读书,曾续纂《列女传》。⑤ 秀水人项贞女,精女工,解琴瑟,通《列女传》。⑥ 登州人周氏,幼通《孝经》《列女传》。⑦ 江夏人欧阳金贞,父欧阳梧,授《孝经》《列女传》。⑧

---

① 沈德符:《万历野获编》卷三《颁行女训》,北京:中华书局,1959年,87—88页。
② 胡文楷:《历代妇女著作考》(增订本)卷五《明代一》,上海:上海古籍出版社,1985年,96页。
③ 张廷玉等:《明史》卷三〇一《列女一》,北京:中华书局,1974年,7695页。
④ 张廷玉等:《明史》卷三〇一《列女一》,北京:中华书局,1974年,7706页。
⑤ 张廷玉等:《明史》卷三〇二《列女二》,北京:中华书局,1974年,7723页。
⑥ 张廷玉等:《明史》卷三〇二《列女二》,北京:中华书局,1974年,7729页。
⑦ 张廷玉等:《明史》卷三〇三《列女三》,北京:中华书局,1974年,7744页。
⑧ 张廷玉等:《明史》卷三〇一《列女一》,北京:中华书局,1974年,7702页。

进士方循道之母张孺人,凝重贞淑,颇习《小学》《列女传》,能了大义。① 周玉箫,"好谈古今节义事,常采古列女懿可法佚可戒者,各为诗一篇,比于彤管"②。

六、好读佛道者

佛教向来为女性所热衷,因此历代女性中亦不乏好读佛书,精通内典者。明代的女性读者亦多有此爱好,举例如下。

顾若璞,"究内典,则欲即文字、离文字以悟真如"③。吴令仪,"能文诗,喜书史,乐禅妙。能读《楞严》《真悟》诸篇"④。齐景云,能诗,善琴。丈夫被谪远成后,闭户阅佛书。⑤ 袁九淑,四川布政袁随之女。"少读经史,尤深内典,诗文法丽,书法遒媚"⑥。参政黄承昊之女黄双蕙,"髫年禅悦,绝意家室。尝诵经,闻鸟声,有诗云:'迦陵可解西来意,又报人间梦不长。'"⑦。叶纨纨,"皈心法门,日诵梵荚,精专自课"⑧。如此等等,不一而足。那些出家为尼,皈依佛门的女性就更多了。

除佛典外,还有一些女性喜好道术。如仁和人朱桂英,"清心契法,锐意修真。金箓标名,有养诚道人之号。璚章阐旨,有《闺阁穷

---

① 归有光:《震川先生集》卷二十一《张孺人墓志铭》,上海:上海古籍出版社,1981年,504页。
② 钱谦益:《列朝诗集小传》闰集《女郎周玉箫》,上海:上海古籍出版社,1983年,737页。
③ 胡文楷:《历代妇女著作考》(增订本)卷六《明代二》,上海:上海古籍出版社,1985年,209页。
④ 胡文楷:《历代妇女著作考》(增订本)卷五《明代一》,上海:上海古籍出版社,1985年,101页。
⑤ 钱谦益:《列朝诗集小传》闰集《诗妓齐景云》,上海:上海古籍出版社,1983年,746页。
⑥ 钱谦益:《列朝诗集小传》闰集《钱王孙妻袁氏》,上海:上海古籍出版社,1983年,749页。
⑦ 钱谦益:《列朝诗集小传》闰集《黄恭人沈氏》,上海:上海古籍出版社,1983年,752页。
⑧ 钱谦益:《列朝诗集小传》闰集《叶氏纨纨》,上海:上海古籍出版社,1983年,755页。

玄》之书"①。

七、阅读早慧者

如前所言,幼而善读,重视早期阅读能力的培养往往会对一个人一生的成长起到重要作用。在明代众多的女性读者中,出现了很多聪慧颖异、幼而善读的杰出读者。这种现象既反映出时人对女性早期阅读能力培养和开发的重视,也反映了明代女性阅读的一个重要特点。因此,史料中对这种现象多有记载。其中除上述已提到的一些外,还有以下事例。

王美君,父教以《孝经》,六岁即能通晓。出嫁后,女红之余,教其二子读书作文,并有诗作多首。② 其女林玉衡,幼聪敏,喜读书,七岁能吟诗,为人传诵。③ 叶纨纨,三岁能朗诵《长恨歌》,十三能诗,书法遒劲,有晋风。④ 叶小鸾,四岁能诵《楚辞》,十岁能作诗,多佳句。⑤ 武林人梁氏,七岁赋落花诗,八岁摹大令帖,长而游猎群书,作《两都赋》。⑥ 钱塘人孙氏,幼工书算,喜读史。十岁时能读《史记》《汉书》《左传》。⑦ 武进人唐氏,"幼颖慧,纫组字书,不烦于教,而若素为之"⑧。吴琪,五岁时辄过目成诵。父母为之延师教读,髫龄而工诗,

---

① 钱谦益:《列朝诗集小传》闰集《朱氏桂英》,上海:上海古籍出版社,1983年,743页。
② 钱谦益:《列朝诗集小传》闰集《林妊》,上海:上海古籍出版社,1983年,733页。
③ 钱谦益:《列朝诗集小传》闰集《林玉衡》,上海:上海古籍出版社,1983年,734页。
④ 钱谦益:《列朝诗集小传》闰集《叶氏纨纨》,上海:上海古籍出版社,1983年,755页。
⑤ 钱谦益:《列朝诗集小传》闰集《叶小鸾》,上海:上海古籍出版社,1983年,755页。
⑥ 钱谦益:《列朝诗集小传》闰集《娜缳女子梁氏》,上海:上海古籍出版社,1983年,771页。
⑦ 陈继儒:《贞懿吴母传》,见《陈眉公全集》(上册),国学基本文库,南京:"中央书店",1936年,235页。
⑧ 唐顺之:《荆川文集》卷十五《唐孺人墓志铭》,四部丛刊本,17页。

及笄而能文章。昼夜攻苦不辍,尤精绘事。① 蔡润石,幼读书,知大义,十岁能属文。及长,工诗,精书画。②

八、平民女子爱读书

读书能文的女子虽大都出自名卿贵公或士大夫之家,但平民家庭的女子中也有很多喜欢读书识字,乃至工诗能文者。她们也想通过读书,学习文化,提高自己的身份和地位,举例如下。

闽县人张红桥,聪敏好学,工诗能文。③ 嘉定一民家妇,"平日未尝作诗,临终书一绝与其夫,悽惋可诵"④。可见她平日也是一个喜欢读书的人。闽县人邓氏,出嫁后,因对婚姻不满而郁郁不自得,发为诗词,语多凄怨。⑤ 羽素兰(不明邑里),"能书善画兰,明窗棐几,莳兰种蒲,读书咏歌,故以素兰自号"⑥。扶沟人李佁,"早年供青衣之役。年三十,始折节读书。诗成一家言"⑦。盐商之女蓉娘,"自小请师习学,无书不读,极其聪明,女工针线是她本能,吟诗作赋,出身非常"⑧。

此外,很多青楼女子也都工诗善画,读书能文。这说明她们也是一些善读好学者。钱谦益的《列朝诗集小传》中就列有这样的女性30余人。⑨ 如,郑如英,"亲铅椠之业,手不去书,朝夕焚香持课,居然有

---

① 胡文楷:《历代妇女著作考》(增订本)卷五《明代一》,上海:上海古籍出版社,1985年,104页。
② 胡文楷:《历代妇女著作考》(增订本)卷六《明代二》,上海:上海古籍出版社,1985年,191页。
③ 钱谦益:《列朝诗集小传》闰集《张红桥》,上海:上海古籍出版社,1983年,739页。
④ 钱谦益:《列朝诗集小传》闰集《嘉定妇》,上海:上海古籍出版社,1983年,744页。
⑤ 钱谦益:《列朝诗集小传》闰集《邓氏》,上海:上海古籍出版社,1983年,749页。
⑥ 钱谦益:《列朝诗集小传》闰集《女郎羽素兰》,上海:上海古籍出版社,1983年,773页。
⑦ 钱谦益:《列朝诗集小传》闰集《李佁》,上海:上海古籍出版社,1983年,781页。
⑧ 西湖渔隐主人:《欢喜冤家》,北京:大众文艺出版社,1998年,171页。
⑨ 钱谦益:《列朝诗集小传》闰集《香奁中》,上海:上海古籍出版社,1983年,762—774页。

出世之想"①。马如玉,"凡行乐伎俩,无不精工。熟精《文选》《唐音》,善小楷八分书及绘事"②。杨宛,能诗,有丽句,善草书。③

九、母教子读者

相夫教子既是古代女性读书受教育的主要目的之一,也是一个贤妻良母的最基本职责。因此明代有无数女性,无论是优秀的读者,还是不能够阅读者,都能够教育或督促自己的子女读书学习,并使他们成为有用之才。这表现出了女性在家庭教育中的重要作用和伟大、无私的母爱精神。实际上,很多人就是在母亲的教育和督促下才学会了读书,完成了学业,成为社会有用之才的。从这个角度讲,这些女性也为文化教育和社会发展做出了重要贡献,是妇女阅读史上乃至人类阅读史上应该书写的人物。本文在前面提到的众多女性中已涉及不少这样的女性读者。这里再略举数例,以见一斑。

顾炎武之母王氏,在顾炎武幼时,"授以《小学》,读至王蠋忠臣烈女之言,未尝不三复也"④。解缙之母高妙莹,手书《孝经》、古文、杜诗授缙。⑤ 丘濬,幼孤,母李氏教之读书,过目成诵。⑥ 王俨,六岁时,"其母手疏先人之迹,与古今豪杰大略教之……弱冠领乡荐"⑦。方维仪,"与娣妇吴令仪以文史代织纴,教其侄以智,俨如人师"⑧。项兰

---

① 钱谦益:《列朝诗集小传》闰集《郑如英》,上海:上海古籍出版社,1983年,767页。
② 钱谦益:《列朝诗集小传》闰集《马如玉》,上海:上海古籍出版社,1983年,768页。
③ 钱谦益:《列朝诗集小传》闰集《杨宛》,上海:上海古籍出版社,1983年,773页。
④ 顾炎武:《先妣王硕人行状》,见《顾亭林诗文集·亭林余集》,北京:中华书局,1983年,163页。
⑤ 胡文楷:《历代妇女著作考》(增订本)卷六《明代二》,上海:上海古籍出版社,1985年,155页。
⑥ 张廷玉等:《明史》卷一八一《丘濬传》,北京:中华书局,1974年,4808页。
⑦ 钱谦益:《列朝诗集小传》乙集《王检讨俨》,上海:上海古籍出版社,1983年,179页。
⑧ 钱谦益:《列朝诗集小传》闰集《姚贞妇方氏》,上海:上海古籍出版社,1983年,736页。

贞,好读工诗,"严于教子,羁训诫如成人"。后其子黄孟澜亦以文名。① 万义颛,幼贞静,善读书。其兄战死后,矢志不嫁,教育其侄万全读书学习,直至成人。② 月娥,回族著名诗人丁鹤年的姐姐。丁鹤年幼通经史,皆月娥口授。③

有更多的母亲则是通过严厉的督教来促使子女刻苦读书。如,归有光的母亲周孺人,常常"中夜觉寝,促有光暗诵《孝经》,即熟读,无一字龃龉,乃喜"④。进士方循道之母张孺人,方循道幼时,每夜"篝灯课读,而躬自辟纑。虽隆冬冱寒,户外雨雪交作,犹凄然相对,不少假借"⑤。信阳人缪孺人"教子读书而日课其程,每漏下五鼓,亲叩寝户使就灯火"⑥。

徽商向来就有重商好儒、尚文重教的传统。因此,在男性常年经商在外的情况下,教育子女读书学习的任务主要就由母亲承担起来。于是在她们中就形成了深厚的母教子读的传统与风气。如,吴椿,年少时刻苦攻读,"每晨即命入塾,夜读至鸡鸣未辍,(母亲)太恭人无一毫姑息"⑦。歙商江才"延师授诸子经,(妻)安人终岁供具,日夜程督诸子,望之深"。黟县吴孺人有子胡方埔,"昼则就外傅,归则使执书从己读,宵分课不辍,纺织声、读书声相间也"。歙商妇郑氏,其子"就外傅","日归必问所读书几何,夜分使婢见,勤诵则喜……或少懈辄不怿,朝归必切责之"。歙县大盐商鲍志道,年少时,"夜诵所读书必精熟,母色喜,然后敢卧"。可见其母督教之严。

---

① 钱谦益:《列朝诗集小传》闰集《项氏兰贞》,上海:上海古籍出版社,1983年,753页。
② 张廷玉等:《明史》卷三○一《列女一》,北京:中华书局,1974年,7698页。
③ 张廷玉等:《明史》卷三○一《列女一》,北京:中华书局,1974年,7691页。
④ 归有光:《震川先生集》卷二十五《先妣事略》,上海:上海古籍出版社,1981年,594页。
⑤ 归有光:《震川先生集》卷二十一《张孺人墓志铭》,上海:上海古籍出版社,1981年,504页。
⑥ 唐顺之:《荆川文集》卷十五《王母缪孺人墓志铭》,四部丛刊本,19页。
⑦ 转引自李琳琦、宗韵《明清徽商妇教子述论》,载《华东师范大学学报》(教科版),2005年第3期,74—79页。

有很多母亲更是通过含辛茹苦的劳动来资助子女读书学习。如，陈继，"幼孤，母吴氏，躬织以资诵读。比长，贯穿经学，人呼为'陈五经'"①。姚希孟，"生十月而孤，母文氏励志鞠之。稍长，与舅文震孟同学，并负时名"②。陈函辉，浙江临海人，"母课严，读书山寺，三年不归"③。新安人程凝之，父亲去世后，母亲含辛茹苦地支撑家业。凝之虽然很想把父亲留下的产业继续办好，但他生性好读书，且购书百卷，经常在家诵读。可是，他担心家业衰落，让母亲担忧。母亲知道他的担心后，却告诉他："我平时让你布衣蔬食，就是让你懂得生活，学会做人。'春夏《诗》《书》，秋冬《礼》《乐》'，你就好好地读这楼中的百卷书吧"。于是，凝之一任其读书的爱好，"禅客雅士，过从不休"④。

贤妇节女不仅在经济文化发达的地区比比皆是，就是在那些经济文化相对落后的偏远之地，亦不乏其人。如，"南雄在岭之南，山毒海悍，风气与中州殊，论者或从而訾其习俗，其言陋矣"，有女谢氏者，"少尝读《孝经》《小学》《书》，通达大理"。丈夫去世后，家甚贫。谢氏"躬力蚕织，为布帛易粟"。其子八岁，使就乡师学，"节缩服食，以资束修礼"。⑤ 由此可见，无论身处怎样的恶劣环境，也不管"夫死困厄，几不能为生"，只要受到诗书的教化和熏陶，一个人就能处之泰然，并将礼义付诸行动，播下读书的种子。

---

① 张廷玉等：《明史》卷一五二《陈继传》，北京：中华书局，1974年，4194页。
② 张廷玉等：《明史》卷二一六《姚希孟传》，北京：中华书局，1974年，5718页。
③ 张岱：《石匮书后集》卷四十四《陈函辉传》，北京：中华书局，1959年，253页。
④ 钟惺：《隐秀轩集》卷三十三《程母昝孺人墓志铭》，上海：上海古籍出版社，1992年，539页。
⑤ 宋濂：《宋学士全集》卷十一《谢节妇传》，丛书集成初编，北京：中华书局，1985年，402页。

第四节　妇女阅读的作用和意义

妇女作为阅读活动中的一个特殊群体,阅读对她们具有特殊的意义。这有两个原因,第一,妇女向来是一个受压迫、受歧视,没有社会地位的群体。她们的解放和社会地位的提高标志着整个社会的进步。通过读书获得知识,接受教育,是她们获得解放,提高社会地位的重要途径。第二,妇女是家族生活中的重要角色。所谓"闺门万化之原"①,她们文化素养的提高不仅有助于提高她们治家理财、处理家政事务的能力,而且往往会对家庭成员乃至整个家族文化素质的提高产生重要影响。因此,妇女阅读无论是对她们个人还是对整个社会,都具有重要的作用和意义。这些作用和意义具体来说主要有以下几个方面。

一、读书为她们打开了一扇认识世界的窗口

书籍,无论是传统典籍,还是流行作品,都是人们认识世界的窗口。然而,千百年来,处于庭院深闺中的女性,在很大程度上只能通过家族来认识这个世界。这无疑限制束缚了女性思维的发展。因此,生活在这个世界中的女性,如果遇到书籍,并且一旦学会了阅读书籍,就会通过它去认识世界。

---

① 吕坤:《闺范·序》,见陈宏谋《女教遗规》卷中,北京:中国华侨出版社,2012年,117页。

通过阅读,女性不仅了解了大千世界的风云变幻和历史兴替,而且对自己所处的社会环境和人生经历有了新的认识和思考。这必然会使女性的价值观、人生理想、思维方式等产生质的变化。"晚明白话文学的普遍流行,广泛地影响着文化的敏感性。知识男女都经常模仿小说角色的行为,按照他们期望的文学角色所应有的感情纯洁度来评判自己和他人。"①如妇女们在阅读《牡丹亭》时,虽然每个读者由于知识背景和社会阅历不同,会有不同的解读方式,但她们都会为杜丽娘对爱情的追求所感染,从而产生强烈的情感共鸣。正如女剧作家吴兰徵的丈夫俞用济所言:"《牡丹亭》唱彻秋闺,惹多少好儿女拼为他伤心到死。"②这固然不是我们所期望的阅读结果,但它的确反映了阅读活动对女性精神世界的影响。

关于女性阅读通俗文学的意义,清初学者卫泳说:

> 女人识字,便有一种儒风。故阅书画是闺中学识,如大士像是女中佛,何仙姑像是女中仙,木兰、红拂女中之侠,以至举案、提瓮、截发、丸熊诸美女遣照,皆女中之模范。闺阁宜悬,且使女郎持戒珠,执麈尾,作礼其下,或相与参禅、唱偈、说仙、谈侠,真可改观邕意,涤除尘俗。如《宫闺传》、《列女传》、诸家外传、《西厢》、《玉茗堂》、《还魂》、《二梦》、《雕虫馆弹词》六种,以备谈述歌咏。间有不能识字,暇中聊为陈说,共话古今,奇胜红粉,自有知音。③

---

① 伊佩霞:《剑桥插图中国史》,赵世瑜等译,济南:山东画报出版社,2002年,150页。
② 阿英:《红楼梦戏曲集》,北京:中华书局,1978年,229页。
③ 卫泳:《悦容编·博古》,见虫天子《香艳丛书》第1集卷二,上海:上海书店出版社,1991年,71页。

二、读书使她们完善自我，获得人格独立

无论是阅读经典著作、女教读物，还是阅读通俗文学作品，女性都会受到儒家伦理道德观念的熏陶和浸润，都会被读物中所宣扬的忠孝节义所感染，从而在精神上产生共鸣，在生活中身先示范，这使明代成为女性忠孝节义观念最强的时期。如陈东原所言，明代的女性已达到了"提倡贞节之极致"①。这主要是明代对妇女进行伦理道德教育的结果，其中的重要因素就包括了妇女读书受教育的普及与进步。有关女性在这方面的事例，数不胜数，兹举例如下。

应天府经历王文炳之女王氏，"自少知书，终日未尝去手，每览至古人奇节，辄激烈自诧，恨其不为男子"②。太仓人王氏，翰林院编修缑山公之女，于书通《论语》及《通鉴》。每观古忠臣烈士，辄叹息曰："使我为男子，当其时亦如此矣。"③义乌喻母石夫人，"庄重敏慧，凡女工之事咸精其能，好读书史，通古今大略"。因此她贤惠贞孝，集女性美德于一身。"亲以曹大家《女诫》教其女，每举古人名言善行以勉人，读史见奸邪逆乱，辄废书而叹，及忠义节孝，则啧啧歆羡不已。"④

有很多杰出的女性读者在平时的日常生活中能够谨守礼法，恪守儒家伦理，做贞妇孝女、贤妻良母，一旦遇到生存危机，乃至到了生死抉择的关头，她们往往能够守节自持，乃至舍生取义。如，副都御史王应鹏之母金氏，工诗能文，有《兰庄集》。"闺范母仪，东浙称

---

① 陈东原：《中国妇女生活史》，上海：上海书店出版社，1984年，177页。
② 唐顺之：《弟妇王氏墓志铭》，见薛熙《明文在》卷八十二，国学基本丛书，上海：商务印书馆，1936年，706页。
③ 归庄：《归庄集》卷七《吴孺人家传》，北京：中华书局，1962年，423—424页。
④ 王祎：《王忠文公文集》卷二十四《喻母石夫人墓表》，上海：上海古籍出版社，2010年，430页。

焉。"①莆阳人黄幼藻,"工声律,通经史,著有《柳絮编》。沉静知大节,丈夫去世后,倾家以事其姑"②。桐城人方孟式,大理卿方大镇之女,"志笃诗书,备有妇德"。清军入城,其夫战死于城上,方孟式遂坠池而死。③ 月娥,西域人职马禄丁之女,少聪慧,听诸兄诵说经史,辄通大义。"寇至,城陷,月娥叹曰:'吾生诗礼家,可失节于贼邪!'抱幼女赴水死。"④周彦敬之妻庄氏,读书知大义。明末乱起,以"无礼不如死",引刀自裁。⑤ 赵氏,知书有志节,明末兵乱,以"贼至不死,非节也;死不以时,非义也",遂遇害。⑥ 这些知书识礼的女性,无论面对的是艰难的生,还是痛苦的死,都能够清醒地保持其精神与人格的自主性和独立性。特别是明末那些无数的女性以其惨烈的死,在明清之际树立起了"男降女不降"的光辉形象。

三、读书是女性丰富精神生活,满足精神需求的重要方式

如前所述,家庭是古代女性主要的生活天地。家庭既是她们的精神寄托,又是她们的生命归宿。而家庭有限的活动范围和世俗传统带来的种种压力,以及生活中可能遇到的种种艰难和不幸,往往使女性难以找到有效的解脱方式,以寻求心灵的慰藉。因此书籍就成为她们在漫漫长夜中寻求心灵安慰的精神食粮。女性那种完全出于

---

① 钱谦益:《列朝诗集小传》闰集《王太淑人金氏》,上海:上海古籍出版社,1983年,729页。
② 钱谦益:《列朝诗集小传》闰集《莆阳黄氏》,上海:上海古籍出版社,1983年,737页。
③ 钱谦益:《列朝诗集小传》闰集《张秉文妻方氏》,上海:上海古籍出版社,1983年,735页。
④ 张廷玉等:《明史》卷三〇一《列女一》,北京:中华书局,1974年,7691页。
⑤ 张廷玉等:《明史》卷三〇三《列女三》,北京:中华书局,1974年,7748—7749页。
⑥ 张廷玉等:《明史》卷三〇三《列女三》,北京:中华书局,1974年,7752页。

兴趣的、具有纯粹审美意义的阅读，对她们来说，这是一种发自内心的精神需求。在这里，她们能够体会到文字带来的无穷美妙之感和其所展现的博大世界。阅读作为一种完全能够独自体验的心灵之旅和生命历程，女性一旦学会了它，就会使它成为精神生活中须臾不可缺少的内容，甚至使它成为一种生活方式。这样的例子在女性读者中可以说是数不胜数，举例如下。

江苏武进人唐中丞女，自幼爱慕文史，及长，"女红之暇，搜览书册，每至午夜"①。马间卿，金陵人，年近八旬，尚不废吟咏。② 毛钰龙，侍御毛凤韶之女，刘守蒙之妻，少读书，过目辄诵，老而为诗益工。七十九岁时，虽目不见字，仍日夜使甥辈读书，自卧听之。③ 桐城人吴坤元，幼从祖父受书，十岁能诗文。"长适金芝，早寡，孀居一阁，吟咏不辍。"④会稽人李因，"资性警敏，耽读书，耻事铅粉，间作韵语以自适。顾家贫落魄，积苔为纸，扫柿为书，帷萤为灯，世未有知者"⑤。长洲人吴绡，"癖于吟事，学蔡女之琴书，借甄家之笔砚，缃素维心，丹黄在手二十余年。冬之夜，夏之日，欢虞愁病，无不于此发之"⑥。明末女子潘氏在其《夜坐读〈周南〉》一诗中，描写了她在春夜独坐时，以读《关雎》来表达满腔情思的心境。诗曰：

独坐难禁夜色寒，满窗新月度春残。

---

① 孙继皋：《宗伯集》卷七《唐孺人合葬墓碑铭》，见《四库全书》第1291册，上海：上海古籍出版社，1987年，418页。
② 钱谦益：《列朝诗集小传》闰集《陈宜人马氏》，上海：上海古籍出版社，1983年，730页。
③ 钱谦益：《列朝诗集小传》闰集《刘文贞毛氏》，上海：上海古籍出版社，1983年，731页。
④ 胡文楷：《历代妇女著作考》（增订本）卷五《明代一》，上海：上海古籍出版社，1985年，102页。
⑤ 胡文楷：《历代妇女著作考》（增订本）卷五《明代一》，上海：上海古籍出版社，1985年，108页。
⑥ 胡文楷：《历代妇女著作考》（增订本）卷五《明代一》，上海：上海古籍出版社，1985年，106页。

> 临文徒愧无经济，只把《关雎》仔细看。①

浙江钱塘女子吴柏，"未嫁而夫卒，柏衰麻往哭，遂不归母家，苦节十余年"②。其间，她通过读书来治疗心灵创伤，排遣忧悲苦闷。她在写给姐姐的一封信中说："诵《金石录》令人心花怒放，肺肠如涤。"③当父亲警告她吟诗赋词不是女性职责的时候，她回信说：

> 蒙谕"检韵离辞，非妇女事"，女岂不知？但女子于此道，似有天缘。每于疾时愁处，无可寄怀，便信口一吟，觉郁都舒而忧尽释也。④

前述的闽县人邓氏，出嫁后因对婚姻不满而郁郁不自得，发为诗词，语多凄怨。其中有句曰："啼鸟落花春已暮，孤灯残漏夜偏长。"⑤由此可见，读书吟诗的确是女子排遣忧愁苦闷，抚慰心灵伤痛的有效途径。

四、读书不仅提高了妇女的文化素质，而且促进了整个家庭乃至家族文化素质的提高

第一，女性在幼年时无论是阅读女教读物，接受最初的启蒙教育和文化熏陶，还是学习诗词歌赋，阅读经史典籍，乃至戏曲小说、科技

---

① 钟惺：《名媛诗归》卷二五，见《四库全书存目丛书·集部》第339册，济南：齐鲁书社，1997年，290页。
② 胡文楷：《历代妇女著作考》（增订本）卷五《明代一》，上海：上海古籍出版社，1985年，103页。
③ 转引自马兆政、周苇棠《中国古代妇女名人》，北京：中国妇女出版社，1988年，228页。
④ 吴柏：《与父书》，见徐士俊、汪淇辑评《分类尺牍新语初编》卷二十三，《四库全书存目丛书·集部》第396册，济南：齐鲁书社，1997年，15页。
⑤ 钱谦益：《列朝诗集小传》闰集《邓氏》，上海：上海古籍出版社，1983年，749—750页。

读物,都会启蒙益智,陶冶性情,提高文化素质和审美情趣。如嘉兴女子桑贞白在《香奁诗草》跋中说道:

> 幼荷严母庭诲,日究《女训》、《列传》、经史,以明古今。方识汉有曹大家、中郎女,晋有窦滔妻,宋有朱淑真,明有朱静庵,俱各隽才巧思,异句奇章行世,心甚企慕。捧读之余,欲追芳躅,虑难吻合。①

第二,读书提高了妇女们交流信息和表达思想感情的能力。饱读诗书的女性不仅较一般女子更具有独立性和反抗性,而且更善于用文字来表达她们的思想感情和反抗精神。如惠帝时任兵部尚书的铁铉,曾与燕王朱棣对抗。朱棣夺取帝位后,为发泄忌恨,杀铁铉及其家属,并罚他的两个女儿为娼。二女没入教坊时,献诗给原问官。其中长女写道:

> 教坊脂粉洗铅华,一片闲心对落花。旧曲听来犹有恨,故园归去已无家。
> 雪鬓半绾临妆镜,雨泪空流湿绛纱。今日相逢白司马,樽前重与诉琵琶。

次女的《上父同官诗》写道:

> 骨肉衰残产业荒,一身何忍去归娼。泪垂玉箸辞官舍,步蹴金莲入教坊。
> 揽镜自怜倾国色,向人羞学倚门妆。春来雨露宽如海,嫁得刘郎胜阮郎。②

---

① 胡文楷:《历代妇女著作考》卷六《明代二》,上海:上海古籍出版社,1985年,148页。
② 苏者聪:《中国历代妇女作品选》,上海:上海古籍出版社,1987年,284页。

官员看到二女写的诗后,大动怜才之心,遂革除二女娼籍,并将她们配嫁给了士人。

还有明初龙溪县教谕之女郭贞顺,其父"授以书,辄不忘。长而通经史及子史百家,能为诗"。适逢俞良辅率军征讨郭贞顺所住的村寨,郭贞顺即兴作《上俞将军》,赞其"将军高名迈千古,五千健儿猛如虎"。俞将军读之大喜,一寨得以保全。① 三水人文氏,工诗能文,手抄书六十卷。"少寡,自誓,作《九骚》九篇以见志。辞义典雅,称其风烈。"②再如,嘉靖年间锦衣卫千户李雄续娶焦氏。李雄死后,焦氏百般摧残其四个孩子。从小饱受父母文学熏陶的长女李玉英因作《别燕诗》《送春诗》,被诬陷有"奸淫不孝"之罪。系狱期间,李玉英写了一份申冤书,将受冤始末详细道来。言辞恳切,有理有据。皇帝读后,动了恻隐之心,认为"这奴婢事情有可矜",命"三法司"重新会审。最后,焦氏以"妒忌之女,罪实难容,依律处斩"。李玉英则由锦衣卫选良才婚配。③

不仅如此,女性的阅读活动和文化素养还会有利于家族其他成员的阅读能力和文化素质的提高以及家庭的和睦。这主要表现在相夫教子方面。对其子女,主要是阅读能力和伦理道德的培养。这样的事例前面已提到很多,这里不再重复。于其丈夫,主要是要建立一个和谐美满的诗书之家。如汤显祖的《牡丹亭》第三出《训女》中,南安太守杜宝说:"看来古今贤淑,多晓诗书,他日嫁一书生,不枉了谈吐相称。"④

总之,女性作为一个特殊的读者群体,她们的阅读有着特别重要的社会作用和意义。

---

① 苏者聪:《中国历代妇女作品选》,上海:上海古籍出版社,1987年,280页。
② 钱谦益:《列朝诗集小传》闰集《葛高行文》,上海:上海古籍出版社,1983年,734页。
③ 李诩:《戒庵老人漫笔》卷三《女辩继母诬陷疏》,北京:中华书局,1982年,120—122页。
④ 汤显祖:《牡丹亭·训女》,北京:人民文学出版社,1980年,7页。

第十一章　大众读者群体及其阅读特点

所谓大众，是与精英相对的一个概念。大众读者在这里是指除上述文人学士、官员和妇女之外的其他平民读者，包括从事农、工、商及其他服务业者，以及以生员为主的科举考生等。其中的生员，因为已在"教育与阅读"部分中有所论及，所以这里不是主要的论述对象。

当然，读者群体的划分是个比较复杂且难度较大的问题。因为有时读者群体的界限很模糊，所以很难将其分得十分清楚。例如，这里所说的商人，其中很可能有很多人是弃儒从商者，或亦儒亦商者，因此这类人的阅读能力和文化水平就不是一般小商人可以相比的。他们的阅读水平，也许与文人学士相当，甚至是有过之而无不及。再如前面提到的"士人群体"，一是他们中的很多人在入仕或成名之前也属于生员或大众读者，二是有不少人通过苦读走上仕途后并没有继续读书治学。还有很多人是少年读书，后弃而耕田，闲暇则读书吟诵不辍。他们虽是农民，但也与文化圈内的人来往，是农民中的优秀读者，亦是耕读传家的典范，如前述的王照等。所以这个群体的范围也并不确切。出于论述方便，本文只能粗略地对读者群体进行划分。

属于大众读者群体的成员，为数众多，遍布城乡，是社会阅读普及的承载者和实现者，他们的阅读活动及其发展水平反映着一个民

族和社会的文明与进步程度。

第一节 概况

毫无疑问,大众读者群体及其阅读活动是阅读史研究中需要重点探讨的领域,但是史料中有关他们阅读活动的记载却少之又少,因为一个处于社会底层的农工商贩或小知识分子的读书事迹和生活经历很少会有文字记载,即所谓"阶层越下落,史料越难觅"。当然,这并不是说记载越少,阅读活动就越少。恰恰相反的是,缺乏记载者正是社会读者中的大多数。或者也可以说,他们是阅读史上"沉默的大多数"。因此,从具体记载中,我们只能发现他们中的个别阅读现象。

因此,有关平民大众读者具体阅读情况的探讨就成为一个难度较大的问题。如对于明清时期通俗小说的读者,以往学界只是笼统地称之为"市民阶层",而其中具体是指什么人、什么社会身份、如何阅读,就难以说清楚了。如美国学者姜士彬(David Johnson)在其《明清俗文化的传播》中说:"明清时代大部分作品的实际读者,其资料几乎不可能得到,但有时我们能做一些合理的假设。例如明朝中叶的《说唱词话》,在一位官员夫人的坟墓中被发现,这位夫人想必读过此书,而与她地位相同的妇女想必也当读过。"[①]

所以明代大众(平民)阶层的阅读情况,笔者只能做一些粗略而笼统的考察和梳理。

---

① 转引自商传《明代文化志》,上海:上海人民出版社,1998年,188页。

一、大众读者群体的产生背景

明代大众读者群的主体是市民阶层。市民阶层虽包括普通官吏和知识分子，但这里主要是指从事商业、手工业和各种服务业的平民阶层。大众读者群体产生的背景如下。

第一，经济发展促进了城市化的发展。城市化的发展自然会形成一个庞大的市民阶层。据统计，万历时期，全国比较大的商业城市有 40 多座，连松江这样的中小城市就有人口 20 多万。再如南直隶常熟县，其在洪武四年(1371)时就有 62285 户，247104 人，其中匠户和从事各种非农职业者有 2015 户。吴江在弘治时期有 7 个镇，到嘉靖时增加到 14 个。其中县城人口，元末时不足千家，到成化、弘治年间增至二千余家。① 松江府的朱泾镇，明中叶时，镇上"居民数千家，商贾辐辏"②。

城镇市民的主要成分有"无业游民，各种力夫、杂色人员，服务行业及艺术行当的从业人员，城市知识分子，商人和手工业主及雇员，城居地主和乡绅，各阶级各阶层的家庭服务人员，非主管官员及吏员，各衙门的差役，无职位的贵族，闲居官员及他们的家属"③。这其中就包括一大批具有读写能力者。

第二，经济发展促进了教育的普及与发展。教育的普及增加了平民大众读书学习的机会，从而不断培养出大批具有阅读能力的人。如前所述，明代的江南，"人皆知教子读书"，"田野小民，生理裁足，皆知以教子读书为事"。早在洪武初年，苏州府就已"虽闾阎村僻之所，莫不置句读师以训蒙童"。15 世纪末，途经江南的朝鲜人崔溥在其

---

① 缪咏禾：《明代出版史稿》，南京：江苏人民出版社，2000 年，384 页。
② 许周鹣：《论明清弹词文化与吴地妇女》，载《苏州大学学报》(哲社版)，1996 年第 2 期，98—104 页。
③ 方志远：《明代城市与市民文学》，北京：中华书局，2004 年，13 页。

《漂海录》中记载道:"且江南人以读书为业,虽闾里童稚及津夫、水夫皆识字。"①

当大多数读书人不能通过读书走上仕途,成为士大夫中的一员时,他们便充斥到社会的各行各业中,成为有一定阅读能力的从业人员。如张岱对其家乡描述道:"惟余姚风俗,后生小子无不读书,及至二十无成,然后习为手艺。故凡百工贱业,其《性理》《纲鉴》皆全部烂熟。"②王世懋《二酉委谭》所说的景德镇的情况:"民既殷富,子弟多入学校,然为窑利所夺,绝无登第者。"③

第三,随着明代中后期商品经济的日益发达,人们的价值观念和人生追求也在发生变化。金钱日益成为主宰社会的力量和衡量人的价值的砝码。社会上出现了弃农经商、弃官经商、弃举业经商的风气。如何良俊在《四友斋丛说》中说:"昔日逐末之人尚少,今去农而改业为工商者,三倍于前矣。……大抵以十分百姓言之,已六七分去农。"④过去是商人赚了钱便千方百计跻身官宦行列,而现在是有人一反故习,辞官去经商。读书人也不想皓首穷经,当觉得读书没有前途时,就去"凑些资本,买办货物……图几分利息"⑤。如《醒世恒言》中就描写一位"祖上原是有根基"的官人刘君荐,"先前读书,后来看看不济,却去改业做生意"⑥。在徽州,更呈现出"以商贾为第一等生业,科第反在次着"⑦的风尚。如此等等,这种现象在"三言""二拍"中有许多描述。

---

① 崔溥:《漂海录》,葛振家点注,北京:社会科学文献出版社,1992年,194页。
② 张岱:《琅嬛文集》卷一《夜航船序》,长沙:岳麓书社,1985年,49页。
③ 王世懋:《二酉委谭》,见陶珽《说郛续》卷十八,上海:上海古籍出版社,1988年,853页。
④ 何良俊:《四友斋丛说》卷十三《史九》,北京:中华书局,1959年,112页。
⑤ 冯梦龙:《喻世明言》卷十八《杨八老越国奇逢》,北京:线装书局,2007年,145—146页。
⑥ 冯梦龙:《醒世恒言》卷三十三《十五贯戏言成巧祸》,北京:人民文学出版社,1956年,693页。
⑦ 凌濛初:《二刻拍案惊奇》卷三十七《叠居奇程客得助,三救厄海神显灵》,北京:线装书局,2007年,360页。

在这种观念的影响下,商人中更增加了许多有相当文化基础的人,而这些人则无疑是大众读者中的中坚。如余英时所言:"商人是士以下教育水平最高的一个社会阶层,不但明清以来'弃儒就贾'的普遍趋势造成了大批士人沉滞在商人阶层的社会现象,而且更重要的是,商业本身必须要求一定程度的知识水平。商业经营的规模愈大,则知识水平的要求也愈高。即以一般商人而言,明清时代便出现了大批的所谓'商业书',为他们提供了必要的知识。"①

二、大众读者群体的发展状况

大众读者群从其成分来讲,是一个人数最多的群体,也是一个最能反映时代脉搏的群体。就市民这个群体而言,它的不断发展壮大,本身就反映着资本主义从萌芽到发展的过程,标志着明代社会向近代社会转变的趋势。当然,这种趋势主要发生在经济最发达的江南地区,而这些地区无疑也是大众阅读最为发达的地区。

如前所述,对于明代平民读者的阅读状况,由于缺乏充分的资料,到目前,学界对其尚缺乏一个比较准确的描述。如大众的识字率和阅读能力问题,据有关学者估计,清代中国的识字率,男子为30%—45%,女子为2%—10%。19世纪初期广东农村男子识字率为40%—50%,广州城为80%—90%。② 以这个估计推断,明代中国的识字率虽然要比这个数值低,但在"人皆知教子读书"的江南地区,其识字率应该不会低,特别是在市民阶层中。这有三个原因:一是教育普及率比较高,二是市民所从事职业的需要,三是市民的文化消费水

---

① 余英时:《中国思想传统的现代诠释》,台北:联经出版公司,1987年,363—364页。
② 转引自李伯重《八股之外:明清江南的教育及其对经济的影响》,载《清史研究》,2004年第1期,1—14页。

平也较其他地区高。因此,能识字并有阅读能力的人的比例应该会比全国平均数高得多。

但是,从整个中国社会来看,由于受社会经济发展和文化教育水平的制约,大众读者群始终是一个发展缓慢的群体。中国绝大部分人口生活在乡村,从事着简单而粗放的农业生产劳动。"我们的帝国是由几百万个农村聚合而成的社会。数以千万计的农民不能读书识字,全赖乎士绅的领导,村长里甲的督促,他们才会按照规定纳税服役。"① 所以真正能够阅读书籍的平民百姓,其数量是很少的。马宗荣的《识字运动:民众学校经营的理论与实际》②记载,光绪三十年(1904)中国社会的识字率约为1%。这样的识字率是在教育有所普及(特别是公私学堂)的晚清得出的。可以想象,在250多年前的明代,识字率可能还要比清代低不少。而且,即使是在这1%的识字人当中,又有多少人的识字量能使其阅读小说和其他通俗读物? 在这些人当中,又有多少人能有条件获得书籍并有兴趣和时间阅读呢? 因此,这样算下来,真正能够阅读书籍的读者与人口总数相比,其数量是微不足道的。

明代大众的这种阅读状况与同时期欧洲绝大部分地区的状况类似。如新西兰学者费希尔曾说:

> 15世纪到18世纪,在欧洲绝大多数地区,读书的传统与中世纪颇为类似,读书的人多为医师、贵族、富商及牧师。小商贩,手工艺者和普通商人虽然偶尔也翻翻书,但大多一知半解。他们通常爱读短小的民谣和故事书,以及便宜的祈祷书。如果当地有学校让孩子上学,他们也读孩子们的识字课本。至于自耕

---

① 黄仁宇:《万历十五年》,北京:中华书局,1982年,230页。
② 大木康:《关于明末白话小说的作者和读者》,载《明清小说研究》,1988年第2期,199—211页。

农、小农和短工则很少读书。当时,拥有并阅读一本真正的书,一本用昂贵的皮革装订并以考究的纸张印刷的书,依然是富有的上层社会的特权。读书文化巩固了社会等级的划分,区别出统治多数的少数人,对他们给予了支持。读书远非人民大众可以享受的权利。①

第二节 阅读特点

在平民大众中,能够阅读书籍的人数虽然不是很多,但在经济和文化发达的江南地区,其大众读书人口的比例是相对要高一些的。特别是生活在城镇中的市民阶层,由于经济发达和教育普及,他们中的识字人口比较多。虽然其文化程度不高,但已有相当一部分人具备了基本的阅读能力,并有着强烈的阅读要求。他们想通过阅读认识社会,认识人生,满足精神需求,获得生存技能,解决在生活中遇到的种种问题。因此,他们所阅读的书籍主要以通俗性、实用性和娱乐性为主。

一、实用类读物的阅读

1. 法令类读物

法令类读物有《昭代王章》《读律琐言》《详刑要览》《律条疏义》《洗冤录》等。其中《昭代王章》里有四编《大诰》,是朱元璋亲自编定的法规性读物,在洪武时期曾经人人阅读,家家收藏。

---

① 史蒂文·罗杰·费希尔:《阅读的历史》,李瑞林等译,北京:商务印书馆,2009年,207页。

2.经商类读物

经商类读物有《陶朱公致富奇书》《士商必要》《商程一览》《一统路程图记》《士商规略》《士商十要》《商贾要览》《商贾醒迷》等。

3.文化普及类读物

文化普及类读物有《史学提要》《古今舆图指掌》《书言故事》《五刻徽郡释义经书士民便用通考杂字》等。

4.科技类读物

科技类读物有《九章算术》《详明算法》《指明算法》《农桑撮要》《种树书》《四季须知》《四时种植书》《齐民要术》《授时历法》《便民图纂》《田家历》《沈氏农书》《牛经》《马经》《鲁班经》《万年历》以及医学类读物等。

5.日用类书和通俗故事类书

日用类书是为平民大众日用方便所整理的百科知识读物。它产生于宋代,流行于元代,到明末清初为数最多。据吴蕙芳《〈中国日用类书集成〉及其史料价值》一文的统计,仅仅现存的明末日用类书就有35种之多[①],如《万宝全书》《居家便览》《万用正宗》《万事不求人》《学海全书》《五车拔锦》《养命全书》等。通俗故事类书是指把通俗故事汇集起来,分门别类编辑成书,用于道德教化或传授掌故知识的读本,如《日记故事》《劝惩故事》《金璧故事》等。这些类书有一个共同特点,即歌诀与图文共同存在,构成一种雅俗共赏的表达形式。特别是其中的歌诀文字,通俗易懂,朗朗上口,使那些识字能力不高或不具备识读能力的人也能吮吸知识的琼浆,得到道德文化的滋养,提高自身的文化素养。

---

① 吴蕙芳:《〈中国日用类书集成〉及其史料价值》,载《近代中国史研究通讯》,2000年第30期,109—117页。

6.占卜、阴阳、因果报应、劝善、迷信及民间宗教类读物等

这类读物有《麻衣相法》《奇门阳遁》《阳宅真诀》《阳宅十书》《阴阳捷径》《梦占逸旨》等。

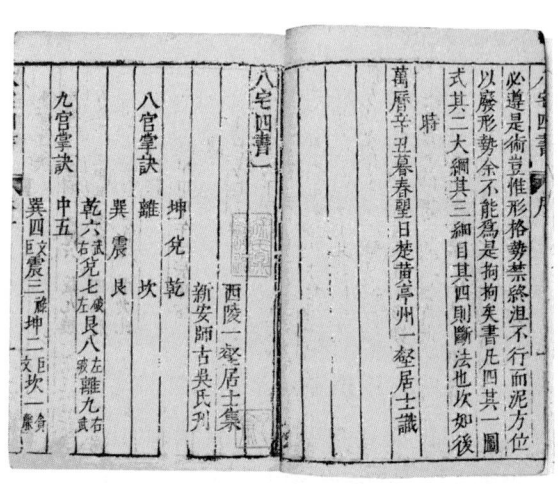

风水类读物《阳宅大全》

二、小说及其他通俗文学的阅读

小说,特别是白话小说,既是明代文学发展的最大成就,也是明代阅读发展的重要特点和趋势。作为一种雅俗共赏的文学形式,它不仅为官僚和文人们所珍爱,而且为平民大众所喜闻乐见。

1.大众所喜欢的小说类型

白话小说按内容来分,主要有历史演义小说、时事小说或英雄传奇小说、世情小说、公案小说和神魔小说等。

历史演义小说产生于宋元时期的话本,到明代进入繁荣期,其数量之众、流传之广、在读者中影响之大都是前所未有的,如《三国志演义》《水浒传》《新列国志》《东西汉通俗演义》《隋唐两朝志传》《大宋中兴通俗演义》《杨家将演义》《隋唐演义》《隋炀帝艳史》《南北两宋志

传》《春秋列国志传》等。特别是《三国志演义》作为演义小说中的代表作,它的出版推动了演义体小说创作的繁荣。如吴门可观道人在《新列国志》序中说:

> 自罗贯中氏《三国志》一书,以国史演为通俗演义,汪洋百余回,为世所尚,嗣是效颦日众,因而有《夏书》《商书》《列国》《两汉》《唐书》《残唐》《南北宋》诸刻,其浩瀚几与正史分签并架,然悉出村学究杜撰,么偽硇磝,识者欲呕。①

时事小说或英雄传奇小说,主要描写明代发生的重大事件以及与之有关的英雄传奇,如《承运传》《英烈传》《征西记》《忠国传》《辽东传》《戚南塘剿平倭寇传》《近报丛谭平虏传》②等。

随着市民阶层的扩大和自我意识的觉醒,市民们也渴求文学作品反映他们的喜怒哀乐和理想追求。于是以"市井细民"为文学主角,以恋爱婚姻、世态人情等社会生活为题材的世情小说就迅速发展和繁荣起来,乃至成为明代小说的主流形态。这类小说的代表作当数《金瓶梅》及《六十家小说》等。

在《金瓶梅》出现前后,明代出现了很多以描写性生活为主的"艳情小说",如《玉娇李》《隔帘花影》《金屋梦》《绣榻野史》《闲情别传》《浓情别传》《僧尼孽海》《闹花丛》《浪史》《昭阳趣史》《玉妃媚史》等,以及文言小说《剪灯新话》《情史》《痴婆子传》《如意君传》等。其种类之多,格调之低,为中国历史上所罕见。它们在有闲阶级和普通平民大众中,都有广大的读者群,由此社会上掀起了一股色情文学阅读的高潮,也使明代成为色情文学最为流行的时代。此外,还有一些宣扬色情内容的图像读物,如春宫画等,它们在各阶层民众中亦有广大市

---

① 黄霖、韩同文:《中国历代小说论著选》,南昌:江西人民出版社,1990年,246页。
② 缪咏禾:《明代出版史稿》,南京:江苏人民出版社,2000年,217页。

场。其中有不少还使用了五色套印技术,其印刷精致和画面之美,令人叹为观止。这显然是供贵族和有闲阶级观赏的。那些印刷粗劣、价格低廉、随处可得的春宫画则广泛传布于识字率很低的下层民众当中。

公案小说类似于现在的法制文学,也深受平民大众的喜爱。明代出版的这类小说有《包龙图判百家公案》《廉明奇判公案》《新民公案》《详刑公案》《名公案断法林灼见》《名公明镜公案》《龙图公案》《神明公案》《海刚峰公案传》等。

在明代统治者提倡宗教,特别是大力宣扬"三教合一"思想,民间宗教信仰活动极为普及,以及文学界思想解放运动的影响下,明代以描写神魔妖怪为题材的小说极为流行,乃至成为一个重要的创作流派。据统计,现存明代中长篇白话小说有 80 余部,其中神魔小说就有 30 余部,如《封神演义》《西游记》《三宝太监下西洋记》《北宋三遂平妖传》《南游记》《北游记》《东游记》《铁树记》《飞剑记》《牛郎织女传》《达摩出身传灯传》《唐钟馗全传》等。

2. 小说的读者

白话小说的读者是一个既复杂又缺乏细致探讨的问题。① 如前所述,以往人们将白话小说的读者多称为"市民""大众"或"庶民"等,但其中具体是指什么人、各占多大比例等,由于缺乏足够的证据,始终难以搞清楚。然而有一点可以肯定,那就是除了官僚、士大夫外,农、工、商以及各种杂役人员和准备进行科考的生员等中下层人士是通俗小说的重要读者群体。特别是明代后期,随着商品经济的发展和繁荣,印刷技术的进步,书籍成本的降低,小说内容风格的更加通俗化,以及市民读者阶层的不断壮大,这个趋势愈加明显。这一点,

---

① 大木康:《关于明末白话小说的作者和读者》,载《明清小说研究》,1988 年第 2 期,199—211 页。

可以从史料记载、小说的序跋或识语、内容特点、文体形式、印刷质量以及创作和出版情况等方面看出一些端倪。

关于史料记载，叶盛在《水东日记》中说：

> 今书坊相传射利之徒，伪为小说杂书，南人喜谈如汉小王光武、蔡伯喈邕、杨六使文广，北人喜谈如《继母大贤》等事甚多。农工商贩，抄写绘画，家畜而人有之；痴騃女妇，尤所酷好，好事者因目为《女通鉴》，有以也。①

许多通俗小说的序跋或识语中也有明确的说明。如《隋唐志传通俗演义》的序者说，其重编该书是为了"使两朝事实，愚夫愚妇一览可概见耳"②。《三国志演义》的序中说："今览此书之奇，足以使学士读之而快，委巷不学之人读之而亦快，英雄豪杰读之而快，凡夫俗子读之而亦快也。"③熊大木在《大宋中兴通俗演义》凡例中说："该书句法粗俗，言辞俚野，本以便愚庸观览，非敢望于贤君子也。"因此，他编写此书是"庶几使愚夫愚妇，亦识其意思之一二"④。这显示出下层民众已成为通俗小说的重要读者群体。

从小说的内容特点看，特别是以"三言""二拍"为代表的世情小说，其描写的主角已从过去的王侯将相、才子佳人、英雄豪杰转向形形色色的市井人物，如手工场主、商贩、下层文人、游民、歹徒、无赖、妓女、嫖客等。这种变化亦显示了通俗小说面向平民大众读者的发展趋势。

从文体形式来看，通俗小说除了使用白话文和读者所喜欢的叙

---

① 叶盛：《水东日记》卷二十一《小说戏文》，北京：中华书局，1980年，213—214页。
② 大连图书馆参考部编：《明清小说序跋选》，沈阳：春风文艺出版社，1983年，141页。
③ 大连图书馆参考部编：《明清小说序跋选》，沈阳：春风文艺出版社，1983年，128页。
④ 熊大木：《〈大宋中兴通俗演义〉序》，见侯忠义《明代小说辑刊》（二），成都：巴蜀书社，1995年，19页。

事结构外,还有以下特点:一是往往以评点、注释的形式使文字内容通俗易懂;二是多以图文并茂的形式来增强阅读趣味,帮助读者理解。这些做法的意图在很大程度上就是吸引和帮助那些文化水平不高的市民大众阅读。如金陵周曰校万卷楼于万历十九年(1591)刊《三国志演义》的识语中说:"是书也……俾句读有圈点,难字有音注,地理有释义,典故有考证,缺略有增补,节目有全像,如牖之启明,标之示准。"①

从印刷质量来看,书坊主为了降低成本采取以下两点措施:一是尽量使文字简略,多编制简本;二是使用粗劣的纸张、廉价的刻工,不惜以粗制滥造来降低价格。如谢肇淛说:"闽建阳有书坊,出书最多,而版、纸俱滥恶,盖徒为射利计,非以传世也。"②这显然是为那些收入不高、购买力差的读者服务的。如聂绀弩所云:"只要有一班因生活贫困而购买力差的,因文化水平低而欣赏力差的现象存在,这种应该被淘汰的著作,这种极端粗劣的出版物,还会有它的一定的市场。"③

从创作和出版情况来看,文人、学者、书坊主等人参与到小说的创作、评点、编刊中,使明代的白话小说出版呈现出空前的繁荣景象。

据统计,现存明代中长篇白话小说有 80 余种。特别是嘉靖以后,涌现出了以《三国志演义》《水浒传》《西游记》《封神演义》《金瓶梅》及"三言""二拍"为代表的一大批长篇小说和白话短篇小说集。众多的书坊都参与了小说的刻印,如《小说书坊录》所辑录的明代书坊就有 134 家。④ 特别是南京、苏州、建阳、徽州等地的书坊纷纷将通俗读物作为它们的主打产品。如,建阳余象斗的"双峰堂"和"三台馆"在万历年间刻印了《三国志传》《北宋志传通俗演义》《大宋中兴通俗演义》

---

① 转引自程国赋《明清通俗小说识语研究》,载《文艺研究》,2009 年第 4 期,30—40 页。
② 谢肇淛:《五杂俎》卷十三《事部一》,上海:上海书店出版社,2009 年,266 页。
③ 聂绀弩:《中国古典小说论集》,上海:上海古籍出版社,1981 年,171 页。
④ 韩锡铎、王清原:《小说书坊录》,沈阳:春风文艺出版社,1987 年。

等20余种小说。金陵周曰校万卷楼在万历年间刻印了《国色天香》《三国志演义》《百家公案》《大宋中兴通俗演义》等五六种小说。而且同一种书有多家书坊出版,如《三国志演义》,现存的明代刊本就有30余种;《西游记》在南京有荣寿堂本和世德堂的《出像官板大字西游记》本等。这种小说编刊的繁荣局面,自然是读者需求推动的结果。因为只有为数众多的读者形成一个强大的需求市场,才能吸引为数众多的书坊以追逐利润为目的去出版这类读物。所以,小说的繁荣与大众的阅读能力关系密切。文盲比例过高,阅读市场过小,很难催生出小说的黄金时代。或者说,只有平民大众参与了小说的阅读,才有可能出现明代小说繁荣的局面。

由上述可见,平民大众是通俗小说的主要读者群体。

说到平民大众与小说的关系,还应该提到的是,由于受经济条件和文化水平的限制,实际上很多人主要是通过间接阅读——听书而获得小说内容的。因此史料中有关平民大众对小说的喜欢和熟悉的记载主要是指听书,而不是直接阅读。如袁宏道在《东西汉通俗演义》序中说:

> 今天下自衣冠以至村哥里妇,自七十老翁以至三尺童子,读及刘季起丰、沛,项羽不渡乌江,王莽篡位,光武中兴等事,无不能悉数颠末,详其姓氏里居,自朝至暮,自昏彻旦,几忘食忘寝。①

顾炎武在《日知录》中引钱氏曰:

> 小说,演义之书,士大夫、农工、商贾无不习闻之,以至儿童妇女不识字者,亦皆闻而如见之,是其教较之儒、释、道而更

---

① 袁宏道:《袁宏道集笺校》附录一《东西汉通俗演义序》,钱伯城笺校,上海:上海古籍出版社,1981年,1636页。

广也。①

这些"村哥里妇""老翁童子"及"儿童妇女不识字者"大多数应是文盲或半文盲,不可能直接阅读小说。因此,他们接受小说内容的方式与途径就是听书和看戏。当然,听书和看戏作为文本的另一种形式,它们的存在也会极大地促进通俗小说创作与阅读的发展和繁荣。

3. 对其他通俗文学的阅读

除小说之外,杂剧剧本、词曲以及民歌时调也是平民大众喜闻乐见的文学艺术形式。如前所述,明代是一个杂剧和词曲创作繁荣的时代。其作品作为一种阅读文本而被广泛传播。至于民歌时调,它虽然是一种歌唱艺术,但是它的唱词也可以作为文本来阅读,而且有些文本还在大众中得到了广泛传播。冯梦龙编选的《挂枝儿》和《山歌》就集中了在当时广为传唱的民歌时调中的优秀作品。如沈德符在《万历野获编》中说:"比年以来,又有《打枣竿》《挂枝儿》二曲,其腔调约略相似,则不问南北,不问男女,不问老幼良贱,人人习之,亦人人喜听之,以至刊布成帙,举世传诵,沁入心腑。"②

三、嗜读博览者

在从事各行各业的平民大众中,不乏嗜读好学、博览群书者。他们或出于爱好,或为了生存需要,始终能够读书学习。这样的读者,除在上述各类读者群体中已列举过很多外,再如福建侯官陈鸣凤兄弟四人,"日为人司账簿,夜则就庐中共读"③。秦中商人子谷淮,"客

---

① 顾炎武:《日知录集释》卷十三《重厚》,黄汝成集释,长沙:岳麓书社,1994 年,485 页。
② 沈德符:《万历野获编》卷二十五《时尚小令》,北京:中华书局,1959 年,647 页。
③ 转引自王日根《试论明清文化的世俗化》,载《社会科学辑刊》,1993 年第 1 期,89—93 页。

于淮扬,佣书。颇好博览,兼善音律,仿文征仲书法"。① 嘉兴人王翃,"日坐闤阓间,一手挟古今书以观,一手数钱与市贩菜佣相应答"②,有诗文、词曲行世。苏潜龙,经营书肆自养,"终日坐肆中且鬻且读览"③。

四、书籍来源

虽然书坊主们想方设法降低书的印刷成本,以便能让更多的人买得起书,但是直到明代后期,书籍的价格仍然较高。如万历时的一部《春秋列国志传》定价为一两白银,《封神演义》定价为二两白银。④或许这是当时印刷质量比较好的书,而当时的一亩地也不过值二两白银。再如明初时,已是"童子师"的杨士奇"颇有所入",可是想买两册《史略》,"百钱不能得",其母只好卖掉一只老母鸡才得以换来。因此,一般的下层民众中能买得起书的人还是很少的,他们要想读书,恐怕就得通过借书或其他方式了。

关于借书阅读的事例,本书前面的内容里已出现过很多。此外,再如洪武时,松江有一屠夫的儿子叫孙道明,他酷嗜读书,但家无所藏,又买不起书。于是他经常向别人借书,坐在街肆中阅读。而且他一边读,一边用密密麻麻的小楷抄写,后来积写了千余本。⑤

吴县人王行,"幼随父依卖药徐翁家,徐媪好听稗官小说,行日记数本,为媪诵之。媪喜,言于翁,授以《论语》,明日悉成诵。翁大异

---

① 钱谦益:《列朝诗集小传》闰集《佣书等二人》,上海:上海古籍出版社,1983年,782页。
② 赵景深、张增元:《方志著录元明清曲家传略》,北京:中华书局,1987年,187页。
③ 黄巩:《拙修小传》,见黄宗羲《明文海》卷四一七,北京:中华书局,1987年,4353—4354页。
④ 潘建国:《明清时期通俗小说的读者与传播方式》,载《复旦学报》(社科版),2001年第1期,118—130页。
⑤ 郎瑛:《七修类稿》卷四十《写字诵经》,北京:中华书局,1959年,584页。

之,俾尽读家所有书,遂淹贯经史百家言"①。这段记载说明了以下事实:第一,徐翁是一个有雇员的商人且家有藏书,但并没有收藏小说一类的读物;第二,王行通过"日记数本"而为徐媪诵读的小说,可能是听别人说书记录下来或借抄的;第三,王行作为一个雇工家的孩子,根本没有书读,只是幸运地阅读了药商徐翁家的藏书,才"淹贯经史百家言",成为著名学者;第四,徐翁虽是一个药商,但家里藏书较多,可见他是一个嗜学好读者或儒商。

第三节 大众阅读的作用和影响

平民大众是一个社会的主体人群,他们的阅读活动和阅读普及程度决定着一个国家和社会的文明水平。处于封建社会高度发展,资本主义正处在萌芽状态的明代,大众阅读的发展虽步履缓慢,但已初见端倪。因此,它也对社会发展产生了积极的影响,主要表现为以下几个方面。

一、提高生产经营技能,促进经济发展

读、写、算能力是从事工农业生产和商业活动必不可少的技能之一。从事生产、经营的农工商业者们,要通过阅读各种实用性、技术性读物来提高他们的生产和经营技能。特别是那些商人和工场主,他们需要不断学习以拓宽经营渠道,改变经营策略,扩大生产规模,

---

① 张廷玉等:《明史》卷二八五《文苑一》,北京:中华书局,1974年,7329—7330页。

提高管理水平。而且经营规模越大,所需要的知识水平就越高。就一般工农商业者而言,像《陶朱公致富奇书》《万宝全书》《四民必用》《沈氏农书》《便民图纂》《农说》等书,就成为他们必不可少的读物。

生产和经营技能的提高,就会提高生产率,促进经济的发展。因此,明代江南经济发展较快与其教育发达、大众读写能力较强有着密切关系。同时,读写能力的普及和提高也造就了大批精明能干的作坊主、农场主和商人。

二、普及文化知识,提高国民文化素养

大众读者通过阅读通俗性读物,特别是文学读物,了解了历史,认识了社会,提高了伦理道德修养和审美趣味,具有了基本的文学知识和修养。如鲁迅所言:"我们国民的学问,大多数却实在靠着小说,甚至于还靠着从小说编出来的戏文。"①

如果说诗歌散文只是在上层文人之间流传,那么小说、戏曲和民间说唱文学就因为通俗易懂而流传在平民大众中。这些作品从各种角度叙述着大众关心的话题,吸引了各个层次的读者,并培养和提高了潜在和实际读者的阅读兴趣和能力,从而造就了无数的好读善读者,为大众阅读的到来奠定了基础。

三、满足精神需求,获得身心愉悦

人们之所以喜欢小说,是因为小说中的情景和事理与读者的经验、情感和审美趣味联系密切。小说中的世界充满了人情百态、喜怒

---

① 鲁迅:《鲁迅全集》卷三《华盖集续编》,北京:人民文学出版社,1981年,334页。

哀乐。在这里,读者能找到情感与理想的归宿,能达到现实中不能达到的目的。如他们能抒发自己怀才不遇的感慨,能发泄自己郁积已久的愤世情绪,能挥去烦恼和苦闷,能惩恶扬善,能打抱不平,能痛快淋漓地恨,能随心所欲地爱。

所以,小说是人们满足精神需求,获得身心愉悦的重要途径。如《〈新刻续编三国志〉引》云:"夫小说者,乃坊间通俗之说,固非国史正纲,无过消遣于长夜永昼,或解闷于烦剧忧愁,以豁一时之情怀耳。今世所刻通俗列传并梓《西游》《水浒》等书,皆不过快一时之耳目。"①对生活在底层的平民大众来说,小说和戏曲就是他们的精神寄托和理想世界。

四、促进文学创作,推动通俗文学的发展与繁荣

文学的发展过程是作者与读者的互动过程。一种文学体裁的兴盛和发达主要来自读者对它的高度接受。对小说而言,读者是最重要的。大规模的读者群体是各类题材小说大量出现的重要诱因。平民大众对通俗小说的喜欢,以及平民大众的阅读习惯和阅读趣味的养成影响着明代小说的编创体式、旨趣和方式的演变。如小说的通俗化趋势,甚至俚俗化趋势,就是由于下层市民群体成为小说的主要读者群体而形成的。如《〈古今小说〉叙》称:"茂苑野史氏,家藏古今通俗小说甚富。因贾人之请,抽其可以嘉惠里耳者,凡四十种,畀为一刻。"②由此可见,通俗小说的编刊主要就是为了满足下层读者的需要——"嘉惠里耳"。

---

① 佚名:《〈新刻续编三国志〉引》,见《古本小说集成·三国志后传》卷首,上海:上海古籍出版社,1994年。
② 绿天馆主人:《〈喻世明言〉叙》,见冯梦龙《喻世明言》卷首,北京:线装书局,2007年。

总之,读者对通俗小说的喜闻乐见,促进了明代通俗小说创作和刊刻的发展与繁荣。如胡应麟所言:"古今著述,小说家特盛,而古今书籍,小说家独传,何以故哉?……夫好者弥多,传者弥众,传者日众,则作者日繁。夫何怪焉?"[①]因此,阅读活动对创作的影响也是研究阅读史时应该关注的重要方面。

---

① 胡应麟:《少室山房笔丛》卷二十九《九流绪论下》,北京:中华书局,1958年,374页。

第十二章 少数民族和宗教的阅读

朱元璋统一中国,建立明朝后,随着社会经济的发展和中央政权的巩固,明朝对周边各少数民族的控制不断增强,各族人民之间的联系更加紧密,使我国统一的多民族国家政权进一步得到巩固。在政治稳定、经济繁荣的基础上,各民族的文化事业和阅读活动有了很大进步,为中华民族文化的共同发展与共同繁荣做出了重要贡献。

阅读是宗教得以传播的最重要途径之一,同时,宗教向来对阅读活动有着巨大的促进作用。在这一点上,明代虽然不像以往的朝代那样显著,但是宗教读者仍然是一个人数众多的群体,是研究阅读史不可忽视的方面。由于资料所限,这里只能对其做一个概括介绍。

第一节　概况

明代的少数民族,主要有西北地区的维吾尔族、柯尔克孜族、哈萨克族,北部的蒙古族,东北地区的女真族,西部和西南地区的藏族、傣族、纳西族、彝族、白族、苗族以及广泛分布于内地的回族、岭南地

区的壮族等。这些民族的书面创作和阅读活动经过元代的积累,随着政治、经济的发展,特别是长期的多民族文化交流与融合,到明代又有了更大的发展。其特点主要表现为以下几个方面:一是文献生产数量和读者人数不断增加;二是多文字阅读现象仍然显著;三是宗教典籍仍然是少数民族阅读的主要内容;四是读者层次主要是贵族和上层知识分子;五是汉文典籍阅读是中华民族统一、强盛,具有强大凝聚力的保证。

明代的宗教主要有佛教、道教、伊斯兰教、民间宗教和天主教等。

由于理学在明代的学术文化中占主导地位,所以佛教和道教在明代的社会地位较元代有明显下降,因而其发展逐渐式微。而且,理学家们那种平民化的学术思想所产生的影响,以及大众化的传播路径,也是佛、道二教不能比的。与此同时,佛、道二教的儒化趋势日益明显。所谓"三教合一"的趋势,实际上主要指佛、道二教的儒化倾向。不过,佛教在蒙古族、藏族和西南地区少数民族中仍占统治地位。因此经书的传播与阅读,不仅在这些地区流行,而且是很多人的主要精神食粮。

民间宗教在明代得到了经久不衰的发展,且往往成为秘密社团乃至民众的精神武器。很多宗教组织和派别都很重视以书面形式来总结、阐释和传播其教义和思想。因此,与民间宗教有关的阅读活动虽然一直被官方所控制,但始终是有增无减的。

伊斯兰教主要存在于西北地区各民族以及内地的回族人中。虽然其信徒很多,但是与之相关的阅读活动在内地与西北地区之间差异较大。

明末,大批西方传教士来华传播天主教,并将大批有关天主教及西方科学文化的著作传入中国,从而在一些士大夫和普通民众中产生了很多信徒和积极的阅读者,成为中西文化交流史上的一件大事。关于这方面的内容,前面的章节中已有专题论述,这里不再赘述。

第二节　少数民族的阅读

这里将明代的少数民族分为维吾尔族和西北地区其他少数民族、蒙古族和女真族以及藏族和西南地区的其他少数民族三个部分。需要说明的是，处于边疆偏远地区的少数民族由于其政治、经济和文化比较落后，因此阅读活动仍然是贵族和少数知识阶层人士的行为，普通劳动民众中一般很少有阅读活动的存在。因此，少数民族的阅读史基本上是一部少数民族贵族知识分子的阅读史。

一、维吾尔族和西北地区其他少数民族

随着成吉思汗的西征，蒙古人开始了入主西域，统治维吾尔人的时代。从14世纪40年代开始，蒙古人步入了伊斯兰化和突厥化的进程，从而使蒙古人最终融合到了维吾尔族之中，信仰伊斯兰教的蒙古人也越来越多。在蒙古人后裔统治者强制性地推行伊斯兰化的趋势下，居住在吐鲁番、哈密等地信仰佛教的维吾尔人于16世纪改信伊斯兰教。此后，伊斯兰教就成为维吾尔族全民信仰的宗教。

生活在天山南北地区的民族，除维吾尔族外，还有蒙古族、塔吉克族、乌孜别克族、哈萨克族、汉族等。

随着伊斯兰教的广泛普及，波斯、阿拉伯的伊斯兰文化大量涌入维吾尔族地区。维吾尔族的作家、诗人和学者以精通波斯、阿拉伯的语言文字为荣，因此，维吾尔族的知识阶层几乎都精通这两种语言文字。他们既用波斯语和阿拉伯语写作，同时又使用着维吾尔族的语

言文字。大量的波斯、阿拉伯的诗歌、小说和各学科文献被译成维吾尔文。

随着大批波斯语、阿拉伯语进入维吾尔族语言之中,从14世纪上半叶到17世纪初,在古代回鹘语的基础上形成了一种为突厥语诸民族共同使用的书面语言——察合台语。察合台语使用阿拉伯字母,在词汇、语音、语法等方面都受到波斯语和阿拉伯语的很大影响。在中亚地区,用察合台语写成的文学、哲学、历史以及自然科学方面的著作浩如烟海。

在文学方面,中亚作家拉布乌孜于1311年创作的《拉布乌孜故事集》(《圣贤传》)堪称察合台文学之滥觞。作品中讲述了许多生动的传说,插入了大量的格言警句,散文中夹杂着优美的韵文,富于哲理性。另外,他根据民间传说创作的长诗《玉素甫与祖莱哈》,至今仍在维吾尔族民众中广泛流传。

生活在14世纪末到15世纪初叶的赛卡克,其创作的诗歌在当时已享誉中亚。他的一个诗集手抄本流传至今,现藏于英国伦敦一博物馆内。①

阿塔依是15世纪维吾尔文学的代表作家之一。他所创作的诗集,以手抄本形式在当时流传很广。此外,这一时期的著名诗人、学者还有鲁提菲(1366—1465)。他创作了20多部著作,内容涉及文学、历史、哲学等。他的诗在当时已很有盛誉,并有多种抄本在维吾尔族及中亚各族群众中间流传。他还将波斯史学名著《凯旋记》以诗歌形式译成维吾尔语,长达两万余行。②

15世纪维吾尔察合台文学的代表人物是出生于中亚赫拉特城的艾利希尔·纳瓦依(1441—1501)。他一生创作了大量诗歌,其中最

---

① 张炯等:《中华文学通史》第3卷,北京:华艺出版社,1997年,788页。
② 张炯等:《中华文学通史》第3卷,北京:华艺出版社,1997年,793页。

有代表性的著作是《四卷诗集》和《五卷诗集》。这些作品以手抄本形式在维吾尔族地区及中亚地区流传,其中的一些情节也以民间传说的形式广为人知。

在史学方面,明代维吾尔人撰写的史学著作主要有库尔刚撰写的《拉失德史》。该书完成于1544年,原书用波斯语写成,主要记录了东察合台汗国的历史事件和重要人物。它曾两次被译为察合台语,并有多种手抄本在中亚地区广泛流传。作者库尔刚通晓阿拉伯语和波斯语,他是维吾尔人中一位杰出的史学家和文学家。

哈萨克族也是一个具有史诗传统的民族,其史诗数量众多,篇幅宏大,内容浩瀚,艺术精湛。据统计,哈萨克族史诗的数量不仅在百部以上,而且它们大多数都有各种不同的版本和文字。如其中的《阿勒帕米斯》是一部具有世界影响力的英雄史诗,在民间流传广泛。据统计,它有37种版本。① 此外,哈萨克人也非常喜欢民间叙事诗一类的文学作品。如爱情叙事诗《姑娘吉别克》、传说与故事性叙事诗《巴合提娅尔的四十枝系》就是其中的代表作。这些作品虽然主要以口头演唱的形式传播,但亦有手抄本在读者中流传。

进入明代以后,回鹘文仍然是西部和西北部地区很多人的读写工具。其中使用最多的领域是对宗教经典的阅读,包括佛教、摩尼教、景教、伊斯兰教等经典,如《圣徒记》《升天记》《铁木耳世系表》等。非宗教性的回鹘文读写包括公文、契约、碑刻、字典、医书、文学作品等,如明代四夷馆编辑的《高昌馆来文》是一部吐鲁番地区向明廷朝贡的公文集。它表明回鹘文在明代西部地区仍然是一种官方通用文字。

此外,如前所述,早在汉代,汉宣帝就在西域设置治所,此后,中原与西域在政治、经济和文化方面始终有着密切联系。汉文读写也

---

① 张炯等:《中华文学通史》第3卷,北京:华艺出版社,1997年,817页。

早已在那里流行。即使是在元朝的察合台汗国统治时期,还专门有中原汉人为汗国记录和书写历史。因此,到明代时,维吾尔族地区也一定会有汉文典籍在流传,汉文阅读活动至少也会在那一带的汉人中存在。但他们具体是些什么人、主要阅读何书、如何阅读,目前还没有看到具体的记载。但有一点可以肯定,那就是包括儒学在内的中原汉文典籍也一定在那里传播。

二、蒙古族、女真族和回族

明代蒙古族主要由分布在蒙古高原的鞑靼(东部蒙古)、分布在萨彦岭和唐努山到准噶尔盆地的瓦剌(西部蒙古)、南迁后分布在蓟辽边外的兀良哈三卫(即宋颜、泰宁、福余卫)三大部分组成。除此之外,在西域各地和明朝内地亦有相当数量的蒙古人。

由于蒙古族与汉族、女真族、藏族、维吾尔族等各族人民有着密切的政治、经济和联姻关系,因此其文化也表现出了与各民族融合与交流的特点,其使用的文字有蒙文、维吾尔文、汉文、藏文和女真文。使用维吾尔文者主要是西部蒙古人,使用汉文者主要是内地蒙古人、南迁蒙古人和少数北部及东部蒙古人,使用藏文者主要是蒙古人中信仰喇嘛教的僧侣,使用女真文者主要是东北部的蒙古人。

在多种文化的影响下,明代的蒙古人中亦产生了许多通晓多种文字的杰出读者和学者。如,火源洁,精通蒙文,洪武十二年(1379),他用汉文翻译蒙古文,成《华夷译语》。洪武十五年(1382),他与翰林院编修回族人马沙亦黑将《元朝秘史》译成附有汉文总译的汉字标音本。明朝政府把《华夷译语》和《元朝秘史》作为培养蒙古语翻译人员的教材。《元朝秘史》也因此译本才得以流传。切尽黄台吉(1540—

1586),袄尔都司部人,"为人明敏,而娴于文辞,尤博通内典"①。他曾对蒙古文《白史》的多种手抄本进行校勘、增补,并将之公布于世,对该书的保存和流传做出了重要贡献。

明代后期还产生了两部重要的蒙古史学著作:一是《俺答汗传》,二是《蒙古黄金史纲》。二者曾以多种手抄本形式广为流传。

如前所述,从元朝忽必烈开始,蒙古人信仰佛教,大量的藏文、梵文文献,特别是佛教文献传到蒙古地区,并被翻译为蒙古文,对元代蒙古人文化水平的提高起到了巨大的促进作用。明代蒙古人的藏文阅读与翻译工作有了新的发展,许多藏文著作被翻译为蒙古文,极大地促进了蒙古人文化水平的提高,并促进了一批著名的翻译家和学者的出现。

卫拉特人咱雅班智达(1599—1662)翻译的藏文作品达177部,其门徒翻译的作品亦有38部。这200余部作品除大部分为宗教经典外,还有一些文学和历史典籍,如《苏布喜地》《米拉传》《米拉日巴传》《玛尼丛书》《词汇》等。②

锡勒图固什·淖尔吉于17世纪初翻译了藏文《米拉日巴传》《米拉日巴道歌》《故事海》等作品,它们在蒙古地区得到了广泛流传。如自1618年《米拉日巴传》译完后,1640年,内蒙古科尔沁王曾请专人为他朗诵。③

16世纪70年代,自黄教大规模传入蒙古地区后,蒙古文的翻译工作主要转向佛教经典的翻译。1607年,108函的《甘珠尔》被全部译成蒙古文。据记载,在1602年到1607年的翻译工作中,就有70多

---

① 瞿九思:《万历武功录》卷十四《切尽黄台吉传》,北京:中华书局,1962年,影印本。
② 耡吉:《十三至十九世纪藏蒙文化交流评介》,见王继光《中国西部民族文化研究》(2003年卷),北京:民族出版社,2003年,410—417页。
③ 耡吉:《十三至十九世纪藏蒙文化交流评介》,见王继光《中国西部民族文化研究》(2003年卷),北京:民族出版社,2003年,410—417页。

人参加，他们都是精通蒙古文、藏文、梵文的佛学家，如丹僧达格巴、毕力贡达赖、曲坚措·格龙、锡勒图固什·淖尔吉、阿难答·满珠锡里·固什等。① 为了配合翻译工作的进行，这个时期还编著了一批辞书，如贡嘎敖德斯尔的《蒙文启蒙诠释》、咱雅班智达的《卫拉特辞典》、阿尤希固什的《阿利加力字母》(《蕃梵字学梵字书》)等。②

上述翻译作品，除少数在蒙古族民间流传外，大部分经典只在寺院里供少数喇嘛诵读和研究。

在文学阅读方面，除上述翻译作品外，索南扎巴（1478—1554）的《格丹格言》是模仿《萨迦格言》的诗作。藏戏剧本《智美更登》于17世纪由锡勒图固什·淖尔吉以韵文形式译成蒙古文。《乌巴什·洪台吉》是一篇以描写外哈喇哈与瓦剌封建主之间战争为题材的小说，曾以手抄本的形式在杜尔伯特一带广为流传。

明代女真族由建州、海西和东海三部组成，南迁后主要分布在苏子河、松花江、黑龙江中下游和乌苏里江以东地区。永乐年间，明朝政府开始在这些地区设置卫所以统治女真部族。万历四十四年（1616），建州女真的努尔哈赤在统一女真三部后，建立后金政权。崇祯八年（1635），努尔哈赤之子皇太极废女真旧称，改为满洲，次年改国号为清。随着女真族与汉族和蒙古族的密切交往，女真族的文化程度日渐提高，并表现出多文化的阅读特点。

女真族使用过的文字主要有女真文、汉文、蒙古文和满文。女真文是金太祖完颜阿骨打时期创制的文字。明初期时，女真人中仍有相当数量的人在使用女真文。到明中期，只有少数上层人物使用女真文，绝大部分普通女真人则使用蒙古文和汉文。这是由于女真人

---

① 糖吉思：《十三至十九世纪藏蒙文化交流评介》，见王继光《中国西部民族文化研究》（2003年卷），北京：民族出版社，2003年，413页。
② 糖吉思：《十三至十九世纪藏蒙文化交流评介》，见王继光《中国西部民族文化研究》（2003年卷），北京：民族出版社，2003年，413页。

长期以来与蒙古族人和汉族人密切交往和联系。努尔哈赤统一女真各部后,因感到使用蒙古文有诸多不便,遂决定以蒙古文为基础制作本族文字。万历二十七年(1599),额尔德尼创立了以蒙古文字母拼写女真语的老满文,并颁行国中。不过,老满文的使用仅限于少数上层贵族中,并没有得到普及。

由此可见,明代女真族亦是一个多文字读写的民族。如明初立于黑龙江北岸近海口特林的"奴儿干永宁寺碑",其碑文就由汉文、女真文、蒙古文、藏文四种文字书写,反映出这四种文字在女真地区有一定的通用性。值得一提的是,在女真人中也出现了许多通晓多种文字的杰出读者和学者,举例如下。

额尔德尼,满洲正黄旗人,是老满文的创立者。他聪明好学,通习蒙古文和汉文。在努尔哈赤创业之初,他所到汉人和蒙古人地,俱能以其语言文字"传宣诏旨",为后金的建立做了许多贡献。他与库尔缠等人编写了《满文老档》。达海(1596—1632),满洲正蓝旗人。他是老满文的改进者和著名的翻译家。他"九岁读书,能通满、汉文义。弱冠,太祖高皇帝召直文馆,凡国家与明及蒙古、朝鲜词命,悉出其手"[1]。崇祯五年(1632),他奉皇太极命令,对老满文进行改造,解决了满文中存在的一些问题,极大地提高了满文的准确性。此外,他还翻译了《明朝刑部会典》《素书》《三略》《武经》,尚未译完的著作有《通鉴》《六韬》《孟子》《三国志》《大乘经》等。[2] 刚林,满洲正蓝旗人,精通汉文,崇祯七年(1634)以汉文考试中举,进入文馆,授大学士,曾参与撰写和翻译《清太祖武皇帝实录》。[3] 希福,满洲正黄旗人,通满文、汉文、蒙古文,崇祯九年(1636)五月为内国史院承政,也曾参与撰

---

[1] 王钟翰:《清史列传》卷四《达海传》,北京:中华书局,1987年,187页。
[2] 王钟翰:《清史列传》卷四《达海传》,北京:中华书局,1987年,187—189页。
[3] 赵尔巽等:《清史稿》卷二四五《刚林传》,北京:中华书局,1976年,9629页。

写和翻译《清太祖武皇帝实录》,并将《辽史》《金史》《元史》芟削烦冗,译为满文。① 罗绣锦,辽阳人,崇祯九年(1636)五月任内国史院承政,也曾参与编纂和翻译《清太祖武皇帝实录》。②《清太祖武皇帝实录》有满文、汉文和蒙古文三种版本,它们都由刚林、希福和罗绣锦完成。

明代的回族人主要聚居在甘肃、陕西、宁夏、云南等地。此外,北直隶、南直隶、浙江、湖广等地也有回族人散居。回族人在长期与汉族人的杂居和交往中,其读写活动基本被汉化,汉文读写水平普遍较高。在明朝实行的安抚优惠政策下,他们中出现了无数杰出的读者和学者,并在地理、历史、思想、宗教、文学、医药、天文、历法、中外文化交流诸领域做出了突出贡献。如著有《瀛涯胜览》的马欢,航海家郑和,著名诗人丁鹤年,书法家赛景初,天文学家、历法学家马沙亦黑,海达儿,阿管兀丁,马哈麻,还有清官海瑞,等等。

伊斯兰教的经典《古兰经》在明代的回族人中仍然靠手抄和口头讲解传播,因此读者范围并不是很大。

三、藏族和西南地区的其他少数民族

从14世纪到15世纪,藏族社会政治稳定,经济繁荣,封建农奴制进入鼎盛时期。明代也是藏族地区阅读活动进一步发展和繁荣的时期。

在思想文化方面,藏传佛教中的格鲁派成为藏族地区最大、占主导地位的佛教宗派,其所尊奉的佛学及其教义、戒律对藏族社会的发展产生了深远影响。在这一时期,蔡巴·贡噶多吉和布敦·仁钦珠分别编纂了《甘珠尔》和《丹珠尔》两部藏文大藏经,完成了藏族文化

---

① 赵尔巽等:《清史稿》卷二三二《希福传》,北京:中华书局,1976年,9347—9348页。
② 赵尔巽等:《清史稿》卷二三九《罗绣锦传》,北京:中华书局,1976年,9520—9521页。

史上的浩大工程。

藏族史传文学的创作与阅读也出现了空前的繁荣,先后出现了许多历史名著,如布敦·仁钦珠的《布敦佛教史》(1322年)、蔡巴·贡噶多吉的《蔡巴红史》(1363年)、索南坚赞的《西藏王统记》(1328年)、熏奴贝的《青史》(1478年)、巴卧·祖拉陈瓦的《贤者喜宴》(1564年)、五世达赖的《西藏王臣记》(1643年)等。此外,还出现了众多的藏文传记文学作品,如《米拉日巴传》《玛尔巴译师传》《日琼巴传》《布敦大师传》《汤东杰布传》《朱巴滚勒传》等。

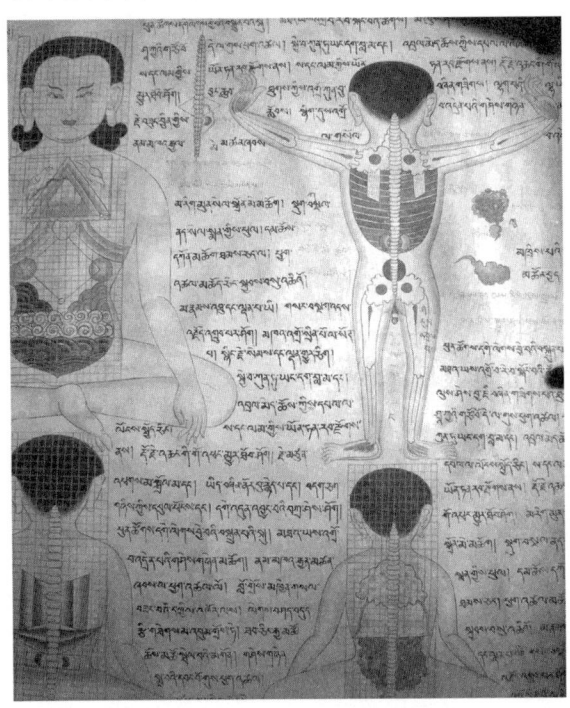

产生自元明时期的《四部医典》内页

在诗歌方面,最有代表性的作品是宗喀巴的诗作,如《诗文散集》《歌集》等。此外,梵语诗学理论《诗镜》也被译为藏文,对藏族的诗歌创作产生了重要影响。

这些著作的作者都是这一时期最杰出的读者的代表,而且无一

例外都是高僧,这充分反映出佛教文化对西藏阅读文化的深刻影响。如《西藏王统记》的作者索南坚赞(1312—1375),他是八思巴的侄孙,8岁出家,曾先后从布敦大师和邦译师洛卓丹巴等人学法。他精于讲授、辩论和著述,通达五明,显密双解,并著有因明、般若、中观和教法史等方面的著作。

《贤者喜宴》的作者巴卧·祖拉陈瓦(1504—1566),是西藏山南洛扎拉隆寺住持。该书所涉及的内容有印度史、佛教史、王统史、教派史,包括于阗、汉地、西夏、蒙古等的王统史和佛教史等。其广征博引,史料丰富,内容广泛,篇幅宏大,为同类著作所少有。从中亦可见作者读书之博,钻研之深。

《米拉日巴传》的作者桑吉坚赞(1452—1507),7岁出家受戒,后云游藏区各地,锐意修习,著书立传。除《米拉日巴传》外,他还著有《玛尔巴译师传》《日琼巴传》和《朱巴滚勒传》。《米拉日巴传》在藏族社会中知名度很高,影响极大,几乎妇孺皆知,而且传播到了世界各地,有多种译本。

《诗文散集》的作者宗喀巴(1357—1419),生于青海宗喀地区。他7岁出家,16岁前往西藏学经求法,遍游藏地,精通佛教显密典籍,对诗歌理论著作《诗统》亦有很深的造诣。他博学多才,著述颇丰,有《宗喀巴全集》,包括著作70余种,内容涉及佛学、哲学、传记、诗歌等。

明代西南地区的少数民族在政治、经济和文化方面进入了一个新的发展和繁荣时期。汉文化和佛教文化在这里得到进一步传播,促进了这些地区少数民族文化和教育的发展。

生活在云南西双版纳和德宏、耿马、孟连等地的傣族是一个有着悠久历史和文化传统的民族。傣文文献不仅数量大,而且内容广泛,涉及政治、历史、法律、道德、宗教、语言、文学、天文历法、农田水利、军事、科技、祭文占卜等。其中数量最大的是从巴利文翻译过来的小乘佛教经典,号称有八万四千卷,由此可见佛经是傣族人的主要阅读

内容。据史料记载,明朝中期的德宏傣族地区,"俗尚佛教,寺塔遍村落,且极壮丽,自缅甸以下,惟事佛诵经,凡有疾病祝佛,以僧代之"①。佛寺教育的强化,使傣族社会的读写应用更加广泛。如在文学创作方面,贝叶经文学在明代进入了鼎盛期。仅其中的叙事诗创作,就出现了数百部作品,如著名的《乌沙麻罗》《粘巴西顿》《兰嘎西贺》《粘响》以及《巴塔麻嘎捧尚罗》。《粘响》的作者帕拉纳是一位高僧,8岁出家,受佛教陶冶达32年之久。同时,他又是一位著名的诗人,著有从佛经文学中取材的英雄史诗《粘响》和揭露社会黑暗的悲剧叙事诗《女南波冠》等作品。此外,他还是一位勤奋读书和刻苦钻研的学者,用30多年的时间,阅读了365部傣族叙事诗,完成诗歌论著《论傣族诗歌》,其以抄本和贝叶经刻本的形式在民间广泛流传。

明代,纳西族的东巴文写作进入了一个新的发展时期。特别是在文学创作中,一些具有现实主义特征的诗体故事代替了原来以神话经诗为体系的东巴文学,使文学逐渐成为反映社会现实、揭露阶级矛盾的工具。如载于东巴经中的诗体故事《多格立风》就是一部宣扬公正、明断善恶、歌颂正义的现实主义作品。

此外,纳西族也信仰佛教,喜欢刻印佛经。如万历二十七年(1599),丽江纳西族土司知府木增用银粉印了《大乘观音菩萨普门经》。万历二十七年(1599),木增在理塘刻《甘珠尔》大藏经108卷,并赠送拉萨大昭寺一部。

与此同时,纳西族的汉文阅读也有了进一步的发展,嘉靖、万历时期,"靡不户诵诗书,人怀铅椠,而丽江实为之前茅"②。在纳西族上层社会中,不仅汉文阅读得到了进一步的普及,而且出现了很多深通汉文典籍、工诗能文的杰出读者。如世袭丽江知府的木氏家族,其子

---

① 朱孟震:《西南夷风土记》,丛书集成初编,北京:中华书局,1985年,6页。
② 钱谦益:《列朝诗集小传》丙集《丽江木知府》,上海:上海古籍出版社,1983年,356页。

弟不仅热爱汉文化,倾心于汉文的阅读与写作,而且"课农桑,兴学校,屯田贡赋,经理有条,习武讲文"①,鼓励和促进汉文化在当地的传播。他们在府邸内建"万卷楼",专门用于收藏汉文典籍。据载,"楼中凡宋明各善本以数万计,群书锓板亦能备其大要"②。他们还不惜重金,将自己的诗集运到苏州印刷,并请刻工来丽江刻书。这些活动都极大地提高了木氏家族的汉文阅读水平和修养,也对在当地纳西族人中普及汉文化产生了重要影响。

木氏家族中的杰出读者木公(1494—1553),字公恕,号雪山、万松,嘉靖六年(1527)袭丽江府知府。木公性好读书赋诗,"枕经籍书,哦松咏月,中土贤士大夫无以过也",并有多部诗集传世。杨慎曾为他编选《雪山诗选》并"叙而传之"。③ 木公五世孙木增,字生白,"博学通禅理,多所撰著"④。木青,号松鹤,木公之曾孙,能诗善书,有《玉水清音》传世。⑤

白族与汉族向来经济、文化交流密切。白族语言中有一半词语来自汉文,而且白族人始终用汉字来写作和阅读。在10世纪时,用汉字标记白语的白文产生,并在元初开始流行,所产生的文献有《白古通》《玄峰年运志》《西南列国志》等。镌刻于明代中期的《杨宗墓志》《赵公墓志》以及白族诗人杨黼的《词记山花》等白文碑刻反映了白文在明代白族社会中亦有相当的读写者。

明朝建立后,大理地区与中原的政治、经济和文化交流更加频繁,居住在这里的白族人的汉文化水平进一步提高。永乐九年(1411),明廷在云南开科取士后,激发了白族人读书进取的积极性,

---

① 张炯等:《中华文学通史》第3卷,北京:华艺出版社,1997年,878页。
② 张炯等:《中华文学通史》第3卷,北京:华艺出版社,1997年,878页。
③ 钱谦益:《列朝诗集小传》丙集《丽江木知府》,上海:上海古籍出版社,1983年,356页。
④ 钱谦益:《列朝诗集小传》丙集《丽江木知府》,上海:上海古籍出版社,1983年,356页。
⑤ 钱谦益:《列朝诗集小传》丙集《木青》,上海:上海古籍出版社,1983年,357页。

先后有邓川的杨九思、杨南金，大理的陈时雨、杨森、杨士云、李元阳等人中举或考中进士。杨南金，邓川人，弘治十二年（1499）进士，官江西太和知县，升任御史，著有《裨乡集》《守土训》《三教论》及《邓川州志》等。① 杨士云，字从龙，号弘山，正德十二年（1517）进士，官至工科给事中，读书广博，经史子集无不涉猎，著述也富，有《杨弘山先生存稿》传世。② 李元阳，字仁甫，号中溪，嘉靖五年（1526）进士，官至监察御史，著有《心性图说》《艳血台诗》《中溪漫稿》等。③

大理地区向有"佛国"之称，佛经是这一地区各族人民的主要阅读内容，信徒们常捐资印书。如永乐年间，大理刻《大方广佛华严经》80卷，79册。

明代是彝文读写大发展的时代。明中叶以来，彝文使用和传播的范围日广，产生了大量的彝文文献。其内容有历史传说、家族谱牒、地理、医药、农技、工艺、天文、律历、占卜、宗教、文学作品等。现存最早的彝文文献产生于明代，如嘉靖年间的《禄劝鏊字崖彝文碑》《千岁衢碑记》，以及大量的抄本和少量的木刻本，如《劝善经》《彝药志》《太上感应篇》等。还有《爨文丛刻》《云南罗罗族的巫师及其经典》，以及彝文巨著《西南彝志》所收录的作品也多为明代彝文典籍。④

彝文文献中流传最为广泛的是训谕诗作品，如四川凉山的《玛木特伊》、云南禄劝的《训迪篇》和云南武定的《劝善经》。它们都采用箴言古训、格言谚语和历史典故来说理宣教，反映彝族社会的价值取向、道德观念和伦理思想，具有深刻的哲理性和教育意义。其中的《玛木特伊》，堪称彝文古典名著，在大小凉山家喻户晓而广为传播。

---

① 张炯等：《中华文学通史》第3卷，北京：华艺出版社，1997年，888页。
② 张炯等：《中华文学通史》第3卷，北京：华艺出版社，1997年，889页。
③ 张炯等：《中华文学通史》第3卷，北京：华艺出版社，1997年，890页。
④ 张炯等：《中华文学通史》第3卷，北京：华艺出版社，1997年，863页。

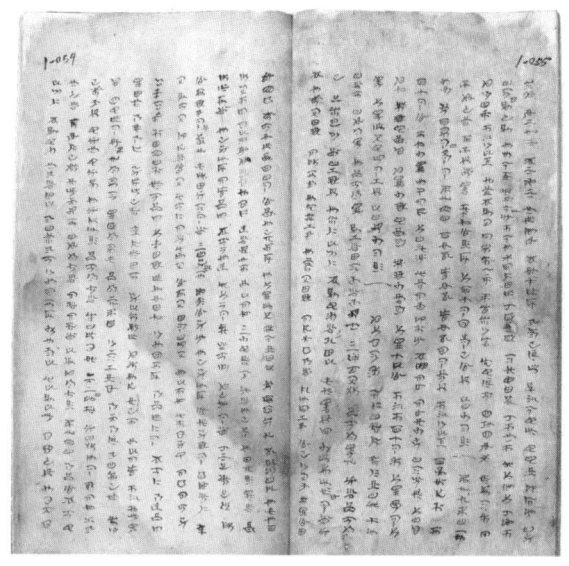

《西南彝志》

明代，许多彝族人的汉文阅读水平有了很大提高。如云南姚州自古以来就是中原王朝的治所，生活在该地的彝族人民很早就受到中原汉族文化的影响，产生了很多工诗能文、深通汉文化的杰出读者。如高氏家族中的高乃裕，号海溪，明代为姚州同知，著有《焚余集》四卷。高乃裕之孙、明末姚安同知高耀，亦工诗能文，有《高氏续修谱序》传世。① 此外，云南宁州一带的彝族世袭土司中亦有汉文化造诣精深者。如禄洪，字霄兵，明末为宁州知州，有《北征集》传世。②

此外，明代的其他少数民族，如土家族、苗族、壮族等，也产生了许多研习汉文、熟读经史文赋，并善于写作诗词文章的杰出读者。如湖北省鹤峰县容美镇的田九龄、田玄，工诗能文，都有诗集刻板行

---

① 张炯等：《中华文学通史》第3卷，北京：华艺出版社，1997年，881页。
② 张炯等：《中华文学通史》第3卷，北京：华艺出版社，1997年，882页。

世。① 壮族人王桐乡、李璧,亦以诗文名世。②

第三节 宗教与阅读

阅读活动传播了宗教,反过来,宗教又促进了阅读活动。印刷术的发明和进步就与宗教的传播有着密切关系。中国现存最早的印刷品多是佛经。总结一个时代宗教与阅读的关系也是阅读史研究的重要内容。虽然明代宗教远不如元朝宗教发达,但其民间化和世俗化的程度并不比元朝的低,故其信徒之众、经籍刊印之多亦为可观。

一、佛教与阅读

明代佛教发展的特点及其对阅读的影响主要表现为以下几个方面。

1. 对佛教的提倡和保护

明朝建立后,佛教得以迅速恢复和发展,并在一定时期内呈现出繁盛景象,这主要归因于统治者的提倡和保护。如在正统、景泰年间,"释教盛行,满于京师,络于道路,衡于郡县,遍于乡村"③。

2. 僧人数量之众

如洪武初年,太祖朱元璋先后两次换发和补发度牒 153520 余

---

① 张炯等:《中华文学通史》第 3 卷,北京:华艺出版社,1997 年,883—884 页。
② 张炯等:《中华文学通史》第 3 卷,北京:华艺出版社,1997 年,892 页。
③ 《明英宗实录》卷二四八,台北:"台湾中央研究院历史语言研究所",1962 年,5371 页。

人。① 洪武十五年(1382),新度牒的僧尼又有20954人。景泰二年(1451),太监兴安以皇后旨度僧道5万余人。② 仅成化十二年(1476)和成化二十二年(1486),就度僧30万人。③ 正德二年(1507),武宗度僧道4万人。④ 时人惊呼:"今之僧道,几与军民相半。"⑤

3. 佛教经籍的大量刊印

明代非常重视刊刻佛经,设有汉经厂和番经厂等专门机构。除单行本和少数民族所印行的佛经外,据记载,明代先后五次刊刻佛藏:洪武年间所刻的《洪武南藏》,共收佛经1600余部,7000卷;永乐年间依洪武本重刻的《永乐南藏》,共收佛典1625部,6331卷;永乐、正统年间刊刻的《武林藏》;万历年间所刻的《万历藏》;明末清初刊刻的《嘉兴藏》(《径山藏》)。其中《嘉兴藏》所收经典达2141部,12600卷,为明代佛藏中收书最丰富者。⑥ 它由名僧紫柏真可主持,在一批文人的帮助下完成。这些文人帮助紫柏真可选书、校书,并将自己所

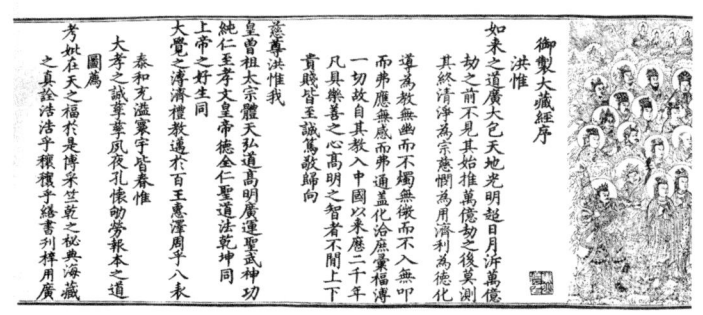

《永乐藏》内页

---

① 《明太祖实录》卷七十七至卷八十四,台北:"台湾中央研究院历史语言研究所",1962年,1416—1502页。
② 龙文彬:《明会要》卷三十九,北京:中华书局,1956年,696页。
③ 龙文彬:《明会要》卷三十九,北京:中华书局,1956年,696页。
④ 张廷玉等:《明史》卷十六《武宗纪》,北京:中华书局,1974年,201页。
⑤ 《明孝宗实录》卷一一三,台北:"台湾中央研究院历史语言研究所",1962年,2051页。
⑥ 缪咏禾:《明代出版史稿》,南京:江苏人民出版社,2000年,185页。

藏或自己的著作拿出来刊刻，如毛晋就承担了《紫柏老人全集》《憨山大师梦游全集》的编辑、刊印工作，并用了汲古阁的藏板。

4. 佛教阅读的普遍性

儒、释、道向来有着密切的关系，读经谈佛向来是士大夫的爱好。明代在儒、释、道"三教合一"的理论导向和政策的支持下，几乎所有的读者都喜欢亲近佛教或阅读佛教读物。除了僧人以外，如前所述，明朝上自皇帝、皇后，下至普通文人学士，乃至妇女读者，其中佛学爱好者数量众多。很多人甚至深通内典，颇有造诣。如朱元璋既刻《南藏》，又注《金刚经》。万历的生母、皇太后李氏崇信佛教，曾令人精抄《宝善卷》一部，经常阅读。文人学士中，如宋濂以佞佛闻名，自称无相居士，"尝三阅大藏（经），暇则习禅观"①；戴良，"通经史百家，暨医卜释老之说"②；赵介，"博通六籍及释老书"③；钟惺认为，"读书不读内典，如乞丐食，终非自爨"④；王守仁称，"夫禅之学与圣人之学，皆求尽其心也，亦相去毫厘"⑤。从中不难看出，佛经阅读是明代读书人中的一种普遍现象。

5. 寺院藏书之富

明代从太祖朱元璋开始，皇帝带头修建寺院，所以明代的寺院都有较大的恢复和发展。寺院大多有藏书，所藏内容除佛经外，亦有经史百家，这为寺院僧人读书治学提供了条件。许多僧人充分利用了寺院藏书，成为熟读内典、博通经史百家的高僧和学者，如智旭和道开就阅读了多家寺院的藏书，并在此基础上完成了《阅藏知津》和《藏

---

① 南炳文、何孝荣：《明代文化研究》，北京：人民出版社，2006年，301页。
② 张廷玉等：《明史》卷二八五《文苑一》，北京：中华书局，1974年，7312页。
③ 张廷玉等：《明史》卷二八五《文苑一》，北京：中华书局，1974年，7333页。
④ 谭元春：《谭元春集》卷二十五《退谷先生墓志铭》，陈杏珍标校，上海：上海古籍出版社，1996年，682页。
⑤ 王守仁：《王阳明全集》卷七《重修山阴县学记》，上海：上海古籍出版社，1992年，257页。

逸经书》两部著作。①

6.僧人读者之众和阅读水平之高

佛教对文字及文字对阅读的重要性有着高度的认识。如《径山藏》的主持者紫柏真可曾说:"文字,佛语也;观照,佛心也;由佛语而达佛心,此从凡而至圣者也。""此娑婆世界,非以文字三昧鼓舞佛法,法安可行!"②僧人数量之大决定了僧人读者之众。读经念佛是僧人的日常功课。朱元璋曾规定《楞严经》《心经》《金刚经》和《楞伽经》为僧徒必须讲习的佛经,这促使许多僧徒嗜读善诵。如正统年间,苏州僧人道昻,"人间所念佛经,无不背诵"③。僧人们除了诵读佛经外,还博涉经史百家、诗词文赋。他们中除了对佛学深有研读者外,还有许多博极群书、工诗善文、学问精湛、著述宏富者。钱谦益在《列朝诗集小传》中就记载了这样的高僧74人④,举例如下。

克新,"既治其学,益博通外典,务为古文",有《雪庐稿》传世。⑤宗泐,"寓意词章,尤精隶古。注《心经》《金刚》《楞伽》三经行世"⑥。溥洽,"贯串经范,旁通儒典。禅定之余,肆力词章"⑦。妙声,"洞明止观,博综内外典,善诗文,有《东皋录》七卷"⑧。雪梅,"工诗文,自序其诗。专修净土,讲'四书'、《周易》,皆有新理"⑨。善启,通佛典,博习外典,"应召纂修《大典》,预校《大藏经》",有《江行倡和诗》传世。⑩ 普

---

① 王国强:《明代目录学研究》,郑州:中州古籍出版社,2000年,57页。
② 转引自洪修平《明代四大高僧与三教合一》,载《佛学研究》,1998年第7期,52—57页。
③ 郎瑛:《七修类稿》卷四十,北京:中华书局,1959年,584页。
④ 钱谦益:《列朝诗集小传》闰集,上海:上海古籍出版社,1983年,665—703页。
⑤ 钱谦益:《列朝诗集小传》闰集《雪庐新公》,上海:上海古籍出版社,1983年,673—674页。
⑥ 钱谦益:《列朝诗集小传》闰集《禅师泐公》,上海:上海古籍出版社,1983年,666—667页。
⑦ 钱谦益:《列朝诗集小传》闰集《法师洽公》,上海:上海古籍出版社,1983年,670页。
⑧ 钱谦益:《列朝诗集小传》闰集《九皋声公》,上海:上海古籍出版社,1983年,682页。
⑨ 钱谦益:《列朝诗集小传》闰集《雪梅和尚》,上海:上海古籍出版社,1983年,688页。
⑩ 钱谦益:《列朝诗集小传》闰集《晚庵法师启》,上海:上海古籍出版社,1983年,692页。

泰,"深禅观,嗜儒学。尝泝淮涉江,读书钟山寺,授《易》郧县,宿留襄阳云梦间",能画山水,有《鲁山诗集》。① 方泽,"日诵万余言,诗偈文字,下笔无碍",有《华严要略》二卷、《内外集》八卷。② 雪浪法师尝言"不读万卷书,不知佛法",他"博综外典,旁及唐诗、晋字。帷灯画被,日夜不置。丹黄纷披,几案尽黑"。③

说到明代的佛教阅读,不能不提到晚明佛学四大家,即云栖袾宏、紫柏真可、憨山德清和藕益智旭。他们都是融通儒、释、道,博极经史百家,学贯内外典,著述宏富的大学问家。

云栖袾宏(1535—1615),少为儒生,以学行重一时,年三十余出家,云游四方,博览群籍。他极力倡导念佛诵经,并能融会贯通,精通佛典,著述甚丰,有总集《云栖法汇》盛传于世。

紫柏真可(1543—1603),少任侠,年十七出家,云游各地,遍访名师。他十分强调文字及文字对阅读的重要性,认为"文字,佛语也;观照,佛心也;由佛语而达佛心,此从凡而至圣者也"④。他鉴于此前的《大藏经》卷帙繁重,主持校刻了《嘉兴藏》(《径山藏》)。他强调儒、佛、道同源,认为儒、佛、道三教"门墙虽异本相同",故他特别能会通儒、佛。许多文人学士,如汤显祖、钱谦益、董其昌等,或从之问学,或撰文称颂之。其著述被编为《紫柏尊者全集》和《别集》。

憨山德清(1546—1623),自幼读儒书,年十九出家,"专心念佛,日夜不断",云游四方,为学师承各家,不拘一派。他以儒、佛、道强调了为学的三要,即"不知《春秋》,不能涉世;不知《老庄》,不能忘世;不

---

① 钱谦益:《列朝诗集小传》闰集《鲁山泰公》,上海:上海古籍出版社,1983年,693页。
② 钱谦益:《列朝诗集小传》闰集《冬谿泽公》,上海:上海古籍出版社,1983年,697页。
③ 钱谦益:《列朝诗集小传》闰集《雪浪法师恩公》,上海:上海古籍出版社,1983年,704页。
④ 洪修平:《明代四大高僧与三教合一》,载《佛学研究》,1998年第7期,52—57页。

参禅,不能出世"①。除佛学著作外,他还著有《大学纲目决疑》《大学中庸直解指》《春秋左氏心法》《老子道德经注》《庄子内篇注》《观老庄影响论》等。其现有《憨山老人梦游全集》五十卷行世。

藕益智旭(1599—1655),少时习儒,年二十四出家,年二十七起遍阅律藏。此后,他读书著述不断,并有多种著作行世。他强调将儒、佛合二为一,所以其著述主要集中在儒学和佛学两方面。其中如《四书蒲益解》是以佛理解说儒家"四书"的作品。《阅藏知津》四十八卷是一部阅读《大藏经》的目录学著作,反映了藕益智旭在佛学阅读领域具有精深和广博的知识。

7. 神魔小说阅读热

佛、道的大众化和世俗化影响了人们的文学接受心理,从而引发了人们对神魔小说的偏爱,因此在明中后期就出现了神魔小说盛行一时的现象。据统计,明代现存白话中长篇小说80余部,其中神魔小说有30多部。著名作品有吴承恩的《西游记》、许仲琳的《封神演义》、罗懋登的《三宝太监下西洋记》、冯梦龙的《北宋三遂平妖传》等。

二、道教与阅读

道教在明代亦有所发展,它的发展状况及其对阅读活动的促进主要表现在以下几个方面。

第一,道教仍有一定的势力。由于明朝皇帝大多崇好道教,道教又是中国土生土长的宗教,因此其有着广泛而深厚的社会基础。虽然明朝政府对它实行整顿和约束的政策,但是它在明代始终保持着一定的势力,有着坚实的发展基础。

第二,道士众多。如前所述,明朝皇帝发一次度牒就有数万人成

---

① 嵇文甫:《晚明思想史论》,北京:东方出版社,1996年,134页。

为道士。

第三,重视道教典籍的出版。这主要表现在从永乐到万历年间,明朝政府编刊《道藏》。这部明代唯一的《道藏》,共收书1476种,5485卷。其内容包括礼拜诵读或传习的经典、阐发教理教义的著作、医学养生著作、外丹黄白著作、炼养著作、符箓道法著作、斋醮科仪著作、教规教戒著作、神仙道士传记、宫观山寺著作等。这也是明代以后唯一的一部《道藏》。它的出版既展示了道教典籍的宏富,又保存了许多珍贵的典籍,具有极其重要的学术意义。其内容范围之广,亦反映出道教兼收并蓄及其信奉者读书广博的特点。

第四,道观藏书丰富。与佛寺一样,明代道观亦有藏书。藏书内容以《道藏》为主,兼有经史百家著述。藏书处亦称"藏经阁"。

第五,阅读活动具有普遍性。由于道教有着广泛而深厚的社会基础,因此研读道教经典具有相当的普遍性。如前所述,明代上自皇帝,下至普通文人学士和妇女读者,道教崇信者数量众多。如,朱元璋就经常阅读《道德经》。世宗崇信道教,热衷于修炼。著名学者焦竑著有一系列道教著作,如《老子翼》《老子翼考异》《庄子翼》《南华经余事杂录拾遗》等。于立,学道会稽山中,得石室藏书。①

第六,道士是一个重要的读者群体。道士们既讲求修炼,又讲求读书,所以博览群书是道士们的一个重要特点。如,张宇初,洪武十年(1377),"袭掌道教……博览该贯,六经子史百氏之书,大肆其穷。索篇章翰墨,各极精妙",人称"列仙之儒"。② 席应真,年未冠,入道,"真经秘箓,靡不洞晓,兼读儒书,于《易》尤邃"③。梁中节,"好《老子》

---

① 钱谦益:《列朝诗集小传》甲前集《于立》,上海:上海古籍出版社,1983年,34页。
② 钱谦益:《列朝诗集小传》闰集《张真人宇初》,上海:上海古籍出版社,1983年,674页。
③ 钱谦益:《列朝诗集小传》闰集《子阳子席应真》,上海:上海古籍出版社,1983年,675页。

《太玄经》,为道士"①。

第七,同佛教一样,道教的世俗化和大众化引发了人们对神魔小说阅读的热潮。

三、伊斯兰教与阅读

伊斯兰教在明代得到了很大发展。信仰伊斯兰教的民族可分为内地的回族及其他少数民族(包括撒拉族、东乡族和保安族等)和西北地区的一些少数民族(包括维吾尔族、哈萨克族、乌孜别克族、塔吉克族、柯尔克孜族和塔塔尔族等)两大系统。内地回族等少数民族的伊斯兰教阅读活动受汉文化的影响较大。西北地区少数民族的伊斯兰教阅读活动受波斯文化和阿拉伯文化影响较大,受汉文化影响较小。这里主要介绍内地与伊斯兰教有关的阅读活动。

内地回族的伊斯兰教阅读活动主要是通过经堂教育和汉译著述进行的。

经堂教育,即在清真寺内附设学校的教育。它由陕西著名经师胡登洲于嘉靖、万历年间首创于关中地区,以改变当时"经文匮乏,学人寥落"的局面。其教学内容主要为教法和宗教哲学,课本用阿拉伯文和波斯文写成,后来也糅合了儒家学说以阐扬教义。它作为伊斯兰教教育的唯一形式,在全国各地得到了普遍发展。

由于内地信仰伊斯兰教者的汉文阅读水平已相对较高,而阿拉伯文和波斯文的使用者相对较少,因此,为了更广泛地传播伊斯兰教,以汉文来阐释伊斯兰教经典就显得更为重要。开这项工作先河的是南京的王岱舆和苏州的张中等人。

王岱舆,别号真回老人,明末清初人。其先祖来自西域,洪武时

---

① 张廷玉等:《明史》卷一四三《梁中节传》,北京:中华书局,1974年,4064页。

赐居南京。王岱舆自幼熟读伊斯兰教经籍,长大后涉猎儒、佛、道,博极群书,学问赅贯,著有《清真大学》一卷、《正教真诠》二卷等。

张中,又名时中,自称寒山叟,明末清初人。他自幼习经,崇祯时随印度苏非经师阿世格学习三年,著有《归真总义》《四篇要道》等。①

这些汉文著述以儒家思想来阐释伊斯兰教教义,又用伊斯兰教教义来说明儒家思想,得到了教内外人士的广泛认可,特别是有利于伊斯兰教教徒的理解,因而很受欢迎。

四、民间宗教与阅读

民间宗教一般都是由佛、道二教分化出去的一些小派别宗教。明代民间宗教的发达亦属空前。据统计,到明末时,有名称的教派就有 80 余种。

一般来说,任何一种教派都会有经籍来阐明其教义和教旨,所以阅读活动也是这些民间宗教活动的重要内容。由此形成了一个庞大的读者群体,其阅读活动成为一个时代社会阅读的重要方面。明代的民间宗教及其阅读活动主要如下。

1. 白莲教及其阅读活动

白莲教是元朝以后流传范围最广的民间宗教。它源于佛教净土宗,初创于南宋初年,名为白莲宗。在元朝政府的支持下,白莲教迅速发展,曾一度进入全盛期。后来,它与农民起义相结合,掀起了元末农民大起义的浪潮。

明朝建立后,政府以法律形式严禁白莲教的传播。但由于白莲教有着深厚的社会基础,其信仰早已深入民间,因此白莲教仍在地下秘密传播,且其教徒遍及整个下层社会。正德以后,受罗教影响,白

---

① 南炳文、何孝荣:《明代文化研究》,北京:人民出版社,2006 年,317 页。

莲教崇奉无生老母，有"真空家乡，无生老母"八字箴言。此后，白莲教教派林立，名目繁多，有红阳、净空、无为、西大乘、黄天、弘阳、混元、收元、八卦、天理、罗道等数十种。明朝政府几次下令严禁的"妖书"，以及明末著名的白莲教经卷《古佛天真考证华宝经》是白莲教教徒的主要读物。

2. 罗教及其阅读活动

罗教也称无为教、逻道教等，由山东人罗清创立于正德年间。罗清出身于佛教临济宗，后来将自己修悟所得写成《苦功悟道卷》《叹世无为卷》《破邪显证钥匙卷》《正信除疑自在卷》《巍巍不动泰山深根结果宝卷》。罗清因崇奉无为，诋毁白莲教，故得到了正德皇帝的支持，被封为"无为经师"。其五部经卷亦由官方刊行。罗教在下层民众中得到了广泛传播，其五部经卷成为其他教派的共同经书。万历四十四年（1616），明朝政府下令严禁罗教传播，并烧毁五部经卷。

3. 弘阳教及其阅读活动

弘阳教，又称红阳教，万历时由韩太湖创立，因宣传"红阳劫尽，白阳当生"的口号而得名。韩太湖自幼读书，后入太虚山曹溪洞修行得道，创弘阳教。他仿罗清五部经卷，著《混元弘阳飘高祖临凡经》《弘阳显性结果经》《弘阳苦功悟道经》《混元弘阳叹世真经》《混元弘阳悟道明心经》等。弘阳教鼓吹劝善惩恶，要求信徒安于现状，通过诵经作会等出离劫难。万历二十三年（1595），韩太湖进京传教，结交了一些上层贵族及宦官，并在他们的支持和协助下，于内经厂大量刊印其经卷，弘阳教渐由直隶地区传播到华北、东北地区。

4. 黄天教及其阅读活动

黄天教由直隶怀安人李宾于嘉靖年间创立，因信奉弥勒佛"度在家贫男贫女，是九叶金莲为黄天"而得名。[1] 黄天教主要在直隶宣化、

---

[1] 南炳文、何孝荣：《明代文化研究》，北京：人民出版社，2006年，322页。

山西大同一带传播,后来其分支传播到了江苏、浙江和江西等地。其经典主要有《普明如来无为了义宝卷》《太阳生光普照了义宝卷》《普静如来钥匙宝卷》等。到清代时,黄天教因教义增强了"叛逆"色彩而遭到清政府的多次查禁。

5. 大乘教及其阅读活动

大乘教由京西黄村皇姑寺第五代住持归园创立。万历元年(1573),归园编撰完成五部六册宝卷《销释大乘宝卷》《销释显性宝卷》《销释圆通宝卷》《销释圆觉宝卷》(二册)和《销释收圆行觉宝卷》,并将其大量刊印流通,在京畿地区产生了很大影响。后来,蓟州人王森在白莲教和大乘教的影响下创立闻香教。于是以皇姑寺为中心的大乘教称为西大乘教,闻香教则被称为东大乘教。闻香教在王森的宣传和推动下,迅速传播到畿南,以及山东、南直隶、河南、陕西、四川等地。

总之,宗教作为人类精神生活的一种重要方式,对社会阅读活动的影响和促进是其他任何一种力量和因素难以比拟的。在明代宗教文化发达,宗教活动盛行的社会历史环境中,与宗教有关的阅读活动是很普遍和很盛行的。然而,由于受各种因素和条件所限,以上论述还缺乏一些具体事例和实证材料,只是一些粗略的概括和介绍。

第十三章 阅读理论与方法

阅读理论与方法就是有关读书的观念和经验方法的理论总结。一般来说，大凡一个读书人都会有自己的读书观念和经验方法。它来自阅读实践，同时又对阅读活动具有指导作用，二者相辅相成，共同促进阅读活动的不断发展与进步。

明代是一个阅读理论发达和丰富的时期，也是一个承前启后的时代。一方面，在理学的繁荣和发达中，朱熹的阅读理论和方法得到了广泛的继承和发扬；另一方面，随着各种新思潮的风云激荡，读书界逐渐摆脱了程朱理学的束缚，读书的观念和方法向多元、开放、自然、实用的方向发展。同时，伴随着整个社会读书意识的强化和观念的进步，读书人很重视对阅读理论和方法的总结。这些总结不仅反映着其读书经验和体会，而且对读书界产生着积极的影响。

这里需要指出的是，前述章节里明代文人学士的阅读特点中就已经反映出一些共同的阅读观念和方法，如广读博览、知行合一、读书明志、博而有约等。实际上，很多读书人对读书的价值、经验、体会和方法等方面都有过总结与论述，从而形成了一个内容丰富的阅读理论宝库，如理学家胡居仁及其《居业录》、薛瑄及其《读书录》、山人学者陈继儒及其《读书镜》《读书十六观》、学者和教育家陆世仪及其

《思辨录》、胡承诺及其《读书说》等。他们对阅读理论和方法进行了全面、系统地总结和论述,成为明代阅读理论和方法的集大成者。

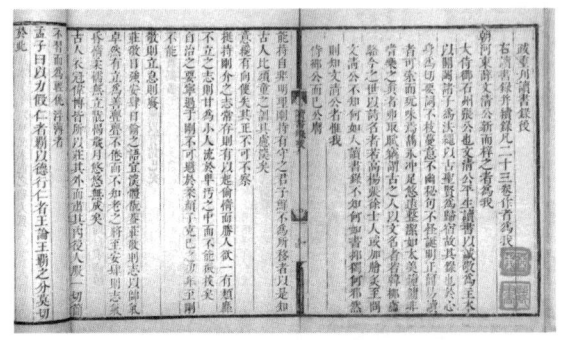

薛瑄《读书录》内页

第一节　读书观

读书观,即有关读书的价值观念和理论方法。这里仅就史料中所见,粗略地将其归纳为以下几个方面。

一、读书价值观

读书价值观是人们对读书的价值、功能、意义或好处的论述,它集中地反映着一个人的读书思想和观念。因此,属于这类内容的言论在明代最多。例如,吴麟征在《家诫要言》中说:"多读书则气清,气清则神正,神正则吉祥出焉,天自佑之。"[1]"多读书,达观古今,可以免

---

[1] 吴麟征:《家诫要言》,丛书集成初编,北京:中华书局,1985年,1页。

忧。"①陈继儒说:"医俗病者,独有书耳。"②"读书不独变人气质,且能养人精神。"③"闭门即是深山,读书随处净土。"④"吾读未见书,如得良友,见已读书,如逢故人。"⑤他在《读书十六观》中所述倪文节的一段话,亦是他对读书价值的看法:"天下之事,利害常相半,有全利而无少害者惟书。不问贵贱贫富老少,观书一卷,则有一卷之益。观书一日,则有一日之益。故曰有全利无少害也。"⑥著名理学家薛瑄则说:"万金之富,不以易吾一日读书之乐也。"⑦

二、读书选择观和次第观

选择观主要反映了人们对书籍内容阅读价值的判定和取舍,表明了人们的阅读价值观念和喜好。在明代的这类言论中,影响最为深远者当数前面论述过的"前七子""后七子"的文学复古思想。如,李梦阳"倡言文必秦汉,诗必盛唐,非是者弗道"⑧。王世贞提出"文必西汉,诗必盛唐,大历以后书勿读,而藻饰太甚"⑨。这些言论虽然都是个人的观念和主张,但由于其提出者当时在文坛上的宗主地位,所以对明代中期以后的文学阅读产生了深远影响。

除"前七子""后七子"对文学阅读的范围给予选择外,还有很多

---

① 吴麟征:《家诫要言》,丛书集成初编,北京:中华书局,1985年,3页。
② 陈继儒:《读书镜》,丛书集成初编,北京:中华书局,1985年,78页。
③ 陈继儒:《安得长者言》,丛书集成初编,北京:中华书局,1985年,3页。
④ 陈继儒:《安得长者言》,丛书集成初编,北京:中华书局,1985年,11页。
⑤ 陈继儒:《读书十六观》,见《陈眉公全集》(下册),国学基本文库,南京:"中央书店",1936年,237页。
⑥ 陈继儒:《读书十六观》,见《陈眉公全集》(下册),国学基本文库,南京:"中央书店",1936年,238页。
⑦ 薛瑄:《薛瑄全集》下册《理学粹言》,孙玄常等点校,太原:山西人民出版社,1990年,1526页。
⑧ 张廷玉等:《明史》卷二八六《文苑二》,北京:中华书局,1974年,7348页。
⑨ 张廷玉等:《明史》卷二八七《文苑三》,北京:中华书局,1974年,7381页。

人则从各类书籍的内容价值、社会作用和阅读意义等方面表达了自己的阅读选择观。例如,关于阅读内容的选择意义和方法,著名学者和散文家张岱说:"学海无边,书囊无底,世间书怎读得尽?只要读书之人眼明手辣,心细胆粗。眼明则巧于掇拾,手辣则易于剪裁,心细则精于分别,胆粗则决于去留。"①理学家王畿也说:"读书譬如食味,得其精华,而汰其滓秽,始能养生。若积而不化,谓之食痞。"②

关于可读之书与不可读之书,以及所读之书的次第,明初著名文臣、主持修纂《永乐大典》的解缙说:"虽然书不可不读,有不必读者,有不可读者。方外异端之书不必读,妄诞迂怪之书不必读,驳杂之书不必读,淫佚之书不可读,刻薄之书不可读。"③著名学者吕坤说:

  道理书尽读,事务书多读,文章书少读,闲杂书休读,邪妄书焚之可也。④

  古今载籍莫滥于今日,括之有九:有全书,有要书,有赘书,有经世之书,有益人之书,有无用之书,有病道之书,有杂道之书,有败俗之书。《十三经注疏》、"二十一史",此谓全书。或撮其要领,或撷其隽腴,如《四书六经集注》《通鉴》之类,此谓要书。当时务,中机宜,用之而物阜民安,功成事济,此谓经世之书。言虽近理,而掇拾陈言,不足以羽翼经史,是谓赘书。医技农卜,养生防患,劝善惩恶,是谓益人之书。无关于天下国家,无益于身心性命,语不根心,言皆应世,而妨当世之务,是谓无用之书,又不如赘。佛、老、庄、列是谓病道之书。迂儒腐说,贤智偏言,是谓杂道之书。淫邪幻诞,机械夸张,是谓败俗之书。有世道之责

---

① 张岱:《琅嬛文集》卷一《廉书小序》,长沙:岳麓书社,1985年,55页。
② 转引自张明仁《古今名人读书法》,北京:商务印书馆,2007年,114页。
③ 解缙:《解文毅公集》卷九《溪山读书处记》,清刻本,15—16页。
④ 吕坤:《呻吟语》卷二《问学》,上海:上海古籍出版社,2000年,139页。

者,不毅然沙汰而芟锄之,其为世教人心之害也不小。①

明代理学大家薛瑄说:

> 不读人间非圣书。凡不正之书,皆不可读。自有文籍以来,汗牛充栋之书日益多,要当择其是而去其非可也。②

著名文学家唐顺之所给出的读书顺序是:"读书以治经明理为先,次则诸史,可以备见古人经纶之迹与自来成败理乱之几,又次则载诸世务,可以应世之用者。此数者本末相轇,皆有益之书,余非所急也。"③文学家王志坚的读书也是"先经后史,先史后子、集。其读经,先笺疏而后辨论。读史,先证据而后发明。读子,则谓唐、宋而后无子,当取说家之有裨经史者补之。读集,则定秦、汉以后古文为五编……"④这是一个读书次第,同时也确定了内容范围。著名学者蔡清说:"欲为一代经纶手,须读数篇要紧书。"这句话一是强调读书要精,二是说明读书要有重点。明清之际的著名学者、教育家张履祥也说:

> 书籍惟"六经"、诸史、先儒理学,以及历代奏议有关修己治人之书,不可不珍重护惜。下此则医药、卜筮、种植之书,皆为有用。其诸子百家、近代文集,虽无可也。至于异端邪说、淫辞歌曲之类,能害人心术,伤败风俗,严拒痛绝犹恐不及,况可贮之门内乎?⑤

---

① 吕坤:《呻吟语》卷六《物理》,上海:上海古籍出版社,2000年,338—339页。
② 薛瑄:《薛瑄全集》下册《读书录》卷五,孙玄常等点校,太原:山西人民出版社,1990年,1415页。
③ 唐顺之:《荆川文集》卷七《与莫之良主事》,四部丛刊本,7页。
④ 张廷玉等:《明史》卷二八八《文苑四》,北京:中华书局,1974年,7402页。
⑤ 张履祥:《杨园先生全集》卷四十八《训子语下·重世业》,陈祖武点校,北京:中华书局,2002年,1376页。

薛瑄也从社会价值、内容特点和阅读趣味方面对儒学经典与百家小说及其他书籍进行了比较。他说：

> 小学，"四书"，"六经"，濂、洛、关、闽诸圣贤之书，雅也，嗜者少也。夫何故？以其味之淡也。百家小说、淫词绮语、怪诞不经之书，郑也，莫不喜谈而乐道之，盖不待教督而好之者矣。夫何故？以其味之甘也。淡则人心平而天理存，甘则人心迷而人欲肆。是其得失之归，亦何异于乐之感人也哉！①

在书籍的选择、分类、阅读范围以及读书方法方面进行系统、全面论述的，当数明末清初著名理学家、教育家陆世仪。如在各类书阅读的轻重缓急方面，他认为：

> 凡读书须识货，方不错用工夫。如"四书"、"五经"、《性理》、《纲目》，此当终身诵读者也；水利、农政、天文、兵法诸书，亦要一一寻究，得其要领。其于子、史、百家，不过观其大意而已。如欲一一记诵，便是玩物丧志。②
>
> 《七启》《七发》《连珠》之类，俱是天地间无用文字，如《文选》者，即不读，亦不妨。③

他还进一步将这些书进行分类阅读。他说：

> 凡读书分类，不惟有益，且兼省心目。如《纲目》等三书所载，大约相同，若《纲目》用心看过，则此二书不必更用细阅，但点

---

① 薛瑄：《薛瑄全集》下册《读书录》卷三，孙玄常等点校，太原：山西人民出版社，1990年，1100页。
② 陆世仪：《思辨录辑要》卷四，丛书集成初编，北京：中华书局，1985年，44页。
③ 陆世仪：《思辨录辑要》卷五，丛书集成初编，北京：中华书局，1985年，57页。

过便是,譬如复读,极省工夫,然须一齐看去,不可看完一部,再看一部,久则记忆生疏也。其余若理学书,如先儒语录之类,作一项看;经济书如《文献通考》、《函史》下编、《治平略》、《大学衍义补》、《经济类编》之类,作一项看;天文、兵法、地利、河渠、乐律之类皆然。成就自不可量也。①

这些论述亦反映了陆世仪的经世致用的读书思想。这种思想顺应了当时整个社会的读书治学风气。

三、读书博约观

博与约向来是人们议论最多的一个读书理念和话题。明代读书人也对此发表了不少言论。其中就博与约之间的关系,陆世仪曾说:"读书之道,博与约二者而已。博者所以为约也,约者所以守博也。博而能宗,故穷大而不荒;约而能详,故深藏而用昌。"②明清之际的另一位学者胡承诺说,读书之始,要"专精一书,一书之旨既为吾有,所得虽少,皆有实际,以此更历诸书,亦皆实际矣"③。

关于博学多识对写作的益处,冯班说:

> 多读书则胸次自高,出语皆与古人相应,一也;博识多知,文章有根据,二也;所见既多,自知得失,下笔知取舍,三也。④

王骥德则论述了多读书对词曲创作的益处:

---

① 陆世仪:《思辨录辑要》卷四,丛书集成初编,北京:中华书局,1985年,53页。
② 转引自曾祥芹等《古代阅读论》,郑州:河南教育出版社,1992年,381页。
③ 胡承诺:《读书说》卷一《行习》,丛书集成初编,北京:中华书局,1985年,5页。
④ 冯班:《钝吟杂录》卷三《正俗》,丛书集成初编,北京:中华书局,1985年,46页。

> 词曲虽小道哉,然非多读书,以博其见闻,发其旨趣,终非大雅。须自《国风》《离骚》、古乐府及汉、魏、六朝、三唐诸诗,下迨《花间》《草堂》诸词,金、元杂剧诸曲,及至古今诸部类书,俱博搜精采,蓄之胸中,于抽毫时,掇取其神情标韵,写之律吕,令声乐自肥肠满脑中流出,自然纵横该洽,与剿袭口耳者不同。①

四、熟读精思观

读书,特别是阅读经典著作,必须熟读精思,才能有所体悟和收获。所谓"读书百遍,其义自见","故书不厌百回读,熟读深思子自知"就是这个道理。这是中国古代学人经过长期实践总结出的一种最经典的读书方法。因此,它成为一种最具中国特色的传统读书方法。作为一种经典的读书方法,它经过理学大家朱熹的阐述和提炼,自宋以后更得到了进一步发扬光大。在明代这个理学发达的重要时期,熟读精思这种读书观念和方法更为广泛地被读书人奉为圭臬,而且卓有成效地促进了明代学术文化的发展与繁荣。所以,明代有关熟读精思的论述层出不穷,为所有读书方法论述数量之最,这说明熟读精思这种读书方法在明代读书人中已得到广泛使用,同时反映出它对明代阅读活动的发展产生了积极影响。

在有关熟读精思的大量论述中,关于对熟读的强调,薛瑄说:

> 学有所得,必自读书入。读书千熟万熟时,一言一句之理,自然与心融会为一,斯有所得矣。②

---

① 王骥德:《曲律·论须读书十三》,见《中国古典戏曲论著集成》第四册,北京:中国戏剧出版社,1959年,121页。
② 薛瑄:《薛瑄全集》下册《读书录》卷五,孙玄常等点校,太原:山西人民出版社,1990年,1144页。

何伦说：

> 读书以百遍为度，务要反复熟嚼，方始味出。使其言皆若出于吾之口，使其意皆若出于吾之心，融会贯通，然后为得。如未精熟，再加百遍可也，仍要时时温习。①

屠羲时说：

> 凡读书……仍须细记遍数，如遍数已足，而未成诵，必欲成诵；遍数未足，虽已成诵，必满遍数。②

张岱说：

> 余解"四书""五经"，未尝敢以注疏讲章先立成见，必正襟危坐，将白文朗诵数十余过，其意义忽然有省。古人云："熟读百遍，其义自见。"盖古人正于熟读时深思其义味耳。③

王世贞说：

> 自今而后，日取"六经"、《周礼》、《孟子》、《老》、《庄》、《列》、《荀》、《国语》……西京以还至六朝及韩、柳，便须铨择佳者，熟读涵泳之，令其渐渍汪洋。④

胡居仁云：

> 读书贵精熟，不贵贪多。读书虽多，若不精熟，不若少而精熟。书虽精熟，又要实体于身，方能有得。尝谓读得十章熟，不

---

① 何伦：《何氏家规》，见翟博《中国家训经典》，海口：海南出版社，2002年，587页。
② 转引自张明仁《古今名人读书法》，北京：商务印书馆，2007年，117页。
③ 张岱：《琅嬛文集》卷三《与李砚翁》，长沙：岳麓书社，1985年，145页。
④ 王世贞：《艺苑卮言》卷一，罗仲鼎校注，济南：齐鲁书社，1992年，40页。

如做得一章来。①

陈元孚的读书法：

> 生则慢读吟语句，熟则疾读贪遍数，攀联以续其断，喝怒以正其误；未熟切忌背诵，既倦不如少住。如此力少功多，乃是读书要务。②

陆世仪说：

> 记诵之功，读史不必用，若"五经"、"四书"、《太极》、《西铭》之类，必不可不成诵；不成诵，则义理不出也。③
>
> 凡人所当读书，皆当自十五以前，使之熟读不但"四书""五经"，即如天文、地理、史学、算学之类，皆有歌诀，须熟读。④

明清之际的另一位著名学者朱之瑜说：

> 读书如酒量，有能饮一石者，有能饮一勺者，各当其力。若骛多而不精熟，与不读一般，不如简约为妙。倘过目成诵，自当博极群书。书读得多，读得熟，自然笔机纯熟。苏子瞻聪明绝世，读书每百过，或数百过。今人聪明不及子瞻十分之一，乃欲以涉猎、游戏，读书如何得工夫纯熟？⑤

关于精思或穷理的论述，薛瑄说：

> 读书不寻思，如迅风飞鸟之过前，响绝影灭，亦不知圣贤所

---

① 胡居仁：《居业录》卷二《学问第二》，丛书集成初编，北京：中华书局，1985年，14页。
② 陆容：《菽园杂记》卷二，北京：中华书局，1985年，14页。
③ 陆世仪：《思辨录辑要》卷四，丛书集成初编，北京：中华书局，1985年，45页。
④ 陆世仪：《思辨录辑要》卷一，丛书集成初编，北京：中华书局，1985年，2页。
⑤ 朱之瑜：《朱舜水全集》卷十四《答问二》，北京：中国书店，1991年，189页。

言为何事？要作何用？唯精心寻思，体贴向身心事物上来，反复考验其理，则知圣贤之书，一字一句皆有用矣。①

冯班说：

> 开卷疾读，日得数十卷，至老不懈，可曰勤矣，然而无益。此有说也，疾读则思之不审，一读而止，则不能识忆其文，虽勤读书，如不读也。读书勿求多，岁月既积，卷帙自富，经史大书，只一通读亦不尽。②

胡承诺说：

> 目通而心未通者，不可居之为理，意至而身不能至者，不可任之为事，宁取其少而守之坚，不取其泛而施之杂，要使心气浃洽，义理贯通，荡涤胸中浅俗卤莽之气，日进高明细密。③

> 读书之法，舒缓详尽。读书之仪，端庄敛肃。书有途径，直者为是。书有门庭，通者为是。不求诸直捷通达，而求诸偏曲窒塞，如适越而望闽也。……开卷之时，只可得其梗概，其中曲折肯綮，更在掩卷后平心静气，紬绎寻思。有开卷之功，无掩卷之功者，所得亦恍惚也。所以勇往前进，不如退转玩味。④

许多学者强调读书要"知疑"，而"知疑"一定要来自思考。如陈献章说：

> 前辈谓学贵知疑；小疑则小进，大疑则大进。疑者，觉悟之

---

① 薛瑄：《薛瑄全集》下册《读书录》卷二，孙玄常等点校，太原：山西人民出版社，1990年，1050页。
② 冯班：《钝吟杂录》卷二《家戒下》，丛书集成初编，北京：中华书局，1985年，29页。
③ 胡承诺：《读书说》卷一《行习》，丛书集成初编，北京：中华书局，1985年，5页。
④ 胡承诺：《读书说》卷一《行习》，丛书集成初编，北京：中华书局，1985年，10页。

机也。一番觉悟,一番长进,更无别法也。①

吴默说:

> 凡理不疑,必不生悟,惟疑而后悟也。小疑则小悟,大疑则大悟。故学者非悟之难,而疑之难,其所疑与悟者何物也?是心窍中之生机也。夫心中原有机窍,但非疑而思索,则机不触而理不开,焉能了悟?②

陆世仪也说:

> 先儒有言,读书须于无疑中看出有疑,有疑中看出无疑。故学问不疑则不进,小疑则小进,大疑则大进。予及门诸子皆有《质疑录》,而以为博学、审问、慎思、明辨之功也。③

有的学者从强调"读书穷理"方面来说明读书思考的意义。如胡居仁说:

> 穷理是推勘到十分尽处,致知是体究到十分明处,或读书,或讲论,或处事,皆要十分明尽,方是穷理致知工夫。④

陆世仪说:

> 悟处皆出于思,不思无由得悟。思处皆缘于学,不学则无可思。学者所以求悟也,悟者思而得通也。古来圣贤未有不重思者,思只是"穷理"二字。⑤

---

① 黄宗羲:《明儒学案》卷五《白沙学案上》,北京:中华书局,1985年,85页。
② 转引自张明仁《古今名人读书法》,北京:商务印书馆,2007年,120页。
③ 转引自曾祥芹等《古代阅读论》,郑州:河南教育出版社,1992年,380页。
④ 胡居仁:《胡敬斋集》卷一《与陈大中》,丛书集成初编,北京:中华书局,1985年,32页。
⑤ 陆世仪:《思辨录辑要》卷三,丛书集成初编,北京:中华书局,1985年,40页。

读书不能穷理,俱是玩物丧志,若能穷理,即记诵亦不妨,愈熟愈妙。①

关于熟读而精思的论述,胡居仁说:"圣贤遗训,万世法程。读之贵熟,思之贵精;体之贵切,行之贵诚。"②

黄淳耀引朱子的话说:"书只贵熟读,别无方法。读书之法,读了一遍,又思量一遍;思量一遍,又读一遍。"③这反映了他对熟读精思的推崇。

五、小说阅读观

明代是小说创作的繁荣期,亦是小说阅读的极盛期。明代有关小说阅读的理论也很发达。明代小说阅读理论不仅表达了明代人的小说阅读观,而且极大地促进了明代小说阅读的不断普及与发展。

对小说阅读做出理论贡献的当推李贽、薛瑄、汤显祖和金圣叹等人。如前所述,李贽不仅将《水浒传》等小说看作是与《史记》等同的"古今至文",而且还亲自评点了《水浒传》。他的《水浒传》评点本是当时最受读者欢迎的读本。薛瑄则分析了小说受读者欢迎的原因:

> 小学、"四书"、"六经",濂、洛、关、闽诸圣贤之书,雅也,嗜者少也。夫何故?以其味之淡也。百家小说、淫词绮语、怪诞不经之书,郑也,莫不喜谈而乐道之,盖不待教督而好之者矣。夫何故?以其味之甘也。淡则人心平而天理存,甘则人心迷而人

---

① 陆世仪:《思辨录辑要》卷四,丛书集成初编,北京:中华书局,1985年,45页。
② 胡居仁:《胡敬斋集》卷二《书橱铭》,丛书集成初编,北京:中华书局,1985年,52页。
③ 转引自张明仁《古今名人读书法》,北京:商务印书馆,2007年,123页。

欲肆。①

李梦阳劝人们不要读唐以后书,认为阅读通俗文学有益无害。针对李梦阳的这种看法,著名戏曲家汤显祖发表了如下评论:

> 昔李太白不读非圣之书,国朝李献吉亦劝人弗读唐以后书。语非不高,然未足以绳旷览之士也。……然则稗官小说,奚害于经传子史?游戏墨花,又奚害于涵养性情耶?②

明清之际著名的文学评论家金圣叹是小说阅读理论的集大成者,他对《西厢记》和《水浒传》的评点,集中反映了他的小说阅读思想。他不仅高度评价了两书的文学价值和阅读价值,而且论述了小说阅读的态度、方法和所要注意的事项等。特别是他认为读《水浒传》就得到了读一切书的方法。③ 并且,他对《水浒传》的读法议论最详。

第二节 读书诗选录

和历代文人一样,明代的读书人也喜欢用诗歌的形式来表达他们的读书观念和体会。这里笔者选录于谦、胡居仁、洪钟、李贽、傅山、归庄和王夫之的读书诗,以使读者见其读书情趣与思想之一斑。

---

① 薛瑄:《薛瑄全集》下册《读书录》卷三,孙玄常等点校,太原:山西人民出版社,1990年,1100页。
② 汤显祖:《汤显祖诗文集》卷五十《点校〈虞初志〉序》,上海:上海古籍出版社,1982年,1482页。
③ 金圣叹:《〈第五才子书施耐庵水浒传〉序》,见《第五才子书施耐庵水浒传》,北京:中华书局,1975年,20页。

于谦(1398—1457),字廷益,号节庵,浙江钱塘人,著名的政治家、军事家和诗人。他的《观书》诗,主要写了他的读书体会,表达了他对读书生活的热爱以及他从读书中所获得的无穷乐趣,字里行间亦充满对读书意义的讴歌和赞扬。诗云:

> 书卷多情似故人,晨昏忧乐每相亲。
> 眼前直下三千字,胸次全无一点尘。
> 活水源流随处满,东风花柳逐时新。
> 金鞍玉勒寻芳客,未信我庐别有春。①

胡居仁(1434—1484),字叔心,号敬斋,江西余干人,明代著名学者。他的一些诗作既有对自己读书生活的描述,也表达了他的读书志向、思想和情感。如《夏日即事》云:

> 槐柳阴阴满户庭,画帘高卷午风轻。
> 数篇书卷前贤业,一曲瑶琴太古情。
> 心在静时无杂扰,事当机处最分明。
> 从来实行难充溢,只恐虚名误此生。②

其《寄蘧行素》云:

> 归儒峰下读书堂,势利纷纷已两忘。
> 窗外梅花初破雪,檐前松竹几经霜。
> 岂于末学矜多智,肯向遗经识大方。
> 何日重来酬旧约,力扶吾道正天常。③

---

① 于谦:《观书》,见《于谦诗选》,杭州:浙江文艺出版社,1984年,42页。
② 胡居仁:《胡敬斋集》卷三,丛书集成初编,北京:中华书局,1985年,86页。
③ 胡居仁:《胡敬斋集》卷三,丛书集成初编,北京:中华书局,1985年,95页。

其《自述》云：

> 终日观书，圣贤在目。
> 终日言谈，不及利禄。
> 若使莨稗不生，何愁五谷不熟。①

其《读书自感》云：

> 频复多由志不强，七情胜处失闲防。
> 身心自觉沉沦久，羞读颜渊好学章。②

洪钟，钱塘人，成化十一年（1475）进士，历官刑部、工部尚书，左都御史，加太子少保等。洪钟生平好积书，其《命子作》反映了他教子读书成才的殷切心情。诗云：

> 汝父慕清白，遗无金满籝。望汝成大贤，惟教以一经。
> 经书宜博学，无惮历艰辛。才以博而坚，业由勤而精。③

李贽的《读书乐》是他在龙湖生活时写下的一首长诗，表达了他对读书生活的无比热爱。诗云：

> 天生龙湖，以待卓吾。天生卓吾，乃在龙湖。
> 龙湖卓吾，其乐何如？四时读书，不知其余。
> 读书伊何？会我者多。一与心会，自笑自歌。
> 歌吟不已，继以呼呵。恸哭呼呵，涕泗滂沱。
> 歌匪无因，书中有人。我观其人，实获我心。
> 哭匪无因，空潭无人。未见其人，实劳我心。

---

① 胡居仁：《胡敬斋集》卷三，丛书集成初编，北京：中华书局，1985 年，86 页。
② 胡居仁：《胡敬斋集》卷三，丛书集成初编，北京：中华书局，1985 年，84 页。
③ 杨立诚、金步瀛：《中国藏书家考略》，上海：上海古籍出版社，1987 年，138 页。

弃置莫读，束之高屋。怡性养神，辍歌送哭。
何必读书，然后为乐？乍闻此言，若悯不谷。
束书不观，吾何以欢？怡性养神，正在此间。
世界何窄，方册何宽。千圣万贤，与公何冤。
有身无家，有首无发。死者是身，朽者是骨。
此独不朽，愿与偕殁。倚啸丛中，声震林鹊。
歌哭相从，其乐无穷。寸阴可惜，曷敢从容。①

75岁的李贽因"惑乱人心"罪被捕入狱后，在囚中写下了《系中八绝》，其中一绝严厉批评了那些读死书、无创见的读书人，再次表现了这位思想家追求真理、坚贞不屈的精神。诗云：

年年岁岁笑书奴，生世无端同处女。
世上何人不读书，书奴却以读书死。②

傅山（1607—1684），字青主，号公之它、石道人等，山西阳曲人，明末清初著名书画家、诗人和学者。傅山写有多首读书诗，其中的一首《看书》，写出了他在乡村静心读书的乐趣，表达了他的政治倾向和精神追求。诗云：

还是看书好，关门目也尊。无光到银海，有美共唐园。
药饵村居省，秋心对雨言。鹑褴容易痒，不学猛奴扪。③

他的另一首《咏史感兴杂诗》则表达了他对历史人物功过是非评论的认识。诗云：

---

① 李贽：《焚书》卷六《读书乐并引》，北京：中华书局，1975年，227页。
② 李贽：《续焚书》卷五《系中八绝》，北京：中华书局，1975年，117页。
③ 侯文正等：《傅山诗文选注》，太原：山西人民出版社，1985年，71页。

青灯照书史,恻然动吾仁。贤愚去已远,毁誉惟后人。

羿巧复谁中,荡舟力成尘。捷捷仪秦口,一辞无所陈。①

归庄(1613—1673),字玄恭,号恒轩,江苏昆山人,归有光曾孙,明末清初的一位著名文人,工诗,善画,能文。他的《读书》诗,表达了他对那些皓首穷经,"空作书中蠹"的读书人的批评,反映了他"学以致用"的读书思想。诗云:

人生今世宜何如,不能有为且读书。读书终不事章句,略知大意弃之去。

鄙哉近代之儒生,白首矻矻穷一经。聪明远出马郑下,轻持议论相抗衡。

悍者叛入天竺国,操戈反与圣贤争。讥讪程朱为笨伯,居然自诧王阳明。

妄言万事一以贯,叩之不异虫蚩氓。浮伪之徒擅文笔,鬼神欲泣风雨惊。

自夸读破五车书,胸中武库森纵横。一朝失身败名节,却似不曾识一丁。

读书如此可悲痛,今日尤当知所重。忠义天生不必言,古来大儒皆有用。

象纬方舆肆览观,六部之事尤多端。学成会取通侯印,才大要登上将坛。

人生遇合固有命,规模经画先时定。格天功业有本源,谁谓读书记名姓?

我今读书幸不误,但恐荒嬉白日暮!愿告当世读书人,毋为

---

① 侯文正等:《傅山诗文选注》,太原:山西人民出版社,1985年,8页。

空作书中蠹。①

王夫之(1619—1692),字而农,号姜斋,湖南衡阳人,明末清初思想家、文学家。他晚年居衡阳石船山,学者称之为船山先生。他的《示侄孙生蕃》诗是一首教育子孙如何读书,讲读书的意义如何的诗。诗中特别强调了只有读书才能医俗的道理。诗云:

> 忘却人间事,始识书中字。识得书中字,自会人间事。
> 俗气如糨糊,封令心窍闭。俗气如岚疟,寒住热又至。
> 俗气如炎蒸,而往依坑厕。俗气如游蜂,痴迷投窗纸。
> 堂堂大丈夫,与古人何异。万里任翱翔,何肯缚双翅。
> ⋯⋯⋯⋯⋯⋯
> 吾家自维扬,来此十三世。虽有文武殊,所向惟廉耻。
> 不随浊水流,宗支幸不坠。传家一卷书,唯在尔立志。
> 凤飞九千仞,燕雀独相视。不饮酸臭浆,闲看旁人醉。
> 识字识得真,俗气自远避。人字两撇捺,原与禽字异。
> 潇洒不沾泥,便与天无二。汝年正英少,高远何难企。
> 医俗无别方,唯有读书是。②

关于明代的读书诗,曾祥芹和刘苏义的《历代读书诗》中亦收录有 28 人的 46 首,这里不再赘录。

---

① 归庄:《归庄集》卷一《读书》,北京:中华书局,1962 年,56 页。
② 王夫之:《薑斋诗集》,见《船山全书》第十五册,长沙:岳麓书社,1996 年,560 页。

第三节　推荐书目

推荐书目既是一种选书理论，又是一种读书计划和读书方法，其导读性、教育性和规范性为历代所重视。如元代程端礼的《程氏家塾读书分年日程》曾颁布于郡县官学，成为广大学子读书之准绳。至明清，该日程在书院及读书人中仍有一定影响。

明代的陆世仪亦继承和发展了程端礼的日程。针对书籍之多，无从掌握的现状，为使学子们"学有渐次，书分缓急"，从而获得阅读的成功，陆世仪不仅划分了阅读阶段，而且提出了具体的阅读方法、阅读书目和次序，在明代的推荐书目和阅读理论中最具代表性。他说：

> 书籍之多，千倍于古，学非博不可，然汗牛充栋，将如之何？偶思得一读书法，欲将所读之书，分为三节：自五岁至十五岁为一节，十年诵读；自十五岁至二十五为一节，十年讲贯；自二十五至三十五为一节，十年涉猎。使学有渐次，书分缓急，则庶几学者可由此而程功，朝廷亦因之而试士矣。所当读之书，约略开列于后。
>
> 十年诵读：
>
> 《小学》：文公《小学》颇繁，愚欲另编《节韵幼仪》。
>
> "四书"：先读正文，后读注。
>
> "五经"：先读正文。
>
> 《周礼》：柯尚迁者佳。

《太极》。

《通书》。

《西铭》。

《纲目》：先读编。又有《历世通谱》《秋槊录》等书，载古今兴亡大概，俱编有歌括，宜先讲读。

古文：宜先读《左传》，其《国策》、《史》、《汉》、八大家，文理易晓，易于记诵，俟十五岁后可也。予近有《书鉴》一编，专取古文中之有关于兴亡治乱者，后各为论，使学者读之，可知古今，似可备览。

古诗：《离骚经》、陶诗，宜先读。予近有《诗鉴》一编，专取汉唐以后诗之有合于兴观群怨者，后各为论，似可备览。

各家歌诀：凡天文、地理、水利、算学诸家，俱有歌诀。取其切于日用者，暇时记诵。

十年讲贯：

"四书"：宜看《大全》。

"五经"：宜看《大全》。

《周礼》：柯尚迁注，近有《集说》亦好。

《性理》：尚宜重辑。内如《洪范皇极》《律吕新书》《易学启蒙》《皇极经世》等书，俱宜各自为书，不必入集。

《纲目》：宜与《资治通鉴》《纪事本末》二书同看，仍以《纲目》为主。

本朝事实。

本朝典礼。

本朝律令：三书最为知今之要。

《文献通考》：此书与《纲目》相表里，不可不讲。

《大学衍义》《衍义补》：理学、经济类书之简明者，不可不讲。

天文书：宜专学历数。

地理书：宜详险要。

水利、农田书：有新刻《水利全书》《农政全书》。

兵法书：《孙子》《吴子》《司马法》《武备志》《纪效新书》《练兵实纪》俱宜讲究。

按：以上四家，苟非全才，或专习一家亦可。

古文：《左》、《国》、《史》、《汉》、八大家。

古诗：李、杜宜全阅。

十年涉猎：

"四书"。

"五经"。

《周礼》：参看注疏及诸家之说。

诸儒语录。

二十一史。

本朝实录及典礼、律令诸书。

诸家天文。

诸家地理：各省《舆地志》，或旁及堪舆家。

诸家水利农田书。

诸家兵法。

诸家古文。

诸家诗。

以上诸书，力能兼者兼之，力不能兼，则略其涉猎而专其讲贯。又不然，则去其诗文。其于经济中或专习一家，其余则断断在所必读，庶学者俱为有体有用之士。今天下之精神，皆耗于帖括矣，谁肯为真读书人，而国家又安得收读书之宜哉？①

---

① 陆世仪：《思辨录辑要》卷四，丛书集成初编，北京：中华书局，1985 年，45—48 页。

明朝的建立,结束了蒙古人对中原的统治。恢复汉民族的文化传统,发展和推动以汉民族阅读为主的多民族阅读,使明代阅读具有了承上启下的历史意义。因此,从中国阅读历史的长河来看,明代的阅读是蓬勃发展和进步的——读者群体扩大,阶层下落。以市民为主体的大众读者群体的崛起和壮大,标志着明代阅读活动已向近代化发展,这是人类社会发展与进步的必然趋势。

主要参考书目

《安海港史研究》编辑组.安海港史研究.福州:福建教育出版社,1989.

阿英.小说闲谈.上海:上海古籍出版社,1985.

[意]艾儒略著,谢方校释.职方外纪校释.北京:中华书局,1996年.

北京图书馆.侯官云程林氏家乘.北京:北京图书馆出版社,2000.

蔡亚平.读者与明清时期通俗小说创作、传播的关系研究.广州:暨南大学出版社,2013.

[朝]崔溥著,葛振家点注.漂海录.北京:社会科学文献出版社,1992.

陈伯海,朱易安.唐诗书录.济南:齐鲁书社,1988.

陈第著,康瑞琮点校.毛诗古音考.北京:中华书局,2008.

陈第.世善堂藏书目录//丛书集成初编.北京:中华书局,1985.

陈鼎辑.东林列传//周骏富辑.明代传记丛刊.台北:明文书局,1991.

陈东原.中国妇女生活史.上海:上海书店出版社,1984.

陈登原.古今典籍聚散考.上海:上海书店出版社,1983.

陈宏谋辑. 教女遗规. 北京：中国华侨出版社，2013.

陈继儒. 安得长者言//丛书集成初编. 北京：中华书局，1985.

陈继儒. 陈眉公全集//国学基本文库. 南京：中央书店，1936.

陈继儒. 读书镜//丛书集成初编. 北京：中华书局，1985.

陈继儒撰，陈桥生评注. 小窗幽记. 中华书局，2008.

陈确. 陈确集. 北京：中华书局，2009.

陈田. 明诗纪事. 上海：上海古籍出版社，1993.

陈子龙. 陈忠裕公全集. 嘉庆刻本.

徐光启. 农政全书. 上海：上海古籍出版社，1979.

陈子龙. 明经世文编. 北京：中华书局，1962.

陈曦钟等辑校. 水浒传汇评本. 北京：北京大学出版社，1987.

陈献章. 陈献章集. 北京：中华书局，1987.

陈振孙. 直斋书录解题. 上海：上海古籍出版社，1987.

陈正祥. 中国文化地理. 北京：三联书店，1983.

陈垣. 陈垣学术论文集. 北京：中华书局，1980.

曹之. 中国古籍版本学. 武汉：武汉大学出版社，1992.

曹之. 中国古籍编撰史. 武汉：武汉大学出版社，1999.

程敏政. 皇明文衡. 四部丛刊本.

程敏政辑撰. 新安文献志. 合肥：黄山书社，2004.

程端礼. 程氏家塾读书分年日程//丛书集成初编. 北京：中华书局，1985.

崇祯泰州志. 济南：齐鲁书社，1996.

蔡毅. 中国古典戏曲序跋汇编. 济南：齐鲁书社，1989.

大连图书馆. 明清小说序跋选. 沈阳：春风文艺出版社，1983.

戴震. 戴东原集//万有文库本. 上海：商务印书馆，1934.

丁锡根. 中国历代小说序跋集. 北京：人民文学出版社，1996.

都穆. 都公谭纂//丛书集成初编. 北京：中华书局，1985.

方苞. 方望溪集外文//沈云龙. 近代中国史料丛刊:第52辑. 台北:文海出版社,1970.

方孝孺. 逊志斋集. 四部丛刊本.

方以智. 通雅. 浮山此藏轩刻本.

方以智. 东西均. 北京:中华书局,1962.

方志远. 明代城市与市民文学. 北京:中华书局,2004.

冯班. 钝吟杂录//丛书集成初编. 北京:中华书局,1985.

冯从吾. 关学编. 北京:中华书局,1987.

冯梦龙. 古今小说. 上海:上海古籍出版社,1980.

冯梦龙. 喻世明言. 北京:线装书局,2007.

冯梦龙. 醒世恒言. 上海:上海古籍出版社,1987.

冯梦龙. 智囊全集. 南京:江苏古籍出版社,1986.

冯天瑜. 明清文化史散论. 武汉:华中工学院出版社,1984.

樊树志. 国史概要. 上海:复旦大学出版社,2000.

范凤书. 中国私家藏书史. 郑州:大象出版社,2001.

范晔. 后汉书. 北京:中华书局,1965.

[法]费夫贺、马尔坦著,李鸿志译. 印刷术的诞生. 桂林:广西师范大学出版社,2006.

傅维鳞. 明书//丛书集成初编. 北京:中华书局,1985.

顾起元. 客座赘语. 北京:中华书局,1987.

顾炎武. 顾亭林诗文集. 北京:中华书局,1983.

顾炎武著,周苏平、陈国庆点注. 日知录. 兰州:甘肃民族出版社,1997.

顾炎武著,黄汝成集释. 日知录集释. 上海:上海古籍出版社,1984.

谷应泰. 明史纪事本末. 北京:中华书局,1977.

郭磐. 明太学经籍志//首都图书馆. 太学文献大成:第4册. 北京:

学苑出版社,1996.

归有光.震川先生集.上海:上海古籍出版社,1981.

韩愈著,马其昶校注.韩昌黎文集校注.上海:上海古籍出版社,1986.

韩琦,[意]米盖拉.中国和欧洲——印刷术与书籍史.北京:商务印书馆,2008.

何良俊.四友斋丛说.北京:中华书局,1959.

侯外庐.中国思想通史.北京:人民出版社,1956.

侯文正等.傅山诗文选注.太原:山西人民出版社,1989.

华东师范大学历史系.史华慈与中国国际学术讨论会论文集.上海:华东师范大学出版社,2006.

怀效锋点校.大明律.沈阳:辽沈书社,1990.

黄仁宇.万历十五年.北京:中华书局,1982.

黄绾.明道编.北京:中华书局,1959.

黄虞稷.明史·艺文志补编.北京:中华书局,1959.

黄瑜.双槐岁抄.北京:中华书局,1999.

黄宗羲.明儒学案.北京:中华书局,1985.

黄宗羲.南雷文定前集//丛书集成初编.北京:中华书局,1985.

黄宗羲.宋元学案.北京:中华书局,1986.

黄宗羲.明文海.北京:中华书局,1987.

黄霖,韩同文.中国历代小说论著选.南昌:江西人民出版社,1990.

黄庭坚.黄庭坚全集.成都:四川大学出版社,2001.

黄佐.翰林记//丛书集成初编.北京:中华书局,1985.

黄景昉.国史唯疑//续修四库全书:第432册.上海:上海古籍出版社,2002.

韩锡铎,王清原.小说书坊录.沈阳:春风文艺出版社,1987.

胡文楷.历代妇女著作考.上海:上海古籍出版社,1985.

胡承诺.读书说//丛书集成初编.北京:中华书局,1985.

胡居仁.居业录//丛书集成初编.北京:中华书局,1985.

胡居仁.胡敬斋集//丛书集成初编.北京:中华书局,1985.

胡应麟.少室山房笔丛.北京:中华书局,1958.

胡应麟.四部正讹.上海:朴社,1929.

嘉靖池州府志//天一阁藏明代方志选刊.上海:上海古籍出版社,1982.

嘉靖建阳县志//天一阁藏明代方志选刊.上海:上海古籍出版社,1982.

嘉靖宁国府志//天一阁藏明代方志选刊.上海:上海古籍出版社,1982.

焦竑.焦氏笔乘续集//丛书集成初编.北京:中华书局,1985.

焦竑撰,李剑雄点校.澹园集·续集.北京:中华书局,1999.

焦循.雕菰集//丛书集成初编.北京:中华书局,1985.

计六奇.明季北略.北京:中华书局,1984.

江藩.汉学师承记.上海:上海书店出版社,1983.

金圣叹.第五才子书施耐庵水浒传.北京:中华书局,1975.

嵇文甫.晚明思想史论.北京:东方出版社,1996.

姜绍书.韵石斋笔谈//四库全书:第872册.上海:上海古籍出版社,1987.

蒋星煜.西厢记的文献学研究.上海:上海古籍出版社,1997.

蒋逸雪.张溥年谱.上海:商务印书馆,1936.

[英]柯律格著,黄晓鹃译.明代的图像与视觉性.北京:北京大学出版社,2011.

来新夏.中国古代图书事业史.上海:上海人民出版社,1990.

劳汉生.珠算与实用算术.石家庄:河北科技出版社,2000.

李东阳等撰,申时行等修.大明会典.台北:新文丰出版公司,1976.

李东阳等撰.历代通鉴纂要.广雅书局,1897.

李开先.李开先全集.上海:上海古籍出版社,2014.

李开先.词谑//中国古典戏曲论著集成:第二册.北京:中国戏剧出版社,1959.

李梦阳.空同集.上海:上海古籍出版社,1959.

李之藻编,黄曙辉点校.天学初函.上海:上海交通大学出版社,2013.

梁启超.清代学术概论.上海:上海世纪出版集团,2005.

梁启超.中国近三百年学术史.天津:天津古籍出版社,2003.

李长春.明熹宗七年都察院实录//《明实录》附录.台北:"台湾中央研究院历史语言研究所",1962.

李日华.紫桃轩杂缀//国学珍本文库.上海:商务印书馆,1935.

李日华.味水轩日记.嘉业堂丛书.

李元春.关学续编.北京:中华书局,1987.

李希泌,张椒华.中国古代藏书与近代图书馆史料.北京:中华书局,1982.

李心传.建炎以来系年要录.北京:中华书局,1956.

李诩.戒庵老人漫笔.北京:中华书局,1982.

李贽.续藏书.北京:中华书局,1959.

李贽.焚书续焚书.北京:中华书局,1975.

李贽.初潭集.北京:中华书局,1974.

李贽.藏书.北京:中华书局,1959.

李贽.李贽文集.北京:中国社会科学文献出版社,2000.

黎靖德.朱子语类.北京:中华书局,1986.

[意]利玛窦著,罗渔译.利玛窦书信集.台北:台湾光启出版社,

辅仁大学出版社,1986.

[意]利玛窦、金尼阁著,何高济等译.利玛窦中国札记.北京:中华书局,1983.

[意]利玛窦.友论//丛书集成初编.北京:中华书局,1985.

廖燕.二十七松堂文集.上海:上海远东出版社,1995.

凌濛初.二刻拍案惊奇.北京:知识出版社,2001.

凌濛初.初刻拍案惊奇.上海:上海古籍出版社,1982.

娄曾泉,颜章炮.明朝史话.北京:北京出版社,1984.

[美]罗伯特·达思顿著,萧知纬译.拉莫莱特之吻:有关文化史的思考.上海:华东师范大学出版社,2011.

罗贯中.三国志通俗演义.上海:上海古籍出版社,1980.

[法]罗杰·夏蒂埃著,吴泓缈、张璐译.书籍的秩序.北京:商务印书馆,2013.

陆揖.古今说海.上海:上海文艺出版社,1989.

陆容.菽园杂记.北京:中华书局,1985.

陆世仪.思辨录辑要//丛书集成初编.北京:中华书局,1985.

陆符.四六法海.天启七年(1627)刻本.

龙文彬.明会要.北京:中华书局,1956.

鲁迅.中国小说史略.北京:人民文学出版社,1973.

鲁迅.鲁迅书信集.北京:人民文学出版社,1976.

鲁迅.鲁迅全集.北京:人民文学出版社,1981.

卢熊纂修.洪武苏州府志.北京:全国图书馆文献缩微复制中心,1992.

郎瑛.七修类稿.北京:中华书局,1959.

柳诒征.中国文化史.北京:中国大百科全书出版社,1988.

柳宗元.柳宗元集.北京:中华书局,1979.

刘俊田等译.四书全译.贵阳:贵州人民出版社,1988.

刘献廷.广阳杂记.北京:中华书局,1959.

刘勰著,周振甫注.文心雕龙注释.北京:人民文学出版社,1981.

刘知几.史通.长春:时代文艺出版社,2009.

刘若愚.酌中志.北京:北京古籍出版社,1994.

明实录.台北:"台湾中央研究院历史语言研究所",1962.

茅坤.唐宋八大家文抄//四库全书:第1383册.上海:上海古籍出版社,1987.

毛礼锐.中国古代教育史.北京:人民教育出版社,1983.

毛效同.汤显祖研究资料汇编.上海:上海古籍出版社,1986.

缪咏禾.明代出版史稿.南京:江苏人民出版社,2000.

马克思恩格斯选集.北京:人民出版社,1972.

马兆政,周苇堂.中国古代妇女名人.北京:中国妇女出版社,1988.

[加]马歇尔·麦克卢汉著,杨晨光译.谷登堡星汉璀璨——印刷文明的诞生.北京:北京理工大学出版社,2014.

南炳文,何孝荣.明代文化研究.北京:人民出版社,2006.

聂绀弩.中国古典小说论集.上海:上海古籍出版社,1981.

祁彪佳.祁忠敏公日记//李德龙,俞冰.历代日记丛钞:第七册.北京:学苑出版社,2006.

祁承㸁等.澹生堂藏书约:外八种.上海:上海古籍出版社,2005.

乾隆官修.续文献通考.杭州:浙江古籍出版社,2000.

钱宝琮.中国数学史.北京:科学出版社,1992.

钱伯城等.全明文:第1册.上海:上海古籍出版社,1992.

钱存训著,郑如斯编订.中国纸和印刷文化史.桂林:广西师范大学出版社,2004.

钱谦益.牧斋有学集.上海:上海古籍出版社,1996.

钱谦益.列朝诗集小传.上海:上海古籍出版社,1983.

钱谦益.初学集.四部丛刊本.

屈大均.女官传//虫天子.中国香艳全书:第二册.北京:团结出版社,2005.

瞿九思.万历武功录.北京:中华书局,1962.

齐裕焜.明代小说史.杭州:浙江古籍出版社,1997.

全祖望.鲒埼亭集.四部丛刊本.

阮葵生.茶余客话.北京:中华书局,1959.

阮元.畴人传.北京:商务印书馆,1955.

商传.明代文化志.上海:上海人民出版社,1998.

沈德符.万历野获编.北京:中华书局,1959.

沈定平.明清之际中西文化交流史——明代:调适与会通.北京:商务印书馆,2001.

施沛.南京都察院志//四库全书存目丛书.济南:齐鲁书社,1997.

[新西兰]史蒂文·罗杰·费希尔著,李瑞林等译.阅读的历史.北京:商务印书馆,2009.

史震林.西青散记.北京:中国书店,1987.

宋濂.宋学士全集//丛书集成初编.北京:中华书局,1985.

宋濂.浦阳人物记//丛书集成初编.北京:中华书局,1985.

宋懋澄.九籥集.北京:中国社会科学出版社,1984.

孙从添.藏书纪要.上海:上海古籍出版社,2005.

孙承泽.春明梦余录.北京:北京出版社,1992.

孙继皋.宗伯集//四库全书:第1291册.上海:上海古籍出版社,1987.

孙慎行.玄宴斋文钞//四库禁毁书丛刊.北京:北京出版社,1997.

孙旬.皇明疏钞.台北:台湾学生书局,1986.

盛如梓.庶斋老学丛谈//丛书集成初编.北京:中华书局,1985.

尚学锋等.中国古典文学接受史.济南:山东教育出版社,2000.

桑悦.思玄集//四库全书存目丛书.济南:齐鲁书社,1996.

苏辙.栾城集.上海:上海古籍出版社,1987.

苏轼.苏轼文集.北京:中华书局,1986.

水浒志传评林//古本小说丛刊:第十二册.北京:中华书局,1990.

太祖宝训.台北:"台湾中央研究院历史语言研究所",1962.

唐力行.商人与中国近代社会.北京:商务印书馆,2006.

唐顺之.荆川集.四部丛刊本.

陶珽.说郛续.上海:上海古籍出版社,1988.

陶贞怀.天雨花.郑州:中州古籍出版社,1984.

陶宗仪.南村辍耕录//四部丛刊缩编本.上海:上海书店,1985.

陶宗仪.南村诗集//四库全书:第1231册.上海:上海古籍出版社,1987.

汤显祖.牡丹亭.北京:人民文学出版社,1980.

汤显祖.汤显祖诗文集.上海:上海古籍出版社,1982.

汤显祖.说海.北京:人民日报出版社,1997.

谭元春著,陈杏珍标校.谭元春集.上海:上海古籍出版社,1996.

谭正璧,谭寻.弹词通考.北京:中国曲艺出版社,1985.

谈迁著,张宗祥校点.国榷.北京:中华书局,1958.

王充.论衡.上海:上海人民出版社,1974.

王定安.求阙斋弟子记//续修四库全书:第551册.上海:上海古籍出版社,2001.

王夫之.明诗选评.长沙:岳麓书社,1996.

王夫之著,戴鸿森笺注.姜斋诗话笺注.北京:人民文学出版社,1981.

王夫之.船山全书.长沙:岳麓书社,1996.

王国强.明代目录学研究.郑州:中州古籍出版社,2000.

王畿. 龙溪王先生全集//四库全书存目丛书. 济南:齐鲁书社,1997.

王骥德. 曲律//中国戏曲研究院. 中国古典戏曲论著集成:第四册. 北京:中国戏剧出版社,1959.

王继光. 中国西部民族文化研究:2003年卷. 北京:民族出版社,2003.

王利器. 耐雪堂集. 北京:中国社会科学出版社,1986.

王利器. 元明清三代禁毁小说戏曲史料. 上海:上海古籍出版社,1981.

王鸣盛. 十七史商榷. 北京:商务印书馆,1959.

王琦,于慎行. 寓圃杂记 穀山笔麈. 北京:中华书局,1984.

王心敬. 关学续编. 北京:中华书局,1987.

王守仁. 王阳明全集. 上海:上海古籍出版社,1992.

王廷相著,王孝鱼点校. 王廷相集. 北京:中华书局,1989.

王世贞著,罗仲鼎校注. 艺苑卮言. 济南:齐鲁书社,1992.

王祎. 王忠文公文集. 上海:上海古籍出版社,2010.

王余光等译注. 读书四观. 武汉:湖北辞书出版社,1997.

王钟翰点校. 清史列传. 北京:中华书局,1987.

王重民. 中国善本书提要. 上海:上海古籍出版社,1983.

王直. 抑菴文集:外三种. 上海:上海古籍出版社,1991.

汪福来主编. 桐城文化志. 合肥:安徽人民出版社,1992.

卫泳. 悦容编//虫天子. 香艳丛书:第一册. 上海:上海书店出版社,1991.

汪道昆著,胡益明、余国庆点校. 太函集. 合肥:黄山书社,2004.

文徵明. 文徵明集. 上海:上海古籍出版社,1987.

文震孟. 姑苏名贤小纪//四库全书存目丛书. 济南:齐鲁书社,1997.

温以介. 温氏母训//丛书集成初编. 北京:中华书局,1985.

吴晗. 灯下集. 北京:三联书店,1962.

吴晗. 江浙藏书家史略. 北京:中华书局,1981.

吴麟征. 家诫要言//丛书集成初编. 北京:中华书局,1985.

吴天石,马莹伯. 谈谈我国古代学者的学习精神与学习方法. 北京:中国青年出版社,1963.

吴宣德. 中国教育制度通史. 济南:山东教育出版社,2000.

西湖渔隐主人. 欢喜冤家. 北京:大众文艺出版社,1983.

熊大木. 大宋中兴通俗演义. 成都:巴蜀书社,1995.

徐𤊹. 笔精. 福州:福建人民出版社,1997.

徐𤊹. 红雨楼书目. 上海:上海古籍出版社,2005.

徐光启. 徐光启集. 上海:上海古籍出版社,1984.

徐纮. 明名臣琬琰录//四库全书:第453册. 上海:上海古籍出版社,1987.

徐凌志. 中国历代藏书史. 南昌:江西人民出版社,2004.

徐朔方,孙秋克. 明代文学史. 杭州:浙江大学出版社,2006.

徐渭. 南词叙录//中国戏曲研究院. 中国古典戏曲论著集成:第三册. 北京:中国戏剧出版社,1959.

徐宗泽. 明清间耶稣会士译著提要. 北京:中华书局,1949.

徐宗泽. 中国天主教传教史概论. 上海:上海书店出版社,1990.

徐士俊,汪祺辑评. 分类尺牍新语初编//四库全书存目丛书. 济南:齐鲁书社,1997.

许自昌. 樗斋漫录//续修四库全书:第1133册. 上海:上海古籍出版社,2002.

解缙. 解文毅公集. 清刻本.

谢国桢. 明末清初的学风. 北京:人民出版社,1982.

谢国桢. 明清之际党社运动考. 北京:中华书局,1982.

谢肇淛.五杂俎.上海:上海书店出版社,2009.

薛熙.明文在.上海:商务印书馆,1936.

薛瑄.读书录//丛书集成初编.北京:中华书局,1985.

薛瑄.薛敬轩集//丛书集成初编.北京:中华书局,1985.

厦门大学历史系.李贽研究参考资料:第一辑.福州:福建人民出版社,1975.

夏燮撰,王日根等校点.明通鉴.长沙:岳麓书社,1999.

姚旅著,刘彦捷点校.露书.福州:福建人民出版社,2008.

叶昌炽.藏书纪事诗.北京:古典文学出版社,1958.

叶德辉.书林清话.上海:上海古籍出版社,2008.

叶梦得.石林燕语.北京:中华书局,1984.

叶绍袁.午梦堂全集.北京:中华书局,1998.

叶盛.水东日记.北京:中华书局,1980.

叶盛.箓竹堂书目//丛书集成初编.北京:中华书局,1985.

杨伯峻.列子集释.北京:龙门联合书局,1958.

杨爵.杨忠介集//四库全书:第1276册.上海:上海古籍出版社,1987.

杨立诚,金步瀛.中国藏书家考略.上海:上海古籍出版社,1987.

杨慎.升庵诗话//丛书集成初编.北京:中华书局,1985.

杨慎.升庵全集//万有文库本.上海:商务印书馆,1937.

杨慎.丹铅总录//四库全书:第855册.上海:上海古籍出版社,1987.

杨士奇.东里续集//四库全书:第1238册.上海:上海古籍出版社,1987.

姚鼐.惜抱先生尺牍//丛书集成续编.上海:上海书店出版社,1994.

酉阳野史.三国志后传.上海:上海古籍出版社,1994.

云南志//天一阁藏明代方志选刊续编.上海:上海书店出版社,1990.

袁宏道著,钱伯城笺校.袁宏道集笺校.上海:上海古籍出版社,1981.

袁宗道.白苏斋类集.上海:上海古籍出版社,1989.

袁衮.世纬//丛书集成初编.北京:中华书局,1985.

永瑢等.四库全书总目.北京:中华书局,1965.

[美]伊佩霞著,赵世瑜等译.剑桥插图中国史.济南:山东画报出版社,2002.

颜之推.颜氏家训.长沙:岳麓书社,1999.

余继登.典故纪闻.北京:中华书局,1981.

于谦.于谦诗选.杭州:浙江文艺出版社,1984.

余英时.中国思想传统的现代诠释.台北:联经出版公司,1987.

《中国古籍善本书目》编委会.中国古籍善本书目.上海:上海古籍出版社,1991.

中国科学院中国自然科学史研究室.徐光启纪念论文集.北京:中华书局,1963.

中国社会科学院历史研究所.明史研究论丛:第1辑.南京:江苏人民出版社,1982.

中国社会科学院历史研究所.明史研究论丛:第3辑.南京:江苏古籍出版社,1985.

中山大学等.王安石诗文选注.广州:广东人民出版社,1975.

章潢.图书编//四库全书:第969册.上海:上海古籍出版社,1987.

张廷玉等.明史.北京:中华书局,1974.

张炯等.中华文学通史.北京:华艺出版社,1997.

张履祥著,陈祖武点校.杨园先生全集.北京:中华书局,2002.

张履祥. 初学备忘//丛书集成初编. 北京：中华书局，1985.

张明仁. 古今名人读书法. 北京：商务印书馆，2007.

张舜徽. 顾亭林学记. 北京：中华书局，1963.

张舜徽. 清人笔记条辨. 北京：中华书局，1986.

张舜徽. 张舜徽学术文化随笔. 北京：中国青年出版社，2001.

张秀民. 中国印刷史. 上海：上海人民出版社，1989.

张显清. 张显清文集. 上海：上海辞书出版社，2005.

张志公. 传统语文教育初探. 上海：上海教育出版社，1962.

张萱. 西园闻见录//中华文史丛书：四十二. 北京：哈佛燕京学社，1940.

张岱. 琅嬛文集. 长沙：岳麓书社，1985.

张岱. 石匮书后集. 北京：中华书局，1959.

张溥. 七录斋诗文合集//续修四库全书：第1387册. 上海：上海古籍出版社，2002.

张溥著，殷孟伦注. 汉魏六朝百三家集题辞注. 北京：人民文学出版社，1960.

郑洛书修，高企撰. 嘉靖上海县志. 上海：上海传真社影印，1932.

郑樵. 通志. 北京：中华书局，1987.

郑振铎. 插画本中国文学史. 北京：团结出版社，2007.

郑振铎. 中国俗文学史. 上海：上海人民出版社，2006.

郑振铎. 郑振铎文集. 北京：线装书局，2009.

郑振铎. 劫中得书记. 上海：上海古籍出版社，1950.

郑振铎. 中国古代木刻画史略. 上海：上海书店出版社，2011.

周亮工. 明三百家尺牍. 南昌：二十世纪出版公司，1947.

周亮工. 书影. 上海：上海古籍出版社，1981.

周密. 齐东野语. 北京：中华书局，1983.

［美］周绍明著，何朝晖译. 书籍的社会史——中华帝国晚期的书

籍与士人文化.北京:北京大学出版社,2009.

朱孟震.西南夷风土记//丛书集成初编.北京:中华书局,1985.

朱国祯.涌幢小品.北京:中华书局,1959.

朱一玄.明清小说资料选编.济南:齐鲁书社,1989.

朱一玄,刘毓忱.水浒传资料汇编.石家庄:百花文艺出版社,1981.

朱一玄编,朱天吉校.明清小说资料选编.天津:南开大学出版社,2006.

朱彝尊.明诗综.北京:中华书局,2007.

朱彝尊.曝书亭集.上海:商务印书馆,1935.

朱彝尊.静志居诗话.北京:人民文学出版社,1990.

朱彝尊.经义考//四库全书:第680册.上海:上海古籍出版社,1987.

朱之瑜.朱舜水全集.北京:中国书店,1991.

翟博.中国家训经典.海口:海南出版社,2002.

赵尔巽等.清史稿.北京:中华书局,1976.

赵景深,张增元.方志著录元明清曲家传略.北京:中华书局,1987.

钟惺.隐秀轩集.上海:上海古籍出版社,1992.

钟惺.名媛诗归//四库全书存目丛书.济南:齐鲁书社,1997.

曾祥芹,韩雪屏.古代阅读论.郑州:河南教育出版社,1992.

曾祥芹,刘苏义.历代读书诗.北京:中国文联出版社,2001.

祝允明.罪知录//四库全书存目丛书.济南:齐鲁书社,1997.

宗臣.宗子相集.台北:伟文图书出版社有限公司,1976.

索　引

【人名】

A

- 阿塔依　496
- 艾利希尔·纳瓦依　496
- 艾南英　107,110,112,335,362
- 艾儒略　131,135,148
- 安福郡主　301
- 安国　246,366

B

- 巴卧·祖拉陈瓦　503,504
- 包柽芳　237
- 毕方济　131,134,135
- 毕拱辰　144,151,239
- 布敦·仁钦珠　502,503

C

- 蔡巴·贡噶多吉　502,503
- 蔡清　351,364,365,524
- 蔡润石　450,461
- 曹端　68—70
- 曹璘　345
- 曹学佺　244,310,327,343,391
- 曹于汴　144,149
- 常伦　333,361,397
- 陈邦瞻　328
- 陈忱　318,381

- 陈第　36,92,94,101,141,142,247,254,334,355,359,388,396
- 陈铎　28,334,369,397
- 陈福礼　54
- 陈公懋　60,61
- 陈函辉　464
- 陈鹤　356,360,398
- 陈济　229,318,383
- 陈际泰　316,336
- 陈继儒　5,41,124,144,146,206,214,217,231,234,238,330,347,367,375,379,380,382,389,391,419,420,520,522
- 陈矩　205,304
- 陈老莲　199
- 陈谟　167,331,353
- 陈芹　340,388
- 陈仁锡　87,122,124,234,289,340,353,359
- 陈所闻　322,381
- 陈献章　68,76—78,319,341,345,400,530
- 陈循　223,263,289
- 陈耀文　92,95,413
- 陈仪　144,149
- 陈沂　368,401
- 陈与郊　124,381,391
- 陈真晟　72,179
- 陈贞贻　362
- 陈子龙　36,90,101,107,110,111,124,334,421,422
- 陈祚　284,289
- 程嘉燧　325,390,397,399
- 程敏政　234,289
- 程凝之　464
- 储巏　316,335
- 崔铣　289,352,400
- 崔秀玉　436
- 崔仲凫　179,341

D

- 戴良　25,102,162,309,331,511
- 丹僧达格巴　500
- 德清　102,513
- 邓氏　461,470
- 邓以赞　81,82,352
- 邓玉函　131,134,136,148
- 邓元锡　81,179,333,336,340
- 丁鹤年　164,389,463,502

- 丁雄飞 234,239,243,247,257
- 董其昌 142,144,234,375,376,379,419,513
- 董少玉 447,451
- 董谒 329
- 都穆 106,217,243,244,324,335,369,380
- 杜丽娘 454,466
- 端淑卿 436,443
- 段坚 163,169,179,189,344,347,371,401

E

- 额尔德尼 501

F

- 范大澈 240,243,245
- 范泓 305
- 范景姒 450,451
- 范钦 234,245,246,250,251
- 范汭 356,369
- 范祖干 272,288
- 方孟式 447,468
- 方维仪 447,450,462
- 方献夫 289,345
- 方孝孺 15,23—26,40,42,55,68—71,104,163,289,291,295,309,312,399,410—412
- 方以智 36,86,91—94,101,110,144,151,334,359,371,413,434
- 蜚娥 437
- 冯班 192,526,530
- 冯恩 315
- 冯梦龙 37,41,110,214,359,366,371,378,380,440,487,514
- 冯琦 61,234,289
- 冯时可 234,364
- 冯惟讷 109,328,335
- 冯小青 454
- 冯应京 132,140,143,144,146
- 傅汎际 131,135
- 傅珪 289,291
- 傅山 533,536
- 傅宸 318,337,351,358
- 傅占衡 337,361

G

- 刚林　501,502
- 高棅　105,319
- 高季迪　24,40
- 高濂　241,242,385
- 高妙莹　451,462
- 高攀龙　35,72,89,90
- 高启　25,102,104,309,332,420
- 高一志　136,137,142,147
- 恭恪贵妃郑氏　300
- 龚绍山　209,215
- 顾大典　316
- 顾德辉　332,397,400
- 顾德育　237,329
- 顾可久　109,123
- 顾璘　123,125,234,244
- 顾梦麟　404,405,426
- 顾若璞　452,459
- 顾锡畴　117,124,383
- 顾宪成　35,89,90,419
- 顾炎武　25,28,36,76,86,88,90—92,101,110,160,176,178,334,353—355,393,428—434,450,462,486
- 顾元庆　243,245,348
- 顾云鸿　111,317,335
- 归有光　41,107,112,113,121,252,340,358,402,434,463,537
- 归园　519
- 归庄　429,533,537
- 桂彦良　228,309
- 郭郛　324,340,344,346,351,361,365,371
- 郭濬　109,124,125
- 郭翼　339,365
- 郭贞顺　472
- 国琦　156,228,290

H

- 韩邦靖　361,444
- 韩邦奇　323,333,364
- 韩霖　143,147,244
- 韩上桂　317
- 韩太湖　518
- 韩忠献　193
- 郝敬　109,124
- 何大成　238,329
- 何景明　29,105,110,111,125,310,336,362

- 何良俊 177,234,249,319,334,380,385,387,391,417,476
- 何伦 528
- 何乔新 358
- 何乔遇 235,242
- 何瑭 73,289
- 何心隐 83—85
- 洪楩 195,217,241,380
- 洪钟 533,535
- 呼文如 447,450
- 胡承诺 5,521,526,530
- 胡粹中 362,367
- 胡登洲 516
- 胡广 19,23,51,71,173,282,288
- 胡翰 309,366
- 胡居仁 5,68—70,76,77,168,176,190,345,520,528,531—534
- 胡文焕 20,245,371
- 胡俨 102,332
- 胡应麟 41,43,48,49,92,94,101,125,177,187,234—236,239,249,334,336,340,359,374,378,380,384—386,389,391,408,413,417—419,492
- 胡震亨 124,125,240,242,243,245
- 胡正言 211,246
- 皇甫濂 390
- 黄承昊 445,459
- 黄淳耀 124,179,342,532
- 黄道周 101,347,420,427
- 黄辉 101,373,388
- 黄景昉 144,146,150,289
- 黄居中 234,257,325,329
- 黄省曾 362,367
- 黄叔阳 319
- 黄双蕙 445,459
- 黄幼藻 437,452,468
- 黄虞稷 142,234,239,257
- 黄虞龙 398
- 黄宗羲 36,86,90—92,95,99,101,110,144,238,244,253,257,334,354,389,404,434
- 黄佐 73,102,359
- 火源洁 498

J

- 蒋信 81,352

- 焦竑　36,41,92－94,101,144,192,193,205,226,234,238,241,247,253,254,334,336,359,388,391,413,515
- 焦勋　131,136
- 金堡　371,401
- 金尼阁　130,153
- 金圣叹　128,214,379,434,532,533
- 金幼孜　19,71,282,288

K

- 康海　29,105,110,111,381
- 柯维骐　167,341
- 克新　512
- 孔克表　228,275
- 孔克仁　225,276,279,290－292
- 寇子惇　179,341
- 库尔刚　497

L

- 拉布乌孜　496
- 来集之　324,364,366
- 来知德　81,342,364
- 兰茂　333,339,401
- 郎瑛　177,239,243,379
- 李璧　443,509
- 李昌祺　25,56
- 李承箕　342,347
- 李德　73,309
- 李东阳　105,234,286,383,413
- 李继先　228,229
- 李锦　340,360
- 李进忠　305
- 李开先　112,377,381,443
- 李濂　24,40
- 李梦阳　29,30,41,105,106,109,110,112,113,123,125,234,522,533
- 李敏　270
- 李攀龙　30,105,106,109,111,124,234,251,316
- 李日华　194,234,376,385,392
- 李如一　244
- 李时勉　24,57,157,162,172,230,289,315
- 李时珍　21,36,91,92,101,151,334,355,414,415
- 李仕鲁　72

- 李叔正 157,309,362
- 李天经 91,134,143,144
- 李维桢 109,124,234,335
- 李先芳 366,391
- 李诩 33,182
- 李沂 109,124
- 李因 469
- 李颙 73,245,317
- 李玉英 472
- 李之藻 21,41,91,131,134,135,139,140,142,143,145
- 李贽 19,20,36—38,58,59,83,85,86,107,113,116,117,128,141,144,152,183,189,212,214,234,334,377,378,415—417,420,439,532,533,535,536
- 利玛窦 36,129,131—150,152,153,182
- 练子宁 55
- 梁小玉 451
- 梁寅 102,167,331
- 梁有誉 30,105,344
- 林春 81,82,316
- 林起 144
- 林希元 60,173,364
- 林一俊 144,150
- 林章 367,368
- 林兆珂 121,124
- 凌濛初 41,121,214,380
- 刘伯温 24,40
- 刘昌 242,337,358,365
- 刘定之 285,361,382
- 刘绘 364,366,367,401
- 刘基 23,40,102,104,234,275,309,331,408
- 刘溥 332,368
- 刘球 167,289
- 刘若愚 303
- 刘三吾 64,228,291,309
- 刘崧 316,326
- 刘献廷 144,422,433
- 刘效祖 372,398,401
- 刘永之 367
- 刘仲质 161,309
- 龙华民 131,134,142,148
- 娄谅 68,77,78,342,351,366
- 卢柟 337,395
- 鲁铎 344
- 鲁提菲 496
- 陆弼 324,335
- 陆九渊 19,76
- 陆卿子 442,444

- 陆容　33,41,234,241,242,327,385
- 陆深　41,234,289,384
- 陆师道　238,329,442
- 陆时雍　109,124,125
- 陆世仪　5,382,425,434,520,525,526,529,531,539
- 陆树声　319,325
- 吕坤　84,87,300,437,440,456,458,523
- 吕柟　73,157,169,179,294,341,350,364,366,401
- 吕祖谦　120,168
- 罗贯中　376,377,482
- 罗洪先　35,81,101,291,353
- 罗伦　343
- 罗明坚　131,138
- 罗钦顺　73,74,83,331
- 罗清　518
- 罗雅谷　131,134,135,148

M

- 马公素　329,389
- 马间卿　447,450,469
- 马沙亦黑　498,502
- 毛成　305
- 毛晋　41,183,234,245,260,261,511
- 毛钟秀　442
- 毛宗岗　128,379
- 茅大芳　55
- 茅坤　41,107,112,113,116,117,122,123,234,252,373,456
- 茅元仪　151,444
- 梅鼎祚　125,238,239,243,338,359,379,380
- 媚兰　302
- 米嘉穗　144,150
- 木公　506
- 木青　506
- 木增　142,505,506

N

- 南大吉　82,350
- 倪仁吉　450,451
- 努尔哈赤　500,501

O

- 欧阳德　81,352

索引 | 567

P

- 帕拉纳 505
- 潘氏 446,469
- 庞迪我 131,135,142,148
- 彭泽 323,364

Q

- 戚继光 317,390,396
- 祁彪佳 234,257,375,381,392,445
- 祁承㸁 142,234,241,247,253,255,256
- 钱德洪 35,81
- 钱榖 238,329
- 钱谦益 44,107,110,111,115,142,253,257,260,284,335,349,367,369,370,399,446,461,512,513
- 钱同爱 242
- 钱一本 90,364
- 钱宰 50,309
- 钱曾 142,247
- 钱旃 404,426
- 切尽黄台吉 498

- 秦汴 44
- 秦镐 356
- 秦景阳 241
- 秦四麟 237
- 秦裕伯 279,309
- 仇英 165,198,199
- 屈安人 444
- 瞿九思 334
- 瞿汝稷 335,388
- 瞿汝夔 144,145
- 瞿佑 25,41,56,379

R

- 饶介 372,398
- 仁孝皇后徐氏 299
- 阮元 88,433

S

- 赛卡克 496
- 桑吉坚赞 504
- 桑悦 106,337,399
- 桑贞白 444,471
- 商景兰 257,445
- 邵宝 73,234,335,358
- 佘翘 356,361

- 沈德符　60,189,205,334,376,379,381,391,393,453,487
- 沈懋孝　241
- 沈启原　242,247
- 沈琼莲　302
- 沈纫兰　445
- 沈仕　339,372,381
- 沈宜修　445
- 沈云鸿　241
- 沈榛　443,451
- 沈周　332,401
- 盛孺人　452
- 施凤来　124,371
- 施绍华　342,371
- 石光霁　336,366
- 史鉴　234,242,335
- 司马迁　106,303,377,409
- 司马泰　243,246
- 宋景濂　24,40,410
- 宋濂　23,41,42,68,69,102,104,162,225,228,234,276,290,291,294,309,312,387,407—411,511
- 宋懋澄　378,379,389,452
- 宋应星　21,36,91,92,151,334,354,424

- 宋震　240,417
- 苏伯衡　24,40,102,295,309,332
- 孙矿　107,117,120—122,124
- 孙兰　91,151
- 孙奇逢　322,324,352,354,355,434
- 孙慎行　116,175
- 孙柚　336,371
- 孙源文　335
- 索南坚赞　503,504

T

- 谈迁　357,359
- 覃吉　292,305
- 谭元春　109,116,117,123,124
- 汤若望　131,134,136,141,142,148,151
- 汤盛　304
- 汤显祖　113,114,116,117,162,214,217,234,371,378—380,401,453,472,513,532,533
- 唐汝询　109,125,394

- 唐时升 179,340
- 唐顺之 107,112,113,234,252,291,333,345,373,383,452,524
- 唐肃 102,332
- 唐寅 106,198,338,356,398
- 陶安 227,364
- 陶凯 225,228,291,309
- 陶宗仪 65,102,309,323,332,340,391,457
- 田汝成 356,379
- 田艺蘅 368,391
- 铁铉 471
- 童佩 241,319
- 屠本畯 323,358,364,366,371,376
- 屠隆 41,125,234,334,355,364,389,398,444,445
- 屠羲时 528

W

- 万表 388,396
- 万义颙 442,463
- 汪道昆 163,327,366,379,390
- 汪克宽 68,360,366
- 王翱 301,304
- 王鏊 30,234
- 王朝志 237,243
- 王承裕 169,363
- 王宠 238,330,335,348
- 王岱舆 516,517
- 王德宣 265
- 王凤娴 448
- 王夫之 36,86,107,110,123,231,334,351,354,533,538
- 王绂 102,332
- 王艮 35,79,81,169,416
- 王光经 239
- 王光鲁 319
- 王衡 337,347,366,371,419
- 王畿 35,79—82,352,523
- 王济 327,369
- 王骥德 381,526
- 王进德 304
- 王琎 326
- 王九思 29,105,110,163
- 王肯堂 146,234,376,390
- 王侣 73
- 王懋明 359
- 王美君 436,460

- 王璞　156,228,290
- 王启荣　404,426
- 王慎中　107,112,234,252,335,368
- 王世懋　234,476
- 王世贞　30,41,95,105,106,108,110,111,113,155,217,234,236,242,249—251,269,327,334,337,359,376,377,380,381,385,413,417,419,434,522,528
- 王守仁　19,28,29,35,42,74,76—82,90,99,101,168,234,319,333,345,391,434,511
- 王叔承　179,340,398
- 王隼　368,448
- 王廷相　29,83,84,87,98,101,105,110
- 王惟俭　101,344
- 王惟善　402
- 王维桢　109,123
- 王行　25,164,235,245,309,332,361,488,489
- 王英明　142,151
- 王云凤　270
- 王照　323,399,473
- 王徵　91,131,136,143,151
- 王之士　340,351,356,361,365
- 王直　384
- 王志坚　102,117,327,334,373,390,524
- 王穉登　341,401
- 王宗显　162
- 魏大中　316
- 魏观　225,291
- 文震孟　234,464
- 文徵明　106,234
- 吴柏　470
- 吴沉　162,228,309
- 吴琬　242,243
- 吴纯甫　235
- 吴国伦　30,105
- 吴娟　437,449
- 吴宽　234,238,291,373
- 吴坤元　469
- 吴兰徵　466
- 吴令仪　459,462
- 吴默　531
- 吴琪　437,460
- 吴孺人　463
- 吴悌　81,82
- 吴绡　469

- 吴与弼 19,68—70,76,341,351,352,371
- 五世达赖 503

X

- 希福 501,502
- 锡勒图固什·淖尔吉 499,500
- 席应真 515
- 夏云英 302
- 项兰贞 447
- 孝定李太后 300
- 谢谠 346,372,401
- 谢铎 243,289
- 谢复 70,340,352
- 谢应芳 68,164,351
- 谢肇淛 43,48,147,229,234,238,243,258,376,379,485
- 谢榛 30,105,397
- 解缙 20,223,228,230,277,278,281,288,456,462,523
- 兴献皇后蒋氏 300
- 邢量 241,348
- 熊大木 126,189,212,379,484
- 熊明遇 144
- 熊三拔 131,134,135,137,148
- 熊士旂 144,150
- 熊司平 364,366,369
- 熊玉明 364,365
- 徐燉 142,146,234,244,247,259,260,335
- 徐达 223,225,262,272,273,277,299
- 徐光启 21,36,41,91,92,101,131,132,134,135,137,142—145,151,334,353,359,421,422,427
- 徐士俊 317,323,362,381
- 徐图 231
- 徐渭 57,113,114,116,117,124,214,368,373,379,381,390,391
- 徐霞客 21,36,41,91,92,151,334,354,355,423,424
- 徐献忠 109,123,125
- 徐一夔 15,25,309
- 徐应秋 243
- 徐幼文 24,40
- 徐媛 444,450,457

- 徐祯卿　29,105,125,245,370
- 徐中行　30,105
- 许潮　327,364
- 许存仁　274,291,309
- 许诺　289,383
- 许胥臣　144,150
- 许自昌　109,339
- 薛蕙英　448
- 薛敬之　324,360
- 薛兰英　448
- 薛瑄　5,19,68—73,361,434,520—522,524,525,527,529,532
- 薛应旂　234,383
- 熏奴贝　503

Y

- 闫禹锡　72
- 阎起山　235,244
- 颜钧　81,84,388
- 阳玛诺　135,148
- 杨黼　319,322,389,506
- 杨继盛　315
- 杨爵　315,350,365,395
- 杨孟载　24,40
- 杨南金　507
- 杨溥　228,248,291,292,317,395
- 杨起元　81,200,389
- 杨荣　19,23,51,71,226,228,248,282,317,372
- 杨尚德　402
- 杨慎　92,94,101,109,125,191,234,239,249,289,324,358,362,369,377,378,381,385,390,391,412,413,417,419,442,506
- 杨盛春　372,398
- 杨士奇　172,225—228,234,239,247,248,283,284,288,291,292,317,382,488
- 杨廷枢　404,405,426
- 杨廷筠　21,91,131,143,144,146
- 杨宛　444,462
- 杨维桢　24,104,312
- 杨循吉　102,234,237,240,245,286,327,359,365,375,388,399
- 杨一清　234,239,413
- 杨彝　404,405,426
- 姚鼐　121

- 姚少娥　450,451
- 瑶瑟　444
- 叶绍袁　440,445,448,454
- 叶盛　172,238,247,249,250,453,484
- 叶纨纨　459,460
- 叶向高　149,258
- 叶小鸾　443,454,460
- 叶仪　68,162,272,288,351,409
- 懿安皇后　301
- 庸愚子　375
- 尤时熙　81,82,352
- 于孔兼　90,343
- 于谦　533,534
- 于慎行　328,346
- 余继登　289
- 余象斗　127,189,196,200,201,205,206,209,212—214,219,375,485
- 俞大猷　365,396
- 俞二娘　454,455
- 俞允文　339,371
- 虞淳熙　329,335,388
- 郁文博　241
- 袁宏道　59,114,115,117,124,128,214,234,371,375—378,389—392,486
- 袁褧　216,246,380
- 袁九淑　450,459
- 袁峻　329
- 袁凯　23,102,332
- 袁于令　378
- 袁袠　335,346,369
- 袁中道　107,114,117,368,371,376,390,401
- 袁宗道　114,117,388,389
- 月娥　463,468

Z

- 咱雅班智达　499,500
- 臧懋循　20,41,109,337,381
- 曾秉正　365,366
- 曾国藩　122
- 詹同　222,273,291,309,364
- 湛若水　60,74,77,78,168
- 张翰　242
- 张采　34,41,404,405,426,427
- 张大复　373,394
- 张岱　31,42,72,155,365,

383,395,476,523,528
- 张鼎　73,336,365
- 张凤翼　179,217,339,379,380
- 张和　327,337,384
- 张红桥　461
- 张鉴　245
- 张杰　228,290,343
- 张经　348
- 张居正　32,85,287—289,383
- 张来仪　24,40
- 张履祥　321,524
- 张培　383,395
- 张溥　34,35,41,90,101,107,110,122,125,234,330,334,400,403—405,425—428
- 张如玉　450,451
- 张孺人　453,459,463
- 张尚德　377
- 张枢　367,401
- 张舜典　73,163,169,179,270
- 张维　305
- 张萱　147,228,243,323,334,358,366
- 张一韶　242,243,355
- 张以宁　309,366
- 张引元　443,450
- 张宇初　515
- 张元忭　81,82,289,298,319,352
- 张中　54,516,517
- 张竹坡　128,379
- 章懋　167,343
- 赵傲　50,51,161,265,280,309
- 赵汸　345,366,400
- 赵鹤　325
- 赵介　102,332,391,511
- 赵南星　165,358,381,401,456
- 赵琦美　142,239,241,252,253
- 赵善瑛　348,367
- 赵时春　112,291
- 赵应震　73,167
- 赵用贤　141,252,253,289,325
- 真德秀　120,289
- 真可　102,510,512,513
- 郑和　31,502
- 郑伉　339,364
- 郑如英　461

- 郑善夫 343,400
- 郑以伟 144,149
- 郑之惠 304
- 智旭 102,511,513,514
- 钟惺 109,116,117,123—125,214,234,360,379,511
- 仲云鸾 443
- 周秉忠 402
- 周炳谟 144,146
- 周甸 109,123
- 周惠 350,397
- 周履靖 179,338,371,444,448
- 周明辅 241,246
- 周铨 404,426
- 周汝登 81,389
- 周婴 92,413
- 周曰校 127,183,206,215,485,486
- 周之翰 348,365
- 周钟 404,426
- 朱标 228,290
- 朱诚泳 293
- 朱椿 295
- 朱存理 237,244,358
- 朱棣 5,15,19,20,23,51,55,64,71,223,235,263,281—283,296,410—412,471
- 朱多煃 296
- 朱多炡 296
- 朱高炽 283,297
- 朱观熰 295
- 朱厚烨 297
- 朱见深 285,297
- 朱健根 295
- 朱静庵 452,471
- 朱廉 73,309
- 朱谋㙔 296
- 朱祁钰 285,382
- 朱祁镇 285,297
- 朱权 296,381,411
- 朱让栩 295
- 朱善 228,309,361
- 朱升 298,309,324,440,456
- 朱硕熿 296,395
- 朱檀 295
- 朱韦键 296
- 朱熹 19,29,47,51,68—72,75,76,78,82,119,168,193,285,354,382,395,415,520,527
- 朱逊烇 295
- 朱楧 295

- 朱一是 124,204
- 朱翊钧 287
- 朱友季 60
- 朱有燉 294,381
- 朱有爌 294
- 朱祐樘 286,292
- 朱祐杬 286
- 朱元璋 13—16,18,19,22,50,57,63—66,71,100,154,158,159,161,167,171,172,176,222,223,225,264,265,272—282,288—290,292,293,295,296,298,299,302,309,349,387,409,410,440,479,493,509,511,512,515
- 朱允炆 281
- 朱允熥 296
- 朱载玺 297
- 朱载堉 151,381
- 朱瞻基 283,302
- 朱桢 294
- 诸葛亮 200,208,278
- 祝允明 106,362,372
- 袾宏 102
- 卓尔康 235
- 卓敬 25,336
- 紫柏真可 510,512,513
- 宗臣 30,105,344,385
- 宗喀巴 503,504
- 宗泐 512
- 邹缉 237,329
- 邹智 315

【文献名】

A

- 《阿勤帕米斯》 497
- 《俺答汗传》 499
- 《按鉴增补全像两汉志传》 214

B

- 《八闽志》 267
- 《巴合提娅尔的四十枝系》 497
- 《巴塔麻嘎捧尚罗》 505
- 《白古通》 506
- 《白袍记》 219
- 《白史》 499
- 《拜月亭》 183
- 《稗海》 246

- 《稗史汇编》 217
- 《包龙图判百家公案》 212, 483
- 《北齐书》 265—267
- 《北史》 266, 267
- 《北史遗文》 453
- 《北宋三遂平妖传》 483, 514
- 《北游记》 189, 483
- 《本草》 264, 331
- 《本草纲目》 21, 91, 92, 151, 198, 395, 414, 415
- 《便蒙通鉴》 166
- 《便民图纂》 421, 422, 480, 490
- 《补要袖珍小儿方论》 232
- 《布敦大师传》 503
- 《布敦佛教史》 503

C

- 《才鬼记》 380
- 《才神记》 380
- 《蔡巴红史》 503
- 《参同契》 304, 390
- 《藏书》 20, 37, 58, 85, 87, 189, 416

- 《草木子》 232
- 《草堂余意》 215
- 《测量法义》 134, 135
- 《禅真逸史》 215
- 《长灯集》 217
- 《陈眉公先生批点列国传》 215
- 《陈情出师表》 264
- 《陈书》 265—267
- 《诚意伯文集》 267
- 《承运传》 482
- 《程立本集》 55
- 《程氏家塾读书分年日程》 119, 121, 160, 165, 539
- 《程通集》 55
- 《程子遗书》 190
- 《痴婆子传》 482
- 《崇祯历书》 134, 142
- 《初学记》 233, 246
- 《楚辞集注》 71
- 《处州府志》 267, 268
- 《传习录》 73, 81, 82
- 《春秋大全》 266
- 《春秋列国志传批评》 209
- 《爨文丛刻》 507

D

- 《达摩出身传灯传》 483
- 《打枣竿》 487
- 《大方广佛华严经》 507
- 《大诰》 14,26,228,479
- 《大诰三编》 14,62,63,65,161,263
- 《大诰续编》 14,62,63,65
- 《大礼纂要》 267
- 《大明会典》 63,224,267
- 《大明律》 14,53,63,159,161,263,265,266,278,280,281
- 《大明一统志》 220,224,267,429
- 《大狩龙飞集》 232
- 《大宋演义中兴英烈传》 189
- 《大宋中兴通俗演义》 126,212,481,484—486
- 《大学》 160,272,274,284,292,302,303,317,397,429
- 《大学或问》 72
- 《大学衍义》 161,224,228,275—277,284,287,289,303,306,409,540
- 《大学衍义补》 63,77,224,266,304,452,526
- 《丹珠尔》 502
- 《澹生堂藏书目》 142,247
- 《澹生堂藏书约》 253,256
- 《道德经注》 26,63,277
- 《道藏》 224,303,515
- 《邸报》 184
- 《地理大全》 266
- 《帝鉴图说》 198,300
- 《典故列女传》 456
- 《钓台集》 267,268
- 《东莱博议》 266
- 《东西晋演义》 189
- 《东游记》 483
- 《读律琐言》 479
- 《读书记》 266
- 《读书镜》 5,380,420,520
- 《读书录》 5,69,70,72,520,521
- 《读书十六观》 5,420,520,522
- 《读书说》 5,521
- 《断曹国舅公案传》 455
- 《多格立风》 505

索引 | 579

E

- 《二十五言》 135,136,140—142,146

F

- 《番天揭地》 53
- 《范氏奇书》 246,251
- 《飞剑记》 483
- 《焚书》 20,37,58,59,85,87,189,416
- 《封神演义》 483,485,488,514

G

- 《甘珠尔》 499,502,505
- 《高昌馆来文》 497
- 《高氏春秋》 265
- 《格丹格言》 500
- 《格致丛书》 20,245
- 《隔帘花影》 482
- 《宫闱传》 466
- 《勾股义》 134,135
- 《姑娘吉别克》 497
- 《古佛天真考证华宝经》 518
- 《古今列女传》 266,298,456
- 《古今女鉴》 441
- 《古今女史》 456
- 《古今奇闻》 380
- 《古今识鉴》 267,268
- 《古今说海》 217,377
- 《古今彤史》 441,456
- 《古今孝史》 441,456
- 《古今舆图指掌》 480
- 《古兰经》 502
- 《古名家杂剧》 381
- 《古诗归》 116,117
- 《古史》 265
- 《古文精粹》 306
- 《古文真宝》 306
- 《故事海》 499
- 《顾氏文房小说》 217
- 《挂枝儿》 487
- 《广秘笈》 380
- 《广四十家小说》 217,246
- 《闺范》 301,440,456,458
- 《闺范图说》 300,306
- 《国策》 120,128,306,540
- 《国榷》 357,359

- 《国色天香》 206,217,486
- 《国史经籍志》 247,254
- 《国土懿苑》 232
- 《国语》 120,266,304,306,429,528

H

- 《海刚峰公案传》 483
- 《海宁县志》 268
- 《韩昌黎先生全集》 124
- 《韩非子》 120
- 《韩柳文》 266
- 《韩湘子全传》 189
- 《汉隽》 267
- 《汉书》 120,160,165,187,194,251,276,277,284,291,292,304,305,327,360,381,384,385,413,460
- 《汉书评林》 121
- 《汉魏六朝百三家集》 125,428
- 《翰林全书》 266
- 《河防一览》 91
- 《红拂记》 183
- 《红雨楼书目》 247,259,260
- 《洪范注》 26,63,228
- 《洪武南藏》 510
- 《后汉书》 120,251,265—267
- 《后四十家小说》 246
- 《后周书》 266,268
- 《胡子粹言》 268
- 《湖州府志》 267
- 《花关索传》 455
- 《华严经》 389,390
- 《华夷译语》 498
- 《滑稽余韵》 28
- 《怀麓堂诗稿》 268
- 《还魂记》 455
- 《浣纱记》 28
- 《皇明盛事》 375
- 《皇明小说》 375
- 《绘图列女传》 456
- 《晦庵文集》 190
- 《晦庵语录》 48
- 《浑盖通宪图说》 133,135

J

- 《畸人十篇》 135,140—142,146,147
- 《急就篇》 165
- 《集事渊海》 266

- 《几何原本》 132,134,135,137—139,145
- 《嘉兴藏》 510,513
- 《剪灯新话》 24,25,56,57,162,220,379,482
- 《剪灯余话》 24,25,56,57
- 《剑侠传》 217,380
- 《交友论》 135,136,139,141,142,145,146
- 《今古奇观》 217,380
- 《金璧故事》 480
- 《金华府志》 267,268
- 《金华文统》 267
- 《金龙八宝混天机神经》 53
- 《金瓶梅》 19,37,115,128,189,191,195,200,203,207,208,237,375—377,379,380,482,485
- 《金史》 223,268,273,502
- 《金锁洪阳大策》 54
- 《金统残唐》 286
- 《金屋梦》 482
- 《锦绣策》 267
- 《近报丛谭平虏传》 482
- 《近思录》 173
- 《近思续录》 173
- 《晋书》 120,265—267

- 《京本增补校正全像忠义水浒志传评林》 201,206
- 《经验奇效良方》 232
- 《警世通言》 205
- 《径山藏》 510,512,513
- 《九边图》 232
- 《九歌图》 199
- 《九章算术》 480
- 《居家便览》 480
- 《居业录》 5,520

K

- 《凯旋记》 496
- 《孔子家语》 266,268
- 《苦功悟道卷》 518
- 《狂夫之言》 420
- 《魁本对相四言杂字》 166

L

- 《拉布乌孜故事集》 496
- 《拉失德史》 497
- 《兰嘎西贺》 505
- 《兰溪县志》 267,268
- 《类博藁》 267
- 《楞伽经》 512

- 《楞严经》 389,512
- 《离骚》 110,115,527
- 《礼记》 120,160,171,172,404,426,456
- 《礼记大全》 266
- 《礼记集传》 268
- 《礼书》 266
- 《李杜诗选》 109,123
- 《李忠定公奏议》 267
- 《李卓吾先生批评红拂记》 183
- 《李卓吾先生批评金印记》 183
- 《李卓吾先生批评琵琶记》 183
- 《李卓吾先生批评西厢记》 183
- 《李卓吾先生批评西游记》 215
- 《李卓吾先生批评幽闺记》 183
- 《李卓吾先生批评玉合记》 183
- 《李卓吾先生批评忠义水浒传》 183,212
- 《历代名臣奏议》 63,161,224,428
- 《历代通鉴纂要》 224,286,287,383
- 《廉明公案》 189
- 《廉明奇判公案》 483
- 《练子宁集》 55
- 《梁书》 265,266
- 《辽东传》 482
- 《辽史》 268,502
- 《列女传》 62,197,198,298,299,436,437,441,444,456－459,466
- 《列子》 274
- 《临安志》 265
- 《临川集》 264
- 《灵言蠡勺》 134－136
- 《留台杂考》 232
- 《柳河东集》 120
- 《六臣注文选》 246,268
- 《六家文选》 216
- 《六十家小说》 195,217,380,482
- 《六书统》 266
- 《六子全书》 266
- 《龙图公案》 483
- 《龙文鞭影》 166
- 《鲁班经》 480
- 《鲁班经匠家镜》 198,206

索　引 | 583

- 《吕氏春秋》　266
- 《律条疏义》　479
- 《论语》　36,58,85,160,274,275,292,302,303,317,318,361,386,437,456,467,488
- 《论语集注》　160
- 《论傣族诗歌》　505
- 《罗念庵集》　232

M

- 《麻衣相法》　481
- 《马经》　480
- 《玛尔巴译师传》　503,504
- 《玛木特伊》　507
- 《玛尼丛书》　499
- 《脉诀俗解》　267
- 《满文老档》　501
- 《茅大芳集》　55
- 《梅溪文集》　267,268
- 《蒙古黄金史纲》　499
- 《蒙求》　166,407
- 《蒙文启蒙诠释》　500
- 《孟子》　25,36,58,64,85,160,274,280,292,302,303,317,501,528
- 《孟子集注》　160
- 《孟子节文》　161,265,266
- 《梦占逸旨》　481
- 《米拉日巴传》　499,503,504
- 《米拉传》　499
- 《名臣奏议》　266
- 《明朝四十家小说》　245
- 《明代版刻综录》　26,30,33,184,233
- 《明经世文编》　36,90
- 《明伦大典》　63,232,263,267
- 《明儒学案》　29,79,253
- 《牡丹亭》　183,199,453—455,466,472
- 《木钟集》　267,268
- 《目连救母劝善戏文》　199

N

- 《南北宋志传》　189,212
- 《南北宋志传通俗演义》　201
- 《南北宋传》　199
- 《南华经》　375,391
- 《南齐书》　265—267
- 《南史》　266,267

- 《南宋石经》 266
- 《南唐书》 223,273
- 《南游记》 189,483
- 《闹花丛》 482
- 《内训》 298,299,440,456
- 《内则》 62,302,443,457
- 《内则类编》 441,456
- 《逆臣录》 62,268
- 《宁波府志》 267,268
- 《宁海县志》 267
- 《牛经》 480
- 《牛郎织女传》 483
- 《农桑撮要》 480
- 《农书》 198,206,421
- 《农说》 423,490
- 《农政全书》 21,36,90,91,134,151,198,421,422,541
- 《浓情别传》 482
- 《女儿经》 166,456
- 《女范捷录》 441,456
- 《女鉴》 62,298,300,440,456
- 《女诫》 26,63,298,299,302,440,441,456,457,467
- 《女镜》 441,456
- 《女论语》 166,441,456
- 《女南波冠》 505
- 《女四书》 166
- 《女宪》 299,441
- 《女小儿语》 441,456
- 《女训》 62,298,300,302,440,456—458,471

P

- 《琵琶记》 48,57,128,183,199,278
- 《平宋录》 265
- 《平妖传》 215

Q

- 《七克》 135,142
- 《戚南塘剿平倭寇传》 482
- 《齐民要术》 421,480
- 《奇器图说》 151
- 《千家诗》 160,165,303,306
- 《千家姓》 166
- 《千字文》 159,160,165,301,303,367,456
- 《前汉书》 265—267
- 《青泥莲花记》 380
- 《青史》 503

- 《清平山堂话本》 28
- 《情史》 380,482
- 《全汉志传》 189,212
- 《全像列国志传评林》 127
- 《全像水浒志传评林》 127, 213
- 《全像西游记》 200,206
- 《劝惩故事》 480
- 《劝善经》 507
- 《劝善书》 161,263,267, 299
- 《群书类编故事》 217

R

- 《人镜阳秋》 197,198,306
- 《仁孝皇后劝善书》 265, 266
- 《日记故事》 480
- 《日琼巴传》 503,504
- 《日知录》 432,433,486
- 《如意君传》 482
- 《儒志编》 267

S

- 《萨迦格言》 500
- 《三宝太监下西洋记》 483, 514
- 《三才图会》 198,203,206
- 《三国演义》 24,28,128, 129,191,200,203,210,213, 217,232,379
- 《三国志》 120,251,265, 266,268,482,501
- 《三国志通俗演义》 127, 183,188,195,201,203,215, 225,283,306,377
- 《三苏文集》 267
- 《三字经》 159,160,165, 166,367
- 《僧尼孽海》 482
- 《山歌》 487
- 《山海经》 264,377
- 《商程一览》 480
- 《商贾醒迷》 480
- 《商贾要览》 480
- 《上蔡先生语录》 48
- 《上虞县志》 267,268
- 《尚书》 72,160,175,227, 275, 277, 283, 285, 297, 382,409
- 《少室山房笔丛》 380,389, 419

- 《少微通鉴节要》 224,287
- 《神明公案》 483
- 《神童诗》 303
- 《沈氏农书》 423,480,490
- 《升天记》 497
- 《圣徒记》 497
- 《盛明杂剧》 203
- 《嵊县志》 267,268
- 《诗集传》 71
- 《诗经》 120,160,305,306,316,325,394
- 《诗经大全》 71,173,266
- 《诗镜》 503
- 《诗乐图谱》 264
- 《十二家唐诗》 109
- 《十九史》 233
- 《十七史》 266
- 《十三经注疏》 266—268,523
- 《史记》 115,121,122,128,160,165,187,193,232,233,251,265—267,276,277,292,304,305,311,360,377,384,385,413,429,450,460,532
- 《史记评林》 120,121
- 《史略》 248,488
- 《士商必要》 480
- 《士商规略》 480
- 《士商十要》 480
- 《世界地图》 133,139,141,142,144
- 《世史正纲》 266
- 《世说新语》 246
- 《事林广记》 266
- 《事文类聚》 224,266
- 《授时历法》 480
- 《书经》 120,305,306,316
- 《书经大全》 266
- 《书学正韵》 266
- 《书言故事》 480
- 《书传》 60,274
- 《书传大全》 266
- 《书传会选》 63,228,266,274
- 《水浒人物全图》 199
- 《水浒叶子》 199
- 《水浒传》 24,28,37,57,58,85,115,128,195—197,199,200,203,210,217,232,288,374—379,391,481,485,532,533
- 《水利全书》 541
- 《说苑》 157,161,226,227,

278,306
- 《思辨录》 5,521
- 《四季须知》 480
- 《四卷诗集》 497
- 《四民必用》 490
- 《四时气候图》 264
- 《四时种植书》 480
- 《四书大全》 6,19,23,26,51,63,64,72,161,173,175,224,228,264,266,267,278,282,287
- 《四书集注》 48,51
- 《四友斋丛说》 249,380,385,391,476
- 《宋史》 266,268,276,277,284,292
- 《宋书》 265—267
- 《宋文鉴》 266
- 《宋元鉴》 266
- 《宋忠简公文集》 268
- 《搜神记经》 53
- 《苏布喜地》 499
- 《苏平仲文集》 267,268
- 《苏辙古文》 223,273
- 《素问》 331,390
- 《素问抄》 232
- 《算法统宗》 151

- 《隋朝故事》 453
- 《隋书》 265—267
- 《隋唐演义》 197,481
- 《隋炀帝艳史》 208,210,481
- 《遂安县志》 267,268
- 《孙子》 429,541

T

- 《太上感应篇》 507
- 《太玄本旨》 266,268
- 《泰西奇器图说》 91
- 《泰西水法》 91,134,135,137
- 《汤东杰布传》 503
- 《唐百家诗》 192
- 《唐诗鼓吹》 124
- 《唐诗归》 109,116,117,124
- 《唐诗纪事》 192
- 《唐诗品汇》 105
- 《唐诗三百首》 166
- 《唐诗选》 109,124
- 《唐诗选脉会通评林》 125
- 《唐书》 160,165,251,265,266,276,277,482

- 《唐书志传》 201,212
- 《唐书志传通俗演义》 189
- 《唐宋八大家文钞》 113, 116,123,166,252,373
- 《唐贤三体诗》 306
- 《唐音》 451,462
- 《唐钟馗全传》 483
- 《陶渊明集》 192
- 《陶朱公致富奇书》 480, 490
- 《天工开物》 21,91,151, 198,206,424,425
- 《天球论》 145
- 《天下郡国利病书》 36,91, 430,433
- 《天学初函》 135,139,140, 142
- 《天主圣教实录》 131,138
- 《天主实义》 132,135,139, 141,142,146,147
- 《田家历》 480
- 《铁木耳世系表》 497
- 《铁树记》 483
- 《通典》 263
- 《通鉴》 157,160,277,360, 381,382,450,452,467, 501,523

- 《通鉴纲目》 158,161,165, 224,265,266,268,285,286, 289,382,383,395
- 《通鉴节要续编》 224
- 《通鉴前编》 266
- 《通书》 69,540
- 《通志》 263
- 《通志略》 266
- 《同文算指》 91,135
- 《桐乡县志》 267,268
- 《铜人针灸图》 232
- 《图书编》 150,198,206, 400

W

- 《万宝全书》 480,490
- 《万国全图》 132,139
- 《(万历)湖州府志》 267
- 《万历藏》 510
- 《万事不求人》 480
- 《万用正宗》 480
- 《王充论衡》 266
- 《王鲁斋研几图》 267,268
- 《王叔英集》 55
- 《渭南文集》 267,268
- 《魏书》 265—267

- 《魏文靖公文集》 267
- 《温州府志》 267,268
- 《文房小说》 245
- 《文公家礼》 265
- 《文公台家录》 268
- 《文华殿书目》 225
- 《文献通考》 224,263,265,266,268,306,526,540
- 《文心雕龙》 304
- 《文选》 120,232,360,377,385,451,462,525
- 《文渊阁书目》 225
- 《文章正宗》 120,161,266,268
- 《乌沙麻罗》 505
- 《吴兴名贤录》 267
- 《吴子》 429,541
- 《五代史》 265—267
- 《五经大全》 6,19,23,26,51,63,64,71,161,173,175,228,264,265,267,278,282,287,306
- 《五卷诗集》 497
- 《五刻徽郡释义经书士民便用通考杂字》 480
- 《五伦全书》 267
- 《武备志》 151,541
- 《武经总要》 198
- 《武康县志》 267
- 《武林藏》 510
- 《物理小识》 91,151

X

- 《西汉通俗演义》 188
- 《西湖纪遗》 265
- 《西铭》 69,286,529,540
- 《西南列国志》 506
- 《西南彝志》 507,508
- 《西厢记》 37,110,128,199,201,203,377,379,533
- 《西厢记诸宫调》 380
- 《西学凡》 135,136,142
- 《西洋测食略》 142
- 《西游记》 183,195,196,206,210,379,483,485,486,514
- 《西藏王臣记》 503
- 《西藏王统记》 503,504
- 《息心铨要》 265
- 《洗冤录》 479
- 《仙佛奇踪》 306
- 《闲情别传》 482
- 《闲情野史》 380

- 《贤者喜宴》 503,504
- 《详明算法》 480
- 《详刑公案》 212,483
- 《详刑要览》 479
- 《香案牍》 380
- 《香奁草堂》 443
- 《萧山县志》 267,268
- 《小儿痘疹方论》 232
- 《小学》 160,163,165,166,168,189,298,443,452,456,457,459,462,464,539
- 《孝经》 165,166,174,288,293,301—303,319,360,436,437,443,452,456—458,460,462—464
- 《孝顺事实》 157,161,263,265—267
- 《新编说唱全相石郎驸马传》 209
- 《新编医方大成》 216
- 《新刊按鉴汉谱三国志传绘像足本大全》 200,206
- 《新刊大宋演义中兴英烈传》 201
- 《新刊大字魁本全相参增奇妙注释西厢记》 200
- 《新刊全相说唱包待制出身传》 209
- 《新刊全相莺哥孝义传》 209
- 《新刻按鉴全像批评三国志传》 127
- 《新刻绣像批评金瓶梅》 201
- 《新民公案》 483
- 《新序》 161,306
- 《型世言》 128
- 《性理大全》 6,19,23,26,51,63,64,72,148,161,173,175,224,228,230,262,264—268,278,282,287,452
- 《性理字训》 160,165
- 《熊龙峰小说四种》 28
- 《绣榻野史》 482
- 《绣像韩湘子全传》 209
- 《徐霞客游记》 21,91,151,423,424
- 《许氏说文》 265
- 《续藏书》 20,58,85,416
- 《续焚书》 20,58,85,416
- 《续廉明公案》 189
- 《续秘笈》 380
- 《玄峰年运志》 506
- 《学海全书》 480

索 引 | 591

- 《训迪篇》 507

Y

- 《严陵八景诗》 267
- 《严州府志》 267,268
- 《艳异编》 217,380
- 《阳宅集成》 232
- 《阳宅十书》 481
- 《杨升庵文集》 232
- 《杨文懿公文集》 267,268
- 《杨文懿讲学》 268
- 《杨文忠集》 232
- 《养命全书》 480
- 《养正图说》 205
- 《姚文敏公文集》 267
- 《药性珍珠囊》 264
- 《叶水心文集》 267,268
- 《伊洛渊源》 190
- 《伊洛渊源录》 173
- 《伊洛渊源图》 69
- 《医方选要》 232,268
- 《医林集要》 232
- 《仪礼》 160,325
- 《仪礼经传通解》 266
- 《仪礼图解》 264
- 《疑辨录》 267

- 《彝药志》 507
- 《易经》 160,303,305,363—365
- 《易经大全》 266
- 《阴阳捷径》 232,481
- 《英烈传》 482
- 《英雄谱》 209,218
- 《莺歌行孝义传》 455
- 《瀛涯胜览》 502
- 《雍熙乐府》 224
- 《永乐大典》 20,26,225,226,228,229,278,283,286,319,347,523
- 《永乐南藏》 510
- 《酉阳杂俎》 232,253
- 《于少保奏议》 267
- 《于氏家训》 456
- 《玉妃媚史》 482
- 《玉机微义》 266
- 《玉茗堂》 466
- 《玉茗堂四梦》 203
- 《玉素甫与祖莱哈》 496
- 《御制大诰》 62,63,65,157,159
- 《御制减繁行移体式》 265
- 《元朝秘史》 498
- 《元曲选》 20,199,203,381

- 《元人百种曲》 197
- 《元史》 63,228,266,277,292,409,502
- 《远西奇器图说》 136
- 《乐书》 197,266,323
- 《云南罗罗族的巫师及其经典》 507
- 《韵府群玉》 266,306

Z

- 《增定华夷译语》 224
- 《粘巴西顿》 505
- 《粘响》 505
- 《战国策》 23,51,161,265,266,280,360,429
- 《张籍集》 192
- 《昭代王章》 479
- 《昭鉴录》 62,63,292
- 《昭阳趣史》 482
- 《赵文肃公集》 232
- 《贞观政要》 228,284,289,292,303,306
- 《珍珠船》 380
- 《枕中秘》 374
- 《征西记》 482
- 《正续笔丛》 232
- 《正斋集》 268
- 《郑氏旌义编》 267
- 《郑氏麟溪集》 267
- 《职方外纪》 135,136,139,142,150
- 《止斋论祖》 267
- 《止斋文集》 267
- 《指明算法》 480
- 《至孝通神集》 441,456
- 《智美更登》 500
- 《中庸》 97,160,292,302,303,317
- 《种树书》 480
- 《周礼》 120,160,304,306,413,452,528,539—541
- 《周易大全》 266
- 《朱巴滚勒传》 503,504
- 《朱文公召寓录》 267
- 《朱子大全》 266
- 《朱子三书》 266
- 《朱子语类》 73,190
- 《诸器图说》 198
- 《竹斋集》 267
- 《庄子》 122,391
- 《酌中志》 303,306
- 《资治通鉴》 228,263,268,289,292,311,381,382,384,

429,540
- 《资治通鉴纲目》 218,224,382—384
- 《左传》 106,120,122,251,276,304—306,360,429,460,540

【专有名词】

A

- 阿拉伯 495—497,516

B

- 八股文 61,62,100,114,115,121,128,171,173,174,176,421
- 白话 9,24,86,165,190,195,202,203,217,377,379,466,481,483—485,514
- 白莲教 517—519
- 白族 493,506
- 稗官小说 94,150,162,237,332,333,379,395,417,452,453,488,533
- 贝叶经 505
- 波斯 495—497,516
- 博学思潮 96—99,110,331

C

- 藏书家 4,30,43,44,48,49,94,109,138,141,142,191,222,233—243,245—247,250—255,257—261,330,385
- 藏书业 3
- 插图 3,4,8,127,183,190,196—211,213,214,219,220,299,414
- 察合台 496—498
- 程朱理学 5,7,18—20,22,23,28,47,50,62,64,68,69,71,74,75,77,80,83,98—100,175,264,281,410,520
- 传教士 6,31,36,134,145,147,152,153,494
- 词曲 55—57,179,278,333,338,346,369,372,380,381,401,417,487,488,526,527

D

- 大本堂 224—227,290,292
- 大乘教 519
- 大众读者 3,124,126,183,206,473—475,477,478,484,490,542
- 大众阅读 3,7—9,86,188,195,202,203,207,220,449,477,485,489,490
- 傣文 504
- 傣族 493,504,505
- 带经而锄 320
- 澹生堂 142,244,247,253,255,256
- 道教 287,386,419,494,514—516
- 邸报 184,392,393,429,434
- 地方官学 158,162
- 地方儒学 264,265
- 东巴经 505
- 东阁 224,225,227,228
- 东里草堂 247
- 东林学派 35,89,90
- 饾版 190,211

- 都察院 14,53,54,230,232
- 独尊儒术 50
- 读书价值观 313,314,521
- 读书人口 1,6,27,310,313,314,358,479
- 读书社 34,404
- 读书诗 533,536,538
- 读书种子 23,25,26,42,68,71,103,104,180,399,410,412
- 读者群体 1—4,10,31,32,99,100,143,160,180,202,227,228,271,290,293,297,338,348,349,374,375,394,438,472,473,475,483,484,486,487,491,515,517,542

E

- 儿童阅读 2,367
- 二拍 20,37,45,195,200,217,476,484,485

F

- 藩王读者群 290,293
- 反理学思潮 34,86

- 梵文 499,500
- 佛教 292,386,389,416,419,459,494,495,497,499,502—505,509—513,516—518
- 府学 15,154,156,158,159,161,264,265,267—269
- 复古思潮 6,103—105,107,108,114,120,123
- 复社 34—36,89—91,107,108,173,404,405,425,427,429

G

- 耕读传家 320,473
- 公安派 103,112,114—116,312
- 宫廷读者 2,271
- 古学 34,36,41,90,92,96,99,103,107,108,110,126,176,179,254,324,338,340,346,373,397,404,413,427,428
- 官府藏书 221,222,224,230,232,273
- 广告 127,190,203,209,214—216,219,220
- 广寒殿 224,226
- 国子监 23,24,49,57,58,64,77,156,157,159,162,172,182,224,230,257,262—264,268,269,272,275,315,326
- 国子学 156

H

- 哈萨克 493,495,497,516
- 弘文馆 225
- 红阳教 518
- 胡蓝之狱 14,25
- 华盖殿 224—227,248,317
- 宦官读者 297,302
- 皇史宬 224,226,287
- 黄天教 518,519
- 回鹘文 497
- 回族 389,463,493,494,498,502,516
- 汇编 125,153,173,190,217,246

J

- 汲古阁 183,261,511

- 嘉靖八才子　112
- 简本　190,195,196,485
- 江门学派　77
- 结社　33,34,41,105,140,403
- 谨身殿　225,274
- 经馆　163,167
- 经筵　228,288,289,384,413
- 景教　135,497
- 竟陵派　103,112,116,123,312

K

- 考据学　36,91—94,101,355,413
- 科举制度　2,97,99,100,170,180,308

L

- 类书　20,43,166,203,527
- 礼部　57,65,77,83,114,158,161,223,230,232,248,272,277,327,328,343,345
- 理学　6,7,19,20,35,36,42,46—48,51,68—76,79,80,82—87,92,98,119,148,168,171,173,179,245,278,282,311,313,317,322,331,340,352,354,360,361,371,382,386,387,396,401,410,429,432,439,494,520,522—527,540
- 濂洛关闽之学　23,50,60,71
- 陆王心学　18,19
- 菉竹堂　247,249,250
- 罗教　517,518

M

- 蒙古　1,15,18,397,493—495,498—502,504,542
- 蒙童　42,154,160,165,166,202,367,475
- 秘书监　224,226
- 苗族　493,508
- 民歌时调　487
- 民间宗教　481,483,494,517
- 明代阅读史　8,10,59,66,67,96,425

- 摩尼教 497
- 木氏家族 505,506

N

- 纳西族 493,505,506
- 内典 102,299,375,387—390,396,408,459,499,511
- 内阁 32,225,226,228,229,231,421,457
- 奴儿干永宁寺碑 501
- 女性读者 2,9,297,435,437—439,441—443,446,448—451,453—456,459,460,462,467,469
- 女性阅读 2,438,439,441,454,458,460,466
- 女真 493,495,498,500,501

P

- 评点 8,103,108,118—129,173,190,201,202,211—214,312,313,378—380,455,485,532,533

Q

- 七录斋 425,426,428
- 启蒙思潮 18—20,82,83,98,439
- 千顷堂 142,234,257
- 清暑殿 224,226
- 琼华岛 224,226

R

- 儒家经典 23,169,197,264,273,276,281,285,292,305,311,409,415,456
- 儒学阅读 99,311

S

- 三色套印 125,184
- 三言 19,37,45,183,195,200,217,476,484,485
- 社学 156,158,159,162,264
- 神魔小说 37,189,200,481,483,514,516
- 识语 190,203,209,212,

214—216,219,375,484,485
- 识字率　5,6,439,477,478,483
- 实学思潮　34—36,87,89,91,92,95,96,146—148,353
- 实用类读物　479
- 史诗　497,505
- 市民文学　19,20,37,45
- 释道典籍　387
- 书坊　3,4,43,61,62,126,127,182,183,185,188—190,192,200,202,205,206,209,212,214,215,217—219,372,380,384,449,484—486,488
- 书籍禁毁　52
- 书籍业　3,4,233
- 书目编撰　246,247
- 书院　3,47,85,88—90,155,158,160,163,167—170,179,217,221,261,263,267—270,293,295,297,310,313,336,439,539
- 熟读精思　119,382,527,532
- 束书不观　6,36,79,89,91,93,97,99,112,170,177,194,270,536
- 双行夹注　126
- 私人藏书　4,43,221,233,239,244,246,247
- 私塾　155,163—165,167,315,384,407,425,441
- 思潮　6,8,18—20,29,31,34—36,67,74—77,79,82,83,86,87,89,91,92,95—100,103—105,107,108,110,112,114,117,118,120,123,129,130,143,144,146—148,213,311,331,333,353,373,422,439,520
- 寺院藏书　511

T

- 塔吉克　495,516
- 台阁体　20,103,108,109,312
- 太子　156,205,224,225,227,228,276,290—294,305,306,384,395,409,535
- 弹词　436,455,466
- 唐诗评点　123,124
- 唐宋派　107,112,113,116,

252,312
- 唐宋文　111,117,174,372,373
- 天文图谶　53,280
- 天一阁　244,245,250,251,255
- 天主教　21,129,131,132,134—136,142,143,146,152,494
- 通俗文学　6,11,32,37,45,85,86,99,104,110,115,118,126,160,195,283,286,311,312,453,458,466,467,481,487,491,533
- 推荐书目　539

W

- 晚明小品　312,373
- 万卷楼　183,201,206,215,217,241,250,485,486,506
- 王学　29,35,77—79,81—83,88,91,93
- 维吾尔　493,495—498,516
- 卫拉特　499,500
- 卫学　154,156,158,264
- 文华殿　224,225,227,283,292
- 文社　403,404,427
- 文学复古主义　104,107,108
- 文学阅读　23,103,108,111,117,119,206,312,428,448,482,500,522
- 文渊阁　26,223—230,263,281,284,361
- 文字狱　15,25,52,58
- 吴江沈氏　448
- 武学　156—158,160
- 武英殿　227,282

X

- 西书阅读　145,151
- 西学东渐　21,129,130,138
- 西学思潮　129,130,143,144,148,422
- 县学　154,156,158,159,161,230,257,262,264,266,268
- 小品文　312,373,374,420
- 小说评点　126—128
- 小说阅读　8,24,37,57,126,189,374,375,377,378,514,

- 516,532,533
- 心学　6,18,19,23,28,29,34,35,75—80,82—84,87—90,92,94,95,97—99,101,103,170,270,311,332,333,421
- 新安理学　46—48
- 兴复古学　34,36,90,107,110,126,404,428
- 行人司　230—232
- 绣像　3,8,190,196—199,201,204,207,209,214
- 选本　61,62,109,116,117,122,124,125,173,176,190,217,380,381
- 学校藏书　262,268,269

Y

- 阳明学派　19,35
- 耶稣会士　21,129—131,134—138,143,144,148,151—153
- 伊斯兰教　494,495,497,502,516,517
- 彝文　507
- 彝族　493,507,508
- 异端邪说　58,161,524
- 异说妖书　53
- 阴阳家　23
- 印刷术　7,119,184,187,189—192,195,328,458,509
- 游谈无根　6,80,89,91,93,170,177,194,270
- 狱中读书　395
- 御制　26,62,63,65,157,159,232,265,266,286
- 阅读方法　8,11,67,75,311,539
- 阅读革命　8
- 阅读观念　8,11,27,52,86,116,145,271,279,281,282,308,311,322,380,428,520
- 阅读价值　86,95,120,125,126,269,281,287,522,533
- 阅读理论　4,520,521,532,533,539
- 阅读能力　2,27,31,120,126,166,174,206,297,301,303,313,314,360,368,441,456,460,472,473,475—479,486
- 阅读现象　4,11,474,494
- 阅读行为　2,3,11,74,271,

272,313

- 阅读兴趣　3,48,126,149,
204,211,291,312,363,
453,490
- 阅读早慧　359,360,363,
368,460

Z

- 藏文　225,229,498—503
- 藏族　493—495,498,502—
504
- 折节读书　333,396—398,
461
- 知行合一　19,29,78,82,

350,520
- 至情说　114
- 制书　25,26,62—65,224,
263,264,280
- 中央官学　154,156
- 州学　154,156,158,159,
161,264
- 朱墨套印　125,211
- 朱子读书法　11,70
- 注释　63,120,123,126,
127,190,198,200—202,
206,211—214,274,275,
281,383,485
- 宗学　156,157,382

说 明

本套书部分照片从有关书籍中选取,特向拍摄者致谢。由于客观条件限制,很难一一寻找书中照片的作者,请有关作者与出版社联系,并提供足够的证明材料,以便及时支付稿酬。